新世纪法学教材

Specific Theory of
Criminal Law

刑法学分论

姚建龙 主编

北京大学出版社
PEKING UNIVERSITY PRESS

图书在版编目(CIP)数据

刑法学分论/姚建龙主编. —北京:北京大学出版社,2016. 7
(新世纪法学教材)
ISBN 978-7-301-27288-6

Ⅰ. ①刑… Ⅱ. ①姚… Ⅲ. ①刑法—分则—中国—高等学校—教材 Ⅳ. ①D924.301

中国版本图书馆CIP数据核字(2016)第167870号

书　　名 刑法学分论
XINGFAXUE FENLUN
著作责任者 姚建龙　主编
责任编辑 朱梅全　刘秀芹
标准书号 ISBN 978-7-301-27288-6
出版发行 北京大学出版社
地　　址 北京市海淀区成府路205号　100871
网　　址 http://www.pup.cn
电子信箱 sdyy_2005@126.com
新浪微博 @北京大学出版社
电　　话 邮购部62752015　发行部62750672　编辑部021-62071998
印 刷 者 北京宏伟双华印刷有限公司
经 销 者 新华书店
787毫米×1092毫米　16开本　36.5印张　757千字
2016年7月第1版　2018年1月第2次印刷
定　　价 69.00元

主 编 简 介

姚建龙，上海政法学院刑事司法学院院长、刑法教研室教授、博士生导师，复旦大学、南京大学、中国政法大学、华东政法大学、北京师范大学、鲁东大学等十余所高校兼职教授、博导、硕导、特邀研究员等。曾为重庆市劳教戒毒所民警、上海市长宁区人民检察院副检察长（分管公诉、未检、研究室）、华东政法大学教授、《青少年犯罪问题》杂志主编、北京师范大学刑事法律科学研究院博士后等。

受聘为北京市高级人民法院专家咨询委员会专家、北京市海淀区人民检察院咨询专家、上海市人大内司委咨询专家、上海市长宁区人民检察院咨询专家、上海市嘉定区人民检察院咨询专家、福建省诏安县人民法院及诏安县公安局咨询专家等。

主要研究方向是刑法学、犯罪学、禁毒学、矫正学、反恐学、未成年人法学。在刑法学领域的代表性著作有：《少年刑法与刑法变革》（独著）、《刑法思潮与理论进展》（主编）、《中华刑法论》（校勘）、《中国刑罚改革研究》（合著）等。其中，《少年刑法与刑法变革》一书获首届“全国刑法学优秀学术著作奖（1984—2014）”一等奖。《论刑法的民法化》等五篇论文被人大复印资料《刑事法学》全文转载，两篇论文被《中国社会科学文摘》转载。

主要荣誉有：上海市十大杰出青年（第十八届）、上海市优秀中青年法学家（第五届）、上海市杰出青年岗位能手（第十二届）、上海市禁毒先进工作者、上海市曙光学者、上海市教学成果一等奖等。

副主编简介

江维龙，上海政法学院副教授。1986年毕业于华东师范大学物理系，获物理学学士学位；1989年毕业于华东政法学院，获法学硕士学位；毕业后曾在上海政法管理干部学院、上海法律专科学校、上海大学法学院工作，现任上海政法学院刑法教研室主任，中国犯罪学研究会预防专业委员会常务理事。独著、合著《经济犯罪研究》《经济刑法学》《中国刑法学纲要》《刑法案例教程》《中国刑法基本原理》《中国刑法罪刑适用》等著作；在《法学》等刊物上发表论文数十篇。

卫磊，上海政法学院副教授、华东政法大学刑法学博士后、法学博士。2015年以高级研究学者身份公派日本国立一桥大学法学研究科访学。2012年—2013年挂职上海市金山区人民检察院副检察长。主持国家社会科学基金项目、教育部人文社会科学青年基金项目、上海哲学社会科学规划项目、上海市“晨光计划”项目、上海市教委科研创新项目等多项课题，参与国家哲学社会科学基金项目、司法部国家法治与法学理论研究项目、中国法学会项目、中国犯罪学学会项目、上海市教委重点科研项目等。在核心期刊发表论文十余篇，独著、合著学术著作七部。获得“上海市司法行政系统先进个人”等荣誉称号。连续两年被评为校“教学示范岗”。

编写分工（按编写章节顺序）：
姚建龙，第一章
陈丽天（上海政法学院刑事司法学院副教授），第二章、第三章
卫磊，第四章
朱沅沅（上海政法学院刑事司法学院副教授），第五章、第九章
王娜（上海政法学院刑事司法学院副教授），第六章、第八章
江维龙，第七章、第十章、第十一章

目　录 | Contents

第一章　刑法学分论概述

学习要求

了解：刑法分则体系的概念与特点

理解：罪状、罪名、法定刑的概念与分类

熟悉并能够运用：法条竞合的表现形式及其处理原则

第一节　刑法分则与刑法学分论

一、刑法分则与刑法总则的关系

刑法总则规定的是犯罪与刑罚的共通原则，是定罪量刑必须共同遵守的原理与规则。刑法总则是以刑法分则的规定为基础，加以一般化、概念化与抽象化所得出的条款。由于刑法总则具有一般化、概念化与抽象化的特点，在解释和适用上留有相当的弹性空间，需要学说或理论以及判例的补充。因此，刑法总则所规定的条款往往有待刑法学学理的阐释和实务的运用，以具体落实法律条文的规定。甚至有刑法总则没有明文规定，而纯粹由学说和理论提出，并由实务判例实行的原理规则，例如刑法因果关系等问题。

并非所有的违法行为都属于应当以刑罚处罚的犯罪行为，只有那些具备刑事违法本质的行为才具有刑罚可罚性。刑法分则的功能是明确描述各种不同的犯罪行为及其法律后果，使司法机关可以据此定罪量刑，并且可以区别各种不同的犯罪行为。也就是说，刑法分则是各种犯罪构成要件的集合体，揭示了刑法所要加以刑事制裁的各种不同的犯罪行为及其处罚。从这个角度看，刑法分则实际上是通过明确规定各种不同的具体犯罪行为的构成要件，把刑法总则构成要件理论加以具体化。除了规定各种罪名的构成要件之外，刑法分则还进而针对各个罪名规定了相应的法律后果——法定刑。

刑法总则与刑法分则共同构成了一个具有规范功能的法律规范体系，两者相辅相成，缺一不可。由于刑法总则与刑法分则的配合规定，法官遵循刑法总则的原理原则，依据刑法分则的规定，即可作出比较有一致性的定罪量刑，避免不同的法官对于同样案情的个案，作出不同的定罪量刑。

刑法总则将刑法分则所规定的犯罪行为当作一个整体，观察研究其一般性的问题，以作为刑法分则各罪的哲学基础，以及解释和适用任何一个不法构成要件所必须共同遵守的原则。刑法分则的规定则用以实现总则的原理原则，也即刑法分则是刑法总则理论的具体化。刑法分则的规定，只是为其自己，而刑法总则是为刑法分则所作的规定。刑法总则只有配合刑法分则的规定，才有其规范意义与适用可能性；若无刑法分则，则刑法总则的规定即成为无用的徒法。相对的，若无刑法总则的原则性规定，仅靠刑法分则的规定，无法精确而一致性地掌握应处以刑罚的犯罪行为。因此，刑法总则与刑法分则两者之间形成了一种互为依存的紧密关系。①

二、刑法分则的体系

刑法分则体系，是指刑法典分则篇对犯罪的分类及排列次序。分则规定的是具体犯罪及其法定刑，而现行刑法所规定的具体犯罪多达四百余个罪名，这些具体罪名需要按照一定的标准进行归类(类罪)，再以一定的标准对类罪进行合理排列，同时对各类罪中的具体犯罪进行排列，从而形成分则体系。可见，分则体系实际上是犯罪分类问题。②

犯罪分类是罪刑法定主义的要求。罪刑法定主义要求刑法明确规定犯罪的构成要件与法定刑。如果不对犯罪进行分类，就意味着没有具体犯罪的成立条件(犯罪构成)与法律后果，意味着刑法只要规定“凡犯罪者处……”就可以了，但显然这样的“巨型口袋”规定违反了罪刑法定主义。合理而明确的分则体系是罪刑法定主义的要求，也有利于司法机关正确定罪量刑。③

我国刑法典将刑法分则分为十章，每一章规定了一类犯罪，总共十类犯罪，分别是：第一章危害国家安全罪，第二章危害公共安全罪，第三章破坏社会主义市场经济秩序罪，第四章侵犯公民人身权利、民主权利罪，第五章侵犯财产罪，第六章妨害社会管理秩序罪，第七章危害国防利益罪，第八章贪污贿赂罪，第九章渎职罪，第十章军人违反职责罪。

我国刑法分则的体例具有如下特点：

1. 同类客体是犯罪分类的基本标准。不同种类的犯罪所侵犯的客体不同，因而社会危害性也不同。刑法分则将四百余种具体犯罪分为十大类，分类的基本标准即“同类客体”。例如，刑法将危害国家安全的犯罪均归入第一章“危害国家安全罪”中，这一章中的十二个罪名均具有侵害国家安全的共性。

2. 罪行轻重是类罪排列顺序的主要依据。刑法分则的十种类罪如何排列，也有其规律性，同时也反映了立法者对各类犯罪的认识与态度以及刑法打击的重点。我国刑法基本上是按照罪行轻重，即社会危害性的大小来排列类罪的顺序，并且是按照由

---

① 参见林山田：《刑法各罪论》，北京大学出版社2012年版，第1—9页。

② 参见苏惠渔主编：《刑法学》(修订本)，中国政法大学出版社1997年版，第374页。

③ 同上。

重而轻进行排列。与一些国家刑法分则将侵犯个人权益的犯罪列为首位,侵犯财产的犯罪紧随其次不同的是,我国刑法将危害国家安全罪列为类罪之首,危害公共安全罪紧随其次。这种排列顺序表明,我国刑法具有国家本位的特点。

3. 罪行轻重及犯罪之间的内在联系是具体犯罪(个罪)的主要排列依据。刑法分则在对类罪中所包含的各个具体犯罪进行排列时,首先考虑的是罪行的轻重,其次考虑了各罪之间的内在联系。例如,第二章危害公共安全罪首先规定的是放火罪、决水罪、爆炸罪、投放危险物质罪、以危险方法危害公共安全罪,就是因为这些犯罪在危害公共安全类犯罪中的社会危害性最大。其次规定的是失火罪、过失决水罪、过失爆炸罪、过失投放危险物质罪、过失以危险方法危害公共安全罪,就是考虑到了它们之间的内在联系。

4. 主要客体是犯罪归类的依据。一些犯罪侵犯的是复杂客体,即同时侵犯了两种或者两种以上的客体,究竟应当归入何种类罪中?对此,刑法分则根据的是该犯罪所侵犯的主要客体标准而将其归入相应的类罪中。例如,抢劫罪侵犯的是复杂客体,既侵害了公私财产的所有权,又侵害了被害人的人身权利,立法者考虑到抢劫罪主要侵害的是公私财产所有权,因而将之归入刑法分则第四章侵犯财产罪这一类罪中。

需要指出的是,对于侵犯复杂客体的犯罪,究竟何为主要客体,反映的是立法者的认识,这种认识有可能是值得商榷的。例如,《刑法修正案(九)》所废除的嫖宿幼女罪,刑法原将之归入第六章危害社会管理秩序罪中。这一归类引起了很大的争议,因为立法者在对嫖宿幼女罪所侵犯的社会管理秩序和幼女身心健康两种客体的比较中将社会管理秩序视为主要客体,违背了联合国《儿童权利公约》所规定的儿童最大利益原则,这也是嫖宿幼女罪被废除的重要原因之一。

三、刑法分则与刑法学分论

与刑法典的总则篇和分则篇对应,刑法学的体系也是由刑法学总论和刑法学分论构成的。刑法学总论的主要研究对象是刑法典总则篇,而刑法学分论的研究对象是刑法典分则篇。刑法学总论为分论认定具体犯罪的构成要件及其法律后果,提供关于犯罪和刑事责任的一般原理、原则和制度。刑法学分论(也称为刑法学各论、罪刑各论等)则是将总论的刑法基础理论、犯罪理论、刑事责任理论等具体应用到各种具体犯罪的认定和处理之中。①

刑法分则的条款,通常采取"……的,处……"的形式,规定各个犯罪和与其对应的刑罚的法条,也就是刑罚法规或者说刑罚法条、刑法法规。刑罚法规的前半部分是作为法律要件的犯罪,后半部分是作为法律后果的刑罚。刑法学分论的主要任务就是研究涉及这两个方面的各个刑罚法规的意义与内涵。②

刑法分则所规定的刑罚法规按照一定的结构顺序按章节进行了排列,这种排列顺

---

① 参见刘艳红主编:《刑法学(下)》,北京大学出版社 2014 年版,第 1 页。

② 参见〔日〕大谷实:《刑法各论》,黎宏译,法律出版社 2003 年版,第 2—3 页。

序体现了对刑法所保护的社会关系或者法益的认识。

刑法学分论的体系有两种模式，一种是分则模式，一种是法益模式。分则模式说主张应当按照刑法典分则篇的体例来组织刑法学分论的研究对象，即主张刑法学分论的体系与刑法典分则的体例一致，这是我国传统刑法学分论的体系。

法益模式说认为，我国传统刑法学分论的体系存在如下问题：(1) 使我国刑法学分论的理论体系仍然沿袭了刑法典分则的体系所突出的国家本位精神，没有突出对公民个人权利的保障。(2) 不利于刑法学各论的讲授，无法突出刑法学分论的讲授重点——侵害公民个人权利的犯罪。(3) 与侵犯个人法益犯罪在犯罪现象中的重要性不相一致。① 法益模式说认为，犯罪在终极意义上讲是侵害国家利益的行为，但是刑法所直接保护的利益应当区分为个人利益（个人法益）、社会公共利益（社会法益）、国家自身的利益（国家法益）来进行认识。② 相应的，刑法分则所规定的各个罪名也可以根据其侵犯法益的类型进行归类，即主张按照刑法所保护的法益不同，将刑法学分论的研究对象分为对个人法益的犯罪、对社会法益的犯罪和对国家法益的犯罪。

采用法益模式说的刑法学分论体系移植于日本刑法学，近些年来对我国刑法学产生了重要的影响，并为很多刑法学教科书所采用。但由于这种刑法学分论体系打乱了刑法学分则篇的体例，可能不利于对我国刑法典分则的理解与运用。

本书的刑法学分论体系采用了我国通行的刑法学分论的体系结构，按照刑法分则的体系来组织刑法学分论的研究对象。

第二节　刑法分则的条文结构

刑法分则条文通常是由罪状（假定条件）与法定刑（法律后果）组成的，条文结构为“……的，处……”，逗号之前为罪状，逗号之后为法定刑。刑法分则条文对罪状与法定刑的规定有时并不是完整的，一般只是规定了成立具体犯罪所特有的构成要件或者构成要件要素，有些具体犯罪的法定刑规定可能并不完整或者明确，因此需要与刑法总则的规定结合在一起分析，才能成为更完整的刑法规范。

一、罪状

罪状是刑法分则条文对犯罪具体状况的描述，指明适用该罪刑规范的条件，行为只有符合某罪刑规范的罪状，才能适用该规范。简单地说，罪状即对具体犯罪的基本构成特征的描述。

罪状可以分为基本罪状和加重、减轻罪状，前者是对具体犯罪基本特征的描述，后者是对加重或减轻法定刑的适用条件进行描述。

---

① 参见刘艳红主编：《刑法学（下）》，北京大学出版社 2014 年版，第 3 页。

② 参见〔日〕大谷实：《刑法各论》，黎宏译，法律出版社 2003 年版，第 2 页。

(一) 基本罪状

根据描述方式的不同,可以将基本罪状分为简单罪状、叙名罪状、引证罪状、空白罪状四种。

1. 简单罪状。简单罪状是指刑法分则对某一犯罪的构成特征进行简单描述或者只是简单规定罪名的罪状形式。简单罪状的特点是仅写出犯罪名称,没有具体描述犯罪特征,具有高度简单概括性。例如,《刑法》第 232 条规定,“故意杀人的,处死刑、无期徒刑或者十年以上有期徒刑”,这一条文仅写出了“故意杀人”而没有具体描述故意杀人的犯罪特征。

2. 叙名罪状。叙名罪状是指对某一犯罪的构成特征进行详细描述的罪状形式。例如《刑法》第 305 条规定,“在刑事诉讼中,证人、鉴定人、记录人和翻译人对与案件有重要关系的情节,故意作虚假证明、鉴定、记录、翻译,意图陷害他人或者隐匿罪证的,……”,这就是典型的叙名罪状。这一条文对伪证罪的构成特征进行了详细的描述,包括伪证罪在客观方面的具体表现,在主观上的心理状态等。叙名罪状有助于认识犯罪,分清此罪与彼罪的界限。

3. 引证罪状。引证罪状是指需要引用刑法条文中的其他条款来描述犯罪的构成特征的罪状形式。例如,《刑法》第 115 条第 1 款规定了放火罪、决水罪、爆炸罪、投放危险物质罪和以危险方法危害公共安全罪的罪状以及法定刑,第 2 款则规定:“过失犯前款罪的,处三年以上七年以下有期徒刑;情节较轻的,处三年以下有期徒刑或者拘役。”在这里,第 2 款所规定的犯罪就需要引用第 1 款的罪状,来说明和确定失火罪、过失决水罪、过失爆炸罪、过失投放危险物质罪、过失以危险方法危害公共安全罪的罪状。引证罪状的特点是,条文简练,可以避免重复。

4. 空白罪状。空白罪状是指刑法分则条文不直接具体规定某一犯罪构成的特征,但指明了必须参照的其他法律法规的罪状形式。规定空白罪状的法条也被称为空白刑法。我国的刑法分则中没有典型的空白罪状,因为被称为空白罪状的法条,在指明了参照法规的同时,也描述了部分构成要件。例如,《刑法》第 133 条对交通肇事罪的规定采取的就是空白罪状的形式,对交通肇事罪构成特征的认定,需要引用交通管理法规的相关规定。空白罪状通过参照其他法规的表述方式,可以避免刑法条文的复杂表述。

(二) 加重、减轻罪状

加重、减轻罪状分为加重罪状和减轻罪状。

1. 加重罪状。加重罪状是指适用比基本罪状的法定刑更重法定刑的罪状,通常是在基本罪状和相应法定刑之后,对更重法定刑适用的罪状规定。刑法分则对加重罪状的规定有三种情况:

一是设专条规定加重罪状与法定刑。如《刑法》第 114 条规定了放火罪、决水罪、爆炸罪、投放危险物质罪及以危险方法危害公共安全罪的基本罪状,又以第 115 条规定了上述五个罪名的加重罪状:“放火、决水、爆炸以及投放毒害性、放射性、传染病病原体等物质或者以其他危险方法致人重伤、死亡或者使公私财产遭受重大损失的，处十年以上有期徒刑、无期徒刑或者死刑。”

二是设专款规定加重罪状与法定刑。如《刑法》第234条第1款规定了故意伤害罪的基本罪状，又在同条的第2款规定了故意伤害罪的加重罪状：“犯前款罪，致人重伤的，处三年以上十年以下有期徒刑；致人死亡或者以特别残忍手段致人重伤造成严重残疾的，处十年以上有期徒刑、无期徒刑或者死刑。本法另有规定的，依照规定。”

三是在基本罪状与法定刑之后，紧接着在同款内规定加重罪状与法定刑。如《刑法》第234条之一关于组织出卖人体器官罪的规定：“组织他人出卖人体器官的，处五年以下有期徒刑，并处罚金；情节严重的，处五年以上有期徒刑，并处罚金或者没收财产。”

2. 减轻罪状。减轻罪状即适用比基本罪状的法定刑更轻法定刑的罪状。刑法分则对减轻罪状的规定，一般设立在基本罪状与法定刑的同一条款内，没有设专条或专款规定减轻罪状的。减轻罪状的内容都是规定“情节较轻”。例如，《刑法》第239条关于绑架罪的规定：“以勒索财物为目的绑架他人的，或者绑架他人作为人质的，处十年以上有期徒刑或者无期徒刑，并处罚金或者没收财产；情节较轻的，处五年以上十年以下有期徒刑，并处罚金。”

二、罪名

（一）罪名的概念与功能

罪名即犯罪的名称，是对具体犯罪本质或主要特征的高度概括，一提罪名就可以对犯罪内容有大体的了解。但是，罪名只是犯罪名称，其本身并不是确定和解释犯罪具体构成要件的依据。也就是说，在确定具体犯罪的构成要件时，仍应以刑法分则条文所规定的罪状、总则的规定以及其他相关法条为依据。

一般认为罪名具有四大基本功能：

1. 概括功能。一方面，犯罪是多样的，而罪名则将现实生活中复杂多样的各种犯罪进行概括和提炼，让人可以一目了然，明确刑法规定了哪些具体犯罪。另一方面，某一类型犯罪的表现方式是多样的，刑法具体条文所规定的犯罪的罪状也可能是复杂的，而罪名则予以了精炼概括。

2. 区分功能，也称个别化功能。罪名的区分功能主要表现在通过罪名所揭示的信息，能够基本区分罪与非罪、此罪与彼罪的界限。罪名是对罪状的高度概括，而罪状通常是对行为的描述，因此罪名一般也是对行为特征的精炼表述，并由此产生可以区分罪与非罪、此罪与彼罪界限的效果。

3. 评价功能。罪名体现了国家对犯罪行为的否定评价和对行为人的道义谴责，也精炼地为人们提供了基本的行为标准。罪名表达了国家对某种危害行为进行否定评价的立场，如果行为人的行为触犯了某一罪名，司法机关将通过定罪量刑活动进行否定评价。与此同时,一般公民也可以通过罪名来评价某种行为,判断哪一类行为是刑法所禁止的。

4. 威慑功能。罪名的否定评价功能决定了罪名具有威慑的功能,即可以起到威慑和预防犯罪的作用。

（二）罪名的分类

根据不同的标准可以对罪名作不同的分类:

1. 以罪名的效力为标准,可以分为立法罪名、司法罪名、学理罪名。立法罪名是指由立法机关在刑法条文中所明确规定的罪名,例如贪污罪、受贿罪、挪用公款罪、行贿罪等,这些罪名都在刑法分则的条文中予以了明确的规定。立法罪名的数量不多,但它们不仅具有法律效力,而且其效力最高,无论是司法实践还是刑法理论中,所使用的罪名都不能与立法罪名不同。

司法罪名是指最高司法机关通过司法解释所确定的罪名,在我国即最高人民法院和最高人民检察院通过司法解释所规定的罪名。新刑法颁布至今,最高人民法院和最高人民检察院就刑法罪名先后颁发了八个关于确定罪名的司法解释。其中最新的司法解释是 2015 年 10 月 30 日由最高人民法院和最高人民检察院联合发布的《关于执行〈中华人民共和国刑法〉确定罪名的补充规定(六)》。司法罪名具有普遍的约束力,司法部门办理刑事案件时必须以此为依据。

学理罪名是指刑法理论根据刑法分则条文的具体规定所概括出的罪名。学理罪名没有法律效力,对于司法机关办案也没有约束力,但是对于科学确定有法律效力的立法罪名或司法罪名具有指导意义。

2. 以罪名所包含的内容广度为标准,可以分为类罪名、小类罪名与个罪名。类罪名即章罪名,是某一类或刑法分则某一章犯罪的总名称。类罪名是以犯罪所侵犯的同类客体为标准进行概括提炼而成,刑法典分则共规定了十个类罪名,即危害国家安全罪、危害公共安全罪、破坏社会主义市场经济秩序罪、侵犯公民人身权利和民主权利罪、侵犯财产罪、妨害社会管理秩序罪、危害国防利益罪、贪污受贿罪、渎职罪、军人违反职责罪。

小类罪名,是指类罪名之下某一小类犯罪的名称,在刑法分则中是以节名的形式出现,因而也被称为节罪名。刑法典分则的小类罪名主要为第三章破坏社会主义市场经济秩序罪和第六章妨害社会管理秩序罪共十七节犯罪的标题。

个罪名,又称具体罪名,是各个具体犯罪的名称。个罪名是以刑法分则的某一个具体条文所规定的构成要件为对象进行概括、提炼的犯罪的名称。每个具体罪名都有其定义、犯罪构成与法定刑。具体罪名是司法机关定罪时所援引的罪名,而且只能根据具体罪名定罪。

3. 根据罪名是否为刑法典总则的有关规定所补充,可分为基本罪名和补充罪名。基本罪名是刑法分则所规定的,反映了具体完整的犯罪构成要件状态的罪名。这种罪名没有为刑法总则的有关规定所修正,而保持在刑法分则条文所表现出来的罪名的原始状态。[1] 例如,抢劫罪、抢夺罪等。

补充罪名是指以基本罪名为基础,根据犯罪行为的不同表现形态,而对基本罪名加以补充所形成的罪名。例如抢劫(未遂)罪、故意杀人(预备)罪、放火(教唆)罪等。

4. 以罪名所包含的犯罪构成内的单复程度为标准,可以分为单一罪名、选择罪名和概括罪名。单一罪名是指所包含的犯罪构成的具体内容单一,只能反映一个犯罪行为而不能分解拆开使用的罪名。例如,故意杀人罪、故意伤害罪、抢劫罪等。行为触犯一个单一罪名,就定一罪;触犯两个单一罪名,就定两个罪,依此类推。我国刑法分则中的大部分罪名是单一罪名。

选择罪名,是指所包含的构成要件的具体内容复杂,反映出多种犯罪行为,既可概括使用,也可分解拆开使用的罪名。例如,走私、贩卖、运输、制造毒品罪,它是一个罪名,但包含了四种毒品犯罪行为,因此可以分解为走私毒品罪、贩卖毒品罪、运输毒品罪、制造毒品罪。当行为人实施了其中一种行为如走私毒品时,定走私毒品罪;当行为人既走私毒品又贩卖毒品时,定走私、贩卖毒品罪,也即定一罪,不实行数罪并罚。选择罪名包括行为选择(如走私、贩卖、运输、制造毒品罪)、对象选择(虚开增值税专用发票,用于骗取出口退税、抵扣税款发票罪)、行为与对象同时选择(窝藏、转移、隐瞒毒品、毒赃罪)三种。

概括罪名是指包含的构成要件的具体内容复杂,反映出多种犯罪行为,但只能概括使用,不能分解拆开使用的罪名。例如,信用卡诈骗罪,包括了(1)使用伪造的信用卡或者使用以虚假的身份证明骗领的信用卡,(2)使用作废的信用卡,(3)冒用他人信用卡,(4)恶意透支四种行为,但不管行为人实施其中的一种或数种行为,都定信用卡诈骗罪。可见,概括罪名是介于单一罪名与选择罪名之间的一种罪名。

在刑法分则条文中,有时候会在一个法条中规定数个并列的罪名,这些并列的罪名是构成要件不同的数个犯罪,只能单独使用,不能概括使用。例如,《刑法》第 373 条一个法条规定了煽动军人逃离部队罪和雇用逃离部队军人罪两个罪名。如果行为人同时实施了两个行为时,则应定两罪并罚。在刑法理论上,也把这种在一个法条中并列规定多个罪名的,称为并列式罪名。

(三) 罪名的确定

罪名的确定有广义和狭义之分,狭义的罪名的确定是指如何根据刑法分则的规定概括各种具体犯罪的罪名。而广义的罪名的确定,还包括定罪的司法活动,即司法机关对已经发生的犯罪行为确定适用何种罪名的活动。本节所称的罪名的确定取狭义。需要确定罪名的是个罪名,而非类罪名,也非小类罪名,是基本罪名,而非补充罪名。

罪名的确定包括两个方面的内容:一是确定刑法分则的某一个条款所规定的是一个罪名还是数个罪名,这一判断罪名个数的活动也称为"罪名辨定"。二是确定每一个具体犯罪的名称,也即取名,这一活动也被称为"罪名取定"。

---

① 参见刘艳红主编:《刑法学(下)》,北京大学出版社 2014 年版,第 6 页。

罪名的确定应当科学、简洁和合法,尽管最高司法机关会通过司法解释的形式确定罪名,但这并不意味着司法罪名就一定符合了科学、简洁和合法性的要求,罪名的确定仍是值得研究的课题。

三、法定刑

(一) 法定刑的概念

法定刑是指我国刑法分则及其他刑事法律中的分则性规范确定的,对某一具体犯罪所规定的刑种与刑度等量刑标准。

刑法总则规定了管制、拘役、有期徒刑、无期徒刑、死刑五种主刑和罚金、剥夺政治权利、没收财产、驱逐出境四种附加刑。刑法分则及单行刑法中的法定刑是依照刑法总则的规定,根据具体犯罪的危害程度而确定的刑种与刑度。

(二) 法定刑的种类

根据法定刑的刑种、刑度是否确定,可以将法定刑分为以下几种:

1. 绝对确定的法定刑。绝对确定的法定刑,是指刑法条文只规定单一的刑种与固定的刑度。例如《刑法》第 121 条规定:"以暴力、胁迫或者其他方法劫持航空器的,处十年以上有期徒刑或者无期徒刑;致人重伤、死亡或者使航空器遭受严重破坏的,处死刑。"绝对确定的法定刑使得法官在量刑时没有自由裁量权,不利于刑罚的个别化,也不利于达到良好的刑罚效果。当绝对确定的法定刑只规定了死刑这一单一刑种时,还不利于限制死刑的适用。因此,我国刑法的修改具有减少绝对确定的法定刑的改革趋势。例如《刑法修正案(九)》即对《刑法》第 239 条第 2 款绝对确定的法定刑的规定"犯前款罪,致使被绑架人死亡或者杀害被绑架人的,处死刑,并处没收财产",修改为"犯前款罪,杀害被绑架人的,或者故意伤害被绑架人,致人重伤、死亡的,处无期徒刑或者死刑,并处没收财产"。

2. 相对确定的法定刑。相对确定的法定刑,是指刑法条文对某种具体犯罪规定了一定的刑种,同时还规定了一定的量刑幅度。相对确定的法定刑在立法上有确定的刑种与刑度,而司法上也有具体裁量的余地,既有原则性,也体现了灵活性,因而在我国刑法中广泛采用。相对确定的法定刑主要有以下几种表现形式:

一是规定最高执行限度的法定刑,即刑法分则只确定某种犯罪法定刑的最高执行限度,刑罚的最低限度根据刑法总则的规定确定。

二是规定最低限度的法定刑,即刑法分则规范只规定刑罚的最低限度,刑罚的最高限度根据总则规定确定。

三是规定最高限度与最低限度的法定刑,即刑法同时规定了刑罚的最高刑期与最低刑期,因而不需要再根据刑法总则的规定确定最高刑期与最低刑期。

四是规定两种以上主刑或者规定两种以上主刑并规定附加刑的法定刑。由于规定了两种以上的主刑,人民法院不仅有刑期的选择权限,而且有刑种的选择权限。在其规定的两种以上的主刑中,对有期徒刑又可分为前述三种情况。由于这种法定刑有可供选择的几种刑罚，因而也被称为选择法定刑。

3. 浮动法定刑。浮动法定刑也称机动刑，是指法定刑的具体期限或具体数量并非确定，而是根据一定的标准升降不居，处于一种相对不确定的游移状态。例如，《刑法》第 204 条规定："以假报出口或者其他欺骗手段，骗取国家出口退税款，数额较大的，处五年以下有期徒刑或者拘役，并处骗取税款一倍以上五倍以下罚金；数额巨大或者有其他严重情节的，处五年以上十年以下有期徒刑，并处骗取税款一倍以上五倍以下罚金；数额特别巨大或者有其他特别严重情节的，处十年以上有期徒刑或者无期徒刑，并处骗取税款一倍以上五倍以下罚金或者没收财产。"这一条文所规定的骗取出口退税罪的罚金刑即属于浮动法定刑。

浮动法定刑具有以下特点：(1) 只有罚金刑采用浮动法定刑，这也与罚金刑的数额可以根据刑法规定的某种事实标准予以确定有关。(2) 只适用于经济犯罪、财产犯罪。(3) 罚金的具体数量要根据案件的事实来确定，这也是浮动法定刑与相对确定的法定刑的区别。将罚金刑规定为浮动刑，有利于体现罪刑相适应原则，也有利于考虑行为人的经济状况，同时还有利于刑法的稳定。

(三) 法定刑与宣告刑的区别

宣告刑是人民法院对具体犯罪判决宣告的，应当执行的刑罚。法定刑不同于宣告刑，前者是立法机关在制定刑法时确定的，而后者则是司法机关在审理具体案件时确定的。法定刑一般都有可供选择的刑种与刑度，而宣告刑只能是特定的刑种与刑度，而且必须以法定刑为依据。

在实践中还存在执行刑的概念，即实际执行的刑罚。在我国，由于服刑期间可能出现减刑、假释、特赦等情况，实际执行的刑罚可能不同于宣告刑。在国外，例如美国，由于监狱服刑人员太多，通常会对宣告刑"打折"后交付执行，其实际执行刑也会不同于宣告刑。例如，2015 年轰动全美的中国留学生凌虐同学案，三名已满 18 周岁的成年被告人翟云瑶、杨玉菡、张鑫磊于 2016 年 1 月 5 日分别被判处 13 年、10 年、6 年监禁，由于加州的监狱人满为患，正式宣判的刑期在交付执行时即打了"七五折"。

第三节　刑法分则的法条竞合

一、法条竞合的概念与表现形式

(一) 法条竞合的概念与特征

法条竞合，是指一个犯罪行为同时符合了数个法条规定的构成要件，但从数个法条之间的逻辑关系来看，只能适用其中一个法条，当然排除适用其他法条的情况。

法条竞合是由于在刑事立法中，所调整的社会关系互相之间具有包容关系产生的一种法律现象。由于社会关系相互之间具有包容性，体现在犯罪现象中，就可能使得犯罪行为之间也会相互包容。复杂的犯罪现象，反映在刑事立法上便是复杂的规定，而法条上复杂的规定就可能导致一个犯罪行为可能同时符合数个法条规定的构成要件。但行为人主观上只有一个故意,客观上只有一个行为,行为符合数个法条规定的犯罪构成是由刑法条文的复杂性所导致的,因此不可能同时适用数个法条,而只能适用其中一个法条。

刑法中的法条竞合具有以下特点:(1) 行为人只实施了一个犯罪行为,这是法条竞合的事实特征。实施了数个犯罪行为触犯数个法条的,不是法条竞合。(2) 行为人所实施的一个犯罪行为触犯了规定不同犯罪构成要件的数个刑法条款,这是法条竞合的法律特征。换言之,法条竞合是法律条文的竞合,属于法条形态,而非罪数形态。(3) 数个刑法条款之中只能选择适用一个法条而排斥其他相竞合法条的适用。[①]

(二) 法条竞合与想象竞合的区别

法条竞合和想象竞合具有相似之处,但也存在重大区别。区分法条竞合和想象竞合的标准有两点:一是看竞合关系取决于案件事实还是取决于法条本身的关系。如果竞合关系取决于法条之间是否具有包容、交叉关系的,是法条竞合。如果竞合关系取决于案件事实的,则是想象竞合。与法条竞合类似,想象竞合时的行为也触犯了数个法条,但这些法条之间并不一定具有包容、交叉关系。二是看具有几个法益侵害事实。只有一个法益侵害事实的,是法条竞合;具有数个法益侵害事实的,是想象竞合。

法条竞合的处理原则是,只能适用其中的一个法律条文而排斥其他法律条文的适用,这也是法条竞合与想象竞合最重要的区别。想象竞合虽然也是一行为符合数个法条的构成要件,但是无论适用哪个法条的构成要件,都无法全面地对导致想象竞合的犯罪行为进行评价,而且数个法条的构成要件也都可以适用于导致不同罪名竞合的犯罪行为。例如,乙正在某电影院看电影,甲以杀害乙的故意,向乙所坐的方位投放炸弹,导致乙以及电影院的其他多名观众被炸死。如果对甲以《刑法》第 232 条的故意杀人罪定罪,就不能涵盖将电影院其他不特定的观众被炸死的事实;如果对甲以第 114 条爆炸罪定罪,就不能涵盖甲故意杀乙的事实。可见,想象竞合必须由多个构成要件进行多重评价。也正因为如此,想象竞合的处理原则是在比较数个罪名的法定刑轻重之后才择一重者处之。而法条竞合只能有一个犯罪的构成要件能最全面、最恰当地评价行为人的犯罪行为。[②]

(三) 法条竞合的表现形式

从形成原因上看,法条竞合表现为以下情况:(1) 因行为主体形成的法条竞合。如军人战时造谣惑众,动摇军心的行为,既符合《刑法》第 433 条的战时造谣惑众罪的犯罪构成,又符合《刑法》第 378 条的战时造谣扰乱军心罪的犯罪构成。(2) 因行为对象形成的法条竞合。如与现役军人配偶结婚的行为,既符合《刑法》第 258 条的重婚罪的犯罪构成,又符合《刑法》第 259 条的破坏军婚罪的犯罪构成。(3) 因行为手

① 参见刘艳红主编:《刑法学(下)》,北京大学出版社 2014 年版,第 15 页。
② 同上。

段形成的法条竞合。如冒用他人名义签订合同骗取财物的行为,既符合《刑法》第224条规定的合同诈骗罪的犯罪构成,又符合《刑法》第266条规定的诈骗罪的犯罪构成。(4)因危害结果形成的法条竞合。如交通肇事致人死亡的,既符合《刑法》第233条规定的过失致人死亡罪的犯罪构成,又符合《刑法》第133条规定的交通肇事罪的犯罪构成。(5)因犯罪目的形成的法条竞合。如以牟利为目的传播淫秽物品的行为,既符合《刑法》第363条第1款规定的传播淫秽物品牟利罪的犯罪构成,又符合第364条规定的传播淫秽物品罪的犯罪构成。(6)因手段、对象等形成的法条竞合。如以特定手段诈骗贷款的行为,既符合《刑法》第266条规定的诈骗罪的犯罪构成,又符合第193条规定的贷款诈骗罪的犯罪构成。①

从法律上看,法条竞合表现为两种情况:(1)一个行为同时符合相异法律中的普通刑法与特别刑法。“相异法律”指仅从形式上而言不是一个法律文件,但实质上都是刑法。(2)一个行为同时触犯同一法律的不同条款。如前述第1至6种情况。此外,还可以按照其他标准对法条竞合的表现形式进行分类。②

二、法条竞合的适用原则

在1997年之前,由于存在大量单行刑法和附属刑法规范,一个行为同时符合相异法律中的普通刑法与特别刑法的情况较为常见。通常是一个行为既符合刑法典的规定,又符合单行刑法的规定。这种情况的法条竞合应当严格按照特别法优于普通法的原则处理,即适用单行刑法的规定,这也正是国家在刑法典之外又制定单行刑法的目的。

然而,在1997年之后,由于我国采取了统一刑法典的立法模式,因此法条竞合主要表现为“一个行为同时触犯同一法律的不同条款”的现象。具体而言,通常是指一个行为同时触犯《刑法》的不同条款,包括普通条款和特别条款。其中普通条款是指在一般场合普遍适用的刑法条款,特别条款是指在普通条款基础上附加特定条件、在特别场合适用的刑法条款。这是具有实践与学理探究实际意义的法条竞合现象。

对这种法条竞合的适用原则有二:

1. 特别法优于普通法原则

按照特别法优于普通法的原则论处是法条竞合适用的一般原则,即如果行为符合特别条款,应按特别条款的规定论处。因为立法者在普通条款之外又设特别条款,正是为了对特定犯罪给予特定处罚,或因为某种犯罪特别突出而予以特别规定。

2. 重法优于轻法原则

当一个行为同时触犯同一法律的普通条款与特别条款时,在特殊情况下,应适用重法优于轻法的原则,即按照行为所触犯的法条中法定刑最重的法条定罪量刑。这里的“特殊情况”通常是指法律明文规定按重罪定罪量刑。典型的例子如《刑法》第140

---

① 参见苏惠渔主编:《刑法学》(修订本),中国政法大学出版社1997年版,第393页。

② 同上。

条规定了生产、销售伪劣产品罪(普通法条),同时第141条至148条又规定了8种生产销售特定伪劣产品的犯罪,这些法条属于特别法条。但是,作为特别法条规定的法定刑有的却轻于第140条这一普通法条规定的法定刑,或者因为追诉标准的不一致,还可能出现适用普通法条构成犯罪,而适用特别法条反而不构成犯罪的情况。如果一律按照特别法优于普通法原则论处,则会出现对行为人处罚反而较轻或者放纵犯罪的尴尬,这既不利于防治犯罪,也与刑法设置特别法条的立法意图相悖。

为了避免出现这种情况,《刑法》第149条明确规定:(1)生产、销售第141条至第148条所列产品,不构成各该条规定的犯罪,但是销售金额在5万元以上的,依照第140条的规定定罪处罚。(2)生产、销售第141条至第148条所列产品,构成各该条规定的犯罪,同时又构成第140条规定之罪的,依照处罚较重的规定定罪处罚。

理论与实务界存在争议的一个问题是:重法优于轻法原则是否可以在法律没有明确规定的情况下排斥特别法优于普通法原则?

一种观点认为,如果法律虽然没有明文规定按普通条款规定定罪量刑,但对此也没作禁止性规定,而且按特别条款定罪不能做到罪刑相适应时,按照重法优于轻法的原则定罪量刑。从我国刑法的规定来看,许多特别条款规定的犯罪并不轻,但其法定刑轻于普通条款的法定刑,如果绝对地采取特别法优于普通法的原则定罪量刑,就会造成罪刑不均衡的现象。在这种情况下,只要刑法没有禁止适用重法,或者说只要刑法没有指明适用轻法,为了贯彻罪刑相适应的基本原则,就应按照重法优于轻法的原则定罪量刑。①

另一种观点认为,重法优于轻法是法条竞合适用的基本原则,所谓在特殊情况下适用重法优于轻法原则应当"仅仅限于法律有特别规定"的情况。如果法律没有明确规定按照重法处理的,司法机关不得擅自突破法条竞合适用的一般原则(即特别法优于普通法原则)按照重法处理。因为,特别法是在普通法的基础上附加了特别的构成要件,因此符合特别法所规定的犯罪构成要件的行为,是普通法条的犯罪构成要件所不能全面评价的,只有适用特别法的规定定罪量刑才最恰当。但是,重法优于轻法原则却导致排斥特别法的适用,反而适用不能全面评价该行为的普通法,这显然是与制定特别法的宗旨相悖的。因此,对于法律没有明文规定应该适用重法的,即使适用特别法存在明显的罪刑不相适应的情况,也应该禁止司法机关随意根据重法优于轻法的原则处理法条竞合。否则就是由刑事司法改变刑事立法的罪刑单位,显然有破坏罪刑法定原则之嫌。②

【实例分析1-1】

甲为了获取超额利润,在明知其所经销的电器产品不符合保障人身安全的国家标准的情况下,仍然大量进货销售,销售金额总计达到180万元。一企业因使用这种电

---

① 参见苏惠渔主编:《刑法学》(修订本),中国政法大学出版社1997年版,第396页。

② 参见刘艳红主编:《刑法学(下)》,北京大学出版社2014年版,第17页。

器而导致短路,引起火灾,造成3人轻伤,部分厂房被烧毁,直接经济损失10万元。下列关于甲的行为的说法哪些是正确的?(2005年司考卷二第66题)

A. 应当数罪并罚;

B. 构成销售不符合安全标准的产品罪;

C. 构成销售伪劣产品罪;

D. 应按照销售伪劣产品罪和销售不符合安全标准的产品罪中的一个重罪定罪处罚。

分析如下:

甲的行为已经触犯了两个法条,形成了法条竞合的关系。《刑法》明确规定适用重法优于轻法原则,因此应当在两个罪名之间选择适用重罪名,故应选BCD。

第二章　危害国家安全罪

学习要求

了解：危害国家安全罪的概念与常见犯罪类型

理解：为境外窃取、刺探、收买、非法提供国家秘密、情报罪的概念与构成

熟悉并能够运用：间谍罪的概念与构成

主要涉及的法条：

第一百一十条　【间谍罪】有下列间谍行为之一，危害国家安全的，处十年以上有期徒刑或者无期徒刑；情节较轻的，处三年以上十年以下有期徒刑：

（一）参加间谍组织或者接受间谍组织及其代理人的任务的；

（二）为敌人指示轰击目标的。

第一百一十一条　【为境外窃取、刺探、收买、非法提供国家秘密、情报罪】为境外的机构、组织、人员窃取、刺探、收买、非法提供国家秘密或者情报的，处五年以上十年以下有期徒刑；情节特别严重的，处十年以上有期徒刑或者无期徒刑；情节较轻的，处五年以下有期徒刑、拘役、管制或者剥夺政治权利。

第一节　危害国家安全罪概述

一、危害国家安全罪的概念

危害国家安全罪是指行为人故意实施的危害中华人民共和国国家主权、领土完整、国家政权和社会主义制度安全的行为。这被认为是我国现行刑法中性质最严重、危害最大的一类犯罪，故置于刑法分则各章之首。

危害国家安全罪作为类罪名，是由我国 1979 年《刑法》分则第一章所规定的“反革命罪”修改而来的。反革命罪的罪名在我国沿用已久，它对于巩固人民民主专政的国家政权和社会主义制度，维护国家安全，都曾起到过巨大的历史作用。但是，随着我国改革、开放的深入发展，国家政治、经济和社会情况的发展变化，反革命罪的罪名的作用在司法实践中遇到了一些新情况、新问题。

鉴于此，现行刑法将反革命罪改为危害国家安全罪。之所以作出这一修改，主要是考虑到我们国家已经从革命时期进入到集中力量进行社会主义现代化建设的历史

新时期，从国家体制和保卫国家整体利益考虑，宪法确立了中国共产党对国家事务的领导作用，从法律角度来看，对危害中华人民共和国的犯罪行为，规定适用危害国家安全罪比适用反革命罪更为合适。这也是为了完善我国的刑事法律制度。

二、危害国家安全罪的构成特征

（一）犯罪的同类客体是中华人民共和国的国家安全

国家安全是国家赖以存在和发展的政治基础和物质基础的安全之总和。对于一个国家来说，国家主权是否独立、领土是否完整且不受威胁、国家是否统一、民族是否团结、政权和政治制度是否稳固等，无不关系着国家的前途和命运。因此，在任何国家，国家安全都始终是刑法加以保护的重要客体，我国刑法当然也不例外。危害国家安全罪的社会危害性极大，在我国刑法分则中是最严重的犯罪，因此，本章所规定的犯罪被列为分则之首。

危害国家安全罪侵犯的客体是我国的国家安全。对于国家安全如何理解，目前在刑法理论上有一定分歧，尚未达成共识。根据我国刑法理论界和有关部门的认识，一般来讲，国家安全的内容主要包括以下几个方面：(1) 领土完整、主权独立和国家统一。(2) 政治制度和文化意识形态的保持。(3) 经济繁荣与科技发展。(4) 国家荣誉的维护与国家影响力的发挥。(5) 国家生存与发展前景的保障。以上几个方面的内容基本上囊括了我国的国家安全的方方面面，在一定程度上反映了国家安全的全貌。危害国家安全罪，都是对中华人民共和国国家安全的整体损害。

（二）犯罪的客观方面表现为行为人实施了危害中华人民共和国国家安全的行为

危害中华人民共和国国家安全的行为，既包括作为，也包括不作为。根据刑法之规定，其具体内容就是指《刑法》第 102 条至第 112 条所规定的各种犯罪行为，即背叛国家，分裂国家，煽动分裂国家，武装叛乱、暴乱，颠覆国家政权，煽动颠覆国家政权，资助危害国家安全犯罪活动，投敌叛变，叛逃，间谍，为境外窃取、刺探、收买、非法提供国家机密、情报，资敌等行为。对于以上规定的各种具体危害国家安全的行为，只要行为人实施了其中之一的，就具备了危害国家安全罪的客观要件。因此，是否具有危害国家安全的行为，是区分罪与非罪以及危害国家安全罪与其他犯罪的界限。

需要注意的是，由于危害国家安全罪在我国刑法分则所规定的各种犯罪中是性质最严重、危害性最大的一类犯罪，对于该类犯罪在客观上只要实施了刑法所规定的各种具体犯罪行为即可，而不需要行为人的犯罪行为对国家安全造成实际的危害结果，即构成了犯罪的既遂。

（三）犯罪的主体必须是达到法定年龄，具有刑事责任能力的人

本类犯罪的主体，大多数是由一般主体构成，即对于大多数危害国家安全罪来说，不论是中国公民，还是外国公民或者是无国籍人，凡是符合犯罪主体条件的，均可以构成该类犯罪的主体。但是根据《刑法》第 17 条第 2 款的规定，已满 14 周岁不满 16 周

岁的未成年人不能构成本类犯罪。

对于少数危害国家安全罪的主体范围在立法上有严格的限制，如背叛国家罪的主体只限于中国公民，叛逃罪的主体只限于中国公民中的国家机关工作人员和其他掌握国家秘密的国家工作人员，等等。除此之外，组织、机构一般不能成为本类犯罪的主体，但根据《刑法》第107条的规定，境内外机构、组织资助境内组织或者个人实施背叛国家、分裂国家、煽动分裂国家、武装叛乱、暴乱、颠覆国家政权、煽动颠覆国家政权等犯罪的，只对直接责任人员以资助危害国家安全犯罪活动罪论处，这里就包含了单位犯罪，在单位作为犯罪主体的情况下，法律规定的是代罚制，即机构、组织犯罪时只追究直接责任人员的刑事责任。

（四）犯罪的主观方面只能出于故意

行为人明知自己的行为会给国家安全造成严重的危害，并且希望或放任这一结果的发生。这就是说，危害国家安全罪在主观方面不仅包括直接故意，而且还包括间接故意。从司法实践的角度来看，尽管绝大多数危害国家安全的犯罪在主观上持的是希望的心理态度，但是也不能完全排除少数犯罪中有时确实存在放任的心理态度。

例如，有的人为了出国、贪财或者恋色等而实施的危害国家安全的行为，尽管行为人在某些情况下并非希望危害国家安全的犯罪结果发生，但却往往持的是一种听之任之的心理态度。对于这种情况，亦应按照危害国家安全罪进行定性处罚。这是因为，我国刑法中所规定的危害国家安全罪只要求是故意即可，而没有特定目的的限制，这样就摒弃了间接故意不能构成危害国家安全罪的传统观点，使间接故意成为危害国家安全罪的罪过形式之一有了可能。

此外，直接故意与间接故意同属于故意犯罪的范畴，倘若对同一犯罪行为，仅因为故意类别不同，一个给予定罪判刑，一个不予刑事追究，对于维护国家安全显然是不利的。因此，危害国家安全罪在主观上把间接故意包括进来，可以更好地打击各种危害国家安全的犯罪活动，从而更有力地维护国家主权和尊严。

三、危害国家安全罪的种类

本章犯罪共规定了12个具体的罪名，可以分成危害国家主权与领土完整的犯罪，危害人民民主政权的犯罪和投敌、间谍与资敌的犯罪三大类型。所涉及的具体罪名有：背叛国家罪，分裂国家罪，煽动分裂国家罪，武装叛乱、暴乱罪，颠覆国家政权罪，煽动颠覆国家政权罪，资助危害国家安全犯罪活动罪，投敌叛变罪，叛逃罪，间谍罪，为境外窃取、刺探、收买、非法提供国家秘密、情报罪，资敌罪。

第二节　危害国家主权与领土完整的犯罪

一、背叛国家罪

（一）背叛国家罪的概念

背叛国家罪，是指勾结外国或与境外组织、机构、个人相勾结，危害中华人民共和国的主权、领土完整和安全的行为。

（二）背叛国家罪的构成特征

1. 本罪侵犯的客体是中华人民共和国主权、领土完整和安全。在这里，"国家主权"，是指国家独立自主地处理自己内外事务、管理自己国家的权力。它包括对内的最高权，即国家对领土内的一切事务以及领土外的本国人实行管理的权力（国际法中另有规定的除外）；对外的独立权，即国家行使权力的自主性和排他性；防止侵犯的自卫权，即国家为维护政治独立和领土完整而对外来侵略或者威胁进行防卫的权力。领土是国家赖以存在的物质条件，领土完整是国家主权的重要组成部分。所谓"领土完整"，不完全是地理意义上的概念，而主要是指国家领土的完整性，即凡属国家领土，均不能丢失，不能被分裂、肢解，不能被侵占。中华人民共和国的国家主权和国家领土的完整及不受侵犯，是我国国家安全的最重要的内容之一。而背叛国家罪作为危害国家安全罪的一种，由于其侵犯中华人民共和国的主权、领土完整和安全，是最严重、最危险的危害国家安全的犯罪，故我国刑法将其规定在刑法分则第一章之首。

2. 本罪在客观上表现为行为人实施了勾结外国或者境外机构、组织、个人，危害中华人民共和国主权、领土完整和安全的行为。在这里，所谓"勾结外国"，是指行为人通过各种方式与外国政府、政党、政治集团以及其他代表人物联络，进行危害国家主权、领土完整和安全的组织、策划等活动。所谓"勾结境外机构、组织、个人"是指与境外机构、组织、个人密谋策划，进行危害国家安全的犯罪活动。在这里，"境外机构"，是指中国边境以外的国家或地区的官方性组织；"境外组织"，是指中国边境以外的国家或地区的社会性团体等；"境外个人"，是指外国公民、无国籍人以及外籍华人等。所谓"危害中华人民共和国主权、领土完整和安全的行为"，通常是指与外国签订丧权辱国的条约，出卖国家主权；或者出卖国家领土，破坏领土完整；或者与外国通谋或者合谋，制造两国争端，甚至串通外国向我国发动侵略战争，危害国家安全等等。

一般来讲，背叛国家罪在客观上是由前后紧密相连的两个方面的行为构成的，勾结外国或者境外机构、组织、个人是构成本罪的客观前提和手段，而危害国家主权、领土完整和安全的行为则是构成本罪特定的客观内容和要求。只有上述两方面的内容有机地结合在一起，才能构成本罪的全部法定客观要件。从当前的司法实践看，背叛国家的行为，往往是通过境外的组织、个人进行，外国也往往是在一些民间组织、个人的掩护下进行的，故当前斗争的重点，经常是与境外机构、组织、个人进行。

由于背叛国家罪是一种性质最为严重、危害性最大的危害国家安全的犯罪,因此,本罪的成立,不是以行为人的行为已经造成了对国家主权、领土完整和安全的实际危害为条件,而是只要求行为人实施了刑法所规定的构成该罪的客观行为即可构成。也就是说,只要行为人实施了勾结外国或者境外机构、组织、个人,危害中华人民共和国主权、领土完整和安全的行为,不管是采取何种方式进行勾结的,也不管其犯罪行为有无发生实际危害结果,均已构成本罪的既遂。

3. 本罪的主体是特殊主体,只能由具有特定身份的中国人才能构成。由于背叛国家罪是行为人对自己国家的背叛,所以外国人和无国籍人不能构成本罪的主体。

4. 本罪在主观上只能出于直接故意。即行为人明知自己勾结外国或者境外机构、组织、个人的行为会危害中华人民共和国主权、领土完整和安全,并且希望这种结果发生。间接故意和过失不可能构成这种犯罪。

(三) 背叛国家罪的刑事责任

根据《刑法》第102条、第113条规定,犯本罪的,处无期徒刑或10年以上有期徒刑,可以并处没收财产。对国家和人民危害特别严重、情节特别恶劣的,可以判处死刑,可以并处没收财产。同时依照《刑法》第56条的规定,应当附加剥夺政治权利。

二、分裂国家罪

(一) 分裂国家罪的概念与构成特征

分裂国家罪,是指组织、策划、实施分裂国家,破坏国家统一的行为。

1. 本罪的直接客体是国家的统一与民族的团结。我国是一个统一的多民族的国家。国家的统一,民族的团结,是我们顺利地进行社会主义现代化建设和改革开放事业的前提和基本保证,也是全国各族人民根本利益之所在。因此,一切国内外的敌对势力和敌对分子无不将其作为对我国进行颠覆、破坏的矛头所向。他们为了达到某种不可告人的政治目的,总是企图通过各种方式来对其进行分裂和破坏。因此,他们所侵犯的社会关系就是我们国家的统一与民族的团结。

2. 本罪在客观方面表现为组织、策划、实施各种分裂国家的活动,企图破坏我国各民族相互团结、各地区相互统一的行为。

在这里,所谓"组织"是指行为人为了分裂国家而按一定的形式将分散的人集合起来使之具有一定的系统性或者整体性。这里的"组织"既包括犯罪预备过程中的组织行为,也包括犯罪实行过程中的组织行为。所谓策划是指行为人为了分裂国家而暗中进行密谋、筹划。所谓"实施"是指行为人已经着手、正式开始实行分裂国家的行为。所谓"分裂国家"是指行为人公然抗拒中央统一领导,割据一方谋求独立。所谓"破坏国家的统一与民族的团结"是指采取制造民族矛盾、引发民族冲突、制造民族隔阂等方法,破坏各民族的团结和各地区的统一。

以上各方面要素的有机组合,就构成了分裂国家罪在客观上的全部法定构成要件。值得注意的是,由于本罪的性质非常严重,构成本罪,只要行为人在客观上实施了分裂国家的行为即可,而不需要有实际危害结果的发生。

3. 本罪的主体是一般主体,凡是年满16周岁,具有刑事责任能力的人,均可以构成本罪的主体。从司法实践的角度来看,构成本罪的主体主要是那些窃据党和国家领导权的野心家与有一定社会地位和社会影响的知名人物以及某些反动的民族分裂主义分子。当然,在某些特定的情况下,一般公民也可以构成本罪的主体。

4. 本罪在主观上只能出于直接故意。即行为人明知自己分裂国家的行为会造成破坏国家统一的危害结果,并且希望这种结果发生。间接故意和过失不能构成本罪。

(二)分裂国家罪的认定

1. 本罪与非罪的界限。认定分裂国家罪主要应把握两点:一是看行为人有无分裂国家、破坏国家统一的犯罪目的;二是看有无组织、策划、实施分裂国家、破坏国家统一的行为。只有二者同时具备,才能构成本罪。如果某些人出于狭隘民族主义或者地方主义情绪,在思想上附和、倾向于民族或者地方分裂主义分子,但是没有参加组织、策划、实施分裂国家、破坏国家统一的活动的;或者由于对国家的民族政策、地方政策不理解,而实施一些错误行为,但是在主观上没有分裂国家、破坏国家统一的犯罪目的的,均不应认定为犯罪,更不能以分裂国家罪论处。

2. 本罪与背叛国家罪的界限。分裂国家的行为从广义上来讲也属于一种背叛国家的行为,但由于刑法已经将这一方面的行为从背叛国家的行为中独立出来,对于这两种犯罪应注意划清它们之间的界限。从犯罪构成的角度来考察,二者之间的主要区别在于:

(1)犯罪客体不同。前者侵犯的客体是国家的统一与民族的团结;后者侵犯的客体为中华人民共和国主权、领土完整和安全。虽然前者与后者都涉及对国家领土完整的危害,但前者对国家领土的危害,是将我国的一部分领土分离出去,制造地方"独立"的割据局面,实质上是以破坏国家统一而危害国家安全;而背叛国家罪对国家领土的危害,则是向外国出卖国家主权,出让国家领土,或者策动外国向我国发动侵略战争、侵占我国领土,实质上是以出卖国家主权、出让国家领土或者破坏国家领土安全而危害国家安全。

(2)客观方面不同。前者在客观上表现为组织、策划、实施各种分裂国家的活动,企图破坏我国各民族相互团结、各地区相互统一的行为;后者在客观上表现为行为人实施了勾结外国或者境外机构、组织、个人,危害中华人民共和国主权、领土完整和安全的行为。

(3)犯罪主体不同。前者的主体是一般主体;而后者的主体只能是特殊主体,即中国公民。

(4)犯罪的主观内容不同。前者以分裂国家、破坏国家统一为故意的内容;后者则是以危害国家主权、领土完整和安全为故意的内容。

(三)分裂国家罪的刑事责任

根据《刑法》第103条第1款、第106条、第113条规定,犯本罪的,对首要分子或者罪行重大者,处无期徒刑或者10年以上有期徒刑,可以并处没收财产。对国家和人民危害特别严重、情节特别恶劣的,可以判处死刑,可以并处没收财产。对积极参加者,处3年以上10年以下有期徒刑,可以并处没收财产。对其他参加者,处3年以下有期徒刑、拘役、管制或者剥夺政治权利,可以并处没收财产。与境外机构、组织、个人相勾结,犯分裂国家罪的,从重处罚。同时,根据《刑法》第56条的规定,犯本罪的,应当附加剥夺政治权利。

三、煽动分裂国家罪

(一) 煽动分裂国家罪的概念

煽动分裂国家罪,是指煽动分裂国家、破坏国家统一的行为。

(二) 煽动分裂国家罪的特征

1. 本罪侵犯的直接客体是国家的统一与民族的团结。

2. 本罪在客观上表现为行为人实施了煽动分裂国家、破坏国家统一的行为。即以怂恿、鼓动、号召等方式煽动分裂国家、破坏中华人民共和国国家统一和民族团结的行为。从司法实践的角度来考察,煽动分裂国家的行为,其表现形式是多种多样的,既可以是口头的,如发表分裂国家的演讲、呼喊分裂国家的口号等;也可以是书面的,如张贴、散发带有分裂国家内容的标语、传单等。

需要指出的是,煽动分裂国家罪属于行为犯,并不要求行为人所实施的煽动行为,在客观上已经造成分裂国家、破坏国家统一的实际危害结果,也不要求被煽动的对象实际实施了分裂国家、破坏国家统一的行为。只要行为人实施了煽动分裂国家、破坏国家统一的行为,即可构成本罪。

3. 本罪的主体为一般主体。凡是年满16周岁,具有刑事责任能力的人均可构成本罪的主体。

4. 本罪在主观上必须出于直接故意,且以分裂国家为目的。也即,行为人明知自己煽动分裂国家的行为会造成破坏国家统一的危害结果,并且希望这种危害结果发生。由于本罪的构成在主观上对行为人有特定的要求,即以分裂国家为目的,如果行为人在客观上虽有煽动的行为,但不是以分裂国家为目的,则不能构成本罪,而只能依照刑法所规定的其他犯罪处理。

(三) 煽动分裂国家罪的刑事责任

根据《刑法》第103条第2款、第106条的规定,犯本罪的,处5年以下有期徒刑、拘役、管制或者剥夺政治权利;首要分子或者罪行重大的,处5年以上有期徒刑;与境外机构、组织、个人相勾结犯本罪的,从重处罚。另外,根据《刑法》第56条、第113条第2款的规定,犯本罪的,应当附加剥夺政治权利,可以并处没收财产。

第三节　危害人民民主专政政权的犯罪

一、武装叛乱、暴乱罪

（一）武装叛乱、暴乱罪的概念

武装叛乱、暴乱罪，是指组织、策划、实施武装叛乱、武装暴乱的行为。

（二）武装叛乱、暴乱罪的构成特征

1. 本罪的客体，是我国的人民民主专政的政权和社会主义制度。由于武装叛乱、武装暴乱将其矛头直接指向人民民主专政的国家政权和社会主义制度，并且采取武装对抗的方式，因而对国家安全具有严重的危害性。

2. 本罪的客观方面，表现为组织、策划、实施武装叛乱或者武装暴乱的行为。武装叛乱和武装暴乱都表现为纠集多人制造暴力性骚乱事件，进行杀伤、抢掠、损毁活动，造成社会秩序的严重动荡，使人民群众的生命、财产安全以及国家利益蒙受重大损失。二者的区别在于，叛乱行为是指投靠境外组织或境外反动势力，聚众实施武力对抗的行为。暴乱则不具有投靠境外敌对势力的目的。组织武装叛乱或者武装暴乱，是指纠集、网罗人员以进行武装叛乱、暴乱的行为；策划武装叛乱、武装暴乱，是指为武装叛乱、暴乱行为出谋划策，制订叛乱、暴乱计划、方案的行为；实施武装叛乱或者武装暴乱，是指将叛乱、暴乱行为具体实行的行为。

此外，《刑法》第 104 条规定，策动、胁迫、勾引、收买国家机关工作人员、人民警察、武装部队人员、民兵进行武装叛乱或者武装暴乱的，也构成本罪。这就意味着，本罪除了策划、组织、实施三种行为方式之外，对国家机关工作人员、武装部队人员、人民警察、民兵这四类特定的对象，还可以实施策动、胁迫、勾引、收买等行为。“策动”是指鼓动他人进行武装叛乱、暴乱；“胁迫”，是指以暴力或以其他内容相威胁，逼迫他人进行武装叛乱、暴乱；“勾引”是指以地位、美色、名誉等相引诱，诱使他人进行武装叛乱、暴乱的行为；“收买”是指以金钱、物资等为代价，收买他人进行武装叛乱、暴乱的行为。有以上行为之一的，即可构成本罪。

3. 本罪主体为一般主体。

4. 本罪主观上出于故意。即明知是武装叛乱、暴乱的行为而实施。如果行为人不知道自己参加的是武装叛乱、武装暴乱，则不构成本罪；构成其他犯罪的，按照其他犯罪予以处理。

（三）武装叛乱、暴乱罪的认定

1. 罪与非罪的界限。认定武装叛乱、暴乱罪主要应把握两点：一是行为人在主观上具有推翻人民民主专政的国家政权和社会主义制度的目的；二是行为人实施了使用武装的形式同国家和政府公然对抗的行为。只有二者同时具备，才能以武装叛乱、暴乱罪论处。在司法实践中,特别应当注意划清的是本罪与群众闹事的界限。群众闹事的行为,虽然有时也会出现聚众冲击国家机关、殴打国家机关工作人员、毁坏财物等情况,但它不是用武装的形式同国家和政府相对抗。另外,群众闹事的原因,常常是由于群众对国家的某些政策不理解,或者提出某些要求未得到满足,或者由于某些部门的官僚主义,对问题处理不当,致使矛盾激化,发生聚众闹事。参加闹事的群众绝大多数不具有推翻国家政权的犯罪目的。尽管在群众闹事时,会混入个别具有危害国家安全意图的犯罪分子或者其他分子,但是应当把他们同参加闹事的绝大多数群众严格区分开来。对于参加闹事的群众应当以教育为主,引导他们走上党和国家政策、法律的轨道;对于个别趁机进行犯罪活动的分子,应依法惩处。

2. 一罪与数罪的界限。在武装叛乱或者暴乱实施的过程中,犯罪分子往往同时实施杀人、放火、爆炸、抢劫公私财物、扰乱社会秩序等破坏活动,由于这些行为均属于本罪客观方面的表现形式的重要组成部分,在定罪时不应数罪并罚,只按本罪定性处罚即可。但是,如果行为人在武装叛乱或者暴乱之外还犯有其他罪行的,则应当实行数罪并罚。

3. 本罪的既遂与未遂的界限。武装叛乱、暴乱罪在客观上包括组织、策划和实施三个方面的行为,也就是说这三种行为已包括犯罪的预备行为和实行行为在内。那么区分本罪的既遂与未遂,既不能以是否进行密谋筹划为标准,也不能以是否造成严重后果为标准,而只能以武装叛乱或者暴乱这一实行行为是否着手为标准。凡是着手实施了武装叛乱或者暴乱行为的即为既遂,反之,在着手以后武装叛乱或者暴乱尚未开始以前因某种客观原因的障碍而没有成功的,则为未遂。

(四) 武装叛乱、暴乱罪的刑事责任

根据《刑法》第 104 条规定,犯本罪的,对首要分子或者罪行重大的,处无期徒刑或者 10 年以上有期徒刑;对积极参加者,处 3 年以上 10 年以下有期徒刑;对其他参加者,处 3 年以下有期徒刑、拘役、管制或者剥夺政治权利。

根据《刑法》第 106 条规定,与境外组织、机构、个人相勾结,实施武装叛乱、暴乱罪的,从重处罚。同时,根据《刑法》第 113 条规定,犯武装叛乱、暴乱罪,对国家和人民危害特别严重,情节特别恶劣的,可以判处死刑;可以并处没收财产。

根据《刑法》第 56 条规定,犯本罪,除单处剥夺政治权利的外,应当附加剥夺政治权利。

二、颠覆国家政权罪

(一) 颠覆国家政权罪的概念和主要特征

颠覆国家政权罪是指行为人组织、策划、实施颠覆国家政权、推翻社会主义制度的行为。

本罪的主要特征是:

1. 本罪的客体是我国人民民主专政的国家政权和社会主义制度。在这里,人民

民主专政的国家政权就是我国的国体，也就是工人阶级领导的、以工农联盟为基础的人民民主专政的国家政权。刑法意义上使用的国家政权是广义的，它不仅包括中央一级国家政权，还包括地方各级人民政权。至于社会主义制度，就目前而言，是指建立在公有制为主、多种所有制并存这一经济基础之上的社会制度，它主要包括有中国特色的政治、经济、文化、教育和军事制度等方面的内容。人民民主专政的国家政权和社会主义制度虽然各有其特定的内涵，然而它们二者是紧密联系、不可随意分割的。这是因为，没有人民民主专政的国家政权就没有社会主义制度，而没有社会主义制度就不可能使人民民主专政的国家政权得以巩固和发展。因此，任何颠覆国家政权的行为，都从根本上损害了我国的社会主义制度，而任何推翻社会主义制度的行为，也从根本上损害了人民民主专政的国家政权。

2. 本罪在客观方面表现为行为人实行了组织、策划、实施颠覆国家政权、推翻社会主义制度的行为。本罪在客观上的行为方式有组织、策划、实施三种。在这里，所谓“组织”是指行为人为了颠覆国家政权、推翻社会主义制度而采取一定的方式将分散的人员聚拢在一起而使之具有系统性和整体性。所谓“策划”是指行为人为了颠覆国家政权、推翻社会主义制度而暗中进行密谋筹划。所谓“实施”则是行为人已经着手、正式开始实行颠覆国家政权、推翻社会主义制度的行为。以上三种行为方式，只要行为人实施了其中之一，即可构成犯罪，而不需要全部具备。还需要指出的是，由于颠覆国家政权罪是一种性质严重、非常危险的犯罪，因此只要行为人实施了颠覆国家政权、推翻社会主义制度的行为，即可构成本罪。至于行为人的行为是否已经造成颠覆国家政权、推翻社会主义制度的实际危害后果，对于本罪的成立不发生影响。

3. 本罪的主体属于一般主体。凡是年满 16 周岁，具有刑事责任能力的人，均可以构成本罪的主体。但是从司法实践的角度来看，本罪的主体主要是在中央和地方窃据党和国家重要职务的野心家、阴谋家。在某些特定情况下，一般公民也可以成为本罪的主体。

4. 本罪在主观上只能是直接故意。即行为人明知自己实施的是颠覆国家政权、推翻社会主义制度的犯罪行为并且决意而为之。间接故意和过失不可能构成本罪。

（二）颠覆国家政权罪的处罚

根据《刑法》第 105 条第 1 款、第 106 条、第 56 条第 1 款、第 113 条第 2 款之规定，犯颠覆国家政权罪的，对首要分子或者罪行重大的，处无期徒刑或者 10 年以上有期徒刑；对积极参加的，处 3 年以上 10 年以下有期徒刑；对其他参加的，处 3 年以下有期徒刑、拘役、管制或者剥夺政治权利。与境外机构、组织、个人相勾结，实施本罪的，依照前述规定从重处罚。犯本罪的，除单处剥夺政治权利者外，还应当附加剥夺政治权利，并且可以并处没收财产。

三、煽动颠覆国家政权罪

（一）煽动颠覆国家政权罪的概念和主要特征

煽动颠覆国家政权罪是指行为人以造谣、诽谤或者其他方式煽动颠覆国家政权、推翻社会主义制度的行为。本罪的主要特征是：

1. 本罪侵犯的客体是我国人民民主专政的国家政权和社会主义制度。

2. 本罪在客观上表现为行为人实施了以造谣、诽谤或者其他方式煽动颠覆国家政权、推翻社会主义制度的行为。在这里，所谓“造谣”，是指行为人为了达到颠覆国家政权、推翻社会主义制度的目的而捏造某些诋毁政府声誉的虚假消息来迷惑群众。所谓“诽谤”，是指行为人凭空编造某些虚假情况或者情节在社会上加以散布，借以诋毁政府声誉或者败坏政府领导人的人格和名誉。所谓“其他方式”，是指除了造谣和诽谤这两种行为方式以外的其他煽动行为，诸如发表颠覆国家政权的演讲，散布带有颠覆国家政权色彩的标语、传单等。以上三方面的行为方式，只要行为人实施了其中之一，即可作为本罪加以处理，至于行为人的行为有无造成实际的危害后果以及被煽动人是否听信煽动，对于构成本罪不发生影响。

3. 本罪的主体属于一般主体。凡是年满 16 周岁，具有刑事责任能力的人，均可以构成本罪的主体。

4. 本罪在主观上只能是直接故意，且以颠覆国家政权、推翻社会主义制度为主观故意的特定内容。如果行为人所实施的煽动行为不是以颠覆国家政权为特定的内容，则不能作为本罪加以处理。

（二）煽动颠覆国家政权罪的认定

1. 本罪与煽动分裂国家罪的界限。这两种犯罪在客观上都具有煽动的行为存在，在主观上都出于直接故意。它们之间的区别主要在于：(1) 主观故意的内容不同。前者以颠覆国家政权、推翻社会主义制度为内容；后者以分裂国家、破坏国家统一为内容。(2) 客观表现形式不同。前者表现为行为人实施了以造谣、诽谤或者其他方式煽动颠覆国家政权、推翻社会主义制度的行为；后者则表现为行为人煽动群众实施分裂国家、破坏国家统一的行为。

2. 本罪与危害国家安全罪教唆犯的界限。这两方面的犯罪都有教唆的性质，但是二者又有区别。它们的区别是：(1) 主观故意内容不同。前者主观故意的内容是确定的，即以颠覆国家政权、推翻社会主义制度为内容；而后者的主观故意内容则是不确定的，只能依教唆人所教唆的具体犯罪的内容而定。(2) 犯罪形态不同。前者只要行为人实施了法定的煽动行为，不管被煽动人是否接受了教唆，均构成犯罪既遂；后者的既遂与否，则完全以被教唆人为转移，若被教唆人犯了被教唆之罪的为既遂，若被教唆人未犯教唆之罪的为未遂。(3) 罪名与法定刑不同。前者是独立的罪名，又具有独立的法定刑，只要依照《刑法》第 105 条第 2 款所规定的罪名和法定刑适用即可；而后者没有自己独立的罪名和法定刑，只能依教唆人所教唆的某一具体犯罪进行定性处罚。

（三）煽动颠覆国家政权罪的处罚

根据《刑法》第105条第2款、第106条、第56条第1款、第113条第2款之规定，犯煽动颠覆国家政权罪的，处5年以下有期徒刑、拘役、管制或者剥夺政治权利；首要分子或者罪行重大的，处5年以上有期徒刑。与境外机构、组织、个人相勾结，实施本罪的，依照前述规定从重处罚。犯本罪的，除单处剥夺政治权利者外，还应当附加剥夺政治权利，并且可以并处没收财产。

第四节　投敌、间谍、资敌的犯罪

一、资助危害国家安全犯罪活动罪

（一）资助危害国家安全犯罪活动罪的概念和主要特征

资助危害国家安全犯罪活动罪是指境内外机构、组织或者个人资助实施背叛国家罪、分裂国家罪、煽动分裂国家罪、武装叛乱、暴乱罪、颠覆国家政权罪、煽动颠覆国家政权罪的行为。本罪的主要特征是：

1. 本罪侵犯的客体是中华人民共和国的国家安全。

2. 本罪在客观上表现为行为人资助了实施背叛国家罪、分裂国家罪、煽动分裂国家罪、武装叛乱、暴乱罪、颠覆国家政权罪、煽动颠覆国家政权罪的行为。在这里，所谓"资助"是指向实施危害国家安全的犯罪活动的有关机构、组织或者个人提供经费、场所和物资。资助的对象即被资助人只能是实施了刑法所规定的背叛国家罪、分裂国家罪、煽动分裂国家罪、武装叛乱、暴乱罪、颠覆国家政权罪、煽动颠覆国家政权罪的有关机构、组织或者个人。如果行为人资助的对象不是刑法所规定的实施上述几种特定犯罪的有关机构、组织或者个人，而是这些犯罪以外的其他危害国家安全的犯罪的有关机构、组织或者个人，则不能按照本罪处理，而只能以其他犯罪的共犯处理。如果行为人在实施资助上述犯罪活动之外，又实施其他危害国家安全的犯罪的，则应当实行数罪并罚。

3. 本罪的主体是境内外机构、组织或者个人。既包括自然人，也包括单位。只不过在单位犯罪的情况下，只追究其直接责任人员的刑事责任而已。

4. 本罪在主观上只能出于故意。即行为人明知自己资助实施的是刑法所规定的背叛国家罪、分裂国家罪、煽动分裂国家罪、武装叛乱、暴乱罪、颠覆国家政权罪、煽动颠覆国家政权罪等犯罪活动的有关机构、组织或者个人，而故意向他们提供经费、场所和物资。如果行为人在主观上是出于过失，则不能构成本罪。

（二）资助危害国家安全犯罪活动罪的认定

1. 本罪与危害国家安全罪的帮助犯的界限。由于资助危害国家安全犯罪活动罪是一个独立的罪名，其犯罪构成的特征有特定的要求，凡是资助刑法中所规定的背叛国家罪、分裂国家罪、煽动分裂国家罪、武装叛乱、暴乱罪、颠覆国家政权罪、煽动颠覆国家政权罪等犯罪活动的,一律依照本罪处理。如果行为人资助的是刑法所规定的上述犯罪以外的其他危害国家安全的犯罪的,则只能视为该种犯罪的帮助犯,依照共同犯罪的有关规定进行处理。

2. 本罪的一罪与数罪的界限。资助危害国家安全犯罪活动罪是一个独立的罪名,因此只要行为人实施了资助危害国家安全犯罪的活动即可构成本罪。如果行为人在实施非法资助的同时,又参与了其他的危害国家安全的犯罪活动的,则应当实行数罪并罚。

(三) 资助危害国家安全犯罪活动罪的处罚

根据《刑法》第 107 条、第 56 条第 1 款、第 113 条第 2 款之规定,犯资助危害国家安全犯罪活动罪的,对直接责任人员,处 5 年以下有期徒刑、拘役、管制或者剥夺政治权利;情节严重的,处 5 年以上有期徒刑。犯本罪的,除单处剥夺政治权利者外,还应当附加剥夺政治权利,并且可以并处没收财产。

二、投敌叛变罪

(一) 投敌叛变罪的概念和主要特征

投敌叛变罪是指中国公民背叛国家、投奔敌方,或者在被捕、被俘后投降敌人,进行危害国家安全活动的行为。本罪的主要特征是:

1. 本罪侵犯的客体是中华人民共和国的国家安全。

2. 本罪在客观上表现为行为人实施了背叛国家、投奔敌方,或者在被捕、被俘后投降敌人,进行危害国家安全活动的行为。在这里,投敌叛变主要是指投奔国外的敌对势力,既可以是自己主动投奔敌人营垒,也可以是被教唆投奔敌人营垒或者在被捕、被俘以后经不住考验而投降敌人。既可以是投奔敌人控制区,也可以是与敌人建立关系后接受敌人任务潜伏在我内部进行危害国家安全的活动,还可以是投奔与我为敌的国家驻我使、领馆。只要行为人的行为符合上述行为之一的,都可以构成本罪。

3. 本罪的主体属于特殊主体,即只能是具有中华人民共和国国籍的人才能构成。从司法实践的角度来看,既包括国家机关工作人员、武装部队人员、人民警察、民兵,也包括除了以上人员之外的其他中国公民。

4. 本罪在主观上只能出于直接故意,且以投奔敌人为目的。也就是说,行为人明知自己的行为是投敌叛变的行为,并且决意而为之。间接故意和过失不能构成本罪。

(二) 投敌叛变罪的认定

1. 本罪与一般变节行为的界限。一般而言,中国公民,包括国家机关工作人员、武装部队人员、人民警察、民兵被敌人逮捕或者俘虏后,向敌人自白、悔过,但并未向敌人出卖组织、提供情报或者从事危害国家安全活动的,属于一般变节行为。对于一般变节行为,只要行为人不是心甘情愿地投降敌人,没有帮助敌人进行危害国家安全的活动,一般可以不作为投敌叛变罪论处,但有关主管部门可根据实际情况给予一定的行政处分。

2. 本罪与背叛国家罪的界限。投敌叛变罪就其本质而言,也是一种背叛国家的行为,但由于刑法是将本罪与背叛国家罪作为两种不同的犯罪加以规定的,应注意划清它们之间的界限。二者之间的区别主要表现在:(1)犯罪故意的内容不同。前者是为了投奔敌人或者投降敌人后进行危害国家安全的犯罪活动;后者则是勾结外国或者境外机构、组织、个人,企图危害国家的主权、领土完整和安全。(2)客观行为方式不同。前者是背叛国家、投奔敌方,或者在被捕、被俘后投降敌人,进行危害国家安全活动的行为;后者是勾结外国或者境外机构、组织、个人,危害中华人民共和国主权、领土完整和安全的行为。

(三)投敌叛变罪的处罚

根据《刑法》第108条、第113条、第56条第1款之规定,犯投敌叛变罪的,处3年以上10年以下有期徒刑;情节严重或者带领武装部队人员、人民警察、民兵投敌叛变的,处10年以上有期徒刑或者无期徒刑;对国家和人民危害特别严重,情节特别恶劣的,可以判处死刑。犯本罪的,应当附加剥夺政治权利,并且可以并处没收财产。

三、叛逃罪

(一)叛逃罪的概念和主要特征

叛逃罪是指国家机关工作人员或者其他掌握国家秘密的国家工作人员在履行公务期间,擅离岗位,叛逃境外或者在境外叛逃的行为。本罪的主要特征是:

1. 本罪的客体是中华人民共和国的国家安全。

2. 本罪在客观上表现为行为人在履行公务期间,擅离岗位,叛逃境外或者在境外叛逃的行为。在这里,行为人叛逃的时间必须是在履行公务期间,若非在此期间,则不能构成本罪。所谓"履行公务期间"是指国家工作人员在任职期间,例如在境内履行职责、从事公务期间,或者在境外因公进行访问考察、参加会议或在我驻外机构工作期间等。所谓"擅离岗位"是指未经批准,私自离开工作岗位。如果不是擅离岗位,如在经过批准到国外探亲期间出逃,也不能构成本罪。所谓"叛逃",即叛变出逃,投靠境外的机构、组织。行为人叛逃的地点可以是从境内叛逃境外,也可以是在境外直接叛逃。刑法对于叛逃罪的规定,原来需要具备"危害中华人民共和国国家安全"要素,但《刑法修正案(八)》已删除这一要素,使得叛逃罪的成立不再需要行为人另外实施"危害中华人民共和国国家安全"行为,将本罪修改为行为犯,行为人只要实施叛逃行为,本身就认为造成了危害国家安全的结果(抽象危险结果)。如果叛逃之后另外实施其他危害国家安全的行为,应当数罪并罚。

3. 本罪的主体属于特殊主体,即主要由国家机关工作人员构成,但掌握国家秘密的国家工作人员也可以成为该罪犯罪主体。在这里,国家机关工作人员是指在国家各级权力机关、各级行政机关、各级司法机关中依照法律从事公务的人员。在国家机关中从事劳务活动的勤杂人员,不属于国家机关工作人员。鉴于在现代经济发展中,科技、经济方面的秘密在国家秘密中占有很大的比重,而掌握这一方面秘密的不一定全部是国家机关工作人员,如果这些人在履行公务期间叛逃,同样会给国家安全造成严重危害,所以《刑法》第109条第2款将“掌握国家秘密的国家工作人员”也纳入了本罪的主体范围。

4. 本罪在主观上只能出于故意。即行为人明知自己叛逃的行为是背叛国家的行为,并且决意而为之。过失不能构成本罪。

【实例分析2-1】

对上述内容,可从下例分析中深化认识:甲系海关工作人员,被派往某国考察。甲担心自己放纵走私被查处,拒不归国。为获得庇护,甲向某国难民署提供我国从未对外公布且影响我国经济安全的海关数据。关于本案,下列哪一选项是错误的?

A. 甲构成叛逃罪;

B. 甲构成为境外非法提供国家秘密、情报罪;

C. 对甲不应数罪并罚;

D. 即使《刑法》分则对叛逃罪未规定剥夺政治权利,也应对甲附加剥夺1年以上5年以下政治权利。

分析如下:

(1) 海关工作人员系国家机关工作人员,被派往某国考察系属履行公务期间,甲拒不归国属在境外叛逃,可构成叛逃罪。选项A正确。

(2) 我国从未对外公布且影响我国经济安全的海关数据属国家秘密,外国难民署属境外机构,甲向其提供该秘密,构成为境外非法提供国家秘密、情报罪。选项B正确。

(3) 甲叛逃之后又实施其他危害国家安全行为,应当数罪并罚。选项C错误。

(4)《刑法》第56条第1款规定,对于危害国家安全的犯罪分子应当附加剥夺政治权利,亦即必须附加剥夺政治权利。D选项正确。

综上,上述问题的合适选项是C。

(二) 叛逃罪的认定

1. 本罪与非罪的界限。关键在于考察行为人在主观上有无叛逃的目的,客观上是否实施了叛逃的行为。如果国家机关工作人员在境外履行公务期间,由于受到境外机构、组织、个人的阻挠,或者遇到其他难以克服的客观障碍,而被迫滞留境外,则不能构成本罪。

2. 本罪与背叛国家罪的界限。叛逃罪就其本质而言,也是一种背叛国家的行为,但由于刑法将这两种犯罪是分开加以规定的,因此它们就属于两种性质不同的犯罪。两者的区别是:(1) 客观行为方式不同。前者是行为人在履行公务期间,擅离岗位,叛逃境外或者在境外叛逃的行为;后者则是行为人勾结外国或者境外机构、组织、个人,实施危害中华人民共和国主权、领土完整和安全的行为。(2) 犯罪主体不同。前者的犯罪主体是特殊主体,即只能是国家机关工作人员和掌握国家秘密的国家工作人员;后者的主体虽然也是特殊主体,但其主体范围较之前者要广得多,不仅包括国家工作人员,还包括一般中国公民。

3. 本罪与投敌叛变罪的界限。这两种犯罪在本质上都带有背叛国家的性质,在客观上都具有叛变的行为,在主观上都属于故意犯罪的范畴。它们之间的区别是:(1) 客观行为表现方式不同。前者是行为人在履行公务期间,擅离岗位,叛逃境外或者在境外叛逃的行为;后者是行为人背叛国家、投奔敌方,或者在被捕、被俘后投降敌人,进行危害国家安全活动的行为。(2) 实施叛变行为的时间要求不同。前者只能发生在国家工作人员履行公务期间;而后者可以发生在任何时间。(3) 犯罪主体不同。前者的主体是特殊主体,只能由国家机关工作人员和掌握国家秘密的国家工作人员构成;后者的犯罪主体是一般主体,任何中国公民均可以构成。(4) 主观故意的内容不同。前者的行为人在主观上不具有投奔或者投降敌人的目的;后者的行为人在主观上则必须具有这种犯罪目的。

(三) 叛逃罪的处罚

根据《刑法》第 109 条、第 113 条第 2 款、第 56 条第 1 款之规定,犯叛逃罪的,处 5 年以下有期徒刑、拘役、管制或者剥夺政治权利;情节严重的,处 5 年以上 10 年以下有期徒刑。犯本罪的,除单处剥夺政治权利者外,还应当附加剥夺政治权利,并且可以并处没收财产。掌握国家秘密的国家工作人员叛逃境外或者在境外叛逃而犯本罪的,从重处罚。

四、间谍罪

(一) 间谍罪的概念和主要特征

间谍罪是指行为人参加间谍组织或者接受间谍组织及其代理人的任务以及为敌人指示轰击目标的行为。本罪的主要特征是:

1. 本罪侵犯的客体是中华人民共和国国家安全,其主要矛头是指向我国的人民民主专政的国家政权。间谍活动的犯罪对象,主要是关系着国家安全的国家秘密或情报,当然也可能涉及例如暗杀、爆炸、培植代理人等。所谓"国家秘密",是指关系到我国国家安全和利益的,依照法定程序确定的,在一定时间内只限一定范围的人知悉的事项。"情报"有广义与狭义之分。广义的情报包括国家秘密在内;狭义的情报仅指除国家秘密之外的,涉及国家的政治、经济、军事、外交、科技等方面尚未公开或者不宜公开的内部情况、信息和资料等。间谍罪的行为人,主要是通过刺探、窃取我国的国家秘密或情报,甚至爆炸、暗杀、培植代理人等危害我国的国家安全。

2. 本罪在客观上表现为行为人参加间谍组织或者接受间谍组织及其代理人的任务以及为敌人指示轰击目标的行为。具体而言,本罪在客观上有两个方面的行为:

一是参加间谍组织或者接受间谍组织及其代理人的任务。这里所说的"间谍组织”,是指外国政府或者境外的敌对势力建立的旨在搜集我国情报,进行颠覆破坏活动等,危害我国国家安全和利益的组织。“参加间谍组织”是指行为人履行一定的手续,加入间谍组织,成为间谍组织的成员。“接受间谍组织及其代理人的任务”,是指接受间谍组织及其代理人的派遣、命令、指使或委托,执行窃取、刺探我国情报,建立间谍网络,或者颠覆破坏等任务。这里所说的间谍组织的“代理人”,是指受间谍组织或者其成员的指使、委托、资助,而又授意、指使他人进行危害中华人民共和国国家安全活动的人。凡是接受间谍组织及其代理人的任务的,不论其是否参加了间谍组织,即可构成本罪。

二是为敌人指示轰击目标的行为。这里所说的“敌人”,主要是指战时与我方交战的敌对国或者敌方,也包括非交战时采用轰击方式袭击我国领土的敌国或敌方。“指示轰击目标”,是指为敌人指明、显示其所轰炸、袭击的我方目标的方位、特征以及出现的时间、路线等。指示轰击目标的手段多种多样,如发电报、打电话、写信、点火堆、放信号弹等。不论行为人采取何种手段,也不论指示的目标是否有误,造成的危害结果如何,均不影响本罪的成立。

3. 本罪的主体是一般主体,即无论是中国公民,还是外国公民、无国籍人,只要达到了法定年龄,具有刑事责任能力都可以构成本罪。

4. 本罪在主观上只能出于故意,且具有危害中华人民共和国国家安全的目的。即行为人明知自己所从事的是危害中华人民共和国国家安全的间谍活动,并且决意而为之。至于行为人在主观上的犯罪动机如何,不影响本罪的成立。

【实例分析 2-2】

对上述内容,可从下例分析中深化认识:某国家机关工作人员甲借到S国探亲的机会滞留不归。一年后甲受雇于S国的一个专门收集有关中国军事情报的间谍组织,随后受该组织的指派潜回中国,找到其在某军区参谋部工作的战友乙,以1万美元的价格从乙手中购买了3份军事机密材料。对甲的行为应如何处理?

A. 以叛逃罪论处;

B. 以叛逃罪和间谍罪论处;

C. 以间谍罪论处;

D. 以非法获取军事秘密罪论处。

分析如下:

(1) 关于A项。《刑法》第109条叛逃罪的构成要求发生在“履行公务期间”,甲系到外国探亲时滞留不归,不符合此要求,不构成叛逃罪。

(2) 关于B项。参加间谍组织,构成《刑法》第110条规定的间谍罪。

(3) 关于C项。参加间谍组织后受指派搜集情报,为境外收买国家秘密情报的行为是间谍罪可包含的内容(整体法与部分法的法条竞合),不再单独定罪。故甲只构成间谍罪一罪。

(4) 关于D项。《刑法》第431条规定非法获取军事秘密罪属于军人违反职责罪中的犯罪,主体身份要求是军人,甲不具有军人身份,不能构成该罪。

综上,上述问题的合适选项是C。

（二）间谍罪的认定

1. 本罪与非罪的界限。关键在于考察行为人在主观上是否出于危害中华人民共和国国家安全的目的,在客观上是否实施了危害我国国家安全的间谍行为。如果行为人在主观上没有危害国家安全的目的,在客观上没有实施危害国家安全的行为,则不构成本罪。因此,对于因受欺骗,不明真相而加入间谍组织,未实施危害我国国家安全的间谍活动的,不应该认定为犯罪,更不能以间谍罪论处。对于在间谍组织中从事勤杂、医务、传达等单纯行政性事务工作,而未履行加入间谍组织手续,也未进行任何间谍活动的,也不应认定为犯罪。

2. 本罪与叛逃罪的界限。二者之间的主要区别是:(1) 犯罪主体不同。前者是一般主体;后者是特殊主体,即只能由国家机关工作人员和掌握国家秘密的国家工作人员才能构成。(2) 客观行为表现不同。前者在客观上表现为行为人参加间谍组织或者接受间谍组织及其代理人的任务以及为敌人指示轰击目标的行为;后者在客观上表现为行为人在履行公务期间,擅离岗位,叛逃境外或者在境外叛逃的行为。由于从立法上看,叛逃行为并不包括间谍行为,因此,如果行为人叛逃后,又参加间谍组织,或者接受间谍组织或者其代理人的任务的,应当实行数罪并罚。

（三）间谍罪的处罚

根据《刑法》第110条、第113条、第56条第1款之规定,犯间谍罪的,处10年以上有期徒刑或者无期徒刑;情节较轻的,处3年以上10年以下有期徒刑;对国家和人民危害特别严重,情节特别恶劣的,可以判处死刑。犯本罪的,应当附加剥夺政治权利,可以并处没收财产。

五、为境外窃取、刺探、收买、非法提供国家秘密、情报罪

（一）为境外窃取、刺探、收买、非法提供国家秘密、情报罪的概念和主要特征

为境外窃取、刺探、收买、非法提供国家秘密、情报罪是指行为人故意为境外机构、组织、人员窃取、刺探、收买、非法提供国家秘密或者情报的行为。本罪的主要特征是:

1. 本罪的客体是中华人民共和国的国家安全。

2. 本罪在客观上表现为行为人为境外机构、组织、人员窃取、刺探、收买、非法提供国家秘密或者情报的行为。构成本罪的客观要素有以下三个方面:(1) 行为人非法获取或提供的对象是国家秘密或者情报。(2) 行为人采取的犯罪方法仅限于窃取、刺探、收买、非法提供四种,且只要行为人实施了其中之一,即可构成本罪。(3) 行为人服务的对象必须是境外的机构、组织、人员。以上三个方面的因素是相互联系的,只要行为人为境外机构、组织、人员窃取、刺探、收买、非法提供了国家秘密或者情报,不论是否给我国的国家安全造成实际的危害,均不影响本罪既遂的成立。

3. 本罪的主体是一般主体，即无论是中国公民，还是外国公民、无国籍人，只要达到了法定年龄，具有刑事责任能力都可以构成本罪。

4. 本罪在主观上只能出于故意，过失不能构成本罪。也即，行为人明知自己所从事的活动会造成对中华人民共和国国家安全的严重危害，并且希望或者放任这一危害结果的发生。至于行为人在主观上的犯罪动机如何，不影响本罪的成立。

（二）为境外窃取、刺探、收买、非法提供国家秘密、情报罪的认定

在认定本罪的过程中，应注意它与间谍罪之间的联系与区别。这两种犯罪虽然在犯罪的主观罪过形式和客观表现形式上均有相似之处，但如果接受间谍组织及其代理人的任务，为其搜集国家秘密、情报时，就容易与本罪混淆，它们之间的区别主要是：本罪是为境外的机构、组织、人员非法获取或者提供国家秘密或者情报；而后者是为间谍组织及其代理人搜集或者提供情报。

【实例分析 2-3】

对上述内容，可从下例分析中深化认识：某国间谍戴某，结识了我某国家机关机要员黄某。戴某谎称来华投资建厂需了解政策动向，让黄某借工作之便为其搞到密级为“机密”的《内参报告》四份。戴某拿到文件后送给黄某一部手机，并为其子前往某国留学提供了六万元资金。对黄某的行为如何定罪处罚？

A. 资助危害国家安全犯罪活动罪、非法获取国家秘密罪，数罪并罚；

B. 为境外窃取、刺探、收买、非法提供国家秘密、情报罪与受贿罪，数罪并罚；

C. 非法获取国家秘密罪、受贿罪，数罪并罚；

D. 故意泄露国家秘密罪、受贿罪，从一重罪处断。

分析如下：

（1）间谍罪的构成要求行为人主观上认识到对象间谍组织或代理人的任务，本案黄某未认识到，欠缺间谍罪故意而不能构成间谍罪。

（2）非法获取国家秘密罪指没有合法掌管国家秘密权的人通过非法途径获取，本案黄某具有保管国家秘密的权力。

（3）黄某主观故意的内容中包含了明知戴某是境外人员的内容，明知对象为境外人员还为其提供国家秘密，构成为境外窃取、刺探、收买、非法提供国家秘密、情报罪。

（4）故意泄露国家秘密罪是合法掌管秘密权的人故意泄露，黄某的行为也触犯此罪。但为境外非法提供国家秘密罪与故意泄露国家秘密罪之间存在整体法与部分法的法条竞合关系，故本案应以整体法为境外非法提供国家秘密罪论罪。故选 B 项。

（5）此外，对于受贿后利用职务便利为他人谋取利益，谋利行为本身构成他罪，除非刑法明文规定择一重处，一般都应数罪并罚。

综上，上述问题的合适选项是 B。

（三）为境外窃取、刺探、收买、非法提供国家秘密、情报罪的处罚

根据《刑法》第 111 条、第 113 条、第 56 条第 1 款之规定，犯为境外窃取、刺探、收

买、非法提供国家秘密、情报罪的,处5年以上10年以下有期徒刑;情节特别严重的,处10年以上有期徒刑或者无期徒刑;情节较轻的,处5年以下有期徒刑、拘役、管制或者剥夺政治权利。对国家和人民危害特别严重,情节特别恶劣的,可以判处死刑。犯本罪的,除单处剥夺政治权利者外,还应当附加剥夺政治权利,并且可以并处没收财产。

六、资敌罪

(一) 资敌罪的概念和主要特征

资敌罪是指行为人在战时故意向敌人提供武器装备、军用物资予以资助的行为。本罪的主要特征是:

1. 本罪的客体是中华人民共和国的国家安全。

2. 本罪在客观上表现为行为人在战时向敌人提供武器装备、军用物资予以资助的行为。本罪的构成在客观上必须具备以下三个方面的要素:(1) 行为人资助的对象必须是敌人,即只能是国内外的反动政治力量和武装力量。如果行为人资助的对象不是敌人,而是一般危害国家安全的犯罪分子,不构成本罪。(2) 行为人资助的内容必须是武器装备、军用物资。所谓“武器装备”是指枪炮、弹药、军用舰机等。所谓“军用物资”是指供部队使用的器材、粮食、油料等。如果提供给敌对力量的不是这些特定的物资,则不能构成本罪。(3) 行为人资助的行为只能发生于战时。所谓“战时”,根据刑法的有关规定,是指国家宣布进入战争状态、部队受领作战任务或者遭敌突然袭击时以及部队执行戒严任务或者处置突发性暴力事件时。如果不是在战时实施的,不构成本罪。以上三个方面的因素是相互联系,密不可分的,缺少其中一个因素,均不能以此罪论处。

3. 本罪的主体是一般主体。凡是年满16周岁,具有刑事责任能力的人,均可以构成本罪。只是从司法实践的角度来看,该罪的主体一般只能由中国公民构成,外国公民不能单独构成本罪,但可以构成本罪的共犯。

4. 本罪在主观上只能出于直接故意。即行为人明知被资助的是敌人,而希望将武器装备、军用物资提供给他。间接故意和过失不能构成本罪。

(二) 资敌罪的处罚

根据《刑法》第112条、第113条、第56条第1款之规定,犯资敌罪的,处10年以上有期徒刑或者无期徒刑;情节较轻的,处3年以上10年以下有期徒刑;对国家和人民危害特别严重,情节特别恶劣的,可以判处死刑。犯本罪的,应当附加剥夺政治权利,并且可以并处没收财产。

第三章　危害公共安全罪

学习要求

了解：危害公共安全罪的概念与常见犯罪类型

理解：常见危害公共安全犯罪的构成要件

熟悉并能够运用：公共安全的属性；常见多发危害公共安全犯罪的界限

主要涉及的法条：

第一百一十四条　【放火罪、决水罪、爆炸罪、投放危险物质罪、以危险方法危害公共安全罪之一】放火、决水、爆炸以及投放毒害性、放射性、传染病病原体等物质或者以其他危险方法危害公共安全，尚未造成严重后果的，处三年以上十年以下有期徒刑。

第一百一十五条　【放火罪、决水罪、爆炸罪、投放危险物质罪、以危险方法危害公共安全罪之二】放火、决水、爆炸以及投放毒害性、放射性、传染病病原体等物质或者以其他危险方法致人重伤、死亡或者使公私财产遭受重大损失的，处十年以上有期徒刑、无期徒刑或者死刑。

过失犯前款罪的，处三年以上七年以下有期徒刑；情节较轻的，处三年以下有期徒刑或者拘役。

第一百一十六条　【破坏交通工具罪】破坏火车、汽车、电车、船只、航空器，足以使火车、汽车、电车、船只、航空器发生倾覆、毁坏危险，尚未造成严重后果的，处三年以上十年以下有期徒刑。

第一百二十条　【组织、领导、参加恐怖组织罪】组织、领导恐怖活动组织的，处十年以上有期徒刑或者无期徒刑，并处没收财产；积极参加的，处三年以上十年以下有期徒刑，并处罚金；其他参加的，处三年以下有期徒刑、拘役、管制或者剥夺政治权利，可以并处罚金。

犯前款罪并实施杀人、爆炸、绑架等犯罪的，依照数罪并罚的规定处罚。

第一百二十条之二　【准备实施恐怖活动罪】有下列情形之一的，处五年以下有期徒刑、拘役、管制或者剥夺政治权利，并处罚金；情节严重的，处五年以上有期徒刑，并处罚金或者没收财产：

（一）为实施恐怖活动准备凶器、危险物品或者其他工具的；

（二）组织恐怖活动培训或者积极参加恐怖活动培训的；

（三）为实施恐怖活动与境外恐怖活动组织或者人员联络的；

（四）为实施恐怖活动进行策划或者其他准备的。

有前款行为，同时构成其他犯罪的，依照处罚较重的规定定罪处罚。

第一百三十三条　【交通肇事罪；危险驾驶罪】违反交通运输管理法规，因而发生重大事故，致人重伤、死亡或者使公私财产遭受重大损失的，处三年以下有期徒刑或者拘役；交通运输肇事后逃逸或者有其他特别恶劣情节的，处三年以上七年以下有期徒刑；因逃逸致人死亡的，处七年以上有期徒刑。

第一百三十三条之一　在道路上驾驶机动车，有下列情形之一的，处拘役，并处罚金：

（一）追逐竞驶，情节恶劣的；

（二）醉酒驾驶机动车的；

（三）从事校车业务或者旅客运输，严重超过额定乘员载客，或者严重超过规定时速行驶的；

（四）违反危险化学品安全管理规定运输危险化学品，危及公共安全的。

机动车所有人、管理人对前款第三项、第四项行为负有直接责任的，依照前款的规定处罚。

有前两款行为，同时构成其他犯罪的，依照处罚较重的规定定罪处罚。

第一百三十六条　【危险物品肇事罪】违反爆炸性、易燃性、放射性、毒害性、腐蚀性物品的管理规定，在生产、储存、运输、使用中发生重大事故，造成严重后果的，处三年以下有期徒刑或者拘役；后果特别严重的，处三年以上七年以下有期徒刑。

第一节　危害公共安全罪概述

一、危害公共安全罪的概念和特征

（一）危害公共安全罪的概念

危害公共安全罪，是指行为人故意或者过失地实施危害不特定多数人的生命、健康、重大公私财产或者公共生活安全的行为。

危害公共安全罪，有的国家称为公共危险罪。它是一类社会危害性非常严重的犯罪，是刑法分则规定的犯罪中除危害国家安全罪之外社会危害性最大的一类犯罪。这类犯罪一经实施，往往造成或者可能造成不特定多数人的伤亡、大量公私财物的毁损和社会正常的生产、工作、生活秩序的严重破坏，影响社会的安定。为此，在世界各国的刑事立法中，危害公共安全罪历来都是刑法打击的重点犯罪，我国刑法分则也对危害公共安全罪配置了较为严厉的刑罚，共有 14 个罪名配置有死刑即可见一斑。

（二）危害公共安全罪的特征

要构成危害公共安全的犯罪，必须具备以下特征：

1. 本类犯罪的客体为公共安全

所谓"公共安全",即不特定多数人的生命、健康以及重大公私财产、公共生活的安全。"不特定多数人"包含两层含义。首先,行为人的犯罪对象并不局限在一个特定的范围之内,或者犯罪行为所造成的损害后果不是局限在一个特定的范围之内的。并不能因为受害者众多,就认为行为人的行为就一定构成危害公共安全的犯罪。例如,某甲杀了其仇人某乙一家五口人,虽然受害者人数较多,但由于其犯罪对象是限定在特定的范围之内的,因此就不是危害公共安全的犯罪,而是故意杀人罪。需要注意的是,"不特定"并不意味着行为人的犯罪行为没有特定的犯罪对象。有的实施此类犯罪的行为人,其主观上往往也有特定的明确的犯罪对象,行为也指向特定的目标。但是在实施的过程中,其行为在对特定的对象造成侵害的同时,有可能还会对这一特定对象以外的其他人造成危害。因此,不能将"不特定"单纯地理解为没有特定的犯罪对象。其次,此类犯罪还要对多数人的生命、健康以及重大公私财产的安全造成侵害或者威胁。如果行为人的犯罪对象虽不特定,但其行为根本不足以危及多数人的生命、健康以及重大公私财产的安全,行为人的行为仍然不构成危害公共安全罪。

【实例分析 3-1】

对上述内容,可从下例分析中深化认识:甲曾向乙借款9000元,后不想归还借款,便预谋毒死乙。甲将注射了"毒鼠强"的白条鸡挂在乙家门上,乙怀疑白条鸡有毒未食用。随后,甲又乘去乙家串门之机,将"毒鼠强"投放到乙家米袋内。后乙和其妻子、女儿喝过米汤中毒,乙死亡,其他人经抢救脱险。关于甲的行为,下列哪些选项是错误的?

A. 构成投放危险物质罪;

B. 构成投放危险物质罪与抢劫罪的想象竞合犯;

C. 构成投放危险物质罪与故意杀人罪的想象竞合犯;

D. 构成抢劫罪与故意杀人罪的吸收犯。

分析如下:

(1) 后文将述,抢劫罪是通过压制反抗的手段而意图夺取财物。本案行为人合法借款之后,意图通过杀人的方式不归还借款,杀人的目的不是"取财",因财物之前已经取得。取财行为发生在暴力行为之前,故不构成抢劫罪。

(2) 本事例是故意杀人罪还是投放危险物质罪,要看行为是否危害公共安全。由于客观上投毒范围仅限于受害人乙一家三口,系特定对象;行为人主观意图也是如此,不危害公共安全。故不构成投放危险物质罪,而构成故意杀人罪一罪,自然不存在想象竞合犯、吸收犯的情况。

(3) 按总论所述法定符合说,意图杀人造成了人死亡的结果,虽存在具体对象的打击错误,仍构成犯罪既遂。所以甲的行为属于故意杀人罪既遂。四选项表述均错误。

综上,上述问题的合适选项是 ABCD。

2. 本类犯罪在客观上表现为行为人实施了危害公共安全的行为

危害公共安全的犯罪既可以作为的方式实施,也可以不作为的方式实施。从危害结果来看,行为人的行为即使没有造成实际的损害,但足以造成严重后果,对不特定的多数人的生命、健康以及重大公私财产的安全造成威胁,也可以构成本类犯罪。

3. 本类犯罪主体大多为一般主体

本类犯罪中,大多数犯罪主体为一般主体,如放火罪、爆炸罪、交通肇事罪等。少数犯罪由特殊主体构成,需要行为人从事特定的职业或者具有特定的职务,例如重大飞行事故罪的主体只能是从事航空工作的人员,铁路运营安全事故罪的主体只能是铁路职工。同时,本类犯罪中,有的犯罪既可以由自然人实施,也可以由单位实施,如非法制造、买卖、运输、邮寄、储存枪支、弹药、爆炸物罪。还有的犯罪则只能由单位实施,如违规制造、销售枪支罪、工程重大安全事故罪等。

4. 本类犯罪主观上既有故意,又有过失。

二、危害公共安全罪的种类

根据《刑法》分则第二章以及全国人大通过的刑法修正案的相关规定,危害公共安全罪的相关犯罪可以分成以下几个大类:

(一) 以危险方法危害公共安全的犯罪

包括放火罪,失火罪,决水罪,过失决水罪,爆炸罪,过失爆炸罪,投放危险物质罪,过失投放危险物质罪,以危险方法危害公共安全罪,过失以危险方法危害公共安全罪。

(二) 破坏公共设备、设施的犯罪

包括破坏交通工具罪,过失损坏交通工具罪,破坏交通设施罪,过失损坏交通设施罪,破坏电力设备罪,过失损坏电力设备罪,破坏易燃易爆设备罪,过失损坏易燃易爆设备罪,破坏广播电视设施、公用电信设施罪,过失损坏广播电视设施、公用电信设施罪。

(三) 实施恐怖主义、极端主义活动犯罪

包括组织、领导、参加恐怖组织罪,帮助恐怖活动罪,准备实施恐怖活动罪,宣扬恐怖主义、极端主义、煽动实施恐怖活动罪,利用极端主义破坏法律实施罪,强制穿戴宣扬恐怖主义、极端主义服饰、标志罪,非法持有宣扬恐怖主义、极端主义物品罪。

(四) 实施危险活动的犯罪

包括劫持航空器罪,劫持船只、汽车罪,暴力危及飞行安全罪。

(五) 违反枪支、弹药、爆炸物管理规定的犯罪

包括非法制造、买卖、运输、邮寄、储存枪支、弹药、爆炸物罪,非法制造、买卖、运输、邮寄、储存危险物质罪,违规制造、销售枪支罪,盗窃、抢夺枪支、弹药、爆炸物、危险物质罪,抢劫枪支、弹药、爆炸物、危险物质罪,非法持有、私藏枪支、弹药罪,非法出租、出借枪支罪,丢失枪支不报罪,非法携带枪支、弹药、管制刀具、危险物品危及公共安

全罪。

（六）重大责任事故的犯罪

包括重大飞行事故罪，铁路运营安全事故罪，交通肇事罪，危险驾驶罪，重大责任事故罪，强令违章冒险作业罪，重大劳动安全事故罪，大型群众性活动重大安全事故罪，危险物品肇事罪，工程重大安全事故罪，教育设施重大责任事故罪，消防责任事故罪，不报、谎报安全事故罪。

第二节　以危险方法危害公共安全的犯罪

一、放火罪

（一）放火罪的概念和主要特征

放火罪指故意放火焚烧公私财物，危害公共安全的行为。放火罪的主要特征如下：

1. 本罪的客体是公共安全。犯罪对象是体现着公共安全的公私财物，对自己的财物放火焚烧而危及公共安全的行为也构成本罪。

2. 本罪的客观方面表现为行为人实施了足以危害公共安全的放火行为，包括作为和不作为。放火一般是利用各种引火物直接点燃犯罪对象，因而表现为作为方式，放火也可以表现为行为人具有防止火灾发生的特定义务，有能力履行该义务而不履行因而发生火灾，危及公共安全的不作为方式。由于放火的社会危害性很大，所以只要实施了放火行为，足以危及公共安全，即使没有造成实际的损害后果，也构成犯罪。

3. 本罪的主体是一般主体。已满 14 周岁，具有刑事责任能力的自然人均可构成本罪。

4. 本罪的主观方面是故意，即行为人明知自己的放火行为会危及公共安全并且希望或放任这种结果的发生。放火的动机不影响本罪的成立，但可能会影响量刑。

（二）放火罪的认定

1. 罪与非罪的界限

放火焚烧自己所有的财物或经所有权人同意而放火烧毁其财物的行为是否构成放火罪，应区别情况分别处理：如果放火焚烧自己所有的财物或经所有权人同意而放火焚烧其财物的行为危害了公共安全，应按放火罪定罪处罚；如果上述行为没有危害公共安全，则不构成犯罪。如宋某家有 3 间房屋，位于一排 12 间砖木结构的房屋的最东端，向西还有 7 户人家。某日宋某与其母、兄发生矛盾，并遭到其兄殴打，宋某觉得受辱就产生焚毁自家房屋移居岳父家的念头。于是宋某就用火柴点燃屋内的麦草堆，然后带妻子和孩子出走。火势很快蔓延将房屋烧着。众村民奋力扑火，采取扒房屋、拆房子以形成隔火带等方法将火扑灭，避免了一场重大火灾的发生。本案中宋某的行为即构成放火罪。

2. 放火罪既遂和未遂的界限

本罪是危险犯,区分既遂与未遂不在于行为是否达到了预期的目的,而在于危及公共安全的放火行为是否实施完毕且是否形成了对公共安全的危险状态。关于放火罪既遂与未遂的区分标准,理论界有不同的观点:(1) 点火说。该说认为,只要行为人实施了点火行为,即使被燃烧的对象还没有点燃,其行为也构成放火罪的既遂;如果行为人刚要点火就被抓获,则属于放火罪未遂。(2) 独立燃烧说。此说认为,必须是焚烧的对象开始独立燃烧,方能构成放火罪既遂,否则就是放火罪未遂。(3) 烧毁说。烧毁说又分为部分烧毁说和全部烧毁说。部分烧毁说认为,只要被燃烧的对象部分被烧毁,即构成犯罪既遂。全部烧毁说认为,只有当被燃烧的对象全部被烧毁时,才构成犯罪既遂。我们认为,独立燃烧说的观点是较为正确的,即只要行为人实施了放火行为,已将焚烧对象点燃并有被烧毁的危险,足以危害公共安全的,即使未达到烧毁焚烧对象的目的,也构成犯罪既遂,因为这种放火行为已经具备了《刑法》第 114 条规定的放火罪的全部构成要件。如果行为人在正要点火时被抓获,或者因自然力而没有引起焚烧对象的独立燃烧,放火行为或因其他意志以外的原因而未得逞的,则属于放火罪的未遂。

3. 放火罪与用放火的方法实施的其他犯罪的界限

现实中,行为人往往会借助放火行为达到其犯罪目的,如杀人或故意毁灭财物等等,这使得放火罪与这些犯罪的区别变得尤为重要。理论上,区分是放火罪还是用放火的方法实施的其他犯罪,关键看其行为是否危及公共安全。比如为了杀害某一个人而将其所居住的居民楼点燃,虽然是以故意杀人的目的实施放火,但其行为对公共安全造成了严重威胁,应认定为放火罪而非故意杀人罪。

4. 放火罪的罪数问题

如果行为人单纯地实施放火行为,则只可能构成放火罪一罪或构成故意毁坏财物罪,但如果行为人以放火为手段,在实施放火行为后,又进行盗窃、抢劫等犯罪行为的,则应当认定成立放火罪与盗窃罪、抢劫罪等的牵连犯,从一重处断。但是,如果行为人在实施了某些犯罪后,又实施放火行为,则应当区别不同情形认定罪数:如行为人在实施杀人、强奸等犯罪后又用放火的方法焚毁罪迹的,如果该放火行为不足以危及公共安全,那么应当按其所犯的故意杀人罪或者强奸罪酌情从严惩处,放火行为是酌定的量刑情节;如果行为人实施杀人、强奸等犯罪以后,为毁灭罪证所进行的放火行为足以危及公共安全,则应当以故意杀人罪、强奸罪与放火罪实行数罪并罚。

(三) 放火罪的处罚

根据《刑法》第 114、115 条的规定,犯本罪尚未造成严重后果的,处 3 年以上 10 年以下有期徒刑;致人重伤、死亡或使公私财产遭受重大损失的,处 10 年以上有期徒刑、无期徒刑或者死刑。

二、失火罪

失火罪，是指由于行为人的过失引起火灾，危害公共安全，致人重伤、死亡或者使公私财产遭受重大损失的行为。本罪客体为公共安全。本罪客观上表现为引起火灾，危害公共安全，致人重伤、死亡或者使公私财产遭受重大损失的行为。本罪一定要求出现严重后果才能构成犯罪。本罪主体为一般主体，凡年满16周岁，具有刑事责任能力的自然人均可构成本罪。本罪主观上出于过失，既可以是疏忽大意的过失，也可以是过于自信的过失。

【实例分析3-2】

对上述内容，可从下例分析中深化认识：甲到本村乙家买柴油时，因屋内光线昏暗，甲欲点燃打火机看油量。乙担心引起火灾，上前阻止。但甲坚持说柴油见火不会燃烧，仍然点燃了打火机，结果引起油桶燃烧，造成火灾，导致甲、乙及一旁观看的丙被火烧伤，乙、丙经抢救无效死亡。后经检测，乙储存的柴油闪点不符合标准。甲的行为构成何罪？

A. 危险物品肇事罪；

B. 失火罪；

C. 放火罪；

D. 重大责任事故罪。

分析如下：

（1）先判断行为人的主观过错形式。本案甲对“点燃打火机”的行为系生活意义上的“故意”，即对行为的有意；但刑法上的故意、过失是对结果的心态。本案行为人对结果明显是反对的，属于过于自信的过失。故而C选项的放火罪首先排除。

（2）危险物品肇事罪发生在生产、储存、运输、使用过程中，重大责任事故罪中的火灾发生在生产作业中；本案发生在日常生活中，未发生在生产作业中，不能认定为危险物品肇事罪、重大责任事故罪，应以失火罪论处。

综上，上述问题的合适选项是B。

根据《刑法》第115条第2款的规定，犯本罪的，处3年以上7年以下有期徒刑；情节较轻的，处3年以下有期徒刑或者拘役。

三、决水罪

决水罪，是指故意破坏水利设施，制造水灾，危害公共安全的行为。本罪客体为公共安全。本罪在客观上表现为破坏水利设施，制造水灾，危害公共安全的行为。决水行为，既可以作为的方式实施，也可以不作为的方式实施。行为人通过破坏堤坝、水闸、堵塞河道等方式，试图制造水灾，危害公共安全。本罪主体为一般主体，凡年满16周岁，具有刑事责任能力的自然人均可构成本罪。本罪主观上出于故意，既可以是直接故意,也可以是间接故意。

根据《刑法》第114条、第115条的规定,犯本罪,尚未出现严重后果的,处3年以上10年以下有期徒刑。致人重伤、死亡或者使公私财产遭受重大损失的,处10年以上有期徒刑、无期徒刑或者死刑。

四、过失决水罪

过失决水罪,是指过失破坏了水利设施,制造水患,危害公共安全,致人重伤、死亡或者使公私财产遭受重大损失的行为。本罪客体为公共安全。本罪在客观上表现为破坏水利设施,造成水灾,危害公共安全,致人重伤、死亡或者使公私财产遭受重大损失的行为。本罪主体为一般主体,凡年满16周岁,具有刑事责任能力的自然人均可构成本罪。本罪主观上出于过失,既可以是疏忽大意的过失,也可以是过于自信的过失。

根据《刑法》第115条第2款的规定,犯本罪的,处3年以上7年以下有期徒刑;情节较轻的,处3年以下有期徒刑或者拘役。

五、爆炸罪

(一)爆炸罪的概念和主要特征

爆炸罪即故意使用爆炸的方法,致不特定多数人死伤、破坏公共建筑或者其他公私财物,危害公共安全的行为。爆炸罪的主要特征如下:

1. 本罪的客体是公共安全。

2. 本罪的客观方面表现为利用各种方法引起爆炸,危害公共安全的行为。此种行为既可以表现为作为,如引爆雷管、炸药以及自制的各种爆炸装置;也可以表现为不作为,如锅炉工故意不给锅炉加水致其发生爆炸。行为人使用的爆炸物品,主要是炸药、手榴弹、雷管、地雷以及自制的各种爆炸装置。无论使用何种爆炸物,采用何种爆炸方式,只要危害公共安全,即可构成本罪。如果爆炸行为是针对特定个人的生命健康和财产安全实施,而不危及公共安全,应根据刑法有关规定定罪。如果爆炸行为又触犯其他罪名或者爆炸行为作为其他犯罪的方法行为时,则分别依想象竞合犯、法条竞合和牵连犯分别处断。2001年5月最高人民法院与最高人民检察院共同所作的《关于办理组织和利用邪教组织犯罪案件具体应用法律若干问题的解释(二)》第10条规定,邪教组织人员以自爆的方法危害公共安全的,也应当按照爆炸罪的有关规定定罪处罚。

3. 本罪的主体是一般主体,即凡年满14周岁,具有刑事责任能力的自然人均可构成本罪。

4. 本罪的主观方面表现为故意。

【实例分析3-3】

对上述内容,可从下例分析中深化认识:甲雇凶手乙杀丙,言明不要造成其他后果。乙几次杀丙均未成功,后来采取爆炸方法,对丙的住宅(周边没有其他人与物)进行爆炸,结果将丙的妻子丁炸死,但丙安然无恙。关于本案,下列哪些说法是错误的?

A. 甲与乙构成共同犯罪;

B. 甲成立故意杀人罪(未遂);

C. 乙对丙成立故意杀人未遂,对丁成立过失致人死亡罪;

D. 乙对丙成立爆炸罪,对丁成立过失致人死亡罪。

分析如下:

(1) 甲教唆乙杀人,是故意杀人罪的教唆犯,乙是实行犯。两人构成共同犯罪。

(2) 爆炸住宅周边没有其他人与物,未危害公共安全,实行行为属于杀人行为,而不是危害公共安全行为。

(3) 实行犯乙将丁炸死而未将丙杀死,是同类对象认识错误(具体认识错误),由于仍然造成"人死亡"的结果,实行犯乙构成故意杀人的既遂。而教唆犯甲的教唆故意是"杀人",实行犯的实行行为亦为杀人,实际结果也是杀人结果,教唆犯也构成犯罪既遂。

综上,上述问题的合适选项是BCD。

(二) 爆炸罪的认定

1. 本罪既遂与未遂的界限

本罪是行为犯,它的既遂不要求发生危害公共安全的实际后果。如果行为人实施的爆炸行为是指向特定的人或公私财物,并且有意识地把破坏的范围控制在不足以危害公共安全的范围之内,客观上也未发生危害公共安全的结果,则不应定爆炸罪,而应根据实际情况另定他罪。

2. 本罪与放火罪、决水罪的竞合

在爆炸引起火灾、水患的情况下,如果爆炸行为不足以危害公共安全而是火灾或者水患危及公共安全的,则应以放火罪或决水罪定罪处罚;如果爆炸行为本身足以危害公共安全时,则应认定为想象竞合犯,从一重处罚;由于我国对爆炸罪、放火罪、决水罪规定的法定刑相同,只能通过考察爆炸与放火、决水各自的情节轻重以及起主要作用的原因来确定罪名,即爆炸情节重于放火、决水情节或对公共安全危害的主要原因是爆炸时应定为爆炸罪,反之亦然。

(三) 爆炸罪的处罚

根据《刑法》第114、115条的规定,犯本罪尚未造成严重后果的,处3年以上10年以下有期徒刑;爆炸致人重伤、死亡或公私财产遭受重大损失的,处10年以上有期徒刑、无期徒刑或死刑。

六、过失爆炸罪

过失爆炸罪,是指由于行为人的过失而引起爆炸事故,造成严重后果、危害公共安全的行为。本罪客体为公共安全。本罪在客观上表现为过失引起爆炸事故,危害公共安全,致人重伤、死亡或者使公私财产遭受重大损失的行为。本罪主体为一般主体,凡年满 16 周岁,具有刑事责任能力的自然人均可构成本罪。本罪主观上出于过失,既可以是疏忽大意的过失,也可以是过于自信的过失。

根据《刑法》第 115 条第 2 款的规定,犯本罪的,处 3 年以上 7 年以下有期徒刑;情节较轻的,处 3 年以下有期徒刑或者拘役。

七、投放危险物质罪

(一) 投放危险物质罪的概念和主要特征

投放危险物质罪是根据《刑法修正案(三)》对《刑法》第 114、115 条的修订,由原来的投毒罪罪名变更而来。投放危险物质罪是指故意投放毒害性、放射性、传染病病原体等物质,危害公共安全的行为。投放危险物质罪的主要特征是:

1. 本罪的客体是公共安全,直接伤害或破坏的对象可以是不特定的多数人,也可以是不特定多数的物质。在一般情况下,投放危险物质行为是针对不特定多数人的,因而会造成人身伤亡;在少数情况下,投放危险物质行为也会造成公私财物的重大损失。例如,在食品或者物品中投放毒物,导致食品或者其他物品因无法食用或者使用而造成重大经济损失。

2. 本罪的客观方面表现为投放毒害性、放射性、传染病病原体等物质,危害公共安全的行为。本罪的犯罪工具包括毒害性、放射性、传染病病原体等物质。所谓毒害性物质是指能够引起人和动物机体中毒,危害生命、健康的有机物和无机物,如砒霜、氰化物、敌敌畏、毒鼠强等。放射性物质是指通过原子核裂变能够放出射线的物质,如镭、铀、钴等,这些物质对人和动物的机体具有严重的伤害作用。传染病病原体物质是指能够直接引起各种传染病(如霍乱、伤寒、非典型性肺炎等等)的病菌或病毒的物质。这里所讲的"投放",是指向公用水源、食品及公共场所等足以使不特定多数人或牲畜、禽类等接触到危险物质的场所放置。

3. 本罪的主体是一般主体。已满 14 周岁,具有刑事责任能力的自然人均可构成本罪。根据《刑法》第 17 条第 2 款的规定,已满 14 周岁不满 16 周岁的人犯投毒罪的,应当负刑事责任。《刑法修正案(三)》已将本罪修改为投放危险物质罪。因此,《刑法》第 17 条第 2 款中的投毒罪也应变更为投放危险物质罪,已满 14 周岁不满 16 周岁的人应对投放危险物质罪承担刑事责任。

4. 本罪的主观方面是故意,可以是直接故意和间接故意。犯罪动机可以是各种各样的,如泄愤报复、嫁祸于人等,不影响本罪的成立。

(二) 投放危险物质罪的认定

1. 本罪既遂与未遂的界限

本罪是危险犯,其既遂状态并不需要出现不特定多数人中毒或公私财产遭受重大损失的严重后果,只要行为人实施了投放危险物质的行为,已经形成危害公共安全危险状态的，就构成本罪的既遂。如果行为人投放危险物质的行为根本不具有公共危险性的，则应以投放危险物质罪的未遂或不以本罪论处。实践中对于投放危险物质罪是否存在犯罪中止存在争议，存在否定说、危险犯中止说、实害犯中止说。我们认为从罪责刑相适应原则和犯罪中止的条件出发，在投放危险物质已经形成危险之后但尚未出现实害之前，行为人自动有效地防止了实害出现，应该以实害犯的犯罪中止论处。

2. 本罪与故意杀人罪的界限

投放危险物质罪与故意杀人罪之间存在法条竞合关系。投放危险物质可以成为杀害被害人的手段，如果行为人在实施投放危险物质的行为时，有意识地把杀害的对象控制为特定的个人，不可能危及其他不特定多数人的生命安全的，应以故意杀人罪追究其刑事责任，反之则构成本罪。

3. 本罪与盗窃罪，销售有毒、有害食品罪的牵连情况

这种情况是指行为人为牟取非法利益，采取投放危险物质手段将禽畜毒死后盗走而后出售的情况。该种情形下，应以三罪的牵连犯论处，从一重处断，因本罪一般情况下法定刑高于后二罪，故应以本罪论处，对其盗窃行为和销售有毒有害食品行为作为量刑情节考虑。

（三）投放危险物质罪的处罚

根据《刑法》第114、115条的规定，犯本罪尚未造成严重后果的，处3年以上10年以下有期徒刑；致人重伤、死亡或使公私财产遭受重大损失的，处10年以上有期徒刑、无期徒刑或死刑。

八、过失投放危险物质罪

过失投放危险物质罪，是指过失投放毒害性、放射性、传染病病原体等物质，危害公共安全，致人重伤、死亡或者使公私财产遭受重大损失的行为。本罪客体为公共安全。本罪在客观上表现为过失投放毒害性、放射性、传染病病原体等物质，危害公共安全，致人重伤、死亡或者使公私财产遭受重大损失的行为。本罪主体为一般主体，凡年满16周岁，具有刑事责任能力的自然人均可构成本罪。本罪主观上出于过失，既可以是疏忽大意的过失，也可以是过于自信的过失。

根据《刑法》第115条第2款的规定，犯本罪的，处3年以上7年以下有期徒刑；情节较轻的，处3年以下有期徒刑或者拘役。

九、以危险方法危害公共安全罪

（一）以危险方法危害公共安全罪的概念和主要特征

以危险方法危害公共安全罪，是指故意使用放火、爆炸、决水、投放危险物质以外的且危险性与前述手段相当的，能够造成不特定多数人伤亡或使公私财产遭受广泛损坏的其他危险方法，危害公共安全的行为。其主要特征如下：

1. 本罪的客体是公共安全。

2. 本罪的客观方面表现为采用放火、爆炸、决水、投放危险物质以外的其他危险方法,足以危害公共安全的行为。这里所谓的“其他危险方法”并非指一切能够危及公共安全的行为手段,而是作用力、作用范围与放火、爆炸、决水、投放危险物质等危险方法相同或相似,同样具有严重威胁公共安全性质的行为方法,比如私设电网、驾车冲撞人群、持枪朝人群扫射等。换句话说,只有当行为人实施危害公共安全的行为时,其所采用的是放火、爆炸、决水、投放危险物质以外并与其危险性相当的危险方法,行为的社会危害性达到相当严重的程度,才能以本罪论处。

根据2003年5月13日最高人民法院、最高人民检察院《关于办理妨害预防、控制突发传染病疫情等灾害的刑事案件具体应用法律若干问题的解释》第1条规定:“故意传播突发传染病病原体,危害公共安全的,依照刑法第一百一十四条、第一百一十五条第一款的规定,按照以危险方法危害公共安全罪定罪处罚。”

【实例分析3-4】

对上述内容,可从下面的分析中深化认识:下列哪些情形构成以危险方法危害公共安全罪?

A. 投放虚假的爆炸性、毒害性、放射性、传染病病原体等物质,严重扰乱社会秩序的;

B. 故意破坏正在使用的矿井下的通风设备的;

C. 违反国家规定,向土地大量排放危险废物,造成重大环境污染事故,导致多人死亡的;

D. 故意传播突发性传染病病原体,危害公共安全的。

分析如下:

(1) A选项,构成《刑法》第291条之一的投放虚假危险物品罪。没有危害公共安全的现实可能性和客观危险性,不能构成以危险方法危害公共安全罪。

(2) B选项,故意破坏正在使用的矿井的通风设备,严重危害了井下作业工人的生命安全,系属危害不特定多数人的公共安全,构成以危险方法危害公共安全罪。

(3) C选项,构成《刑法》第338条规定的污染环境罪。排放者对于排放行为显然是故意实施的,但刑法的故意、过失是针对结果而言的。在司法实践中,在没有特别证据证明排放者对于结果是故意的情况下,一般都认为排放者对于结果是过失。当然,根据《关于办理环境污染刑事案件适用法律若干问题的解释》,如果可认定排污者对公共安全危害结果具有故意,可同时触犯投放危险物质罪等犯罪的,可认定为想象竞合犯,择一重罪处断。

(4) D选项,根据上述《关于办理妨害预防、控制突发传染病疫情等灾害的刑事案件具体应用法律若干问题的解释》第1条的规定,“故意传播突发传染病病原体,危害公共安全的……按照以危险方法危害公共安全罪定罪处罚”,D项符合要求。

综上,上述问题的合适选项是BD。

3. 本罪的主体是一般主体。已满16周岁,具有刑事责任能力的自然人均可构成本罪。

4. 本罪的主观方面是故意。实践中除少数由直接故意构成、对危害公共安全的危害后果持希望态度外,大多数属于间接故意,对危害公共安全的危害后果持放任态度。

(二) 以危险方法危害公共安全罪的认定

1. 本罪既遂与未遂的界限

本罪是危险犯,只要行为人实施了除放火、爆炸、决水、投放危险物质以外的其他危险方法并与其危险性相当,足以使公共安全处于危险状态,即可构成本罪的既遂,而不要求已经发生严重实际危害后果。

2. 本罪与故意杀人罪、故意伤害罪、故意毁坏财物罪的界限

区分本罪与故意杀人罪、故意伤害罪、故意毁坏财物罪,主要看行为是否足以危及公共安全。如果行为人使用危险的方法杀人、伤人或毁坏公私财物,其行为足以危害公共安全的就构成本罪;如果行为不足以危害公共安全的,应当依照《刑法》第232、234、275条分别以故意杀人罪、故意伤害罪、故意毁坏财物罪论处。

(三) 以危险方法危害公共安全罪的刑事责任

根据《刑法》第114、115条的规定,犯本罪尚未造成严重后果的,处3年以上10年以下有期徒刑;致人重伤、死亡或公私财产遭受重大损失的,处10年以上有期徒刑、无期徒刑或者死刑。

十、过失以危险方法危害公共安全罪

本罪是指过失以放火、决水、爆炸、投放危险物质以外的其他危险方法危害公共安全,致人重伤、死亡或者使公私财产遭受重大损失的行为。本罪客体为公共安全。本罪在客观上表现为以放火、决水、爆炸、投放危险物质以外的其他危险方法危害公共安全,致人重伤、死亡或者使公私财产遭受重大损失的行为。本罪主体为一般主体,凡年满16周岁,具有刑事责任能力的自然人均可构成本罪。本罪主观上出于过失,既可以是疏忽大意的过失,也可以是过于自信的过失。

根据《刑法》第115条第2款的规定,犯本罪的,处3年以上7年以下有期徒刑;情节较轻的,处3年以下有期徒刑或者拘役。

第三节 破坏公共设施、设备的犯罪

一、破坏交通工具罪

(一) 破坏交通工具罪的概念和主要特征

破坏交通工具罪即故意破坏正在使用中的火车、汽车、电车、船只、航空器,足以使

其发生倾覆、毁坏危险,尚未造成严重后果或已经造成严重后果的行为。破坏交通工具罪的主要特征如下:

1. 本罪的客体是公共交通运输安全。犯罪对象仅限于刑法明文规定的火车、汽车、电车、船只、航空器五种交通工具。破坏简单的交通工具如马车、自行车、三轮车等一般不会造成危害公共安全的严重后果,不构成本罪;但是如破坏铁轨、作为交通工具使用的索道、缆车之类的交通工具,亦应视为火车或电车,认定为破坏交通工具罪;破坏作为交通工具的大型拖拉机,也应构成本罪。

2. 本罪的客观方面表现为对正在使用中的交通工具进行破坏,已经或足以使交通工具发生倾覆、毁坏的危险行为。判断这种行为的关键在于是否具有使交通工具发生倾覆、毁坏的危险,是否影响交通运输的安全。一般具有如下要求:(1) 交通工具必须"正在使用中"。所谓"正在使用中"不仅仅指正在行驶中的车辆、船只、航空器等,而且也包括在交付使用期间,停机待用的交通工具;如果破坏的是正在制造中的,或者虽然已经制造完毕但尚未检验出厂的,或者未交付使用的,或者因正在工厂修理而停止使用的交通工具,则因其不可能具有危害公共交通运输安全的性质,不能认定为本罪,但可以认定为故意毁坏财物罪或其他犯罪。(2) 必须有破坏行为。破坏行为既可以是以作为方式实施,也可以以不作为方式实施。此处的"破坏"不仅是物理破坏,而且还包括盗走或爆炸等行为,如盗拆交通工具的重要部件,也可以是改变其性能,使其不能正常运行。(3) 破坏行为必须足以使交通工具发生倾覆、毁坏的危险,因此,交通工具被破坏的部位必须足以使交通工具发生倾覆、毁坏的危险,如对制动、传动或刹车系统的破坏可能构成本罪。汽车刹车片上的一个螺丝可以使汽车倾覆,但破坏汽车的挡风玻璃或火车上的货架一般不构成本罪。

3. 本罪的主体是一般主体。凡已满16周岁,具有刑事责任能力的自然人均可构成本罪。

4. 本罪的主观方面是故意。

(二) 破坏交通工具罪的认定

1. 本罪既遂与未遂的界限

本罪为危险犯,其既遂不需要发生严重的后果,只要行为人实施的破坏交通工具的行为足以使交通工具发生倾覆、毁坏的危险,即可构成本罪的既遂。当然如果本行为实施的过程中由于行为人意志以外的原因而未能实施完毕或者破坏行为尚不足以造成交通工具倾覆、毁坏危险的,可以成立本罪的未遂,但在实践中对本罪未遂形态的处理可能存在罪过内容认定、证据固定、技术鉴定等诸多困难。

2. 本罪与破坏交通设施罪的界限

破坏交通设施往往会导致交通工具倾覆、毁坏的严重后果,而犯本罪往往也会损毁交通设施。两罪区别的关键看破坏行为的直接指向对象:破坏行为直接指向正在使用中的交通工具,由于交通工具倾覆、毁坏间接造成毁损交通设施的后果,应当以破坏交通工具罪论处,反之应以破坏交通设施罪论处。

3. 本罪与盗窃罪的界限

如果行为人以盗窃为目的,破坏正在使用中的交通工具上的重要部件,如传动、制动、刹车系统等,足以造成交通工具发生倾覆、毁坏危险的,应以破坏交通工具罪论处。如果行为人以盗窃为目的,非法占有正在使用中的交通工具上的辅助设备、一般部件或者虽系重要部件但该部件的丢失将使该交通工具丧失机动性能,则该种行为不足以使交通工具发生倾覆、毁坏危险而不构成本罪,如数额较大,可构成盗窃罪或其他罪名。

(三) 破坏交通工具罪的处罚

根据《刑法》第 116 条、第 119 条第 1 款的规定,犯本罪尚未造成严重后果的,处 3 年以上 10 年以下有期徒刑;致人重伤、死亡或使公私财产遭受重大损失的,处 10 年以上有期徒刑、无期徒刑或者死刑。

二、过失损坏交通工具罪

过失损坏交通工具罪,是指过失造成火车、汽车、电车、船只、航空器的损坏,危害交通运输安全,造成严重后果的行为。本罪的客体为交通运输的安全。本罪在客观上表现为行为人损坏火车、汽车、电车、船只、航空器,危害交通运输安全,造成严重后果的行为。要构成本罪,行为人的行为必须造成了交通工具倾覆、毁坏事故的发生,严重危害了公共安全。如果行为人的行为仅仅只是造成危险,则不构成本罪。本罪主体为一般主体,凡年满 16 周岁,具有刑事责任能力的自然人均可构成本罪。本罪主观上出于过失,既可以是疏忽大意的过失,也可以是过于自信的过失。

根据《刑法》第 119 条第 2 款的规定,犯本罪的,处 3 年以上 7 年以下有期徒刑;情节较轻的,处 3 年以下有期徒刑或者拘役。

三、破坏交通设施罪

破坏交通设施罪,是指故意破坏轨道、桥梁、隧道、公路、机场航道、灯塔、标志或者进行其他破坏活动,足以使火车、汽车、电车、船只、航空器发生倾覆、毁坏危险或者造成严重后果的行为。

本罪的客体为交通运输的安全。犯罪对象为轨道、桥梁、隧道、公路、机场航道、灯塔、标志等交通设施。本罪在客观方面表现为行为人实施了破坏交通设施,足以使交通工具发生倾覆或者毁坏危险的行为。本罪是危险犯,只要造成了危险状态,行为人的行为即构成既遂。所谓"其他破坏活动",是指行为本身虽然不是直接对上述交通设施造成破坏,但其行为仍足以造成交通工具倾覆、毁坏危险的破坏行为。如故意错发交通指示、引导信号,故意扳动铁轨道叉等。本罪主体为一般主体。凡已满 16 周岁,具有刑事责任能力的自然人均可构成本罪。本罪主观上出于故意,既可以是直接故意,也可以是间接故意。

根据《刑法》第 116 条和第 119 条的规定,犯本罪,尚未造成严重后果的,处 3 年以上 10 年以下有期徒刑;造成严重后果的,处 10 年以上有期徒刑、无期徒刑或者死刑。

四、过失损坏交通设施罪

过失损坏交通设施罪,是指过失破坏轨道、桥梁、隧道、公路、机场、航道、灯塔、标志,危害交通运输安全,造成严重后果的行为。本罪的客体为交通运输的安全。本罪在客观上表现为行为人损坏轨道、桥梁、隧道、公路、机场、航道、灯塔、标志等交通设施,危害交通运输安全,造成严重后果的行为。要构成本罪,行为人的损坏交通设施的行为必须造成了使用这些交通设施的交通工具倾覆、毁坏事故的发生,严重危害了公共安全。如果行为人的行为仅仅只是造成危险,则不构成本罪。本罪主体为一般主体,凡年满16周岁,具有刑事责任能力的自然人均可构成本罪。本罪主观上出于过失,既可以是疏忽大意的过失,也可以是过于自信的过失。

根据《刑法》第119条第2款的规定,犯本罪的,处3年以上7年以下有期徒刑;情节较轻的,处3年以下有期徒刑或者拘役。

五、破坏电力设备罪

破坏电力设备罪,是指故意破坏电力设备,危害公共安全的行为。本罪的客体为电力运行工作中的公共安全。本罪的对象为电力设备,既包括各种发电设备,也包括各种输变电设备以及电力设备的建筑物。需要注意的是,行为人所破坏的电力设备是正在运行过程中的电力设备,如果破坏的对象是废弃的电力设备或者尚未运行的电力设备,则不构成本罪。本罪在客观方面表现为行为人实施了破坏电力设备,并足以造成严重后果的行为。本罪主体为一般主体。凡已满16周岁,具有刑事责任能力的自然人均可构成本罪。本罪主观上出于故意,既可以是直接故意,也可以是间接故意。

根据《刑法》第116条和第119条的规定,犯本罪,尚未造成严重后果的,处3年以上10年以下有期徒刑;造成严重后果的,处10年以上有期徒刑、无期徒刑或者死刑。

六、过失损坏电力设备罪

过失损坏电力设备罪,是指过失损坏电力设备,危害公共安全,造成严重后果的行为。本罪的客体为电力运行工作中的公共安全。本罪在客观上表现为行为人损坏电力设备,危害公共安全,造成严重后果的行为。要构成本罪,行为人的损坏行为必须造成了严重危害公共安全的后果。如果行为人的行为仅仅只是造成危险,则不构成本罪。本罪主体为一般主体,凡年满16周岁,具有刑事责任能力的自然人均可构成本罪。本罪主观上出于过失,既可以是疏忽大意的过失,也可以是过于自信的过失。

根据《刑法》第119条第2款的规定,犯本罪的,处3年以上7年以下有期徒刑;情节较轻的,处3年以下有期徒刑或者拘役。

七、破坏易燃易爆设备罪

破坏易燃易爆设备罪,是指故意破坏燃气或者其他易燃易爆设备,危害公共安全的行为。本罪客体为燃气供应以及易燃易爆设备使用中的公共安全。本罪的对象为燃气设备以及其他易燃易爆设备,如储油罐、储气罐、输油、输气管道等。本罪在客观上表现为行为人实施了破坏易燃易爆设备,足以严重危害公共安全的行为。本罪主体为一般主体。凡已满16周岁,具有刑事责任能力的自然人均可构成本罪。本罪主观上出于故意,既可以是直接故意,也可以是间接故意。

根据《刑法》第116条和第119条的规定,犯本罪,尚未造成严重后果的,处3年以上10年以下有期徒刑;造成严重后果的,处10年以上有期徒刑、无期徒刑或者死刑。

八、过失损坏易燃易爆设备罪

过失损坏易燃易爆设备罪,是指过失损坏燃气或者其他易燃易爆设备,危害公共安全,造成严重后果的行为。本罪客体为燃气供应以及易燃易爆设备使用中的公共安全。本罪在客观上表现为行为人损坏易燃易爆设备,危害公共安全,造成严重后果的行为。要构成本罪,行为人的损坏行为必须造成了严重危害公共安全的后果。如果行为人的行为仅仅只是造成危险,则不构成本罪。本罪主体为一般主体,凡年满16周岁,具有刑事责任能力的自然人均可构成本罪。本罪主观上出于过失,既可以是疏忽大意的过失,也可以是过于自信的过失。

根据《刑法》第119条第2款的规定,犯本罪的,处3年以上7年以下有期徒刑;情节较轻的,处3年以下有期徒刑或者拘役。

九、破坏广播电视设施、公用电信设施罪

破坏广播电视、公用电信设施罪,是指故意破坏广播电视、公用电信设施,危害公共安全的行为。本罪客体为广播电视以及公用电信信号传送的安全。犯罪对象为正在使用中的广播电视、公用电信设施。如果上述设施尚未投入使用或者已经被废弃,则不能构成本罪。本罪客观方面表现为行为人实施了破坏正在使用中的广播电视、公用电信设施,危害公共安全的行为。本罪主体为一般主体,凡年满16周岁,具有刑事责任能力的自然人均可构成本罪。本罪主观上表现为故意。

根据《刑法》第124条的规定,犯本罪的,处3年以上7年以下有期徒刑;造成严重后果的,处7年以上有期徒刑。

十、过失损坏广播电视设施、公用电信设施罪

过失损坏广播电视、公用电信设施罪,是指过失损坏广播电视、公用电信设施,危害公共安全,造成严重后果的行为。本罪客体为广播电视以及公用电信信号传送的安全。本罪客观方面表现为行为人的行为损坏正在使用中的广播电视、公用电信设施,危害公共安全的行为。本罪要求一定出现了严重的后果才构成犯罪。本罪主观上出于过失。

根据《刑法》第124条第2款的规定,犯本罪的,处3年以上7年以下有期徒刑;情节较轻的,处3年以下有期徒刑或者拘役。

第四节 实施恐怖主义、极端主义活动的犯罪

近年来,恐怖主义犯罪已经成为危害全人类和平发展与安全的首要威胁。在我国,以暴力恐怖势力、民族分裂势力、宗教极端势力为代表的“三股势力”,在新疆境内以及北京、昆明等地,针对广大无辜的人民群众实施了多起暴力恐怖袭击事件,造成了严重的人员伤亡以及重大财产损失,严重破坏了社会的和谐稳定。

面对越来越严峻的反恐形势,为了更有效、全面地打击恐怖主义、极端主义犯罪,《刑法修正案(九)》对刑法原先涉及恐怖主义活动的犯罪进行了修改,增加了许多新的罪名。除了组织、领导、参加恐怖组织罪之外,本节多数罪名均系根据《刑法修正案(九)》的规定而增加的新罪名。

《刑法修正案(九)》通过后,2015 年 12 月 27 日第十二届全国人民代表大会常务委员会第十八次会议又通过了《中华人民共和国反恐怖主义法》(以下简称《反恐怖主义法》),这部法律完善了 2011 年 10 月全国人大常委会《关于加强反恐怖工作有关问题的决定》中有关恐怖活动等的定义。刑法在认定恐怖主义、恐怖活动、恐怖活动组织、恐怖活动人员、恐怖事件等时,应当以《反恐怖主义法》为准。根据《反恐怖主义法》第 3 条的规定:

恐怖主义,是指通过暴力、破坏、恐吓等手段,制造社会恐慌、危害公共安全、侵犯人身财产,或者胁迫国家机关、国际组织,以实现其政治、意识形态等目的的主张和行为。

恐怖活动,是指恐怖主义性质的下列行为:(1) 组织、策划、准备实施、实施造成或者意图造成人员伤亡、重大财产损失、公共设施损坏、社会秩序混乱等严重社会危害的活动的;(2) 宣扬恐怖主义,煽动实施恐怖活动,或者非法持有宣扬恐怖主义的物品,强制他人在公共场所穿戴宣扬恐怖主义的服饰、标志的;(3) 组织、领导、参加恐怖活动组织的;(4) 为恐怖活动组织、恐怖活动人员、实施恐怖活动或者恐怖活动培训提供信息、资金、物资、劳务、技术、场所等支持、协助、便利的;(5) 其他恐怖活动。

恐怖活动组织,是指三人以上为实施恐怖活动而组成的犯罪组织。

恐怖活动人员,是指实施恐怖活动的人和恐怖活动组织的成员。

恐怖事件,是指正在发生或者已经发生的造成或者可能造成重大社会危害的恐怖活动。

一、组织、领导、参加恐怖组织罪

(一) 组织、领导、参加恐怖组织罪的概念

组织、领导、参加恐怖组织罪,是指组织、领导或者参加恐怖活动组织的行为。本罪是选择性罪名。

（二）组织、领导、参加恐怖组织罪的特征

1. 本罪的客体为公共安全。恐怖组织所实施的恐怖活动，是针对不特定的多数人实施的爆炸、放火、劫持民用航空器、绑架人质等犯罪行为，并且试图通过恐怖活动造成社会的恐慌。因此是一种性质极其严重、危害极大的犯罪。

2. 本罪在客观方面表现为行为人实施了组织、领导或者参加恐怖组织的行为。组织是指召集、招募、雇用、拉拢行为；领导是指在恐怖组织中起决策、指挥作用。参加是指行为人明知为恐怖组织而积极加入的行为。

3. 本罪主体为一般主体，凡年满16周岁，具有刑事责任能力的自然人均可构成本罪。

4. 本罪主观上表现为故意。行为人明知恐怖活动危害公共安全，但以实施恐怖活动为目的组织、领导或者参加恐怖活动组织。

（三）认定组织、领导、参加恐怖组织罪应注意的问题

1. 恐怖组织与一般犯罪集团的区别

恐怖组织是一种以实施恐怖活动为目的而建立起来的犯罪集团，是特殊的犯罪集团形式。一般的犯罪集团所实施的为一般的刑事犯罪案件，而并非是试图造成社会恐慌的恐怖主义犯罪案件。正因为恐怖组织比起一般的犯罪集团具有更大的危害性，因此，我国刑法将组织、领导、参加恐怖组织的活动认定为一个独立的罪名，而组织、领导、参加一般的犯罪集团的行为，则只能根据犯罪集团具体实施的行为确定罪名。

2. 组织、领导、参加恐怖组织并且实施其他犯罪行为的认定。

行为人组织、领导或者参加恐怖组织，并且以恐怖活动组织的名义实施爆炸、杀人、绑架等犯罪活动的，依照数罪并罚的规定处罚。

（四）组织、领导、参加恐怖组织罪的刑事责任

根据《刑法》第120条第1款、第2款的规定，犯本罪的，处10年以上有期徒刑或者无期徒刑，并处没收财产；积极参加的，处3年以上10年以下有期徒刑，并处罚金；其他参加的，处3年以下有期徒刑、拘役、管制或者剥夺政治权利，可以并处罚金。犯本罪并实施杀人、爆炸、绑架等犯罪的，依照数罪并罚的规定处罚。

二、帮助恐怖活动罪

帮助恐怖活动罪，是指资助恐怖活动组织、实施恐怖活动的个人，或者资助恐怖活动培训的行为，以及为恐怖活动组织、实施恐怖活动或者恐怖活动培训招募、运送人员的行为。

本罪是《刑法修正案(三)》第4条(《刑法》第120条之一)所增加的罪名，《刑法修正案(九)》对此进行了修改。修改要点有三：一是在第1款的罪状表述中增加了“资助恐怖活动培训”，将资助恐怖活动培训的行为明确纳入本罪。二是增加了一款作为第2款，规定“为恐怖活动组织、实施恐怖活动或者恐怖活动培训招募、运送人员

的，依照前款的规定处罚”。三是将原第2款改为第3款，并对其作了相应的文字修改。由于《刑法修正案(九)》的修改，本罪的罪名也从“资助恐怖活动罪”修改为“帮助恐怖活动罪”。

本罪的客体为公共安全。本罪在客观上表现为行为人实施了相应的资助行为，即实施了资助恐怖活动组织、实施恐怖活动的个人或者资助恐怖活动培训的行为，以及为恐怖活动组织、实施恐怖活动或者恐怖活动培训招募、运送人员的行为。所谓资助，是指为恐怖活动组织、实施恐怖活动的个人或者恐怖活动培训提供经费、物资或提供场所的行为，只能是以有形的物质性利益进行帮助，如果行为人不是提供物质上的帮助，不能认定为本罪。所谓招募是指为恐怖活动组织、恐怖活动或者恐怖活动培训而征召、募集人员。至于行为人以何种名义招募人员，不影响本罪的成立。

本罪主体为一般主体，凡年满16周岁，具有刑事责任能力的自然人与单位均可构成本罪。本罪主观上表现为故意。行为人必须明知其资助的对象为恐怖活动组织或者实施恐怖活动的个人，或者明知是恐怖主义的培训活动而提供资助。

根据《刑法》第120条之一的规定，犯本罪的，处5年以下有期徒刑、拘役、管制或者剥夺政治权利，并处罚金；情节严重的，处5年以上有期徒刑，并处罚金或者没收财产。单位犯资助恐怖活动罪的，对单位判处罚金，并对其直接负责的主管人员和其他直接责任人员，依照上述规定处罚。

三、准备实施恐怖活动罪

准备实施恐怖活动罪，是指为实施恐怖活动而进行各种准备活动的行为。

本罪客体为公共安全。本罪在客观上表现为行为人为实施恐怖活动而进行各种准备活动的行为。这些准备活动包括：(1) 准备凶器、危险物品或者其他工具的。这里所说的“凶器”，既包括砍刀、三角刮刀、匕首等管制刀具，也包括菜刀、斧头等可以合法持有的工具。危险物品，既包括炸药、毒害性、放射性、传染病病原体等禁止个人持有的危险物品，也包括汽油、煤油、液化气罐等普通危险物品。需要注意的是，如果行为人为了实施恐怖活动而购买、制造枪支、弹药、危险物质的，则与本罪形成想象竞合关系，应择一重罪处罚。(2) 组织恐怖活动培训或者积极参加恐怖活动培训的。(3) 为实施恐怖活动与境外恐怖活动组织或者人员联络的。(4) 为实施恐怖活动进行策划或者其他准备的。

本罪主体为一般主体，年满16周岁，具有刑事责任能力的自然人均可构成本罪。本罪主观上出于故意，行为人进行上述准备工作的目的是实施恐怖活动。

根据《刑法》第120条之二的规定，犯本罪的，处5年以下有期徒刑、拘役、管制或者剥夺政治权利，并处罚金；情节严重的，处5年以上有期徒刑，并处罚金或者没收财产。同时构成其他犯罪的，依照处罚较重的规定定罪处罚。

四、宣扬恐怖主义、极端主义、煽动实施恐怖活动罪

宣扬恐怖主义、极端主义、煽动实施恐怖活动罪，是指以制作、散发宣扬恐怖主义、

极端主义的图书、音频视频资料或者其他物品,或者通过讲授、发布信息等方式宣扬恐怖主义、极端主义的,或者公然煽动不特定的多数人实施恐怖活动的行为。

本罪客体为公共安全,在客观上表现为以下两种行为:

1. 以制作、散发宣扬恐怖主义、极端主义的图书、音频视频资料或者其他物品,或者通过讲授、发布信息等方式宣扬恐怖主义、极端主义的行为。"恐怖主义",是指通过暴力、破坏、恐吓等手段,制造社会恐慌、危害公共安全、侵犯人身财产,或者胁迫国家机关、国际组织,以实现其政治、意识形态等目的的主张和行为。"极端主义",是指歪曲宗教教义和宣扬宗教极端,以及其他崇尚暴力、仇视社会、反对人类等极端的思想、言论和行为。宣扬恐怖主义、极端主义的方式主要有以下两种:(1) 以制作、散发图书、音频视频资料或者其他物品的方式宣扬恐怖主义、极端主义。(2) 通过讲授、发布信息等方式宣扬恐怖主义。包括利用学校、寺院、网络、广播、电视、电讯或者散发传单,张贴大字报等各种形式,宣传、介绍、讲解、传授恐怖主义、极端主义思想,包括歌颂、美化恐怖主义、极端主义的行为。

2. 行为人煽动他人实施恐怖活动的行为。所谓"煽动",是指怂恿、劝告、威胁、利诱、怂恿他人实施恐怖活动的行为。煽动的方式多种多样,可以是书面的,也可以是口头的,可以通过网络、电视、手机短信、广播、报纸、出版物、传单、大字报等多种方式进行。本罪要求公然进行,即煽动的影响必须是公开的。所谓"公然",既包括在公共场所进行煽动活动,也包括在私下进行,但在公开场合造成影响的行为。如通过网络匿名进行煽动。还需要注意的是,煽动行为是针对不特定的多数人实施的,如果是对个别人或者某个特定群体实施上述行为,则不构成本罪,可以按照刑法关于教唆犯罪的相关规定追究刑事责任。

本罪主体为一般主体,年满 16 周岁,具有刑事责任能力的自然人均可构成本罪。本罪主观上出于故意。

根据《刑法》第 120 条之三的规定,犯本罪的,处 5 年以下有期徒刑、拘役、管制或者剥夺政治权利,并处罚金;情节严重的,处 5 年以上有期徒刑,并处罚金或者没收财产。

五、利用极端主义破坏法律实施罪

利用极端主义破坏法律实施罪,是指利用极端主义煽动、胁迫群众破坏国家法律确立的婚姻、司法、教育、社会管理等制度实施的行为。

本罪客体为国家法律所确立的社会制度。本罪在客观方面表现为利用极端主义煽动、胁迫群众破坏国家法律确立的婚姻、司法、教育、社会管理等制度实施的行为。本罪主体为一般主体,年满 16 周岁,具有刑事责任能力的自然人均可构成本罪。本罪主观上出于故意。

根据《刑法》第 120 条之四的规定,犯本罪的,处 3 年以下有期徒刑、拘役或者管制,并处罚金;情节严重的,处 3 年以上 7 年以下有期徒刑,并处罚金;情节特别严重的，处7年以上有期徒刑，并处罚金或者没收财产。

六、强制穿戴宣扬恐怖主义、极端主义服饰、标志罪

强制他人穿戴宣扬恐怖主义、极端主义服饰、标志罪，是指以暴力、胁迫等方式强制他人在公共场所穿着、佩戴宣扬恐怖主义、极端主义服饰、标志的行为。

本罪的客体为公共场所的正常秩序以及他人的人身自由权利。近年来，伴随着"三股势力"在境内的发展，恐怖活动分子、宗教极端主义分子在公共场所穿着、佩戴或强迫他人穿着、佩戴宣扬恐怖主义、极端主义的服饰、标志，严重扰乱了公共场所的秩序，并容易引起公众的恐慌。同时，这一行为也侵犯了他人自由穿着、佩戴服饰、标志的权利。

本罪在客观上表现为以暴力、胁迫等方式强制他人在公共场所穿着、佩戴宣扬恐怖主义、极端主义服饰、标志的行为。所谓"宣扬恐怖主义、极端主义服饰、标志"，指的是穿着、佩戴的服饰、标志包含了恐怖主义、极端主义的符号、旗帜、徽记、文字、口号标语、图形或者带有恐怖主义、极端主义的色彩，容易使人联想到恐怖主义、极端主义。实践中比较普遍的是，穿着模仿恐怖活动组织统一着装的衣物，穿着印有恐怖主义、极端主义符号、旗帜等标志的衣物，佩戴恐怖活动组织标识或者恐怖主义、极端主义标志，留有象征恐怖主义、极端主义的特定发型等。从实践情况看，恐怖主义、极端主义势力通过强制他人在公共场所穿着、佩戴宣扬恐怖主义、极端主义的服饰、标志等手段，在社会上强化了人们的身份差别意识，用异类的标识或者身份符号，刻意地制造出隔膜和距离感，以达到其渲染恐怖主义、极端主义氛围甚至宣扬恐怖主义、极端主义的目的，社会危害很大。①

需要注意的是，法律禁止的是穿着、佩戴宣扬恐怖主义、极端主义的服饰、标志的行为，并非禁止少数民族穿着本民族服饰，并未剥夺其穿着本民族服饰的合法权利。所谓暴力、胁迫，是指对他人采取的身体强制或者精神强制的行为方式。同时，构成本罪必须要求是强制他人在公共场所穿着、佩戴宣扬恐怖主义、极端主义的服饰、标志。如果行为人强制他人在家中或者其他私人场合穿着、佩戴上述服饰、标志的，不构成本罪。

本罪主体为一般主体，年满16周岁，具有刑事责任能力的自然人均可构成本罪。本罪主观上出于故意。

根据《刑法》第120条之五的规定，犯本罪的，处3年以下有期徒刑、拘役或者管制，并处罚金。

七、非法持有宣扬恐怖主义、极端主义物品罪

非法持有宣扬恐怖主义、极端主义物品罪，是指明知是宣扬恐怖主义、极端主义的

① 参见雷建斌主编：《〈中华人民共和国刑法修正案(九)〉释解与适用》，人民法院出版社2015年版，第92—93页。

图书、音频视频资料或者其他物品而非法持有,情节严重的行为。

本罪客体为国家对宣扬恐怖主义、极端主义物品的管理制度。国家的法律法规禁止任何人持有宣扬恐怖主义、极端主义的物品,而本罪就是对这一法律制度的破坏。本罪在客观上表现为明知是宣扬恐怖主义、极端主义的图书、音频视频资料或者其他物品而非法持有,情节严重的行为。除了图书、音频视频资料外,宣扬恐怖主义、极端主义的传单、标志、服饰等物品也在禁止持有之列。要构成本罪,行为人必须达到"情节严重"的程度。对于是否属于情节严重,可以根据所持有的恐怖主义、极端主义宣传品的数量多少,所包含的内容的严重程度,曾经因类似行为受到处罚的情况,以及其事后的态度等因素作出认定。

本罪主体为一般主体,年满 16 周岁,具有刑事责任能力的自然人均可构成本罪。本罪主观上出于故意,行为人必须明知是宣扬恐怖主义、极端主义的物品而持有。如果行为人不知其持有的是上述物品,则不构成犯罪。

根据《刑法》第 120 条之六的规定,犯本罪的,处 3 年以下有期徒刑、拘役或者管制,并处或者单处罚金。

第五节　实施危险活动的犯罪

一、劫持航空器罪

(一) 劫持航空器罪的概念

劫持航空器罪,是指以暴力、胁迫或者其他方法劫持航空器,危害公共安全的行为。

(二) 劫持航空器罪的特征

1. 本罪的客体为航空运输的安全。航空运输的安全是公共安全的重要组成部分,劫持航空器的行为对广大乘客的生命、财产以及飞行器的安全造成了极大的危害。本罪所谓的航空器,根据《东京公约》《海牙公约》以及《蒙特利尔公约》的规定,指民用航空器,军用、警用或者海关使用的航空器并不包括在内。

2. 本罪在客观上表现为以暴力、胁迫或者其他方法劫持航空器,危害公共安全的行为。所谓"暴力",是指对航空器上的机组人员或乘客进行身体上的强制,如采用殴打、杀伤、捆绑等手段使被害人不能反抗,从而控制航空器。所谓"胁迫",是指行为人以实施暴力相威胁,对被害人进行精神上的强制,使被害人不敢反抗从而控制航空器。所谓"其他方法",是指以暴力、胁迫以外的方法对被害人进行强制,例如使用麻醉药物,使机组人员不能反抗,从而控制航空器。

3. 本罪主体为一般主体,凡年满 16 周岁,具有刑事责任能力的自然人均可构成本罪。

4. 本罪主观上表现为故意。

（三）认定劫持航空器罪应注意的问题

1. 本罪与破坏交通工具罪的区别

破坏交通工具的犯罪行为包括破坏航空器的行为。二者的区别首先表现在行为的方式不同。劫持航空器罪，行为人采用暴力、胁迫或者其他方法对航空器上的人员施加影响；破坏交通工具罪，行为人则是针对航空器采用破坏的方法。其次，二者在主观方面的内容不同。劫持航空器罪的行为人在主观上有取得航空器的控制权的意图；而破坏交通工具罪的行为人主观上则存在毁坏航空器的意图。

2. 本罪与暴力危及飞行安全罪的区别

二者的区别首先表现在行为方式上。劫持航空器罪除了可以实施暴力方法之外，还可以实施胁迫以及其他方法；而暴力危及飞行安全罪，行为人仅仅只是实施暴力手段。其次，二者的目的不同。劫持航空器罪的目的是取得航空器的控制权；而暴力危及飞行安全罪的行为人在主观上并不具备控制航空器的目的。最后，二者既遂的标准不同。劫持航空器罪是行为犯，行为人只要实施了劫持航空器的行为即构成既遂，不要求其实际取得航空器的控制权；暴力危及飞行安全罪则是危险犯，行为人的暴力行为足以造成危害飞行安全的危险即告既遂。

（四）劫持航空器罪的刑事责任

根据《刑法》第 121 条的规定，犯本罪的，处 10 年以上有期徒刑或者无期徒刑；致人重伤、死亡或者使航空器遭受严重破坏的，处死刑。

二、劫持船只、汽车罪

劫持船只、汽车罪，是指使用暴力、胁迫或者其他方式劫持船只、汽车，危害公共安全的行为。本罪的客体为交通运输的安全。犯罪的对象为正在使用中的船只、汽车。本罪在客观上表现为以暴力、胁迫或者其他方法劫持船只、汽车，危害公共安全的行为。本罪主体为一般主体，凡年满 16 周岁，具有刑事责任能力的自然人均可构成本罪。本罪主观上表现为故意。

【实例分析 3-5】

对上述内容，可从下例分析中深化认识：甲、乙等人佯装乘客登上长途车。甲用枪控制司机，令司机将车开到偏僻路段；乙等人用刀控制乘客，命乘客交出随身财物。一乘客反抗，被乙捅成重伤。财物到手下车时，甲打死司机。关于本案，下列哪些选项是正确的？

A. 甲等人劫持汽车，构成劫持汽车罪；

B. 甲等人构成抢劫罪，属于在公共交通工具上抢劫；

C. 乙重伤乘客，无需以故意伤害罪另行追究刑事责任；

D. 甲开枪打死司机，需以故意杀人罪另行追究刑事责任。

分析如下：

处理上述问题的关键在于罪数问题：劫持船只、汽车罪不能包容故意伤害、故意杀人罪；抢劫罪的手段行为可以包容故意伤害、故意杀人；抢劫后杀人应当数罪并罚。

(1) 甲控制司机劫持汽车，触犯劫持汽车罪；后甲打死司机，触犯故意杀人罪。因劫持汽车罪的结果加重犯“造成严重后果”并不包括故意杀人，故而对甲应当两罪并罚。选项A、选项D正确。

(2) 乙在长途公交车上抢劫乘客，构成抢劫罪，属于在公共交通工具上抢劫；因抢劫罪的结果加重犯“致人重伤、死亡”包括故意伤害，故而乙在抢劫过程中将被害人捅成重伤，只构成抢劫罪的结果加重犯，不再对故意伤害罪另定它罪。选项B、选项C正确。

(3) 甲、乙等人系共同犯罪，均构成劫持汽车罪、抢劫罪(致人重伤)；抢劫完毕后杀人的，另行触犯故意杀人罪，应数罪并罚。

综上，上述问题的合适选项是ABCD。

根据《刑法》第122条的规定，犯本罪的，处5年以上10年以下有期徒刑；造成严重后果的，处10年以上有期徒刑或者无期徒刑。

三、暴力危及飞行安全罪

暴力危及飞行安全罪，是指对飞行中的航空器上的人员使用暴力，危及飞行安全的行为。本罪的客体为航空运输的安全。本罪客观方面表现为对飞行中的航空器上的人员使用暴力，危及飞行安全的行为。本罪主体为一般主体，凡年满16周岁，具有刑事责任能力的自然人均可构成本罪。本罪主观方面表现为故意。

根据《刑法》第123条的规定，犯本罪的，尚未造成严重后果的，处5年以下有期徒刑或者拘役；造成严重后果的，处5年以上有期徒刑。

第六节 违反枪支、弹药、爆炸物管理规定的犯罪

一、非法制造、买卖、运输、邮寄、储存枪支、弹药、爆炸物罪

(一) 非法制造、买卖、运输、邮寄、储存枪支、弹药、爆炸物罪的概念

非法制造、买卖、运输、邮寄、储存枪支、弹药、爆炸物罪，是指违反国家有关枪支、弹药、爆炸物管理法规，非法制造、买卖、运输、邮寄、储存枪支、弹药、爆炸物的行为。

(二) 非法制造、买卖、运输、邮寄、储存枪支、弹药、爆炸物罪的特征

1. 本罪的客体为公共安全以及国家对枪支、弹药、爆炸物的管理制度。根据《枪支管理办法》的规定，“枪支”是指以火药或者压缩气体为动力，利用管状器具发射金属弹丸或者其他物质，足以致人伤亡或者丧失知觉的各种枪支。包括军用枪支、运动

枪支、猎枪、气枪以及自制火药枪等。“弹药”是指上述枪支所使用的弹药。“爆炸物”是指根据《民用爆炸物管理条例》规定的各类炸药、雷管、导火索、导爆线、非电导爆系统、起爆药、爆破剂等。

2. 本罪在客观方面表现为违反国家有关枪支、弹药、爆炸物管理法规，非法制造、买卖、运输、邮寄、储存枪支、弹药、爆炸物的行为。行为人只要实施了上述行为中的一种，即可构成本罪。本罪是选择性罪名，行为人如果实施了其中的数行为，也只构成一罪，不实行数罪并罚。

3. 本罪主体为一般主体，凡年满16周岁，具有刑事责任能力的自然人以及单位均可构成本罪。

4. 本罪主观方面表现为故意，行为人明知是枪支、弹药、爆炸物而制造、买卖、运输、邮寄或储存。

（三）非法制造、买卖、运输、邮寄、储存枪支、弹药、爆炸物罪在认定时应注意的问题

1. 非法制造、买卖枪支罪与违规制造、销售枪支罪的区别

二者的区别在于前罪是在未获得批准的情况下，私自非法制造、买卖枪支的行为；而后罪是指依法生产、销售枪支的企业不按照相关的规定制造、销售枪支的行为。前罪的主体可以是自然人，也可以是单位，而后罪只能由单位构成。同时，在主观上，违规制造、销售枪支罪需要以非法销售作为犯罪目的。

2. 非法储存枪支、弹药罪与非法持有、私藏枪支、弹药罪的区别

二者在行为方式上有许多相似之处，二者的区别在于：首先二者的主体有差异。前罪的主体可以是自然人，也可以是单位，而后罪只能是自然人。同时，二罪的危害程度不同，储存一般数量较大，危害较为严重，而非法持有、私藏，一般数量较少，危害相对前罪而言较小。

（四）非法制造、买卖、运输、邮寄、储存枪支、弹药、爆炸物罪的刑事责任

根据《刑法》第125条第1款的规定，犯本罪的，处3年以上10年以下有期徒刑；情节严重的，处10年以上有期徒刑、无期徒刑或者死刑。单位犯本罪的，对单位判处罚金，对其直接负责的主管人员和其他直接责任人员，按照上述规定处罚。

二、非法制造、买卖、运输、储存危险物质罪

非法制造、买卖、运输、储存危险物质罪，是指违反有关毒害性、放射性、传染病病原体等危险物质管理的规定，非法制造、买卖、运输、储存毒害性、放射性、传染病病原体等危险物质的行为。本罪是根据《刑法修正案（三）》所修改的罪名。

本罪客体为公共安全与国家的相关危险物质管理制度。本罪的对象为危险物质，包括毒害性物质、放射性物质以及传染病病原体。由于这些物质会对人体造成严重的危害，因此，世界各国对此均制定了极其严格的管理制度，严禁非法制造、买卖、运输、储存这些危险物质的行为。本罪在客观上表现为违反有关危险物质管理的规定，非法

制造、买卖、运输、储存毒害性、放射性、传染病病原体的行为。本罪主体为一般主体，凡年满16周岁，具有刑事责任能力的自然人以及单位均可构成本罪。本罪主观上出于故意，必须是明知是危险物质而进行非法制造、买卖、运输、储存的行为。

例如：甲持有大量毒害性物质，乙持有大量放射性物质，甲用部分毒害性物质与乙交换了部分放射性物质。甲、乙的行为是否属于非法买卖危险物质？我们认为是的，非法买卖危险物质罪中的“买卖”，不仅包括获取金钱，也包括获取其他物质性利益。上述问题中，甲和乙相互交换危险物质，这一交换行为使甲、乙均获得了物质性利益，均构成非法买卖危险物质罪。

根据《刑法》第125条第2款的规定，犯本罪的，处3年以上10年以下有期徒刑；情节严重的，处10年以上有期徒刑、无期徒刑或者死刑。单位犯本罪的，对单位判处罚金，对其直接负责的主管人员和其他直接责任人员，按照上述规定处罚。

三、违规制造、销售枪支罪

违规制造、销售枪支罪，是指依法被指定、确定的枪支制造企业、销售企业违反枪支管理规定，擅自制造、销售枪支的行为。本罪的客体是公共安全和国家在枪支制造、销售方面的管理制度。本罪在客观上表现为行为人实施了《刑法》第126条所规定的三种行为之一的行为，即：(1) 以非法销售为目的，超过限额或者不按照规定的品种制造、配售枪支的。(2) 以非法销售为目的，制造无号、重号、假号的枪支的。(3) 非法销售枪支或者在境内销售为出口制造的枪支的。本罪主体为依法被指定、确定的枪支制造企业、销售企业，自然人与一般的单位不构成本罪。本罪主观上出于故意，并且具有非法销售的目的。

根据《刑法》第126条的规定，犯本罪的，对单位判处罚金，并对其直接负责的主管人员和其他直接责任人员，处5年以下有期徒刑；情节严重的，处5年以上10年以下有期徒刑；情节特别严重的，处10年以上有期徒刑或者无期徒刑。

四、盗窃、抢夺枪支、弹药、爆炸物、危险物质罪

本罪系根据《刑法修正案(三)》第6条修改的罪名。盗窃、抢夺枪支、弹药、爆炸物、危险物质罪，是指以非法占有为目的、秘密窃取或者公然夺取枪支、弹药、爆炸物或者盗窃、抢夺毒害性、放射性、传染病病原体等物质，危害公共安全的行为。本罪客体为公共安全。本罪在客观上表现为秘密窃取或者公然夺取枪支、弹药、爆炸物或者秘密窃取、公然夺取毒害性、放射性、传染病病原体等危险物质，危害公共安全的行为。本罪主体为一般主体，凡年满16周岁，具有刑事责任能力的自然人均可构成本罪。本罪主观上出于故意，且只能为直接故意。

根据《刑法》第127条第1款以及第2款的规定，犯本罪的，处3年以上10年以下有期徒刑；情节严重的，处10年以上有期徒刑、无期徒刑或者死刑。盗窃、抢夺国家机关、军警人员、民兵的枪支、弹药、爆炸物的，处10年以上有期徒刑、无期徒刑或者死刑。

五、抢劫枪支、弹药、爆炸物、危险物质罪

本罪系根据《刑法修正案(三)》第6条修改的罪名。抢劫枪支、弹药、爆炸物、危险物质罪,是指以暴力、胁迫或者其他方法抢劫枪支、弹药、爆炸物或者抢劫毒害性、放射性以及传染病病原体等危险物质,危害公共安全的行为。本罪客体为公共安全。本罪客观方面表现为使用暴力、胁迫或其他方式,劫取枪支、弹药、爆炸物,或抢劫毒害性、放射性以及传染病病原体等危险物质,危害公共安全的行为。本罪主体为一般主体,凡年满16周岁,具有刑事责任能力的自然人均可构成本罪。本罪主观上出于故意。

根据《刑法》第127条第2款的规定,犯本罪的,处10年以上有期徒刑、无期徒刑或者死刑。

六、非法持有、私藏枪支、弹药罪

非法持有、私藏枪支、弹药罪,是指违反枪支、弹药管理规定,非法持有、私藏枪支、弹药的行为。本罪客体是公共安全以及国家对枪支、弹药的管理制度。本罪在客观上表现为违反枪支、弹药管理规定,非法持有、私藏枪支、弹药的行为。需要注意的是,非法制造枪支后又持有、私藏的,应该以非法制造枪支弹药罪论处。同时,需要注意区分非法持有行为与私藏行为之间的界限。普通的社会民众拥有枪支、弹药的行为为非法持有。而例如军人、警察、射击运动员等可以合法持有枪支、弹药的主体在因退休、退役等事项丧失持有枪支、弹药资格后仍然持有枪支、弹药的行为,应以私藏枪支、弹药罪论处。本罪主体为一般主体,凡年满16周岁,具有刑事责任能力的自然人均可构成本罪。本罪在主观上出于故意。

特别需要指出的是,根据最高人民法院《关于审理非法制造、买卖、运输枪支、弹药、爆炸物等刑事案件具体应用法律若干问题的解释》第8条,"非法持有"是指不符合配备、配置枪支、弹药条件的人员,违反枪支管理法律、法规的规定,擅自持有枪支、弹药的行为。其中持有行为的形式,不仅包括"拿着""带着",其本质含义在于管理、控制。例如,甲父去世前告诉甲"咱家院墙内埋着5支枪",甲说"知道了",但此后甲什么也没做。甲的行为是否构成非法持有枪支罪?我们认为可以构成,甲在其父告知其院墙内埋有枪支之后,就具有了上缴枪支的义务,甲不具备持有枪支的资格而非法持有5支枪,甲对埋着的枪具有管理、控制权,可认定为"持有"。

根据《刑法》第128条的规定,犯本罪的,处3年以下有期徒刑、拘役或者管制;情节严重的,处3年以上7年以下有期徒刑。

七、非法出租、出借枪支罪

非法出租、出借枪支罪,是指依法配备公务用枪的人员与单位非法出租、出借枪支,或者依法配置枪支的人员与单位非法出租、出借枪支,造成严重后果的行为。本罪

的客体为公共安全以及国家的枪支管理制度。本罪在客观上表现为非法出租、出借枪支,造成严重后果的行为。本罪主体为特殊主体,为依法配备公务用枪的人员与单位或者依法配置枪支的人员与单位。如公安机关、国家安全机关、法院、检察院、监狱等单位以及人民警察、司法警察等,还包括从事射击运动的运动队、射击场等。本罪在主观上出于故意,故意将枪支出租、出借给他人。

【实例分析 3-6】

对上述内容,可从下例分析中深化认识:警察甲为讨好妻弟乙,将公务用枪私自交给乙把玩。丙乘乙在人前炫耀枪支时,偷取枪支送交派出所,揭发乙持枪的犯罪事实。关于本案,下列哪些选项是正确的?

A. 甲私自出借枪支,构成非法出借枪支罪;

B. 乙非法持有枪支,构成非法持有枪支罪;

C. 丙构成盗窃枪支罪;

D. 丙揭发乙持枪的犯罪事实,构成刑法上的立功。

分析如下:

(1) 选项 A 正确。甲为警察,属于依法配备公务用枪的主体,只要有出租、出借枪支行为即构成犯罪,无需发生危害后果;对于依法配置枪支的人员,则要求不仅有出租、出借行为,还需要造成危害后果。

(2) 选项 B 正确。枪支在我国属于禁止流通物,对此实行严格管制,无持枪资格的人员实际占有或控制枪支的,构成非法持有枪支罪;有持枪资格人员丧失资格后,拒不交出枪支的,构成私藏枪支罪。本案中,乙无持枪资格,实际占有和控制枪支,构成非法持有枪支罪。

(3) 选项 C 错误。丙盗窃枪支的目的是送交派出所,并非为了非法占有。因此,丙不构成盗窃枪支罪。

(4) 选项 D 错误。构成立功的前提是行为人为犯罪人,丙的行为不构成犯罪,也就不存在立功的问题了。

综上,上述问题的合适选项是 AB。

根据《刑法》第 128 条的规定,犯本罪的,处 3 年以下有期徒刑、拘役或者管制;情节严重的,处 3 年以上 7 年以下有期徒刑。单位犯本罪的,对单位判处罚金,并对其直接负责的主管人员和其他直接责任人员,依照上述规定处罚。

八、丢失枪支不报罪

丢失枪支不报罪,是指依法配备公务用枪的人员,丢失枪支不及时报失,造成严重后果的行为。本罪的客体是公共安全与国家的枪支管理制度。本罪在客观方面表现为丢失枪支不及时报告,造成严重后果的行为。所谓"严重后果",是指丢失的枪支被犯罪分子所利用,作为犯罪工具。如果丢失枪支后及时报告,则不构成犯罪。同时,如果虽然没有及时报告,但没有造成严重后果,也不构成犯罪。本罪主体为特殊主体,为依法配备公务用枪的人员。本罪主观上出于故意,行为人故意隐瞒枪支丢失的事实。

根据《刑法》第 129 条的规定,犯本罪的,处 3 年以下有期徒刑或者拘役。

九、非法携带枪支、弹药、管制刀具、危险物品危及公共安全罪

非法携带枪支、弹药、管制刀具、危险物品危及公共安全罪,是指非法携带枪支、弹药、管制刀具或者爆炸性、易燃性、放射性、毒害性、腐蚀性物品,进入公共场所或者公共交通工具,危及公共安全,情节严重的行为。

本罪的客体是公共安全。本罪在客观方面表现为行为人非法携带枪支、弹药、管制刀具或者爆炸性、易燃性、放射性、毒害性、腐蚀性物品,进入公共场所或者公共交通工具,危及公共安全,情节严重的行为。所谓"情节严重",主要指携带危险物品数量众多、多次携带,屡教不改等。本罪主体为一般主体,凡年满 16 周岁,具有刑事责任能力的自然人均可构成本罪。本罪主观上出于故意,行为人明知是枪支、弹药、管制刀具、危险物品而携带进入公共场所或公共交通工具。如果受人之托携带,行为人自己并不知情,则不构成犯罪。

根据《刑法》第 130 条规定,犯本罪的,处 3 年以下有期徒刑、拘役或者管制。

第七节　重大责任事故的犯罪

一、重大飞行事故罪

重大飞行事故罪,是指航空人员违反规章制度,致使发生重大飞行事故,造成严重后果的行为。

本罪的客体为航空运输的安全。本罪在客观方面表现为违反规章制度,致使发生重大飞行事故,造成严重后果的行为。所谓"重大飞行事故",是指航空器在飞行过程中所发生的事故。"严重后果"是指因重大飞行事故所造成的人员伤亡或者公私财产遭受严重损失。本罪主体为特殊主体,本罪只能由航空工作人员构成。"航空工作人员",既包括在空中飞行的机组人员,也包括地面控制指挥、后勤供给、维修保养等地勤人员。本罪主观上出于过失。

根据《刑法》第 131 条的规定,犯重大飞行事故罪的,处 3 年以下有期徒刑或者拘役;造成飞机坠毁或者人员死亡的,处 3 年以上 7 年以下有期徒刑。

二、铁路运营安全事故罪

铁路运营安全事故罪,是指铁路职工违反规章制度,致使发生铁路运营安全事故,造成严重后果的行为。本罪的客体是铁路交通运输的安全。本罪在客观上表现为违反规章制度,致使发生铁路运营安全事故,造成严重后果的行为。"铁路运营安全事

故”是指致使火车发生颠覆或者毁坏危险的事故。“造成严重后果”是指出现人员伤亡或者重大公私财产损失。本罪主体为特殊主体，只能由铁路工作人员构成本罪。本罪主观上出于过失。

根据《刑法》第132条的规定，犯铁路运营安全事故罪的，处3年以下有期徒刑或者拘役；造成特别严重后果的，处3年以上7年以下有期徒刑。

三、交通肇事罪

（一）交通肇事罪的概念和主要特征

交通肇事罪是指违反交通运输管理法规，因而发生重大事故，致人重伤、死亡或致使公私财产遭受重大损失的行为。交通肇事罪的主要特征如下：

1. 本罪的客体是交通运输安全，包括公路交通运输、水路交通运输安全。

2. 本罪的客观方面表现为行为人违反交通运输管理法规，发生重大事故，造成人员重伤、死亡或公私财产重大损失的行为。具体来说包括三个方面：

首先，行为人必须有违反交通运输管理法规的行为。有关公路和水路交通的法律法规很多，如《道路交通安全法》及其《实施条例》《公路法》《公路管理条例》《机动车管理办法》《海上交通安全法》《内河避碰规则》《内河交通安全管理条例》等等。行为人违反交通运输管理法规的行为既可以表现为作为的方式，如酒后驾车、无证驾驶、闯红灯、超速、违章超车、超载、超宽等，也可以表现为不作为的方式，如拐弯不显示指示灯、通过道口不鸣笛示警、通过岔路口不减速等等。

其次，必须发生重大交通事故，致人重伤、死亡或使公私财产遭受重大损失。根据最高人民法院于2000年11月21日起施行的《关于审理交通肇事刑事案件具体应用法律若干问题的解释》（以下简称《交通肇事解释》）第2条第1款的规定，重大交通事故是指具有下列情形之一的：(1) 死亡1人或者重伤3人以上，负事故全部或者主要责任的；(2) 死亡3人以上，负事故同等责任的；(3) 造成公共财产或者他人财产直接损失，负事故全部或者主要责任，无能力赔偿数额在30万元以上的。另外，该条第2款同时规定，交通肇事致1人以上重伤，负事故全部或者主要责任，并具有下列六种情形之一的，也构成犯罪：(1) 酒后、吸食毒品后驾驶机动车辆的；(2) 无驾驶资格驾驶机动车辆的；(3) 明知是安全装置不全或者安全机件失灵的机动车辆而驾驶的；(4) 明知是无牌证或者已报废的机动车辆而驾驶的；(5) 严重超载驾驶的；(6) 为逃避法律追究逃离事故现场的。

最后，违反交通运输管理法规的行为与危害结果之间具有刑法上的因果关系。判断违章行为与重大事故之间是否具有刑法上的因果关系，其标准就是看在不违章的情况下能否造成重大事故。如果在不违章的情况下仍避免不了重大事故的发生，则违章行为与重大事故之间不具有刑法上的因果关系，行为人不对重大责任事故负刑事责任；如果在不违章的情况下能避免重大事故的发生，则违章行为与重大事故之间存在刑法上的因果关系，行为人应对重大事故负刑事责任。

3. 本罪的主体是一般主体,即凡达到刑事责任年龄、具有刑事责任能力的从事交通运输的人员或非交通运输人员均可构成。如果一般主体在航空运输和铁路运输中违反有关规定,造成重大事故的,应当以本罪论处;但属于航空人员和铁路职工的交通运输人员则只能构成重大飞行事故罪和铁路运营安全事故罪。

《交通肇事解释》第5条第2款规定:"交通肇事后,单位主管人员、机动车辆所有人、承包人或者乘车人指使肇事人逃逸,致使被害人因得不到救助而死亡的,以交通肇事罪的共犯论处。"第7条规定:"单位主管人员、机动车辆所有人或者机动车辆承包人指使、强令他人违章驾驶造成重大交通事故,具有本解释第二条规定情形之一的,以交通肇事罪定罪处罚。"据此,上述人员是否在肇事现场,不影响其构成犯罪。但是该解释的规定有悖于《刑法》第25条关于共同犯罪的规定,故其合法性值得商榷,虽然司法解释制定者对此作出了自认为比较合理的解释,他们认为:"不可否认,司机肇事引发交通事故是过失的,对肇事行为不存在按照共犯处罚的问题。但是,鉴于《刑法》第133条将这种(交通肇事后逃逸)故意实施的行为规定为交通肇事罪加重处罚的情节,而且在肇事后逃逸的问题上,肇事人主观上是故意的,其他人指使其逃逸,具有共同的故意,而且逃逸行为与被害人死亡具有因果关系,符合共犯的构成条件。"

【实例分析 3-7】

对上述内容,可从下例分析中深化认识:乙(15周岁)在乡村公路驾驶机动车时过失将吴某撞成重伤。乙正要下车救人,坐在车上的甲(乙父)说:"别下车!前面来了许多村民,下车会有麻烦。"乙便驾车逃走,吴某因流血过多而死亡。关于本案,下列哪一选项是正确的?

A. 因乙不成立交通肇事罪,甲也不成立交通肇事罪;

B. 对甲应按交通肇事罪的间接正犯论处;

C. 根据司法实践,对甲应以交通肇事罪论处;

D. 根据刑法规定,甲、乙均不成立犯罪。

分析如下:

(1) 对于乙,其未满18周岁,未领驾证开车,系违章行为;乡村公路也属道路,过失致重伤,其行为系交通肇事行为;逃逸致死属于交通肇事因逃逸致人死亡。只是因未达刑事责任年龄而不承担刑事责任而已,不成立交通肇事罪。

(2) 甲系乘车人。根据《交通肇事解释》第5条,交通肇事后,单位主管人员、机动车辆所有人、承包人或者乘车人指使肇事人逃逸,致使被害人因得不到救助而死亡的,以交通肇事罪的共犯论处。进行类比推理,如果乙已满16周岁,可构成交通肇事罪(因逃逸致人死亡);则甲按前述解释亦构成交通肇事罪(因逃逸致人死亡)。现因乙不满16周岁,对于甲的行为性质没有影响,甲按前述解释仍构成交通肇事罪(因逃逸致人死亡)。C选项正确。

(3) 四种人指使他人逃逸致死构成交通肇事罪的原理,在于他们本人负有监督过失责任,其本人的指使逃逸致死行为,属违章致死。

(4) 甲的责任为过失,且乙有自主意识,甲对乙不认为有支配、操纵关系,不构成间接正犯。并且,交通肇事罪是过失犯罪,也没有间接正犯的情况。故B选项错误。

综上,上述问题的合适选项是C。

4. 本罪的主观方面表现为过失,包括疏忽大意的过失和过于自信的过失,即行为人对自己违反交通运输管理法规的行为导致的严重后果应当预见,由于疏忽大意而没有预见,或者虽然预见,但轻信能够避免。尤其应当注意,这里的"过失"是指行为人对自己违章行为造成的严重后果所持的心理态度,而不是指其对违反交通法规的心理态度,至于其违反交通运输管理法规本身,则往往是明知的。

(二) 交通肇事罪的认定

1. 本罪罪与非罪的界限

认定本罪首先要区分本罪与意外事件和不可抗力的界限。两者的区别关键在于行为人是否违反了交通运输法规,主观上有无过失。如果行为人违反交通运输法规,对严重后果的发生持过失的态度,则构成本罪;如果行为人没有违反交通运输法规,完全正常行驶,发生重大事故是由于不能预见或不能抗拒的原因引起的,就不构成本罪。其次,要区分本罪与一般交通事故的界限。区分两者的关键在于危害程度不同,即有没有发生致人重伤、死亡或使公私财产遭受重大损失的严重后果。

2. 本罪与过失致人重伤、过失致人死亡罪的界限

两者都是过失犯罪,都造成他人重伤、死亡的结果。区分两者的关键在于发生的场合不同。本罪致人重伤、死亡或使公私财产遭受重大损失的结果必须发生在公共交通管理范围以内的交通运输过程中,凡是在公共交通管理范围以外,因行为人驾驶车辆或其他交通行为不慎发生伤亡事故的,应定过失致人重伤罪、过失致人死亡罪。另外,两者侵犯的客体不同:前者属于危害公共安全的犯罪,侵犯的客体是交通安全,而后者属于侵犯公民人身权利的犯罪,侵犯的客体是他人的生命、健康权。

3. 本罪与重大责任事故罪的界限

两者都导致重大事故,主观上都是过失,但两者的区别也是明显的:(1) 两者所侵犯的客体不同。本罪侵犯的客体是交通运输安全,重大责任事故罪侵犯的则是生产、作业的安全。(2) 两者发生的范围不同。本罪是发生在公共交通运输过程中,重大责任事故罪则发生在生产、作业过程中。(3) 两者违反的规章制度也不同。本罪违反的是交通运输管理法规,重大责任事故罪违反的是与生产、作业有关的安全管理规定。(4) 两者主体不同。本罪的犯罪主体是一般主体,凡是与交通运输安全有关的人员均可构成本罪的主体,重大责任事故罪的主体则只能是从事生产、作业的人员。

4. 本罪向故意杀人罪和故意伤害罪的转化

《交通肇事解释》第6条规定:"行为人在交通肇事后为逃避法律追究,将被害人带离事故现场后隐藏或者遗弃,致使被害人无法得到救助而死亡或者严重残疾的,应当分别依照刑法第二百三十二条、第二百三十四条第二款的规定,以故意杀人罪或者

故意伤害罪定罪处罚。”根据这一规定，交通肇事罪转化为故意杀人罪、故意伤害罪的条件是：(1) 行为人动机是为逃避法律追究，但对被害人的死亡或者重伤结果，行为人是具有犯罪故意的，即希望或者放任这种结果发生。(2) 客观行为是将被害人带离事故现场后隐藏或者遗弃。这里的“隐藏”，是指藏匿在杂草丛中等不易被人发现的处所；“遗弃”，是指舍弃在偏僻之处，由于上述两种行为而使被害人无法获得救助。(3) 客观上存在致人死亡或者严重残疾的结果。在具备上述三种条件的情况下，行为人应以故意杀人罪、故意伤害罪定罪处罚。

（三）交通肇事罪的刑事责任

根据《刑法》第133条的规定，对本罪规定了三个罪刑单位：

1. 犯本罪，情节一般的，处3年以下有期徒刑或拘役。

2. 交通肇事后逃逸或有其他特别恶劣情节的，处3年以上7年以下有期徒刑。所谓“交通肇事后逃逸”，是指行为人在交通肇事后，为逃避法律追究而逃跑的行为。所谓“情节特别恶劣”，则参照《交通肇事解释》第4条规定认定，交通肇事具有下列情形之一的，属于“有其他特别恶劣情节”：死亡2人以上或者重伤5人以上，负事故全部或主要责任的；死亡6人以上，负事故同等责任；造成公共财产或者他人财产直接损失，负事故全部或者主要责任，无能力赔偿数额在60万元以上的。

3. 因逃逸致人死亡的，处7年以上有期徒刑。根据《交通肇事解释》第5条的规定，“因逃逸致人死亡”是指行为人在交通肇事后为逃避法律追究而逃跑，致使被害人因得不到救助而死亡的情形。在我国刑法学界，对于逃逸致人死亡，行为人主观上是过失，还是也包括故意，至少间接故意，存在争议。本书认为，逃逸致人死亡是交通肇事罪的加重处罚事由，不需考虑对于致人死亡是过失还是故意，只是行为人客观上由于其单纯的逃逸行为而造成了他人死亡的结果，就应加重其刑，但是在逃逸过程中不管他人安危连续撞击他人致人死伤的，则应认定为以危险方法危害公共安全罪。

【实例分析3-8】

对上述内容，可从下面的分析中深化认识：根据刑法规定与相关司法解释，下列哪一选项符合交通肇事罪中的“因逃逸致人死亡”？

A. 交通肇事后因害怕被现场群众殴打，逃往公安机关自首，被害人因得不到救助而死亡；

B. 交通肇事致使被害人当场死亡，但肇事者误以为被害人没有死亡，为逃避法律责任而逃逸；

C. 交通肇事致人重伤后误以为被害人已经死亡，为逃避法律责任而逃逸，导致被害人得不到及时救助而死亡；

D. 交通肇事后，将被害人转移至隐蔽处，导致其得不到救助而死亡。

分析如下：

(1) A选项，逃逸行为指行为人“在交通肇事后为逃避法律追究而逃跑”。本项中行为人离开现场主观上不具有逃避法律追究的目的，行为不属“逃逸”。

(2) B选项，逃逸“致人死亡”要求被害人死亡结果与行为人的逃逸行为之间具有因果关系。本项中被害人当场死亡，死亡结果非因逃逸导致，不符合对因果关系的限定。

(3) C选项，主观上只要求明知发生了交通事故，并不要求明知被害人当时未死亡。本项符合因逃逸致人死亡的主观条件。

(4) D选项，《交通肇事解释》第6条规定，行为人在交通肇事后为逃避法律追究，将被害人带离事故现场后隐藏或者遗弃，致使被害人无法得到救助而死亡或者严重残疾的，应当分别依照《刑法》第232条、第234条第2款的规定，以故意杀人罪或者故意伤害罪定罪处罚。可认为是不作为故意犯罪的情形。行为人客观上隐藏或者遗弃被害人，降低其救助可能性，可评价为“杀人”或“伤害”，主观上有放任其死亡的意图，可认为是间接故意，符合故意杀人罪或者故意伤害罪的构成条件。

综上，上述问题的合适选项是C。

四、危险驾驶罪

（一）危险驾驶罪的概念

本罪是根据《刑法修正案(八)》新增加的罪名，《刑法修正案(九)》对这一罪名再次进行了修改。危险驾驶罪，是违反交通运输法规，以危险方式在道路上驾驶机动车辆的行为。

（二）危险驾驶罪的构成特征

1. 本罪的客体是道路交通运输的安全。醉酒后驾驶船舶、飞行器的行为不能以本罪认定。同时，如果在道路之外的场地有危险驾驶行为的，也不能以本罪认定。

2. 本罪在客观方面表现为在道路上以危险方式驾驶机动车辆的行为。

本罪在客观上有以下几种形式：(1) 在道路上驾驶机动车追逐竞驶，情节恶劣的行为。所谓“追逐竞驶”，是指两人以上在道路上互相高速追逐的行为。“情节恶劣”，是指行为人的追逐行为严重影响交通运输安全，对其他机动车辆的正常行驶或者道路上行人的人身财产安全足以造成严重威胁。(2) 在道路上醉酒驾驶机动车。所谓“醉酒”，是指机动车驾驶人员每百毫升血液中的酒精含量大于或等于80毫升，在此状态下驾驶机动车辆的，构成本罪。驾驶人员每百毫升血液中的酒精含量大于或者等于20毫升小于80毫升的，为酒后驾驶机动车，对此应按《道路交通安全法》进行行政处罚。(3) 从事校车业务或者旅客运输，严重超过额定乘员载客，或者严重超过规定时速行驶的。需要注意的是，只有在从事校车业务以及旅客运输业务的过程中，有上述行为的，才构成危险驾驶罪。驾驶非营运性客车或者货运机动车辆的，不构成本罪。所谓“严重超过额定乘员载客”，“严重超过规定时速行驶”，按照《道路交通安全法》的规定，是指超过额定乘员20%和超过道路规定时速的50%。至于上述两种行为构成本罪是否以此作为标准,尚有待司法解释予以进一步明确。(4) 违反危险化学品安全管理规定运输危险化学品,危及公共安全的。

【实例分析 3-9】

对上述内容,可从下面的分析中深化认识:下列哪一行为应以危险驾驶罪论处?

A. 醉酒驾驶机动车,误将红灯看成绿灯,撞死 2 名行人;

B. 吸毒后驾驶机动车,未造成人员伤亡,但危及交通安全;

C. 在驾驶汽车前吃了大量荔枝,被交警以呼气式酒精检测仪测试到酒精含量达到醉酒程度;①

D. 将汽车误停在大型商场地下固定卸货车位,后在醉酒时将汽车从地下三层开到地下一层的停车位。

分析如下:

(1) 关于 A 项。根据《刑法》第 133 条之一第 3 款的规定,实施危险驾驶行为,同时构成其他犯罪的,依照处罚较重的规定定罪处罚。本案中,醉酒驾驶机动车的行为成立危险驾驶罪,撞死 2 名行人的行为成立交通肇事罪,最终应认定为交通肇事罪。因此,A 项不当选。

(2) 关于 B 项。从《刑法》第 133 条之一的表述来看,吸毒后驾驶机动车的行为(即毒驾),并未被规定为危险驾驶罪的行为方式之一。因此,B 项不当选。

(3) 关于 C 项。醉酒驾驶,是指在醉酒状态下在道路上驾驶机动车的行为。醉酒驾驶属于故意犯罪,行为人必须认识到自己是在醉酒状态下驾驶机动车。但是,对于醉酒状态的认识不需要十分具体,即不需要认识到血液中的酒精具体含量,只要有大体上的认识即可。虽然行为人没有主动饮酒,但如果行为人饮用的饮料中被人掺入酒精,而且行为人在驾驶机动车之前或者驾驶机动车之时已经意识到自己饮酒的事实,也应认定为具有醉酒驾驶的故意。当然,如果没有主动饮酒,也没有意识到自己已经饮酒的,则排除故意的成立。本案中,行为人在驾驶机动车之前吃了大量荔枝,并未主动饮酒,而且也未意识到自己已经饮酒的事实,虽然后来被测试到酒精含量达到醉酒的程度,但根本无醉酒驾驶机动车的故意,不成立危险驾驶罪。因此,C 项不当选。

(4) 关于 D 项。危险驾驶罪是抽象的危险犯,不需要司法人员具体判断醉酒行为是否具有公共危险。事实上,抽象的危险犯是类型化的危险犯,司法人员只需要进行类型化的判断即可。因此,本案中的行为人在醉酒状态下,将汽车从大型商场的地下三层开到地下一层的停车位,已经具有了抽象的危险,应认定为危险驾驶罪。因此,D 项当选。

综上,上述问题的合适选项是 D。

---

① 荔枝的含糖量很高,在一定的存放条件下,会发酵产生乙醇,导致人食用后口腔内乙醇含量陡然升高,将可能导致呼气式酒精检测仪测试到酒精含量达到醉酒程度。不仅是荔枝,其他含糖量高的水果也可能出现类似的情况,比如在相对密闭缺氧的环境下的梨子也会产生乙醇。但只要稍等一会,随着呼吸作用以及乙醇的挥发,乙醇含量很快就会下降。

3. 本罪主体为一般主体。按照《刑法修正案（九）》的规定，机动车所有人、管理人对前述第3、第4项行为负有直接责任的，也应以本罪定罪量刑。

4. 本罪在主观上出于故意。

（三）危险驾驶罪在认定时应注意的问题

1. 危险驾驶罪与交通肇事罪的区别

首先，危险驾驶罪是行为犯，行为人只要实施了刑法所规定的危险驾驶行为，即构成本罪，并不要求发生重大交通事故的后果。如果由于行为人的危险驾驶行为而造成刑法所规定的重大交通事故，则应当以交通肇事罪追究刑事责任。其次，危险驾驶罪在主观上表现为故意，而交通肇事罪在主观上则为过失。

2. 危险驾驶罪与以危险方法危害公共安全罪的区别

二罪的区别主要表现在主观方面。危险驾驶罪的行为人主观上没有危害公共安全的故意，并不希望或者放任自己的危险驾驶行为造成危害公共安全的结果。而以制造交通事故的危险方法危害公共安全的犯罪，行为人在主观上则是希望或者放任自己的驾驶行为造成重大交通事故的结果。

【实例分析 3-10】

对上述内容，可从下面的分析中深化认识：下列哪一行为成立以危险方法危害公共安全罪？

A. 甲驾车在公路转弯处高速行驶，撞翻相向行驶车辆，致2人死亡；

B. 乙驾驶越野车在道路上横冲直撞，撞翻数辆他人所驾汽车，致2人死亡；

C. 丙醉酒后驾车，刚开出10米就撞死2人；

D. 丁在繁华路段飙车，2名老妇受到惊吓致心脏病发作死亡。

分析如下：

（1）A选项、C选项，依题意行为人是因违章驾驶而导致被害人死亡，对于结果一般认定为过失，构成交通肇事罪。

（2）B选项，“横冲直撞”表明行为人对结果系故意，且手段行为一次可造成大规模损害，系危险方法；“道路上”表明危害到不特定多数人的公共安全，构成以危险方法危害公共安全罪。

（3）D选项，被害人心脏病发作死亡的结果，与飙车有条件关系，但不能认为有刑法上的因果关系，对此结果一般公众也无法预见，行为人不具有过失。丁只因飙车行为而构成危险驾驶罪。

综上，上述问题的合适选项是B。

（四）危险驾驶罪的刑事责任

根据修订后的《刑法》第133条之一的规定，犯本罪的，处拘役，并处罚金。同时构成其他犯罪的，依照处罚较重的规定定罪处罚。

五、重大责任事故罪

（一）重大责任事故罪的概念

重大责任事故罪，是指在生产、作业中，违反有关安全管理的规定，因而发生重大伤亡事故或者造成其他严重后果的行为。

（二）重大责任事故罪的构成特征

1. 本罪的客体是生产、作业的安全。

2. 本罪在客观方面表现为在生产、作业中，违反有关安全管理的规定，因而发生重大伤亡事故或者造成其他严重后果的行为。

要构成本罪，行为人在客观方面必须符合三个条件：第一，行为人的行为必须违反了与安全生产、作业相关的规章制度。如果行为人违反的是其他方面的规章制度，如人事制度、劳动作息制度等，则不构成本罪。第二，违反规章制度的行为必须发生在生产、作业的过程中。如果事故发生在业余时间，与生产、作业没有关系，则不构成本罪。第三，违章生产、作业的行为必须造成重大的伤亡事故或其他严重后果。重大事故一般而言是指死亡 1 人以上或者重伤 3 人以上的事故，其他严重后果一般是指事故造成了重大的经济损失。

【实例分析 3-11】

对上述内容，可从下例分析中深化认识：甲在建筑工地开翻斗车。某夜，甲开车时未注意路况，将工友乙撞死、丙撞伤。甲背丙去医院途中，想到会坐牢，遂将丙弃至路沟后逃跑。丙不得救治而亡。关于本案，下列哪一选项是错误的？

A. 甲违反交通运输管理法规，因而发生重大事故，致人死伤，触犯交通肇事罪；

B. 甲在作业中违反安全管理规定，发生重大伤亡事故，触犯重大责任事故罪；

C. 甲不构成交通肇事罪与重大责任事故罪的想象竞合犯；

D. 甲为逃避法律责任，将丙带离事故现场后遗弃，致丙不得救治而亡，还触犯故意杀人罪。

分析如下：

（1）选项 A 说法错误，选项 B、C 说法正确。构成交通肇事罪的前提是行为人违反了交通运输管理法规；要违反交通运输管理法规的前提是肇事车辆行驶在实行交通管理的地方。本题中，肇事的车辆是翻斗车，属生产作业车辆；发生事故的地点是建筑工地，属生产、作业场所，因而构成重大责任事故罪，而非构成交通肇事罪。

（2）选项 D 说法正确。甲造成的重大责任事故导致丙受伤，甲对丙有救助的义务，甲能够履行该义务而不履行导致丙死亡，构成不作为的故意杀人罪。

综上，上述问题的合适选项是 A。

3. 本罪主体必须是从事生产、作业的职工，单位本身不能成为本罪的主体。

4. 本罪在主观方面只能是过失。

（三）重大责任事故罪在认定时应注意的问题

1. 注意区分重大责任事故罪与一般事故之间的界限

在这里要注意两个方面的界限。首先是重大责任事故罪与生产、作业过程中的自然事故、技术事故等的区别。重大责任事故罪的行为人在客观上有违章作业的行为，在主观上具有过失。而自然事故、技术事故等，行为人客观上并未实施违章作业的行为，主观上也不存在过失。之所以造成事故，完全是由于自然条件或者技术条件的制约，行为人在主观上对事故的结果是不可预见或不可抗拒的。其次，要注意区分重大责任事故罪与一般的责任事故之间的区别。二者的区别主要体现在事故所造成的结果上。一般责任事故没有达到重大事故或其他严重后果的程度。

2. 注意区分重大责任事故罪与失火、过失爆炸、过失投放危险物质罪等罪的界限

本罪与上述犯罪在主观上均出于过失，并且都造成了危害结果。而重大责任事故罪的结果也可以是由于火灾、爆炸等事故造成。因此，有时候较容易混淆。本罪与上述犯罪的区别主要体现在场合上。重大责任事故罪是发生在生产作业过程中的犯罪，而失火罪、过失爆炸罪、过失投放危险物质罪等犯罪则是发生在日常生活中。例如行为人在仓库装卸货物时，违反禁烟规定，擅自吸烟引起火灾，造成严重后果的，应当认定为重大责任事故罪。而如果行为人在下班后路过仓库时随手扔了一个烟头导致火灾，造成严重后果的，则应当认定为失火罪。

（四）重大责任事故罪的刑事责任

根据《刑法》第 135 条的规定，犯本罪的，处 3 年以下有期徒刑或者拘役；情节特别恶劣的，处 3 年以上 7 年以下有期徒刑。

六、强令违章冒险作业罪

本罪系根据《刑法修正案（六）》第 1 条的规定，从原重大责任事故罪中分离出来的一个独立的罪名。强令违章冒险作业罪，是指强令他人违章冒险作业，因而发生重大伤亡事故或者造成其他严重后果的行为。

本罪的客体是生产作业的安全。本罪在客观上表现为强令他人违章冒险作业，因而发生重大伤亡事故或者造成其他严重后果的行为。本罪在客观上包括两方面的构成要素。首先，要有强令他人违章冒险作业的行为。行为人必须明知自己的命令违反了相关的安全生产的规章制度，但仍然强迫他人接受其冒险作业的命令。其次，行为人强迫他人冒险违章作业的行为导致了严重的后果，即出现了重大伤亡事故或者其他严重后果。本罪主体为一般主体，主要是从事生产作业的管理人员以及相关负责人员。本罪主观上出于过失。虽然行为人在主观上明知自己的决定违反了相关的安全生产规章制度，但其主观上对最终造成的危害结果是持过失的心理态度的。

根据《刑法》第 134 条第 2 款的规定，犯本罪的，处 5 年以下有期徒刑或者拘役；情节特别恶劣的，处 5 年以上有期徒刑。

七、重大劳动安全事故罪

重大劳动安全事故罪,是指安全生产设施或者安全生产条件不符合国家规定,因而发生重大伤亡事故或者造成其他严重后果的行为。本罪的客体是生产、作业的安全。本罪在客观上表现为安全生产设施或者安全生产条件不符合国家规定,因而发生重大伤亡事故或者造成其他严重后果的行为。本罪主体为在生产作业过程中,承担着劳动者安全义务的单位。本罪主观上出于过失。

根据《刑法》第 135 条的规定,犯本罪的,对直接负责的主管人员和其他直接责任人员,处 3 年以下有期徒刑或者拘役;情节特别恶劣的,处 3 年以上 7 年以下有期徒刑。

八、大型群众性活动重大安全事故罪

大型群众性活动重大安全事故罪,是指举办大型群众性活动违反安全管理规定,因而发生重大伤亡事故或者造成其他严重后果的行为。本罪的客体为公共安全。本罪在客观上表现为在举办大型群众性活动时,违反安全管理规定,因而发生重大伤亡事故或者造成其他严重后果的行为。这里所说的"安全管理规定",是指国家有关部门为保证大型群众性活动安全、顺利举行制定的管理规定,而不是国家有关安全生产、作业的管理规定。本罪主体为对发生大型群众性活动重大安全事故直接负责的主管人员和其他直接责任人员。"直接负责的主管人员",是指大型群众活动策划者、组织者、举办者;"其他直接责任人员"是指对大型活动的安全举行、紧急预案负有具体落实、执行职责的人员。本罪主观上出于过失。

根据《刑法》第 135 条之一的规定,犯本罪的,对直接负责的主管人员和其他直接责任人员,处 3 年以下有期徒刑或者拘役;情节特别恶劣的,处 3 年以上 7 年以下有期徒刑。

九、危险物品肇事罪

危险物品肇事罪,是指违反爆炸性、易燃性、放射性、毒害性、腐蚀性物品的管理规定,在生产、储存、运输、使用中发生重大事故,造成严重后果的行为。本罪的客体是公共安全和国家有关爆炸性、易燃性、放射性、毒害性、腐蚀性等危险物品的管理制度。本罪在客观上表现为违反爆炸性、易燃性、放射性、毒害性、腐蚀性物品的管理规定,在生产、储存、运输、使用中发生重大事故,造成严重后果的行为。本罪主体主要为从事生产、保管、运输、使用危险物品的职工,但其他人员也可构成本罪。本罪在主观上出于过失。

根据《刑法》第 136 条的规定,犯本罪的,处 3 年以下有期徒刑或者拘役;后果特别严重的,处 3 年以上 7 年以下有期徒刑。

十、工程重大安全事故罪

工程重大安全事故罪，是指建设单位、设计单位、施工单位、工程监理单位违反国家规定，降低工程质量标准，造成重大安全事故的行为。本罪客体为公共安全和国家对工程建设的管理制度。本罪在客观上表现为违反国家规定，降低工程质量标准，造成重大安全事故的行为。本罪主体为特殊主体，只有建设单位、设计单位、施工单位、工程监理单位才能构成本罪。本罪主观上出于过失。

根据《刑法》第 137 条的规定，犯本罪的，处 5 年以下有期徒刑或者拘役，并处罚金；后果特别严重的，处 5 年以上 10 年以下有期徒刑，并处罚金。

十一、教育设施重大安全事故罪

教育设施重大安全事故罪，是指明知校舍或者教育、教学设施有危险而不采取措施或者不及时报告，致使发生重大事故的行为。本罪客体为公共安全和国家的教育设施管理制度。本罪在客观上表现为对校舍、教育、教学设施存在的危险不采取措施或者不及时报告，致使发生重大事故的行为。本罪主体为特殊主体，即对校舍或者教育、教学设施负有直接责任的人员。本罪主观上出于过失。

根据《刑法》第 138 条的规定，犯本罪的，处 3 年以下有期徒刑或者拘役；后果特别严重的，处 3 年以上 7 年以下有期徒刑。

十二、消防责任事故罪

消防责任事故罪，是指违反消防管理法规，经消防监督机构通知采取改正措施而拒绝执行，造成严重后果的行为。本罪客体为公共安全和国家的消防管理制度。本罪在客观上表现为违反消防管理法规，经消防监督机构通知采取改正措施而拒绝执行，造成严重后果的行为。所谓"严重后果"，是指发生火灾，造成人员伤亡或者重大公私财产损失。本罪主体为特殊主体，即对消防安全负有直接管理职责的人员。本罪主观上出于过失。

根据《刑法》第 139 条的规定，犯本罪的，处 3 年以下有期徒刑或者拘役；后果特别严重的，处 3 年以上 7 年以下有期徒刑。

十三、不报、谎报安全事故罪

不报、谎报安全事故罪，是指在安全事故发生后，负有报告职责的人员不报或者谎报事故情况，贻误事故抢救，情节严重的行为。本罪的客体是安全事故的报告制度以及公民的人身、财产安全。本罪在客观上表现为在安全事故发生后，负有报告职责的人员不报或者谎报事故情况，贻误事故抢救，情节严重的行为。所谓"不报事故情况"，是指不向相关机关报告或者隐瞒安全事故发生的情况。而"谎报事故情况"，是指虽然向有关部门报告了事故情况，但却未如实报告，如故意少报事故伤亡人数，缩小事故影响范围等。"贻误事故抢救,情节严重",主要是指安全事故发生后,由于不报或者谎报,耽误了抢救的最佳时机,使一些本可以抢救出来的人员未能救出,或者造成财产损失进一步扩大等情形。本罪主体为在安全事故中"负有报告职责的人员",通常是指生产经营单位的主要负责人,对安全生产、作业负有组织、监督、管理职能的部门的监督检查人员,地方政府负有安全生产监督管理职责的部门直接负责的主管人员以及直接造成安全事故的责任人员。本罪主观上出于故意。

根据《刑法》第139条之一的规定,犯本罪的,处3年以下有期徒刑或者拘役;情节特别严重的,处3年以上7年以下有期徒刑。

第四章　破坏社会主义市场经济秩序罪

学习要求

了解：破坏社会主义市场经济秩序罪的概念和常见犯罪类型

理解：常见经济犯罪的构成要件

熟悉并能够运用：常见经济犯罪的认定界限

主要涉及的法条：

第一百四十条　【生产、销售伪劣产品罪】生产者、销售者在产品中掺杂、掺假，以假充真，以次充好或者以不合格产品冒充合格产品，销售金额五万元以上不满二十万元的，处二年以下有期徒刑或者拘役，并处或者单处销售金额百分之五十以上二倍以下罚金；销售金额二十万元以上不满五十万元的，处二年以上七年以下有期徒刑，并处销售金额百分之五十以上二倍以下罚金；销售金额五十万元以上不满二百万元的，处七年以上有期徒刑，并处销售金额百分之五十以上二倍以下罚金；销售金额二百万元以上的，处十五年有期徒刑或者无期徒刑，并处销售金额百分之五十以上二倍以下罚金或者没收财产。

第一百四十一条　【生产、销售假药罪】生产、销售假药的，处三年以下有期徒刑或者拘役，并处罚金；对人体健康造成严重危害或者有其他严重情节的，处三年以上十年以下有期徒刑，并处罚金；致人死亡或者有其他特别严重情节的，处十年以上有期徒刑、无期徒刑或者死刑，并处罚金或者没收财产。

本条所称假药，是指依照《中华人民共和国药品管理法》的规定属于假药和按假药处理的药品、非药品。

第一百四十四条　【生产、销售有毒、有害食品罪】在生产、销售的食品中掺入有毒、有害的非食品原料的，或者销售明知掺有有毒、有害的非食品原料的食品的，处五年以下有期徒刑，并处罚金；对人体健康造成严重危害或者有其他严重情节的，处五年以上十年以下有期徒刑，并处罚金；致人死亡或者有其他特别严重情节的，依照本法第一百四十一条的规定处罚。

第一百四十九条　【对生产、销售伪劣商品行为的法条适用原则】生产、销售本节第一百四十一条至第一百四十八条所列产品，不构成各该条规定的犯罪，但是销售金额在五万元以上的，依照本节第一百四十条的规定定罪处罚。

生产、销售本节第一百四十一条至第一百四十八条所列产品，构成各该条规定的犯罪，同时又构成本节第一百四十条规定之罪的，依照处罚较重的规定定罪处罚。

第一百五十三条 【走私普通货物、物品罪】走私本法第一百五十一条、第一百五十二条、第三百四十七条规定以外的货物、物品的，根据情节轻重，分别依照下列规定处罚：

（一）走私货物、物品偷逃应缴税额较大或者一年内曾因走私被给予二次行政处罚后又走私的，处三年以下有期徒刑或者拘役，并处偷逃应缴税额一倍以上五倍以下罚金。

（二）走私货物、物品偷逃应缴税额巨大或者有其他严重情节的，处三年以上十年以下有期徒刑，并处偷逃应缴税额一倍以上五倍以下罚金。

（三）走私货物、物品偷逃应缴税额特别巨大或者有其他特别严重情节的，处十年以上有期徒刑或者无期徒刑，并处偷逃应缴税额一倍以上五倍以下罚金或者没收财产。

单位犯前款罪的，对单位判处罚金，并对其直接负责的主管人员和其他直接责任人员，处三年以下有期徒刑或者拘役；情节严重的，处三年以上十年以下有期徒刑；情节特别严重的，处十年以上有期徒刑。

对多次走私未经处理的，按照累计走私货物、物品的偷逃应缴税额处罚。

第一百五十四条 【特殊形式的走私普通货物、物品罪】下列走私行为，根据本节规定构成犯罪的，依照本法第一百五十三条的规定定罪处罚：

（一）未经海关许可并且未补缴应缴税额，擅自将批准进口的来料加工、来件装配、补偿贸易的原材料、零件、制成品、设备等保税货物，在境内销售牟利的；

（二）未经海关许可并且未补缴应缴税额，擅自将特定减税、免税进口的货物、物品，在境内销售牟利的。

第一百五十五条 【间接走私行为以相应走私犯罪论处的规定】下列行为，以走私罪论处，依照本节的有关规定处罚：

（一）直接向走私人非法收购国家禁止进口物品的，或者直接向走私人非法收购走私进口的其他货物、物品，数额较大的；

（二）在内海、领海、界河、界湖运输、收购、贩卖国家禁止进出口物品的，或者运输、收购、贩卖国家限制进出口货物、物品，数额较大，没有合法证明的。

第一百五十六条 【走私共犯】与走私罪犯通谋，为其提供贷款、资金、账号、发票、证明，或者为其提供运输、保管、邮寄或者其他方便的，以走私罪的共犯论处。

第一百五十七条 【武装掩护走私、抗拒缉私的处罚规定】武装掩护走私的，依照本法第一百五十一条第一款的规定从重处罚。

以暴力、威胁方法抗拒缉私的，以走私罪和本法第二百七十七条规定的阻碍国家机关工作人员依法执行职务罪，依照数罪并罚的规定处罚。

第一百九十一条 【洗钱罪】明知是毒品犯罪、黑社会性质的组织犯罪、恐怖活动犯罪、走私犯罪、贪污贿赂犯罪、破坏金融管理秩序犯罪、金融诈骗犯罪的所得及其产生的收益，为掩饰、隐瞒其来源和性质，有下列行为之一的，没收实施以上犯罪的所得及其产生的收益,处五年以下有期徒刑或者拘役,并处或者单处洗钱数额百分之五以上百分之二十以下罚金;情节严重的,处五年以上十年以下有期徒刑,并处洗钱数额百分之五以上百分之二十以下罚金:

(一)提供资金账户的;

(二)协助将财产转换为现金、金融票据、有价证券的;

(三)通过转账或者其他结算方式协助资金转移的;

(四)协助将资金汇往境外的;

(五)以其他方法掩饰、隐瞒犯罪所得及其收益的来源和性质的。

第一百九十二条 【集资诈骗罪】以非法占有为目的,使用诈骗方法非法集资,数额较大的,处五年以下有期徒刑或者拘役,并处二万元以上二十万元以下罚金;数额巨大或者有其他严重情节的,处五年以上十年以下有期徒刑,并处五万元以上五十万元以下罚金;数额特别巨大或者有其他特别严重情节的,处十年以上有期徒刑或者无期徒刑,并处五万元以上五十万元以下罚金或者没收财产。

第一百九十六条 【信用卡诈骗罪、盗窃罪】有下列情形之一,进行信用卡诈骗活动,数额较大的,处五年以下有期徒刑或者拘役,并处二万元以上二十万元以下罚金;数额巨大或者有其他严重情节的,处五年以上十年以下有期徒刑,并处五万元以上五十万元以下罚金;数额特别巨大或者有其他特别严重情节的,处十年以上有期徒刑或者无期徒刑,并处五万元以上五十万元以下罚金或者没收财产:

(一)使用伪造的信用卡,或者使用以虚假的身份证明骗领的信用卡的;

(二)使用作废的信用卡的;

(三)冒用他人信用卡的;

(四)恶意透支的。

前款所称恶意透支,是指持卡人以非法占有为目的,超过规定限额或者规定期限透支,并且经发卡银行催收后仍不归还的行为。

盗窃信用卡并使用的,依照本法第二百六十四条的规定定罪处罚。

第二百二十五条 【非法经营罪】违反国家规定,有下列非法经营行为之一,扰乱市场秩序,情节严重的,处五年以下有期徒刑或者拘役,并处或者单处违法所得一倍以上五倍以下罚金;情节特别严重的,处五年以上有期徒刑,并处违法所得一倍以上五倍以下罚金或者没收财产:

(一)未经许可经营法律、行政法规规定的专营、专卖物品或者其他限制买卖的物品的;

(二)买卖进出口许可证、进出口原产地证明以及其他法律、行政法规规定的经营许可证或者批准文件的;

(三)未经国家有关主管部门批准非法经营证券、期货、保险业务的,或者非法从事资金支付结算业务的;

(四)其他严重扰乱市场秩序的非法经营行为。

第一节 破坏社会主义市场经济秩序罪概述

我国改革开放以来,市场经济因素不断发展,20世纪90年代初开始正式建设社会主义市场经济,极大地改变了社会面貌,推动了我国经济社会发展。但世界各国的市场经济发展过程中都伴随着各种侵害市场经济秩序的违法乃至犯罪现象的发生,我国社会主义市场经济发展过程中也同样面临了这一问题。

一、破坏社会主义市场经济秩序罪的概念与特征

破坏社会主义市场经济秩序罪,是指违反国家经济管理法规,在市场经济运行中进行非法经济活动,严重破坏社会主义市场经济秩序的行为。破坏社会主义市场经济秩序罪具有如下构成特征:

(一)本类犯罪的客体,是我国的社会主义市场经济秩序

所谓市场经济秩序,是国家通过法律对由市场资源配置的经济运行过程进行调节和实行管理所形成的正常、有序的状态。为了保证市场经济的正常运行,全国人大及其常委会和国务院制定了一系列的经济法律法规,通过这些法律法规维持市场中的产品质量管理秩序,进出口管理秩序,对公司、企业管理秩序,金融管理秩序,税收征收管理秩序等各方面的管理秩序。侵犯上述作为整体组成部分的某一种类的经济秩序,也就侵犯了我国社会主义市场经济秩序,进而具备了构成破坏社会主义市场经济秩序罪的犯罪客体要件。

(二)本类犯罪在客观方面表现为违反国家经济管理法规,在市场经济运行或经济管理活动中进行非法经济活动,严重破坏社会主义市场经济秩序的行为

具体言之,包括如下三个方面:第一,违反国家经济管理法规。破坏社会主义市场经济秩序罪,总是以违反一定的经济管理法规为前提。因为对这类犯罪行为,往往有相应的经济管理法规加以规范,因而这类犯罪都具有违反经济管理法规的违法性。如生产、销售伪劣产品罪违反《产品质量法》《药品管理法》或《食品卫生法》,走私罪违反《海关法》等。而其他诸如故意杀人罪、强奸罪、抢劫罪等一类犯罪,则没有相应的法律规范这类行为,而由刑法直接加以规定。这是破坏社会主义市场经济秩序罪的特点之一。

第二,在市场经济运行或经济管理活动中进行非法经济活动。破坏社会主义市场经济秩序罪都是在市场经济运行或经济管理活动中发生的,所以这类犯罪行为首先表现为一种经济活动。例如,生产、销售伪劣商品罪,首先表现为商品的生产、销售;合同诈骗罪,首先表现为经济合同的签订。如果行为不是一种经济活动,例如,盗窃金融机构的现金,利用迷信骗取公司经理的钱财,可能构成盗窃罪和诈骗罪,而不可能构成破坏社会主义市场经济秩序罪。其次,这里所说的经济活动,是一种非法的经济活动,即

违反国家经济管理法规的经济活动。非法的经济活动不一定构成犯罪,但构成这类犯罪的行为,必然是非法的经济活动。

第三,严重破坏社会主义市场经济秩序。这是划分破坏社会主义市场经济秩序的违法行为与犯罪的标准。一种行为虽然是违反国家经济管理法规的违法行为,如果没有严重破坏社会主义市场经济秩序,就不构成犯罪;只有这种非法经济活动,严重破坏社会主义市场经济秩序,才可能构成犯罪。如何理解严重破坏社会主义市场经济秩序?本章明文规定的情况有:"数额较大的""数额巨大的""造成严重后果的""情节严重的"以及其他情况,据此用以划分这类犯罪的罪与非罪的界限。

(三) 本类犯罪的犯罪主体可由自然人犯罪主体和单位犯罪主体构成

其中,自然人犯罪主体是年满16周岁,具有刑事责任能力的自然人,部分犯罪的特殊主体除要求具备一般主体的全部条件外,还必须具有一定的身份才能构成,如公司的发起人、股东,公司、企业的工作人员等等,不具有法定特殊身份的人,不可能单独构成该种犯罪。本章涉及单位作为主体的犯罪有61条,包括两种情况:一是犯罪的一般主体,指法律仅仅规定主体为单位。二是犯罪的特殊主体,指法律明文规定主体为"公司""公司、企业""公司、企业、其他组织"等情况。

(四) 本类犯罪的主观方面,对于绝大多数具体犯罪来说是出于故意

即认识到自己的行为违反了国家经济管理法规、破坏社会主义市场经济秩序并且会造成危害社会的结果而仍然实施,希望或放任危害结果的发生。其中,部分故意犯罪中还应具有牟利的目的、非法占有的目的或其他目的,如高利转贷罪,法律规定"以转贷牟利为目的",集资诈骗罪等,法律规定"以非法占有为目的"等。个别犯罪如签订、履行合同失职被骗罪,只能由过失构成。

二、破坏社会主义市场经济秩序罪的种类

1997年刑法典修订在分则第三章规定了破坏社会主义市场经济秩序罪,分为八节,有92个条文,规定了94个具体罪名。此后,1998年12月29日关于惩治骗购外汇犯罪的单行刑法增加1个罪名。从1999年12月25日至2015年8月29日全国人大常委会先后通过的九个刑法修正案又增加了12个罪名,修改补充了34种具体犯罪的罪状,调整了部分犯罪的量刑,尤其是废除了较多犯罪的死刑,从而使得某些犯罪罪状量刑也发生相应变化。现分述如下:

(一) 生产、销售伪劣商品罪

包括9种具体犯罪,即生产、销售伪劣产品罪,生产、销售假药罪,生产、销售劣药罪,生产、销售不符合安全标准的食品罪,生产、销售有毒、有害食品罪,生产、销售不符合标准的医用器材罪,生产、销售不符合安全标准的产品罪,生产、销售伪劣农药、兽药、化肥、种子罪,生产、销售不符合卫生标准的化妆品罪。

(二) 走私罪

包括10种具体犯罪,即走私武器、弹药罪,走私核材料罪,走私假币罪,走私文物

罪,走私贵重金属罪,走私珍贵动物、珍贵动物制品罪,走私国家禁止进出口的货物、物品罪,走私淫秽物品罪,走私废物罪,走私普通货物、物品罪。

(三)妨害对公司、企业的管理秩序罪

包括17种具体犯罪,即虚报注册资本罪,虚假出资、抽逃出资罪,欺诈发行股票、债券罪,违规披露、不披露重要信息罪,妨害清算罪,隐匿、故意销毁会计凭证、会计账簿、财务会计报告罪,虚假破产罪,非国家工作人员受贿罪,对非国家工作人员行贿罪,对外国公职人员、国际公共组织官员行贿罪,非法经营同类营业罪,为亲友非法牟利罪,签订、履行合同失职被骗罪,国有公司、企业、事业单位人员失职罪,国有公司、企业、事业单位人员滥用职权罪,徇私舞弊低价折股、出售国有资产罪,背信损害上市公司利益罪。

(四)破坏金融管理秩序罪

包括30种具体犯罪,即伪造货币罪,出售、购买、运输假币罪,金融机构工作人员购买假币、以假币换取货币罪,持有、使用假币罪,变造货币罪,擅自设立金融机构罪,伪造、变造、转让金融机构经营许可证、批准文件罪,高利转贷罪,骗取贷款、票据承兑、金融票证罪,非法吸收公众存款罪,伪造、变造金融票证罪,妨害信用卡管理罪,窃取、收买、非法提供信用卡信息罪,伪造、变造国家有价证券罪,伪造、变造股票、公司、企业债券罪,擅自发行股票、公司、企业债券罪,内幕交易、泄露内幕信息罪,利用未公开信息交易罪,编造并传播证券、期货交易虚假信息罪,诱骗投资者买卖证券、期货合约罪,操纵证券、期货市场罪,背信运用受托财产罪,违法运用资金罪,违法发放贷款罪,吸收客户资金不入账罪,违规出具金融票证罪,对违法票据承兑、付款、保证罪,逃汇罪,骗购外汇罪,洗钱罪。

(五)金融诈骗罪

包括8种具体犯罪,即集资诈骗罪,贷款诈骗罪,票据诈骗罪,金融凭证诈骗罪,信用证诈骗罪,信用卡诈骗罪,有价证券诈骗罪,保险诈骗罪。

(六)危害税收征管罪

包括14种具体犯罪,即逃税罪,抗税罪,逃避追缴欠税罪,骗取出口退税罪,虚开增值税专用发票、用于骗取出口退税、抵扣税款发票罪,虚开发票罪,伪造、出售伪造的增值税专用发票罪,非法出售增值税专用发票罪,非法购买增值税专用发票、购买伪造的增值税专用发票罪,非法制造、出售非法制造的用于骗取出口退税、抵扣税款发票罪,非法制造、出售非法制造的发票罪,非法出售用于骗取出口退税、抵扣税款发票罪,非法出售发票罪,持有伪造的发票罪。

(七)侵犯知识产权罪

包括7种具体犯罪,即假冒注册商标罪,销售假冒注册商标的商品罪,非法制造、销售非法制造的注册商标标识罪,假冒专利罪,侵犯著作权罪,销售侵权复制品罪,侵犯商业秘密罪。

（八）扰乱市场秩序罪

包括13种具体犯罪，即损害商业信誉、商品声誉罪，虚假广告罪，串通投标罪，合同诈骗罪，组织、领导传销活动罪，非法经营罪，强迫交易罪，伪造、倒卖伪造的有价票证罪，倒卖车票、船票罪，非法转让、倒卖土地使用权罪，提供虚假证明文件罪，出具证明文件重大失实罪，逃避商检罪。

第二节 生产、销售伪劣商品罪

1979年的《刑法》是在计划经济背景之下制定的，在这一时期，生产、销售伪劣产品的犯罪现象并不突出，因此，1979年的《刑法》没有系统规定生产、销售伪劣产品的犯罪。一般的司法机关对生产、销售伪劣产品的犯罪依投机倒把犯罪、制造、销售假药犯罪、以其他危险方法危害公共安全犯罪、玩忽职守犯罪等进行论处。1979年《刑法》第117条规定："违反金融、外汇、金银、工商管理法规，投机倒把，情节严重的，处三年以下有期徒刑或者拘役，可以并处、单处罚金或没收财产。"1982年全国人大常委会《关于严惩严重破坏经济的罪犯的决定》第1条对该第117条进行了补充，规定："情节特别严重的，处十年以上有期徒刑、无期徒刑或者死刑，可以并处没收财产。"最高人民法院、最高人民检察院1985年7月18日联合发布的《关于当前办理经济犯罪案件中具体应用法律的若干问题的解答（试行）》，对于什么是投机倒把行为作出了规定，其中明确指出："在生产、流通中，以次顶好、以少顶多、以假充真、掺杂使假"为投机倒把的表现形式之一。国务院1987年9月17日发布的《投机倒把行政处罚暂行条例》第3条规定："以牟取非法利润为目的，违反国家法规和政策，扰乱社会主义经济秩序的"，"制造、推销冒牌商品、假商品、劣质商品，坑害消费者，或者掺杂使假，偷工减料情节严重的"行为为投机倒把的表现形式之一。这样，一部分生产、销售伪劣商品行为实际按投机倒把犯罪处罚了。1979年《刑法》第164条规定："以营利为目的，制造、贩卖假药危害人民健康的，处二年以下有期徒刑、拘役或者管制，可以并处或者单处罚金；造成严重后果的，处二年以上七年以下有期徒刑，可以并处罚金。"这一规定可视为刑法关于生产、销售特种伪劣商品罪的直接规定。1982年《食品卫生法》规定："违反本法，造成严重食物中毒事故或者其他严重食源性疾患，致人死亡或者致人残疾因而丧失劳动能力的，根据不同情节，对直接责任人员分别依照中华人民共和国刑法第一百八十七条、第一百一十四条或者第一百六十四条的规定，追究刑事责任。"

1993年7月2日第八届全国人民代表大会常务委员会通过了《关于惩治生产、销售伪劣商品犯罪的决定》。该决定通过整合吸收刑法典和其他刑事法律、附属刑法规范中关于生产、销售伪劣商品犯罪行为刑事责任的规定，增加关于单位犯罪的规定，调整法定刑，较好地克服了原有法律规定之不足，为打击生产、销售伪劣商品犯罪提供了有力的武器。

1997年3月第八届全国人大第五次会议修订了刑法典，将《关于惩治生产、销售伪劣商品犯罪的决定》略加修改吸收到新刑法中。随着国家经济社会的发展,生产、销售伪劣产品的犯罪现象逐渐多发。一些单位与个人采取种种不正当手段,置国家法律法规于不顾,大肆生产与销售伪劣产品,由假冒伪劣产品造成的恶性事故不断发生,给国民经济和人民财产造成了严重损失,不仅严重扰乱了正常的市场经济秩序,损害了群众的切身利益,而且危及改革与开放大局,损害了“中国制造”的声誉,成为经济生活中的突出问题,刑法对此责无旁贷,需要对此类严重行为进行规制和处罚。

本节包括9种具体犯罪,分别为生产、销售伪劣产品罪,生产、销售假药罪,生产、销售劣药罪,生产、销售不符合安全标准的食品罪,生产、销售有毒、有害食品罪,生产、销售不符合标准的医用器材罪,生产、销售不符合安全标准的产品罪,生产、销售伪劣农药、兽药、化肥、种子罪,生产、销售不符合卫生标准的化妆品罪。

一、生产、销售伪劣产品罪

(一)生产、销售伪劣产品罪的概念

生产、销售伪劣产品罪,是指生产者、销售者在产品中掺杂、掺假,以假充真,以次充好,以不合格产品冒充合格产品,生产、销售金额在5万元以上的行为。

认识和把握生产、销售伪劣产品罪的概念,主要集中在以下几个问题上:

1. 是否要加入“违反国家产品质量管理法规”或“违反产品质量管理法规和工商行政管理法规”。本书认为,在生产、销售伪劣产品罪的概念表述中加入“违反国家产品质量管理法规或工商行政管理法规”是多余的。这是因为,我国《刑法》第140条所列举的几种生产、销售伪劣产品的方式都为我国《产品质量法》所禁止,生产、销售伪劣产品犯罪必然违反国家产品质量管理法规,根本不存在不违反国家产品质量管理法规而构成生产、销售伪劣产品罪的情况。相反,并非一切违反国家产品质量管理法规且情节严重的都构成生产、销售伪劣产品罪。再者,1997年《刑法》对生产、销售伪劣产品罪的规定采取的是叙明罪状,对该罪的认定不再依赖其他相关法律法规,而应直接依据现行刑法典。即使以后相关法律有所变动,而刑法典没有变动,也不影响该罪的认定。

2. 是否要加入“故意”两字。本书认为,这是没有必要的。这是因为,我国刑法所规定的几种生产、销售伪劣产品的行为方式本身就表明着行为的故意性,如“掺杂”“掺假”“冒充”这些词本身就说明行为人是故意而为之,明知行为对象的性质。

3. 销售金额是明确为“5万元”还是用“较大”来表述。我们认为,概念的表述必须严格依法律规定。具体犯罪的概念是一个历史的范畴,它依附于一定历史条件的法律规定,伴随着立法的废改而废改。当然作为立法,理想化的状态应当是其内容能够符合相当长时期的历史条件。我国刑法规定生产、销售伪劣产品罪的销售金额起点为5万元,应该说,如此明确、具体的规定是不适宜的。因为随着我国经济的发展或社会条件的变化,5万元的起算点很快就与现实情况不符,而立法却又不宜轻易变动。所以,立法应规定抽象些,如用“销售金额较大”表述,具体、明确的数额留给司法解释,

这样比较能适应形势的变化。当然,立法既然作了明确规定,就不应在犯罪概念中再含糊其辞。

（二）生产、销售伪劣产品罪的构成特征

本罪的构成特征如下：

1. 本罪的客体为国家对产品质量的监督管理秩序和消费者的合法权益

本罪的对象为伪劣产品,根据《产品质量法》的规定,这里所谓"产品","是指经过加工、制作、用于销售的产品"(不包括建设工程)。

2. 本罪的客观方面是生产、销售伪劣产品的行为

首先,根据刑法的规定,生产、销售伪劣产品的行为,其表现形式有如下四种：

第一,掺杂、掺假。根据2001年最高人民法院《关于办理生产、销售伪劣商品刑事案件具体应用法律若干问题的解释》(以下简称《伪劣商品司法解释》)的规定,"在产品中掺杂、掺假",是指在产品中掺入杂质或者异物,致使产品质量不符合国家法律法规或者产品明示质量标准规定的质量要求,降低、失去应有使用性能的行为。这一解释是从质与量两个方面来界定。从质的方面来界定,所谓"掺杂",是指在产品中掺入本产品一般情况下所含有的非本产品组成成分的物质。所谓"掺假",是指在产品中掺入本产品一般情况下不含有的非本产品组成成分的物质,即异物。"杂"和"假"与原产品不是同种物质,也非同质,这是二者的共同之处。二者的不同之处在于:"杂"是原产品在一般情况下所含有的,而"假"却不是如此。这是因为,产品在生产、加工过程中必然与环境中的物质相接触,不可避免地含有其他物质,这"其他物质"就是"杂"。如小麦中含有草籽、砂粒、尘土等。

掺杂、掺假的量要达到两个条件:一是致使产品质量不符合国家法律法规或者产品明示的质量标准规定的质量要求;二是降低、失去应有的使用性能。如果虽然不符合国家法律法规,但没有降低、失去应有的使用性能,也不能视为掺杂、掺假。

最高人民法院研究室在对《伪劣商品司法解释》的说明中指出:从字面上看,所有在产品中掺入杂质或者异物的行为,都可以称为"在产品中掺杂、掺假",但这样解释,诸如在一吨大米中掺入一把沙子等情节显著轻微的行为也就被包括进去,显然覆盖面太过宽泛。

第二,以假充真。以假充真,就是以假的产品冒充真的产品,也就是以此物冒充彼物。以假充真与掺假的区别在于:前者全部是假的,而后者仅仅部分是假的。例如,在桐油中掺入柴油,是掺假行为;而如果把柴油当成桐油来销售,就是以假充真的行为。《伪劣商品司法解释》规定,"以假充真",是指以不具有某种性能的产品冒充具有该种使用性能的产品的行为。这一解释是从事物的使用性能上来界定"假"与"真"。一般来说,不同的事物具有不同的使用性能。对于产品来说,人们注重的就是它的使用性能,而不考虑它的其他情况。以不具有某种使用性能的产品冒充具有该种使用性能的产品,就侵犯了消费者的合法权益。使用性能的差异体现了行为的社会危害程度。从这个角度来讲,这一解释具有合理性。但是,"假"与"真"的区别并不是仅在使用性能

上,其根本不同在于事物的内部结构、组成不同。不同的事物可以具有同样的使用性能,有时只不过是在性能的程度上存在差异。

我们理解为,以假充真本质上是以不具有某种使用性能的产品冒充具有该种使用性能的产品的行为。例如,以萝卜冒充人参,以土豆冒充天麻等。另外,假冒他人的品牌、产地、厂名、厂址的行为,不属于"以假充真"的情况:(1) 刑法规定了侵犯注册商标和注册商标标识的犯罪,而没有规定侵犯品牌、产地、厂名、厂址的犯罪,《产品质量法》第 53 条也没有规定对侵犯品牌、产地、厂名、厂址的行为"构成犯罪的,依法追究刑事责任"。就是说,立法者认为侵犯品牌、产地、厂名、厂址行为的社会危害性没有侵犯注册商标和注册商标标识的社会危害性大,尚不足以动用刑法惩处。(2) 如果将侵犯品牌、产地、厂名、厂址的行为解释为"以假充真",以生产、销售伪劣商品犯罪对这种行为判处的刑罚,将远远高于对侵犯注册商标和注册商标标识犯罪判处的刑罚,造成量刑上的轻重失衡,与立法本意不符。(3) 根据刑法有关规定,对于假冒他人注册商标构成犯罪的行为,如果假冒产品的质量合格,应认定为侵犯注册商标的犯罪;如果假冒产品的质量不合格,则应当认定为属于生产、销售伪劣商品中的"以次充好",而不是"以假充真"。

第三,以次充好。以次充好,是指以同种但品质较差的合格产品冒充品质较好的合格产品或者以同种但品质较差的不合格产品冒充品质较好的不合格或合格产品。

《伪劣商品司法解释》规定,"以次充好",是指以低等级、低档次产品冒充高等级、高档次产品,或者以残次、废旧零配件组合、拼装后冒充正品或者新产品的行为。这一解释强调了产品的等级不同,而不是产品合格与否。我们认为,以次充好,是指以质量差的产品冒充质量好的产品的行为,也即以低等级、低档次产品冒充高等级、高档次产品的行为。例如,在实践中大量发生的以残、次、废的零配件组合、拼装后冒充正品的行为,以及以旧的零配件组合、拼装后冒充新的产品的行为。

第四,以不合格产品冒充合格产品。以不合格产品冒充合格产品,是指以同种但不符合特定要求和标准的产品冒充符合该特定要求和标准的同种产品。《伪劣商品司法解释》规定,"不合格产品",是指不符合《产品质量法》第 26 条第 2 款规定的质量要求的产品。

我国《产品质量法》第 26 条规定:"产品质量应当符合下列要求:(1) 不存在危及人身、财产安全的不合理的危险,有保障人体健康,人身、财产安全的国家标准、行业标准的,应当符合该标准。(2) 具备产品应当具备的使用性能,但是,对产品存在使用性能的瑕疵作出说明的除外。(3) 符合在产品或者其包装上注明采用的产品标准,符合以产品说明、实物样品等方式表明的质量状况。"根据《标准化法》第 6 条的规定,标准可分国家标准、行业标准、地方标准和企业标准。国家标准和行业性标准可分强制性标准和推荐性标准。所谓强制性标准,是指保障人体健康,人身、财产安全的标准和法律、行政法规规定强制执行的标准。其他标准是推荐性标准,由企业自愿采用;地方标准在本行政区域内是强制性标准;企业标准是企业自己规定的产品质量标准。企业标准在本企业范围内是强制性标准。另外,若无国家标准、行业标准、企业标准的情况下,按照社会通行的标准来衡量。《刑法》第140条规定的"不合格产品",是指不符合《产品质量法》第26条第2款规定的质量要求的产品。

在查处生产、销售伪劣产品犯罪过程中,对于某些行为是否属于"在产品中掺杂、掺假""以假充真""以次充好""以不合格产品冒充合格产品",可能无法直接判断,这就涉及鉴定问题。对此,应该委托法律、行政法规规定的产品质量检验机构进行鉴定。

其次,关于"销售金额"的认定问题。

第一,对销售金额的理解。《伪劣商品司法解释》第2条明确规定:"刑法第一百四十条、第一百四十九条规定的'销售金额',是指生产者、销售者出售伪劣产品后所得和应得的全部违法收入"。全部违法收入,不应该扣除成本及各种费用,包括所得的和应得的两种违法收入。前者指行为人出售伪劣商品后已经得到的违法收入;后者指行为人已经出售伪劣商品,按照合同或者约定将要得到的违法收入。《伪劣商品司法解释》第2条第2款规定:"伪劣产品尚未销售,货值金额达到刑法第一百四十条规定的销售金额的三倍以上的,以生产、销售伪劣产品罪(未遂)定罪处罚。"我们理解,这样规定的主要理由有四:一是社会危害性方面。生产者、销售者生产、购买伪劣商品的目的,就是为了销售。已经生产和购买后准备销售的行为,其社会危害性是客观存在的。如果对这类行为中情节严重的情形也不定罪处罚,将会使绝大多数的制假、贩假的人逃避法律追究。二是刑法理论方面。根据刑法理论关于既遂、未遂标准,既遂是指行为人实施了刑法规定的全部构成要件的行为;未遂是指行为人已经着手实施犯罪,但由于行为人意志以外的原因而没有实施完毕刑法规定的全部构成要件。据此,生产、购买伪劣商品,尚未来得及销售,货值金额达到《刑法》第140条规定的销售金额3倍以上的行为,应认定为属于销售伪劣商品犯罪的未遂状态,应以生产、销售伪劣商品犯罪(未遂)定罪处罚。三是法律规定方面。《刑法》第140条规定了生产、销售伪劣商品犯罪这一罪名,如果机械地以销售金额认定是否构成犯罪,则刑法条文规定的生产、销售伪劣产品罪毫无意义。如果对尚未销售的生产者仅因没有销售金额就不追究,显然与立法本意不符,也不利于打假工作的开展。采用货值金额可以解决打假斗争实践中存在的难点。此外,2000年7月修改后的《产品质量法》在对生产、销售伪劣商品违法行为进行罚款处罚的规定中,也采用了"货值金额"的提法。四是法律适用方面。《刑法》第140条规定了四个不同的量刑幅度,有四个不同的销售金额,因此,《伪劣商品司法解释》这样规定有利于司法部门根据伪劣产品货值金额的具体情况适用不同的量刑幅度。

第二,销售金额的计算。(1)关于伪劣产品的价格。生产、销售伪劣产品的具体犯罪事实比较复杂,有的只是单纯生产、销售伪劣产品,有的还假冒他人注册商标;有的是以成本的投入决定具体的销售金额;有的是直接按照其假冒注册商标的商品价格进行销售;还有的则是以明显低于其所假冒注册商标的商品价格进行销售。因此,价格的确定对于计算销售金额非常重要。当然,对于价格,既不能一律"就高不就低"或者“就低不就高”,也不能简单地取中间价格来计算,可以分如下几种情况来确定:① 实际销售价格。如果能够查明其实际销售的具体价格,原则上按照该价格计算。② 假冒产品的价格。对于假冒他人注册商标的伪劣商品,无法查明实际销售价格的,原则上按照其所假冒注册商标商品的市场零售价的中等价格计算;属于国家定价的,按照国家定价计算;属于国家指导价的,按照指导价的最高限价计算。③ 估价。如果无法查明其实际销售的具体价格,应当按照国家计划委员会、最高人民法院、最高人民检察院、公安部《扣押、追缴、没收物品估价管理办法》的规定,委托指定的估价机构估价。④ 销售时价格。计算销售金额,均以销售伪劣产品时的价格为标准。其中,对伪劣商品的半产品(如没有包装的假烟等),按照成装后的成品价格计算。伪劣产品价格是指销售给其他销售者或消费者时的销售价格而不是从生产者或者其他销售者那里购买该伪劣产品时的价格。(2) 伪劣产品与非伪劣产品混同情况的计算。行为人将合格产品与伪劣产品混杂在一起进行销售,如果能区分,应将销售伪劣产品的金额与销售合格产品的金额分开计算;如果不能区分,应视销售金额为销售伪劣产品的金额。这是因为,行为人故意将合格产品与伪劣产品混杂在一起,导致销售伪劣产品的金额与销售合格产品的金额不可分割,这种不可分割性的局面,不仅是销售者自身的责任,而且常常是他们销售伪劣产品的手段,即以部分合格产品欺诈对方,从而使对方信以为真。在此意义上说,其合格产品实际上成为欺诈他人的工具,在这种情况下销售合格产品,本身就是违法的。所以,将不可分割的全部销售金额计算为伪劣产品的销售金额具有合理性。另外,在不可分割的情况下,如果认为产品的各部分都具有合格产品的可能性,那么,必然意味着没有销售伪劣产品的金额,于是行为便不构成犯罪。这种处理的结局,必然进一步鼓励一些生产者、销售者故意将合格产品与伪劣产品混杂在一起,从而逃避刑事责任。这显然不利于维护市场秩序。

第三,货值金额与销售金额并存时的计算。实践中,很多情况下,行为人的伪劣产品没来得及销售完就被查获,这就存在着销售金额与货值金额并存。这种情况下,可以把货值金额按比例折算成销售金额。根据《伪劣商品司法解释》,可以按照 3∶1 的比例来折算。

3. 本罪的主体是从事生产、销售伪劣产品的生产者、销售者。本罪主体属于一般主体,即是指只需具备刑事责任年龄和刑事责任能力两大基本要件的一般自然人。生产、销售伪劣产品罪的几种行为方式,如掺杂、掺假,以次充好,以假充真,以不合格产品冒充合格产品,这些行为均可由一般自然人实施,一般自然人实施这些行为本身就是生产、销售,而不是一般自然人必须是生产者、销售者才可或才能实施这些行为,正是一般自然人实施这些行为才成为生产者、销售者。

4. 本罪的主观要件

(1) 关于本罪的罪过形式

本罪主观方面包括直接故意和间接故意,即行为人明知自己在生产、销售的产品中掺杂、掺假,以假充真,以次充好或者以不合格产品冒充合格产品的行为会发生破坏社会主义市场经济秩序，侵害用户、消费者合法权益的结果，并且希望或者放任这种结果的发生。

(2) 本罪的罪过内容

第一，行为人的主观认识因素。本罪故意的认识内容主要表现在两个方面：第一，行为人认识到自己行为的性质和方式，即行为人认识到自己是在掺杂、掺假，以假充真，以次充好或者以不合格产品冒充合格产品；第二，行为人认识到自己行为的危害结果，即行为人认识到生产、销售伪劣产品会破坏国家产品质量管理秩序，侵犯消费者的合法权益。

第二，行为人的意志因素。行为人对自己行为所造成的危害社会的结果所持的态度，表现为行为人的意志态度。对于生产、销售伪劣产品罪，生产者、销售者对于自己的生产、销售伪劣产品行为所造成的危害社会结果持希望或者放任态度。

(3) 本罪的犯罪目的

本罪的犯罪目的，一般情况下是为了谋取非法利润。行为人通过生产、销售伪劣产品以谋求非法利润。当然，行为人一般具有谋取非法利润的目的，但刑法并未明文规定本罪必须具备该目的，犯罪目的不是本罪的构成要件，不影响本罪成立。

(三) 生产、销售伪劣产品罪的认定

生产、销售伪劣产品，是以合法的生产、销售行为为掩护，伪劣产品又一时难以认定，因而其行为更具隐蔽性和迷惑性。本罪也是一个在刑法理论界、实践界引起诸多争议的犯罪，是讨论的热点之一。本节将对生产、销售伪劣产品罪的司法认定方面，进行较深入探讨。

1. 本罪的罪与非罪的界限

罪与非罪的认定，主要指如何区分本罪与一般生产、销售伪劣产品的违法行为以及特殊情况下的合法行为。上述行为在客观行为上有相似之处，但其性质完全不同，从司法实践中看，应注意从以下几个方面来界定：

(1) 销售者明示产品存在瑕疵的，不构成本罪

如果销售者销售的产品不合格或使用性能存在瑕疵而事先作出说明，则不构成生产、销售伪劣产品罪。《产品质量法》第 14 条第 2 款规定："具备产品应当具备的使用性能，但是，对产品存在使用性能的瑕疵作出说明的除外。"《工业产品质量责任条例》第 10 条规定，达不到国家有关标准的，仍有使用价值的处理品，经主管部门审批后，可明示处理品降价销售，但违反国家安全、卫生、环保、计量等法规要求的，应及时销毁，或作必要的技术处理方可进入市场。可见，销售者明示产品瑕疵而进行销售是法律允许的，也即合法行为。这种情况不构成生产、销售伪劣产品罪，也是因为其不符合生产、销售伪劣产品罪的犯罪构成。首先，它不符合该罪的客观方面。由于销售者明示了产品瑕疵，尽管产品不合格，但销售者并没有冒充合格产品去销售，所以，它与生产、销售伪劣产品的四种行为方式均不符合。其次，它不符合该罪的主观方面。销售者明示了产品的瑕疵，就不存在谋取非法利润的目的，由于行为没有社会危害性，也就谈不

上希望什么危害社会的结果发生。

(2) 仅有生产伪劣产品而无销售的,不构成本罪

生产者虽然生产了大量的伪劣产品,但该生产者没有销售该产品,或者销售者虽然购买了大量伪劣产品但没有销售该产品,不能认定构成本罪。之所以不构成本罪,是因为我国刑法明文规定构成生产、销售伪劣产品罪必须“销售金额在5万元以上”,没有销售,当然不存在销售金额,更谈不上达到5万元以上。当然,对这种情况,有可能构成其他罪。

(3) 销售金额不足5万元的,不构成本罪

“销售金额”,是指生产者、销售者出售伪劣产品后所得和应得的全部违法收入。全部违法收入,不应该扣除成本及各种费用,包括所得的和应得的两种违法收入。前者指行为人出售伪劣商品后已经得到的违法收入;后者指行为人已经出售伪劣商品,按照合同或者约定将要得到的违法收入。销售金额与行为的社会危害程度成正比,而社会危害性又是犯罪的本质特征,犯罪就是达到相当程度社会危害性的行为。因此,以销售金额的某个数量值作为生产、销售伪劣产品罪罪与非罪的界限,也即“度”,是科学、合理的。结合我国经济发展的实际情况,以5万元的销售金额作为生产、销售伪劣产品罪罪与非罪的界限是合适的。在司法实践中,如果行为人已经生产或购入了伪劣产品,并且已与对方(购买者)签订了买卖合同,销售金额达到5万元,不管销售者是否已实际发货或得到销售款,均构成生产、销售伪劣产品罪。这主要因为,只要签订了销售伪劣产品合同,就破坏了市场竞争秩序。

(4) 出于过失而生产、销售伪劣产品的,不构成本罪

生产、销售伪劣产品罪只能由故意构成,如果行为人由于疏忽大意而使产品中掺入杂或假的东西或错把次等的、不合格的产品当成好的、合格的产品销售的,不构成本罪。例如,甲某因受蒙蔽购进一批伪劣产品,在销售中被查获后方知自己购进的是伪劣产品,由于甲某主观上不明知自己销售的是伪劣产品,就不存在故意,也就因欠缺主观要件而不构成生产、销售伪劣产品罪。

(5) 情节显著轻微危害不大的,不认为是犯罪

尽管刑法把“销售金额在5万元以上的”作为生产、销售伪劣产品罪的构成要件,销售金额也基本上反映了生产、销售伪劣产品行为的社会危害程度,但是,不能一律把“销售金额在5万元以上的”都认定为犯罪。这里还存在着其他情节的问题,如“掺杂”“掺假”还有一个程度问题,即“杂”“假”与产品总量的比例,“以次充好”“以不合格产品冒充合格产品”,这里也有一个“次”与“好”“不合格”与“合格”的差别大小问题。如果不考虑这些问题而仅以销售金额作为唯一标准,就有失公平,就会扩大打击面。我们认为,应综合考虑案件情节,如果是属于我国《刑法》第13条的“但书”规定的情形,即情节显著轻微危害不大的,则应认定不构成犯罪。

2. 生产、销售伪劣产品罪与假冒注册商标罪、销售假冒注册商标的商品罪的区别

假冒注册商品罪,是指未经注册商标所有者许可,在同一种商品上使用与其注册

商标相同的商标,情节严重的行为;销售假冒注册商标的商品罪,是指销售明知是假冒注册商标的商品,销售金额数额较大的行为。司法实践表明,故意销售假冒注册商标的商品罪往往与销售伪劣产品罪是互相交织的。犯罪分子为了能够顺利销售出去达到犯罪的目的而假冒商标,或者故意销售假冒注册商标商品,往往也是用自己生产的质量较差的商品冒充他人质量较好或信誉较好的商品,其实质也是一种以假充真、以次充好的行为。

(1) 生产、销售伪劣产品罪与假冒注册商标罪的区别

二者的区别在于:假冒注册商标罪客观方面表现为未经注册商标所有人的许可,在同一种商品上使用与注册商标相同的商标;而生产、销售伪劣产品罪的行为方式是在产品中掺杂、掺假,以假充真,以次充好或者以不合格产品冒充合格产品。假冒注册商标并不必然在产品中掺杂、掺假,以假充真,以次充好或者以不合格产品冒充合格产品,假冒注册商标的商品也有可能在质量上不逊色于甚至优于对应的商品,行为人可能只是利用该商标代表的信誉;相应的,生产、销售伪劣产品不必然假冒他人注册商标。可见,“假冒”的并不必然是“伪劣”的,“伪劣”的也并不必然是“假冒”的。

(2) 生产、销售伪劣产品罪与销售假冒注册商标的商品罪的区别

二罪的区别主要在于:(1) 犯罪对象有所不同。前者的对象包括各种假冒伪劣产品;后者的对象仅限于假冒注册商标。(2) 客观方面有所不同。前者表现为掺杂、掺假,以次充好,以假充真或者以不合格产品冒充合格产品,而后者只是表现为销售。

3. 生产、销售伪劣产品罪与其他生产、销售特定种类的伪劣产品犯罪的法条竞合

《刑法》第 140 条关于生产、销售伪劣产品罪的规定是普通法条,此外,刑法还规定了一些特殊的生产、销售特定种类的伪劣产品犯罪,如生产、销售假药罪,生产、销售劣药罪,生产、销售有毒有害食品罪,生产、销售不符合卫生标准的食品等犯罪。行为人实施了生产、销售特定种类伪劣产品的行为触犯特别法条时,也同时触犯第 140 条的基本法条,在这种情况下,应按照特别法条优于普通法条的原则认定犯罪,即认定为特别法条规定的犯罪,而不能认定为生产、销售伪劣产品罪。

4. 生产、销售伪劣产品罪与诈骗罪的区别

生产、销售伪劣产品犯罪客观方面一般表现为在产品中掺杂使假、以假充真、以次充好或者以不合格产品冒充合格产品等欺骗手段实施犯罪;诈骗罪常常亦以冒充销售产品的活动方式来实现,两者往往容易混淆。但两者有着明显的区别:(1) 客观行为的表现方式不同。诈骗罪是完全采取虚构事实、隐瞒真相的方法,使受害人产生错觉,信以为真,从而“自愿”地交出财物;而本罪则是在经济活动中,违反工商管理等市场管理法规,在生产、销售等工商活动中使用偷工减料、掺杂使假、以次充好、以假充真、以不合格产品冒充合格产品等带有欺诈性质的手段进行非法的经营活动。(2) 犯罪主体不同。本罪主体为“生产者、销售者”,包括单位;而诈骗罪主体只能是自然人。(3) 犯罪目的不同。本罪一般表现为以获取非法利润为目的,但也可以是出于其他非法目的,如为了不正当竞争,通过生产、销售伪劣产品冒充为他人生产的产品,毁坏他

人名誉,以使自己处于有利的地位等;而后者则只能出于非法占有的目的。

5. 生产、销售伪劣产品罪与非法经营罪的区别

非法经营罪,是指违反国家规定,从事特定的非法经营活动,扰乱市场秩序,情节严重的行为。司法实践中,存在着行为人本身的经营行为就属于非法,而其又在经营的产品中掺杂、掺假或者以次充好,以假充真,或以不合格产品冒充合格产品的行为。这种情况属于想象竞合犯,即一行为同时触犯两个不同罪名的情形。对此,理论上一般从一重处断。《伪劣商品司法解释》第 10 条也规定:“实施生产、销售伪劣商品犯罪,同时构成侵犯知识产权、非法经营等其他犯罪的,依照处罚较重的规定定罪处罚。”这里的处罚较重,不是指某一罪的法定最高刑或法定最低刑较重,也不是指某一行为根据某一犯罪处罚的量刑较重,而是某一行为适用某一罪的某一法定刑幅度的最高刑较重。就生产、销售伪劣产品罪和非法经营罪比较,轻罪,非法经营罪处罚较重;重罪,生产、销售伪劣产品罪处罚较重。所以,如果犯罪情节较轻,应按非法经营罪论处;如果情节较重,应按生产、销售伪劣产品罪论处。

6. 生产、销售伪劣产品罪的未遂形态

生产、销售伪劣产品罪是否存在未遂形态,法学界存在着两种不同的主张:一些人主张,只要其销售金额可以达到 5 万元以上,也就是经营额在 5 万元以上的,均应以生产、销售伪劣产品罪的未遂论处,而不能认为不构成犯罪。① 另外一些人则认为,生产、销售伪劣产品的行为构成犯罪的,销售金额必须达到 5 万元以上,否则不以犯罪论处。如果生产者只是生产了伪劣产品,而未推向市场,就谈不上销售金额较大,因而不符合本罪的客观构成要件。可以看出,前一种观点实际上是肯定了生产、销售伪劣产品罪存在未遂的形态,而后一种观点则是否定了该罪有未遂存在的可能。这实际上涉及一个重要的理论问题,即生产、销售伪劣产品罪是否存在未完成形态。《伪劣商品司法解释》第 2 条第 2 款肯定了该罪未遂形态,即“伪劣产品尚未销售,货值金额达到刑法第一百四十条规定的销售金额三倍以上的,以生产、销售伪劣产品罪(未遂)定罪处罚”,为解决上述问题提供了法律依据。②

我们认为,从理论上讲,生产、销售伪劣产品罪存在未遂犯。首先,从犯罪未遂的理论看。《刑法》第 23 条第 1 款规定:“已经着手实行犯罪,由于犯罪分子意志以外的原因而未得逞的,是犯罪未遂。”它具有三个特征:一是行为人已经着手实行犯罪,即已经开始实施刑法分则所规定的具体犯罪构成要件中的行为;二是犯罪没有达到既遂状态,即“未得逞”,也就是没有完全具备刑法分则所规定的构成要件;三是犯罪没有达到既遂状态,是由于行为人意志以外的原因。对于生产、销售伪劣产品行为,只要符合这三个特征的,就可以构成未遂。生产、销售伪劣产品罪属于行为犯,其实行行为是生产、销售行为。行为人开始实施生产、销售行为就可视为犯罪着手。对于行为犯,一

① 参见曲新久:《生产、销售伪劣产品罪的既遂、未遂与预备形态》,载《人民检察》1998 年第 10 期。

② 参见史卫忠:《生产、销售伪劣商品犯罪认定中的几个疑难问题》,载《刑事司法指南(第四辑)》,法律出版社 2000 年版。

般认为行为实施到一定程度或行为的完成为既遂标准。对于生产、销售伪劣产品罪，其既遂的标准从理论上讲应该是生产、销售行为的完成，但从刑法规定来看，是销售行为达到一定程度为既遂的标准。无论采取哪种情况，只要行为人已经着手实施生产、销售伪劣产品行为，并且在达到既遂之前由于行为人意志以外的原因而停顿下来，就成立生产、销售伪劣产品罪的未遂。这种情况在实践中是存在的，如行为人刚开始销售伪劣产品就被抓获。所以，从犯罪未遂的理论上看，生产、销售伪劣产品罪是存在未遂的。

其次，从社会危害性上看，生产、销售伪劣产品罪的犯罪未遂构成未遂犯。否定生产、销售伪劣产品罪存在犯罪未遂状态的观点认为，如果一个生产者只是生产了伪劣产品，一个销售者只是购入伪劣产品，还没有将伪劣产品推向市场，就既没有破坏市场竞争秩序，也没有侵犯消费者的合法权益，只是给自己带来各种损失，刑法没理由将之作为犯罪处理。我们认为，这种观点有待商榷。众所周知，对某一种行为施以刑罚，从根本上讲，是因为其具有社会危害性。所谓社会危害性，一般是指行为对社会关系实际造成的损害或者可能造成的损害。不仅已经完成的犯罪具有社会危害性，即使处于未完成形态的犯罪，也同样具有社会危害性。追究犯罪未遂等未完成形态行为的刑事责任的根据即在于此。就生产、销售伪劣产品犯罪活动而言，对我国正在构筑的社会主义市场经济体制具有极大的破坏性，因此，被规定在刑法分则第三章"破坏社会主义市场经济秩序罪"的第一节中，足见立法者是将之列为打击的重中之重。不仅要严厉惩处已经将伪劣产品销往市场、获得销售金额的生产、销售伪劣产品的犯罪分子，对那些大量生产伪劣产品而未销售或者刚刚开始销售伪劣产品的犯罪分子也应从严制裁，将之消灭在萌生阶段，避免恶性膨胀，造成难以挽回的损失。只有这样才能充分体现立法的原意，才能更有效地发挥刑罚的预防功能，最大限度地遏制此类活动的发生和蔓延。对销售金额可能达到 5 万元甚至几十万元以上的生产、销售伪劣产品行为，以生产者生产伪劣产品的活动尚未进入销售阶段，或者生产者、销售者实际销售伪劣产品的数额不足 5 万元为理由，不将其移送司法机关审理而"以罚代刑"，或者司法机关不认为是犯罪，都是对犯罪的放纵。

我们认为，生产、销售伪劣产品罪未遂犯的成立要具备三个条件：一是行为人已经着手。生产、销售伪劣产品罪的实行行为是生产、销售行为，其着手的标志就是行为人开始实施生产、销售行为。对于生产、销售伪劣产品罪，其着手的标志是开始实施生产行为；对于单纯的销售伪劣产品罪，其着手的标志是开始实施销售行为。对于销售伪劣产品罪来说，销售行为实施以前的行为，如购买伪劣产品的行为都属于预备行为。在这里有必要参考《伪劣商品司法解释》的有关规定。该解释第 2 条第 2 款规定："伪劣产品尚未销售，货值金额达到刑法第一百四十条规定的销售金额三倍以上的，以生产、销售伪劣产品罪（未遂）定罪处罚。"这一解释对于既生产又销售伪劣产品的行为尚可理解，但对于单纯的销售伪劣产品行为，其将"着手"以前的行为（尚未销售）视为"未遂"，似乎与刑法理论不一致。有观点认为，没有实施生产伪劣产品行为但为了谋取暴利而大量购进伪劣产品,尚未销售出去,而货值金额达到 15 万元以上的,认定为销售伪劣产品罪(未遂)。其理由主要是:要正确理解“销售”的含义。不应将之局限于把伪劣产品销售出去,而应作广义的理解,包括为销售而进行的收购、储存、出售等一系列活动,即产品生产完毕准备出售一直到产品卖到消费者之间的全部经营活动。对于已购进大量伪劣产品但尚未出售出去的行为,也应当视为已经着手销售,这符合着手的含义,它已经超越了为犯罪创造条件的范畴,对犯罪客体形成了现实的威胁。否则,就可能将此种情况当作犯罪预备来处理,这与司法解释的本意是矛盾的。本书认为,从司法解释的字面意思看,是无法排除购买伪劣产品尚未销售的情况。但是,司法解释也必须恪守刑法的规定。我国《刑法》总则明确规定“为了犯罪,准备工具、制造条件的,是犯罪预备”,很显然,为了销售而购买伪劣产品的行为是预备行为。将“购买行为”解释为“销售行为”似乎距离“销售”的本义太远了。不能为了迎合司法解释就不遵守刑法规定,把刑法司法解释看成高于刑法的东西,这是违背罪刑法定原则的。二是行为人的行为未达到既遂。根据我国刑法理论通说和我国刑法的规定,生产、销售伪劣产品罪的既遂标准为销售金额达到 5 万元。凡是伪劣产品尚未销售或已经销售但销售金额没有达到 5 万元的均不构成既遂,有可能构成未遂。三是行为人的行为未达到既遂,是出于行为人意志以外的原因。就生产、销售伪劣产品罪而言,主要是被人发现或被有关机关查获。

7. 生产、销售伪劣产品罪一罪与数罪的认定

(1) 生产、销售伪劣产品罪与《刑法》第 141 条至第 148 条所规定之罪的法条竞合关系。

生产、销售伪劣产品罪与《刑法》第 141 条至第 148 条所规定之罪形成的法条竞合属于“一个行为同时触犯同一法律的普通条款与特别条款”的情形,在通常情况下,应依照“特别法优于普通法”的原则定罪。但是,在特殊情况下,如法律明文规定或按特别条款优于普通条款做不到罪刑相适应,则按“重法优于轻法”的原则来适用法律。生产、销售伪劣产品罪与《刑法》第 141 条至第 148 条所规定之罪不是一种包容与被包容的竞合关系,犯罪构成只是存在交叉关系,所以,一行为并不必然符合两个法条。根据《刑法》第 149 条和第 150 条的规定,分下列两种情况处理:一是生产、销售《刑法》第 141 条至第 148 条所列产品,不构成各该条规定的犯罪,但是销售金额在 5 万元以上的,按生产、销售伪劣产品罪定罪。二是生产、销售《刑法》第 141 条至第 148 条所列产品,构成各该条规定的犯罪,同时又构成生产、销售伪劣产品罪的,依照处罚较重的罪定罪。

【实例分析 4-1】

对上述内容,可从下面的分析中深化认识:关于生产、销售伪劣商品罪,下列哪些判决是正确的?

A. 甲销售的假药无批准文号,但颇有疗效,销售金额达 500 万元,如按销售假药罪处理会导致处罚较轻,法院以销售伪劣产品罪定罪处罚。

B. 甲明知病死猪肉有害，仍将大量收购的病死猪肉，冒充合格猪肉在市场上销售。法院以销售有毒、有害食品罪定罪处罚。

C. 甲明知贮存的苹果上使用了禁用农药，仍将苹果批发给零售商。法院以销售有毒、有害食品罪定罪处罚。

D. 甲以为是劣药而销售，但实际上销售了假药，且对人体健康造成严重危害。法院以销售劣药罪定罪处罚。

分析如下：

(1) A 选项，无批准文号的药品即使有疗效也是假药，销售假药罪系行为犯，甲可触犯销售假药罪；销售金额超过 5 万，甲也触犯销售伪劣产品罪。按处罚较重的规定处罚，认定为销售伪劣产品罪。A 选项说法正确。

(2) B 选项，根据最高人民法院、最高人民检察院《关于办理危害食品安全刑事案件适用法律若干问题的解释》第 1 条第 2 项，销售属于病死、死因不明或者检验检疫不合格的畜、禽、兽、水产动物及其肉类、肉类制品的，构成销售不符合食品安全标准的食品罪，不构成销售有毒、有害食品罪定罪处罚。B 选项说法错误。

(3) C 选项，根据前述解释第 9 条第 2 款，在食用农产品种植、养殖、销售、运输、贮存等过程中，使用禁用农药、兽药等禁用物质或者其他有毒、有害物质的，构成生产、销售有毒、有害食品罪。C 选项说法正确。

(4) D 选项，考查认识错误。客观上实施了销售假药行为，主观上具有销售劣药罪的故意；主客观统一，销售假药行为可包容销售劣药行为，统一为销售劣药罪；该罪系结果犯，本案情形造成严重危害，可构成该罪。D 选项说法正确。

综上，上述问题的合适选项是 ACD。

(2) 生产、销售伪劣产品罪与假冒他人注册商标的竞合关系

这种情况是指行为人为销售伪劣产品而假冒他人注册商标的情形。其特征有：其一，行为人主观上为销售伪劣产品。其二，行为人实施了两个行为，即假冒他人注册商标行为和销售伪劣产品的行为。其三，行为人所实施的两个行为存在牵连关系，即假冒他人注册商品是方法行为，销售伪劣产品是目的行为，二者存在方法与目的的牵连关系。其四，假冒他人注册商标行为和销售伪劣产品行为分别触犯假冒注册商标罪和销售伪劣产品罪的罪名。依据通说，应从一重处断。

(四) 生产、销售伪劣产品罪的刑事责任

根据《刑法》第 140 条和第 150 条的规定，犯本罪的，处 2 年以下有期徒刑或者拘役，并处或者单处销售金额 50% 以上 2 倍以下罚金；销售金额 20 万元以上不满 50 万元的，处 2 年以上 7 年以下有期徒刑，并处销售金额 50% 以上 2 倍以下罚金；销售金额 50 万元以上不满 200 万元的，处 7 年以上有期徒刑，并处销售金额 50% 以上 2 倍以下罚金；销售金额 200 万元以上的，处 15 年有期徒刑或者无期徒刑，并处销售金额 50% 以上 2 倍以下罚金或者没收财产。单位犯本罪的，对单位判处罚金，并对其直接负责

的主管人员和其他直接责任人员,依照上述规定处罚。

二、生产、销售假药罪

(一)生产、销售假药罪的概念与特征

生产、销售假药罪,是指违反国家药品管理法规,生产、销售假药的行为。其构成特征如下:

1. 本罪的客体是国家对人用药品的管理秩序和社会公众的生命、健康权,属于复杂客体。药品是一种特殊的商品,其产品质量状况如何,直接关系到人民群众特别是疾病患者的身体健康甚至生命安全。为了保障人民用药安全,维护人民身体健康,国家制定了一系列有关的法律法规,规定了对药品生产、经营的管理和监督,从而建立起一套严格的药品管理制度。所以,生产、销售假药,既侵犯了国家对药品的管理制度,又侵犯了不特定多数人的身体健康权利。

2. 本罪在客观方面表现为违反国家药品管理法规,生产、销售假药的行为。具体内容包括以下两个方面:

(1)违反国家药品管理法规,是指在生产、经营过程中违反《药品管理法》及《关于贯彻〈中华人民共和国药品管理法〉的有关暂行规定》等法律、法规。

(2)实施生产、销售假药的行为。依照《药品管理法》第33条的规定,假药是指:① 药品所含成分的名称与国家药品标准或者省、自治区、直辖市药品标准规定不符合的。② 以非药品冒充药品或者以他种药品冒充此种药品的。按假药处理的药品指:① 国务院卫生行政部门规定禁止使用的。② 未取得批准文号生产的。③ 变质不能药用的。④ 被污染不能药用的。生产假药,是指违反药品生产质量管理规范,非法加工、制造假药的行为。行为人可能只生产假药而不销售,也可能只销售假药而不生产,只要生产行为或销售行为具备其一,即可构成生产假药罪或者销售假药罪。如果行为人既生产假药,又销售假药,则构成生产、销售假药罪一罪,不实行数罪并罚。

由于《刑法修正案(八)》将本罪由原来的危险犯修改为行为犯,或者可以认为是抽象的危险犯,所以本罪的成立不再要求是否存在严重危害人体健康的危险,但对人体健康造成严重危害的,构成本罪的结果加重犯。

3. 本罪的主体是一般主体,自然人和单位都可以成为本罪的主体。

4. 本罪的主观方面只能由故意构成,即行为人明知自己生产、销售的是假药,而仍然生产、销售。行为人实施本罪的目的是为了非法营利,但刑法并未规定营利目的为本罪的构成要件。

(二)生产、销售假药罪的认定

1. 本罪的罪与非罪的界限

本罪的成立条件有二:一是行为人实施了生产、销售假药的行为。二是生产、销售假药必须出于故意,才能构成犯罪,如果对生产、销售假药的行为缺乏明确的认识或者出于过失,则不构成本罪。但如果情节显著轻微危害不大,甚至没有也不足以严重危

害身体健康，应只构成违法行为，而不构成本罪。例如，依照我国《药品管理法》，药品“必须批准而未经批准生产”，但生产的药品完全符合规定，即应依《药品管理法》第74条的规定，予以行政处罚。

2. 本罪与以危险方法危害公共安全罪的界限

生产、销售假药罪与以危险方法危害公共安全罪存在着法条竞合关系，通说认为二者的区分标准在于行为人对生产、销售假药如果出于故意，但对严重危害人体健康持放任或过失的心理态度，是生产、销售假药罪；如果对严重危害人体健康出于直接故意，则构成以危险方法危害公共安全罪；如果生产、销售假药和对严重危害人体健康均出于过失，并且对人体健康实际造成了严重危害，则构成过失以危险方法危害公共安全罪。

（三）生产、销售假药罪的刑事责任

根据《刑法》第141条和第150条的规定，犯本罪的，处3年以下有期徒刑或者拘役，并处罚金；对人体健康造成严重危害或者有其他严重情节的，处3年以上10年以下有期徒刑，并处罚金；致人死亡或者有其他特别严重情节的，处10年以上有期徒刑、无期徒刑或者死刑，并处罚金或者没收财产。单位犯本罪的，对单位判处罚金，并对其直接负责的主管人员和其他直接责任人员，依照上述规定处罚。

三、生产、销售劣药罪

生产、销售劣药罪，是指违反国家药品管理法规生产、销售劣药，对人体健康造成严重危害的行为。本罪的客体是国家的药品管理秩序和社会公众的健康权，本罪的对象是劣药。所谓“劣药”，是指依照我国《药品管理法》（1）未标明有效期或者更改有效期的；（2）不注明或者更改生产批号的；（3）超过有效期的；（4）直接接触药品的包装材料和容器未经批准的；（5）擅自添加着色剂、防腐剂、香料、矫味剂及辅料的；（6）其他不符合药品标准规定的。本罪在客观上表现为生产、销售劣药，对人体健康造成严重危害的行为。本罪的构成除要求行为人实施生产、销售劣药的行为之一，还必须对人体健康造成严重危害。所谓“对人体健康造成严重危害”，主要指因服用劣药造成轻伤、重伤，以及因服用劣药，延误治疗致使病情加重或难以治愈等严重后果。本罪的主体为一般主体，自然人和单位均可构成本罪。本罪的主观方面只能出于故意。

根据《刑法》第142条第1款、第150条的规定，犯本罪的，处3年以上10年以下有期徒刑，并处销售金额50%以上2倍以下罚金；后果特别严重的，处10年以上有期徒刑或者无期徒刑，并处销售金额50%以上2倍以下罚金或者没收财产。单位犯本罪的，对单位判处罚金，并对其直接负责的主管人员和其他直接责任人员，依照上述规定处罚。

四、生产、销售不符合安全标准的食品罪

生产、销售不符合安全标准的食品罪,是指违反国家食品卫生管理法规,生产、销售不符合卫生标准的食品,足以造成严重食物中毒事故或者其他严重食源性疾患的行为。

本罪的客体是国家的食品安全管理秩序和社会公众的身体健康权利。本罪在客观上表现为违反国家食品卫生管理法规,生产、销售不符合安全标准的食品,足以造成严重食物中毒事故或者其他严重食源性疾患的行为。所谓“严重食物中毒”,指细菌性、化学性、真菌性和有毒动植物等引起的严重暴发性中毒。所谓“严重食源性疾病”,指以食物为感染源导致的严重疾病。所谓“足以造成严重食物中毒事故或者其他严重食源性疾患”,指“经省级以上卫生行政部门确定的机构鉴定,食品中含有可能导致严重食物中毒事故或者其他严重食源性疾患的超标准的有害细菌或者其他污染物的。”本罪是危险犯,行为人生产、销售不符合卫生标准的食品,只要足以造成上述事故或疾患的危险存在,即可构成本罪。如果对人体健康造成了严重危害,是本罪的结果加重犯。本罪的主体为一般主体,自然人与单位均可构成本罪。本罪在主观上只能出于故意。

根据《刑法》第 143 条、第 150 条的规定,犯本罪的,处 3 年以下有期徒刑或者拘役,并处罚金;对人体健康造成严重危害或者有其他严重情节的,处 3 年以上 7 年以下有期徒刑,并处罚金;后果特别严重的,处 7 年以上有期徒刑或者无期徒刑,并处罚金或者没收财产。单位犯本罪的,对单位判处罚金,并对其直接负责的主管人员和其他直接责任人员,依照上述规定处罚。

五、生产、销售有毒、有害食品罪

(一) 生产、销售有毒、有害食品罪的概念与特征

生产、销售有毒、有害食品罪,是指违反国家食品卫生管理法规,在生产、销售的食品中掺入有毒、有害的非食品原料的,或者销售明知掺有有毒、有害的非食品原料的食品的行为。其构成特征如下:

1. 本罪的客体为国家对食品安全的监管制度和社会公众的生命权、健康权。

2. 本罪在客观方面表现为违反国家食品卫生法规,生产、销售有毒、有害食品的行为。表现为两种行为:(1) 在生产、销售的食品中掺入有毒、有害的非食品原料的行为。“食品”,指各种供人食用或者饮用的成品以及按照传统,既是食品又是药品的物品(不包括以治疗为目的的物品)。“有毒、有害的非食品原料”,指对人体具有生理毒性,食用后会引起不良反应,损害肌体健康的不能食用的原料,如工业酒精等。用工业酒精兑制白酒就属于这种行为。(2) 销售明知掺有有毒、有害的非食品原料的食品的行为。本罪是行为犯,只要实施了在生产、销售的食品中掺入有毒、有害的非食品原料的行为,就构成本罪的既遂。如果进而对身体健康造成严重危害结果,则构成本罪的

结果加重犯，应依照相应的法定刑处罚。

【实例分析 4-2】

对上述内容，可从下面的分析中深化认识：关于生产、销售伪劣商品罪，下列哪些选项是正确的？

A. 甲未经批准进口一批药品销售给医院。虽该药品质量合格，甲的行为仍构成销售假药罪。

B. 甲大量使用禁用农药种植大豆。甲的行为属于“在生产的食品中掺入有毒、有害的非食品原料”，构成生产有毒、有害食品罪。

C. 甲将纯净水掺入工业酒精中，冒充白酒销售。甲的行为不属于“在生产、销售的食品中掺入有毒、有害的非食品原料”，不成立生产、销售有毒、有害食品罪。

D. 甲利用“地沟油”大量生产“食用油”后销售。因不能查明“地沟油”的具体毒害成分，对甲的行为不能以生产、销售有毒、有害食品罪论处。

分析如下：

(1) A 选项，根据《药品管理法》第 48 条第 2 项，有下列情形之一的，为假药：依照本法必须批准而未经批准生产、进口，或者依照本法必须检验而未经检验即销售的。

(2) B 选项，最高人民法院、最高人民检察院《关于办理危害食品安全刑事案件适用法律若干问题的解释》(2013 年 5 月 4 日) 第 9 条第 2 款规定：在食用农产品种植、养殖、销售、运输、贮存等过程中，使用禁用农药、兽药等禁用物质或者其他有毒、有害物质的，适用前款的规定(生产、销售有毒、有害食品罪)定罪处罚。

(3) C 选项，将纯净水掺入工业酒精中冒充白酒销售的行为，属于利用有毒、有害非食品原料生产、制造食品，成立生产、销售有毒、有害食品罪。

(4) D 选项，最高人民法院、最高人民检察院、公安部《关于依法严惩地沟油犯罪活动的通知》(2012 年 1 月 9 日) 指出：“地沟油”犯罪，是指用餐厨垃圾、废弃油脂、各类肉及肉制品加工废弃物等非食品原料，生产、加工“食用油”，以及明知是利用“地沟油”生产、加工的油脂而作为食用油销售的行为。对于利用“地沟油”生产“食用油”的，依照《刑法》第 144 条生产有毒、有害食品罪的规定追究刑事责任。

综上，上述问题的合适选项是 AB。

3. 本罪的主体是一般主体，自然人和单位均可以成为本罪的主体。

4. 本罪的主观方面，只能是故意，过失不构成本罪。行为人主观上是否具有非法牟利的目的，不影响本罪的认定。

(二) 生产、销售有毒、有害食品罪的认定

1. 本罪的罪与非罪的界限

罪与非罪的界限主要在于行为人是否明知在生产、销售的食品中掺入的是有毒、有害的非食品原料。如果明知是掺有有毒、有害的非食品原料的食品仍然予以销售，则构成本罪；如果根本不知或者错误认识食品添加剂的性质而予以生产、销售，则不构

成本罪。

2. 本罪与生产、销售不符合安全标准的食品罪的界限

两者在犯罪对象、犯罪主体方面存在许多相同或者相似之处。其区别在于：(1) 行为手段上的不同。前者的对象是有毒、有害的食品，使用的是非食品原料；后者的对象是不符合安全标准的食品，使用的是食品原料。(2) 犯罪性质上的差异。前者是行为犯，只要实施了生产、销售有毒、有害食品的行为之一，即可构成犯罪既遂；后者是危险犯，除实施生产、销售不符合卫生标准的食品的行为外，还须造成法定的危险结果，犯罪才能完成。

3. 本罪与投放危险物质罪的界限

二者有诸多相似之处，但其区别还是比较明显的：(1) 行为方式不同。前者表现为行为人在生产、销售食品过程中掺入了有毒、有害的非食品原料，后者表现为在公共场所投放毒害性、放射性物质的行为。(2) 行为环节不同。前者表现为生产、销售食品过程中，后者的实行犯一般与生产、销售过程无直接关系。(3) 构成主体不同。前者的犯罪主体为单位或者年满 16 周岁的自然人，后者的主体为年满 14 周岁的自然人。

(三) 生产、销售有毒、有害食品罪的刑事责任

根据《刑法》第 144 条和第 150 条，犯本罪的，处 5 年以下有期徒刑，并处罚金；对人体健康造成严重危害或者有其他严重情节的，处 5 年以上 10 年以下有期徒刑，并处罚金；致人死亡或者有其他特别严重情节的，依照本法第 141 条的规定处罚。单位犯本罪的，对单位判处罚金，并对其负责的主管人员和其他直接责任人员，依照上述规定处罚。

根据《关于办理生产、销售伪劣商品刑事案件具体应用法律若干问题的解释》第 5 条，这里的"对人体健康造成严重危害"，是指生产、销售的有毒、有害食品被食用后，造成轻伤、重伤或者其他严重后果的情况。

六、生产、销售不符合标准的医用器材罪

生产、销售不符合标准的医用器材罪，是指生产不符合保障人体健康的国家标准、行业标准的医疗器械、医用卫生材料，或者销售明知是不符合保障人体健康的国家标准、行业标准的医疗器械、医用卫生材料，足以严重危害人体健康的行为。本罪的客体是国家的医用器材生产、销售的管理秩序和社会公众的身体健康权利。"医疗器械"，指用于诊断、治疗、预防疾病、调节人的生理机能的仪器、设备等物品。"医用卫生材料"，指用于治病、防病的辅助材料，如医用包扎纱布、消毒棉等。本罪的基本犯罪是危险犯，对人体健康造成严重危害的，构成本罪的结果加重犯。本罪的主体为一般主体，自然人和单位均可构成本罪。本罪在主观方面只能出于故意。

根据《刑法》第 145 条、第 150 条，犯本罪的，处 3 年以下有期徒刑，并处销售金额 50% 以上 2 倍以下罚金；对人体健康造成严重危害的，处 3 年以上 10 年以下有期徒

刑,并处销售金额50%以上2倍以下罚金;后果特别严重的,处10年以上有期徒刑或者无期徒刑,并处销售金额50%以上2倍以下罚金或者没收财产。单位犯本罪的,对单位判处罚金,并对其直接负责的主管人员和其他直接责任人员,依照上述规定处罚。

七、生产、销售不符合安全标准的产品罪

生产、销售不符合安全标准的产品罪,是指生产不符合保障人身、财产安全的国家标准、行业标准的电器、压力容器、易燃易爆产品或者其他不符合保障人身、财产安全的国家标准、行业标准的产品,或者销售明知是以上不符合保障人身、财产安全的国家标准、行业标准的产品,造成严重后果的行为。本罪的客体是国家的产品安全管理秩序和消费者的人身安全和财产安全。本罪在客观上表现为生产不符合保障人身、财产安全的国家标准、行业标准的电器、压力容器、易燃易爆产品或者其他不符合保障人身、财产安全的国家标准、行业标准的产品,或者销售明知是以上不符合保障人身、财产安全的国家标准、行业标准的产品,造成严重后果的行为。本罪的主体为一般主体,自然人和单位均可构成本罪。本罪在主观上只能出于故意。

根据《刑法》第146条、第150条,犯本罪的,处5年以下有期徒刑,并处销售金额50%以上2倍以下罚金;后果特别严重的,处5年以上有期徒刑,并处销售金额50%以上2倍以下罚金。单位犯本罪的,对单位判处罚金,并对其直接负责的主管人员和其他直接责任人员,依照上述规定处罚。

【实例分析4-3】

对上述内容,可从下例分析中深化认识:甲为了获取超额利润,在明知其所经销的电器产品不符合保障人身安全的国家标准的情况下,仍然大量进货销售,销售金额总计达到180万元。一企业因使用这种电器而导致短路,引起火灾,造成3人轻伤,部分厂房被烧毁,直接经济损失10万元。下列关于甲的行为的说法哪些是正确的?

A. 应当数罪并罚;

B. 构成销售不符合安全标准的产品罪;

C. 构成销售伪劣产品罪;

D. 应按照销售伪劣产品罪和销售不符合安全标准的产品罪中的一个重罪定罪处罚。

分析如下:

(1) 生产、销售不符合安全标准的产品罪是结果犯,生产不符合保障人身安全标准的产品,造成严重后果的,构成生产、销售不符合安全标准的产品罪。本案行为人构成该罪。

(2) 生产、销售伪劣产品,销售金额5万元以上,可构成生产、销售伪劣产品罪。本案行为人亦构成该罪。

(3) 按《刑法》第149条规定,应当择一重处断。

综上,上述问题的合适选项是BCD。

八、生产、销售伪劣农药、兽药、化肥、种子罪

生产、销售伪劣农药、兽药、化肥、种子罪，是指生产假农药、假兽药、假化肥，销售明知是假的或者失去使用效能的农药、兽药、化肥、种子，或者生产者、销售者以不合格的农药、兽药、化肥、种子冒充合格的农药、兽药、化肥、种子，使生产遭受重大损失的行为。

本罪的客体是国家的农药、兽药、化肥、种子管理秩序和消费者的合法权益。本罪在客观上表现为生产假农药、假兽药、假化肥，销售明知是假的或者失去使用效能的农药、兽药、化肥、种子，或者生产者、销售者以不合格的农药、兽药、化肥、种子冒充合格的农药、兽药、化肥、种子，使生产遭受重大损失的行为。“使生产遭受较大损失，一般以 2 万元为起点。”本罪的主体为一般主体，自然人和单位均可构成本罪。本罪主观方面出于故意。

根据《刑法》第 147 条、第 150 条，犯本罪的，处 3 年以下有期徒刑或者拘役，并处或者单处销售金额 50% 以上 2 倍以下罚金；使生产遭受重大损失的，处 3 年以上 7 年以下有期徒刑，并处销售金额 50% 以上 2 倍以下罚金；使生产遭受特别重大损失的，处 7 年以上有期徒刑或者无期徒刑，并处销售金额 50% 以上 2 倍以下罚金或者没收财产。单位犯本罪的，对单位判处罚金，并对其直接负责的主管人员和其他直接责任人员，依照上述规定处罚。

九、生产、销售不符合卫生标准的化妆品罪

生产、销售不符合卫生标准的化妆品罪，是指生产不符合卫生标准的化妆品，或者销售明知是不符合卫生标准的化妆品，造成严重后果的行为。

本罪的客体是国家的化妆品质量管理秩序和消费者的合法权益。所谓“化妆品”，指以涂擦、喷洒或者类似的方法，散布于人体表面任何部位（皮肤、毛发、指甲、口唇等），以达到清洗、消除不良气味、护肤、美容和修饰目的的日用化学工业品。所谓“不符合卫生标准”，指违反了《化妆品卫生标准》和《化妆品卫生监督条例》等法规规定的化妆品卫生标准。本罪在客观上表现为生产不符合卫生标准的化妆品，或者销售明知是不符合卫生标准的化妆品，造成严重后果的行为。所谓造成严重后果，通常指对人身造成严重伤害如烧伤、毁容等。本罪的主体为一般主体，自然人和单位均可构成本罪。本罪的主观方面只能出于故意。

根据《刑法》第 148 条、第 150 条，犯本罪的，处 3 年以下有期徒刑或者拘役，并处或者单处销售金额 50% 以上 2 倍以下罚金。单位犯本罪的，对单位判处罚金，并对其直接负责的主管人员和其他直接责任人员，依照上述规定处罚。

第三节 走 私 罪

走私罪,又称妨害进出口管理秩序罪,是指违反海关管理法律法规,非法进行走私,依法应受刑罚处罚的行为。

走私罪在我国1979年《刑法》中是个罪名,1988年全国人大常委会《关于惩治走私罪的补充规定》和1990年全国人大常委会《关于惩治走私、制作、贩卖、传播淫秽物品的犯罪分子的决定》把它修改补充为类罪,1997年刑法修改时把这些修改吸收进刑法典中,而成为现在作为类罪的走私罪立法规定。

作为类罪,走私罪具有如下构成特征:

1. 本罪侵犯的客体是为我国刑法所保护而为走私行为所破坏的国家对外贸易管理秩序。国家的对外贸易管理,通常包括:对进出口货物、物品的准许、限制或禁止进出口管理;对非贸易物品进行限进、限出、限量、限值管理;对金融、外汇进行国家统一控制和管理;对允许进出口货物、物品进行征收关税的管理等。而走私行为就是破坏这些管理秩序,进而带来如下危害:侵犯国家经济主权和民族经济利益;危害人民身心健康,如走私毒品、淫秽物品等;减少国家的关税收入、外汇收入等。

2. 本罪客观方面表现为违反海关管理法律法规,非法进行走私,依法应受刑罚处罚的行为。所谓"走私",指逃避海关监管,非法携带、运输、邮寄国家禁止、限制进出口的货物、物品或者依法应当如实申报纳税而未如实申报纳税的普通货物、物品进出国(边)境,或者变相从事上述活动的行为。走私的方式,通常包括:

(1) 通关走私。即通过设立海关的地点,以藏匿、伪装、瞒报、伪报、贿赂或其他手段,逃避海关监管,运输、携带、邮寄国家禁止或限制进出口的物品或者依法应当缴纳关税的货物进出境的走私方式。

(2) 绕关走私。即从未设立海关的地点(包括陆上和海上),运输、携带国家禁止或限制进出口的物品进出境,或者运输、携带依法应当缴纳关税的货物进出境的走私方式。

(3) 后续走私。即我国《刑法》第154条特别规定为走私的两种行为:① 未经海关许可并且补缴应缴税款,擅自将批准进口的来料加工、来件装配、补偿贸易的原材料、零件、制成品、设备等保税货物,在境内销售牟利的;② 未经海关许可并补交应缴税款,擅自将特定减税、免税进口的货物,在境内销售牟利的。以上第一种行为走私的是保税货物。所谓"保税货物",根据《海关法》的规定,是指进境时经海关批准不缴纳关税,在境内储存、加工、装配后复运出境的货物。如果保税货物转入国内市场销售,就须海关批准并补缴应缴税额,否则就是走私。以上第二种行为走私的是特定减免税货物。这种货物,通常是为了某个特定用途而进口的,进口时经海关批准减免了税额。如果这种货物要在境内销售,就须海关批准并补缴应缴税额,否则就是走私。以上两种行为之所以认定为"走私",是因为依据《海关法》的规定,以上保税货物和特定减免税货物都在海关监管之列。它们之所以被称为“后续走私”，是因为保税货物和特定减免税货物在进境时不缴或减免缴纳税款并不违法，只是后来在境内销售逃避海关监管才成立走私。这两种走私行为，如果偷逃应缴税额较大或者一年内曾因走私被给予二次行政处罚后又走私的，按《刑法》第 154 条的规定，构成走私普通货物、物品罪。

（4）间接走私。也称“准走私”，即我国《刑法》第 155 条特别规定为走私的两种行为：① 直接向走私人非法收购国家禁止进口物品的，或者直接向走私人非法收购走私进口的其他货物、物品，数额较大的；② 在内海、领海、界河、界湖运输、收购、贩卖国家禁止进出口的物品的，或者收购、运输、贩卖国家限制进出口的货物、物品，数额较大，没有合法证明的。

以上两种情况，本不在《海关法》规定的海关监管之列。但因它们分别是与直接走私者进行的“第一手交易”和在边境可航水域进行的“非法贸易”，为走私入境的货物提供了销售和进入国内市场的渠道，为走私出口的货物提供了货源，是走私犯罪的重要环节。为了严厉打击走私犯罪，刑法特别把这些行为规定为以相应走私犯罪打击的走私行为。“间接走私”不是独立的罪名，根据《刑法》第 155 条的规定，需要根据以上间接走私的对象和有关条件，确定构成何种具体走私犯罪。

3. 犯罪主体是一般主体，包括自然人和单位，对单位实行两罚制。

4. 主观方面是故意，即明知其行为是逃避海关监管的行为而仍然实施。

作为破坏社会主义市场经济秩序罪的次类罪的走私罪，共有 10 种具体犯罪。这些犯罪，经历了 2002 年《刑法修正案（四）》、2009 年《刑法修正案（七）》和 2011 年《刑法修正案（八）》的修改而为如下罪名：走私武器、弹药罪（第 151 条第 1 款），走私核材料罪（第 151 条第 1 款），走私假币罪（第 151 条第 1 款），走私文物罪（第 151 条第 2 款），走私贵重金属罪（第 151 条第 2 款），走私珍贵动物、珍贵动物制品罪（第 151 条第 2 款），走私国家禁止进出口的货物、物品罪（第 151 条第 3 款，《刑法修正案（七）》修订，取消原“走私珍稀植物、珍稀植物制品罪”罪名），走私淫秽物品罪（第 152 条第 1 款），走私废物罪（第 152 条第 2 款，《刑法修正案（四）》修订，取消原“走私固体废物罪”罪名），走私普通货物、物品罪（第 153 条）。

《刑法》中的走私犯罪，除以上犯罪以外，在“妨害社会管理秩序罪”中还有 2 个走私犯罪，即走私、贩卖、运输、制造毒品罪（第 347 条）和走私制毒物品罪（第 350 条第 1 款）。虽然它们也是走私犯罪，但不在“破坏社会主义市场经济秩序罪”下的“走私罪”中。之所以如此，主要是走私毒品及其制毒物品的犯罪，妨害的是关于毒品的社会管理秩序，而不是社会主义市场经济秩序。

一、走私武器、弹药罪

走私武器、弹药罪，是指违反海关法规，逃避海关监管，运输、携带、邮寄武器、弹药进出国（边）境的行为。其构成特征如下：本罪的客体，是国家对外贸易管制中关于武器、弹药禁止进出口的监管秩序。本罪在客观方面表现为违反海关法规，逃避海关监管,运输、携带、邮寄武器、弹药进出国(边)境的行为。“违反海关法规”,指违反《海关法》及其他有关法律法规。“逃避海关监管”,指在未设海关的国(边)境上运输、携带货物、物品进出国(边)境,或者虽然经过海关,但以伪装、藏匿、谎报等方法,蒙骗海关检查人员,偷运、偷带、邮寄货物、物品过关的行为。本罪的主体是一般主体,自然人和单位均可构成本罪。本罪的主观方面是故意,过失不构成本罪。

根据《刑法》第 151 条第 1 款、第 4 款的规定,犯本罪的,处 7 年以上有期徒刑,并处罚金或者没收财产;情节特别严重的,处无期徒刑,并处没收财产;情节较轻的,处 3 年以上 7 年以下有期徒刑,并处罚金。单位犯本罪的,对单位判处罚金,并对其直接负责的主管人员和其他直接责任人员,依照上述规定处罚。

二、走私核材料罪

走私核材料罪,是指违反海关法规,逃避海关监管,运输、携带、邮寄核材料进出国(边)境的行为。根据我国加入的《核材料实物保护公约》的规定:“‘核材料’是指钚,但钚-238 同位素含量超过 80% 者除外;铀-233;同位素 235 或 233 浓缩的铀;非矿石或矿渣形式的含天然存在的同位素混合物的铀;任何含有上述一种或多种成分的材料。”

根据《刑法》第 151 条第 1 款、第 4 款的规定,犯本罪的,处 7 年以上有期徒刑,并处罚金或者没收财产;情节特别严重的,处无期徒刑,并处没收财产;情节较轻的,处 3 年以上 7 年以下有期徒刑,并处罚金。单位犯本罪的,对单位判处罚金,并对其直接负责的主管人员和其他直接责任人员,依照上述规定处罚。

三、走私假币罪

走私假币罪,是指违反海关法规,逃避海关监管,运输、携带、邮寄伪造的货币进出国(边)境的行为。“货币”是指可在国内市场流通或者兑换的人民币、境外货币。“伪造的货币”是指依照真货币的图案、形状、颜色、面额和质地制造的假货币,包括伪造的人民币、香港币、澳门币、台湾币以及外国的货币。

根据《刑法》第 151 条第 1 款、第 4 款的规定,犯本罪的,处 7 年以上有期徒刑,并处罚金或者没收财产;情节特别严重的,处无期徒刑,并处没收财产;情节较轻的,处 3 年以上 7 年以下有期徒刑,并处罚金。单位犯本罪的,对单位判处罚金,并对其直接负责的主管人员和其他直接责任人员,依照上述规定处罚。

走私伪造的货币,总面额 2000 元以上不足 2 万元或者币量 200 张(枚)以上不足 2000 张(枚),属于走私假币罪“情节较轻”。走私伪造的货币,具有下列情节之一的,处 7 年以上有期徒刑,并处罚金或者没收财产:(1) 走私伪造的货币,总面额 2 万元以上不足 20 万元或者币量 2000 张(枚)以上不足 2 万张(枚)的。(2) 走私伪造的货币并流入流通领域,面额达到《刑法》第 151 条第 3 款第 1 项规定的数量标准的。(3) 走私伪造的货币达到本条第 3 款规定的数量标准,并具有是犯罪集团的首要分子或者使用特种车进行走私等严重情节。货币面额以人民币计。走私伪造的境外货币的,其面额以案发时国家外汇管理机关公布的外汇牌价折合人民币计算。

【实例分析 4-4】

对上述内容,可从下例分析中深化认识:黄某、王某二人从境外走私入境假币 150 余万元。运载假币的渔船刚一到岸,即被海关缉私人员发现。黄某、王某手持铁棍、匕首将缉私人员打成重伤后携带假币逃走。对黄某、王某的行为应以哪些犯罪论处?

A. 走私假币罪; B. 运输假币罪; C. 故意伤害罪; D. 妨害公务罪。

分析如下:

(1) 依据《刑法》第 151 条第 1 款的规定,黄、王二人走私假币入境,而非在境内运输,构成走私假币罪,而不构成运输假币罪(运输假币指在境内运输);

(2) 后文将分析暴力抗拒缉私的刑法规定,如果黄、王二人构成妨害公务罪,应根据《刑法》第 157 条第 2 款,以走私犯罪和妨害公务罪并罚。但是黄、王二人妨害公务时将缉私人员打成重伤。妨害公务时致人重伤,是想象竞合犯,以妨害公务罪和故意伤害罪(重伤)择一重罪处断,认定为故意伤害罪(重伤),不再构成妨害公务罪(如为轻伤,竞合的结果是妨害公务罪)。故应以走私假币罪和故意伤害罪两罪并罚。

综上,上述问题的合适选项是 AC。

四、走私文物罪

走私文物罪,是指违反海关法规,逃避海关监管,运输、携带、邮寄禁止出口的文物出国(边)境,或者在境内私自出售或赠送禁止出口的文物给外国人的行为。本罪的对象是国家禁止出口的文物。《文物保护法》第 60 条规定:"国有文物、非国有文物中的珍贵文物和国家规定禁止出境的其他文物,不得出境;但是依照本法规定出境展览或者因特殊需要经国务院批准出境的除外。"本罪的行为方式只限于出口,不包括进口,因为进口文物对我国不具有社会危害性。

根据《刑法》第 151 条第 2 款、第 4 款的规定,犯本罪的,处 5 年以上 10 年以下有期徒刑,并处罚金;情节特别严重的,处 10 年以上有期徒刑或者无期徒刑,并处没收财产;情节较轻的,处 5 年以下有期徒刑,并处罚金。单位犯本罪的,对单位判处罚金,并对其直接负责的主管人员和其他直接责任人员,依照上述规定处罚。

五、走私贵重金属罪

走私贵重金属罪,是指违反海关法规,逃避海关监管,运输、携带、邮寄黄金、白银或其他贵重金属出国(边)境的行为。本罪的对象是贵重金属,包括黄金、白银以及与金、银同等重要的铱、铂、钯、铑、钛等国家禁止出口的各种贵重金属及其制品。本罪的行为方式仅限于出口,不包括进口,因为进口贵重金属对我国不具有社会危害性。

根据《刑法》第 151 条第 2 款、第 4 款的规定,犯本罪的,处 5 年以上 10 年以下有期徒刑,并处罚金;情节特别严重的,处10年以上有期徒刑或者无期徒刑,并处没收财产;情节较轻的,处5年以下有期徒刑,并处罚金。单位犯本罪的,对单位判处罚金,并对其直接负责的主管人员和其他直接责任人员,依照上述规定处罚。

六、走私珍贵动物、珍贵动物制品罪

走私珍贵动物、珍贵动物制品罪,是指违反海关法规,逃避海关监管,运输、携带、邮寄珍贵动物及其制品进出国(边)境的行为。"珍贵动物",指列入《国家重点保护野生动物名录》中的国家一、二级保护野生动物和列入《濒危野生动植物种国际贸易公约》附录一、附录二中的野生动物以及驯养繁殖的上述物种。如大熊猫、金丝猴、白唇鹿、丹顶鹤等均属之。1988年12月10日国务院公布施行的《国家重点保护野生动物名录》,规定有389种珍贵、濒危的野生动物。"珍贵动物制品",指珍贵动物的皮、肉、毛、骨等制成品。

根据《刑法》第151条第2款、第4款的规定,犯本罪的,处5年以上10年以下有期徒刑,并处罚金;情节特别严重的,处10年以上有期徒刑或者无期徒刑,并处没收财产;情节较轻的,处5年以下有期徒刑,并处罚金。单位犯本罪的,对单位判处罚金,并对其直接负责的主管人员和其他直接责任人员,依照上述规定处罚。

七、走私国家禁止进出口的货物、物品罪

走私国家禁止进出口的货物、物品罪,是指违反海关法及相关法律、法规,逃避海关监管,非法运输、携带、邮寄珍稀植物及其制品等国家禁止进出口的其他货物、物品进出国(边)境的行为。本罪的对象是珍稀植物及其制品等国家禁止进出口的其他货物、物品。"珍稀植物",指国家重点保护的原生的天然生长的珍贵植物和原生的天然生长的并具有重要经济、科学研究、文化价值的濒危、稀有植物。1984年国务院环境保护委员会公布的《珍稀濒危保护植物名录》规定:国家一级保护植物8种,如金红茶、水杉等,二级保护植物143种,如云南梧桐、野茶树等;三级保护植物203种,如水曲柳、油杉等。"珍稀植物制品",指利用珍稀植物加工制作的标本、药材及其他制成品。"其他禁止进出口的货物、物品",是指除《刑法》第151条第1款和第2款、第152条、第346条所规定的货物、物品以及珍稀植物及其制品以外的国家禁止进出口的货物、物品。目前,我国已经颁布了《禁止进出境物品表》《限制进出境物品表》《禁止进口货物目录》《禁止出口货物目录》等详细目录。

这里需要指出的是:第一,禁止进出口货物、物品不以上述目录为限,我国其他法律法规也零散地规定了一些禁止进出口货物、物品,如《知识产权海关保护条例》第3条规定:"禁止侵犯知识产权的货物进出口"。此外,来自疫区的动物和动物产品、旧汽车等也是国家明令禁止进出口的货物、物品。第二,限制和禁止货物、物品的目录并不是一成不变的,国家每年都会根据政治经济发展的需要对上述目录进行调整。第三,在特殊情况下,只要持有权机关颁发的有效的特殊许可证件,如濒危物种进出口允

许证、麻醉药品进出口准许证等仍然可以进出口禁止类货物、物品。

根据《刑法》第151条第3款、第4款的规定,犯本罪的,处5年以下有期徒刑或者拘役,并处或者单处罚金;情节严重的,处5年以上有期徒刑,并处罚金。单位犯本罪的,对单位判处罚金,并对其直接负责的主管人员和其他直接责任人员,依照上述规定处罚。

八、走私淫秽物品罪

走私淫秽物品罪,是指以牟利或者传播为目的,违反海关法规定,逃避海关监管,运输、携带、邮寄淫秽的影片、录像带、录音带、图片、书刊或其他淫秽物品进出国(边)境的行为。

本罪的犯罪对象仅限于"淫秽物品",指具体描写性行为或露骨宣扬色情淫荡形象的录像带、录音带、电影、电视片、幻灯片、照片、图画、书籍、报刊、抄本,印有这类图照的玩具、用品以及淫药、淫具。有关人体生理、医学知识的科学著作不是淫秽物品。包含有色情内容的有艺术价值的文学、艺术作品不视为淫秽物品。本罪的主观方面必须是出于故意,并且以牟利或者传播为目的。"以牟利为目的",指走私淫秽物品是为了出卖、出租或用其他方式牟取非法利润。"以传播为目的",指走私淫秽物品是为了在社会传播、扩散。走私少量淫秽物品为了自用,或者携带淫秽物品并不知情,均不构成本罪。

根据《刑法》第152条第1款、第3款的规定,犯本罪的,处3年以上10年以下有期徒刑,并处罚金;情节严重的,处10年以上有期徒刑或者无期徒刑,并处罚金或者没收财产;情节较轻的,处3年以下有期徒刑、拘役或者管制,并处罚金。单位犯本罪的,对单位判处罚金,并对其直接负责的主管人员和其他直接责任人员,依照上述规定处罚。

九、走私废物罪

走私废物罪,是指违反海关法规,逃避海关监管,将境外固体废物、液态废物和气态废物运输进境,情节严重的行为。以原料利用为名,进口不能用作原料的固体废物、液态废物的,依本罪定罪处罚。

根据《刑法》第152条第2款、第3款的规定,犯本罪的,处5年以下有期徒刑,并处或者单处罚金;情节特别严重的,处5年以上有期徒刑,并处罚金。单位犯本罪的,对单位判处罚金,并对其直接负责的主管人员和其他直接责任人员,依照上述规定处罚。

十、走私普通货物、物品罪

(一)走私普通货物、物品罪的概念与特征

走私普通货物、物品罪,是指违反海关法规,逃避海关监管,运输、携带、邮寄普通

货物、物品进出国(边)境,偷逃应缴税额较大或者一年内曾因走私被给予两次行政处罚后又走私的行为。

本罪的构成特征如下:

1. 本罪的客体是国家对外贸易管制中关于普通货物、物品进出口的监管制度和征收关税制度。我国《海关法》规定,进出口货物,“应当接受海关监管”,进出境物品,“应当以自用、合理数量为限,并接受海关监管”;“准许进出口的货物、进出境的物品,除本法另有规定外,由海关依照进出口税则征收关税”。所以,本罪直接侵犯了国家对普通货物、物品的监管和征收关税制度。本罪的对象是普通货物、物品。“普通货物、物品”是指除武器、弹药、核材料、伪造的货币、文物、黄金、白银和其他贵重金属、珍贵动物及其制品、珍稀植物及其制品等国家禁止进出口的其他货物、物品、淫秽物品、废物、毒品以及国家禁止进出口的其他货物、物品以外的货物、物品。

2. 本罪的客观方面表现为违反海关法规,逃避海关监管,运输、携带、邮寄普通货物、物品进出国(边)境,偷逃应缴税额较大或者一年内曾因走私被给予两次行政处罚后又走私的行为。“违反海关法规”,是指违反我国《海关法》《进出口关税管理条例》及其他有关的法律法规。“逃避海关监管”,是指采用藏匿、隐瞒、伪报等方式蒙混过关,或者从不设关的国(边)境上进出绕关,躲避海关监督、管理和检查。“应缴税额”,“是指进出口货物、物品应当缴纳的进出口关税和进口环节海关代征税的税额。”“偷逃应缴税额较大”,参照刑法典在《刑法修正案(八)》出台以前的规定,是指走私货物、物品偷逃应缴税额在 5 万元以上不满 15 万元。“一年内曾因走私被给予两次行政处罚后又走私”也构成本罪。同时《刑法》第 154 条规定:未经海关许可且未补缴应缴税额,擅自将批准进口的来料加工、来件装配、补偿贸易的原材料、零件、制成品、设备等保税货物,在境内销售牟利的;未经海关许可并且未补缴应缴税额,擅自将特定减税、免税进口的货物、物品在境内销售牟利,构成犯罪的,依本罪定罪处罚。“来料加工、来件装配”是指从国外进口一定的原材料、零部件或同时由外商提供一定的设备技术,我国境内的企业按照外商的要求进行加工或装配,其制成品复运出境后交外商销售,中方只收取一定的加工费或装配费的合作形式。“补偿贸易”,是指由外商提供技术、设备和材料供中方进行生产,中方暂不付现款而用所生产的产品偿付外商的贸易方式。“保税货物”,是指经海关批准未办理纳税手续进境,在境内储存、加工、装配后复运出境的货物。“特定减税、免税进口的货物、物品”,是指国家法律规定可以减征或免征关税的经济特区等特定地区进出口的货物,中外合资经营企业、中外合作经营企业、外资企业等特定企业进出口的货物,有特定用途的进出口货物以及用于公益事业的捐赠物资。“销售牟利”,是指行为人主观上为了牟取非法利益而擅自销售海关监管的保税货物、特定减免税货物。上述货物、物品,由于未办理纳税手续或减征、免征关税,只能加工、装配生产后复运出境,或只能用于特定企业、特定用途;如果擅自在国内销售牟利,偷逃应缴税额在 5 万元以上的,应依本罪定罪处罚。

3. 本罪的主体是一般主体,自然人和单位都可以构成本罪。

4. 本罪的主观方面只能是故意，过失不构成本罪。在实践中，行为人一般具有牟取非法利润或其他非法利益的目的，但刑法并未规定以牟利为目的是本罪的构成要件，因而在认定本罪时，不要求行为人必须以牟利为目的。

（二）走私普通货物、物品罪的认定

1. 罪与非罪的界限。本罪的罪与非罪的界限，主要可从如下三个方面来把握：第一，偷逃应缴税额的数量。偷逃应缴税额较大即在5万元以上的，构成本罪。否则，偷逃应缴税额不是较大即不足5万元的，不构成本罪，而是一般违法行为。第二，是否一年内曾因走私被给予两次行政处罚后又走私。偷逃应缴税额不是较大，但一年内因走私被给予两次行政处罚后又走私，构成本罪。否则，例如一年内因走私被给予一次行政处罚后又走私，则不构成本罪。第三，行为人主观上是否出于故意。故意将普通货物、物品运输、携带、邮寄进出国（边）境，偷逃应缴税额较大的，构成本罪；否则，过失实施上述行为的，则不构成本罪。

2. 本罪与其他特定的走私罪之间的法条竞合。《刑法》第153条是关于走私罪的普通法条，此外，《刑法》还规定了一些特殊的走私犯罪，如走私武器、弹药罪，走私核材料罪，走私假币罪，走私文物罪，走私贵重金属罪，走私珍贵动物、珍贵动物制品罪等犯罪。行为人实施了走私特定物品的行为触犯特别法条时，也同时触犯了第153条的普通法条，在这种情况下，应按照特别法条优于普通法条的原则认定犯罪。

【实例分析4-5】

对上述内容，可从下面的分析中深化认识：下列哪些行为（不考虑数量），应以走私普通货物、物品罪论处？

A. 将白银从境外走私进入中国境内；

B. 走私国家禁止进出口的旧机动车；

C. 走私淫秽物品，有传播目的但无牟利目的；

D. 走私无法组装并使用（不属于废物）的弹头、弹壳。

分析如下：

（1）关于A项。走私贵重金属罪，是“单向走私”，限于将黄金、白银或者其他贵重金属从境内走私至境外的行为。如果将贵重金属从境外走私至境内的，则成立走私普通货物、物品罪。因此，A项正确，当选。

（2）关于B项。根据2014年8月11日最高人民法院、最高人民检察院《关于办理走私刑事案件适用法律若干问题的解释》第11条第1款第6项，走私旧机动车、切割车、旧机电产品或者其他禁止进出口的货物、物品20吨以上不满100吨，或者数额在20万元以上不满100万元的，应认定为走私国家禁止进出口的货物、物品罪。因此，B项错误，不当选。

（3）关于C项。走私淫秽物品罪，是指违反海关法规，以牟利或者传播为目的，走私淫秽的影片、录像带、录音带、图片、书刊或者其他淫秽物品的行为。该罪的责任要素除故意外,还要求以牟利或者传播为目的。请注意:只要具有牟利或者传播两个目的之一,即可成立该罪。因此,C 项成立走私淫秽物品罪,不当选。

(4) 关于 D 项。根据最高人民法院、最高人民检察院《关于办理走私刑事案件适用法律若干问题的解释》第 4 条第 2 款,走私报废或者无法组装并使用的各种弹药的弹头、弹壳,构成犯罪的,依照《刑法》第 153 条的规定,以走私普通货物、物品罪定罪处罚。因此,D 项正确,当选。

综上,上述问题的合适选项是 AD。

(三) 走私普通货物、物品罪的刑事责任

根据《刑法》第 153 条的规定,犯本罪的,分别依照下列规定处罚:

走私货物、物品偷逃应缴税额较大或者一年内曾因走私被给予两次行政处罚后又走私的,处 3 年以下有期徒刑或者拘役,并处偷逃应缴税额 1 倍以上 5 倍以下罚金。

走私货物、物品偷逃应缴税额巨大或者有其他严重情节的,处 3 年以上 10 年以下有期徒刑,并处偷逃应缴税额 1 倍以上 5 倍以下罚金。

走私货物、物品偷逃应缴税额特别巨大或者有其他特别严重情节的,处 10 年以上有期徒刑或者无期徒刑,并处偷逃应缴税额 1 倍以上 5 倍以下罚金或者没收财产。

单位犯本罪的,对单位判处罚金,并对其直接负责的主管人员和其他直接责任人员,处 3 年以下有期徒刑或者拘役;情节严重的,处 3 年以上 10 年以下有期徒刑;情节特别严重的,处 10 年以上有期徒刑。

对多次走私未经处理的,按照累计走私货物、物品的偷逃应缴税额处罚。"未经处理",是指未经行政处罚处理。

十一、关于走私罪应注意的特别问题

(一) 间接走私

间接走私,或称准走私,是指《刑法》第 155 条第 1 项和第 2 项规定的两种行为,即:(1) 直接向走私人非法收购国家禁止进口物品的,或者直接向走私人非法收购走私进口的其他货物、物品,数额较大的;(2) 在内海、领海运输、收购、贩卖国家禁止进出口物品的,或者运输、收购、贩卖国家限制进出口货物、物品,数额较大,没有合法证明的。间接走私不是独立的罪名,需要根据走私的对象和有关条件,确定构成何种走私罪。

对第 1 项行为,以走私罪论处必须符合以下条件:(1) 明知是走私行为人而在境内向其非法收购国家禁止进口物品或者走私进口的其他货物、物品,即通常所说的"第二手交易"。否则,不是直接向走私分子收购走私货物、物品的,不能以走私罪论处。(2) 直接向走私人非法收购走私进口的其他货物、物品,必须数额较大,才构成犯罪;"数额较大",指偷逃应缴税额在 5 万元以上。走私的货物、物品是武器、弹药、核材料、伪造的货币、珍贵动物及其制品、珍稀植物及其制品、淫秽物品的,则没有数额的限制。此项行为构成走私罪的，应根据具体情况分别定为：走私武器、弹药罪，走私核材料罪，走私假币罪，走私珍贵动物、珍贵动物制品罪，走私国家禁止进出口的货物、物品罪，走私淫秽物品罪，走私废物罪或走私普通货物、物品罪。

对第2项行为，以走私罪论处必须符合以下条件：(1) 在内海、领海运输、收购、贩卖国家禁止进出口物品或者国家限制进出口的货物、物品。“内海”，包括内河的入海口水域。“国家限制进出口的货物、物品”，指国家对进口或者出口实行配额或者许可证管理的货物、物品。不是在内海、领海而是在内地运输、收购、贩卖上述货物、物品的，不能以走私罪论处。(2) 在内海、领海运输、收购、贩卖国家限制进出口货物、物品，数额较大，没有合法证明。“合法证明”，指有关主管部门颁发的进出口货物、物品许可证、准运证等用以证明货物、物品来源、用途合法的证明文件。走私限制进出口的货物、物品，只有数额较大，又没有合法证明的，才以走私罪论处。走私国家禁止进出口的物品，构成犯罪，则没有上述限制。直接向走私人非法收购走私进口的国家禁止进口货物、物品，数额较大的，或者在内海、领海运输、收购、贩卖国家限制进出口的货物、物品，数额较大，没有合法证明的，应当适用《刑法》第153条的规定定罪处罚。

(二) 武装掩护走私

根据《刑法》第157条第1款的规定和《刑法修正案(八)》的修改：“武装掩护走私的，依照本法第一百五十一条第1款的规定从重处罚。”这是对走私行为中的严重情形所作出的从重处罚规定，而不是独立罪名。也就是，武装掩护走私的，以所掩护的相应走私犯罪定罪，并根据其量刑情节，依照《刑法》第151条第1款规定的量刑幅度，在相应的量刑幅度内从重处罚。《刑法》第151条第1款规定的量刑幅度，包括三种情况：情节较轻的，处3年以上7年以下有期徒刑，并处罚金；情节一般的，处7年以上有期徒刑，并处罚金或者没收财产；情节特别严重的，处无期徒刑或者死刑，并处没收财产。

在这里，“武装掩护走私”，是指行为人携带武器用以保护走私活动的行为。在实践中，有的走私分子在遇到缉私检查时，公然持武器进行抵抗，给缉私带来极大困难，因而立法对武装掩护走私行为进行从重打击。只要走私分子携带武器武装掩护走私，无论武器使用与否，不影响本罪从重处罚情节的成立。

基于“只要‘武装掩护走私的’，就要‘依照本法第151条第1款的规定从重处罚’”的立法规定，导致对武装掩护的走私数额犯(走私普通货物、物品罪)和情节犯(走私废物罪)转化为行为犯，即不要求偷逃税款数额较大和不要求走私废物情节严重，就可构成相应走私犯罪，并依《刑法》第151条第1款规定的量刑幅度，从重处罚。

(三) 抗拒缉私

《刑法》第157条第2款规定：“以暴力、威胁方法抗拒缉私的，以走私罪和本法第二百七十七条规定的阻碍国家机关工作人员依法执行职务罪，依照数罪并罚的规定处罚。”这是对抗拒缉私的定罪处罚所作的规定。对于“以暴力、威胁方法抗拒缉私的”行为，本是牵连犯，但立法在这里特别规定为数罪并罚。这里的“走私罪”，是指抗拒缉私的各相应走私犯罪；如果走私行为不构成犯罪，则无法适用数罪并罚，而仅以《刑法》第277条规定的"阻碍国家机关工作人员依法执行职务罪"定罪处罚。这里的《刑法》第277条规定的"阻碍国家机关工作人员依法执行职务罪"，即妨害公务罪。另外，对于抗拒缉私的"暴力、威胁方法"，若是以"武装掩护"方式实施，则还要对构成的相应走私犯罪从重处罚。"暴力"，是使用有形力作用于对方肢体的方法，如殴打、捆绑等；"威胁"，是使用无形力作用于对方精神或心理以形成压力或恐惧的方法，如声称使用暴力报复对方家人等。

（四）走私罪共犯

《刑法》第156条规定："与走私罪犯通谋，为其提供贷款、资金、账号、发票、证明，或者为其提供运输、保管、邮寄或者其他方便的，以走私罪的共犯论处。"这是一个注意性规定，意味着，凡与走私罪犯通谋，为其提供贷款、资金、账号、发票、证明，或者为其提供运输、保管、邮寄或者其他方便的，均以相应走私犯罪的共同犯罪进行定罪处罚。在这里，"与走私罪犯通谋"，是指在走私犯罪实行以前或实行过程中的与走私罪犯的通谋，包括制订走私计划、进行走私分工等等；"提供贷款、资金"，是指金融机构或其他单位的工作人员，为走私分子提供贷款、资金从事走私活动；"提供账号"，是指将本人或单位在金融机构中设立的账户供走私分子在走私中使用；"提供发票"，是指为走私分子提供可作为记账、纳税、报销等凭证的发票在走私中使用；"提供证明"，是指为走私分子提供运输、收购、销售走私的货物、物品所需要的有关证明；"提供运输方便"，是指为走私分子运输走私货物、物品提供各种运输工具；"提供保管方便"，是指为走私分子存放货物、物品提供存放仓库、场所或代为储存、保管等；"提供邮寄便利"，是指海关、邮电工作人员明知是走私货物、物品而仍为走私分子办理邮寄的行为；"提供其他便利"，是指除上述所列情形以外的其他各种帮助，如为走私分子传递重要信息等。

第四节　妨害对公司、企业的管理秩序罪

一、虚报注册资本罪

虚报注册资本罪，是指申请公司登记使用虚假证明文件或者采取其他欺诈手段虚报注册资本；欺骗公司登记主管部门，取得公司登记，虚报注册资本数额巨大、后果严重或者有其他严重情节的行为。

本罪侵犯的客体是国家的公司登记管理秩序。本罪的客观方面表现为在申请公司登记时使用虚假证明文件或者采取其他欺诈手段虚报注册资本，欺骗公司登记主管部门，取得公司登记，虚报注册资本数额巨大、后果严重或者有其他严重情节的行为。

本罪的客观方面包括以下几个要素：(1) 行为人虚报了注册资本。即行为人在不具有法定注册资本最低限额的情况下作出具有法定注册资本最低限额的申报，或者虽

达到法定注册资本最低限额,却作出高于实缴资本的申报。(2) 行为人在申请公司登记时使用了虚假证明文件或者使用了其他欺诈手段。所谓“使用虚假证明文件”,是指使用不真实的验资、验证、评估报告书等证明文件。所谓“其他欺骗手段”,是指采用虚假证明文件以外的欺骗手段,使用无权支配的他人所有的资金或者产权证明进行申报。(3) 行为人欺骗的对象是公司登记主管部门即工商行政管理机关,并取得了公司登记。(4) 虚报注册资本的行为必须具备数额巨大、后果严重、其他严重情节三种情形之一。关于其具体标准,最高人民检察院、公安部 2010 年 5 月 7 日印发的《关于公安机关管辖的刑事案件立案追诉标准的规定(二)》第 3 条有明确规定。

本罪的主体包括任何已满 16 周岁,具有刑事责任能力的自然人和单位。本罪的主观方面是故意,其目的是骗取公司登记和营业执照。

根据《刑法》第 158 条的规定,犯本罪的,处 3 年以下有期徒刑或者拘役,并处或者单处虚报注册资本金额 1% 以上 5% 以下罚金。单位犯本罪的,对单位判处罚金,并对其直接负责的主管人员和其他直接责任人员,处 3 年以下有期徒刑或者拘役。

二、虚假出资、抽逃出资罪

虚假出资、抽逃出资罪,是指公司发起人、股东违反公司法的规定,未交付货币、实物或者未转移财产权,虚假出资,或者在公司成立后又抽逃其出资,数额巨大、后果严重或者有其他严重情节的行为。

本罪侵犯的客体是国家有关设立公司的出资管理秩序。本罪在客观方面表现为公司发起人、股东违反公司法的规定,虚假出资、抽逃出资,数额巨大、后果严重或者有其他严重情节的行为。

本罪的客观方面包括以下几个要素:(1) 违反公司法的规定。(2) 行为人实施了虚假出资或者抽逃出资的行为。所谓“虚假出资”,是指公司发起人、股东违反公司法规定,未交付应当认缴的出资额或者未办理出资额中的财产权转移手续。所谓“抽逃出资”,是指公司发起人、股东在公司成立时缴纳了所应认缴的出资,但在公司成立后又撤出其出资,使公司成立时的原有注册资本减少。(3) 虚假出资或者抽逃出资必须具备数额巨大、后果严重、其他严重情节三种情形之一。关于“数额巨大、后果严重、其他严重情节”的标准,最高人民检察院、公安部 2010 年 5 月 7 日印发的《关于公安机关管辖的刑事案件立案追诉标准的规定(二)》第 4 条有明确规定。本罪的主体为公司发起人、股东。“公司发起人”是指依法创立公司的个人或者单位。“股东”是指公司的出资人(含个人和单位)。

本罪的主观方面是故意。

根据《刑法》第 159 条的规定,犯本罪的,处 5 年以下有期徒刑或者拘役,并处或者单处虚假出资金额或者抽逃出资金额 2% 以上 10% 以下罚金。单位犯本罪的,对单位判处罚金,并对其直接负责的主管人员和其他直接责任人员,处 5 年以下有期徒刑或者拘役。

【实例分析 4-6】

对上述内容,可从下例分析中深化认识:甲、乙二人出资 10 万元,同时通过购买并使用伪造的商业零售发票,虚填商品实物价值人民币 50 万元,骗取审计事务所出具验资报告,欺骗公司登记主管部门,以 60 万元注册资本取得“XX 贸易有限公司”营业执照。后甲、乙又合谋将上述 10 万元资本金转移用于注册另一公司。甲、乙二人的行为构成下列哪项罪名?

A. 虚报注册资本罪;

B. 虚假出资罪;

C. 虚报注册资本罪与抽逃出资罪;

D. 虚假出资罪与抽逃出资罪。

分析如下:

虚报注册资本罪属于公司发起人、股东的整体行为,是公司的申请人整体针对公司登记主管部门实施的欺骗行为;虚假出资罪属于公司发起人、股东的个体行为,是发起人、股东个人在认缴出资时针对公司及其他发起人、股东实施的欺骗行为。(1)在上述案例中,甲、乙两个申请人在申请公司登记时,对于虚假出资、虚报注册资本均知情,系申请人整体行为,应以虚报注册资本罪定罪。(2) 公司成立后又抽逃其出资的,认定为抽逃出资罪。(3) 根据 2013 年发布的最新立法解释,虚报注册资本罪与虚假出资、抽逃出资罪的规定,只适用于依法实行注册资本实缴登记制的公司。对于实行注册资本认缴登记制的公司,不构成该二罪。

综上,上述问题的合适选项是 C。

三、欺诈发行股票、债券罪

欺诈发行股票、债券罪,是指在招股说明书、认股书、公司、企业债券募集办法中隐瞒重要事实或者编造重大虚假内容,发行股票或者公司、企业债券,数额巨大、后果严重或者有其他严重情节的行为。

本罪侵犯的客体是国家有关公司、企业发行股票、债券的管理秩序。本罪的客观方面表现为在招股说明书、认股书以及公司、企业债券募集办法等重要文件中隐瞒重要事实或者编造重大虚假内容,发行股票或者公司、企业债券,数额巨大、后果严重或者有其他严重情节。

本罪的客观方面包括以下几个要素:(1) 发行股票或者公司、企业债券时,在招股说明书、认股书以及公司、企业债券募集办法等重要文件中隐瞒重要事实或者编造重大虚假内容。所谓“重要事实”,是指能够影响一般投资者作出投资或不投资,大量投资或少量投资决策的,真实反映投资对象的信息。所谓“重大虚假内容”,是指行为人编造的有关上述“重要事实”的信息。(2) 行为具有数额巨大、后果严重、其他严重情节三者之一。关于“数额巨大、后果严重、其他严重情节”的标准,最高人民检察院、公安部 2010 年 5 月 7 日印发的《关于公安机关管辖的刑事案件立案追诉标准的规定

(二)》第5条有明确规定。

本罪的主体包括任何已满16周岁,具有刑事责任能力的自然人和单位。本罪的主观方面是故意。

根据《刑法》第160条的规定,犯本罪的,处5年以下有期徒刑或者拘役,并处或者单处非法募集资金金额1%以上5%以下罚金。单位犯本罪的,对单位判处罚金,并对其直接负责的主管人员和其他直接责任人员,处5年以下有期徒刑或者拘役。

四、违规披露、不披露重要信息罪

违规披露、不披露重要信息罪,是指依法负有信息披露义务的公司、企业向股东和社会公众提供虚假的或者隐瞒重要事实的财务会计报告,或者对依法应当披露的其他重要信息不按规定披露,严重损害股东和社会公众利益的行为。

本罪侵犯的客体是国家关于公司、企业的财会报告及其他重要信息的管理秩序。本罪在客观方面表现为向股东和社会公众提供虚假的或隐瞒重要事实的财务会计报告,或者对依法应当披露的其他重要信息不按照规定披露,严重损害股东或者其他人利益,或者有其他严重情节的行为。

本罪的客观方面包括以下几个要素:(1) 行为人向股东和社会公众提供虚假的或者隐瞒重要事实的财务会计报告,或者对依法应当披露的其他重要信息不按照规定披露。所谓"重要事实的财务会计报告",是指公司负债或经营亏损等情况的财务会计报告。所谓"其他重要信息",是指财务会计报告以外的与公司、企业生产、经营有着重要关系的信息。(2) 行为必须严重损害了股东或者其他人利益,或者具有其他严重情节。关于严重损害了股东或者其他人利益和其他严重情节的标准,最高人民检察院、公安部2010年5月7日印发的《关于公安机关管辖的刑事案件立案追诉标准的规定(二)》第6条有明确规定。

本罪的主体是依法负有信息披露义务的公司、企业。本罪的主观方面表现为故意。

根据《刑法》第161条的规定,犯本罪的,对公司、企业直接负责的主管人员和其他直接责任人员,处3年以下有期徒刑或者拘役,并处或者单处2万元以上20万元以下罚金。

五、妨害清算罪

妨害清算罪,是指公司、企业在进行清算时隐匿财产,对资产负债表或者财产清单作虚伪记载或者在未清偿债务前分配公司、企业财产,严重损害债权人或者其他人利益的行为。

本罪侵犯的客体是国家对公司破产清算的管理秩序。本罪在客观方面表现为在公司、企业清算时,隐匿财产,对资产负债表或财产清单作虚伪记载或者于清偿债务前分配财产,严重损害债权人或者其他人利益的行为。

本罪的客观方面包括如下几个要素:(1) 公司、企业在进行清算时,隐匿财产,对资产负债表或者财产清单作虚伪记载或者在未清偿债务前分配公司、企业的财产。(2) 行为严重损害债权人或者其他人利益。关于其具体标准,最高人民检察院、公安部2010年5月7日印发的《关于公安机关管辖的刑事案件立案追诉标准的规定(二)》第7条有明确规定。

本罪的主体是公司、企业。本罪可以由任何公司、企业构成,但是刑事责任只能由犯罪单位的直接负责的主管人员和其他直接责任人员承担,不处罚犯罪单位,即对单位犯罪实行单罚制。本罪的主观方面为故意。

根据《刑法》第162条的规定,犯本罪的,对公司、企业的直接负责的主管人员和其他直接责任人员,处5年以下有期徒刑或者拘役,单处或者并处2万元以上20万元以下罚金。

六、隐匿、故意销毁会计凭证、会计账簿、财务会计报告罪

隐匿、故意销毁会计凭证、会计账簿、财务会计报告罪,是指隐匿或者故意销毁依法应当保存的会计凭证、会计账簿、财务会计报告,情节严重的行为。

本罪侵犯的客体是国家的会计管理秩序。本罪的客观方面表现为隐匿或者销毁依法应当保存的会计凭证、会计账簿、财务会计报告,情节严重的行为。

本罪的客观方面包括以下要素:(1) 行为人实行了隐匿或者销毁依法应当保存的会计凭证、会计账簿、财务会计报告的行为。行为人只要实施了隐匿、销毁行为中的一种行为,就具备本罪的行为要素。(2) 行为的情节严重。关于其具体标准,最高人民检察院、公安部2010年5月7日印发的《关于公安机关管辖的刑事案件立案追诉标准的规定(二)》第8条有明确规定。

本罪的主体包括任何已满16周岁,具有刑事责任能力的自然人和单位。本罪的主观方面为故意。

根据《刑法》第162条之一的规定,犯本罪的,处5年以下有期徒刑或者拘役,并处或者单处2万元以上20万元以下罚金;单位犯本罪的,对单位判处罚金,并对其直接负责的主管人员和其他直接责任人员依照上述规定处罚。

七、虚假破产罪

虚假破产罪,是指公司、企业通过隐匿财产、承担虚构的债务或者以其他方法转移、处分财产,实施虚假破产,严重损害债权人或者其他人利益的行为。

本罪的客体为国家对于企业破产的管理秩序和股东、债权人的合法权益。本罪在客观方面表现为公司、企业通过隐匿财产、承担虚构的债务或者以其他方法转移、处分财产,实施虚假破产,严重损害债权人或者其他人利益的行为。

本罪的客观方面具体包括两个构成要素:一是公司、企业通过隐匿财产、承担虚构的债务或者以其他方法转移、处分财产,实施虚假破产;二是行为人实施的虚假破产行

为严重损害债权人或者其他人利益。

本罪的主体只能是公司、企业。本罪在主观上是出自故意。关于其具体标准，最高人民检察院、公安部2010年5月7日印发的《关于公安机关管辖的刑事案件立案追诉标准的规定(二)》第9条有明确规定。

根据《刑法》第162条之二的规定，犯本罪的，对其直接负责的主管人员和其他直接责任人员，处5年以下有期徒刑或者拘役，并处或者单处2万元以上20万元以下罚金。

八、非国家工作人员受贿罪

(一) 非国家工作人员受贿罪的概念与特征

非国家工作人员受贿罪，是指公司、企业或者其他单位的工作人员利用职务上的便利，索取他人财物或者非法收受他人财物，为他人谋取利益，或者在经济往来中，利用职务上的便利，违反国家规定，收受各种名义的回扣、手续费归个人所有，数额较大的行为。

本罪的构成特征如下：

1. 本罪侵犯的客体是公司、企业或者其他单位的正常管理秩序和公司、企业或者其他单位工作人员职务的廉洁性。本罪的对象是财物，既包括金钱和实物，也包括可以用金钱计算数额的财产性利益，如提供房屋装修、含有金额的会员卡、代币卡(券)、旅游费用等。

2. 本罪的客观方面表现为行为人利用职务上的便利，索取他人财物或者非法收受他人财物，为他人谋取利益，数额较大的行为。构成本罪，必须在客观上具备以下要素：

第一，行为人实施了索取或者非法收受他人财物，为他人谋取利益的行为。把握本罪这一客观要素，需要注意，不管是成立索取型受贿罪还是非法收受型受贿罪，均要求具备"为他人谋取利益"的行为。"索取"，是指行为人以公开或暗示的形式，主动向他人索要财物。"非法收受"，是指行为人违反法律法规被动接受他人主动送予的财物。"为他人谋取利益"是指行为人利用本人职务上的便利，主动或应他人要求为他人谋取某种利益。构成本罪并不要求行为人实际上已完成或实现了为他人谋利的行为，只要其有承诺、实行、完成为他人谋利的任何情形之一即可。而且，此处的"利益"，既包括合法的、正当的利益，也包括非法的、不正当的利益；既包括物质利益，也包括非物质利益。

第二，行为人的上述行为系利用职务便利实施。利用职务便利，是指公司、企业或其他单位的工作人员利用自己在本单位负责、主管或参与某项工作的职权范围内的条件。若行为人仅是利用自己与单位有关人员熟悉等工作便利，为他人谋取利益，而索取或收受他人财物的，不构成本罪。

第三，行为人索取或者非法收受他人财物的数额较大。根据最高人民法院1995

年12月25日《关于办理违反公司法受贿、侵占、挪用等刑事案件适用法律若干问题的解释》第1条和最高人民检察院、公安部2010年5月7日印发的《关于公安机关管辖的刑事案件立案追诉标准的规定(二)》第10条的规定,索取或者非法收受他人财物数额较大的标准为5000元。

另外应当注意,依照《刑法》第163条第2款的规定,公司、企业或者其他单位的工作人员在经济往来中,利用职务上的便利,违反国家规定,收受各种名义的回扣、手续费,归个人所有的,应以非国家工作人员受贿罪论处。

3. 本罪的主体是特殊主体,即公司、企业或者其他单位的工作人员。这里的"其他单位",既包括事业单位、社会团体、村民委员会、居民委员会、村民小组等常设性的组织,也包括为组织体育赛事、文艺演出或者其他正当活动而成立的组委会、筹委会、工程承包队等非常设性的组织。这里的"公司、企业或者其他单位",既包括非国有公司、企业或者其他非国有单位,也包括国有公司、企业或者其他国有单位。但是,只有公司、企业或者其他单位中的非国家工作人员才能成为本罪的主体。国有公司、企业或者其他国有单位中从事公务的人员以及国有公司、企业或者其他国有单位委派到非国有公司、企业或者其他非国有单位从事公务的人员利用职务上的便利受贿的,应当依照受贿罪追究刑事责任。

4. 本罪的主观方面只能由直接故意构成,行为人明知自己的行为是收受或者索取贿赂的行为,却积极追求该行为的实施。

(二)非国家工作人员受贿罪的认定

1. 罪与非罪的界限。在司法实践中,本罪罪与非罪的界限,主要从以下几个方面把握:

第一,受贿的数额是否达到较大。根据刑法的规定,数额较大是构成本罪的一个必要条件,如果没有达到数额较大,就不能以本罪追究刑事责任。

第二,行为人收受的财物是否为合理的报酬或正当的馈赠。公司、企业或者其他单位的工作人员在法律、政策允许的范围内,以自己的劳动换取合理报酬的行为,不是受贿行为。如公司人员利用业余时间为他人提供技术服务所收取的合理报酬,不能认为是贿赂。亲友间出于联络感情的目的而给予的馈赠,也不能认为是受贿行为。

第三,在经济往来中以各种名义收受的回扣、手续费是否违反国家规定。在正常的市场交易行为中,取得符合《反不正当竞争法》规定的折扣、佣金是正当业务行为;而违反国家规定,收受各种名义的回扣、手续费,为个人所有的,应认定为非国家工作人员受贿罪。

2. 本罪与受贿罪的区别。二者均表现为行为人利用职务上的便利,为他人谋取利益而收受他人较大数额的财物的行为,并且其所承诺的利益不一定都实现。二者的区别在于:(1)犯罪主体范围不同。本罪的主体为特殊主体,是公司、企业或者其他单位的工作人员,但不包括国有公司、企业或者其他国有单位中从事公务的人员和国有公司、企业以及其他国有单位委派到非国有公司、企业以及其他单位从事公务的人员;

受贿罪的主体是国家工作人员。(2) 行为手段上存在差异。本罪表现为利用公司、企业、其他单位的管理权为他人谋取利益;受贿罪表现为利用其所担任国家职务的权利为他人谋取利益。

3. 本罪既遂的认定。对于本罪的既遂,理论界主要有两种观点:一种观点认为,行为人只要收受了数额较大的财物,就构成本罪的既遂;另一种观点认为,成立本罪的既遂,不仅要求行为人已经收受了数额较大的财物,还必须至少同时具有为他人谋取利益的承诺行为。我们赞同第二种观点。根据刑法理论中的通行见解,构成犯罪既遂,行为必须完全具备刑法分则所规定的全部构成要件和要素。结合非国家工作人员受贿罪的规定来看,本罪是公司、企业或者其他单位的工作人员利用职务上的便利,索取或者收受他人财物,为他人谋取利益,数额较大的行为。应当说,要构成本罪的既遂,无论是财物数额较大的要素,还是为他人谋取利益的要素,都是必须具备的。受贿罪具有权钱交易的本质特点,具体表现为行为人以利用职务上的便利为他人谋取利益作为与行贿人的财物交换的条件。如果没有为他人谋取利益这一行为要素,就谈不到受贿行为的存在,当然也不可能成立本罪的既遂,而且也无法将本罪与敲诈勒索罪、诈骗罪等犯罪区别开来。因此,只有为他人谋取利益与收受他人财物两个要素同时具备,才能成立本罪的既遂。

4. 本罪中共同犯罪的认定。本罪中所涉及的共同犯罪问题,主要是指公司、企业或者其他单位中的国家工作人员与非国家工作人员共同实施受贿犯罪,应如何适用法律从而确定犯罪性质的问题。对此,最高人民法院、最高人民检察院 2008 年 11 月 20 日印发的《关于办理商业贿赂刑事案件适用法律若干问题的意见》第 11 条规定,根据国家工作人员与非国家工作人员双方利用职务便利的具体情形分别定罪追究刑事责任:第一,利用国家工作人员的职务便利为他人谋取利益的,以受贿罪追究刑事责任;第二,利用非国家工作人员的职务便利为他人谋取利益的,以非国家工作人员受贿罪追究刑事责任;第三,分别利用各自的职务便利为他人谋取利益的,按照主犯的犯罪性质追究刑事责任,不能分清主从犯的,可以受贿罪追究刑事责任。

(三) 非国家工作人员受贿罪的刑事责任

根据《刑法》第 163 条的规定,犯本罪的,处 5 年以下有期徒刑或者拘役;受贿数额巨大的,处 5 年以上有期徒刑,可以并处没收财产。

九、对非国家工作人员行贿罪

(一) 对非国家工作人员行贿罪的概念与特征

对非国家工作人员行贿罪,是指为谋取不正当利益,给予公司、企业或者其他单位的工作人员以财物,数额较大的行为。

本罪侵犯的客体是公司、企业、其他单位的正常管理秩序和公司、企业、其他单位工作人员职务的廉洁性。本罪的行为对象是国家工作人员之外的公司、企业或者其他单位的工作人员。

本罪在客观方面表现为给予公司、企业或者其他单位的工作人员数额较大的财物的行为。本罪的客观方面包括如下几个要素:(1) 行为人实施了给予公司、企业或者其他单位的工作人员以财物的行为。"给予"通常是主动给予,但也包括在公司、企业或者其他单位的工作人员明示或暗示后送予财物的情况。(2) 给予公司、企业或者其他单位的工作人员财物的数额较大。关于其具体标准,最高人民检察院、公安部2010年5月7日印发的《关于公安机关管辖的刑事案件立案追诉标准的规定(二)》第11条有明确规定。

本罪的主体包括任何已满16周岁,具有刑事责任能力的自然人和单位。

本罪的主观方面表现为故意,并具有谋取不正当利益之目的。所谓谋取不正当利益,是指谋取违法的或其他经正当途径不能获得的利益。只要行为人具有谋取不正当利益的目的就可以构成本罪,关于实际上是否谋取到了不正当利益,不影响本罪的成立。如果行为人为谋取正当利益而给予公司、企业工作人员以财物,便不构成本罪。

(二) 对非国家工作人员行贿罪的认定

1. 本罪的罪与非罪的界限。本罪以特定结果为犯罪成立的条件,如果行贿数额达不到定罪标准规定的起点,不能以犯罪论处。此外,行为人给予公司、企业工作人员以财物,是否为了谋取不正当利益,也是区分罪与非罪的界限,如果是为了谋取正当利益,则不构成本罪。在司法实践中,还要把行贿行为同正常的礼尚往来区别开来。

2. 本罪与行贿罪、对单位行贿罪、单位行贿罪的界限。本罪与后三种犯罪在许多方面有相同之处,但也存在着一定的区别。本罪的行贿对象是公司、企业的工作人员;行贿罪与单位行贿罪的行贿对象则是国家工作人员;对单位行贿罪的行贿对象是国家机关、国有公司、企业、事业单位、人民团体,而非自然人。此外,本罪的主体与单位行贿罪的犯罪主体也不尽相同,本罪的主体包括单位和个人,后者的主体只能是单位。

(三) 对非国家工作人员行贿罪的刑事责任

根据《刑法》第164条第1款、第3款的规定,犯本罪的,处3年以下有期徒刑或者拘役,并处罚金;数额巨大的,处3年以上10年以下有期徒刑,并处罚金。单位犯本罪的,对单位判处罚金,并对其直接负责的主管人员和其他责任人员,依照上述规定处罚。行贿人在被追诉前主动交代行贿行为的,可以减轻处罚或者免除处罚。

十、对外国公职人员、国际公共组织官员行贿罪

对外国公职人员、国际公共组织官员行贿罪,是指为谋取不正当商业利益,给予外国公职人员或者国际公共组织官员以财物的行为。

本罪的行为对象包括财物和外国公职人员或者国际公共组织官员。"外国公职人员"系指外国无论是经任命还是经选举而担任立法、行政、行政管理或者司法职务的任何人员,以及为外国包括为公共机构或者公营企业行使公共职能的任何人员。值得注意的是,外国不仅限于"国家",包括从国家到地方的各级政府及其各下属部门,有时也包括任何有组织的外国地区或实体,比如自治领土或独立关税地区。国际组织

是指具有公共职能或者提供公共服务的政府间组织,如联合国及其各种下属机构、世界贸易组织等国际组织和非政府间国际组织。国际公共组织官员系指国际公务员或者经此种组织授权代表该组织行事的任何人员,包括受国际组织聘用的国际公务员和虽没有受国际组织聘用但受国际组织授权代表该组织行事的人员。本罪在客观方面表现为给予外国公职人员或者国际公共组织官员以财物的行为。尽管刑法未对上述行贿行为构成犯罪规定任何情节上的限制,但无论从《刑法》第 13 条"但书"规定的精神,还是从本罪与对非国家工作人员行贿罪相关规定相协调方面考虑,上述行贿行为在成立犯罪时应该有一定情节的限制。

本罪的主体包括任何已满 16 周岁,具有刑事责任能力的自然人和单位。本罪在主观上出自故意,并具有谋取不正当商业利益的目的。

根据《刑法》第 164 条第 2 款、第 3 款的规定,犯本罪的,处 3 年以下有期徒刑或者拘役,并处罚金;数额巨大的,处 3 年以上 10 年以下有期徒刑,并处罚金。单位犯本罪的,对单位判处罚金,并对其直接负责的主管人员和其他直接责任人员,依照上述规定处罚。行贿人在被追诉前主动交代行贿行为的,可以减轻处罚或者免除处罚。

十一、非法经营同类营业罪

非法经营同类营业罪,是指国有公司、企业的董事、经理利用职务便利,自己经营或者为他人经营与其任职公司、企业同类的营业,获取非法利益,数额巨大的行为。

本罪侵犯的客体是国家对国有公司、企业的管理秩序和国有公司、企业董事、经理的职务廉洁性。本罪在客观方面表现为行为人利用职务便利,自己经营或者为他人经营与其所任职公司、企业同类的营业,获取非法利润,数额巨大的行为。

本罪的客观方面包括如下几个要素:(1) 行为人具有自己经营或者为他人经营与其任职公司、企业同类的营业的行为且获取了非法利益。"自己经营",是指自己独资经营公司、企业。"为他人经营",是指在他人出资经营的公司、企业中任职从而获取经营报酬。"同类的营业",是指生产、销售同一商品或者具有其他同一性质的营业。"获取非法利益",是指因同类竞业损害国有公司、企业的利益而自己获得利益。(2) 行为人的上述行为利用了其在国有公司、企业担任董事、经理职务上的便利。所谓"利用职务便利",是指行为人利用其主管、经管、经营的权利或由此产生的方便条件(如对进货、营销渠道的直接掌握或影响)。(3) 行为人获取非法利益的数额巨大。关于其具体标准,最高人民检察院、公安部 2010 年 5 月 7 日印发的《关于公安机关管辖的刑事案件立案追诉标准的规定(二)》第 12 条有明确规定。

本罪的主体只能是国有公司、企业的董事、经理。本罪的主观方面是故意,并具有获取非法利益的目的。

根据《刑法》第 165 条的规定,犯本罪的,处 3 年以下有期徒刑或者拘役,并处或者单处罚金;数额特别巨大的,处 3 年以上 7 年以下有期徒刑,并处罚金。

【实例分析 4-7】

对上述内容,可从下面的分析中深化认识:下列哪些人可以成为非法经营同类营业罪的犯罪主体?

A. 中外合资企业的董事、经理;

B. 国有公司的董事;

C. 国有企业的经理;

D. 国有公司控股的公司、企业的董事、经理。

分析如下:

依照《刑法》第 165 条,非法经营同类营业罪的主体是国有公司、企业的董事、经理,故 BC 两项当选。刑法中的"国有公司"指国有全资公司,国有控股、参股公司,中外合资公司(如外资公司不是国有全资外国公司),都不属于"国有公司",故 AD 两项不选。国有公司委派到国有控股、参股公司、中外合资公司中担任董事、经理的人员,也不属于"国有公司"的董事、经理。

综上,上述问题的合适选项是 BC。

十二、为亲友非法牟利罪

为亲友非法牟利罪,是指国有公司、企业、事业单位的工作人员,利用职务便利,将本单位的盈利业务交由自己的亲友进行经营,或者与亲友经营管理的单位进行明显有利于对方的购销活动,使国家利益遭受重大损失的行为。

本罪侵犯的客体是国有公司、企业、事业单位的正常管理活动、合法利益。本罪的客观方面表现为行为人利用职务便利,为亲友牟利,使国家利益遭受重大损失的行为。

本罪的客观方面包括以下几个要素:(1) 行为人具有为亲友非法牟利的行为。为亲友牟利包括以下几种情形:第一,将本单位的盈利业务交由自己的亲友经营。所谓盈利业务,是指肯定能够获得利润的业务。如果某种业务盈利与否取决于经营的好坏,则不能认为是盈利业务。第二,以明显高于市场的价格向自己的亲友经营管理的单位采购商品或者以明显低于市场的价格向自己亲友经营管理的单位销售商品。"明显高于"和"明显低于",意味着不是略高一点或者略低一点,而是高出或者低于较多。第三,向自己的亲友经营管理的单位采购不合格的商品。(2) 行为人的上述行为利用了其在国有公司、企业、事业单位担任的职务的便利。所谓"利用职务便利",是指行为人利用其对公司、企业、事业单位的经营管理的地位和职权形成的便利条件。(3) 行为人的行为使国家利益遭受了重大损失。关于其具体标准,最高人民检察院、公安部 2010 年 5 月 7 日印发的《关于公安机关管辖的刑事案件立案追诉标准的规定(二)》第 13 条有明确规定。

本罪的主体只能是国有公司、企业、事业单位的工作人员。本罪的主观方面是故意。

根据《刑法》第 166 条的规定,犯本罪的,处 3 年以下有期徒刑或者拘役,并处或者单处罚金;致使国家利益遭受特别重大损失的,处 3 年以上 7 年以下有期徒刑,并处罚金。

十三、签订、履行合同失职被骗罪

签订、履行合同失职被骗罪,是指国有公司、企业、事业单位直接负责的主管人员,在签订、履行合同过程中,因严重不负责任被诈骗,致使国家利益遭受重大损失的行为。

本罪侵犯的客体是国家对国有公司、企业、事业单位的经济贸易活动的管理秩序。本罪的客观方面表现为行为人在签订、履行合同过程中,因严重不负责任被诈骗,从而使国家利益遭受重大损失的行为。

本罪的客观方面包括以下几个要素:(1) 行为发生在签订、履行合同的过程中。(2) 行为人对合同的签订、履行严重不负责任。所谓严重不负责任,是指对对方的身份、履行合同的诚意、履行合同的能力等情况不进行任何考察或者不认真考察,就与对方签订、履行合同。(3) 行为人的上述行为使国家利益遭受重大损失。根据 1998 年全国人大常委会《关于惩治骗购外汇、逃汇和非法买卖外汇犯罪的决定》第 7 条的规定,本罪包括金融机构、从事对外贸易经营活动的公司、企业的工作人员严重不负责任,造成大量外汇被骗购或者逃汇,致使国家利益遭受重大损失的行为。关于其具体标准,最高人民检察院、公安部 2010 年 5 月 7 日印发的《关于公安机关管辖的刑事案件立案追诉标准的规定(二)》第 14 条有明确规定。

本罪的主体为特殊主体,只能是国有公司、企业、事业单位的直接负责的主管人员。本罪的主观方面表现为过失。

根据《刑法》第 167 条的规定,犯本罪的,处 3 年以下有期徒刑或者拘役;致使国家利益遭受重大损失的,处 3 年以上 7 年以下有期徒刑。

十四、国有公司、企业、事业单位人员失职罪

国有公司、企业、事业单位人员失职罪,是指国有公司、企业、事业单位的工作人员,严重不负责任,造成国有公司、企业破产或者严重损失,或者国有事业单位严重损失,致使国家利益遭受重大损失的行为。

本罪侵犯的客体是国家对国有公司、企业、事业单位的管理秩序。本罪的客观方面表现为行为人严重不负责任,造成国有公司、企业破产或者严重损失,或者国有事业单位严重损失,从而使国家利益遭受重大损失。

本罪的客观方面包括以下几个要素:(1) 行为人在工作中严重不负责任,即行为人不履行或者不认真地履行自己的职务。(2) 行为人的行为使国家利益遭受了重大损失。关于其具体标准,最高人民检察院、公安部 2010 年 5 月 7 日印发的《关于公安机关管辖的刑事案件立案追诉标准的规定(二)》第 15 条有明确规定。

本罪的主体是国有公司、企业、事业单位的工作人员。本罪的主观方面表现为过失。

根据《刑法》第 168 条的规定,犯本罪的,处 3 年以下有期徒刑或者拘役;致使国

家利益遭受特别重大损失的,处 3 年以上 7 年以下有期徒刑。国有公司、企业、事业单位工作人员徇私舞弊犯本罪的,从重处罚。

十五、国有公司、企业、事业单位人员滥用职权罪

国有公司、企业、事业单位人员滥用职权罪,是指国有公司、企业、事业单位的工作人员,滥用职权,造成国有公司、企业破产或者严重损失,或者国有事业单位严重损失,致使国家利益遭受重大损失。

本罪侵犯的客体是国家对国有公司、企业、事业单位的管理秩序。本罪的客观方面表现为行为人滥用职权,造成国有公司、企业破产或者严重损失,或者国有事业单位严重损失,致使国家利益遭受重大损失。

本罪的客观方面包括以下几个要素:(1) 行为人在工作中滥用职权,即行为人超越自己的职权或者不正确行使自己的职权。(2) 行为人的行为使国家利益遭受了重大损失。关于其具体标准,最高人民检察院、公安部 2010 年 5 月 7 日印发的《关于公安机关管辖的刑事案件立案追诉标准的规定(二)》第 16 条有明确规定。

本罪的主体是国有公司、企业、事业单位的工作人员。本罪的主观方面表现为故意。

根据《刑法》第 168 条的规定,犯本罪的,处 3 年以下有期徒刑或者拘役;致使国家利益遭受特别重大损失的,处 3 年以上 7 年以下有期徒刑。国有公司、企业、事业单位工作人员徇私舞弊,犯本罪的,从重处罚。

十六、徇私舞弊低价折股、出售国有资产罪

徇私舞弊低价折股、出售国有资产罪,是指国有公司、企业或者其上级主管部门直接负责的主管人员,徇私舞弊,将国有资产低价折股或者低价出售,致使国家利益遭受重大损失的行为。

本罪侵犯的客体是国家对国有公司、企业的管理秩序和国家对国有资产的所有权。本罪的客观方面表现为行为人徇私舞弊,将国有资产低价折股或者低价出售,致使国家利益遭受重大损失。

本罪的客观方面包括以下几个要素:(1) 行为人具有徇私舞弊,将国有资产低价折股或者低价出售的行为。"徇私舞弊"指为私利、私情而违反国家关于国有公司、企业资产保护法规的规定而在折股国有资产或出售国有资产时弄虚作假。"低价折股"是指在推行股份制过程中,将国有公司、企业的实物、工业产权、非专利技术、土地使用权压价折合为出资股份。"低价出售"是指以低于国有资产的实际价值而将其出卖。(2) 行为人的行为使国家利益遭受重大损失。关于其具体标准,最高人民检察院、公安部 2010 年 5 月 7 日印发的《关于公安机关管辖的刑事案件立案追诉标准的规定(二)》第 17 条有明确规定。

本罪的主体为国有公司、企业的直接负责的主管人员或者其上级主管部门的直接负责的主管人员。本罪在主观方面表现为故意。

根据《刑法》第169条的规定，犯本罪的，处3年以下有期徒刑或者拘役；使国家利益遭受特别重大损失的，处3年以上7年以下有期徒刑。

十七、背信损害上市公司利益罪

背信损害上市公司利益罪，是指上市公司的董事、监事、高级管理人员违背对公司的忠实义务，利用职务便利，操纵上市公司从事损害上市公司利益并使上市公司利益遭受重大损失的行为。

本罪侵犯的客体是上市公司的管理秩序和经济利益。本罪的客观方面表现为行为人违背对公司的忠实义务，利用职务便利，操纵上市公司从事损害上市公司利益并使上市公司利益遭受重大损失的行为。

本罪客观方面包括以下几个要素：(1) 行为人违背了对公司的忠实义务，即行为人违背了2005年版《公司法》第148条规定的上市公司的董事、监事、高级管理人员对公司负有忠实和勤勉义务。(2) 利用职务便利，操纵公司从事损害上市公司利益的行为。《刑法》第169条之一规定了如下几种损害上市公司利益的行为：第一，无偿向其他单位或者个人提供资金、商品、服务或者其他资产；第二，以明显不公平的条件，提供或者接受资金、商品、服务或者其他资产；第三，向明显不具有清偿能力的单位或者个人提供资金、商品、服务或者其他资产；第四，为明显不具有清偿能力的单位或者个人提供担保，或者无正当理由为其他单位或者个人提供担保；第五，无正当理由放弃债权、承担债务；第六，采用其他方式损害上市公司利益。行为人具有上述六种行为之一，即具备本罪的行为要素。(3) 行为人的上述行为致使上市公司利益遭受重大损失。关于其具体标准，最高人民检察院、公安部2010年5月7日印发的《关于公安机关管辖的刑事案件立案追诉标准的规定(二)》第18条有明确规定。

本罪的主体是公司的董事、监事、高级管理人员。上市公司的控股股东或者实际控制人，指使上市公司董事、监事、高级管理人员实施上述损害公司行为的，以本罪论处。本罪的主观方面表现为故意。

根据《刑法》第169条之一的规定，犯本罪的，处3年以下有期徒刑或者拘役，并处或者单处罚金；致使上市公司利益遭受特别重大损失的，处3年以上7年以下有期徒刑，并处罚金。犯本罪的上市公司的控股股东或者实际控制人是单位的，对单位判处罚金，并对其直接负责的主管人员和其他直接责任人员，依照上述规定处罚。

第五节 破坏金融管理秩序罪

一、伪造货币罪

(一) 伪造货币罪的概念与特征

伪造货币罪,是指仿照货币的式样、票面、图案、颜色、质地和防伪标记等特征,使用描绘、复印、影印、制版印刷和计算机扫描打印等方法,非法制造假货币,冒充真货币的行为。本罪的构成特征如下:

1. 本罪侵犯的客体是国家的货币管理秩序。犯罪的对象是货币,即指可在我国国内市场流通或者兑换的人民币或者境外货币。对于以前曾经作为货币但目前已不在我国国内市场流通或者兑换的货币,如旧中国作为货币使用的银元,不属于本罪的对象。实践中伪造旧货币用以诈骗财物的,应当以诈骗罪论处。例如,以使用为目的,大量印制停止流通的第三版人民币的,不成立伪造货币罪;伪造正在流通但在我国尚无法兑换的境外货币的,成立伪造货币罪。

2. 本罪的客观方面表现为行为人实行了伪造货币,即违反货币管理法规,仿照货币的形状等外部特征,制造假货币冒充真货币的行为。伪造,是指没有货币发行权的人仿照真货币的形状、图案、色彩等外部特征,非法制造具有真实货币外观的物品。理解本罪中的"伪造",应当注意:第一,必须是仿照真货币而制造假货币。如果没有仿照的情形,而是直接从画册上剪下货币的图案,然后冒充真货币骗取他人财物的,则不构成本罪;骗取他人财物数额较大的,按诈骗罪处理。第二,不要求伪造的货币与真货币在形状等各个方面完全一样,只要在外观上达到足以使一般普通人发生错误认识的程度即可。即使伪造的货币和真货币存在细微的差别,也不应影响伪造行为的成立。第三,伪造的方法可以各种各样,例如,机器印刷、石印、影印、手描等。至于采用什么方法,不影响本罪的构成。

3. 本罪的主体是一般主体,即任何已满 16 周岁,具有刑事责任能力的自然人,均可能成为本罪的主体。

4. 本罪在主观方面是直接故意,而且一般情况下行为人具有意图流通或者营利的目的。但由于刑法上没有明确规定成立本罪行为人必须具有上述目的,而且对于伪造面值或数量较大的货币的行为本身即属严重违反国家货币管理秩序的行为,同时通常要证明行为人主观上不具有上述目的也极为困难,因而在司法实践中,不宜将具有上述目的作为认定伪造货币行为构成本罪的绝对标准。

(二) 伪造货币罪的认定

1. 本罪与非罪行为的界限。虽然刑法对伪造货币行为构成本罪未规定任何情节上的限制,但根据《刑法》第 13 条"但书"的规定,如果伪造货币的行为属于"情节显著轻微危害不大"的,就不应认定为犯罪。对此,2000 年 9 月 14 日最高人民法院《关于审理伪造货币等案件具体应用法律若干问题的解释》第1条规定,伪造货币总面额在2000元或者币量在200张以上的,才构成伪造货币罪。最高人民检察院、公安部2010年5月7日印发的《关于公安机关管辖的刑事案件立案追诉标准的规定(二)》第19条则规定,有下列三种情形之一的,即应作为伪造货币罪立案追诉:第一,伪造货币,总面额在2000元以上或者币量在200张(枚)以上的;第二,制造货币版样或者为他人伪造货币提供版样的;第三,其他伪造货币应予追究刑事责任的情形。

2. 伪造货币罪的一罪与数罪。在司法实践中,一人同时实施伪造、出售、运输、持有、使用伪造的货币等数种犯罪行为的情况常有发生,对这种情况是按一罪处理,还是按数罪实行并罚,关键看行为人出售、运输、持有、使用伪造的货币是否其本人伪造的,如果系行为人本人伪造的,按伪造货币罪一罪从重处罚;如果行为人既伪造了货币,又持有、使用、运输、出售了其他人伪造的货币,则应按伪造货币罪和有关犯罪实行数罪并罚。

3. 本罪既遂与未遂的界限。区分本罪既遂与未遂,应以行为人是否将伪造货币行为实行完毕,即是否将货币伪造出来为标准。行为人已经伪造出货币的,才构成犯罪的既遂。如果行为人已经着手实行伪造货币的行为,由于其意志以外的原因,未能伪造出货币,尽管该行为可以作为犯罪处理,但只能以犯罪未遂论处。

4. 本罪中有关共同犯罪的认定。在司法实践中,贩卖伪造的货币的犯罪分子可能直接从伪造货币的犯罪人手中购买假币,在此种情况下,就存在着购买者和伪造者是否成立共同犯罪的问题。如果购买者与伪造者事先有通谋,就应该按伪造货币罪的共同犯罪处理;如果双方事先没有通谋,就应当分别定罪处罚,即对伪造者按伪造货币罪定罪处罚,对购买者按购买假币罪定罪处罚。

(三) 伪造货币罪的刑事责任

根据《刑法》第170条的规定,犯本罪的,处3年以上10年以下有期徒刑,并处罚金;对于伪造货币集团的首要分子、伪造货币数额特别巨大或者有其他特别严重情节的,处10年以上有期徒刑或者无期徒刑,并处罚金或者没收财产。

二、出售、购买、运输假币罪

出售、购买、运输假币罪,是指出售、购买伪造的货币或明知是伪造的货币而予以运输,数额较大的行为。本罪是选择性罪名,司法实践中应根据具体案情选择适用或并合适用。

本罪侵犯的客体是国家的货币管理秩序。犯罪对象仅指伪造的货币,不包括变造的货币。本罪的客观方面表现为出售、购买、运输伪造的货币,数额较大。

本罪的客观方面包括以下两个要素:(1) 行为人实行了出售、购买、运输伪造的货币的行为。只要具有三种行为之一,即具备本罪的行为要素。需注意的是,本罪所称的“运输”,其空间范围以不超过国(边)境线为限,跨境运输的,属于走私假币行为,不以本罪论处。(2) 出售、购买、运输伪造的货币的数额较大。关于其具体标准,最高人民法院2000年4月20日发布的《关于审理伪造货币等案件具体应用法律若干问题的解释》第3条和最高人民检察院、公安部2010年5月7日印发的《关于公安机关管辖的刑事案件立案追诉标准的规定(二)》第20条有明确规定。

本罪的主体是任何已满16周岁,具有刑事责任能力的自然人。本罪在主观上是故意,即明知是假币而出售、购买或者运输。

根据《刑法》第171条第1款的规定,犯本罪的,处3年以下有期徒刑或者拘役,并处2万元以上20万元以下罚金;数额巨大的,处3年以上10年以下有期徒刑,并处5万元以上50万元以下罚金;数额特别巨大的,处10年以上有期徒刑或者无期徒刑,并处5万元以上50万元以下罚金或者没收财产。

【实例分析4-8】

对上述内容,可从下面的分析中深化认识:关于货币犯罪,下列哪一选项是错误的?

A. 伪造货币罪中的"货币",包括在国内流通的人民币、在国内可兑换的境外货币,以及正在流通的境外货币。

B. 根据《刑法》规定,伪造货币并出售或者运输伪造的货币的,依照伪造货币罪从重处罚。据此,行为人伪造美元,并运输他人伪造的欧元的,应按伪造货币罪从重处罚。

C. 将低额美元的纸币加工成高额英镑的纸币的,属于伪造货币。

分析如下:

(1) 选项A说法正确。伪造货币罪中的"货币",包括在国内流通的人民币、在国内可兑换的境外货币,以及正在流通的境外货币。

(2) 选项B说法错误。伪造货币并出售或者运输伪造的货币的,依照伪造货币罪从重处罚。此种情况下,伪造与出售、运输的必须是同宗货币。如果行为人伪造的是美元,但运输的是他人伪造的欧元,伪造与运输的不是同宗货币,伪造与运输之间不存在牵连关系,此种情况下应当数罪并罚。

(3) 选项C说法正确。伪造货币与变造货币的区别在于新币与旧币是否具有同一性:具有同一性的,是变造货币;不具有同一性的是伪造货币。不同国家(地区)的货币的图案、形状、色彩等差别很大,将一个国家(地区)的货币加工成另一个国家(地区)的货币,新币与旧币差别很大,不具有同一性,因而是伪造货币。

综上,上述问题的合适选项是B。

三、金融工作人员购买假币、以假币换取货币罪

金融工作人员购买假币、以假币换取货币罪,是指金融机构的工作人员购买假币或者利用职务上的便利,以伪造的货币换取真币的行为。

本罪侵犯的客体是国家的货币管理秩序。本罪在客观上表现为金融机构的工作

人员购买假币或者利用职务上的便利，以伪造的货币换取真币的行为。行为人只要具备购买伪造的货币和利用职务上的便利以伪造的货币换取真币的行为之一，即具备了本罪的行为要素。尽管《刑法》第 171 条第 2 款对本罪的成立未作任何情节的限制，但根据《刑法》第 13 条“但书”的规定，对于金融工作人员购买伪造的货币或者利用职务上的便利以伪造的货币换取真币的行为，如果情节显著轻微，危害不大的，就不宜作为犯罪处理。为此，根据最高人民检察院、公安部 2010 年 5 月 7 日印发的《关于公安机关管辖的刑事案件立案追诉标准的规定(二)》第 21 条的规定，金融工作人员购买伪造的货币或者利用职务上的便利以伪造的货币换取真币，总面额在 2000 元以上或者币量在 200 张(枚)以上的，才应予立案追诉。

本罪的主体是银行和其他金融机构工作人员。本罪在主观上表现为故意。

根据《刑法》第 171 条第 2 款的规定，犯本罪的，处 3 年以上 10 年以下有期徒刑，并处 2 万元以上 20 万元以下罚金。数额巨大或者有其他严重情节的，处 10 年以上有期徒刑或者无期徒刑，并处 2 万元以上 20 万元以下罚金或者没收财产；情节较轻的，处 3 年以下有期徒刑或者拘役，并处或者单处 1 万元以上 10 万元以下罚金。

四、持有、使用假币罪

持有、使用假币罪，是指明知是伪造的货币而持有、使用，数额较大的行为。

本罪侵犯的客体是国家的货币管理秩序。本罪在客观上表现为持有、使用假币，数额较大的行为。

本罪的客观方面包括以下两个要素：(1) 行为人具有持有假币或者使用假币的行为。具有该两种行为之一的，即具备本罪的行为要素。所谓“持有”，是指行为人将伪造的货币实际置于自己的支配和控制之下的一种持续性状态的行为。本罪中的持有不同于伪造货币罪和出售、购买、运输假币罪等刑法另外规定的涉假币犯罪中行为人对假币的持有，即只有在无法证明伪造的货币的真实来源和去向时的持有假币行为，才属于本罪中的持有。所谓“使用”，是指将伪造的货币投入流通领域，作为一种支付手段而购买商品或者接受服务等。(2) 行为人持有或者使用的假币数额较大。关于其具体标准，最高人民法院 2000 年 4 月 20 日发布的《关于审理伪造货币等案件具体应用法律若干问题的解释》第 5 条和最高人民检察院、公安部 2010 年 5 月 7 日印发的《关于公安机关管辖的刑事案件立案追诉标准的规定(二)》第 22 条有明确规定。

明知是伪造的货币而持有、使用，总面额在 4000 元以上或者币量在 400 张(枚)以上的，应予方案追诉。本罪的主体为任何已满 16 周岁，具有刑事责任能力的自然人。本罪在主观上表现为故意，即行为人明知是假币仍持有、使用。

根据《刑法》第 172 条的规定，犯本罪的，处 3 年以下有期徒刑或者拘役，并处或者单处 1 万元以上 10 万元以下罚金；数额巨大的，处 3 年以上 10 年以下有期徒刑，并处 2 万元以上 20 万元以下罚金；数额特别巨大的，处 10 年以上有期徒刑，并处 5 万元以上 50 万元以下罚金或者没收财产。

【实例分析 4-9】

对上述内容,可从下面的分析中深化认识:下列哪一行为不成立使用假币罪(不考虑数额)?

A. 用假币缴纳罚款;

B. 用假币兑换外币;

C. 在朋友结婚时,将假币塞进红包送给朋友;

D. 与网友见面时,显示假币以证明经济实力。

分析如下:

使用假币罪的成立必须要将假币作为真币置于流通领域。这里的"使用",既可以是以外表合法的方式使用,如购买商品、存入银行、赠与他人,或者将假币用于交纳罚金或者罚款等,也可以是以非法的方式使用,如将假币用于赌博。"使用"的核心特征在于使假币进入流通领域,处于动态。如果将假币作为证明自己信用能力的资本而给他人观看,或者为了证明自己的经济实力,用假币来炫耀的,由于此时的假币处于静态,不应认定为使用假币罪,只能认定为持有假币罪。

综上,上述问题的合适选项是 D。

五、变造货币罪

变造货币罪,是指行为人对真实的货币,通过剪贴、涂改、挖补、拼接、揭层等方法,使真币改变形态或者升值,数额较大的行为。

本罪侵犯的客体是国家的货币管理秩序。犯罪对象是真的货币,包括人民币和可在我国国内市场流通或者兑换的境外货币。

本罪在客观上表现为行为人对真实的货币,通过剪贴、涂改、挖补、拼接、揭层等方法,使真币改变形态或者币值,数额较大的行为。变造与伪造的区别在于:"变造"指"真上作假",亦即对真币采用挖补、剪贴、揭层、拼凑、涂改等方法进行加工处理,改变货币的真实形状、图案、面值或张数,增大减小票面面额或者增加减少票张数量,需保留和利用真币的部分表征符号。因此,以货币碎片为材料,加入其他纸张,制作成假币的,不属于变造货币;将金属货币熔化后,制作成较薄的、更多的金属货币的,不属于变造货币;根据最高人民法院《关于审理伪造货币等案件具体应用法律若干问题的解释(二)》第 2 条的规定,同时采用伪造和变造手段,制造真伪拼凑货币的行为,依照《刑法》第 170 条的规定,以伪造货币罪定罪处罚。因此,将一半真币与一半假币拼接,制造大量半真半假面额 100 元纸币的,不成立变造货币罪,而成立伪造货币罪。另外需要注意,对人民币真币加工处理,使 100 元面额变为 50 元面额的,属于变造货币,即变造货币通常是使其数量增多、价值升高,但不限于此种情况,也可以是使其数量减少、价值降低。

本罪的客观方面包括以下两个要素:(1) 行为人实行了变造货币的行为。(2) 变造货币的数额较大。关于其具体标准,最高人民法院 2000 年 4 月 20 日发布的《关于审理伪造货币等案件具体应用法律若干问题的解释》第6条和最高人民检察院、公安部2010年5月7日印发的《关于公安机关管辖的刑事案件立案追诉标准的规定(二)》第23条有明确规定。变造货币,总面额在2000元以上或者币量在200张(枚)以上的,应予立案追诉。

本罪的主体是任何已满16周岁,具有刑事责任能力的自然人。本罪在主观上表现为故意。

根据《刑法》第173条的规定,犯本罪的,处3年以下有期徒刑或者拘役,并处或者单处1万元以上10万元以下罚金;数额巨大的,处3年以上10年以下有期徒刑,并处2万元以上20万元以下罚金。

六、擅自设立金融机构罪

擅自设立金融机构罪,是指未经国家有关主管部门批准,擅自设立商业银行、证券交易所、证券公司、期货交易所、期货经纪公司、保险公司或者其他金融机构的行为。

本罪侵犯的客体是国家关于金融机构设立的管理秩序。本罪在客观上表现为未经国家有关主管部门批准,擅自设立商业银行、证券交易所、期货交易所、证券公司、期货经纪公司、保险公司或者其他金融机构的行为。本罪中所称的"金融机构",既包括商业银行、证券交易所、期货交易所、证券公司、期货经纪公司、保险公司或者其他金融机构,也包括为设立这些金融机构而成立的筹备组织。本罪的主体包括任何已满16周岁,具有刑事责任能力的自然人和单位。本罪在主观上表现为故意。

根据《刑法》第174条的规定,犯本罪的,处3年以下有期徒刑或者拘役,并处或者单处2万元以上20万元以下罚金;情节严重的,处3年以上10年以下有期徒刑,并处5万元以上50万元以下罚金。单位犯本罪的,对单位判处罚金,并对其直接负责的主管人员和其他直接责任人员,依照上述规定处罚。

七、伪造、变造、转让金融机构经营许可证、批准文件罪

伪造、变造、转让金融机构经营许可证、批准文件罪,是指伪造、变造、转让商业银行、证券交易所、期货交易所、证券公司、期货经纪公司、保险公司或者其他金融机构的经营许可证或者批准文件的行为。

本罪侵犯的客体是国家对金融机构经营许可证、批准文件的管理秩序。本罪在客观上表现为伪造、变造、转让商业银行、证券交易所、期货交易所、证券公司、期货经纪公司、保险公司或者其他金融机构的经营许可证或者批准文件的行为。金融机构经营许可证,包括金融机构法人许可证、金融机构营业许可证等。本罪的主体包括任何已满16周岁,具有刑事责任能力的自然人和单位。本罪在主观上表现为故意。

根据《刑法》第174条的规定,犯本罪的,处3年以下有期徒刑或者拘役,并处或者单处2万元以上20万元以下罚金;情节严重的,处3年以上10年以下有期徒刑,并处5万元以上50万元以下罚金。单位犯本罪的,对单位判处罚金,并对其直接负责的

主管人员和其他直接责任人员，依照上述规定处罚。

八、高利转贷罪

高利转贷罪，是指以转贷牟利为目的，套取金融机构信贷资金高利转贷他人，违法所得数额较大的行为。

本罪侵犯的客体是国家的信贷资金管理秩序。本罪在客观上表现为套取金融机构信贷资金高利转贷他人，违法所得数额较大的行为。本罪的客观方面包括以下两个要素：(1) 行为人实行了套取金融机构信贷资金高利转贷他人的行为。所谓"套取"，是指行为人在不符合贷款条件的前提下，以虚假的贷款理由或者贷款条件，向金融机构申请贷款，并且获取由正常程序无法取得的贷款。所谓"信贷资金"，是指金融机构能够依法运用来自社会公众的储蓄和企业存款等资金，经严格审批后，用于公司、企业、事业单位和个人的政策性贷款和商业贷款。所谓"高利转贷他人"，是指行为人在取得信贷资金后，又以高于银行或其他金融机构根据中国人民银行的利率规定而确定的同期贷款利率，再将取得的信贷资金转贷给他人，从中牟取非法利益。(2) 行为人获取的违法所得数额较大。关于其具体标准，最高人民检察院、公安部 2010 年 5 月 7 日印发的《关于公安机关管辖的刑事案件立案追诉标准的规定(二)》第 26 条有明确规定。本罪的主体包括任何已满 16 周岁，具有刑事责任能力的自然人和单位。本罪在主观上表现为故意，并且具有转贷牟利的目的。

根据《刑法》第 175 条的规定，犯本罪的，处 3 年以下有期徒刑或者拘役，并处违法所得 1 倍以上 5 倍以下罚金；数额巨大的，处 3 年以上 7 年以下有期徒刑，并处违法所得 1 倍以上 5 倍以下罚金；单位犯本罪的，对单位判处罚金，并对其直接负责的主管人员和其他直接责任人员，处 3 年以下有期徒刑或者拘役。

九、骗取贷款、票据承兑、金融票证罪

骗取贷款、票据承兑、金融票证罪，是指行为人以欺骗手段取得银行或者其他金融机构贷款、票据承兑、信用证、保函等，给银行或者其他金融机构造成重大损失或者有其他严重情节的行为。

本罪侵犯的客体是国家对贷款、票据承兑、金融票证的管理秩序。本罪在客观上表现为行为人以欺骗手段取得银行或者其他金融机构贷款、票据承兑、信用证、保函等，给银行或者其他金融机构造成重大损失或者有其他严重情节。

本罪的客观方面包括以下要素：(1) 行为人实行了以欺骗手段取得银行或者其他金融机构贷款、票据承兑、信用证、保函等的行为。(2) 上述行为给银行或者其他金融机构造成重大损失或者有其他严重情节。关于其具体标准，最高人民检察院、公安部 2010 年 5 月 7 日印发的《关于公安机关管辖的刑事案件立案追诉标准的规定(二)》第 27 条有明确规定。本罪的主体包括任何已满 16 周岁，具有刑事责任能力的自然人和单位。

本罪在主观上表现为故意,即存在骗取贷款、票据承兑、信用证、保函的故意。但不能出于非法占有的目的,否则构成贷款诈骗等其他犯罪。

根据《刑法》第 175 条之一的规定,犯本罪的,处 3 年以下有期徒刑或者拘役,并处或者单处罚金;给银行或者其他金融机构造成特别重大损失或者有其他特别严重情节的,处 3 年以上 7 年以下有期徒刑,并处罚金。单位犯本罪的,对单位判处罚金,并对其直接负责的主管人员和其他直接责任人员,依照上述规定处罚。

十、非法吸收公众存款罪

非法吸收公众存款罪,是指非法吸收公众存款或者变相吸收公众存款,扰乱金融秩序的行为。

本罪侵犯的客体是国家的金融管理秩序。本罪的客观方面表现为行为人实施了非法吸收或变相吸收公众存款的行为。“非法吸收公众存款”,是指行为人违反国家法律法规的规定,在社会上以存款的形式公开吸收公众资金的行为。具体包含两种情况:一是行为人不具有吸收存款的主体资格而吸收公众存款,二是行为人虽然具有吸收存款的主体资格,但其所采用的方法是违法的。“变相吸收公众存款”,是指行为人不是以存款的名义而是通过其他形式吸收公众资金,从而达到吸收公众存款的目的的行为。如有些单位,未经批准成立资金互助组织吸收公众的资金,或者有些企业以投资、集资入股等名义吸收公众资金,但并不按规定分配利润、分配股息,而是以一定的利息进行支付。行为人只要具有上述两种行为之一,即具备本罪的行为要素。尽管《刑法》第 176 条对本罪的成立未作任何情节的限制,但根据《刑法》第 13 条“但书”的规定,对于非法吸收公众存款行为,如果情节显著轻微,危害不大的,就不宜作为犯罪处理。为此,最高人民检察院、公安部 2010 年 5 月 7 日印发的《关于公安机关管辖的刑事案件立案追诉标准的规定(二)》第 28 条对非法吸收公众存款行为应予立案追诉的情节标准作了明确的规定。本罪的主体包括任何已满 16 周岁,具有刑事责任能力的自然人和单位。本罪的主观方面是故意。

根据《刑法》第 176 条的规定,犯本罪的,处 3 年以下有期徒刑或者拘役,并处或者单处 2 万元以上 20 万元以下罚金;对数额巨大或者有其他严重情节的,处 3 年以上 10 年以下有期徒刑,并处 5 万元以上 50 万元以下罚金。单位犯本罪的,对单位判处罚金,并对其直接负责的主管人员和其他直接责任人员依照上述自然人犯本罪的法定刑处罚。

十一、伪造、变造金融票证罪

伪造、变造金融票证罪,是指行为人违反金融票据管理法规,仿照金融票据的式样、形状、色彩、文字等要素制作假的金融票据或者对真实的金融票据进行改制的行为。

本罪侵犯的客体是国家的金融票证管理秩序。本罪的对象有汇票、本票、支票和委托收款凭证、汇款凭证、银行存单等其他银行结算凭证，以及信用证或者附随的单据、文件和信用卡。

本罪在客观上表现为行为人违反金融票据管理法规，仿照金融票据的式样、形状、色彩、文字等要素制作假的金融票据或者对真实的金融票据进行改制的行为。尽管《刑法》第177条对本罪的成立未作任何情节的限制，但根据《刑法》第13条“但书”的规定，对于伪造、变造金融票证行为，如果情节显著轻微，危害不大的，就不宜作为犯罪处理。为此，最高人民检察院、公安部2010年5月7日印发的《关于公安机关管辖的刑事案件立案追诉标准的规定(二)》第29条对伪造、变造金融票证行为应予立案追诉的情节标准作了明确的规定。

本罪的主体包括任何已满16周岁，具有刑事责任能力的自然人和单位。本罪在主观上表现为故意。

根据《刑法》第177条的规定，犯本罪的，处5年以下有期徒刑或者拘役，并处或者单处2万元以上20万元以下罚金；情节严重的，处5年以上10年以下有期徒刑，并处5万元以上50万元以下罚金；情节特别严重的，处10年以上有期徒刑或者无期徒刑，并处5万元以上50万元以下罚金或者没收财产。单位犯本罪的，对单位判处罚金，并对其直接负责的主管人员和其他直接责任人员，依照上述规定处罚。

十二、妨害信用卡管理罪

妨害信用卡管理罪，是指持有、运输伪造的信用卡或者数量较大的伪造的空白信用卡，或者持有他人数量较大的信用卡，或者使用虚假的身份证明骗领信用卡，或者出售、购买、为他人提供伪造的信用卡或者以虚假的身份证明骗领的信用卡的行为。

本罪具有如下构成特征：

1. 本罪侵犯的客体是国家的信用卡管理制度。

2. 本罪在客观方面表现为妨害信用卡管理的行为。客观方面的一般表现为：(1) 明知是伪造的信用卡而持有、运输的；或者明知是伪造的空白信用卡而持有、运输，数量较大的。(2) 非法持有他人信用卡，数量较大的。(3) 使用虚假的身份证明骗领信用卡的。(4) 出售、购买、为他人提供伪造的信用卡或者以虚假的身份证明骗领的信用卡的。

所谓伪造的信用卡：一是指从表现形式到具体内容完全模仿真实的信用卡，按照真实信用卡的图案、版块、模式及磁条密码非法制造一个新的信用卡；二是指在真实的信用卡基础上进行伪造，比如随意涂改真实信息、伪造信息，或在空白的信用卡上输入其他用户的真实信息或输入虚假信息。以上两种情形均属于伪造的信用卡。

根据2010年5月7日最高人民检察院、公安部《关于公安机关管辖的刑事案件立案追诉标准的规定(二)》的规定，妨害信用卡管理罪在犯罪客观方面具体包括以下几种情况时，应予以立案：(1) 明知是伪造的信用卡而持有、运输的。(2) 明知是伪造的空白信用卡而持有、运输，数量累计在10张以上的。(3) 非法持有他人信用卡，数量累计在5张以上的。(4) 使用虚假的身份证明骗领信用卡的。(5) 出售、购买、为他人提供伪造的信用卡或者以虚假的身份证明骗领的信用卡的。该追诉标准还规定,违背他人意愿,使用其居民身份证、军官证、士兵证、港澳居民往来内地通行证、台湾居民来往大陆通行证、护照等身份证明申领信用卡的,或者使用伪造、变造的身份证明申领信用卡的,应当认定为"使用虚假的身份证明骗领信用卡"。

3. 本罪的犯罪主体是一般主体,即达到法定刑事责任年龄、具有刑事责任能力、实施危害行为的自然人。

4. 本罪在主观方面表现为故意,并且一般均具有牟取非法利益的目的。

根据《刑法修正案(五)》修正后的《刑法》第177条之一的规定,犯妨害信用卡管理罪的,处3年以下有期徒刑或者拘役,并处或者单处1万元以上10万元以下罚金;数量巨大或者有其他严重情节的,处3年以上10年以下有期徒刑,并处2万元以上20万元以下罚金。

十三、窃取、收买、非法提供信用卡信息罪

窃取、收买、非法提供信用卡信息罪,是指行为人秘密窃取、有偿收买或者非法提供他人信用卡信息资料的行为。

本罪侵犯的客体是国家对信用卡信息资料的管理秩序。本罪在客观方面表现为窃取、收买、非法提供他人信用卡信息资料的行为。所谓"信用卡信息",是指由发卡行在发卡时使用专用设备写入信用卡的磁条中的一组关于发卡行代码、持卡人账户、账号、密码等内容的加密电子数据,作为POS机、ATM机等终端机识别用户是否合法的依据。没有这些信息,信用卡无法使用。尽管《刑法》第177条之一第2款对本罪的成立未作任何情节的限制,但根据《刑法》第13条"但书"的规定,对于窃取、收买、非法提供他人信用卡信息行为,如果情节显著轻微,危害不大的,不宜作为犯罪处理。最高人民检察院、公安部2010年5月7日印发的《关于公安机关管辖的刑事案件立案追诉标准的规定(二)》第31条对窃取、收买、非法提供他人信用卡信息行为应予立案追诉的情节标准作了明确的规定。本罪的主体是任何已满16周岁,具有刑事责任能力的自然人。本罪在主观上表现为故意,即明知是他人的信用卡信息资料而窃取、收买、非法提供。

根据《刑法》第177条之一第2款和第3款的规定,犯本罪的,处3年以下有期徒刑或者拘役,并处或者单处1万元以上10万元以下罚金;数量巨大或者有其他严重情节的,处3年以上10年以下有期徒刑,并处2万元以上20万元以下罚金。银行或者其他金融机构的工作人员利用职务上的便利,犯本罪的,从重处罚。

十四、伪造、变造国家有价证券罪

伪造、变造国家有价证券罪,是指伪造、变造国库券或者国家发行的其他有价证券,数额较大的行为。

本罪侵犯的客体是国家的有价证券管理秩序。本罪的对象包括国家发行的国库券或者其他有价证券。“国库券”，是指国家为了解决财政资金、建设资金不足而向社会发行的政府债券。“其他有价证券”，是指国家面向全社会发行的、以人民币计算面值的、持券人凭券到期取得相应货币收入的凭证。其他有价证券的种类包括国家重点建设债券、特种国家债券、保值公债券、财政债券、金融债券等等。本罪在客观方面表现为伪造、变造国库券或者国家发行的其他有价证券，数额较大的行为。

本罪的客观方面包括以下两个要素：(1) 行为人实行了伪造、变造国库券或者国家发行的其他有价证券的行为。只要具有其中之一的行为，即具备本罪的行为要素。(2) 伪造或者变造的国库券等国家有价证券的数额较大。关于其具体标准，最高人民检察院、公安部 2010 年 5 月 7 日印发的《关于公安机关管辖的刑事案件立案追诉标准的规定(二)》第 32 条有明确规定。

本罪的主体包括任何已满 16 周岁，具有刑事责任能力的自然人和单位。本罪在主观上表现为故意。

根据《刑法》第 178 条第 1 款和第 3 款的规定，犯本罪的，处 3 年以下有期徒刑或者拘役，并处或者单处 2 万元以上 20 万元以下罚金；数额巨大的，处 3 年以上 10 年以下有期徒刑，并处 5 万元以上 50 万元以下罚金；数额特别巨大的，处 10 年以上有期徒刑或者无期徒刑，并处 5 万元以上 50 万元以下罚金或者没收财产。单位犯本罪的，对单位判处罚金，并对其直接负责的主管人员和其他直接责任人员，依照上述规定处罚。

十五、伪造、变造股票、公司、企业债券罪

伪造、变造股票、公司、企业债券罪，是指伪造、变造股票或者公司、企业债券，数额较大的行为。

本罪侵犯的客体是国家对股票、公司、企业债券的管理秩序。本罪的对象是股票和公司、企业债券。“股票”是指股份有限公司发给股东表明其入股股份，据以行使权利的凭证，是具有财产价值的有价证券。“公司、企业债券”是指公司、企业为了筹集发展资金而依法发行并承诺在规定的日期、按约定的利息还本付息、持券人凭券能够取得相应货币收入的凭证。本罪在客观上表现为伪造、变造股票或者公司、企业债券，数额较大的行为。

本罪的客观方面包括以下两个要素：(1) 行为人实行了伪造、变造股票、公司、企业债券的行为。只要具有其中之一的行为，即具备本罪的行为要素。(2) 伪造或者变造的股票、公司、企业债券的数额较大。关于其具体标准，最高人民检察院、公安部 2010 年 5 月 7 日印发的《关于公安机关管辖的刑事案件立案追诉标准的规定(二)》第 33 条有明确规定。

本罪的主体包括任何已满 16 周岁，具有刑事责任能力的自然人和单位。本罪在主观上表现为故意。

根据《刑法》第 178 条第 2 款和第 3 款的规定，犯本罪的，处 3 年以下有期徒刑或

者拘役,并处或者单处1万元以上10万元以下罚金;数额巨大的,处3年以上10年以下有期徒刑,并处2万元以上20万元以下罚金。单位犯本罪的,对单位判处罚金,并对其直接负责的主管人员和其他直接责任人员,依照上述规定处罚。

十六、擅自发行股票、公司、企业债券罪

擅自发行股票、公司、企业债券罪,是指未经国家有关主管部门批准,擅自发行股票或公司、企业债券,数额巨大,后果严重或者有其他严重情节的行为。

本罪侵犯的客体是国家对发行股票、公司、企业债券的管理秩序。本罪的对象是股票和公司、企业债券。本罪在客观上表现为未经国家有关主管部门批准,擅自发行股票或者公司、企业债券,数额巨大、后果严重或者有其他严重情节。

本罪的客观方面包括以下两个要素:(1) 行为人未经国家有关主管部门批准,擅自发行股票或者公司、企业债券。擅自发行包括未经批准,不具有发行资格而擅自发行股票或者公司、企业债券,和具有合法发行资格但违反《证券法》等法律法规规定发行股票或者公司、企业债券。(2) 上述行为具有数额巨大、后果严重或者其他严重情节三种情形之一。关于其具体标准,最高人民检察院、公安部2010年5月7日印发的《关于公安机关管辖的刑事案件立案追诉标准的规定(二)》第34条有明确规定。

本罪的主体包括任何已满16周岁,具有刑事责任能力的自然人和单位。本罪在主观上表现为故意。

根据《刑法》第179条的规定,犯本罪的,处5年以下有期徒刑或者拘役,并处或者单处非法募集资金金额1%以上5%以下罚金。单位犯本罪的,对单位判处罚金,并对其直接负责的主管人员和其他直接责任人员,处5年以下有期徒刑或者拘役。

十七、内幕交易、泄露内幕信息罪

(一) 内幕交易、泄露内幕信息罪的概念与特征

内幕交易、泄露内幕信息罪,是指证券、期货交易内幕信息的知情人员或者非法获取证券、期货交易内幕信息的人员,在涉及证券的发行,证券、期货交易或其他对证券、期货交易的价格有重大影响的信息尚未公开前,买入或者卖出该证券,或者从事与该内幕信息有关的期货交易,或者泄露该信息,或者明示、暗示他人从事上述交易活动,情节严重的行为。本罪是选择性罪名,司法实践中应根据具体案情,选择适用或并合适用。

本罪的构成特征如下:

1. 本罪侵犯的客体是复杂客体,即国家对证券、期货市场的管理秩序和广大投资者的合法权益。

2. 本罪在客观上表现为在涉及证券的发行,证券、期货交易或者其他对证券、期货交易价格有重大影响的信息尚未公开前,买入或者卖出该证券,或者从事与该内幕信息有关的期货交易,或者泄露该信息,或者明示、暗示他人从事上述交易活动,情节

严重的行为。

本罪的客观方面包括以下几个要素：

第一，行为人实行了内幕交易或者泄露内幕信息的行为。本罪的行为方式包括：其一，在内幕信息尚未公开前，买入该种证券、期货合约；其二，在内幕信息尚未公开前，卖出该种证券、期货合约；其三，在内幕信息尚未公开前，泄露该信息；其四，在内幕信息尚未公开前，明示、暗示他人买卖与该内幕信息有关的证券、期货合约。

所谓“内幕信息”，是指为证券、期货交易内幕人员知悉但尚未公开的对证券、期货交易价格有重大影响的信息。我国有关法律法规对内幕信息的范围作了比较明确的规定，如《证券法》第 75 条规定的下列信息即为内幕信息：(1) 本法第 67 条第 2 款所列的重大事件；(2) 公司分配股利或者增资的计划；(3) 公司股权结构的重大变化；(4) 公司债务担保的重大变化；(5) 公司营业用主要资产的抵押、出售或者报废一次超过该资产的 30%；(6) 公司的董事、监事、高级管理人员的行为可能依法承担重大损害赔偿责任；(7) 上市公司收购的有关方案；(8) 国务院证券监督管理机构认定的对证券交易价格有显著影响的其他重要信息。对此，需注意的是，内幕信息不包括运用公开的信息资料、对证券市场作出的预测和分析；法律法规中没有明确规定的“对证券交易价格有显著影响的其他重要信息”的判断，一般应综合考虑信息公开是否对相关交易价格产生了影响、对投资人的影响、知悉该信息的人员是否从事了与该信息相关的交易行为、相关公司是否对该信息采取了保密措施等因素进行。所谓“信息尚未公开前”，是指信息在国务院证券、期货监督管理机构指定的报刊、网站等媒体或者其他能够被一般投资者接触到的全国性报刊、网站等媒体披露之前。所谓“泄露内幕信息”是指知悉内幕信息的人员在内幕信息公开前，以明示或者暗示的方式将内幕信息泄露给不应知悉的人员。实践中，内幕信息知情人员通过对内幕信息的形成有影响的决策者、筹划者、动议者进行洽谈、旅游、宴请等信息以表达内幕信息内容的，应当属于泄露内幕信息。

第二，行为的情节严重。关于其具体标准，根据最高人民检察院、公安部 2010 年 5 月 7 日印发的《关于公安机关管辖的刑事案件立案追诉标准的规定(二)》第 35 条的规定，具有下列情形之一的，即属于情节严重：① 证券交易成交额累计在 50 万元以上的；② 期货交易占用保证金数额累计在 30 万元以上的；③ 获利或者避免损失数额累计在 15 万元以上的；④ 多次进行内幕交易、泄露内幕信息的；⑤ 其他情节严重的情形。

3. 本罪的主体是证券、期货交易内幕信息的知情人员和单位，以及非法获取证券、期货交易内幕信息的其他人员和单位。

根据我国《证券法》第 74 条规定，证券内幕信息的知情人员有如下几种：发行人的董事、监事、高级管理人员；持有公司 5% 以上股份的股东及其董事、监事、高级管理人员，公司的实际控制人及其董事、监事、高级管理人员；发行人控股的公司及其董事、监事、高级管理人员；由于所任公司职务可以获取公司有关内幕信息的人员；证券监督管理机构工作人员以及由于法定的职责对证券的发行、交易进行管理的其他人员；保荐人、承销的证券公司、证券交易所、证券登记结算机构、证券服务机构的有关人员；国务院证券监督管理机构规定的其他人员。根据《期货交易管理条例》第85条第12项的规定，期货内幕信息的知情人员，是指由于其管理地位、监督地位或者职业地位，或者作为雇员、专业顾问履行职务，能够接触或者获得内幕信息的人员，包括：期货交易所的管理人员以及其他由于任职可获取内幕信息的从业人员，国务院期货监督管理机构和其他有关部门的工作人员以及国务院期货监督管理机构规定的其他人员。

非法获取证券、期货交易内幕信息的人员，是指内幕信息知情人员以外的以窃取、骗取、刺探或者收买等方法非法获取证券、期货交易内幕信息或者被动接收他人以明示或暗示的方式告知证券、期货交易内幕信息的人员。

4. 本罪在主观上表现为故意。其中，实行内幕交易的行为人在主观方面只能是直接故意，即明知内幕信息而根据该信息买卖证券、期货合约，并且具有为自己或使他人牟取非法利益（获取利益或者减少损失）的目的。泄露内幕信息的行为人在主观方面既可以是直接故意，也可以是间接故意，即明知自己的行为会泄露内幕信息而希望或放任内幕信息泄露出去，过失不构成本罪。

（二）内幕交易、泄露内幕信息罪的认定

1. 本罪罪与非罪的界限主要体现在以下三点：(1) 本罪的主体范围仅限于知悉证券、期货交易内幕信息的知情人员和单位，以及非法获取证券、期货交易内幕信息的其他人员或单位。如果其他人确实不知情或者根据自己的专业知识分析得到的证券信息并公开予以传播的或者买卖证券的，不构成本罪。(2) 信息尚未公开。在资本市场中，证券的价格围绕其价值上下波动，而信息则是形成其价格的主要影响因素。内幕信息的掌控者，也就掌握了先于其他人非法获利的可能。因此，本罪成立的时间条件必须是在内幕信息尚未公开之前。(3) 行为人利用该信息买卖了证券或者向他人非法提供了信息。如果信息的原始掌控者仅是自己掌握信息，而没有利用该种信息买卖证券或者向他人泄露，则不构成本罪。

2. 本罪与编造并传播证券、期货交易虚假信息罪的界限。本罪中的泄露内幕信息行为与编造并传播证券、期货交易虚假信息罪在侵犯的客体、客观和主观方面具有一定的相同之处，两者的区别在于：第一，行为对象不同。前者的对象为真实的内幕信息，后者的对象为虚假的信息。第二，客观方面的表现不同。前者表现为行为人实行了泄露内幕信息的行为，且情节严重；后者表现为行为人实行了编造并传播证券、期货交易的虚假信息，扰乱证券、期货市场的行为，且造成严重后果。第三，犯罪主体不尽相同。前者的主体为内幕信息的知情人员和非法获取内幕信息的人员，后者的主体则无此要求。

3. 本罪与诱骗投资者买卖证券、期货合约罪的界限。本罪中的泄露内幕信息行为与诱骗投资者买卖证券、期货合约罪在侵犯的客体、客观方面和主观方面具有一定的相同之处，两者的区别在于：第一，行为对象不同。前者的对象为真实的内幕信息，后者的对象为虚假的信息或者被伪造、变造、销毁的交易记录。第二,客观方面的表现不同。前者表现为行为人实行了泄露内幕信息的行为,且情节严重;后者表现为行为人实行了提供虚假信息或者伪造、变造、销毁交易记录的行为,诱骗投资者买卖证券、期货合约,且造成严重后果。第三,犯罪主体不尽相同。前者的主体为内幕信息的知情人员和非法获取内幕信息的人员,后者的主体为证券交易所、期货交易所、证券公司、期货经纪公司的从业人员,证券业协会、期货业协会或者证券期货监督管理部门的工作人员。

4. 本罪与故意泄露国家秘密罪的界限。本罪中的泄露内幕信息行为与故意泄露国家秘密罪在犯罪的客观方面和主观方面具有一定的相同之处,两者的区别在于:第一,侵犯的客体不同。前者侵犯的客体为国家对证券、期货市场的管理秩序和广大投资者的合法权益,后者侵犯的客体为国家秘密的管理秩序。第二,行为对象不同。前者的对象为证券、期货交易的内幕信息,后者的对象为国家秘密。第三,客观方面不尽相同。前者行为人违反了国家的证券、期货方面的法律法规,后者行为人违反了保守国家秘密方面的法律法规。第四,犯罪主体不同。前者的主体为内幕信息的知情人员、单位和非法获取内幕信息的人员、单位,后者的主体为知悉国家秘密的国家机关工作人员和非国家机关工作人员。如果行为人知悉的信息既属于内幕信息也属于国家秘密的,那么对其泄露该信息的行为属于泄露内幕信息罪和故意泄露国家秘密罪的法规竞合现象,应按照泄露内幕信息罪处理。

5. 本罪认定中的罪数问题。涉及本罪认定中的罪数问题,主要是实践中经常发生的如下两种情况:一是采用行贿的方法非法获取内幕信息然后利用该信息进行内幕交易的;二是内幕信息知情人员受贿后向他人泄露内幕信息。由于前者系手段行为与目的行为的关系,后者系原因行为与结果行为的关系,均应按照牵连犯,以其中的一个重罪从重处罚。

(三) 内幕交易罪、泄露内幕信息罪的刑事责任

根据《刑法》第 180 条第 1 款、第 2 款的规定,犯本罪的,处 5 年以下有期徒刑或者拘役,并处或者单处违法所得 1 倍以上 5 倍以下罚金;情节特别严重的,处 5 年以上 10 年以下有期徒刑,并处违法所得 1 倍以上 5 倍以下罚金。单位犯本罪的,对单位判处罚金,并对其直接负责的主管人员和其他直接责任人员,处 5 年以下有期徒刑或者拘役。

十八、利用未公开信息交易罪

利用未公开信息交易罪,是指证券交易所、期货交易所、证券公司、期货经纪公司、基金管理公司、商业银行、保险公司等金融机构的从业人员以及有关监管部门或者行业协会的工作人员,利用因职务便利获取的内幕信息以外的其他未公开的信息,违反规定,从事与该信息相关的证券、期货交易活动,或者明示、暗示他人从事相关交易活动,情节严重的行为。

本罪的客体为未公开信息的平等利用权和投资者的财产权利。本罪在客观方面表现为证券交易所、期货交易所、证券公司、期货经纪公司、基金管理公司、商业银行、保险公司等金融机构的从业人员以及有关监管部门或者行业协会的工作人员,利用因职务便利获取的内幕信息以外的其他未公开的信息,违反规定,从事与该信息相关的证券、期货交易活动,或者明示、暗示他人从事相关交易活动,情节严重的行为。本罪的对象是“内幕信息以外的其他未公开的信息”。“其他未公开的信息”是指对证券、期货交易价格有重要影响的、非公开的、内幕信息以外的信息,如本单位受托管理资金的交易信息、相关市场行情(如某机构或者个人大户下单方向或者下单量的信息)、利率的变化、降低印花税以及外汇政策、金融政策的改变等信息。对于“情节严重”的标准,最高人民检察院、公安部2010年5月7日印发的《关于公安机关管辖的刑事案件立案追诉标准的规定(二)》第36条有明确规定。

本罪的主体为特殊主体,只能由证券交易所、期货交易所、证券公司、期货经纪公司、基金管理公司、商业银行、保险公司等金融机构的从业人员以及有关监管部门或者行业协会的工作人员构成,单位不能构成本罪。本罪的主观方面为故意。

根据《刑法》第180条第1款、第4款的规定,犯本罪的,处5年以下有期徒刑或者拘役,并处或者单处违法所得1倍以上5倍以下罚金;情节特别严重的,处5年以上10年以下有期徒刑,并处违法所得1倍以上5倍以下罚金。

十九、编造并传播证券、期货交易虚假信息罪

编造并传播证券、期货交易虚假信息罪,是指编造并且传播影响证券、期货交易的虚假信息,扰乱证券、期货交易市场,造成严重后果的行为。

本罪侵犯的客体是国家对证券、期货交易市场的管理秩序和投资者的合法权益。本罪在客观上表现为编造并且传播影响证券、期货交易的虚假信息,扰乱证券、期货交易市场,造成严重后果的行为。

本罪的客观方面包括如下两个要素:(1) 行为人实行了编造并且传播影响证券、期货交易的虚假信息,扰乱证券、期货交易市场的行为。“编造”,是指捏造虚假信息,既包括虚构不存在的信息,也包括窜改、加工、隐瞒真实的信息。“传播”,是指使用各种方法使虚假信息处于不特定人数或者多数人知悉或可能知悉的状态。(2) 上述行为造成了严重后果。关于其具体标准,最高人民检察院、公安部2010年5月7日印发的《关于公安机关管辖的刑事案件立案追诉标准的规定(二)》第37条有明确规定。

本罪的主体包括任何已满16周岁,具有刑事责任能力的自然人和单位。本罪在主观上表现为故意。

根据《刑法》第181条的规定,犯本罪的,处5年以下有期徒刑或者拘役,并处或者单处1万元以上10万元以下罚金。单位犯本罪的,对单位判处罚金,并对其直接负责的主管人员和其他直接责任人员,处5年以下有期徒刑或者拘役。

二十、诱骗投资者买卖证券、期货合约罪

诱骗投资者买卖证券、期货合约罪，是指证券交易所、期货交易所、证券公司、期货经纪公司的从业人员，证券业协会、期货业协会或者证券期货监督管理部门的工作人员，故意提供虚假信息或者伪造、变造、销毁交易记录，诱骗投资者买卖证券、期货合约，造成严重后果的行为。

本罪侵犯的客体是国家对证券、期货交易市场的管理秩序和投资者的合法权益。本罪在客观上表现为提供虚假信息或者伪造、变造、销毁交易记录，诱骗投资者买卖证券、期货合约，造成严重后果的行为。

本罪的客观方面包括以下两个要素：(1) 行为人实行了提供虚假信息或者伪造、变造、销毁交易记录，诱骗投资者买卖证券、期货合约的行为。所谓“提供虚假信息”，是指行为人主动提供或者应投资者的要求而提供可能影响证券、期货交易市场价格的、不真实的证券、期货交易信息，其结果在于误导和诱骗投资者买进或卖出证券、期货合约。所谓“伪造、变造或者销毁交易记录”，是指行为人为了某种目的，使用伪造、变造或者销毁交易记录的方式，掩盖真实信息，诱骗投资者。所谓“诱骗投资者买卖证券、期货合约”，是指行为人以提供虚假信息或者伪造、变造、销毁交易记录的方式，诱骗投资者并致使投资者在不了解事实真相的情况下，作出证券、期货投资的错误选择或证券、期货买卖的错误决定。尽管从法条上看，诱骗也是本罪的行为，但由于提供虚假信息的行为和伪造、变造、销毁交易记录的行为只要为投资者所知，即可能产生诱骗投资者的后果，所以只要行为人实行了提供虚假信息的行为和伪造、变造、销毁交易记录的行为之一的，即具备本罪的行为要素。(2) 上述行为造成了严重后果。关于其具体标准，最高人民检察院、公安部 2010 年 5 月 7 日印发的《关于公安机关管辖的刑事案件立案追诉标准的规定(二)》第 38 条有明确规定。

本罪的主体只能是证券、期货交易所或者证券、期货公司及其从业人员，证券、期货业协会或者证券、期货管理部门及其工作人员。本罪在主观上表现为故意。

根据《刑法》第 181 条第 2 款、第 3 款的规定，犯本罪的，处 5 年以下有期徒刑或者拘役，并处或者单处 1 万元以上 10 万元以下罚金；情节特别恶劣的，处 5 年以上 10 年以下有期徒刑，并处 2 万元以上 20 万元以下罚金。单位犯本罪的，对单位判处罚金，并对其直接负责的主管人员和其他直接责任人员，处 5 年以下有期徒刑或者拘役。

二十一、操纵证券、期货市场罪

操纵证券、期货市场罪，是指行为人违法操纵证券、期货市场，情节严重的行为。

本罪侵犯的客体是国家对证券、期货交易市场的管理秩序和投资者的合法权益。本罪在客观上表现为违法操纵证券、期货市场，情节严重的行为。

本罪的客观方面包括以下两个要素：(1) 行为人实行了违法操纵证券、期货市场的行为。具体表现为下列情形：第一，单独或者合谋，集中资金优势、持股或者持仓优

势或者利用信息优势联合或者连续买卖,操纵证券、期货交易价格或者证券、期货交易量的。第二,与他人串通,以事先约定的时间、价格和方式相互进行证券、期货交易,影响证券、期货交易价格或者证券、期货交易量的。第三,在自己实际控制的账户之间进行证券交易,或者以自己为交易对象,自买自卖期货合约,影响证券、期货交易价格或者证券、期货交易量的。第四,以其他方法操纵证券、期货市场的。行为人只要具有上述四种行为之一的,即具备本罪的行为要素。(2) 上述行为的情节严重。关于其具体标准,最高人民检察院、公安部 2010 年 5 月 7 日印发的《关于公安机关管辖的刑事案件立案追诉标准的规定(二)》第 39 条有明确规定。

本罪的主体包括任何已满 16 周岁,具有刑事责任能力的自然人和单位。本罪在主观上表现为故意。

根据《刑法》第 182 条的规定,犯本罪的,处 5 年以下有期徒刑或者拘役,并处或者单处罚金;情节特别严重的,处 5 年以上 10 年以下有期徒刑,并处罚金;单位犯本罪的,对单位判处罚金,并对其直接负责的主管人员和其他直接责任人员,依照上述规定处罚。

二十二、背信运用受托财产罪

背信运用受托财产罪,是指商业银行、证券交易所、期货交易所、证券公司、期货经纪公司、保险公司或者其他金融机构,违背受托义务,擅自运用客户资金或者其他委托、信托的财产,情节严重的行为。

本罪侵犯的客体是国家对客户资金及其他信托资产的管理秩序及广大投资者的财产利益。本罪在客观上表现为金融机构违背受托义务,擅自运用客户资金或者其他委托、信托的财产,情节严重的行为。

本罪的客观方面包括以下几个要素:(1) 金融机构违背受托义务。即指金融机构违背了其应当遵守的法律、行政法规、部门规章规定的受托人应尽的法定义务和受托人与委托人之间具体约定的义务。(2) 金融机构擅自运用客户资金或者其他委托、信托的财产。所谓“擅自运用”,是指金融机构未经客户等委托人的同意,私自将信托资金运用于指定用途以外的其他用途。所谓“委托、信托的财产”,主要是指在当前的委托理财业务中,存放在各类金融机构中的以下几类客户资金和资产:一是证券投资业务中的客户交易资金;二是委托理财业务中的客户资产;三是信托业务中的信托财产,分为资金信托和一般财产信托;四是证券投资基金。(3) 上述行为的情节严重。关于其具体标准,最高人民检察院、公安部 2010 年 5 月 7 日印发的《关于公安机关管辖的刑事案件立案追诉标准的规定(二)》第 40 条有明确规定。

本罪的主体只能是商业银行、证券交易所、期货交易所、证券公司、期货经纪公司、保险公司或者其他金融机构。所谓“其他金融机构”,主要包括信托投资公司、投资咨询公司、投资管理公司等金融机构。本罪在主观上表现为故意。

根据《刑法》第 185 条之一第 1 款的规定,犯本罪的,对单位判处罚金,并对其直接负责的主管人员和其他直接责任人员,处 3 年以下有期徒刑或者拘役,并处 3 万元以上 20 万元以下罚金;情节特别严重的,处 3 年以上 10 年以下有期徒刑,并处 5 万元以上 50 万元以下罚金。

二十三、违法运用资金罪

违法运用资金罪,是指社会保障基金管理机构、住房公积金管理机构等公众资金管理机构,以及保险公司、保险资产管理公司、证券投资基金管理公司,违反国家规定运用资金,情节严重的行为。

本罪侵犯的客体是国家对公众资金的管理秩序和社会公众合法的财产利益。本罪在客观上表现为公众资金管理机构以及保险公司、保险资产管理公司、证券投资基金管理公司,违反国家规定运用资金,情节严重的行为。

本罪的客观方面包括以下两个要素:(1) 违反国家规定运用资金;(2) 行为的情节严重。关于其具体标准,最高人民检察院、公安部 2010 年 5 月 7 日印发的《关于公安机关管辖的刑事案件立案追诉标准的规定(二)》第 41 条有明确规定。

本罪的主体是社会保障基金管理机构、住房公积金管理机构等公众资金管理机构,以及保险公司、保险资产管理公司、证券投资基金管理公司等金融机构。"社会保障基金管理机构",是指依法取得社会保障基金投资管理业务资格,根据合同受托运作和管理社会保障基金的专业性投资管理机构。"住房公积金管理机构",即住房公积金管理中心。"其他公众资金管理机构",是指根据我国目前以多元分散型和专门机构集中管理模式,接受社会保障基金管理机构委托对社会保障基金进行资产管理的保险公司、保险资产管理公司、证券投资管理公司等机构。"保险资产管理公司",是指经中国保监会会同有关部门批准,依法登记注册、受托管理保险资金的金融机构。"证券投资基金管理公司",是指经中国证券监督管理委员会批准,在中华人民共和国境内设立,从事证券投资基金管理业务的企业法人。本罪在主观上表现为故意。

根据《刑法》第 185 条之一第 2 款的规定,犯本罪的,对单位判处罚金,并对其直接负责的主管人员和其他直接责任人员,处 3 年以下有期徒刑或者拘役,并处 3 万元以上 30 万元以下罚金;情节特别严重的,处 3 年以上 10 年以下有期徒刑,并处 5 万元以上 50 万元以下罚金。

二十四、违法发放贷款罪

违法发放贷款罪,是指银行或者其他金融机构的工作人员违反国家规定发放贷款,数额巨大或者造成重大损失的行为。

本罪侵犯的客体是国家对金融机构贷款的管理秩序。本罪在客观上表现为银行或者其他金融机构的工作人员违反国家规定发放贷款,数额巨大或者造成重大损失的行为。

本罪的客观方面包括以下两个要素:(1) 违反国家规定发放贷款。(2) 违法发放贷款的数额巨大或者造成重大损失。关于其具体标准，最高人民检察院、公安部2010年5月7日印发的《关于公安机关管辖的刑事案件立案追诉标准的规定(二)》第42条有明确规定。

本罪的主体是银行或者其他金融机构及其工作人员。本罪在主观上表现为故意。

根据《刑法》第186条的规定，犯本罪的，处5年以下有期徒刑或者拘役，并处1万元以上10万元以下罚金；数额特别巨大或者造成特别重大损失的，处5年以上有期徒刑，并处2万元以上20万元以下罚金。银行或者其他金融机构的工作人员违反国家规定，向关系人发放贷款的，依照上述规定从重处罚。单位犯本罪的，对单位判处罚金，并对其直接负责的主管人员和其他直接责任人员，依照上述规定处罚。

二十五、吸收客户资金不入账罪

吸收账外客户资金不入账罪，是指银行或者其他金融机构的工作人员吸收客户资金不入账，数额巨大或者造成重大损失的行为。

本罪侵犯的客体是国家对信贷资金的管理秩序和客户资金的安全。本罪在客观上表现为银行或者其他金融机构的工作人员吸收客户资金不入账，数额巨大或者造成重大损失的行为。

本罪的客观方面包括以下两个要素：(1) 行为人实行了吸收客户资金不入账的行为，即指不记入金融机构的法定存款账目，以逃避国家金融监管，关于是否记入法定账目以外的设立的账目，不影响本罪的成立。所谓“客户资金”，既包括个人储蓄，也包括单位存款；既包括以合法方式吸收的公众存款，也包括以违反规定提高利率或其他不正当方式吸收的存款。(2) 吸收客户资金不入账的资金数额巨大或者造成重大损失。关于其具体标准，最高人民检察院、公安部2010年5月7日印发的《关于公安机关管辖的刑事案件立案追诉标准的规定(二)》第43条有明确规定。

本罪的主体只能是银行或者其他金融机构及其工作人员。本罪在主观上表现为故意。

根据《刑法》第187条的规定，犯本罪的，处5年以下有期徒刑或者拘役，并处2万元以上20万元以下罚金；数额特别巨大或者造成特别重大损失的，处5年以上有期徒刑，并处5万元以上50万元以下罚金。单位犯本罪的，对单位判处罚金，并对其直接负责的主管人员和其他直接责任人员，依照上述规定处罚。

二十六、违规出具金融票证罪

违规出具金融票证罪，是指银行或者其他金融机构的工作人员违反规定，为他人出具信用证或者其他保函、票据、存单、资信证明，情节严重的行为。

本罪侵犯的客体是国家对金融票证的管理秩序和金融机构的信誉及资金安全。本罪在客观上表现为银行或者其他金融机构的工作人员违反规定，为他人出具信用证或者其他保函、票据、存单、资信证明，情节严重的行为。

本罪的客观方面包括以下几个要素:(1) 违反规定,为他人出具信用证或者其他保函、票据、存单、资信证明。所谓"违反规定",是指违反有关金融法律、行政法规、规章及银行金融机构内部制定的规章制度与业务规则。(2) 行为的情节严重。关于其具体标准,最高人民检察院、公安部 2010 年 5 月 7 日印发的《关于公安机关管辖的刑事案件立案追诉标准的规定(二)》第 44 条有明确规定。

本罪的主体是银行或者其他金融机构及其工作人员。本罪在主观上表现为故意。

根据《刑法》第 188 条的规定,犯本罪的,处 5 年以下有期徒刑或者拘役;情节特别严重的,处 5 年以上有期徒刑。单位犯本罪的,对单位判处罚金,并对其直接负责的主管人员和其他直接责任人员,依照上述规定处罚。

二十七、对违法票据承兑、付款、保证罪

对违法票据承兑、付款、保证罪,是指银行或者其他金融机构的工作人员,在票据业务中,对违反票据法规定的票据予以承兑、付款或者保证,造成重大损失的行为。

本罪侵犯的客体是国家对票据承兑、付款、保证的管理秩序和金融机构的信誉及资金安全。本罪在客观上表现为银行或者其他金融机构的工作人员,在票据业务中,对违反票据法规定的票据予以承兑、付款或者保证,造成重大损失的行为。

本罪的客观方面包括以下几个要素:(1) 在票据业务中,对违反票据法规定的票据予以承兑、付款或者保证。"票据业务",是指根据《票据法》的规定所从事的汇票、本票和支票的流转活动。"承兑",是指汇票付款人承诺在汇票到期日支付汇票金额的票据行为。"付款",是指票据债务人向票据债权人支付票据金额的行为。"保证",是指对已经存在的票据上的债务进行担保的票据行为。(2) 行为造成重大损失。关于其具体标准,最高人民检察院、公安部 2010 年 5 月 7 日印发的《关于公安机关管辖的刑事案件立案追诉标准的规定(二)》第 45 条有明确规定。

本罪的主体是银行或者其他金融机构及其工作人员。本罪在主观上为故意,即对违反票据法规定的票据予以承兑、付款或者保证持故意心态,但对造成重大损失的结果可能出于过失。

根据《刑法》第 189 条的规定,犯本罪造成重大损失的,处 5 年以下有期徒刑或者拘役;造成特别重大损失的,处 5 年以上有期徒刑。单位犯本罪的,对单位判处罚金,并对其直接负责的主管人员和其他直接责任人员,依照上述规定处罚。

二十八、骗购外汇罪

骗购外汇罪,是指使用伪造的、变造的购买外汇所需的凭证、单据,或者重复使用购买外汇所需的凭证、单据,以及用其他方法骗购外汇,数额较大的行为。骗购外汇罪是全国人大常委会 1998 年 12 月 29 日通过的《关于惩治骗购外汇、逃汇和非法买卖外汇犯罪的决定》规定的新罪。

本罪的客体是国家对外汇的管理秩序。本罪侵犯的客体是国家外汇管理秩序。

本罪在客观上不仅要求行为人使用伪造、变造的海关签发的报关单、进口证明、外汇管理部门核准件等凭证和单据，重复使用海关签发的报关单、进口证明、外汇管理部门核准件等凭证和单据或者以其他方式骗购外汇，而且要求骗购外汇的数额较大才能构成犯罪。关于数额较大的标准，最高人民检察院、公安部2010年5月7日印发的《关于公安机关管辖的刑事案件立案追诉标准的规定(二)》第47条规定为50万美元以上。本罪的主体为一般主体，自然人和单位均可构成本罪。本罪在主观方面出于故意。

根据《关于惩治骗购外汇、逃汇和非法买卖外汇犯罪的决定》第1条的规定，个人犯本罪数额较大的，处5年以下有期徒刑或者拘役，并处骗购外汇数额5%以上30%以下罚金；数额巨大或者有其他严重情节的，处5年以上10年以下有期徒刑，并处骗购外汇数额5%以上30%以下罚金；数额特别巨大或者有其他特别严重情节的，处10年以上有期徒刑或者无期徒刑，并处骗购外汇5%以上30%以下罚金或者没收财产。单位犯本罪的，依照上述规定判处罚金，并对其直接负责的主管人员和其他直接责任人员，处5年以下有期徒刑或者拘役；数额巨大或者有其他严重情节的，处5年以上10年以下有期徒刑；数额特别巨大或者有其他特别严重情节的，处10年以上有期徒刑或者无期徒刑。伪造、变造海关签发的报关单、进口证明、外汇管理部门核准件等凭证和单据，并用于骗购外汇的，构成本罪，从重处罚。

二十九、逃汇罪

逃汇罪，是指违反国家规定，擅自将外汇存放境外，或者将境内的外汇非法转移到境外，数额较大的行为。

本罪侵犯的客体是国家外汇管理秩序。本罪在客观上表现为违反国家规定，擅自将外汇存放境外，或者将境内的外汇非法转移到境外，数额较大的行为。

本罪的客观方面包括以下两个要素：(1) 违反国家规定，擅自将外汇存放境外，或者将境内的外汇非法转移到境外。所谓"擅自"，即未经外汇管理机关批准，自行将外汇存放境外；所谓"存放"，并非指一般日常意义上的储存、寄存，而是指外汇不调回国内的一种事实状态。只要将应该调回的外汇未调回国内，无论该外汇是储存、寄存，还是投资、挪作他用，都应认为是"存放境外"。所谓"转移到境外"，是指将境内的外汇携带、托带或者邮寄到境外的行为。(2) 行为所涉的外汇数额较大。关于其具体标准，最高人民检察院、公安部2010年5月7日印发的《关于公安机关管辖的刑事案件立案追诉标准的规定(二)》第46条有明确规定。

本罪的主体只能是公司、企业或者其他单位。本罪在主观上表现为故意。

根据《刑法》第190条的规定，对犯本罪的单位判处罚金，并对其直接负责的主管人员和其他直接责任人员，处5年以下有期徒刑或者拘役。

三十、洗钱罪

（一）洗钱罪的概念与特征

洗钱罪，是指明知是毒品犯罪、黑社会性质的组织犯罪、恐怖活动犯罪、走私犯罪、贪污贿赂犯罪、破坏金融管理秩序犯罪、金融诈骗犯罪的违法所得及其产生的收益，为掩饰、隐瞒其来源和性质，而以存入金融机构、转移资金等方式使其在市场上合法化的行为。本罪的构成特征如下：

1. 本罪侵犯的客体是复杂客体，即国家正常的金融管理秩序和司法机关的正常活动。本罪的对象是上游犯罪即毒品犯罪、黑社会性质的组织犯罪、恐怖活动犯罪、走私犯罪、贪污贿赂犯罪、破坏金融管理秩序犯罪、金融诈骗犯罪的所得及其产生的收益。“毒品犯罪”是指《刑法》分则第六章第七节规定的各种有关毒品的犯罪；“黑社会性质的组织犯罪”，是指以黑社会性质的组织为主体所实施的各种犯罪；“恐怖活动犯罪”，是指恐怖组织实施的各种犯罪；“走私犯罪”，是指《刑法》分则第三章第二节规定的各种走私犯罪；“贪污贿赂犯罪”是指《刑法》分则第八章规定的各种贪污贿赂犯罪；“破坏金融管理秩序犯罪”，是指《刑法》分则第三章第四节规定的各种破坏金融管理秩序犯罪；“金融诈骗犯罪”，是指《刑法》分则第三章第五节规定的各种金融诈骗犯罪。“犯罪的所得及其产生的收益”，是指犯罪分子通过犯罪所获取的非法利益以及利用犯罪所得的非法利益所产生的孳息或者经营活动所产生的经济利益。

【实例分析 4-10】

对上述内容，可从下面的分析中深化认识：关于洗钱罪的认定，下列哪一选项是错误的？

A.《刑法》第 191 条虽未明文规定侵犯财产罪是洗钱罪的上游犯罪，但是，黑社会性质组织实施的侵犯财产罪，依然是洗钱罪的上游犯罪；

B. 将上游的毒品犯罪所得误认为是贪污犯罪所得而实施洗钱行为的，不影响洗钱罪的成立；

C. 上游犯罪事实上可以确认，因上游犯罪人死亡依法不能追究刑事责任的，不影响洗钱罪的认定；

D. 单位贷款诈骗应以合同诈骗罪论处，合同诈骗罪不是洗钱罪的上游犯罪。为单位贷款诈骗所得实施洗钱行为的，不成立洗钱罪。

分析如下：

（1）选项 A 说法正确。黑社会性质的犯罪包括黑社会性质组织实施的侵犯财产的犯罪，其实施的侵犯财产罪仍然可以构成洗钱罪的上游犯罪。

（2）选项 B 说法正确。行为人对上游犯罪的性质认定错误并不影响该罪的构成，只要犯罪所得仍然属于法律规定的七种犯罪，都可以成立洗钱罪。

（3）选项 C 说法正确。实施洗钱犯罪的是下游的人，上游犯罪的行为人死亡并不阻碍追究实施洗钱行为的人的刑事责任。

(4) 选项D说法错误。可以成为洗钱罪的上游犯罪共有七类:毒品犯罪、黑社会性质犯罪、恐怖活动犯罪、走私犯罪、贪污贿赂犯罪、破坏金融管理秩序犯罪、金融诈骗犯罪。对该七类犯罪应该理解为七类犯罪,而不应该理解为七种罪名。贷款诈骗为金融诈骗中的犯罪,只因单位不能成立贷款诈骗罪的主体,因此,对单位实施贷款诈骗的行为以合同诈骗罪进行处罚。但其犯罪行为本质上仍然是对银行贷款的诈骗,为其所得实施洗钱行为的,成立洗钱罪。

综上,上述问题的合适选项是D。

2. 本罪在客观上表现为行为人对毒品犯罪、黑社会性质的组织犯罪、恐怖活动犯罪、走私犯罪、贪污贿赂犯罪、破坏金融管理秩序犯罪、金融诈骗犯罪的所得及其产生的收益,实施了掩饰、隐瞒其来源和性质的行为。这就是通常所谓的"洗钱"。洗钱的目的在于通过金融体系或者直接投资等非金融体系的运作,截断犯罪所得及其产生的收益与先前犯罪行为之间的联系,以逃避法律追查,使犯罪所得及其产生的收益"合法化"的过程。

刑法将掩饰、隐瞒的行为方式规定为如下五种:第一,提供资金账户。即行为人将自己拥有的合法账户提供给实行上述七类犯罪的犯罪分子,或者为其在金融机构开立账户,让其将犯罪所得及其产生的收益存入金融机构。第二,协助将财产转换为现金、金融票据、有价证券。即行为人采取各种方式,协助上述七类犯罪分子将犯罪所得及其收益通过交易等方式转换为现金或者本票、汇票、支票等金融票据或者国库券、财政债券、国家建设债券等有价证券。第三,通过转账或者其他结算方式协助资金转移。即以将上述七类犯罪所得及其收益通过银行等金融机构的转账或者委托付款等结算方式,从一个账户转移到另一个账户,使其混入合法收入之中。第四,协助将资金汇往境外。主要是指享有资金调往境外权利的个人或者企业,通过自己在银行或者其他金融机构所开设的账号,将上述七类犯罪所得的资金汇往境外。第五,以其他方式掩饰、隐瞒犯罪的所得及其收益的性质和来源。实践中常见的有通过典当、租赁、买卖、投资等方式,协助转移、转换犯罪所得及其收益的;通过与商场、饭店、娱乐场所等现金密集型场所的经营收入相混合的方式,协助转移、转换犯罪所得及其收益的;通过虚构交易、虚设债权债务、虚假担保、虚报收入等方式,协助将犯罪所得及其收益转换为"合法"财物的;通过买卖彩票、奖券等方式,协助转换犯罪所得及其收益的;通过赌博方式,协助将犯罪所得及其收益转换为赌博收益的;协助将犯罪所得及其收益携带、运输或者邮寄出入境的,等等。该种情况是考虑到洗钱的行为方式多样性而在刑法上所作的一个堵漏性规定,以免遗漏其他方式的洗钱行为。

3. 本罪的主体为一般主体,自然人和单位均可构成。实施本罪的自然人是年满16周岁具有刑事责任能力的自然人,通常是银行或其他金融机构的工作人员;实施本罪的单位,通常是银行或其他金融机构以及中小企业。

4. 本罪的主观方面表现为直接故意,而且具有掩饰、隐瞒毒品犯罪、黑社会性质的组织犯罪、恐怖活动犯罪、走私犯罪、贪污贿赂犯罪、破坏金融管理秩序犯罪、金融诈骗犯罪的犯罪所得及其产生的收益并使之合法化的目的。

(二) 洗钱罪的认定

1. 本罪与非罪行为的界限

刑法虽未对本罪的成立规定任何情节上的限制,但根据《刑法》第 13 条“但书”的规定,如果洗钱的行为情节显著轻微危害不大的,就不认定为犯罪。判断洗钱行为是否属于情节显著轻微危害不大的情况,要综合考虑洗钱的数额、次数、是否偶犯或初犯等情节。

2. 本罪与掩饰、隐瞒犯罪所得、犯罪所得收益罪的界限

两者在表现上有诸多相似之处,也有明显的区别:(1) 犯罪对象上存在差异。本罪的行为对象只能是毒品犯罪、黑社会性质的组织犯罪、恐怖活动犯罪、走私犯罪、贪污贿赂犯罪、破坏金融管理秩序犯罪、金融诈骗犯罪的违法所得及其产生的收益,而后罪的行为对象则泛指犯罪所获一切赃物。(2) 犯罪客观方面不同。本罪在客观方面表现为掩饰、隐瞒原本恶性犯罪的犯罪所得及其收益的洗钱行为,而后者则表现为窝藏、转移、收购或者代为销售赃物的行为。(3) 犯罪的主体不同。本罪的主体可以是个人也可以是单位;而后罪的主体只能是自然人。(4) 犯罪主观方面不同。本罪在主观上不仅要求明知是前述七种犯罪的赃款并且要求具有掩饰、隐瞒其来源和性质的目的,而后者只要求明知是赃款、赃物。

3. 本罪与包庇毒品犯罪分子罪和窝藏、转移、隐瞒毒品、毒赃罪的界限

两者的犯罪具有较多相似之处,也有以下区别:(1) 犯罪对象不同。本罪的行为对象是前述七种特定犯罪的违法所得及其产生的收益,而后者的行为对象则是毒品犯罪分子或者毒品、毒赃。(2) 客观方面不同。本罪在客观上表现为七种特定犯罪洗钱的行为,后者则表现为包庇毒品犯罪分子和窝藏、转移、隐瞒毒品的行为。(3) 犯罪主体范围略有不同。本罪的主体可以是个人也可以是单位;而后者的主体只能是自然人。(4) 主观方面不尽相同。本罪有主观上不仅要求明知是前述七种犯罪的赃款赃物并且要求具有掩饰、隐瞒其来源和性质的目的,而后者只要求明知是毒品犯罪分子或毒品、毒赃。

(三) 洗钱罪的刑事责任

根据《刑法》第 191 条的规定,犯本罪的,除没收实施毒品犯罪、黑社会性质的组织犯罪、恐怖活动犯罪、走私犯罪、贪污贿赂犯罪、破坏金融管理秩序犯罪、金融诈骗犯罪的违法所得及其产生的收益外,处 5 年以下有期徒刑或者拘役,并处或者单处洗钱数额 5% 以上 20% 以下罚金;情节严重的,处 5 年以上 10 年以下有期徒刑,并处洗钱数额 5% 以上 20% 以下罚金。“情节严重”,一般是指洗钱数额巨大、手段恶劣等情形。单位犯本罪的,对单位判处罚金,并对直接负责的主管人员和其他直接责任人员,处 5 年以下有期徒刑或者拘役;情节严重的,处 5 年以上 10 年以下有期徒刑。

第六节 金融诈骗罪

（一）金融诈骗罪的概念和主要特征

金融诈骗罪是破坏社会主义市场经济罪中一类危害很大、常见多发的犯罪，其特征主要是行为人以非法占有为目的，采取虚构事实或者隐瞒真相的方法，实施集资、贷款、票据、金融凭证、有价证券、信用证、信用卡、保险诈骗活动，数额较大，侵害公私财产权益，破坏国家金融管理秩序的行为。这类犯罪具有如下几个方面的构成特征：

1. 金融诈骗罪侵犯的是复杂客体，包括金融管理秩序和公私财产所有权，且前者为主要客体。金融诈骗罪主要侵犯了金融管理秩序。各种金融诈骗犯罪行为违反金融管理法规，必然构成对国家金融秩序的侵犯。金融诈骗罪是以骗取财物为根本目的的，必然构成对公私财产所有权的侵犯。

2. 金融诈骗罪在客观方面表现为行为人采取虚构事实或隐瞒真相的行为方式，进行集资诈骗、贷款诈骗、票据诈骗、金融凭证诈骗、信用卡诈骗、信用证诈骗、保险诈骗、有价证券诈骗，骗取财产数额较大的行为。要构成本类犯罪，应具备下面几个要素：(1) 金融诈骗罪成立的前提是其行为违反了金融管理法规。金融管理法规是指有关调整金融关系和金融活动的各种法律法规的总称，如《商业银行法》《保险法》等。(2) 行为人采取了虚构事实或者隐瞒真相的诈骗方法。(3) 行为人实施了特定的诈骗行为，即在金融、保险、证券活动中的诈骗行为，即由《刑法》第 192 条至 198 条规定的具体行为。(4) 骗取数额较大的公私财物。只有行为人实施了诈骗行为，并且骗取了数额较大的公私财物，才能构成相应的犯罪。2010 年 5 月 7 日最高人民检察院、公安部《关于公安机关管辖的刑事案件立案追诉标准的规定(二)》对此有比较具体和明确的规定。

3. 金融诈骗罪的主体较一般犯罪的主体复杂，有的是一般自然人犯罪主体，有的是特殊犯罪主体，有的犯罪只能由自然人构成，有的犯罪既可以由自然人构成，也可以由单位构成。在集资诈骗罪、票据诈骗罪、金融凭证诈骗罪、信用证诈骗罪的主体中，自然人和单位均可构成。保险诈骗罪的主体是由特殊主体构成，即必须是投保人、被保险人或者受益人，且自然人和单位都可以成为犯罪主体。而贷款诈骗罪则是自然人主体，单位不能构成此罪。

4. 金融诈骗罪在主观方面由直接故意构成，且以非法占有他人财产为目的。一方面，金融诈骗犯罪是以非法占有他人财物为目的，另一方面，从金融诈骗行为方式来看，行为人必须实施掩盖事实、隐瞒真相等欺骗手段，积极追求达到非法占有他人财产的目的。因此，本类罪的主体都是明知自己的行为会发生危害社会的后果，并且积极追求和希望这种结果的产生，因此是直接故意。

（二）金融诈骗罪的认定

金融诈骗罪是一类犯罪的总称，共包括 8 个罪名，即集资诈骗罪、贷款诈骗罪、票据诈骗罪、金融凭证诈骗罪、信用证诈骗罪、信用卡诈骗罪、有价证券诈骗罪、保险诈骗罪。为了准确打击金融犯罪,在司法工作中做到不枉不纵,必须严格区分罪与非罪之间的界限。区分罪与非罪,应该从以下几个方面进行认定:

1. 行为人主观上是否以非法占有为目的

金融诈骗罪都是以非法占有为构成要件的,关于如何认定行为人是否具有非法占有的目的,最高人民法院 2001 年 1 月 21 日印发的《全国法院审理金融犯罪案件工作座谈会纪要》中指出,对于行为人通过诈骗的方法非法获取资金,造成数额较大资金不能归还,具有下列情形之一的,可以认定为具有非法占有目的:(1) 明知没有归还能力还大量骗取资金的;(2) 非法获取资金后逃跑的;(3) 肆意挥霍骗取资金的;(4) 使用骗取的资金进行违法犯罪活动的;(5) 抽逃、转移资金,隐匿财产,以逃避返还资金的;(6) 隐匿、销毁账目,或者搞假破产、假倒闭,以逃避返还资金的;(7) 其他非法占有资金,拒不返还的行为。该纪要为认定非法占有目的提供了依据,但是对于有证据证明行为人不具有非法占有目的的,不能单纯以财产不能归还就按照金融诈骗罪论处。

2. 行为人是否实施了特定的行为方式

即行为人是否是在金融活动中以虚构事实或者隐瞒真相的方法达到犯罪目的。以集资诈骗罪为例,集资诈骗罪与一般违法集资和非法吸收公众存款的区别主要在于是否是以欺诈的方法集资,如果不是以欺诈的方法集资则不构成集资诈骗罪。

3. 行为人的行为是否造成了严重后果

其"严重后果"的判断标准参照 2010 年最高人民检察院、公安部《关于公安机关管辖的刑事案件立案追诉标准的规定(二)》,如果没有达到相关追诉标准的规定,就不宜入罪。

一、集资诈骗罪

(一) 集资诈骗罪的概念和主要特征

集资诈骗罪,是指以非法占有为目的,违反有关金融法律法规的规定,使用诈骗方法进行非法集资,扰乱国家正常金融秩序,侵犯公私财产所有权,且数额较大的行为。本罪的构成特征如下:

1. 集资诈骗罪既侵犯了公私财产所有权,又侵犯了国家金融管理秩序。在现代社会,资金是企业进行生产经营不可缺少的资源和生产要素。而生产者、经营者自有资金极为有限,因此向社会筹集资金成为一种越来越重要的金融活动。与此同时,一些名为集资、实为诈骗的犯罪行为也开始滋生、蔓延。这种集资诈骗行为采取欺骗手段蒙骗社会公众,不仅造成投资者的经济损失,同时也干扰了金融机构储蓄、贷款等业务的正常进行,破坏国家的金融管理秩序。

2. 集资诈骗罪在客观方面表现为行为人实施了使用诈骗方法非法集资,数额较大的行为。构成本罪的行为人在客观方面应当符合以下条件:

（1）必须有违反相关法律和法规的非法集资行为。所谓“集资”，是指自然人或者法人为实现某种目的而募集资金或者集中资金的行为。依法进行的集资主要是指公司、企业或者其他个人、团体依照法律法规规定的条件和程序向社会公众发行有价证券或者利用融资租赁、联营、合资、企业集资等方式在资金市场上筹集所需的资金。所谓“非法集资”是指违反相关法律法规规定的条件和程序而向社会公众发行有价证券或者利用融资租赁、联营、合资等方式在资金市场上筹集资金的行为。

（2）集资是通过使用诈骗方法实施的。即行为人以非法占有为目的，编造谎言、虚构事实或者隐瞒真相，骗取他人资金的行为。在实践中犯罪分子使用诈骗方法非法集资行为主要是利用公众缺乏投资知识、盲目进行投资的心理，钻市场经济条件下经济活动纷繁复杂、投资法制不健全的空子进行的。如有的行为人谎称其集资得到政府领导和有关主管部门同意，有时甚至伪造有关批文，以骗取社会公众信任；有的大肆登载虚假广告，引起社会公众投资盈利心理；有的打着举办集体企业或发展高科技的幌子等，方法是多种多样的，但其实质就是通过行骗的方式募集资金。只要行为人采用了隐瞒真相或虚构事实的方法进行集资的，均属于使用欺骗方法非法集资行为。根据最高人民法院《关于审理非法集资刑事案件具体应用法律若干问题的解释》第 4 条，以非法占有为目的，使用诈骗方法实施下列行为的，应当依照《刑法》第 192 条的规定，以集资诈骗罪定罪处罚：① 不具有房产销售的真实内容或者不以房产销售为主要目的，以返本销售、售后包租、约定回购、销售房产份额等方式非法吸收资金的；② 以转让林权并代为管护等方式非法吸收资金的；③ 以代种植（养殖）、租种植（养殖）、联合种植（养殖）等方式非法吸收资金的；④ 不具有销售商品、提供服务的真实内容或者不以销售商品、提供服务为主要目的，以商品回购、寄存代售等方式非法吸收资金的；⑤ 不具有发行股票、债券的真实内容，以虚假转让股权、发售虚构债券等方式非法吸收资金的；⑥ 不具有募集基金的真实内容，以假借境外基金、发售虚构基金等方式非法吸收资金的；⑦ 不具有销售保险的真实内容，以假冒保险公司、伪造保险单据等方式非法吸收资金的；⑧ 以投资入股的方式非法吸收资金的；⑨ 以委托理财的方式非法吸收资金的；⑩ 利用民间“会”、“社”等组织非法吸收资金的；⑪ 其他非法吸收资金的行为。

（3）使用诈骗方法非法集资必须达到数额较大，才构成犯罪，否则不构成犯罪。根据最高人民检察院、公安部《关于公安机关管辖的刑事案件立案追诉标准的规定（二）》和上述解释，个人集资诈骗，数额在 10 万元以上的；或者单位集资诈骗，数额在 50 万元以上的，应当认定为数额较大。

3. 本罪的主体是一般主体，任何达到刑事责任年龄，具有刑事责任能力的自然人均可构成本罪，单位也可以成为本罪主体，但自然人和单位构成犯罪的追诉标准不同。

4. 本罪在主观上由故意构成，且以非法占有为目的。即犯罪行为人在主观上具有将非法聚集的资金据为己有的目的。使用诈骗方法非法集资，具有下列情形之一的，可以认定为“以非法占有为目的”：（1）集资后不用于生产经营活动或者用于生产经营活动与筹集资金规模明显不成比例,致使集资款不能返还的;(2) 肆意挥霍集资款,致使集资款不能返还的;(3) 携带集资款逃匿的;(4) 将集资款用于违法犯罪活动的;(5) 抽逃、转移资金、隐匿财产,逃避返还资金的;(6) 隐匿、销毁账目,或者搞假破产、假倒闭,逃避返还资金的;(7) 拒不交代资金去向,逃避返还资金的;(8) 其他可以认定非法占有目的的情形。

【实例分析 4-11】

对上述内容,可从下例分析中深化认识:甲资金链断裂无法归还借款,但仍继续扩大宣传,又吸纳社会资金 2000 万元,后因亏空巨大,甲将余款 500 万元交给其子,跳楼自杀。关于上述事实的定性,下列哪些选项是正确的?

A. 甲以非法占有为目的,非法吸纳资金,构成集资诈骗罪;

B. 甲集资诈骗的数额为 2000 万元;

C. 根据《刑法》规定,集资诈骗数额特别巨大的,可判处死刑;

D. 甲已死亡,导致刑罚消灭,法院对余款 500 万元不能进行追缴。

分析如下:

(1) 选项 A 正确。甲以非法占有为目的,使用诈骗方法非法集资,数额特别巨大,构成集资诈骗罪。

(2) 选项 B 正确。《关于审理非法集资刑事案件具体应用法律若干问题的解释》第 5 条第 3 款规定,集资诈骗的数额以行为人实际骗取的数额计算,案发前已归还的数额应予扣除。行为人为实施集资诈骗活动而支付的广告费、中介费、手续费、回扣,或者用于行贿、赠与等费用,不予扣除。行为人为实施集资诈骗活动而支付的利息,除本金未归还可予折抵本金以外,应当计入诈骗数额。甲吸纳了社会资金 2000 万元,并未支付利息,还剩 2000 万元的诈骗数额未还。因此,甲的集资诈骗数额是 2000 万元。

(3) 选项 C 错误。《刑法修正案(九)》已经取消集资诈骗罪的死刑。

(4) 选项 D 错误。甲的死亡会导致其刑事责任的消灭,但其民事责任、行政责任并不必然消灭,甲的死亡不影响对其余款的追缴。

综上,上述问题的合适选项是 AB。

(二) 集资诈骗罪的刑事责任

《刑法》第 192 条规定,自然人犯集资诈骗罪的,处 5 年以下有期徒刑或者拘役,并处 2 万元以上 20 万元以下罚金;数额巨大或者有其他严重情节的,处 5 年以上 10 年以下有期徒刑,并处 5 万元以上 50 万元以下罚金;数额特别巨大或者有其他特别严重情节的,处 10 年以上有期徒刑或者无期徒刑,并处 5 万元以上 50 万元以下罚金或者没收财产。

《刑法》第 200 条规定,单位犯集资诈骗罪的,判处罚金;对其直接负责的主管人员和其他直接责任人员,处 5 年以下有期徒刑或者拘役,可以并处罚金;数额巨大或者有其他严重情节的,处 5 年以上 10 年以下有期徒刑,并处罚金;数额特别巨大或者有其他特别严重情节的，处10年以上有期徒刑或者无期徒刑，并处罚金。

根据最高人民法院《关于审理非法集资刑事案件具体应用法律若干问题的解释》，个人集资诈骗数额在30万元以上，单位集资诈骗数额在150万元以上的，应认定为“数额巨大”；个人集资诈骗数额在100万元以上，单位集资诈骗数额在500万元以上的，应认定为“数额特别巨大”。

二、贷款诈骗罪

（一）贷款诈骗罪的概念和主要特征

贷款诈骗罪，是指以非法占有为目的，使用欺诈方法，诈骗银行或者其他金融机构的贷款，数额较大的行为。本罪的主要构成特征如下：

1. 本罪的客体是国家的贷款管理制度和银行或者其他金融机构的财产所有权。

2. 本罪在客观方面表现为诈骗银行或者其他金融机构的贷款，数额较大的行为。其具体的诈骗形式有以下几种：(1) 编造引进资金、项目等虚假理由；(2) 使用虚假的经济合同；(3) 使用虚假的证明文件；(4) 使用虚假的产权证明作担保或者超出抵押物价值重复担保；(5) 以其他方法诈骗贷款。行为人只要实施上述五种行为方式之一，数额较大，即构成贷款诈骗罪。

3. 本罪主体为一般主体，凡年满16周岁，具有刑事责任能力的自然人均可构成本罪。单位不能构成本罪，如果单位实施贷款诈骗，并符合其他条件的，应以合同诈骗罪论处。

4. 本罪在主观上出于故意，且有非法占有的目的。

【实例分析4-12】

对上述内容，可从下面的分析中深化认识：关于贷款诈骗罪的判断，下列哪一选项是正确的？

A. 甲以欺骗手段骗取银行贷款，给银行造成重大损失的，构成贷款诈骗罪；

B. 乙以牟利为目的套取银行信贷资金，转贷给某企业，从中赚取巨额利益的，构成贷款诈骗罪；

C. 丙公司以非法占有为目的，编造虚假的项目骗取银行贷款，该公司构成贷款诈骗罪；

D. 丁使用虚假的证明文件，骗取银行贷款后携款潜逃的，构成贷款诈骗罪。

分析如下：

(1) A项中甲缺少非法占有目的，不构成贷款诈骗罪。

(2) B项中乙的行为构成高利转贷罪。

(3) 根据《刑法》第30条和第193条的规定，单位不构成贷款诈骗罪。所以C项是错误的。

(4) D项中丁使用虚假证明文件骗取银行贷款的行为，构成贷款诈骗罪。

综上,上述问题的合适选项是 D。

(二) 贷款诈骗罪的认定

1. 本罪与非罪的界限

(1) 区分贷款诈骗罪与贷款纠纷的界限。贷款纠纷,是指拖欠银行或者其他金融机构的贷款的行为。贷款纠纷不构成犯罪,因为行为人主观上不具有诈骗的目的,并非以非法占有的目的占有银行或者其他金融机构的贷款,只是因为经营、管理不善致使贷款无法按期偿还;而贷款诈骗罪,行为人主观上有非法占有的目的,根本不具有偿还贷款的心理态度。

(2) 区分贷款诈骗罪与一般的骗取银行贷款行为的界限。二者的区别主要在骗取贷款的数额上。贷款诈骗罪,必须骗取银行或者其他金融机构数额较大的贷款。

2. 贷款诈骗罪与高利转贷罪的界限

二者的区别主要在于:(1) 主观目的不同。贷款诈骗罪的目的在于非法占有贷款本身;高利转贷罪则是意图通过转贷牟利,并没有占有贷款本身的目的。(2) 行为方式不同。本罪是通过实施各种诈骗手段获得贷款;高利转贷罪是通过套取信贷资金又高利转贷他人的方法取得违法所得。

(三) 贷款诈骗罪的刑事责任

根据《刑法》第 193 条的规定,犯本罪的,处 5 年以下有期徒刑或者拘役,并处 2 万元以上 20 万元以下罚金;数额巨大或者有其他严重情节的,处 5 年以上 10 年以下有期徒刑,并处 5 万元以上 50 万元以下罚金;数额特别巨大或者有其他特别严重情节的,处 10 年以上有期徒刑或者无期徒刑,并处 5 万元以上 50 万元以下罚金或者没收财产。

三、票据诈骗罪

票据诈骗罪,是指以非法占有为目的,利用金融票据进行诈骗活动,数额较大的行为。

本罪的客体是国家的金融管理秩序和公私财产的所有权。本罪在客观上表现为利用金融票据进行诈骗活动,数额较大的行为。具体的表现形式有以下几种:(1) 明知是伪造、变造的汇票、本票、支票而使用的;(2) 明知是作废的汇票、本票、支票而使用的;(3) 冒用他人的汇票、本票、支票的;(4) 签发空头支票或者与其预留印鉴不符的支票,骗取财物的;(5) 汇票、本票的出票人签发无资金保证的汇票、本票或者在出票时作虚假记载,骗取财物的。

本罪主体为一般主体,自然人和单位均可构成本罪。本罪在主观上出于故意,且有非法占有的目的。

根据《刑法》第 194 条、第 200 条的规定,犯本罪的,处 5 年以下有期徒刑或者拘役,并处 2 万元以上 20 万元以下罚金;数额巨大或者有其他严重情节的,处 5 年以上

10年以下有期徒刑,并处5万元以上50万元以下罚金;数额特别巨大或者有其他特别严重情节的,处10年以上有期徒刑或者无期徒刑,并处5万元以上50万元以下罚金或者没收财产。单位犯本罪,对单位判处罚金,并对其直接负责的主管人员和其他直接责任人员,处5年以下有期徒刑或者拘役,可以并处罚金;数额巨大或者有其他严重情节的,处5年以上10年以下有期徒刑,并处罚金;数额特别巨大或者有其他特别严重情节的,处10年以上有期徒刑或者无期徒刑,并处罚金。

四、金融凭证诈骗罪

金融凭证诈骗罪,是指以非法占有为目的,使用伪造、变造的委托收款凭证、汇款凭证、银行存单等其他银行结算凭证,骗取数额较大的财物的行为。

本罪客体为国家的金融管理秩序和公私财产的所有权。本罪在客观上表现为使用伪造、变造的委托收款凭证、汇款凭证、银行存单等其他银行结算凭证,骗取财物,数额较大的行为。

本罪主体为一般主体,自然人与单位均可构成本罪。本罪主观上出于故意。

根据《刑法》第194条、第200条的规定,犯本罪的,处5年以下有期徒刑或者拘役,并处2万元以上20万元以下罚金;数额巨大或者有其他严重情节的,处5年以上10年以下有期徒刑,并处5万元以上50万元以下罚金;数额特别巨大或者有其他特别严重情节的,处10年以上有期徒刑或者无期徒刑,并处5万元以上50万元以下罚金或者没收财产。单位犯本罪,对单位判处罚金,并对其直接负责的主管人员和其他直接责任人员,处5年以下有期徒刑或者拘役,可以并处罚金;数额巨大或者有其他严重情节的,处5年以上10年以下有期徒刑,并处罚金;数额特别巨大或者有其他特别严重情节的,处10年以上有期徒刑或者无期徒刑,并处罚金。

五、信用证诈骗罪

信用证诈骗罪,是指以非法占有为目的,利用信用证进行诈骗活动的行为。

本罪客体为国家的金融管理秩序和公司财产所有权。本罪在客观上表现为利用信用证进行诈骗活动的行为。所谓"信用证",是指开证银行根据进口商的申请,开给受益人的保证付款的书面凭证。其具体的行为方式有以下几种:(1)使用伪造、变造信用证或者附随的单据、文件的;(2)使用作废的信用证的;(3)骗取信用证的;(4)以其他方法进行信用证诈骗活动的。

本罪主体为一般主体,自然人与单位均可构成本罪。本罪主观上出于故意,且有非法占有的目的。

根据《刑法》第195条、第200条的规定,犯本罪的,处5年以下有期徒刑或者拘役,并处2万元以上20万元以下罚金;数额巨大或者有其他严重情节的,处5年以上10年以下有期徒刑,并处5万元以上50万元以下罚金;数额特别巨大或者有其他特别严重情节的,处10年以上有期徒刑或者无期徒刑,并处5万元以上50万元以下罚金或者没收财产。单位犯本罪，对单位判处罚金，并对其直接负责的主管人员和其他直接责任人员，处5年以下有期徒刑或者拘役，可以并处罚金；数额巨大或者有其他严重情节的，处5年以上10年以下有期徒刑，并处罚金；数额特别巨大或者有其他特别严重情节的，处10年以上有期徒刑或者无期徒刑，并处罚金。

六、信用卡诈骗罪

（一）信用卡诈骗罪的概念和主要特征

信用卡诈骗罪，是指以非法占有为目的，违反信用卡管理法规，利用信用卡进行诈骗活动，骗取财物数额较大的行为。本罪具有如下主要特征：

1. 信用卡诈骗罪所侵害的客体是复杂客体，既对信用卡管理制度造成侵害，同时也对金融机构以及信用卡的有关关系人的公私财物所有权造成损害。本罪犯罪对象是信用卡。

2. 本罪在客观上表现为使用伪造、变造的信用卡，或者冒用他人信用卡，或者利用信用卡恶意透支，诈骗公私财物，数额较大的行为。

其具体行为表现为：(1) 使用伪造的信用卡或者使用虚假身份证明骗领的信用卡进行诈骗。所谓“使用”，包括用信用卡购买商品、在银行等进行支付、结算的各种服务。(2) 使用作废的信用卡进行诈骗。所谓“作废的信用卡”，是指使用因法定的原因失去效用的信用卡。(3) 冒用他人的信用卡进行诈骗。根据最高人民法院和最高人民检察院2009年《关于办理妨害信用卡管理刑事案件具体应用法律若干问题的解释》，“冒用他人信用卡”，包括拾得他人信用卡并使用的；骗取他人信用卡并使用的；窃取、收买、骗取或者以其他非法方式获取他人信用卡信息资料，并通过互联网、通讯终端等使用的；以及其他冒用他人信用卡的情形。(4) 使用信用卡进行恶意透支。“恶意透支”是指持卡人以非法占有为目的，超过规定限额或者规定期限透支，并且经发卡银行催收后仍不归还透支款或者在大量透支后潜逃、隐瞒身份，以逃避还款责任的行为。根据上述最高人民法院和最高人民检察院司法解释，持卡人以非法占有为目的，超过规定限额或者规定期限透支，并且经发卡银行两次催收后超过3个月仍不归还的，应当认定为《刑法》第196条规定的“恶意透支”。

本罪必须是利用信用卡诈骗，数额较大的行为。根据上述最高人民法院和最高人民检察院司法解释，不同的信用卡诈骗行为，其数额较大的标准不完全一致，使用伪造的信用卡、以虚假的身份证明骗领的信用卡、作废的信用卡或者冒用他人信用卡，进行信用卡诈骗活动，数额在5000元以上不满5万元的，应当认定为“数额较大”；恶意透支，数额在1万元以上不满10万元的，应当认定为“数额较大”。

3. 本罪的主体是一般主体，凡达到刑事责任年龄，具有刑事责任能力的自然人均可构成。单位亦能成为本罪的主体。

4. 本罪在主观上只能由故意构成，并且必须具有非法占有公私财物的目的。如有以下情形之一的，应当认定为“以非法占有为目的”：(1) 明知没有还款能力而大量透支,无法归还的;(2) 肆意挥霍透支的资金,无法归还的;(3) 透支后逃匿、改变联系方式,逃避银行催收的;(4) 抽逃、转移资金,隐匿财产,逃避还款的;(5) 使用透支的资金进行违法犯罪活动的;(6) 其他非法占有资金,拒不归还的行为。

【实例分析 4-13】

对上述内容,可从下例分析中深化认识:甲和女友乙在网吧上网时,捡到一张背后写有密码的银行卡。甲持卡去 ATM 机取款,前两次取出 5000 元。在准备再次取款时,乙走过来说:“注意,别出事。”甲答:“马上就好。”甲又分两次取出 6000 元,并将该 6000 元递给乙。乙接过钱后站了一会儿说:“我走了,你小心点。”甲接着又取出 7000 元。关于本案,下列哪些选项是正确的?

A. 甲拾得他人银行卡并在 ATM 机上使用,根据相关司法解释,成立信用卡诈骗罪;

B. 对甲前两次取出 5000 元的行为,乙不负刑事责任;

C. 乙接过甲取出的 6000 元,构成掩饰、隐瞒犯罪所得罪;

D. 乙虽未持银行卡取款,也构成犯罪,犯罪数额是 1.3 万元。

分析如下:

(1) 关于 A 项。根据 2008 年 4 月 18 日最高人民检察院《关于拾得他人信用卡并在自动柜员机(ATM 机)上使用的行为如何定性问题的批复》,拾得他人信用卡并在自动柜员机(ATM 机)上使用的行为,属于《刑法》第 196 条第 1 款第 3 项规定的“冒用他人信用卡”的情形,构成犯罪的,以信用卡诈骗罪追究刑事责任。因此,A 项的表述正确,当选。

(2) 关于 B 项和 D 项。从本案的案情看,乙虽然和甲一起捡拾了信用卡,但乙只参与了甲的后两次行为,只对 6000 元和 7000 元两次的行为承担责任,即成立信用卡诈骗罪的承继的共犯,而对于甲前两次取出 5000 元的行为,乙无须承担刑事责任。因此,B 项和 D 项均正确,当选。

(3) 关于 C 项。如前述对 B 项和 D 项的解析,乙对甲后来两次的取出 6000 元和 7000 元的行为,成立信用卡诈骗罪的承继的共犯,而非掩饰、隐瞒犯罪所得罪。因此,C 项的表述错误,不当选。

综上,上述问题的合适选项是 ABD。

(二) 信用卡诈骗罪的刑事责任

根据《刑法》第 196 条的规定,犯本罪的,处 5 年以下有期徒刑或者拘役,并处 2 万元以上 20 万元以下罚金;数额巨大或者有其他严重情节的,处 5 年以上 10 年以下有期徒刑,并处 5 万元以上 50 万元以下罚金;数额特别巨大或者有其他特别严重情节的,处 10 年以上有期徒刑或者无期徒刑,并处 5 万元以上 50 万元以下罚金或者没收财产。

根据最高人民法院和最高人民检察院《关于办理妨害信用卡管理刑事案件具体

应用法律若干问题的解释》,对于恶意透支信用卡诈骗犯罪,应当追究刑事责任,但在公安机关立案后人民法院判决宣告前已偿还全部透支款息的,可以从轻处罚,情节轻微的,可以免除处罚。恶意透支数额较大,在公安机关立案前已偿还全部透支款息,情节显著轻微的,可以依法不追究刑事责任。

七、有价证券诈骗罪

有价证券诈骗罪,是指以非法占有为目的,使用伪造、变造的国库券或者国家发行的其他有价证券,进行诈骗活动,数额较大的行为。

本罪的客体是国家的有价证券管理制度和公私财产的所有权。本罪在客观上表现为使用伪造、变造的国库券或者国家发行的其他有价证券,进行诈骗活动,数额较大的行为。本罪主体为一般主体,凡年满 16 周岁,具有刑事责任能力的自然人均可构成本罪。本罪在主观上出于故意。

根据《刑法》第 197 条的规定,犯本罪的,处 5 年以下有期徒刑或者拘役,并处 2 万元以上 20 万元以下罚金;数额巨大或者有其他严重情节的,处 5 年以上 10 年以下有期徒刑,并处 5 万元以上 50 万元以下罚金;数额特别巨大或者有其他特别严重情节的,处 10 年以上有期徒刑或者无期徒刑,并处 5 万元以上 50 万元以下罚金或者没收财产。

八、保险诈骗罪

(一) 保险诈骗罪的概念

保险诈骗罪,是指以非法占有保险金为目的,采取虚构保险标的、虚构保险事故或者故意制造保险事故等方法,骗取数额较大的保险金的行为。

(二) 保险诈骗罪的构成特征

1. 本罪的客体是国家的保险制度以及保险人的财产所有权。

2. 本罪在客观上表现为骗取数额较大的保险金的行为。行为人在客观方面必须具有下列行为:(1) 投保人故意虚构保险标的,骗取保险金的。(2) 投保人、被保险人或者受益人对发生的保险事故编造虚假的原因或者夸大损失的程度,骗取保险金的。(3) 投保人、被保险人或者受益人编造未曾发生的保险事故,骗取保险金的。(4) 投保人、被保险人故意造成财产损失的保险事故,骗取保险金的。(5) 投保人、受益人故意造成被保险人死亡、伤残或者疾病,骗取保险金的。

3. 本罪主体为特殊主体,包括投保人、被保险人或者受益人。

4. 本罪在主观上出于故意,且有非法占有保险金的目的。

(三) 保险诈骗罪的认定

1. 保险诈骗罪与非罪的界限。区分罪与非罪的关键在于骗取保险金的数额是否达到较大的标准。没有达到数额较大的标准,则不构成犯罪。

2. 保险诈骗罪与其他犯罪的关系。依照《刑法》第 198 条第 2 款的规定，投保人、受益人故意制造保险事故或者故意造成被保险人死亡、伤残或者疾病，而骗取保险金的，按照数罪并罚的规定处罚。如果行为人以放火、爆炸、故意杀人、故意伤害等方式制造保险事故，骗取保险金的，不按照牵连犯处理，而应按分别构成的罪名与保险诈骗罪进行数罪并罚。

3. 保险诈骗罪的共同犯罪形态的认定。保险诈骗罪的共同犯罪的认定，主要应当注意以下两个问题：

（1）保险事故的鉴定人、证明人、财产评估人参与保险诈骗的认定。根据《刑法》第 198 条第 4 款的规定，保险事故的鉴定人、证明人、财产评估人故意提供虚假的证明文件，为他人诈骗提供便利条件的，以保险诈骗的共犯论处。需要注意的是，以上人员的行为是否构成保险诈骗罪，取决于两个条件：① 其所帮助的行为人所实施的保险诈骗行为是否构成保险诈骗罪。如果投保人、被保险人、受益人所实施的保险诈骗行为尚没有达到刑法规定的犯罪的程度，那么，为其提供帮助的行为人自然也不构成共同犯罪。② 保险事故的鉴定人、证明人、财产评估人与保险诈骗的行为人之间是否存在着共同的犯罪故意，即是否明知其所作的虚假证明文件是用于保险诈骗的。只有这两个条件同时具备，才能成为保险诈骗罪的共犯。

（2）保险公司工作人员与投保人、被保险人、受益人相互勾结，共同实施保险诈骗罪的认定。由于根据《刑法》第 183 条的规定，保险公司工作人员利用职务上的便利骗取保险金的，以职务侵占罪或贪污罪定罪处罚。因此，当保险公司工作人员与投保人、被保险人或者受益人相勾结，共同诈骗保险金时，究竟是按照保险诈骗罪定罪处罚，还是按照职务侵占罪、贪污罪定罪处罚，在刑法理论界与司法实践界有较大的争议，形成了不同的理论观点。有主犯决定说，即根据各自在共同犯罪中的作用来确定。如果保险公司工作人员为主犯，则应根据该工作人员是否具有国家工作人员身份，认定为职务侵占罪或贪污罪，如果投保人、被保险人、受益人为主犯，则各共同犯罪人均应认定为保险诈骗罪。有特殊身份说，即按照保险公司工作人员这一特殊身份，将各共同犯罪人认定为职务侵占罪或者贪污罪。有一般主体说，即保险公司工作人员与保险诈骗行为人共同诈骗的，以保险诈骗的共犯论处。还有区别对待说，即保险公司工作人员如果利用了职务之便，实施了共同的保险诈骗行为，则应认定为职务侵占罪或贪污罪，若是没有利用职务之便，则应认定为保险诈骗罪。本书认为，相对而言，区别对待说更加具有合理性。

（四）保险诈骗罪的刑事责任

根据《刑法》第 198 条的规定，犯本罪的，处 5 年以下有期徒刑或者拘役，并处以 1 万元以上 10 万元以下罚金；数额巨大或者有其他严重情节的，处 5 年以上 10 年以下有期徒刑，并处 2 万元以上 20 万元以下罚金；数额特别巨大或者有其他特别严重情节的，处 10 年以上有期徒刑，并处 2 万元以上 20 万元以下罚金或者没收财产。

第七节 危害税收征管罪

一、逃税罪

本罪系根据《刑法修正案(七)》第3条所修订的罪名。逃税罪,是指纳税人或者扣缴义务人,违反税收法律法规,逃避缴纳应缴税款,数额较大并且占应纳税额10%以上的行为。

本罪客体是国家的税收征管制度。本罪在客观上表现为违反税收法律法规,逃避应缴税额,数额较大的行为。逃税行为主要概括为两类:第一类是纳税人采取欺骗、隐瞒手段进行虚假纳税申报;第二类行为是“不申报”,是指不向税务机关进行纳税申报的行为。同时,本罪还要求逃避应缴税款数额较大,并且占应纳税额10%以上。

本罪主体为特殊主体,纳税人或者扣缴义务人可以构成本罪。本罪在主观上出于故意,并且有逃避纳税义务,谋取非法利益的目的。

根据《刑法修正案(七)》第3条的规定,犯本罪的,处3年以下有期徒刑或者拘役,并处罚金;数额巨大并且占应纳税额30%以上的,处3年以上7年以下有期徒刑,并处罚金。扣缴义务人采取前款所列手段,不缴或者少缴已扣、已收税款,数额较大的,依照上述规定处罚。对多次实施前两款行为,未经处理的,按照累计数额计算。有上述行为,经税务机关依法下达追缴通知后,补缴应纳税款,缴纳滞纳金,已受行政处罚的,不予追究刑事责任;但是,5年内因逃避缴纳税款受过刑事处罚或者被税务机关给予二次以上行政处罚的除外。单位犯本罪的,对单位判处罚金,并对其直接负责的主管人员和其他直接责任人员,依照上述规定处罚。在判处罚金前,应当先由税务机关追缴税款。

二、抗税罪

抗税罪,是指纳税人以暴力、威胁方法拒不缴纳税款的行为。

本罪的客体是国家的税收征管秩序和税务人员的人身安全。本罪在客观上表现为行为人采用暴力、威胁方法拒不缴纳税款的行为。如果在暴力抗税中故意致税务人员重伤、死亡的,应按照故意杀人罪、故意伤害罪定罪处罚。如果在暴力抗税过程中过失致税务人员重伤、死亡的,以情节严重抗税罪处罚。

本罪主体为一般主体,凡年满16周岁,具有刑事责任能力的自然人均可构成本罪。本罪在主观上出于故意,且有抗拒缴纳税款的目的。

根据《刑法》第202条、第212条的规定,犯本罪的,处3年以下有期徒刑或者拘役,并处拒缴税款1倍以上5倍以下罚金;情节严重的,处3年以上7年以下有期徒刑,并处拒缴税款1倍以上5倍以下罚金。在对判处罚金的犯罪分子执行罚金前,应当先由税务机关追缴所逃避的税款。

三、逃避追缴欠税罪

逃避追缴欠税罪,是指纳税义务人欠缴应纳税款,采取转移或者隐匿财产的手段,致使税务机关无法追缴欠税的税款,数额较大的行为。

本罪客体为国家的税收征管制度。本罪在客观上表现为纳税义务人欠缴应纳税款,采取转移或者隐匿财产的手段,致使税务机关无法追缴欠税的税款,数额较大的行为。"数额较大",是指逃避欠税数额在1万元以上。本罪主体为一般主体,自然人与单位均可构成本罪。本罪在主观上出于故意。

根据《刑法》第203条、第211条和第212条的规定,犯本罪的,处3年以下有期徒刑或者拘役,并处或者单处欠缴税款1倍以上5倍以下的罚金;数额在10万元以上的,处3年以上7年以下有期徒刑,并处欠缴税款1倍以上5倍以下的罚金。单位犯本罪,对单位判处罚金,并对其直接负责的主管人员和其他直接责任人员,依照上述规定处罚。在对判处罚金的犯罪分子执行罚金前,应当先由税务机关追缴所逃避的税款。

四、骗取出口退税罪

骗取出口退税罪,是指以假报出口或者其他欺骗手段,骗取国家出口退税款,数额较大的行为。

本罪客体是国家的出口退税的管理制度和国家财产的所有权。所谓"出口退税",是指税务机关根据国家法律法规和政策的规定,对于在国内已征税款的产品,在其出口时,将已征税款的全部或者部分给予返还的制度。本罪在客观上表现为以假报出口或者其他欺骗手段,骗取国家出口退税款,数额较大的行为。本罪主体为一般主体,自然人与单位均可构成。本罪在主观上出于故意,并有骗取国家出口退税款的目的。

根据《刑法》第204条、第211条和第212条的规定,犯本罪的,处5年以下有期徒刑或者拘役,并处骗取税款1倍以上5倍以下的罚金;数额巨大或者有其他严重情节的,处5年以上10年以下有期徒刑,并处骗取税款1倍以上5倍以下的罚金;数额特别巨大或者有其他特别严重情节的,处10年以上有期徒刑或者无期徒刑,并处骗取税款1倍以上5倍以下的罚金或者没收财产。单位犯本罪,对单位判处罚金,并对其直接负责的主管人员和其他直接责任人员,依照上述规定处罚。在对判处罚金的犯罪分子执行罚金前,应当先由税务机关追缴所逃避的税款。

五、虚开增值税专用发票、用于骗取出口退税、抵扣税款发票罪

虚开增值税专用发票、用于骗取出口退税、抵扣税款发票罪,是指故意违反国家发票管理规定,虚开增值税专用发票或者虚开用于骗取出口退税、抵扣税款的其他发票的行为。

本罪客体是国家的发票管理制度和税收征管制度。所谓增值税专用发票,是指国家税务部门根据增值税征收管理需要,根据货物或者劳务所负担的增值税税额而设定的一种专用发票。本罪在客观上表现为虚开增值税专用发票或者虚开用于骗取出口退税、抵扣税款的其他发票的行为。根据《刑法》第205条第4款的规定,虚开增值税专用发票的行为包括为他人虚开、为自己虚开、让他人为自己虚开、介绍他人虚开四种。行为人具备上述行为之一者,即可构成本罪。本罪主体为一般主体,自然人和单位均可构成本罪。本罪在主观上出于故意。

根据《刑法》第205条的规定,犯本罪的,处3年以下有期徒刑或者拘役,并处2万元以上20万元以下罚金;虚开的税款数额较大或者有其他严重情节的,处3年以上10年以下有期徒刑,并处5万元以上50万元以下罚金;虚开的税款数额巨大或者有其他特别严重情节的,处10年以上有期徒刑或者无期徒刑,并处5万元以上50万元以下罚金或者没收财产。单位犯本罪的,对单位判处罚金,并对其直接负责的主管人员和其他直接责任人员,处3年以下有期徒刑或者拘役;虚开的税款数额较大或者有其他严重情节的,处3年以上10年以下有期徒刑;虚开的税款数额特别巨大或者有其他特别严重情节的,处10年以上有期徒刑或者无期徒刑。

六、虚开发票罪

虚开发票罪,是指以虚假的手段,开具普通发票的行为。

本罪客体是国家对普通发票的管理制度。犯罪对象是普通发票。发票分为普通发票、增值税专用发票和专业发票。普通发票,主要由营业税纳税人和增值税小规模纳税人使用,增值税一般纳税人在不能开具专用发票的情况下也可使用普通发票。普通发票由行业发票和专用发票组成。前者适用于某个行业和经营业务,如商业零售统一发票、商业批发统一发票、工业企业产品销售统一发票等;后者仅适用于某一经营项目,如广告费用结算发票、商品房销售发票等。

本罪客观方面表现为虚开发票情节严重的行为。“虚开”发票,是指没有商品购销或者没有提供、接受劳务、服务而开具发票,或者虽有商品购销或者提供、接受了劳务、服务,但开具数量或金额不实的发票的行为。

本罪主体为一般主体,即自然人和单位都可以构成本罪的主体。

本罪主观方面由直接故意构成,即行为人故意虚开发票。一般来说,行为人主观上都具有营利的目的,但这并非法定要件。如果以其他目的虚开发票的,也构成本罪。

认定虚开发票罪应当注意的问题:第一,要注意区分罪与非罪的界限。依照《刑法》第205条之一的规定,虚开发票必须达到情节严重的程度才构成本罪。因为这类行为首先违反的是国家发票管理法规,是一种行政违法行为,应当主要通过行政制裁的方式处理。只有情节严重的虚开发票的行为,才构成犯罪。什么是“情节严重”,有待于最高司法机关作出司法解释。司法实践中,“情节严重”可以从以下几个方面来分析认定:虚开发票数额或者数量;虚开发票的次数;虚开发票造成的后果;是否因虚开发票的行为受到过行政处罚或者刑事处罚;有无其他恶劣情节,等等。

根据《刑法》第205条之一的规定,犯虚开发票罪的,处2年以下有期徒刑、拘役或者管制,并处罚金;情节特别严重的,处2年以上7年以下有期徒刑,并处罚金。单位犯本罪的,对单位判处罚金,并对其直接负责的主管人员和其他直接责任人员,依照前述规定处罚。

七、伪造、出售伪造的增值税专用发票罪

伪造、出售伪造的增值税专用发票罪,是指仿照增值税专用发票的式样,非法印制假增值税专用发票或者出售非法印刷的假增值税专用发票的行为。

本罪的客体是国家的发票管理制度。本罪在客观上表现为仿照增值税专用发票的式样,非法印制假增值税专用发票或者出售非法印刷的假增值税专用发票的行为。本罪主体为一般主体,自然人及单位均可构成本罪。本罪在主观上出于故意。

根据《刑法》第206条的规定,犯本罪的,处3年以下有期徒刑、拘役或者管制,并处2万元以上20万元以下罚金;数量较大或者有其他严重情节的,处3年以上10年以下有期徒刑,并处5万元以上50万元以下罚金;数量巨大或者有其他特别严重情节的,处10年以上有期徒刑或者无期徒刑,并处5万元以上50万元以下罚金或者没收财产。单位犯本罪,对单位判处罚金,并对其直接负责的主管人员和其他直接责任人员,处3年以下有期徒刑、拘役或者管制;数量较大或者有其他严重情节的,处3年以上10年以下有期徒刑;数量巨大或者有其他特别严重情节的,处10年以上有期徒刑或者无期徒刑。

八、非法出售增值税专用发票罪

非法出售增值税专用发票罪,是指违反国家发票管理法规,非法出售增值税专用发票的行为。

本罪客体是国家的发票管理制度。本罪在客观上表现为违反发票管理法规,非法出售增值税专用发票的行为。本罪主体为一般主体,自然人与单位均可构成本罪。本罪在主观上出于故意。

根据《刑法》第207条和第211条的规定,犯本罪的,处3年以下有期徒刑、拘役或者管制,并处2万元以上20万元以下罚金;数量较大的,处3年以上10年以下有期徒刑,并处5万元以上50万元以下罚金;数量巨大的,处10年以上有期徒刑或者无期徒刑,并处5万元以上50万元以下罚金或者没收财产。单位犯本罪的,对单位判处罚金,并对其直接负责的主管人员和其他直接责任人员,按照上述规定处罚。

九、非法购买增值税专用发票、购买伪造的增值税专用发票罪

非法购买增值税专用发票、购买伪造的增值税专用发票,是指违反国家发票管理法规,非法购买增值税专用发票或者购买伪造的增值税专用发票的行为。

本罪的客体是国家的发票管理制度。本罪客观上表现为违反国家发票管理法规，非法购买增值税专用发票或者购买伪造的增值税专用发票的行为。本罪主体为一般主体，自然人与单位均可构成本罪。本罪主观上出于故意。

根据《刑法》第208条、第211条的规定，犯本罪的，处5年以下有期徒刑或者拘役，并处或者单处2万元以上20万元以下罚金。单位犯本罪的，对单位判处罚金，并对其直接负责的主管人员和其他直接责任人员，依照上述规定处罚。

十、非法制造、出售非法制造的用于骗取出口退税、抵扣税款发票罪

非法制造、出售非法制造的用于骗取出口退税、抵扣税款发票罪，是指违反国家发票管理法规，伪造、擅自制造或者出售伪造、擅自制造的用于骗取出口退税、抵扣税款发票的行为。

本罪客体是国家的发票管理制度。本罪在客观上表现为指违反国家发票管理法规，非法制造、出售非法制造的用于骗取出口退税、抵扣税款发票的行为。"伪造"，是指没有印制权的人印制足以使得一般人误认为是可以用于骗取出口退税、抵扣税款的发票；"擅自制造"，是指发票印制的指定企业，超出税务部门批准的范围私自印制上述发票的行为。本罪主体为一般主体，自然人与单位均可构成本罪。本罪主观上出于故意。

根据《刑法》第209条、第211条的规定，犯本罪的，处3年以下有期徒刑、拘役或者管制，并处2万元以上20万元以下罚金；数量巨大的，处3年以上7年以下有期徒刑，并处5万元以上50万元以下罚金；数量特别巨大的，处7年以上有期徒刑，并处5万元以上50万元以下罚金或者没收财产。单位犯本罪的，对单位判处罚金，并对其直接负责的主管人员和其他直接责任人员，依照上述规定处罚。

十一、非法制造、出售非法制造的发票罪

非法制造、出售非法制造的发票罪，是指违反国家发票管理法规，故意伪造、擅自制造或者出售伪造、非法制造的发票的行为。

本罪的客体是国家的发票管理制度。本罪所说的"发票"，是指用于出口退税、折抵税款的发票以外的其他发票。本罪在客观上表现为违反国家发票管理法规，非法制造、出售非法制造的发票的行为。本罪主体为一般主体，自然人与单位均可构成本罪。本罪主观上出于故意。

根据《刑法》第209条第2款、第211条的规定，犯本罪的，处2年以下有期徒刑、拘役或者管制，并处1万元以上5万元以下罚金；情节严重的，处2年以上7年以下有期徒刑，并处5万元以上50万元以下罚金。单位犯本罪的，对单位判处罚金，并对其直接负责的主管人员和其他直接责任人员，依照上述规定处罚。

十二、非法出售用于骗取出口退税、抵扣税款发票罪

非法出售用于骗取出口退税、抵扣税款发票罪，是指违反国家发票管理法规，非法

出售可以用于骗取出口退税、抵扣税款的非增值税专用发票的行为。

本罪客体是国家的发票管理制度。本罪在客观上表现为违反国家发票管理法规,非法出售可以用于骗取出口退税、抵扣税款的非增值税专用发票的行为。行为人所出售的必须是真实的发票,如果出售的是伪造、擅自制造的可以用于骗取出口退税、抵扣税款的发票,则构成出售非法制造的用于骗取出口退税、抵扣税款发票罪。本罪主体为一般主体,自然人与单位均可构成本罪。本罪在主观上出于故意。

根据《刑法》第 209 条第 3 款、第 211 条的规定,犯本罪的,处 3 年以下有期徒刑、拘役或者管制,并处 2 万元以上 20 万元以下罚金;数量巨大的,处 3 年以上 7 年以下有期徒刑,并处 5 万元以上 50 万元以下罚金;数量特别巨大的,处 7 年以上有期徒刑,并处 5 万元以上 50 万元以下罚金或者没收财产。单位犯本罪的,对单位判处罚金,并对其直接负责的主管人员和其他直接责任人员,依照上述规定处罚。

十三、非法出售发票罪

非法出售发票罪,是指违反国家发票管理法规,故意非法出售除增值税专用发票、可以用于骗取出口退税、抵扣税款的非增值税专用发票以外的普通发票的行为。

本罪客体为国家的发票管理制度。本罪在客观上表现为违反国家发票管理法规,非法出售除增值税专用发票、可以用于骗取出口退税、抵扣税款的非增值税专用发票以外的普通发票的行为。本罪主体为一般主体,自然人与单位均可构成本罪。本罪在主观上出于故意。

根据《刑法》第 209 条第 4 款、第 211 条的规定,犯本罪的,处 2 年以下有期徒刑、拘役或者管制,并处 1 万元以上 5 万元以下罚金;情节严重的,处 2 年以上 7 年以下有期徒刑,并处 5 万元以上 50 万元以下罚金。单位犯本罪的,对单位判处罚金,并对其直接负责的主管人员和其他直接责任人员,依照上述规定处罚。

十四、持有伪造的发票罪

持有伪造的发票罪是指明知是伪造的发票而持有,并且数量较大的行为。

本罪客体是复杂客体,主要包括国家的发票管理制度和税收征管制度。违法购买、持有和使用置于税务机关监管以外的伪造发票,侵犯了国家对发票的管理制度。此外,发票是国家进行税务稽查的重要依据,通过购买假发票虚列成本,减少所得税等税种的应纳税额,达到偷逃税款的目的,从而侵犯了国家的税收征管制度。

本罪客观方面表现为行为人非法持有伪造的发票,数量较大的行为。"持有",是指行为人实际支配、控制数量较大的假发票的一种持续状态,既可以随身携带、放置或藏匿在某一地点,也可以委托他人保管,只要在行为人控制之下即可。

本罪主体是一般主体,自然人和单位都可构成。

本罪主观方面是故意,即行为人明知是伪造的发票而持有。关于持有伪造发票的犯罪是否必须以牟利为目的,有不同的意见。一种意见认为,刑法条文没有规定以非法牟利为目的,因此,本罪不以非法牟利目的为构成要件,只要持有行为达到情节严重,就应定罪处罚。另一种意见认为,不能一概而论。持有伪造的发票不是违法者的最终目的,往往是作为出售或者实施逃税等其他非法牟利犯罪的桥梁和中介,最终是以谋取非法经济利益为目的。由于持有伪造的发票罪主要侵害的是国家税收征管秩序,如果没有牟利的目的,那么持有伪造发票的行为对国家税款的征收就没有威胁,也不会对国家税收征管秩序造成大的影响,其社会危害性不大。特别是在不知是伪造发票的情况下获得了伪造的发票,事后发现发票系伪造,但依然持有,也没有利用伪造发票实施其他违法行为的,就属于情节显著轻微的情形,可不以犯罪论处。因此,虽然《刑法修正案(八)》没有将"以营利为目的"或者"为牟取经济利益"作为持有伪造的发票罪的主观要件,但是不以牟利为目的的持有伪造发票行为是否能认定为本罪需要审慎认定。

根据《刑法》第 210 条之一的规定,犯本罪数量较大的,处 2 年以下有期徒刑、拘役或者管制,并处罚金;数量巨大的,处 2 年以上 7 年以下有期徒刑,并处罚金。单位犯本罪的,对单位判处罚金,并对其直接负责的主管人员和其他直接责任人员,依照前款的规定处罚。

第八节　侵犯知识产权罪

一、假冒注册商标罪

(一) 假冒注册商标罪的概念

假冒注册商标罪,是指未经注册商标所有人的许可,在同一种商品上使用与其注册商标相同的商标,情节严重的行为。

(二) 假冒注册商标罪的构成特征

1. 本罪是复杂客体的犯罪,既侵犯了国家的商标管理制度,又侵犯了注册商标所有人的商标专用权。

2. 本罪在客观上表现为违反国家商标管理法规,未经注册商标所有人许可,在同一种商品上使用与其注册商标相同的商标,情节严重的行为。违反《商标法》是本罪成立的前提。

3. 本罪主体为一般主体,自然人和单位均可构成本罪。

4. 本罪主观上出于故意。

(三) 假冒注册商标罪的认定

关于假冒注册商标罪与非罪的界限应当注意三点:(1) 假冒注册商标罪必须侵犯的是他人已经注册的商标,使用他人未到国家商标管理部门注册登记的商标,不构成本罪。(2) 假冒注册商标罪是在同一种商品上使用与其注册商标相同的商标,行为人在不同种类的商品上使用与其注册商标相同的商标或者在同一种商品上使用与其注册商标相类似的商标,均不构成本罪。(3)必须情节严重才构成假冒注册商标罪,没有达到情节严重的程度则不构成本罪。至于情节是否严重,一般取决于假冒注册商标的数额是否较大,是否多次实施假冒注册商标的行为,假冒注册商标,是否在国内外造成恶劣影响等等。

(四)假冒注册商标罪的刑事责任

根据《刑法》第213条、第220条的规定,犯本罪的,处3年以下有期徒刑或者拘役,并处或者单处罚金;情节特别严重的,处3年以上7年以下有期徒刑,并处罚金。单位犯本罪的,对单位判处罚金,并对其直接负责的主管人员和其他直接责任人员依照上述规定处罚。

二、销售假冒注册商标的商品罪

销售假冒注册商标的商品罪,是指明知是假冒注册商标的商品而予以销售,销售金额数额较大的行为。

本罪的客体是国家的商标管理制度和注册商标所有人的商标专用权。本罪在客观上表现为违反国家商标管理法规,销售明知是假冒注册商标的商品,销售金额数额较大的行为。本罪主体为一般主体,自然人与单位均可构成本罪。本罪主观上出于故意,并且要明知是假冒注册商标的商品而予以销售。

根据《刑法》第214条、第220条的规定,犯本罪的,处3年以下有期徒刑或者拘役,并处或者单处罚金;销售金额数额巨大的,处3年以上7年以下有期徒刑,并处罚金。单位犯本罪的,对单位判处罚金,并对其直接负责的主管人员和其他直接责任人员依照上述规定处罚。

三、非法制造、销售非法制造的注册商标标识罪

非法制造、销售非法制造的商标标识罪,是指违反国家商标管理法规,故意伪造、擅自制造商标所有人的注册商标标识,或者销售伪造、擅自制造注册商标所有人的商标标识,情节严重的行为。

本罪的客体是国家的商标管理制度和注册商标所有人的商标专用权。本罪在客观上表现为违反国家商标管理法规,伪造、擅自制造注册商标所有人的商标标识,或者销售伪造、擅自制造注册商标所有人的商标标识,情节严重的行为。本罪主体为一般主体,自然人与单位均可构成本罪。本罪主观上出于故意。

根据《刑法》第215条、第220条的规定,犯本罪的,处3年以下有期徒刑、拘役或者管制,并处或者单处罚金;情节特别严重的,处3年以上7年以下有期徒刑,并处罚金。单位犯本罪的,对单位判处罚金,并对其直接负责的主管人员和其他直接责任人员依照上述规定处罚。

四、假冒专利罪

假冒专利罪,是指违反国家专利法规,故意假冒他人专利,情节严重的行为。

本罪的客体为国家的专利管理制度和专利权人的专利专用权。本罪在客观上表现为违反国家专利法规,假冒他人专利,情节严重的行为。本罪成立必须具备两个条件:(1) 假冒专利的行为发生在专利权的有效期限内。根据《专利法》的规定,发明专利的有效期限为20年,实用新型和外观设计的有效期限为10年。(2) 行为人实施了假冒他人专利权的行为。假冒专利的行为,主要表现为未经专利权人许可而擅自使用他人专利。本罪主体为一般主体,自然人与单位均可构成本罪。本罪主观上出于故意。

根据《刑法》第216条、第220条的规定,犯本罪的,处3年以下有期徒刑或者拘役,并处或者单处罚金。单位犯本罪的,对单位判处罚金,并对其直接负责的主管人员和其他直接责任人员依照上述规定处罚。

五、侵犯著作权罪

侵犯著作权罪,是指违反国家著作权管理法规,以营利为目的,侵犯他人著作权,违法所得数额较大或者有其他严重情节的行为。

本罪的客体为国家的著作权管理制度和著作权人的合法权益。本罪在客观上表现为违反国家著作权管理法规,侵犯他人著作权,违法所得数额较大或者有其他严重情节的行为。主要表现为以下几种形式:(1) 未经著作权人许可,复制发行其文字作品、音乐、电影、电视、录像作品、计算机软件及其他作品的。(2) 出版他人享有专有出版权的图书的。(3) 未经录音录像制作者许可,复制发行其制作的录音录像的。(4) 制作、出售假冒他人署名的美术作品的。

本罪要求数额较大或者有其他严重情节才能构成。所谓“数额较大”,根据最高人民法院1998年《关于审理非法出版物刑事案件具体应用法律若干问题的解释》的规定,个人违法所得在5万元以上20万元以下,单位违法所得数额在20万元以上100万元以下。所谓“其他严重情节”,指下列三种情况:(1) 因侵犯著作权曾经两次以上被追究行政责任或者民事责任,两年内又实施前述侵犯著作权的行为之一的。(2) 个人非法经营数额在20万元以上,单位非法经营数额在100万元以上。(3) 造成其他严重后果。

本罪主体为一般主体,自然人和单位均可构成本罪。本罪主观上出于故意,并且以营利为目的。

根据《刑法》第217条、第220条的规定,犯本罪的,处3年以下有期徒刑或者拘役,并处或者单处罚金;违法所得数额巨大或者有其他特别严重情节的,处3年以上7年以下有期徒刑,并处罚金。单位犯本罪的,对单位判处罚金,并对其直接负责的主管人员和其他直接责任人员依照上述规定处罚。

【实例分析 4-14】

对上述内容,可从下例分析中深化认识:赵某多次临摹某著名国画大师的一幅名画,然后署上该国画大师姓名并加盖伪造印鉴,谎称真迹售得收入 6 万元。对赵某的行为如何定罪处罚?

A. 按诈骗罪和侵犯著作权罪,数罪并罚;

B. 按侵犯著作权罪处罚;

C. 按生产、销售伪劣产品罪处罚;

D. 按非法经营罪处罚。

分析如下:

根据《刑法》第 217 条,制作、出售假冒他人署名的美术作品的,构成侵犯著作权罪。根据最高人民法院、最高人民检察院《关于办理侵犯知识产权刑事案件具体应用法律若干问题的解释》,实施侵犯著作权犯罪,又销售该侵权复制品,构成犯罪的,以侵犯著作权罪一罪论处。上述问题容易与诈骗罪混淆,制造赝品骗钱的侵犯著作权行为,实际包含了诈骗的内容,是整体法与部分法的关系,刑法规定以整体法侵犯著作权罪论处。此外,被仿制的作品应有著作权,如仿制没有著作权的作品而假冒真品出售(如仿制唐伯虎名画),则可能构成诈骗罪。

综上,上述问题的合适选项是 B。

六、销售侵权复制品罪

销售侵权复制品罪,是指以营利为目的,销售明知是侵犯他人著作权的复制品,违法所得数额巨大的行为。

本罪的客体为国家的著作权管理制度和著作权人的合法权益。本罪在客观上表现为违反国家著作权管理法规,销售侵权复制品,违法所得数额巨大的行为。所谓“数额巨大”,根据最高人民法院 1998 年《关于审理非法出版物刑事案件具体应用法律若干问题的解释》的规定,是指个人违法所得数额在 10 万元以上,单位违法所得数额在 50 万元以上。

根据《刑法》第 218 条、第 220 条的规定,犯本罪的,处 3 年以下有期徒刑或者拘役,并处或者单处罚金。单位犯本罪的,对单位判处罚金,并对其直接负责的主管人员和其他直接责任人员依照上述规定处罚。

七、侵犯商业秘密罪

(一) 侵犯商业秘密罪的概念

侵犯商业秘密罪,是指违反国家有关商业秘密的保护法规,以盗窃、利诱、胁迫、披露或者擅自使用等不正当手段,侵犯他人商业秘密,给商业秘密权利人造成重大损失的行为。

（二）侵犯商业秘密罪的构成特征

1. 本罪是复杂客体的犯罪，既侵犯了商业秘密权利人的合法权益，又侵犯国家有关商业秘密的保护制度。“商业秘密”，是指不为公众所知悉，能为权利人带来经济利益，具有实用性并经权利人采取保密措施的基础信息和经营信息。

2. 本罪在客观上表现为侵犯他人商业秘密，给商业秘密的权利人造成重大损失的行为。“商业秘密的权利人”，是指商业秘密的所有人和经商业秘密所有人许可的商业秘密使用人。侵犯商业秘密的行为主要有三种表现形式：（1）以盗窃、利诱、胁迫或者其他不正当手段获取权利人的商业秘密。（2）披露、使用或者允许他人使用以前项手段获取的权利人的商业秘密。（3）违反约定或者违反权利人保守商业秘密的要求，披露、使用或者允许他人使用其所掌握的商业秘密的。同时根据《刑法》第219条规定，明知或者应知是上述三种行为，获取、使用或者披露他人商业秘密的，以侵犯商业秘密罪论处。

【实例分析4-15】

对上述内容，可从下例分析中深化认识：甲公司拥有的某项独家技术每年为公司带来100万元利润，故对该技术严加保密。乙公司经理丙为获得该技术，带人将甲公司技术员丁在其回家路上强行拦截并推入丙的汽车，对丁说如果他提供该技术资料就给他2万元，如果不提供就将他嫖娼之事公之于众。丁同意配合，于次日向丙提供了该技术资料，并获得2万元报酬。丙的行为构成下列哪项犯罪？

A. 强迫交易罪；

B. 敲诈勒索罪；

C. 绑架罪；

D. 侵犯商业秘密罪。

分析如下：

（1）丙的行为属于《刑法》第219条规定的“以胁迫手段获取商业秘密”的行为，构成侵犯商业秘密罪。

（2）没有真实的商品、服务交易，不构成强迫交易罪。

（3）敲诈勒索罪要求索取财物，本案对象是商业秘密，不是财物。

（4）绑架罪以向第三人勒索或提出满足不法请求为目的，本案没有勒索第三人或提出满足不法请求，不构成绑架罪。

综上，上述问题的合适选项是D。

3. 本罪主体为一般主体，自然人与单位均可构成本罪。

4. 本罪主观上出于故意。

（三）侵犯商业秘密罪的认定

1. 侵犯商业秘密罪与不正当竞争行为的区别。二者的区别主要在于侵犯商业秘密罪的构成必须要求造成重大损失。所谓“重大损失”，一般应该从商业秘密的研制开发成本，商业秘密的使用、转让情况，商业秘密所具有的市场价值，商业秘密权利人所遭受的实际损失，行为人对商业秘密的窃取、披露、使用程度等各方面进行综合考虑。没有造成重大损失的，则为不正当竞争的违法行为，应由工商管理部门进行行政处罚。

2. 侵犯商业秘密罪与泄露国家秘密罪、非法获取国家秘密罪的区别。它们的区别主要在于对象不同。侵犯商业秘密罪所侵犯的是商业秘密，而泄露国家秘密罪、非法获取国家秘密罪所侵犯的是国家秘密。如果该商业秘密又被规定为国家秘密的，则应以泄露国家秘密罪、非法获取国家秘密罪论处。

（四）侵犯商业秘密罪的刑事责任

根据《刑法》第 219 条、第 220 条的规定，犯本罪的，处 3 年以下有期徒刑或者拘役，并处或者单处罚金；造成特别严重后果的，处 3 年以上 7 年以下有期徒刑，并处罚金。单位犯本罪的，对单位判处罚金，并对其直接负责的主管人员和其他直接责任人员，依照上述规定处罚。

第九节　扰乱市场秩序罪

一、损害商业信誉、商品声誉罪

损害商业信誉、商品声誉罪，是指违反反不正当竞争管理法规，捏造并散布虚假事实，损害他人商业信誉、商品声誉，给他人造成重大损失或者有其他严重情节的行为。

本罪的客体是他人的商业信誉、商品声誉。本罪在客观上表现为违反反不正当竞争管理法规，捏造并散布虚假事实，损害他人商品信誉、商品声誉，给他人造成重大损失或者有其他严重情节的行为。本罪主体为一般主体，自然人与单位均可构成本罪。本罪主观上出于故意。行为人具有损害他人商业信誉、商品声誉的目的。

根据《刑法》第 221 条和第 231 条的规定，犯本罪的，处 2 年以下有期徒刑或者拘役，单处或者并处罚金。单位犯本罪的，对单位判处罚金，并对其直接负责的主管人员和其他直接责任人员，依照上述规定处罚。

二、虚假广告罪

（一）虚假广告罪的概念

虚假广告罪，是指广告主、广告经营者、广告发布者违反国家规定，利用广告对商品或者服务作虚假宣传，情节严重的行为。

（二）虚假广告罪的构成特征

1. 本罪是复杂客体的犯罪，既侵犯了国家的广告管理制度，又侵犯了消费者合法权益。

2. 本罪在客观上表现为违反国家规定，利用广告对商品或者服务作虚假宣传，情节严重的行为。虚假宣传包括两种情况：一是对商品或者服务作夸大失实的宣传。二是对商品或者服务作含义模糊、令人费解的宣传。所谓“国家规定”，主要是指行为人的行为违反了《广告法》《反不正当竞争法》以及相关的有关广告管理的法律、行政法规以及规章制度。

3. 本罪是特殊主体的犯罪，广告主、广告经营者、广告发布者才能构成本罪。

4. 本罪在主观上出于故意。

(三) 虚假广告罪的认定

1. 虚假广告罪与非罪的界限。虚假广告宣传必须情节严重才构成犯罪。所谓“情节严重”，刑法上并没有作明确的规定，在司法实践中一般是指由于虚假广告使用户和消费者蒙受重大损失，引起不良的社会反映，广告主、广告经营者、广告发布者获得巨大的非法利益，使同类的生产经营者遭受重大损失等等。如果没有达到情节严重的程度，则不构成犯罪，应当由工商行政管理部门进行行政处罚。

2. 虚假广告罪与损害商业信誉、商品声誉罪的区别。二者的区别在于：(1) 侵犯的客体不同。虚假广告罪侵犯的是国家的广告管理制度和消费者合法权益；损害商业信誉、商品声誉罪侵犯的是他人的商业信誉、商品声誉和财产所有权。(2) 客观方面不同。虚假广告罪是以广告手段进行虚假宣传，并不要求对他人的商业信誉、商品声誉造成损害。而损害商业信誉、商品声誉罪，则必然造成使他人商业信誉、商品声誉受到损害的结果。(3) 主体不同。虚假广告罪的主体是广告主、广告经营者、广告发布者，而损害商业信誉、商品声誉罪的主体是一般主体。

3. 虚假广告罪与诈骗罪的区别。利用广告手段进行的诈骗罪，行为人在主观上具有非法占有他人财物的目的，不存在提供给消费者商品或者服务的目的。虚假广告罪在内容上虽然虚构事实，但并没有非法占有他人财物的目的，而是意图利用欺骗和误导的手段提供商品或者服务，在经济上获利。

(四) 虚假广告罪的刑事责任

根据《刑法》第 222 条、第 231 条的规定，犯本罪的，处 2 年以下有期徒刑或者拘役，并处或者单处罚金。单位犯本罪的，对单位判处罚金，并对其直接负责的主管人员和其他直接责任人员，依照上述规定处罚。

三、串通投标罪

串通投标罪，是指投标人相互串通投标报价，损害投标人或者其他权利人权益，情节严重，或者投标人与招标人串通投标，损害国家、集体、公民的合法权益的行为。本罪的客体是投标人、其他权利人以及国家、集体、公民的合法权益。本罪在客观上表现为两种方式，一是投标人相互串通投标报价，损害投标人或者其他权利人利益，情节严重的行为；二是投标人与招标人串通投标，损害国家、集体、公民的合法权益的行为。

后者的串通行为,不限于对投标报价的串通,还包括就报价以外的其他事项进行串通。由于后者的危害性重于前一种行为,故后者成立犯罪不以情节严重为要件。本罪主体为投标人与招标人,自然人与单位均可构成本罪。本罪主观上出于故意。

根据《刑法》第223条、第231条的规定,犯本罪的,处3年以下有期徒刑或者拘役,并处或者单处罚金。单位犯本罪的,对单位判处罚金,并对其直接负责的主管人员和其他直接责任人员,依照上述规定处罚。

四、合同诈骗罪

(一)合同诈骗罪的概念

合同诈骗罪,是指以非法占有为目的,在签订、履行合同过程中,骗取对方当事人财物,数额较大的行为。

(二)合同诈骗罪的构成特征

1. 本罪是复杂客体的犯罪,既侵犯了国家对经济合同的管理制度,又侵犯了合同对方当事人的合法权益。

2. 本罪在客观上表现为在签订、履行合同过程中,骗取对方当事人财物,数额较大的行为。具体的行为方式有以下几种:(1)以虚构的单位或者冒用他人名义签订合同。(2)以伪造、变造、作废的票据或者其他虚假的产权证明作担保的。(3)没有实际履行能力,以先履行小额合同或者部分履行合同的方法,诱骗对方当事人继续签订和履行合同。(4)收受对方当事人给付的货物、货款、预付款或者担保财产后逃匿的。(5)以其他方法骗取对方当事人财物的。

3. 本罪主体为一般主体,自然人与单位均可构成本罪。

4. 本罪主观上出于故意,并且有非法占有合同对方当事人财物的目的。

(三)合同诈骗罪的认定

1. 合同诈骗罪与合同纠纷的区别。“合同纠纷”,是指合同当事人双方对合同内容产生的争议。造成合同纠纷的原因主要有:因合同的订立所引起的纠纷,因合同的履行所引起的纠纷,因合同的变更、解除所引起的纠纷等。合同当事人一方或者双方并没有非法占有他人财物的目的。因此,一般的合同纠纷,合同当事人违约一方应承担民事责任。合同诈骗罪,则是利用合同手段骗取他人财物,与合同纠纷有着本质的区别。

2. 合同诈骗罪与诈骗罪的区别。二者区分的关键在于合同诈骗罪是采用特定的手段,即利用签订、履行合同的方式进行诈骗,与诈骗罪之间存在着普通条款与特别条款的关系。

3. 合同诈骗罪的犯罪对象的认定

合同诈骗罪是复杂客体的犯罪。合同诈骗的犯罪,既破坏了国家的合同管理制度,也破坏了正常的市场交易秩序,同时,又对合同对方当事人的公私财产的所有权造成了侵犯。

本罪的对象是公私财产。财产的种类繁多,因此,在司法实践中,一些较为特殊的财产能否成为本罪的对象,成为引起关注的问题,具体说来,包括以下几个问题:

(1) 不动产能否成为本罪的对象

"不动产",就是指不能移动的财产,如土地、房屋等。虽然在司法实践中,利用合同诈骗他人不动产的犯罪较为少见,但也并非不可能实施。行为人完全有可能通过签订合同的方式骗取他人房产、厂房等不动产。因此,本罪的犯罪对象应当包括不动产。

(2) 知识产权能否成为本罪的对象

有观点认为,知识产权不能成为合同诈骗罪的犯罪对象。其理由是,商标权、专利权、著作权等,是依附于有形的载体之上的,行为人骗取了有形的知识产权载体,并不意味着权利人就失去了对这些知识产权的所有权。本书认为,这一观点值得商榷。虽然权利人对这些知识产权的所有权确实有可能并没有受到侵害,然而,知识产权原本具有专属性,在权利人没有将相关权利转让给他人之前,知识产权只能归属于权利人自己所有。在实际中,行为人完全可以通过虚构事实、隐瞒真相的方式,骗取权利人与之签订技术转让合同、注册商标转让合同,以此骗得知识产权,破坏知识产权人原本所有的专属权,并从中获取非法利益。因此,笔者认为,知识产权可以成为合同诈骗罪的犯罪对象。

(3) 非法占有的财产能否成为本罪的对象

对于他人非法占有的财产如赃物能否成为本罪的对象,一度也有过争议。有观点认为,公民个人的财物,仅限于公民个人所有的合法财物,公民非法占有的财物不能成为本罪的对象。这一观点无疑有失偏颇。如果据此推论,强盗抢劫小偷偷来的财物,由于该财物并非小偷合法占有,因此不能成为抢劫的对象,这一结论明显是不妥的。本书认为,合法占有还是非法占有,仅仅表明的是财物的一种占有状态,而这种状态并不能改变依附在财物上的权利关系。对于犯罪人而言,他所关心的,并不是该财物归谁所有,而是要通过自己的行为侵犯该财产的权利。因此,无论财产是合法占有的还是非法占有的,均不影响合同诈骗罪的成立。

(4) 违禁物品能否成为本罪的对象

违禁物品是指根据国家法律法规的规定,禁止公民个人持有、使用的物品,如枪支、弹药、毒品等。对于违禁物品能否成为合同诈骗罪的对象,我国司法界一般对此持肯定的态度。最高人民法院 1997 年 11 月 4 日发布的《关于审理盗窃案件具体应用法律若干问题的解释》中,明确规定违禁品可以成为盗窃犯罪的对象。作为同样是侵财类的犯罪,违禁品自然也能成为合同诈骗罪的犯罪对象。

(四) 合同诈骗罪的刑事责任

根据《刑法》第 224 条、第 231 条的规定,犯本罪的,处 3 年以下有期徒刑或者拘役,并处或者单处罚金;数额巨大或者有其他严重情节的,处 3 年以上 10 年以下有期徒刑,并处罚金;数额特别巨大的或者有其他特别严重情节的,处 10 年以上有期徒刑或者无期徒刑,并处罚金或者没收财产。单位犯本罪的,对单位判处罚金,并对其直接负责的主管人员和其他直接责任人员,依照上述规定处罚。

五、组织、领导传销活动罪

本罪系根据《刑法修正案(七)》第4条增设的罪名。组织、领导传销活动罪,是指组织、领导以推销商品、提供服务等经营活动为名,要求参加者以缴纳费用或者购买商品、服务等方式获得加入资格,并按照一定顺序组成层级,直接或者间接以发展人员的数量作为计酬或者返利依据,引诱、胁迫参加者继续发展他人参加,骗取财物,扰乱经济社会秩序的传销活动的行为。

本罪客体为正常的社会经济秩序。本罪在客观上表现为组织、领导传销活动的行为。所谓的“传销活动”,应当具备以下几个条件:(1) 以推销商品、提供服务等经营活动为名,要求参加者以缴纳费用或者购买商品、服务等方式获得加入资格;(2) 按照一定顺序组成层级;(3) 直接或者间接以发展人员的数量作为计酬或者返利依据,引诱、胁迫参加者继续发展他人参加;(4) 骗取财物;(5) 扰乱经济社会秩序。需要注意的是,进行传销活动本身并不构成犯罪,刑法打击的是组织、领导传销活动的行为。

本罪主体为一般主体,是传销活动的组织者、领导者。本罪主观上出于故意。

根据《刑法修正案(七)》第4条的规定,犯本罪的,处5年以下有期徒刑或者拘役,并处罚金;情节严重的,处5年以上有期徒刑,并处罚金。

六、非法经营罪

非法经营罪,是指违反国家规定,故意从事非法经营行为,扰乱市场秩序,情节严重的行为。

本罪的客体是国家对市场的管理制度。本罪在客观方面表现为违反国家规定,从事非法经营活动,扰乱市场秩序,情节严重的行为。

根据《刑法》第225条和全国人大常委会《关于惩治骗购外汇、逃汇和非法买卖外汇犯罪的决定》的规定,非法经营的活动主要有以下几种表现形式:(1) 未经许可经营法律、行政法规规定的专营、专卖物品或者其他限制买卖的商品。(2) 买卖进出口许可证、进出口原产地证明以及其他法律、行政法规规定的经营许可证或者批准文件。(3) 在国家规定的交易场所以外非法买卖外汇。(4) 未经国家有关部门批准,非法经营证券、期货或者保险业务。(5) 其他严重扰乱市场管理秩序的非法经营行为,例如传销、哄抬物价、压价倾销等等。本罪要求情节严重才能构成。

本罪主体为一般主体,自然人与单位均可构成本罪。本罪在主观上出于故意。

根据《刑法》第225条、第231条以及全国人大常委会《关于惩治骗购外汇、逃汇和非法买卖外汇犯罪的决定》的规定,犯本罪的,处五年以下有期徒刑或者拘役,并处或者单处违法所得1倍以上5倍以下的罚金;情节特别严重的,处5年以上有期徒刑,并处违法所得1倍以上5倍以下的罚金或者没收财产。单位犯本罪的,对单位判处罚金，并对其直接负责的主管人员和其他直接责任人员，依照上述规定处罚。

七、强迫交易罪

强迫交易罪，是指以暴力、胁迫手段强买强卖商品、强迫他人提供服务或者强迫他人接受服务，强迫他人参与或者退出投标、拍卖、特定的经营活动等，情节严重的行为。

本罪客体为国家的市场管理制度和他人的财产权益、人身权利。本罪在客观上表现为以暴力、胁迫手段，实施下列情节严重的行为之一：(1) 强买强卖商品的；(2) 强迫他人提供或者接受服务的（例如，以暴力、胁迫手段强迫他人借贷，情节严重的，触犯强迫交易罪）；(3) 强迫他人参与或者退出投标、拍卖的；(4) 强迫他人转让或者收购公司、企业的股份、债券或者其他资产的；(5) 强迫他人参与或者退出特定的经营活动的。

本罪主体为一般主体，自然人或者单位均可构成本罪。本罪在主观上出于故意。

根据《刑法》第 226 条、第 231 条的规定，犯本罪的，处 3 年以下有期徒刑或者拘役，并处或者单处罚金；情节特别严重的，处 3 年以上 7 年以下有期徒刑，并处罚金。单位犯本罪的，对单位判处罚金，并对其直接负责的主管人员和其他直接责任人员，依照上述规定处罚。

八、伪造、倒卖伪造的有价票证罪

伪造、倒卖伪造的有价票证罪，是指伪造或者倒卖伪造的车票、船票、邮票或者其他有价票证，数额较大的行为。

本罪客体为国家的市场管理制度。本罪在客观上表现为伪造或者倒卖伪造的车票、船票、邮票或者其他有价票证，数额较大的行为。

本罪主体为一般主体，自然人或者单位均可构成本罪。本罪在主观上出于故意。

根据《刑法》第 227 条第 1 款、第 231 条的规定，犯本罪的，处 2 年以下有期徒刑、拘役或者管制，并处或者单处票证价额 1 倍以上 5 倍以下的罚金；数额巨大的，处 2 年以上 7 年以下有期徒刑，并处票证价额 1 倍以上 5 倍以下的罚金。单位犯本罪的，对单位判处罚金，并对其直接负责的主管人员和其他直接责任人员，依照上述规定处罚。

九、倒卖车票、船票罪

倒卖车票、船票罪，是指以非法牟利为目的，倒卖车票、船票，情节严重的行为。

本罪客体是国家对车票、船票的管理制度。本罪在客观上表现为倒卖车票、船票，情节严重的行为。

本罪主体为一般主体，自然人与单位均可构成本罪。本罪在主观上出于故意。

根据《刑法》第 227 条第 2 款、第 231 条的规定，犯本罪的，处 3 年以下有期徒刑、拘役或者管制，并处或者单处票证价额 1 倍以上 5 倍以下的罚金。单位犯本罪的，对单位判处罚金，并对其直接负责的主管人员和其他直接责任人员，依照上述规定处罚。

十、非法转让、倒卖土地使用权罪

非法转让、倒卖土地使用权罪，是指以牟利为目的，违反土地管理法规，非法转让、倒卖土地使用权，情节严重的行为。

本罪的客体是国家的土地管理制度。本罪在客观上表现为违反土地管理法规，非法转让、倒卖土地使用权，情节严重的行为。

根据最高人民法院《关于审理破坏土地资源刑事案件具体应用法律若干问题的解释》的规定，具有下列情形之一的，属于非法转让、倒卖土地使用权“情节严重”：(1) 非法转让、倒卖基本农田 5 亩以上；(2) 非法转让、倒卖基本农田以外的耕地 10 亩以上；(3) 非法转让、倒卖其他土地 20 亩以上；(4) 非法获利 50 万元以上；(5) 非法转让、倒卖土地接近上述数量标准并具有其他恶劣情节的，如曾因非法转让、倒卖土地使用权受过行政处罚或者造成严重后果等。

具有下列情形之一的，属于转让、倒卖土地使用权“情节特别严重的”：(1) 非法转让、倒卖基本农田 10 亩以上；(2) 非法转让、倒卖基本农田以外的耕地 20 亩以上；(3) 非法转让、倒卖其他土地 40 亩以上；(4) 非法获利 100 万元以上；(5) 非法转让、倒卖土地接近上述数量标准并具有其他恶劣情节的。

本罪主体为一般主体，自然人或者单位均可构成本罪。本罪在主观上出于故意。

根据《刑法》第 228 条、第 231 条的规定，犯本罪的，处 3 年以下有期徒刑或者拘役，并处或者单处非法转让、倒卖土地使用权价额 5% 以上 20% 以下的罚金；情节特别严重的，处 3 年以上 7 年以下有期徒刑，并处非法转让、倒卖土地使用权价额 5% 以上 20% 以下罚金。单位犯本罪的，对单位判处罚金，并对其直接负责的主管人员和其他直接责任人员，依照上述规定处罚。

十一、提供虚假证明文件罪

提供虚假证明文件罪，是指承担资产评估、验资、验证、会计、审计、法律服务等职责的中介组织的人员，故意提供虚假的证明文件，情节严重的行为。

本罪的客体是国家对中介市场的管理制度。本罪在客观上表现为承担资产评估、验资、验证、会计、审计、法律服务等职责的中介组织的人员，故意提供虚假的证明文件，情节严重的行为。

本罪是特殊主体的犯罪，承担资产评估、验资、验证、会计、审计、法律服务等职责的中介组织及其人员均可构成本罪。本罪在主观上出于故意。

根据《刑法》第 229 条第 1 款、第 2 款、第 231 条的规定，犯本罪的，处 5 年以下有期徒刑或者拘役，并处罚金；索取他人财物或者非法收受他人财物的，处 5 年以上 10 年以下有期徒刑，并处罚金。单位犯本罪的，对单位判处罚金，并对其直接负责的主管人员和其他直接责任人员，依照上述规定处罚。

十二、出具证明文件重大失实罪

出具证明文件重大失实罪,是指承担资产评估、验资、验证、会计、审计、法律服务等职责的中介组织的人员,严重不负责任,出具的证明文件有重大失实,造成严重后果的行为。

本罪客体是国家对中介市场的管理制度。本罪在客观上表现为承担资产评估、验资、验证、会计、审计、法律服务等职责的中介组织的人员,严重不负责任,出具的证明文件有重大失实,造成严重后果的行为。

本罪是特殊主体的犯罪,承担资产评估、验资、验证、会计、审计、法律服务等职责的中介组织及其人员均可构成本罪。本罪在主观上出于过失。

根据《刑法》第229条第3款、第231条的规定,犯本罪的,处3年以下有期徒刑或者拘役,并处或者单处罚金。单位犯本罪的,对单位判处罚金,并对其直接负责的主管人员和其他直接责任人员,依照上述规定处罚。

十三、逃避商检罪

逃避商检罪,是指违反进出口商品检验法的规定,逃避商品检验,将必须经商检机构检验的进口商品未报经检验而擅自销售、使用,或者将必须经商检机构检验的出口商品未报经检验合格而擅自出口,情节严重的行为。

本罪的客体是国家的进出口商品检验制度。本罪在客观上表现为违反进出口商品检验法的规定,逃避商品检验,将必须经商检机构检验的进口商品未报经检验而擅自销售、使用,或者将必须经商检机构检验的出口商品未报经检验合格而擅自出口,情节严重的行为。

本罪主体为一般主体,自然人与单位均可构成本罪。本罪在主观上出于故意。

根据《刑法》第230条、第231条的规定,犯本罪的,处3年以下有期徒刑或者拘役,并处或者单处罚金。单位犯本罪的,对单位判处罚金,并对其直接负责的主管人员和其他直接责任人员,依照上述规定处罚。

第五章　侵犯公民人身权利、民主权利罪

学习要求

了解:侵犯公民人身权利犯罪的常见犯罪类型

理解:侵犯公民人身权利犯罪的常见犯罪类型的构成要件

熟悉并能够运用:侵犯公民人身权利犯罪的常见犯罪类型的认定界限

主要涉及的法条:

第二百三十二条　【故意杀人罪】故意杀人的,处死刑、无期徒刑或者十年以上有期徒刑;情节较轻的,处三年以上十年以下有期徒刑。

第二百三十四条　【故意伤害罪】故意伤害他人身体的,处三年以下有期徒刑、拘役或者管制。

犯前款罪,致人重伤的,处三年以上十年以下有期徒刑;致人死亡或者以特别残忍手段致人重伤造成严重残疾的,处十年以上有期徒刑、无期徒刑或者死刑。本法另有规定的,依照规定。

第二百三十六条　【强奸罪】以暴力、胁迫或者其他手段强奸妇女的,处三年以上十年以下有期徒刑。

奸淫不满十四周岁的幼女的,以强奸论,从重处罚。

强奸妇女、奸淫幼女,有下列情形之一的,处十年以上有期徒刑、无期徒刑或者死刑:

(一) 强奸妇女、奸淫幼女情节恶劣的;

(二) 强奸妇女、奸淫幼女多人的;

(三) 在公共场所当众强奸妇女的;

(四) 二人以上轮奸的;

(五) 致使被害人重伤、死亡或者造成其他严重后果的。

第二百三十九条　【绑架罪】以勒索财物为目的绑架他人的,或者绑架他人作为人质的,处十年以上有期徒刑或者无期徒刑,并处罚金或者没收财产;情节较轻的,处五年以上十年以下有期徒刑,并处罚金。

犯前款罪,杀害被绑架人的,或者故意伤害被绑架人,致人重伤、死亡的,处无期徒刑或者死刑,并处没收财产。

以勒索财物为目的偷盗婴幼儿的,依照前两款的规定处罚。

第二百四十条　【拐卖妇女、儿童罪】拐卖妇女、儿童的,处五年以上十年以下有

期徒刑,并处罚金;有下列情形之一的,处十年以上有期徒刑或者无期徒刑,并处罚金或者没收财产;情节特别严重的,处死刑,并处没收财产:

(一) 拐卖妇女、儿童集团的首要分子;

(二) 拐卖妇女、儿童三人以上的;

(三) 奸淫被拐卖的妇女的;

(四) 诱骗、强迫被拐卖的妇女卖淫或者将被拐卖的妇女卖给他人迫使其卖淫的;

(五) 以出卖为目的,使用暴力、胁迫或者麻醉方法绑架妇女、儿童的;

(六) 以出卖为目的,偷盗婴幼儿的;

(七) 造成被拐卖的妇女、儿童或者其亲属重伤、死亡或者其他严重后果的;

(八) 将妇女、儿童卖往境外的。

拐卖妇女、儿童是指以出卖为目的,有拐骗、绑架、收买、贩卖、接送、中转妇女、儿童的行为之一的。

第一节 侵犯公民人身权利、民主权利罪概述

一、侵犯公民人身权利、民主权利罪的概念和特征

(一) 侵犯公民人身权利、民主权利罪的概念

侵犯公民人身权利、民主权利罪是指故意或者过失地侵犯公民的人身权利和其他与人身有直接关系的权利,以及公民参与国家政治活动的权利。

侵犯公民人身权利、民主权利罪包括两个方面的犯罪,即侵犯公民人身权利的犯罪和侵犯公民民主权利的犯罪。公民的人身权利和民主权利紧密相连,人身权利是民主权利的基础,民主权利是人身权利的保障,因此,我国刑法将这两类犯罪合并在一章之内。

(二) 侵犯公民人身权利、民主权利罪的特征

1. 本类犯罪侵犯的客体是公民的人身权利和民主权利以及其他和公民人身有直接关系的权利。所谓人身权利,是指与公民人身不可分割的权利,包括生命权、健康权、性的不可侵犯权、人身自由权、人格权、名誉权、婚姻自由权等多项权利。所谓民主权利,是指公民参与国家管理和社会政治活动的权利,包括批评、申诉、检举、控告的权利,选举权与被选举权,宗教信仰自由的权利。其他与公民人身有直接关系的权利包括居民住宅不受侵犯权、通信自由权、劳动权、休息权、受扶养权等权利。有些犯罪是复杂客体,如:刑讯逼供罪、暴力取证罪等。

本类犯罪侵犯的对象,可以是任何一个自然人。但是,有的犯罪以特定的人为对象。例如,拐卖妇女、儿童罪的对象,只能是妇女和儿童;奸淫幼女构成强奸的,对象只能是幼女;刑讯逼供罪的对象,只能是犯罪嫌疑人和被告人。

2. 本类犯罪在客观上表现为侵犯公民人身权利、民主权利的行为。其中绝大多数犯罪只能以作为的方式实施,如强奸罪,强制猥亵罪,拐卖妇女、儿童罪,刑讯逼供罪等。而如故意杀人罪、故意伤害罪等,则既可以以作为方式实施,也可以以不作为方式实施。有的犯罪只能以不作为的方式实施,如遗弃罪。

3. 本类犯罪主体大多为一般主体,但如刑讯逼供罪,私自开拆、隐匿、毁弃邮件、电报罪等犯罪,要求主体具有特定的身份或从事特定的职业,因而是特殊主体的犯罪。

4. 本类犯罪除了过失致人死亡罪和过失致人重伤罪以外,其他罪都只能是出于故意,其中有些犯罪如诬告陷害罪,拐卖妇女、儿童罪,还要求行为人具有特定的目的。

二、侵犯公民人身权利、民主权利罪的种类

本类犯罪共涉及刑法 31 个条文,有 43 个具体的罪名。本类犯罪大致可以分成以下几小类:

1. 侵犯公民生命权利、健康权利的犯罪。包括故意杀人罪,过失致人死亡罪,故意伤害罪,组织出卖人体器官罪,过失致人重伤罪。

2. 侵犯妇女性自由的权利以及儿童身心健康的犯罪。包括强奸罪,强制猥亵、侮辱罪,猥亵儿童罪。

3. 侵犯公民人身自由的犯罪。包括非法拘禁罪,绑架罪,拐卖妇女、儿童罪,收买被拐卖的妇女、儿童罪,聚众阻碍解救被拐卖的妇女、儿童罪,诬告陷害罪,强迫劳动罪,雇用童工从事危重劳动罪,非法搜查罪,非法侵入住宅罪,刑讯逼供罪,暴力取证罪,虐待被监管人罪。

4. 侵犯人格、名誉的犯罪。包括侮辱罪,诽谤罪。

5. 侵犯少数民族合法权益的犯罪。包括煽动民族仇恨、民族歧视罪,出版歧视、侮辱少数民族作品罪,非法剥夺宗教信仰自由罪,侵犯少数民族风俗习惯罪。

6. 侵犯公民民主权利罪。包括侵犯通信自由罪,私自开拆、隐匿、毁弃邮件、电报罪,侵犯公民个人信息罪,报复陷害罪,打击报复会计、统计人员罪,破坏选举罪。

7. 侵犯婚姻家庭的犯罪。包括暴力干涉婚姻自由罪,重婚罪,破坏军婚罪,虐待罪,虐待被监护人、看护人罪,遗弃罪,拐骗儿童罪,组织残疾人、儿童乞讨罪,组织未成年人违反治安管理活动罪。

第二节　侵犯公民人身生命、健康权利的犯罪

一、故意杀人罪

(一)故意杀人罪的概念

故意杀人罪,是指故意非法剥夺他人生命的行为。

（二）故意杀人罪的构成特征

1. 本罪侵犯的客体是公民的生命权利。公民的生命权利，是公民享有权利、行使权利的基础，也是公民人身权利中最重要的权利。任何人的生命权利都必须受到法律的保护，生命对于每一个人来说只有一次，因此侵犯他人生命权利的行为就成为严重的刑事犯罪。公民的生命权利开始于胎儿脱离母体、独立呼吸，终于脑死亡——大脑机能完全丧失为止。所以，在母体中的胎儿不能被认定为有生命的人。关于脑死亡在医学上已经有定论，而目前更多的是伦理上的争议。2003 年原卫生部曾经制定了脑死亡标准（草案），但最终并未实施，目前也没有被刑事立法和司法所认可。

司法实践中，非法堕胎伤害孕妇身体的视具体情况涉嫌非法行医或故意伤害，合法堕胎的不构成犯罪。但是，亲生父母由于生活所迫、难以抚养等原因的溺婴行为，则构成故意杀人罪，在实践中可以酌情从轻处理。此外，毁坏尸体、侮辱尸体的，也不能构成故意杀人罪。当然，误将尸体当作活人杀害，这实际上是认识错误，应当构成故意杀人未遂。

2. 本罪在客观上表现为非法剥夺他人生命的行为。首先，行为人实施的剥夺他人生命的行为是非法的，如果因正当防卫或者是执行死刑等原因而剥夺他人生命，则不能被认为是故意杀人的行为。其次，行为人所实施的行为必须是剥夺他人生命的行为，如果剥夺的是自己的生命，即自杀行为，则不构成犯罪。我国实践中，安乐死并未合法化，仍应认定为故意杀人。故意杀人的行为方式，既可以是作为，也可以是不作为。比如，父母故意不救助自伤的 12 周岁儿子而致其死亡的，则视具体情形成立故意杀人罪或者遗弃罪。

【实例分析 5-1】

对上述内容，可从下面的分析中深化认识：甲、乙夫妇因 8 岁的儿子严重残疾、生活完全不能自理而非常痛苦。一天，甲往儿子要喝的牛奶里放入“毒鼠强”时被乙看到。乙说：“这是毒药吧，你给他喝呀？”见甲不说话，乙叹了口气后就走开了。毒死儿子后，甲、乙二人一起掩埋尸体并对外人说儿子因病而死。关于甲、乙行为的定性，下列哪一选项是正确的？

A. 甲与乙构成故意杀人的共同犯罪；

B. 甲构成故意杀人罪，乙构成包庇罪；

C. 甲构成故意杀人罪，乙构成遗弃罪；

D. 甲构成故意杀人罪，乙无罪。

分析如下：

甲构成故意杀人罪，确定无疑。但是乙的行为如何认定？(1) 乙对儿子的死亡能否构成不作为犯？乙是其子的父亲/母亲，依法具有保护儿子人身的法定作为义务，能够履行而不履行，造成结果，符合不作为犯的客观条件。(2) 乙不救助的行为能否认定为“杀人”行为，以故意杀人罪定罪？首先，乙的不救助行为能否被认定为“杀人”行为？在当时的情况下，乙如果阻止，则死亡结果有不发生的极大可能性；不阻止导致结果发生几乎是必然的，因此与一般的作为杀人性质相当，可以认定为故意“杀人”。其次，乙对儿子死亡的结果持怎样的主观心态？乙明知自己的不作为必然导致死亡结果而拒不履行作为义务，属于故意。故而，乙构成不作为的故意杀人罪，而不构成遗弃罪(遗弃罪对死亡结果是过失)。

综上，上述问题的合适选项是A。

3. 本罪主体为一般主体，凡已满14周岁，具有刑事责任能力的自然人均可构成本罪。

4. 本罪主观上出于故意，不论是直接故意还是间接故意，均可构成本罪。直接故意杀人一般属于预谋性杀人，而间接故意杀人大都发生在流氓分子动不动就捅刀子的场合，一般表现为突发性杀人。两者的主观恶性程度不同，在量刑时应适当区别。故意杀人的动机是多种多样的，有奸情杀人、图财杀人、报复杀人、义愤杀人等。动机不同，不影响故意杀人罪的成立，但在量刑时，应予以考虑，区别对待。

(三) 认定故意杀人罪时应注意的问题

1. 关于自杀问题的认定

(1) 故意杀人罪是剥夺他人生命权利的行为，因此自己剥夺自己生命的自杀行为不符合故意杀人罪的构成特征，不认为是故意杀人罪。

(2) 帮助他人自杀。帮助他人自杀是否构成故意杀人罪，关键取决于帮助行为与他人死亡的结果之间的关系。如果行为人的帮助直接导致他人的死亡，如应自杀人的要求将被害人杀死，行为人构成故意杀人罪。如果行为人的帮助行为只是为他人的自杀提供某种便利条件，如提供自杀场所，或者在精神上予以鼓励，则不应认定为构成故意杀人罪。如果帮助的对象是不具备刑事责任能力的人，则行为人的行为符合故意杀人罪的构成特征，应以故意杀人罪论处。

(3) 教唆他人自杀。教唆他人自杀，是指使没有自杀意图的人产生自杀意图，实施自杀行为。如果被教唆者是意志完全自由的人，由于其自杀行为最终仍然出于本人的自由意志，因此对教唆者不以犯罪论处。如果被教唆者是无刑事责任能力人，对教唆者则应按照间接正犯处理，以故意杀人罪论处。

(4) 胁迫、诱骗他人自杀，应按照故意杀人罪追究刑事责任。

(5) 相约自杀。相约自杀是指自杀人相互约定共同自杀。相约自杀在司法实践中存在以下几种具体情况：A. 双方相约共同自杀，彼此之间不存在教唆、诱骗或者帮助的，自杀没有死亡的一方不应该对另一方的死亡承担故意杀人的刑事责任；B. 双方相约共同自杀，其中一方将另一方杀死后自杀未果或者放弃自杀意图，对此应以故意杀人罪论处；C. 以相约自杀的方式欺骗他人自杀，本人在主观上并没有自杀意图的，对此应以故意杀人罪论处；D. 在相约自杀的过程中，自杀未果的一方对死亡的一方实施教唆或者帮助的，按照教唆、帮助他人自杀等有关处理原则进行处理。

2. 关于安乐死问题的认定

安乐死在本质上是一种受嘱托而杀人的行为。在司法实践中,一般将病人身患绝症,处于无法忍受的痛苦状态之中,由本人提出,并由医生以无痛苦方式实施的结束病人生命的行为视为安乐死。在我国,目前还没有安乐死合法性的立法规定,因此,安乐死应按照故意杀人罪定罪量刑,但应被视为情节较轻的情形。比如,甲的父亲乙身患绝症,痛苦不堪。甲根据乙的请求,给乙注射过量镇静剂致乙死亡。虽然乙的同意是真实的,但对甲的行为仍应以故意杀人罪论处。

3. "间接杀人"行为的定性

"间接杀人"是指教唆未达到刑事责任年龄或不具有刑事责任能力的精神病人实施杀害他人的行为。根据刑法理论,该行为构成故意杀人,属"间接正犯"。

4. 关于"激情犯罪"问题

2012 年 3 月 4 日,男子许某驾车与行人孙某剐蹭后发生口角,许某将对方撞倒后反复碾轧致其死亡,被称为"3・4 北京海淀越野车司机碾死路人案"。9 月 4 日北京市一中院公开宣判,许某被以故意杀人罪判处 15 年有期徒刑。法院认定许某"属于激情犯罪"①。从此案事实看,被告人具有自首、积极赔偿并取得被告人家属谅解等法定、酌定从轻、减轻情节,不判处死刑是有法律依据的。引起争议的焦点,在于法院认定被告人属"激情犯罪",并将其作为酌情从轻的情节之一。这是自药家鑫案件以来,"激情犯罪"这一概念再次进入公众视野。所不同的是,药案中的"激情犯罪"辩解并未被法院采纳,而此次却由法院判决明确认定。

"激情犯罪"并非我国刑法上的概念,相关立法或司法解释亦未将其规定为从轻、减轻情节。这个源自西方犯罪学的概念,主要意指"挫折攻击型"犯罪,即犯罪人在受到严重挫折后,由于情绪激动而产生异常攻击行为,不计后果、不择手段地实施犯罪。因而,并非所有因外界刺激、情绪激动而实施的突发性犯罪均属"激情犯罪",从而获从宽处罚。

我国刑法虽未规定有"激情犯罪",但相关司法文件明确规定"因被害方过错或者基于义愤引发的或者具有防卫因素的突发性犯罪,应酌情从宽处罚"。这与国外对"激情犯罪"予以从宽的规定颇为类似,也是目前我国审理此类案件仅有的法条依据。很多此类案件,例如被告人不堪被害人长期侮辱、迫害或虐待而杀人,为维护法律和道德而"大义灭亲""为民除害"等,均可据此获得从宽处罚。

5. 故意杀人罪与危害公共安全罪中有关犯罪的界限

在通常情况下这两者之间界限比较清楚,但在行为人采用爆炸、放火、投毒、决水及其他危险方法、破坏交通工具、交通设施等作为杀人手段的情况下,就应认真加以区别。它们之间区别的关键在于行为人的行为所危及的对象范围不同。作为故意杀人手段的爆炸、放火、决水、投毒及其他危险方法,是针对某个或某几个特定的具体人实

---

① 参见毛立新:《不是所有的"激情犯罪"都能从轻》,载《新京报》2012 年 9 月 6 日。

施的,其危害到的对象范围比较特定且有限,而构成爆炸、放火、决水、投毒罪或以其他危险方法危害公共安全罪的行为,是针对不特定的多数人实施的,其危害的对象范围是不特定、广泛的。因此,在司法实践中,凡是以故意杀人为目的,针对某个或某几个特定的人实施爆炸、放火、决水、投毒及其他危险方法,仅危及某个或某几个特定个别人的生命,而未危及公共安全的,构成故意杀人罪;反之,凡是针对不特定多数人的生命、健康和重大公私财产的安全实施爆炸、放火、决水、投毒及其他危险方法,或者行为人虽然直接追求的是想杀死某一个或某几个人,但行为人采用的这些方法及其所造成的后果已经危害到了公共安全,则分别构成爆炸罪、放火罪、决水罪、投毒罪或以其他危险方法危害公共安全罪、破坏交通工具罪、破坏交通设施罪等犯罪。

6. 要正确处理所谓"大义灭亲"的杀人案件

近年来,现实社会生活中出现过不少起所谓"大义灭亲"的案件:有的青少年在家胡作非为,横行霸道,凌虐父母,在社会上作恶多端,进行违法犯罪活动,成为家庭和社会的一害,而司法机关对此没有及时处理;也有的父母败坏人伦,残害子女,无恶不作。在极端气愤的情况下,他们的亲属把他们杀死。这种案件的性质仍属于故意杀人,因为刑罚权只能由人民法院行使,法律不允许任何人以任何理由,私自处死他人,包括有违法犯罪行为的亲属。对自己亲属的违法犯罪行为,应向有关机关检举揭发,由司法机关依法处理。对于这种"大义灭亲"的行为,如果不具备正当防卫或防卫过当要求的,应按故意杀人罪追究其刑事责任,但在量刑上应予以从轻、减轻处罚。

(四)故意杀人罪的刑事责任

根据我国《刑法》第232条的规定,犯本罪的,处死刑、无期徒刑或者10年以上有期徒刑;情节较轻的,处3年以上10年以下有期徒刑。

二、过失致人死亡罪

(一)过失致人死亡罪的概念

过失致人死亡罪,是指行为人因过失而导致他人死亡的行为。

(二)过失致人死亡罪的构成特征

1. 本罪侵犯的客体是他人的生命权利。

2. 本罪在客观上表现为行为人实施了过失致人死亡的行为。行为人所实施的过失致人死亡的行为必须与他人死亡的后果之间存在因果关系。

3. 本罪主体为一般主体,凡年满16周岁,具有刑事责任能力的自然人,均可构成本罪。

4. 本罪在主观上出于过失。

例如,甲遭受乙正在进行的不法侵害,在防卫过程中一棒将乙打倒,致乙脑部撞在一块石头上而死亡。法院认为甲的防卫行为明显超过必要限度造成了重大损害,应当追究刑事责任。对防卫过当一般按过失犯罪处理,致人死亡的,定过失致人死亡罪;致人重伤的,定过失致人重伤罪。甲属于防卫过当,防卫致人死亡,定过失致人死亡罪。法律规定防卫过当的应当负刑事责任,但是应当酌情减轻或者免除处罚。

(三) 过失致人死亡罪认定时应注意的问题

1. 过失致人死亡罪与故意杀人罪的区别

过失致人死亡罪和故意杀人罪的区别主要在于二者的主观方面的不同。尤其应该注意的是过于自信的过失致人死亡罪与间接故意杀人罪的区别,二者的主要区别如下:(1) 过于自信的过失致人死亡罪的行为人虽然已经预见到了行为可能造成危害结果,但轻信能够避免,因此事实上行为人认为他人死亡的结果不会发生;而间接故意杀人罪的行为人对于所预见到的他人死亡的危害结果,在主观上则是认为很有可能会发生。(2) 过于自信的过失致人死亡罪,行为人对他人死亡的结果持反对态度;而间接故意杀人罪的行为人则不反对他人死亡的结果出现,对此持放任的心理态度。

2. 过失致人死亡罪与意外事件之间的区别

过失致人死亡罪与意外事件之间,主要应当区分疏忽大意的过失致人死亡与意外事件。二者的界限在于,疏忽大意的过失,行为人在主观上是能够预见他人死亡的危害结果发生;而意外事件,行为人对于危害结果则无法预见。

3. 如何理解“本法另有规定的”

《刑法》第 233 条规定:“本法另有规定的,依照规定。”这里是指刑法规定的其他的能够造成他人死亡的过失犯罪,例如失火罪、过失爆炸罪、重大责任事故罪、交通肇事罪等犯罪。这些犯罪与过失致人死亡罪之间存在着法条竞合的关系,对此,应按照特别法优于普通法的原则,以特别条款处理。比如,甲对乙进行非法拘禁,在拘禁过程中,因长时间捆绑,致乙呼吸不畅窒息死亡。行为人在非法拘禁他人的过程中,因为拘禁的方法不当而致人死亡,是结果加重犯。这种情况仍然认定为非法拘禁罪。再如,甲结婚以后,对丈夫与其前妻所生之子乙十分不满,采取冻饿等方式进行虐待,后又发展到打骂,致乙多处伤口腐烂,因未能及时救治而不幸身亡。甲触犯了《刑法》第 260 条虐待罪,虐待罪是指对共同生活的家庭成员经常以打骂、捆绑、冻饿、限制自由、凌辱人格、不给治病或者强迫作过度劳动等方法,从肉体上和精神上进行摧残迫害,情节恶劣的行为。甲对乙进行虐待致其不幸身亡,属虐待情节恶劣的行为,构成虐待罪。

【实例分析 5-2】

对上述内容,可从下面的分析中深化认识:下列哪些情形不能认定为过失致人死亡罪?

A. 甲在运输放射性物质过程中发生事故,造成 4 人死亡;

B. 乙在工地塌方之后,仍然强令 6 名工人进入隧道抢救价值 2000 万元的机械,6 名工人由此遇难;

C. 丙遭受不法侵害,情急之下失手将不法侵害人打死,法院认为丙防卫过当,应当负刑事责任;

D. 聚众斗殴致人死亡。

分析如下:

(1) A选项,甲的行为构成危险物品肇事罪,该罪与过失致人死亡罪之间属整体法包容部分法的法条竞合情况,不再对过失致人死亡的情况单独定罪。

(2) B选项,乙的行为构成强令违章冒险作业罪,该罪与过失致人死亡罪之间也属整体法包容部分法的法条竞合情况,不再对过失致人死亡的情况单独定罪。

(3) C选项,防卫过当过失致人死亡的,构成过失致人死亡罪。

(4) D选项,根据《刑法》第292条的规定,聚众斗殴致人死亡的按照故意杀人罪处理,系转化犯。

综上,上述问题的合适选项是ABD。

(四) 过失致人死亡罪的刑事责任

我国《刑法》第233条规定,犯本罪的,处3年以上7年以下有期徒刑;情节较轻的,处3年以下有期徒刑。本法另有规定的,依照规定。

三、故意伤害罪

(一) 故意伤害罪的概念

故意伤害罪,是指故意非法损害他人身体健康的行为。

(二) 故意伤害罪的构成特征

1. 本罪侵犯的客体是他人的身体健康权利。健康权利是指自然人对于保持其肢体、器官、组织的完整和正常机能的权利。一般殴打会造成一定程度的肉体疼痛,但这不是刑法意义上的损害他人身体健康的行为。

仅仅针对胎儿、尸体的伤害不能构成本罪,比如迫使孕妇吃下致畸药物,导致孕妇流产或胎儿的致残,就难以认定故意伤害罪;倘若因此造成孕妇身体受到伤害的,则可以构成故意伤害罪。再如雇凶刺杀孕妇致胎儿死亡的,也只能根据是否侵害孕妇的生命权利或健康权利来确定是否构成故意杀人罪或是故意伤害罪。胎儿、尸体既不是故意杀人罪也不是故意伤害罪的犯罪对象。毁坏尸体、侮辱尸体的,也不能构成故意伤害罪。

2. 本罪在客观上表现为非法损害他人健康的行为。所谓损害他人身体健康,通常表现在破坏身体组织的完整性(如砍断手指,割掉耳朵)和损害人体器官或某种神经的正常活动机能(如扎瞎眼睛,造成精神失常)。既可以表现为积极的作为,也可以表现为消极的不作为。既可以表现为暴力的形式,也可以表现为非暴力形式。故意伤害罪的行为应当具有以下特征:

首先,伤害行为必须是非法的。如果是由于职务行为、正当防卫、紧急避险等原因造成他人伤害,不构成犯罪。

其次,伤害行为必须是侵害他人身体健康的行为,伤害自己的身体健康,不构成犯罪,比如,受益人唆使被保险人自伤、骗取保险金的,虽然成立保险诈骗罪,但不成立故意伤害罪。但如果军人在战时自伤身体逃避作战义务的,构成战时自伤罪。

我们还必须注意到,"嘱托伤害"或者"同意伤害"一般不构成犯罪。比如变性手术、献血、捐献器官等行为,就具有要求或同意他人伤害的倾向,但社会允许甚至赞赏这一行为,在一定的领域具有相当的合理性与合法性。陈兴良教授就认为,变性手术属于医疗行为,且医生没有伤害故意,所以不构成犯罪。一般而言,帮助有责任能力的成年人自伤的,不成立故意伤害罪。当然,基于恶劣的动机而形成的"嘱托伤害"或者"同意伤害",其违法性并不因为具有对方的嘱托或者同意而被有效阻却,比如,为了获取保险赔偿金而要求他人伤害,为抵消债务而同意他人伤害等,行为人仍需要承担相应的刑事责任。① 再比如,医生明知是未成年人,虽征得其同意而摘取其器官的,成立故意伤害罪。②

【实例分析 5-3】

对上述内容,可从下面的分析中深化认识:下列哪一行为不应以故意伤害罪论处?

A. 监狱监管人员吊打被监管人,致其骨折;

B. 非法拘禁被害人,大力反扭被害人胳膊,致其胳膊折断;

C. 经本人同意,摘取 17 周岁少年的肾脏一只,支付少年 5 万元补偿费;

D. 黑社会成员因违反帮规,在其同意之下,被截断一截小指头。

分析如下:

(1) 选项 A 错误。《刑法》第 248 条第 1 款规定,监狱中的监管人员对被监管人进行殴打或者体罚虐待,致被害人伤残,以故意伤害罪论处。

(2) 选项 B 错误。《刑法》第 338 条第 2 款规定,非法拘禁致被害人重伤的,以故意伤害罪论处。

(3) 选项 C 错误。《刑法》第 234 条之一第 2 款规定,摘取不满 18 周岁人的器官的,以故意伤害罪定罪处罚。

(4) 选项 D 正确。截断一截小指头,属于经被害人同意后所实施的没有超出承诺范围的侵害,构成轻伤,排除犯罪的成立。

综上,上述问题的合适选项是 D。

最后,伤害行为必须造成他人身体健康受到伤害的结果。我国刑法典根据伤害结果轻重的不同,把故意伤害分为轻伤、重伤和伤害致死三种情况。这三种情况,虽然都属于故意伤害罪,但刑法典对它们分别规定了不同的量刑幅度。如果行为人的伤害行为造成他人轻微伤,则不构成犯罪。

3. 本罪主体为一般主体,故意伤害致人重伤、死亡的,年满 14 周岁,具有刑事责任能力的自然人即可构成;致人轻伤的,年满 16 周岁,具有刑事责任能力的自然人可

---

① 参见陈浩然:《应用刑法学分论》,华东理工大学出版社 2007 年版,第 286 页。

② 2011 年司法考试卷二,第 14 题。

以构成。对于实践中产生的唆使精神病人或未达刑事责任年龄人故意伤害他人的案件,或者纵使恶狗等动物伤害他人的案件,行为人应当依法承担故意伤害罪的刑事责任。

4. 本罪主观上出于故意。在一般情况下,行为人对于自己的行为会造成何种程度的伤害结果,事先不一定具有明确的认识。因此凡实际造成轻伤结果的,就按轻伤害处理;实际造成重伤结果的,就按重伤害处理。因为无论造成轻伤还是重伤,都是包含在行为的故意之内的。

（三）故意伤害罪在认定时应注意的问题

1. 分清罪与非罪。故意伤害行为必须造成他人轻伤以上的伤害才构成犯罪,因此,致他人轻微伤的伤害行为不构成犯罪。但是,随意殴打他人,情节恶劣的,应当以寻衅滋事罪论处。

注意分清重伤、轻伤、轻微伤的界限。伤害的程度涉及罪与非罪、罪重罪轻的问题,也涉及刑事诉讼的程序问题。所谓重伤,根据《刑法》第95条的规定,是指具有下列情形的伤害:(1) 使人肢体残废或者毁人容貌的。(2) 使人丧失听觉、视觉或者其他器官机能的。(3) 其他对于人身健康有重大伤害的。2014年1月开始施行统一的《人体损伤程度鉴定标准》,分别规定:(1) 重伤:使人肢体残废、毁人容貌、丧失听觉、丧失视觉、丧失其他器官功能或者其他对于人身健康有重大伤害的损伤,包括重伤一级和重伤二级。(2) 轻伤:使人肢体或者容貌损害,听觉、视觉或者其他器官功能部分障碍或者其他对于人身健康有中度伤害的损伤,包括轻伤一级和轻伤二级。(3) 轻微伤:各种致伤因素所致的原发性损伤,造成组织器官结构轻微损害或者轻微功能障碍。轻微伤害行为不构成犯罪,而应承担相应的行政责任和民事责任。应当指出的是,鉴定伤害程度,既要坚持法律标准,又要兼顾医学标准,应依据人体损伤当时的伤情及损伤的后果或者结局,全面分析,综合评定。伤情鉴定是科学鉴定,应当由法医师或者具有法医学鉴定资格的人员担任,或者由司法机关委托、聘请的主治医师以上人员担任。

2. 分清殴打与伤害。二者的区别在于:前者旨在造成他人一定的皮肉痛苦,而后者旨在损害人身健康。故意伤害致死的前提是故意伤害,也就是说,对被害人进行打击,具有伤害其身体健康的故意。如果死亡结果是由殴打引起的,例如在争吵中打人一耳光,结果引起了被打人死亡的结果,就不能不加分析地认定为故意伤害致死。因为,打耳光可能是一时激动,以此发泄气愤之情,不一定是要把人打伤。在这种情况下,要认真分析致死的主要原因是什么,行为人是否认识到了自己的打人行为会引起伤害的结果,以及对此结果持什么态度。如果事实证明行为人并无伤害的故意,而是由于殴打加上其他条件引起了被打人死亡的结果,就不能认定为故意伤害致死;如果行为人对被打人死亡的结果在主观上存在过失,则应定为过失杀人罪。

3. 分清故意伤害(致死)罪与故意杀人罪。二者的区别在于故意的内容不同,故意伤害(致死)罪行为人在主观上有伤害的故意,但并没有杀人的故意,因此他人死亡的结果超出了其故意的内容,违背了其意愿;而故意杀人罪行为人在主观上存在杀人意图，行为人在事先已经预料到自己的行为会造成他人死亡的结果，因此他人死亡的结果并不违背其本意。能证明行为人有杀人故意的，不论被害人是否死亡都定故意杀人罪；能证明行为人有伤害故意的，不论被害人是否死亡都定故意伤害罪。

故意伤害罪与故意杀人罪的情况经常交错，因此，在处理某些特殊案件时，应注意以下三点：(1) 对于突然实施犯罪，不计后果，动用易于致人死亡的凶器行凶，其故意的内容是杀人还是伤害不确定的，一般可按其实际造成的结果定罪。造成伤害结果的，按故意伤害定罪；造成死亡结果的，按故意（间接故意）杀人定罪。(2) 因打架斗殴致人死亡的，除了明显具有杀人故意的应按故意杀人罪论处外，一般可按故意伤害致死定罪。(3) 故意伤害与故意杀人之间界限确实无法分清的案件，一般可以本着疑罪从宽的原则处理。

【实例分析 5-4】

对上述内容，可从下面的分析中深化认识：甲以伤害故意砍乙两刀，随即心生杀意又砍两刀，但四刀中只有一刀砍中乙并致其死亡，且无法查明由前后四刀中的哪一刀造成死亡。关于本案，下列哪一选项是正确的？

A. 不管是哪一刀造成致命伤，都应认定为一个故意杀人罪既遂；

B. 不管是哪一刀造成致命伤，只能分别认定为故意伤害罪既遂与故意杀人罪未遂；

C. 根据日常生活经验，应推定是后两刀中的一刀造成致命伤，故应认定为故意伤害罪未遂与故意杀人罪既遂；

D. 根据存疑时有利于被告人的原则，虽可分别认定为故意伤害罪未遂与故意杀人罪未遂，但杀人与伤害不是对立关系，故可按故意伤害（致死）罪处理本案。

分析如下：

如上文所述，关于故意伤害罪与故意杀人罪的区分，应当看到杀人行为必然包含伤害行为，杀人故意必然包含伤害故意。在行为人起先以伤害故意、后来以杀人故意对他人实施暴力，但不能证明是前行为致人死亡还是后行为致人死亡时，可以将行为人的行为认定为一个故意伤害致死。事实上，任何杀人既遂都必然经过了伤害的过程，任何杀人未遂也必然造成了伤害结果或者具有造成伤害结果的危险性。据此，对本案中的甲认定为一个故意伤害罪（致人死亡）即可。

综上，上述问题的合适选项是 D。

4. 分清故意伤害（致死）罪与过失致人死亡罪。二者的区别在于行为人对他人死亡的主观心理态度不同。故意伤害（致死）罪的行为人在主观上有伤害他人的故意，因此他人受伤害的结果并不违背其本意，而他人死亡的结果则出乎其意料；而过失致人死亡罪，行为人既没有杀人的故意，也没有伤害的故意，无论是他人受伤害还是死亡的结果都出乎了行为人的意料，违背其意愿。

5. 注意《刑法》第234条规定的"本法另有规定的,依照规定"。刑法规定的其他犯罪也能够造成他人伤害,例如非法拘禁罪、体罚虐待被监管人罪等。《刑法》第238条第2款规定,非法拘禁致被害人重伤的,以故意伤害罪论处;第248条第1款规定,监狱中的监管人员对被监管人进行殴打或者体罚虐待,致被害人伤残的,以故意伤害罪论处。所以,非法拘禁被害人,大力反扭被害人胳膊,致其胳膊折断;监狱监管人员吊打被监管人,致其骨折,都应以故意伤害罪论处。

(四) 故意伤害罪的刑事责任

根据《刑法》第234条的规定,犯本罪的,处3年以下有期徒刑、拘役或者管制;致人重伤的,处3年以上10年以下有期徒刑;致人死亡或者以特别残忍手段致人重伤造成严重残疾的,处10年以上有期徒刑、无期徒刑或者死刑。本法另有规定的,依照规定。

根据《刑法》规定,有下列情况之一的,属于重伤害:

(1) 使人肢体残废或者毁人容貌。

肢体残废包括两方面的含义:一是丧失了一部分肢体,二是虽然肢体完整,但一部分肢体失去了机能。如果肢体只是受到部分的损害,并不影响它的机能,不能认为是肢体残废。

毁人容貌是指毁损他人面容,致使容貌变形、丑陋及功能障碍。对容貌的毁坏必须是永久性的,而不是暂时的,不能把对容貌的一般的、暂时的损害,或者永久地留下任何一点疤痕都看成是毁人容貌。

(2) 使人丧失听觉、视觉或者其他器官的机能。

所谓丧失听觉,是使一耳或双耳不可治愈地耳聋或极度听觉障碍。根据规定,损伤后,一耳语音听力减退在91分贝以上,损伤后,两耳语音听力减退在60分贝以上的,属于丧失听觉。

所谓丧失视觉,指单目或双目不可治愈地失明。根据规定,损伤后,一眼盲,两眼低视力,其中一眼低视力2级,眼部损伤或者颅脑损伤致使视野缺损(直径10度以下)的,属于丧失视觉。

所谓丧失其他器官机能,根据规定,是指颅脑损伤、颈部损伤、胸部损伤、腹部损伤、骨盆部损伤、脊柱和脊髓损伤等,使某些器官功能丧失。

(3) 其他对于人身健康有重大伤害的。根据规定,所谓其他对于人身健康有重大伤害的,是指烧伤、烫伤、冻伤达到一定程度。

司法实践中,确定伤势的时间一般以受伤当时的伤势为主,但也适当考虑治疗结果。

四、组织出卖人体器官罪

本罪是《刑法修正案(八)》第37条第1款增设的罪名。

全国每年约有150万人因器官功能衰竭需进行器官移植,但仅有1万人左右能够得到移植治疗。[1] 一些“黑中介”应势而生，架起了“患者”与“活供体”之间的桥梁，也催生出一个暗潮涌动的活体器官买卖“黑市”。这不仅严重威胁到广大人民群众的生命健康安全，也危害了国家有关器官移植的医疗管理秩序。《刑法修正案(八)》第37条明确规定了组织出卖人体器官罪。在《刑法》第234条后增加一条，作为第234条之一：“组织他人出卖人体器官的，处五年以下有期徒刑，并处罚金；情节严重的，处五年以上有期徒刑，并处罚金或者没收财产。未经本人同意摘取其器官，或者摘取不满十八周岁的人的器官，或者强迫、欺骗他人捐献器官的，依照本法第二百三十四条、第二百三十二条的规定定罪处罚。违背本人生前意愿摘取其尸体器官，或者本人生前未表示同意，违反国家规定，违背其近亲属意愿摘取其尸体器官的，依照本法第三百零二条的规定定罪处罚。”

(一) 组织出卖人体器官罪的概念

组织出卖人体器官罪是指通过领导、策划、指挥、招募、雇佣、强迫、引诱等方式，组织他人实施出卖人体器官的行为。

(二) 组织出卖人体器官罪的构成特征

1. 客体要件。本罪的客体具有双重性。组织他人出卖人体器官的行为，既侵犯了器官出卖者的身体健康权，也危害了国家有关器官移植的医疗管理秩序。一方面，组织他人出卖人体器官者，把他人的器官当做商品进行买卖，进行交易，损害了他人身体健康完整权。尽管本罪成立的前提之一是必须得到器官出卖者本人的同意，但这并不能阻却该组织行为的违法性。人体器官作为本罪的犯罪对象，不同于市场中的交易物品，不能够用金钱来衡量，对人体器官进行买卖也是对社会风俗的一种侵害。另一方面，国家对于器官移植有明文规定，有一定的程序进行保障，组织出卖人体器官不利于医疗管理秩序的维护，是对这种秩序的破坏。尽管《刑法修正案(八)》将本罪纳入分则第四章“侵犯公民人身权利、民主权利罪”，更多的是保护器官出卖者的身体健康权，但也有学者认为本罪更重要的是危害了国家器官移植的医疗管理秩序。

本罪中，被组织出卖的是人体器官，至于人体器官的范围至今没有一个明确的司法解释，有学者认为在现阶段可以依照我国《人体器官移植条例》的规定。该条例第2条第1款规定：“本条例所称人体器官移植，是指摘取人体器官捐献人具有特定功能的心脏、肺脏、肝脏、肾脏或者胰腺等器官的全部或者部分，将其植入接受人身体以代替其病损器官的过程。”该条第1款还规定：“从事人体细胞和角膜、骨髓等人体组织移植，不适用本条例。”但是，刑法不仅要保护心脏、肺脏、肝脏、肾脏或者胰腺等器官的机能，而且要保护其他人体器官的机能。对于组织出卖人体器官罪的人体器官范围，必须围绕保护被害人的身体健康这一目的予以确定。所以，我们认为本罪的人体器官既包括《人体器官移植条例》所称的心脏、肺脏、肝脏、肾脏或者胰腺等器官，也包括角膜、皮肤、肢体、骨头等器官。

---

① 参见《中国人体器官黑市交易猖獗》，载《参考消息》2011年5月9日。

但是,血液、骨髓、脂肪、细胞不属于本罪的器官。首先,血液不属于器官,而且刑法规定了组织卖血罪与强迫卖血罪,所以,不应当也没有必要将组织出卖血液的行为解释为组织出卖人体器官罪。其次,骨髓虽然不同于血液,但可以再生,而且骨髓移植只是从血液中采集需要的干细胞,故一般来说,针对骨髓实施的侵害行为对人体造成的伤害轻于针对人体器官造成的伤害。最后,脂肪、细胞超出了"器官"一词可能具有的含义。①

被组织出卖的必须是活体器官,如果组织出卖的是尸体器官,不构成本罪。违背本人生前意愿摘取其尸体器官,或者本人生前未表示同意,违反国家规定,违背其近亲属意愿摘取其尸体器官的,依照《刑法》第 302 条(盗窃、侮辱尸体罪)的规定定罪处罚。

2. 客观要件。本罪的客观方面是组织他人进行出卖人体器官的行为。这里的"组织"是指行为人实施领导、策划、控制、招募、雇佣、强迫、引诱行为使他人出卖人体器官的活动。只要行为人所从事的行为中包含了使他人出卖人体器官的内容,即可成立本罪。使用强迫、欺骗手段组织他人出卖人体器官的,并不妨碍本罪的成立(可能同时触犯其他罪名)。但是,组织他人捐献人体器官的行为,不成立本罪。

组织者往往以给器官捐献者支付报酬为诱饵,拉拢他人进行器官的出卖。这种出卖行为应当是基于被害人本人的同意,即被害人能够意识到其行为是出卖器官,并且能够认识到出卖器官对身体造成的影响。倘若被害人没有上述意识,则组织者侵犯了被害人的意思自由,违背了被害人捐献器官的自主选择意识,此种情况下组织者的行为已经超出了"组织"的范畴,已经对被害人的身体健康权造成威胁,应当依照该条第 2 款的规定按照故意伤害罪处理。

一般来说,被害人对轻伤害的承诺是有效的,对基于被害人承诺造成轻伤的,不应认定为故意伤害罪。被害人对重伤的承诺原则上是无效的,但是,在被害人为了保护另一重大法益而承诺伤害的情形下(采取合法途径将器官移植给患者),应当尊重法益主体的自己决定权,肯定其承诺的有效性。因此,即使刑法没有规定组织出卖人体器官罪,对该行为也可以直接认定为故意伤害罪乃至故意杀人罪。该行为符合故意伤害罪、故意杀人罪的犯罪构成,但依然可能符合组织出卖人体器官罪的犯罪构成。当然,针对同一被害人而言,对行为人的行为只能从一重罪论处,而不应当实行并罚。

比如乙同意将自己的肾脏摘出后移植给自己的女儿丙,我们应当尊重其决定权并肯定其承诺的有效性。但是,如甲谎称乙的女儿丙需要移植肾脏,让乙捐肾给丙。乙同意,但甲将乙的肾脏摘出后移植给丁。因乙同意捐献肾脏给自己的女儿丙而不是丁,甲实际上实施了骗取器官提供者乙捐献器官给丁的行为,故也成立故意伤害罪。再如甲征得乙(17 周岁)的同意,将乙的左肾摘出,移植给乙崇拜的歌星。乙的同意是

① 张明楷:《组织出卖人体器官罪的基本问题》,载《吉林大学社会科学学报》2011 年第 5 期。

无效的，甲的行为成立故意伤害罪。假如组织者出卖一个肾脏获15万元，欺骗提供者说只卖了5万元的，就不应当认定为故意伤害罪。因为假如成立该罪，行为实施者实施的欺骗行为应是骗取器官提供者捐献器官，而不是谎报出卖器官的价格。①

3. 主体要件。本罪的主体是一般主体，凡是年满16周岁，具有刑事责任能力的自然人都可以成为本罪的主体。

4. 主观要件。组织出卖人体器官罪的主观方面应该是故意，过失不能构成本罪。我国著名刑法学者赵秉志教授认为，此罪的故意应该界定为直接故意，而不是间接故意。他认为，组织他人出卖人体器官者在实施此种行为时是明知的，并且希望组织行为和出卖行为的顺利进行。“组织”和“出卖”行为在本质上都是一种积极的作为，对于犯罪结果更是积极追求，并不是置之不理的，因此对于故意应该缩小为直接故意比较合适。

（三）组织出卖人体器官罪在认定时应注意的问题

1. 注意组织出卖人体器官罪按照故意伤害罪处理的情形。根据《刑法修正案（八）》第37条规定，在《刑法》第234条后增加一条，作为第234条之一：“组织他人出卖人体器官的，处五年以下有期徒刑，并处罚金；情节严重的，处五年以上有期徒刑，并处罚金或者没收财产。未经本人同意摘取其器官，或者摘取不满十八周岁的人的器官，或者强迫、欺骗他人捐献器官的，依照本法第二百三十四条、第二百三十二条的规定定罪处罚。违背本人生前意愿摘取其尸体器官，或者本人生前未表示同意，违反国家规定，违背其近亲属意愿摘取其尸体器官的，依照本法第三百零二条的规定定罪处罚。”

根据上述规定，组织他人出卖人体器官罪按照故意伤害罪处理的情形只有未经本人同意摘取其器官、摘取不满十八周岁的人的器官，或者强迫、欺骗他人捐献器官三种行为。

2. 对组织出卖人体器官罪中“出卖”的理解。所谓“出卖”，即将人体器官作为商品，以获取一定经济补偿的行为。在刑法学中，要准确把握“出卖”“买卖”“贩卖”三个词之间的区别和联系。本罪的行为并不是单纯的出卖行为，而是组织出卖的行为，如果行为人直接将自己的器官出卖给他人的，不成立本罪；单纯购买人体器官的行为，也不成立犯罪。但是，为了购买而组织他人出卖的，就应当成立本罪。“出卖”行为并非构成本罪的客观行为要件，而只是本罪成立的一个基本行为要素，即限定为组织他人“出卖”行为，而不是组织他人“捐献”等行为。出卖行为违背了自愿、无偿的捐献原则，将人体器官视作商品进行非法的商业买卖行为，与人类基本伦理道德相冲突，必然为法律所禁止。

组织他人出卖人体器官，并不是指组织者出卖他人的人体器官，而是指组织者采

① 2011年司法考试卷二，第14题。

用各种手段使他人出卖人体器官。如果供体没有认识到自己出卖器官,事实上也没有出卖其器官,组织者的行为就不成立组织出卖人体器官罪。如前所述,倘若组织者欺骗他人捐献器官,但实际上将器官出卖给他人的,只能认定为故意伤害罪或者故意杀人罪。

3. 组织出卖人体器官罪的既遂。有学者主张本罪为行为犯,而不是结果犯,认为是否实际获取、出卖人体器官并不影响本罪的成立,只要行为人组织他人出卖人体器官的行为实施完毕,对刑法所保护的法益构成实际的威胁,即可认定为犯罪既遂。也有学者持不同观点,认为既然承认本罪保护的法益是他人身体健康,就应当承认,只有当组织行为使出卖者的身体受到伤害时,才成立本罪的既遂。一般来说,在被组织者还没有出卖其人体器官时,很难界定行为已经实现了法条表述的内容。所以本书认为,行为人虽然实施了雇佣、介绍、引诱、寻找出卖者等行为,但还没有摘取他人人体器官的,不应认定为本罪的既遂,充其量只能认定为本罪的未遂。[①]

(四)组织出卖人体器官罪的刑事责任

1. 根据《刑法》第234条之一规定犯本罪的,处5年以下有期徒刑,并处罚金;情节严重的,处5年以上有期徒刑,并处罚金或者没收财产。

2. 以故意伤害罪论的情况。《刑法修正案(八)》第37条第2款规定:"未经本人同意摘取其器官,或者摘取不满十八周岁的人的器官,或者强迫、欺骗他人捐献器官的,依照本法第二百三十四条、第二百三十二条的规定定罪处罚。"

3. 对非法摘取尸体器官的处罚规定。《刑法修正案(八)》第37条第3款规定:"违背本人生前意愿摘取其尸体器官,或者本人生前未表示同意,违反国家规定,违背其近亲属意愿摘取其尸体器官的,依照本法第三百零二条的规定定罪处罚。"即依照盗窃、侮辱尸体罪进行定罪处罚。

【实例分析5-5】

对上述内容,可从下面的分析中深化认识:关于故意伤害罪与组织出卖人体器官罪,下列哪一选项是正确的?

A. 非法经营尸体器官买卖的,成立组织出卖人体器官罪;

B. 医生明知是未成年人,虽征得其同意而摘取其器官的,成立故意伤害罪;

C. 组织他人出卖人体器官并不从中牟利的,不成立组织出卖人体器官罪;

D. 组织者出卖一个肾脏获15万元,欺骗提供者说只卖了5万元的,应认定为故意伤害罪。

分析如下:

(1) A选项,非法经营尸体器官买卖的,构成非法经营罪。

(2) B选项,未成年人即使同意,摘取其器官的,仍然成立故意伤害罪,同意无效。

① 张明楷:《组织出卖人体器官罪的基本问题》,载《吉林大学社会科学学报》2011年第5期。

(3) C选项,成立组织他人出卖人体器官罪,并不要求有牟利目的,只要有组织故意即可。

(4) D选项,欺骗他人捐献器官的构成故意伤害罪,“欺骗”指因行为人的欺骗行为,而使出卖器官者对器官摘除后重大身体利益侵害后果产生误认而错误地作出承诺。出卖器官者对身体受侵害的事实没有误认,只是对价金有误认,不属于此处意义上的“欺骗”,承诺仍然有效。行为人不构成故意伤害罪,构成组织出卖人体器官罪。

综上,上述问题的合适选项是B。

五、过失致人重伤罪

过失致人重伤罪,是指行为人过失造成他人身体健康受到严重损害的行为。本罪侵犯的客体是他人的健康权利。客观上表现为过失致人重伤的行为。首先,构成本罪要求出现他人重伤的结果,如果仅造成轻伤,则不构成本罪。造成死亡结果,也不构成本罪。同时,他人重伤的结果与行为人的过失行为之间存在因果关系。本罪主体为一般主体,凡年满16周岁,具有刑事责任能力的自然人均可构成本罪。本罪在主观上出于过失,既可以是疏忽大意的过失,也可以是过于自信的过失。

根据《刑法》第235条的规定,犯本罪的,处3年以下有期徒刑或者拘役。本法另有规定的,依照规定。

第三节 侵犯妇女、儿童身心健康的犯罪

一、强奸罪

(一) 强奸罪的概念

强奸罪,是指违背妇女意志,采用暴力、胁迫或者其他手段,强行与妇女发生性交关系或者明知是未满14周岁的幼女,而奸淫幼女的行为。

(二) 强奸罪的构成特征

1. 本罪侵犯的客体是妇女性的不可侵犯权利和幼女的身心健康权利。具体表现在侵犯了妇女按照自己的意志决定正当性行为的权利,从而使妇女的身心受到摧残;侵犯了幼女的身体和精神正常发育与健康成长的权利。

侵害对象包括已满14周岁的女性和不满14周岁的幼女。只有有生命的妇女才谈得上享有根据自己的意愿发生性行为的权利,同样只有有生命的幼女才享有身体和精神正常发育和健康成长的权利。奸污女性遗体,不构成强奸罪,但可按照侮辱尸体罪定罪量刑。但实施强奸的暴力行为致妇女、幼女死亡,又奸淫妇女、幼女遗体的,仍构成强奸罪,在形态上属于未遂。

特别要指出的是,1997年刑法修订将嫖宿幼女罪(第360条第2款)确定为“妨害

社会管理秩序罪”一章中的独立罪名,与原来刑法中“侵犯公民人身权利、民主权利罪”一章中的强奸罪相区别。嫖宿幼女罪自产生以来,废存之争一直不绝于耳。《刑法修正案(九)》经过三次审议,终将该罪取消,结束了嫖宿幼女罪废存近20年的争论,更重要的是体现了对幼女的尊重和保护。刑法修改后,一般情况下嫖宿幼女将视同奸淫幼女行为以强奸罪从重处罚。

2. 本罪在客观上表现为违背妇女意志,采用暴力、胁迫或者其他手段,强行与妇女发生性交关系或奸淫幼女的行为。

(1) 强奸罪必须违背妇女意志。违背妇女意志,是指在妇女不愿意与行为人发生性交关系的情况下,强行与妇女发生性交行为。如果在性交当时征得妇女同意,而事后妇女又反悔的,不构成强奸罪。这是强奸罪构成的内在属性。

(2) 强奸罪在行为上表现为以暴力、胁迫或者其他手段强行与妇女发生性交关系的行为。通过这些行为,使被害妇女处于不敢反抗、不能反抗或者不知反抗的情况下,而为行为人达到强奸的目的服务。所谓“暴力手段”,是指行为人采用殴打、捆绑、伤害等手段,对被害妇女实施人身强制,使妇女不能抗拒。“胁迫”,是指行为人对被害妇女采用如揭发隐私、暴力伤害、加害亲属等方式,同时,还可以利用职权、教养关系、从属关系,对被害人进行精神上的强制,以迫使妇女就范,不敢抗拒。“其他手段”,是指利用暴力、胁迫以外的其他方法,使被害妇女不知抗拒、无法抗拒,从而强行与妇女发生性交关系。例如,在妇女身患重病、醉酒、昏迷等情况下与其发生性交关系,利用欺骗方式、催眠方式与妇女发生性交关系等。这是强奸罪的外在属性。违背妇女意志这一内在属性与采用暴力、胁迫或者其他手段这一外在属性必须紧密结合,才能符合强奸罪在客观方面的要求。

3. 本罪主体为一般主体,凡年满14周岁,具有刑事责任能力的自然人,均可构成本罪。应该注意的是,妇女不能单独成为强奸罪的主体,但可以在共同犯罪中成为强奸罪的共犯。也就是说,本罪的实行犯只能是男子。但是,妇女教唆、帮助男子实施强奸犯罪的,可以作为强奸罪的教唆犯或帮助犯,按照她在强奸犯罪活动中所起的作用,依照强奸罪的有关规定以及刑法总则中关于共同犯罪的有关规定论处。在我国,婚内丈夫一般不能构成强奸,但是丈夫可以通过间接正犯或者共犯的方式构成强奸妻子的强奸罪。

根据最高人民法院《关于审理强奸案件有关问题的解释》:“对于已年满十四周岁不满十六周岁的人,与幼女发生性关系构成犯罪的,依照《刑法》第十七条、第二百三十六条第二款的规定,以强奸罪定罪处罚;对于与幼女发生性关系,情节轻微,尚未造成严重后果的,不认为是犯罪。”应责成家长和学校严加管教。

4. 本罪在主观上出于故意,且具有违背妇女意志而强行与妇女发生性交的目的。明知是不满14周岁的幼女而与其发生性的行为,无论幼女是否同意,均成立强奸罪。所谓“明知”分为两种:一是确切知道,二是推定知道。推定知道也是明知的一种,它不像确切知道那样有事实直接证明并且行为人也承认,而是没有直接证据证明并且行为人加以抵赖。在这种情况下，通过推定方法能够证明行为人主观上对幼女不满14周岁是明知的，同样也应以犯罪论处。[①] 确实不知是不满14周岁的幼女，双方自愿发生性关系，未造成严重后果，情节显著轻微的，不认为是犯罪。

（三）强奸罪在认定时应注意的问题

1. 注意区分强奸与通奸

通奸，是指有配偶的男女或是一方有配偶的男女与他人发生性交关系的行为。通奸与强奸的本质区别在于通奸并不违背妇女意志，因此并不构成强奸罪，但是要注意以下几点：(1) 有的妇女与他人通奸后因出于种种考虑，将通奸说成是强奸的，不能认为构成强奸罪。(2) 男女双方先有通奸关系，当女方不愿保持通奸关系，男方强行与之发生性交关系的，应该认定为强奸。(3) 男方先对女方实施强奸行为，而后双方又保持通奸关系的，不宜认定为构成强奸罪。但如果女方是在男方的胁迫、威逼下才与之保持性交关系的，则可以认定男方构成强奸罪。

2. 违背了妇女真实意愿的认定

判断与妇女发生性关系是否违背妇女的意志，要结合性关系发生的时间、周围环境、妇女的性格、体质等各种因素进行综合分析，不能将妇女抗拒作为违背其意愿的唯一要件。对于有的被害妇女由于害怕等原因而不敢反抗、失去反抗能力的，也应认定是违背了妇女的真实意愿。同无责任能力的妇女（如呆傻妇女或精神病患者）发生性关系的，由于这些妇女无法正常表达自己的真实意愿，因此无论其是否“同意”，均构成强奸妇女罪。

实践中，半推半就的情形是否违背妇女意志，其性质如何界定，关系到强奸罪的成立与否。所谓“半推半就”，是指行为人与妇女发生性行为时，该妇女既有“就”的一面，即同意的表现，又有“推”的一面，即不同意的表现。应当全面审查男女双方的关系怎样，性行为发生的时间、地点、环境条件如何，强奸后妇女的态度如何，该妇女的道德品行、生活作风情况等等。如果查明“就”是主要的，则属假推真就，不能视为违背妇女意志而以该罪治罪科刑。如果“推”是主要的，应认定为违背妇女意志，以强奸罪论处。

3. 与幼女发生性交关系的认定

与不满14周岁的幼女发生性交关系，并不要求违背幼女的意志，无论幼女是否同意，行为人采用何种手段，均构成强奸罪。需要注意的是，与幼女发生性交关系，以前一直被认定为奸淫幼女罪。但这一罪名现已被取消，奸淫幼女的行为视为强奸罪的一种犯罪情节，从重处罚。《刑法修正案（九）》取消了嫖宿幼女罪，嫖宿幼女将视同奸淫幼女行为，以强奸罪从重处罚。

---

① 参见陈兴良：《奸淫幼女构成犯罪应以明知为前提——为一个司法解释辩护》，载《法律科学·西北政法学院学报》2003年第6期。

4. 与女精神病人发生性交关系的认定

与丧失辨认和控制能力的女精神病人发生性交关系的，无论是否违背其意志，是否采用暴力、胁迫或者其他手段，均可构成强奸罪。但是应当注意的是，如果女精神病人为间歇性精神病人，处于精神正常时期，或者尚未完全丧失辨认和控制能力的女精神病人，只要不是违背其意志，与之发生性交关系，不应当认为构成强奸罪。

5. 强奸罪既遂与未遂的认定

对于被害人是已满 14 周岁的女性，强奸的既遂以插入说为标准，即以男女双方的性器官的结合作为既遂的标准。对于被害女性是不满 14 周岁的幼女的，是以双方的性器官是否发生接触为判断既遂与否的标准。

6. 婚内有无强奸的问题

所谓婚内强奸，是指丈夫违背妻子意志，以暴力、胁迫或者其他手段强行与之发生性关系的行为。婚内强奸这一现象在现实生活中并不罕见，法理上也一直存在着争议。司法实践中原则上将在法定婚姻关系存续期间丈夫违背妻子的意愿、强行发生性关系的行为排除在强奸之外。但夫妻双方处于离婚诉讼期间或因感情不和而处于分居状态的，丈夫违背妻子的意愿强行与之发生性行为以强奸罪论。

（四）关于强奸罪立法完善的思考

1. 扩大强奸罪的犯罪主体和犯罪对象

强奸罪的实行主体不再局限于男性，应当包括女性。强奸罪的犯罪对象不作性别限制，既包括女性，也包括男性。同时，不仅要对不满 14 周岁的幼女予以特别保护，还应对不满 14 周岁的男童予以同等的保护。

从国外看，许多国家或地区都已宽泛化了强奸罪的主体和对象，很多国家的刑法或司法实践不再强调强奸中施害方和受害方的性别。强奸罪犯罪构成被规定为性别中立，不仅仅只有妇女能够成为强奸罪的受害者。在基本犯罪构成中，强奸罪不同类型的（侵入身体）强迫性行为都被视为等同。[①] 譬如，德国 1975 年刑法典的强奸罪还是指“强迫妇女”，但其 1998 年新版刑法典就只规定“强迫他人”；法国 1994 年重订刑法典将强奸罪的受害者明文规定为“他人”，可以理解为包括男人和女人；意大利现行刑法也只是将强奸罪的受害者规定为“他人”，不再突出其性别角色。我国台湾地区“刑法”在妨害性自主罪的规定中也将强奸罪的对象由“妇女”扩充至“男女”。[②]

2. 增加强奸罪的行为方式

强奸是强行发生性交的行为，我国的司法实践中一般对性交的认定是男性将生殖器插入女性生殖器内。但随着女权运动的发展，同性恋的增多，性交观念的转变，那种传统“性交”概念必然受到挑战。非阳具对女性阴道插入，同样能侵犯被害人的性权

① 参见〔德〕汉斯—约格·阿尔布莱希特：《德国性犯罪刑法的改革与成果》，周子实译，载《刑法论丛》2013 年第 3 卷。

② 参见张随民：《关于男性被性侵犯的法律问题探讨》，载《西部经济管理论坛》2013 年第 2 期。

利,对其生理心理都造成严重伤害,甚至传播疾病,具有严重的社会危害性。英国2003年《性犯罪法》将性行为指向由受害人的阴道和肛门扩大到受害人的阴道、肛门和口腔。香港法律改革委员会也在2012年9月16日建议,“只要未经同意下进行的性行为,无论是男的和女的,抑或是男的和男的,只要是使用阳具插入受害人阴道、肛门或口腔均属强奸”①。因性交观念的转变,特别是同性恋的出现,“性交”不再仅仅发生在男女之间,也可能在男男之间,女女之间,甚至于女对男之间发生,所以现行刑法和传统的性交定义,不能全面准确解释社会观念变革后的性交行为,致使男女性权利得不到平等保护②。

(五)强奸罪的刑事责任

根据《刑法》第236条第1款、第3款的规定,犯本罪的,处3年以上10年以下有期徒刑。强奸妇女,有下列情形之一的,处10年以上有期徒刑、无期徒刑或者死刑:(1)强奸妇女情节恶劣的。情节恶劣,一般是指强奸的手段残酷,在社会上造成恶劣影响。(2)强奸妇女多人的。多人,一般应理解为三人以上。(3)在公共场所当众强奸妇女的。(4)二人以上轮奸。(5)致使被害人重伤、死亡或者造成其他严重后果。

“轮奸”是指两人以上在一较短时间内先后轮流强奸同一妇女或幼女。轮奸应区别于聚众淫乱。轮奸是强奸的一种加重情节,是违背被害人意愿的行为。“聚众淫乱”是指聚集男女多人集体进行淫乱的行为,并不违背相互的意愿。“致使被害人死亡、重伤”是指因强奸导致被害人性器官严重损伤或其他严重伤害,甚至当场死亡或经抢救无效死亡。“造成其他严重后果”,是指因强奸引起被害人自杀、精神失常以及其他严重的后果。

需要注意的是,我国刑法对于强奸行为在其他法条中也作了规定,但有的时候需要数罪并罚,有的时候作为加重情节从重处罚而不并罚。

【实例分析5-6】

对上述内容,可从下面的分析中深化认识:关于强奸罪及相关犯罪的判断,下列哪一选项是正确的?

A. 甲欲强奸某妇女遭到激烈反抗,一怒之下卡住该妇女喉咙,致其死亡后实施奸淫行为。甲的行为构成强奸罪的结果加重犯。

B. 乙为迫使妇女王某卖淫而将王某强奸,对乙的行为应以强奸罪与强迫卖淫罪实行数罪并罚。

C. 丙在组织他人偷越国(边)境过程中,强奸了被组织的妇女李某。丙的行为虽然触犯了组织他人偷越国(边)境罪与强奸罪,但只能以组织他人偷越国(边)境罪定罪量刑。

---

① 《香港强奸罪新定义:男女均可被判为强奸罪主体》,http://news.sohu.com/20120919/n353492464.shtml,2016年3月1日访问。

② 参见张随民:《关于男性被性侵犯的法律问题探讨》,载《西部经济管理论坛》2013年第2期。

D. 丁在拐卖妇女的过程中,强行奸淫了该妇女。丁的行为虽然触犯了拐卖妇女罪与强奸罪,但根据刑法规定,只能以拐卖妇女罪定罪量刑。

分析如下:

(1) A 选项,作为结果加重犯的强奸"致使被害人重伤、死亡",指的是过失致使被害人重伤、死亡,不包括故意伤害、杀害。甲欲强奸某女并已着手,构成强奸罪未遂;遭反抗而故意杀人,构成故意杀人罪;之后奸淫被害人遗体的,构成侮辱尸体罪,应三罪并罚。故 A 项错误。

(2) B 选项,根据《刑法修正案(九)》之后的《刑法》第 358 条规定,犯组织卖淫罪、强迫卖淫罪,"并有杀害、伤害、强奸、绑架等犯罪行为的,依照数罪并罚的规定处罚",因此 B 项正确。

(3) C 选项,根据《刑法》第 318 条第 2 款,犯组织他人偷越国(边)境罪,对被组织人有杀害、伤害、强奸、拐卖等行为的,实行数罪并罚。故 C 项错误。

(4) D 选项,《刑法》第 240 条第 1 款第 3 项,是拐卖妇女罪的加重犯情节,不再并罚。故 D 项正确。

综上,上述问题的合适选项是 BD。

二、强制猥亵、侮辱罪

长期以来,我国刑法规定对不满 14 周岁的男童实施猥亵的行为按照猥亵儿童罪处罚,但是对于已满 14 周岁不满 18 周岁的男性未成年人或者 18 周岁以上的成年男性实施性侵害行为在法律上一直是个空白,导致实践中发生的已满 14 周岁男性未成年人遭受性侵害案件无法得到刑法的追究。这不仅不利于对男性未成年人的保护,而且极其容易导致一些受害人由于得不到法律保护而采取极端的自行报复的方式,影响社会整体的安全和稳定。令人欣慰的是,《刑法修正案(九)》将原来的强制猥亵、侮辱妇女罪修改为强制猥亵、侮辱罪,扩大了保护主体范围,打破了被害人性别的限制,对于强制猥亵犯罪的被害人不再限于妇女,而是还包括年满 14 周岁的所有男性。

(一) 强制猥亵、侮辱罪的概念

强制猥亵、侮辱罪,是指以暴力、胁迫或者其他方法强制猥亵他人或者侮辱妇女的行为。

早在 1997 年刑法修订时,对于第 237 条第 1 款罪名的理解,存在两种观点:第一种观点认为,本条款规定的是选择罪名;第二种观点认为,虽然在同一条文之中,但应是两个互相独立的罪名。[①] 不过,尽管最高人民法院、最高人民检察院《关于执行〈中华人民共和国刑法〉确定罪名的补充规定(六)》取消了强制猥亵、侮辱妇女罪,但仍采取了选择性罪名的立场,将新修订后的第 237 条第 1 款的罪名确定为"强制猥亵、侮辱

① 参见陈兴良:《新刑法之罪名分析》,载《中央政法管理干部学院学报》1997 年第 4 期。

罪”。

（二）强制猥亵、侮辱罪的构成特征

1. 本罪侵犯的客体是他人的人身权利，包括人格尊严、名誉以及人身安全等权利。《刑法修正案（九）》扩大了保护主体范围，本罪犯罪的对象不仅限于14周岁以上的妇女，而且包括14周岁以上的男性。如果猥亵不满14周岁的男女儿童，则构成猥亵儿童罪。

2. 本罪在客观方面表现为以暴力、胁迫或者其他方法强制猥亵他人或者侮辱妇女的行为。

以暴力、胁迫或者其他方法表明行为人违背了被害人的意愿，体现了本罪具有强制性的突出特点。“暴力”是指行为人直接对他人或被害妇女施以伤害、殴打等危害他人或妇女人身安全和人身自由，使他人或妇女不能抗拒的方法。“胁迫”，是指行为人对他人或被害妇女施以威胁、恫吓，进行精神上的强制，迫使他人或妇女就范，不敢抗拒的方法。例如，以杀害被害人、加害被害人的亲属相威胁的；以揭发被害人的隐私相威胁的；利用职权、教养关系、从属关系及他人或妇女孤立无援的环境相胁迫的，等等。“其他方法”是指行为人使用暴力、胁迫以外的使他人或被害妇女不能抗拒的方法。例如，利用他人或妇女患病、熟睡之机进行猥亵、侮辱的；用酒将他人或妇女灌醉、用药物将他人或妇女麻醉后进行猥亵、侮辱的，等等。“强制猥亵”主要是指违背他人的意愿，以搂抱、抠摸等淫秽下流的手段侵犯他人性权利的行为。“他人”，是指年满14周岁的人。

本罪所称的“侮辱妇女”主要是指对妇女实施猥亵行为以外的、损害妇女人格尊严的淫秽下流的、伤风败俗的行为。例如，以多次偷剪妇女的发辫、衣服，向妇女身上泼洒腐蚀物、涂抹污物，故意向妇女显露生殖器，追逐、堵截妇女等手段侮辱妇女的行为。①

3. 本罪主体为一般主体，凡年满16周岁，具有刑事责任能力的自然人，包括妇女，均可构成本罪。

4. 本罪在主观方面出于故意。表现为强制猥亵他人或侮辱妇女的故意，行为人一般出于流氓动机实施犯罪，但不以发生性交关系为目的。

（三）强制猥亵、侮辱罪的认定

1. 与一般猥亵的界限

第一，要将强制猥亵他人行为与非强制性猥亵行为区分开来，本罪只惩罚以强制方法猥亵他人的行为，对于非强制性的猥亵行为不能视作犯罪。其次，并非任何强制猥亵他人的行为都构成本罪。本罪的构成虽然未规定“情节严重”之要件，但司法实践中不能将情节显著轻微、危害不大的强制猥亵他人的行为亦视作为犯罪。

---

① 参见雷建斌主编：《〈中华人民共和国刑法修正案（九）〉释解与适用》，人民法院出版社2015年版，第181页。

实践中,"猥亵"和"性骚扰"之间,不能简单地画上等号。所谓的"猥亵",通常指以刺激或满足性欲为目的、用性交以外的方法实施的淫秽行为。"性骚扰"不是法律用语,相比之下,"性骚扰"的概念要广阔得多,非但包括肢体的动作,也包括言语调戏等多种形式,甚至讲述"黄段子"也可能被归为此类。倘若相关行为被认定为"猥亵",那么行为人有可能遭受行政处罚甚至被追究刑事责任。但如果最后的定义仅仅停留在"性骚扰"之上,由于国内现行法律对于此类行为缺乏具有可操作性的处罚措施,很难追究其法律责任。

2. 与强奸罪的界限

首先,二者的犯罪客体不完全相同。强制猥亵、侮辱罪,侵犯的客体是他人的人格尊严、名誉以及人身自由等权利;强奸罪侵犯的客体是妇女性的不可侵犯的权利。第二,二者在客观方面行为方式不同,强制猥亵、侮辱罪,表现为强制实施性交以外的猥亵他人或侮辱妇女的行为;而强奸罪则是以强制手段与妇女发生性交关系的行为。第三,二者的主体不同。强制猥亵、侮辱罪,可以是由男子实施,也可以由女子实施;而强奸罪,则不能由女子单独构成。第四,二者的主观方面不同。强制猥亵、侮辱罪,表现为强制猥亵他人或侮辱妇女的故意,不以发生性交关系为目的;强奸罪则要求具有与妇女发生性交关系的目的。

3. 利用职权、教养关系、从属关系实施的行为

正确认定利用职权、教养关系、从属关系实施的强制猥亵、侮辱罪,关键是查明行为人是否利用了特定的关系对被害人进行胁迫。这一点,与在强奸罪认定中区分利用特定关系强奸与双方基于互相利用而通奸的界限是一样的。在强制猥亵、侮辱罪的认定中,不能把有教养关系、从属关系和利用职权猥亵他人或侮辱妇女的行为都视为强制猥亵、侮辱。行为人利用职权引诱被害人,被害人基于互相利用而容忍行为人对其猥亵、侮辱的,不能认定为强制猥亵、侮辱罪。

4. 与侮辱罪的界限

侮辱罪中以妇女为侮辱对象的行为与强制猥亵、侮辱罪很相似,两者都可以采取暴力、胁迫或其他方法,区别在于:(1) 对象情况不同。强制猥亵、侮辱罪,一般是以不特定的妇女为对象;而侮辱罪中侮辱妇女的行为,是针对特定的对象实施的。(2) 目的动机不同。强制猥亵、侮辱罪中对妇女进行的侮辱行为,一般是出于闹事取乐,寻求精神刺激;而侮辱罪中对妇女进行的侮辱,一般是出于个人恩怨、嫉妒或报复,目的是贬损特定妇女的人格和名誉。(3) 审理程序不同。侮辱罪在通常情况下是"告诉才处理",即自诉案件,由人民法院直接受理,而强制猥亵、侮辱罪属公诉案件,由人民检察院向人民法院提起公诉。

(四) 强制猥亵、侮辱罪的刑事责任

根据《刑法修正案(九)》第 13 条,修改后的《刑法》第 237 条第 1 款、第 2 款的规定,犯本罪的,处 5 年以下有期徒刑或者拘役;《刑法修正案(九)》还将"有其他恶劣情节的"纳入加重量刑的情节中,规定聚众或者在公共场所当众犯本罪的,或者有其他

恶劣情节的,处5年以上有期徒刑。

三、猥亵儿童罪

猥亵儿童罪,是以刺激或满足性欲为目的,用性交以外方法对不满14周岁儿童实施的淫秽行为。

本罪的客体是儿童的身心健康权利。本罪对象是不满14周岁的儿童,包括男女儿童。本罪在客观方面表现为猥亵儿童的行为。通常认为猥亵的手段有:抠摸、舌舔、吸吮、亲吻、搂抱、手淫、鸡奸等行为。本书认为,对儿童实施的猥亵行为还应包括:犯罪行为人要求儿童抚摸其生殖器、要求儿童做色情表演、强制儿童看色情信息等行为。猥亵既可以强制手段实施,也可以非强制手段实施,如进行欺骗、利诱等。

本罪主体为一般主体,凡年满16周岁,具有刑事责任能力的自然人均可构成本罪。本罪的主体并不仅限于男性。本罪在主观方面出于故意。

根据《刑法》第237条第3款的规定,犯本罪的,依照强制猥亵、侮辱妇女罪的法定刑从重处罚。即一般犯罪的,处5年以下有期徒刑或者拘役;聚众或者在公共场所当众猥亵儿童的,或者猥亵儿童有其他恶劣情节的,处5年以上有期徒刑。

虽然《刑法修正案(九)》作出了上述修改,但还有两个问题值得引起注意:一是还未真正实现对于男性未成年人与女性未成年人给予同样的保护。现行《刑法》中对强奸的定义还只针对女性,强奸未满14周岁男童和14周岁以上的男性未成年人只能分别按照猥亵儿童罪和强制猥亵罪论处。对于强奸行为按照猥亵罪处理无疑将会轻纵犯罪人,也不符合罪责刑相适应的基本原则。二是后续司法解释应当对"其他恶劣情节"作出详细解释,对于猥亵多人、猥亵多次或造成严重后果以及使用生殖器以外器官或工具进行恶性猥亵的都应纳入恶劣情节的范畴,处5年以上有期徒刑。①

第四节 侵犯人身自由的犯罪

一、非法拘禁罪

(一) 非法拘禁罪的概念

非法拘禁罪,是指非法拘押、禁闭或者以其他强制方法非法剥夺他人人身自由的行为。

(二) 非法拘禁罪的构成特征

1. 本罪的客体是他人人身自由的权利。所谓人身自由的权利,是指以身体的动静举止不受非法干预为内容的人格权,亦即在法律范围内按照自己的意志决定自己身

---

① 参见张雪梅:《刑法修正案(九)关于未成年人保护的六个变化》,http://www.chinachild.org/b/rd/8863.html,2016年2月9日访问。

体行动的自由权利。公民的身体自由，是公民正常工作、生产、生活和学习的保证，失去身体自由，就失去了从事一切正常活动的可能。我国《宪法》第 37 条规定：“中华人民共和国公民的人身自由不受侵犯。任何公民，非经人民检察院批准或者决定或者人民法院决定，并由公安机关执行，不受逮捕，禁止非法拘禁和以其他方法非法剥夺或者限制公民的人身自由。”因此，非法拘禁是一种严重剥夺公民身体自由的行为。

本罪侵害的对象，是依法享有人身权利的任何自然人，包括无辜公民、犯错误的人、有一般违法行为的人和犯罪嫌疑人。有一种观点认为，非法拘禁罪中的“他人”，只是指有按照自己的意志支配自己的活动能力的人，包括潜在的有意志活动能力的人在内，如幼儿、醉酒者和熟睡中的人。但不应包括完全没有按照自己的意志支配自己的活动能力的人，如婴儿、严重的精神病患者。

2. 本罪在客观方面表现为行为人以拘禁或者其他方法，非法剥夺他人人身自由的行为。拘禁是指以强制性方法使他人在一定时间内失去行动自由，通常表现为以绑架、禁闭、扣留、隔离等方法非法剥夺他人人身自由。其他方法是指绑架、禁闭、扣留、隔离等强制性方法之外的行为，比如用药物使被害人昏迷，如果足以剥夺他人行动自由，也可构成非法拘禁罪。

非法拘禁罪具有非法性和强制性：(1) 剥夺他人行动自由的强制行为必须是非法的。在我们国家，法律赋予逮捕权的只有人民检察院和人民法院，有拘留权的只有公安机关，逮捕拘留人犯必须严格地遵守法律手续。任何团体、机关、个人剥夺或变相地剥夺他人人身自由权利，或者有权逮捕、拘留人犯的机关不按照法律手续办事，都是非法的，都可以构成非法拘禁罪。司法机关根据法律规定，对于有犯罪事实和重大嫌疑的人采取拘留、逮捕等限制人身自由的强制措施的行为，不成立本罪。但发现不应拘捕时，借故不予释放，继续羁押的，则应认为是非法剥夺人身自由。对于正在实行犯罪或犯罪后及时被发觉的、通缉在案的、越狱逃跑的、正在被追捕的人，群众依法将其扭送至司法机关，是一种权利，而不是非法剥夺人身自由。依法收容精神病患者的，也不是非法剥夺人身自由的行为。(2) 强制性是指违背他人意志，强行使他人处于被管束之中。

非法拘禁通常表现为作为，但不作为也可以成立非法拘禁罪。非法剥夺他人人身自由概括起来分为两类：一类是直接拘束人的身体，剥夺其身体活动自由，如捆绑；另一类是间接拘束人的身体，剥夺其身体活动自由，即将他人监禁于一定场所，使其不能或明显难以离开、逃出。无论是以暴力、胁迫方法拘禁他人，还是以欺诈方法拘禁他人，均不影响本罪的成立。

3. 本罪主体为一般主体，凡年满 16 周岁，具有刑事责任能力的自然人均可构成本罪。不过，如果是国家工作人员利用职权非法拘禁他人，进行刑讯逼供，符合刑讯逼供罪要件的，应当按刑讯逼供罪处理。

4. 本罪主观上出于故意，即故意非法剥夺他人人身自由。至于犯罪动机，可以是各种各样的，有的出于泄愤报复，打击迫害；有的是闹特权、要威风；有的是滥用职权、以势压人;也有的是居心不良,另有所图。不管出于什么动机,只要具有非法剥夺他人人身自由的目的,故意实施了非法拘禁他人的行为,都不影响本罪成立。如果非法剥夺他人人身自由是为了其他犯罪目的,其他犯罪比非法拘禁罪处罚更重的,应以其他罪论处。比如为勒索财物非法拘禁他人的,为出卖而非法拘禁妇女儿童的,应当以绑架罪、拐卖妇女儿童罪论处。

(三)非法拘禁罪在认定时应注意的问题

1. 非法拘禁罪与非罪的界限。理论上说,非法拘禁罪的成立没有情节的规定,只要是实施了非法拘禁行为,不论时间长短,次数多少,恶劣程度轻重,就应该构成非法拘禁罪。但是,从司法实践来看,情节显著轻微,危害不大的,不构成犯罪。根据1999年9月16日施行的最高人民检察院《关于人民检察院直接受理立案侦查案件立案标准的规定(试行)》:国家机关工作人员涉嫌利用职权非法拘禁,具有下列情形之一的,应予立案:

(1)非法拘禁持续时间超过24小时的;

(2)3次以上非法拘禁他人,或者1次非法拘禁3人以上的;

(3)非法拘禁他人,并实施捆绑、殴打、侮辱等行为的;

(4)非法拘禁,致人伤残、死亡、精神失常的;

(5)为索取债务非法扣押、拘禁他人,具有上述情形之一的;

(6)司法工作人员对明知是无辜的人而非法拘禁的。

可见,在对国家机关工作人员实施的非法拘禁行为是否构成犯罪上,有一个“度”的规定,只有超过了这个度,才追究其刑事责任。国家机关工作人员因为其身份的特殊性,法律对其的要求比一般群众要严。

如果行为人虽有非法拘禁行为,但是情节显著轻微,危害不大的,则不应当以犯罪论处。

2. 非法拘禁罪既遂的认定。非法拘禁罪是持续犯,即拘禁行为与被害人被拘禁的状态在一定时间内同时处于持续状态,具有不间断性。行为人只要实施了非法剥夺他人人身自由的行为,造成公民的人身自由处于被非法剥夺的状态之中即可构成既遂,时间的长短可以作为量刑情节予以考虑。但是,如果非法拘禁时间过于短暂,则不构成本罪。

3. 罪数问题。非法拘禁罪与其他犯罪存在牵连关系,从一重处断,不并罚。但刑法有规定的除外:

(1)收买被拐卖的妇女儿童后,为防止其逃走而非法拘禁的,根据《刑法》第241条第3款规定,应数罪并罚。

(2)拐卖妇女儿童过程中,实行非法拘禁的,以拐卖妇女儿童罪从重处罚,不数罪并罚。

(3)国家工作人员利用职权非法拘禁他人,从重处罚。

(4)如果是非法绑架借以勒索财物的,成立绑架罪。

4. 非法拘禁罪的转化。根据《刑法》第238条的规定,在非法拘禁过程中,使用暴力致人伤残、死亡的,应以故意伤害罪、故意杀人罪论处。需要注意的是,《刑法》第238条第2款规定的非法拘禁致人重伤、死亡,是指非法拘禁过程中,由于行为人的过失行为导致被拘禁人重伤、死亡,这属于非法拘禁罪的结果加重犯,应以非法拘禁罪定罪处罚。如果在拘禁过程中实施暴力,故意造成被害人死亡、伤残的,其行为已经超出了非法拘禁罪的犯罪构成要件范畴,则应按照故意伤害罪或者故意杀人罪定罪处罚。

(四) 非法拘禁罪的刑事责任

根据《刑法》第238条的规定,犯本罪的,处3年以下有期徒刑、拘役、管制或者剥夺政治权利。具有殴打、侮辱情节的,从重处罚。致人重伤的,处3年以上10年以下有期徒刑;致人死亡的,处10年以上有期徒刑。使用暴力致人伤残、死亡的,按照故意伤害罪、故意杀人罪的规定定罪处罚。为索取债务非法扣押、拘禁他人的,依照上述规定处罚。国家机关工作人员利用职权犯上述罪的,依照上述规定从重处罚。

《刑法》第238条第1款对行为人实施"殴打、侮辱"的行为作了明文规定,因此,这种情形属于法定的量刑情节,从重处罚。《刑法》第238条第2款所称"犯前款罪,致人重伤"没有超出非法拘禁的范围,而且行为人也只实施了一个犯罪行为,只是该行为造成了较为严重的结果,属于结果加重犯,加重处罚。倘若非法拘禁致人重伤并具有侮辱情节的,适用第2款的规定,同时侮辱情节仍然是法定的从重处罚情节。第2款规定的"使用暴力致人伤残、死亡",是指非法拘禁行为之外的暴力致人伤残、死亡。如果是非法拘禁行为之内的行为"致人伤残、死亡",直接适用第2款前段的规定处罚即可。

非法拘禁罪的犯罪形态属持续犯,追诉时效从行为实施终了之日起计算。尚在追诉时效之内的"人次"应累计计算。

【实例分析5-7】

关于为索取债务非法扣押、拘禁他人的、依照非法拘禁罪处罚的问题,特别是为索取法律不予保护的非法债务而非法拘禁他人的行为如何处理,可从下例予以说明:甲为要回30万元赌债,将乙扣押,但2天后乙仍无还款意思。甲等5人将乙押到一处山崖上,对乙说:"3天内让你家人送钱来,如今天不答应,就摔死你。"乙勉强说只有能力还5万元。甲刚说完"一分都不能少",乙便跳崖。众人慌忙下山找乙,发现乙已坠亡。关于甲的行为定性,下列哪些选项是错误的?

A. 属于绑架致使被绑架人死亡;

B. 属于抢劫致人死亡;

C. 属于不作为的故意杀人;

D. 成立非法拘禁,但不属于非法拘禁致人死亡。

分析如下:

根据《刑法》第238条第3款规定,为索取债务非法扣押、拘禁他人的,构成非法拘禁罪。最高人民法院《关于对为索取法律不予保护的债务非法拘禁他人行为如何定罪问题的解释》规定,行为人为索取高利贷、赌债等法律不予保护的债务,非法扣押、拘禁他人的,构成非法拘禁罪。

(1) 上述事例即是如此,甲等人以索取赌债为意图,扣押恐吓乙,逼迫其向家人要钱,不构成绑架罪、抢劫罪,构成非法拘禁罪。A、B 选项说法错误。

(2) 客观上,乙死亡系其跳崖自杀,甲等人未实施杀人的作为行为;主观上,"众人慌忙下山找乙",说明甲等人主观上没有杀乙的故意,只是恐吓一下他。甲等人不构成作为的故意杀人罪,并且由于事发突然,甲等人也无制止能力,不构成不作为犯罪。所以 C 选项说法错误。

(3) 乙的死亡结果归因于乙的跳崖自杀行为,与甲等人的非法拘禁行为之间没有因果关系,不属"致人死亡",从而 D 选项正确。

综上,上述问题的合适选项是 ABC。

二、绑架罪

1979 年《刑法》没有专门规定此罪名。绑架罪罪名源于 1991 年全国人大常委会《关于严惩拐卖、绑架妇女、儿童的犯罪分子的决定》,该决定第 2 条第 3 款规定了"绑架勒索罪"。1997 年修订刑法时对罪状作了修改和补充,将罪名相应地改为"绑架罪"。《刑法修正案(七)》补充规定了绑架罪情节较轻的情形,《刑法修正案(九)》将《刑法》第 239 条第 2 款修改为:"犯前款罪,杀害被绑架人的,或者故意伤害被绑架人,致人重伤、死亡的,处无期徒刑或者死刑,并处没收财产。"历次补充修改,使得对绑架罪的处罚更趋科学合理、更加公平公正。

(一) 绑架罪的概念

绑架罪是指利用被绑架人的近亲或者其他人对被绑架人安危的忧虑,以勒索财物或满足其他不法要求为目的,使用暴力、胁迫或者麻醉方法劫持或以实力控制他人的行为。

(二) 绑架罪的构成特征

1. 本罪侵犯的是复杂客体。既侵犯了公民人身自由权利,又对公民的生命权利、健康权利以及公私财产的所有权造成侵害。在司法实践中,行为人常常以危害被害者相威胁,迫使其家属交付赎金;在绑架过程中,被害人往往受虐待、重伤甚至惨遭杀害;还有的将被害人杀害后再勒索财物。立法者将绑架他人的行为放在侵犯公民人身权利、民主权利罪这一章中,表明强调的也是对公民人身权利的保护。这种犯罪实际上就是旧社会甚为猖獗的"绑票"行为,新中国成立后已经绝迹,近些年来又重新出现,并有发展的趋势,对社会危害极大。为了有力惩治这种犯罪,刑法将绑架行为单立一罪名。

本罪犯罪对象是"他人",既包括妇女、儿童,也包括妇女、儿童以外的人。

2. 本罪在客观上表现为绑架他人或者偷盗婴幼儿的行为。所谓“绑架”,是指以暴力、胁迫或者其他手段强行劫持他人的行为。“其他手段”,主要包括药物麻醉、醉酒、诱骗等方式。“偷盗婴幼儿”,是指采用秘密窃取的方式,使婴幼儿脱离其监护人控制的行为。这些犯罪手段的共同特征,是使被害人处于不能反抗、不敢反抗或不知反抗的境地,将被害人非法绑架离开其住所或者所在地,并置于行为人的直接控制之下,使其失去行动自由的行为。法律只要求行为人具有绑架他人其中一种手段就构成本罪。

3. 本罪主体为一般主体,凡年满16周岁,具有刑事责任能力的自然人均可构成本罪。关于已满14周岁不满16周岁的人对本罪是否应负刑事责任的问题,有的学者认为,由于这种犯罪的危害性特别大,凡是年满14周岁并具有责任能力的人,均可构成。本书认为,《刑法》第17条第2款规定的8种犯罪,是指具体犯罪行为而不是具体罪名。按照罪刑法定原则和《刑法》第17条第2款的规定,已满14周岁不满16周岁的人,如果仅参加了绑架的行为,但未参与杀害、伤害被绑架人,没有实施《刑法》第17条第2款规定的故意杀人、故意伤害致人重伤或者死亡行为,该未成年人对这种绑架行为不负刑事责任。但应责令他的家长或者监护人对其加以管教;在必要的时候,也可以由政府收容教养。如果在绑架过程中实施了杀害或者伤害(致人重伤或者死亡)被绑架人的,则应按故意杀人罪、故意伤害罪追究其刑事责任。

4. 本罪在主观上出于故意,并且具有勒索财物或者扣押人质的目的。“以勒索财物为目的的绑架他人”,是指采用暴力、胁迫或者麻醉的方法,强行将他人劫持,以杀害、杀伤或者不归还人质相要挟,勒令与人质有关的亲友,在一定期限内交出一定财物,以钱赎人。以勒索财物或满足其他不法要求为目的,不需要现实化。即只要行为人具有这种目的,即使客观上没有对被绑架人的近亲属或其他人勒索财物或提出其他不法要求,也成立绑架罪;如果行为人客观上向被绑架人的近亲属或其他人勒索财物或提出了其他不法要求,也不另成立其他犯罪。换言之,只要行为人开始实施以实力控制他人的行为,就是绑架罪的着手;一旦以实力控制他人,绑架罪就已经成立。这里的“财物”应从广义上理解,不局限于钱财,也包括其他财产利益。“绑架他人作为人质”,是指出于政治性目的,逃避追捕或者要求司法机关释放罪犯等其他目的,劫持他人作为人质。只要有上述目的,即使客观上还没有提出勒索财物或其他不法要求,也成立绑架罪。如若不具有上述目的,比如有的行为人因吸毒、醉酒等行为,有可能出现劫持人质的情况,客观上造成了社会秩序的混乱,属于寻衅滋事,不构成绑架罪。

(三) 绑架罪在认定时应注意的问题

1. 绑架罪与非法拘禁罪的区别。二罪的区别主要在于:(1) 主观方面不同。绑架罪是以勒索财物或者进行某种利益交换为目的;而非法拘禁罪则是以剥夺公民人身自由为目的。(2) 客观方面不同。绑架罪既实施了非法剥夺他人人身自由的行为,又实施勒索财物或者要求进行其他权益交换的行为;而非法拘禁罪在客观上只实施了剥夺他人人身自由的行为。(3) 客体不同。绑架罪是复杂客体的犯罪,而非法拘禁罪是简单客体的犯罪。(4) 在案件发生的因果关系上,绑架罪表现为行为人和被害人之间一般没有恩怨和其他往来,行为人的目的就是通过绑架的实施达到勒索钱财的目的,或通过扣押人质获取其他非法利益;而非法拘禁罪较多地表现为行为人与被害人之间因纠纷和其他利害关系而产生,在案发的起因上,被害人往往有过错。

【实例分析 5-8】

对上述内容,可从下例分析中深化认识:甲、乙合谋勒索丙的钱财。甲与丙及丙的儿子丁(17 岁)相识。某日下午,甲将丁邀到一家游乐场游玩,然后由乙向丙打电话。乙称丁被绑架,令丙赶快送 3 万元现金到约定地点,不许报警,否则杀害丁。丙担心儿子的生命而没有报警,下午 7 点左右准备了 3 万元后送往约定地点。乙取得钱后通知甲,甲随后与丁分手回家。下列罪名哪些不符合甲、乙的行为性质?

A. 绑架罪;

B. 抢劫罪;

C. 敲诈勒索罪;

D. 非法拘禁罪。

分析如下:

甲、乙二人虽声称绑架了丁,事实上并未实施绑架行为,也没打算绑架丁,所以不符合绑架罪的犯罪构成,不成立绑架罪。甲、乙并未对被害人丙的人身实施当场的暴力和胁迫以及其他使人不能抗拒的方法来强行劫取财物,所以不符合抢劫罪的犯罪构成。甲、乙谎称丙的儿子被绑架,以此要挟受害人丙,勒索钱财,构成敲诈勒索罪。甲、乙并未限制丁的人身自由,所以不构成非法拘禁罪。

综上,上述问题的合适选项是 ABD。

2. 绑架罪与拐卖妇女、儿童罪的区别。拐卖妇女、儿童罪也可能有绑架的行为,与绑架罪在形式上有许多相似之处,两者区别之关键在于犯罪目的不同,拐卖妇女、儿童罪以出卖为目的,而绑架罪以勒索财物、以他人做人质等为目的。

3. 绑架罪与敲诈勒索罪的区别。敲诈勒索罪实施威胁的对象和取得财物的对象是同一个,而绑架罪实施威胁绑架的对象和取得财物的对象是不同的人;敲诈勒索罪威胁的内容如系暴力,行为人声称是将来实施,而绑架罪暴力内容的威胁,则是当时、当场已经实施的。

4. 已满 14 周岁未满 16 周岁的行为人绑架并杀害被绑架人的认定。按照全国人大常委会法制工作委员会答复意见的精神,已满 14 周岁未满 16 周岁的行为人,虽然对其绑架行为不追究刑事责任,但对其故意杀害被绑架人的行为应当以故意杀人罪追究刑事责任。比如甲男(15 周岁)与乙女(16 周岁)因缺钱,共同绑架富商之子丙,成功索得 50 万元赎金。甲担心丙将来可能认出他们,提议杀丙,乙同意。乙给甲一根绳子,甲用绳子勒死丙。关于本案,甲、乙均触犯故意杀人罪,但对甲以故意杀人罪论处,对乙应以绑架罪论处。

5. 绑架罪既遂的认定。绑架罪的既遂,应当以绑架行为是否已实际控制了被害人质,并将其置于自己实际支配之下为标准,如果行为人只实施了暴力、胁迫或其他方法,并未对人质的人身实际控制,不构成既遂。绑架罪的既遂,应以行为人是否将被害人劫持并实际控制为标准。即行为人只要实施了绑架他人的行为,就构成绑架罪的既遂,而不是以勒索的财物是否到手或者其他目的是否达到为标准。如果由于被害人的反抗或者他人及时进行解救等客观方面的原因,使绑架没有得逞,因而未能实际控制被害人的,则构成绑架罪的未遂。例如,王某因赌博输了钱,就产生绑架小孩 A 的念头,一日上午将 A 绑至一偏僻的旧房内,要求 A 的父亲送 5 万元钱。后见 A 苦苦哀求,王某将小孩放掉。对此案的犯罪形态的认定直接关系到对王某的量刑,有人主张绑架既遂,有人主张绑架未遂,还有人主张绑架(中止),这样的偏差缘于对绑架罪既遂标准的不同理解。很显然,王某以勒索财物为目的绑架小孩 A,并实际控制了 A 至一偏僻的旧房内,要求 A 的父亲送 5 万元钱,已经构成绑架罪既遂。即使在实施绑架行为以后,王某自动放弃继续勒索行为,结束控制被害人处于的不法状态,也不能认为绑架未遂或绑架(中止),因为犯罪已经完成,就不可能再处于未完成形态。

(四) 绑架罪的刑事责任

根据《刑法》第 239 条,犯本罪的,处 10 年以上有期徒刑或者无期徒刑,并处罚金或者没收财产;情节较轻的,处 5 年以上 10 年以下有期徒刑,并处罚金。根据《刑法修正案(九)》第 14 条和《刑法》第 239 条第 2 款,犯前款罪,杀害被绑架人的,或者故意伤害被绑架人,致人重伤、死亡的,处无期徒刑或者死刑,并处没收财产。以勒索财物为目的偷盗婴幼儿的,依照前两款的规定处罚。

绑架罪是严重危及人身安全的暴力性犯罪,甚至有的亡命之徒,绑架手段比较残忍,且常常在拿到钱财后就“撕票”,不仅给被害人的人身与自由造成了严重的侵害,而且给被绑架人的近亲属或者其他人造成了严重的精神痛苦,是一种十分严重的犯罪。因而 1979 年《刑法》对犯绑架罪设置了“10 年以上有期徒刑或者无期徒刑,并处罚金或者没收财产;致使被绑架人死亡或者杀害被绑架人的,处死刑,并处没收财产”的法定刑。虽然《刑法》对绑架罪设置了较为严厉的法定刑,对震慑和预防这类犯罪具有一定的积极意义,但是,近年来绑架犯罪活动已发生了很大的变化,无论是犯罪形式还是犯罪的危害后果都呈现出多种态势。实践中也有很多情况下绑架者既不“撕票”,也没有严重的虐待行为,只要拿到钱就会放人,甚至还没有拿到钱就收手了,但从绑架罪的构成来看,犯罪已经成立。1979 年《刑法》对绑架罪设定的刑罚层次太少,且起刑点过高,已不能完全适应预防和处理该类犯罪案件的实际需要。《刑法修正案(七)》既考虑了绑架罪严重危及公民人身安全应予严惩,又考虑到实际发生的这类案件的具体情况比较复杂,因此在刑罚设置上适当增加了一个“情节较轻的”量刑档次,并将最低刑期降为 5 年,体现了宽严相济的刑事政策,使得刑法对绑架罪的惩治重中有轻、严中有宽,遵循了罪刑相适应的基本原则。

我国《刑法》第 239 条第 2 款规定,“致使被绑架人死亡或者杀害被绑架人的,处死刑,并处没收财产”。根据立法规定,在绑架犯罪中,造成被绑架人死亡结果的有两种情况:一是“致使被绑架人死亡”,应当理解为行为人在绑架过程中过失致被绑架人死亡和故意伤害致被绑架人死亡,是绑架罪的加重结果;二是“杀害被绑架人”。对于第二种情况应当如何理解,在刑法理论界和实务界存在两种不同观点:一种观点认为是绑架罪的加重结果,即只能是故意杀害被绑架人并致被害人死亡;另一种观点认为是绑架罪的加重情节,既可以是杀害被绑架人致死,也可以是仅有杀害被绑架人的行为而无致人死亡的结果。本书倾向于后一种观点。《刑法修正案(九)》将《刑法》第239条第2款修改为“杀害被绑架人的,或者故意伤害被绑架人,致人重伤、死亡的,处无期徒刑或者死刑,并处没收财产”。对此我们应把握以下几点:

第一,将“杀害被绑架人的”情形前置,说明“杀害被绑架人的”刑事责任比“故意伤害被绑架人,致人重伤、死亡的”刑事责任要重。从过失致人死亡罪或者故意伤害罪(致人死亡的情形)和故意杀人罪法定刑的比较来看,过失致人死亡罪和故意伤害罪的法定刑比故意杀人罪的法定刑要轻,这种法定刑的配置是根据行为人的主观的状态(主观恶性)来定的,它反映了针对行为人不同的主观恶性及其行为所造成的不同的社会危害性。因此,这种由重至轻的排列突出了打击的重点,更为科学合理。

第二,“杀害被绑架人”是指在劫持被绑架人后,由于勒索财物或者其他目的没有实现以及其他原因,故意将被绑架人杀害的行为。就其实质而言,就是故意杀人的行为,只不过是在绑架过程中故意杀人而已,这在理论界和实务界均无异议。既然是故意杀人,就存在杀死与未杀死的情况,因此,在绑架过程中“杀害被绑架人”也就存在杀死与未杀死的问题。这样,“杀害被绑架人”就应当是指“杀害”的行为而非“杀死”的结果,只要实施了杀害行为就要加重处罚。

第三,“致使被绑架人死亡的”情况,包括在绑架过程中因使用暴力过重造成被绑架人死亡,或者故意伤害被绑架人致死,或者引起被绑架人自杀等。《刑法修正案(九)》将其修改为“故意伤害被绑架人,致人重伤、死亡的”,扩大了加重处罚的范围,故意伤害被绑架人即使是造成重伤的结果,也要加重处罚。

立法如此规定,就是要让行为人知道,一旦实施了杀害被绑架人的行为或者故意伤害被绑架人,造成了他人重伤、死亡的后果,就将受到法律最严厉的制裁,以警示行为人在实施了绑架行为后,必须尽可能地保障人质的生命安全,以最大限度地实现立法者保护被绑架人的人身安全的目的。

司法实践中,在适用本条规定时,应当注意以下几个问题:

(1) 绑架他人后,又实施故意伤害、故意杀人行为的,被绑架罪所包容,不单独定罪。如实施强奸等行为的,则应实行数罪并罚。

(2) 对杀害被绑架人的,或者故意伤害被绑架人,致人重伤、死亡的行为,虽然《刑法修正案(九)》取消了采用绝对确定的法定刑处死刑的规定,但仍然将其规定为绑架罪加重处罚的情形,而且,故意伤害被绑架人不再是仅仅要求致人死亡的结果,致人重伤的也可处无期徒刑或者死刑。因此,司法机关在适用时应当采取十分慎重的态度，严格掌握适用的条件。

三、拐卖妇女、儿童罪

1979年《刑法》规定有拐卖人口罪，是指以营利为目的，拐骗、贩卖人口的行为。1997年《刑法》取消了此罪名，而规定了拐卖妇女、儿童罪。这主要有两个原因：第一，大量的司法案例证明，拐卖人口的行为主要集中在拐卖妇女和儿童两种行为，尤其是拐卖妇女的行为发生比较多。为集中力量打击拐卖妇女、儿童的行为，1991年全国人民代表大会常务委员会专门出台了《关于严惩拐卖、绑架妇女、儿童的犯罪分子的决定》，刑法也参照此决定的精神进行了相关修改。第二，当时对拐卖人口罪规定的刑罚比较轻，不足以起到震慑的作用。1979年《刑法》第141条规定："拐卖人口的，处五年以下有期徒刑；情节严重的，处五年以上有期徒刑。"5年以下有期徒刑，对一般情节的拐卖行为起不到应有的规制作用；最高15年的有期徒刑，对一些情节极其严重的行为，也起不了威慑效果。取而代之的拐卖妇女、儿童罪，最低刑罚是判处5年以上有期徒刑，最高刑罚是死刑，而且根据多种情节设置多个量刑幅度，有效打击和遏制拐卖妇女、儿童犯罪。

自1991年全国范围内开展打击拐卖妇女、儿童犯罪专项行动以来，侦破并依法处理了一大批拐卖妇女、儿童犯罪案件，犯罪分子受到依法严惩。2008年，全国法院共审结拐卖妇女、儿童犯罪案件1353件，比2007年上升9.91%；判决发生法律效力的犯罪分子2161人，同比增长11.05%，其中，被判处5年以上有期徒刑、无期徒刑至死刑的1319人，同比增长10.1%，重刑率为61.04%，高出同期全部刑事案件重刑率45.27个百分点。2009年，全国法院共审结拐卖妇女、儿童犯罪案件1636件，比2008年上升20.9%；判决发生法律效力的犯罪分子2413人，同比增长11.7%，其中被判处5年以上有期徒刑、无期徒刑至死刑的1475人，同比增长11.83%。[①] 但是由于种种原因，近年来，拐卖妇女、儿童犯罪在部分地区有所上升的势头仍未得到有效遏制。此类犯罪严重侵犯被拐卖妇女、儿童的人身权利，致使许多家庭骨肉分离，甚至家破人亡，严重危害社会和谐稳定。

拐卖妇女、儿童犯罪往往涉及多人、多个环节，要根据宽严相济的刑事政策和罪责刑相适应的刑法基本原则，综合考虑犯罪分子在共同犯罪中的地位、作用及人身危险性的大小，依法准确量刑。对于犯罪集团的首要分子、组织策划者、多次参与者、拐卖多人者或者具有累犯等从严、从重处罚情节的，必须重点打击，坚决依法严惩。对于罪行严重，依法应当判处重刑乃至死刑的，坚决依法判处。要注重铲除"买方市场"，从源头上遏制拐卖妇女、儿童犯罪。对于收买被拐卖的妇女、儿童，依法应当追究刑事责任的，坚决依法追究。同时，对于具有从宽处罚情节的，要在综合考虑犯罪事实、性质、情节和危害程度的基础上，体现依法从宽的政策，以分化瓦解犯罪，鼓励犯罪人悔过

---

① 参见最高人民法院、最高人民检察院、公安部、司法部《关于依法惩治拐卖妇女儿童犯罪的意见》。

自新。

（一）拐卖妇女、儿童罪的概念

拐卖妇女、儿童罪，是指以出卖为目的，拐骗、绑架、收买、贩卖、接送、中转妇女、儿童的行为，或者偷盗婴幼儿的行为。

（二）拐卖妇女、儿童罪的构成特征

1. 本罪侵犯的客体是妇女、儿童的人身不受买卖的权利。很多情况下被害妇女、儿童被拐骗后，处于行为人控制之下，处于被欺骗、任其摆布的境地，失去决定自己去向的身体自由权。但这并不是拐卖妇女、儿童罪必须侵犯的客体。人身不受买卖的权利，是本罪侵犯的客体。本罪的对象是妇女和儿童，可以是中国妇女和儿童，也可以是外国妇女和儿童、无国籍妇女和儿童。“妇女”是指已满 14 周岁的未成年和成年女性，“儿童”是指未满 14 周岁的男、女儿童。拐卖已满 14 周岁的男子的行为，不构成本罪，有拘禁行为的，以非法拘禁罪论处。

2. 本罪在客观上表现为拐骗、绑架、收买、贩卖、接送、中转妇女、儿童的行为，以及偷盗婴幼儿的行为。

所谓“拐骗”，是指行为人以利诱、欺骗等非暴力手段使妇女、儿童脱离家庭或监护人并为自己所控制的行为。拐骗的方法多种多样：有的是在车站、码头等公共场所，物色外流妇女，并用谎言骗取信任，达到自己的罪恶目的；有的是利用各种关系，花言巧语夸某地生活好，以帮助介绍对象、安置工作等为诱饵，诱骗妇女随自己离家出走；有的是以帮助照看为名，将儿童从监护人手中骗走；有的则是以帮助引路、给零食等方法，将儿童拐走。

所谓“绑架”，是指以暴力、胁迫、麻醉等方法将被害人劫离原地和把持控制被害人的行为。

所谓“收买”，是指为了再转手出卖而从拐卖妇女、儿童的犯罪分子手中以金钱或者其他财物买取、换取被拐骗妇女、儿童的行为。

所谓“贩卖”，是指行为人将妇女、儿童当作商品出售给他人以获取非法利益的行为。贩卖既包括买进妇女、儿童后的出卖行为，也包括无偿得到妇女、儿童后的出卖行为。

在拐卖妇女、儿童的共同犯罪中，有的行为人负责接应、藏匿、转送、接转被拐骗的妇女、儿童。接送是指行为人在拐卖妇女、儿童过程中的接收、运送的行为，中转是指为拐卖妇女、儿童的罪犯提供中途场所或机会。

此外，偷盗婴幼儿，是指秘密窃取不满 6 周岁的儿童的行为。

将收买、绑架、贩卖、接送、中转被拐骗妇女、儿童的行为，以及偷盗婴幼儿的行为作为拐卖妇女、儿童犯罪的表现形式，是刑法对拐卖人口犯罪立法的进一步完善。行为人只要实施了拐骗、绑架、收买、贩卖、接送或者中转妇女、儿童或者偷盗婴幼儿中的任何一种行为，即构成拐卖妇女、儿童罪。同时实施两种或两种以上行为的，亦构成一罪，而不实行数罪并罚。在几种行为方式中，拐骗和贩卖是拐卖妇女、儿童罪中最主要、最常见的客观表现。

应该注意的是,构成本罪,不以“违背他人意志”作为必要条件,即使被拐卖人本人或其法定监护人同意,也可构成本罪。

3. 本罪主体为一般主体,凡年满16周岁,具有刑事责任能力的自然人均可构成本罪。如若已满14周岁不满16周岁的甲在拐卖幼女的过程中,强行奸淫幼女,对甲应认定为强奸罪。

4. 本罪在主观上出于故意,且以出卖为目的。“以出卖为目的”是指行为人实施拐骗、绑架、贩卖、接送、中转妇女、儿童的行为以及偷盗婴幼儿的行为,目的是要将妇女、儿童售出。当然学理上一般认为该目的并不要求得到实现,只要以出卖为目的实施了上述行为即构成犯罪,本罪是典型的目的犯。

(三) 拐卖妇女、儿童罪的认定

1. 分清拐卖妇女、儿童罪与绑架罪。二者的区别在于:(1) 主观目的不同。拐卖妇女、儿童罪在主观上要求以出卖为目的;绑架罪则要求以勒索财物或者要求某种利益交换为目的。(2) 对象不同。拐卖妇女、儿童罪的对象是妇女、儿童;绑架罪的对象则可以是任何人。(3) 行为方式不同。拐卖妇女、儿童罪的行为人意图以出卖的方式获取财物;而绑架罪则是以勒索的方式取得财物或者获得利益。

2. 分清拐卖妇女、儿童罪与拐骗儿童罪。拐卖妇女、儿童罪,行为人在主观上以出卖为目的;拐骗儿童罪,行为人则不以出卖为目的,一般主要是为了自己收养、奴役。要准确把握拐卖妇女、儿童罪,“以出卖为目的”的准确认定就显得十分重要。我们应该特别注意以下几点:

(1) “以出卖为目的”这一主观故意产生的时间,应以出卖行为时的主观心理为准,即使前行为不为出卖,但实施了出卖行为,便是产生出卖故意见之于客观的直接表现。那么,收买妇女后,由于妇女不能生育或其他原因再将妇女出卖的情形,也可以拐卖妇女、儿童罪定罪量刑。

(2) 认定行为人主观上是否有出卖故意,可以其客观行为作为判断依据。将判断标准瞄准在前七种行为并不可靠,毕竟绑架妇女可以用作索要赎款,拐骗或收买儿童可以留在家中使唤、奴役,我们应以行为人联系人贩、找买主、商定价钱等具体的出卖预备行为为标准,认定行为人主观的出卖故意。

(3) “以出卖为目的”不等同于“以牟利为目的”。拐卖妇女、儿童罪的“以出卖为目的”并不要求行为人必然牟利,该目的并不要求得到实现。所以对“以出卖为目的”的认定也不同于对“以牟利为目的”的认定。

(4) “以出卖为目的”的主体不只是出卖妇女、儿童的当事人,也包括牵线搭桥的中间人。

3. 正确认识拐卖妇女、儿童罪的罪数形态。在拐卖妇女、儿童的过程中实施其他犯罪的,应根据刑法有关规定,区分不同情况进行处理:(1) 在拐卖过程中,因为捆绑、殴打等行为过失导致被害人重伤、死亡的,按照本罪从重处罚。(2) 因被拐卖人反抗等原因而对被拐卖人实施故意伤害或者杀害被拐卖人的，以拐卖妇女、儿童罪与故意杀人罪、故意伤害罪数罪并罚。(3) 强奸被拐卖妇女或者诱骗、强迫被拐卖妇女卖淫的，以本罪从重处罚。

【实例分析 5-9】

对上述内容，可从下例分析中深化认识：甲拐骗了 5 名儿童，偷盗了 2 名婴儿，并准备全部卖往 A 地。在运送过程中甲因害怕他们哭闹，给他们注射了麻醉药。由于麻醉药过量，致使 2 名婴儿死亡，5 名儿童处于严重昏迷状态，后经救治康复。对甲的行为应以何罪论处？

A. 拐卖儿童罪；

B. 拐骗儿童罪；

C. 过失致人死亡罪；

D. 绑架罪。

分析如下：

(1) 根据《刑法》第 240 条第 7 项的规定，造成被拐卖的妇女、儿童或者其亲属重伤、死亡或者其他严重后果的，是拐卖妇女、儿童罪的加重情节，只定拐卖妇女、儿童罪，所以 A 正确。

(2)《刑法》第 240 条第 2 款规定，拐卖妇女、儿童是指以出卖为目的，有拐骗、绑架、收买、贩卖、接送、中转妇女、儿童的行为之一的。而拐骗儿童罪是指拐骗不满 14 周岁的未成年人，脱离其家庭或者监护人的行为。拐骗儿童罪并不强调“以出卖为目的”，而拐卖儿童罪则强调“以出卖为目的”。甲以出卖为目的拐骗儿童，按照《刑法》第 240 条的规定，构成拐卖儿童罪，不构成拐骗儿童罪。所以 B 是错误的。

(3) 根据《刑法》第 240 条第 7 项的规定，造成被拐卖儿童或其亲属重伤、死亡或其他严重后果是拐卖儿童罪的加重情节，不单独定过失致人死亡罪。所以 C 是错误的。

(4) 绑架罪是指以勒索财物或者扣押人质为目的，使用暴力、胁迫或者其他方法，绑架他人的行为。甲并没有扣押人质而勒索财物的行为，因此不构成绑架罪。而“以出卖为目的，偷盗婴儿”是拐卖儿童罪的加重情节。因此 D 项也是错误的。

综上，上述问题的合适选项是 A。

4. 拐卖妇女时，如果征得了被拐卖妇女本人的同意或者妇女主动要求出卖自己时，是否成立犯罪？对此学界有不同的观点，有的认为，征得妇女的同意而拐卖的，实际上是该妇女本人意思自治的结果，她有权处分自己的权利，就不应当认定为有罪。① 但也有学者认为，拐卖行为“是否违背被害人意志”，不影响以本罪论处。即使实践中，妇女、儿童自愿被卖，也不能免除拐卖者的刑事责任，但量刑时可考虑从轻。② 本

① 参见张明楷：《刑法学》(第 4 版)，法律出版社 2011 年版。

② 参见高铭暄、马克昌、赵秉志主编：《刑法学》(第 5 版)，北京大学出版社、高等教育出版社 2011 年版。

书认为要具体问题具体分析，区别对待：

(1) 拐卖妇女、儿童是行为犯，只要行为人是出于出卖的目的收买、接送、中转等就成立拐卖妇女、儿童罪，就是说行为人出于出卖目的控制了一名妇女，即使这名妇女在这期间同意或主动要求出卖自己也成立拐卖妇女罪。

(2) 但如果不是基于上述前提，妇女主动要求出卖自己，行为人当然不构成拐卖妇女罪。

(3) 此外，无论哪种情况，即使儿童同意或者主动要求出卖自己，行为人都构成拐卖儿童罪。

5. 拐卖妇女、儿童犯罪特殊情形的定性处理。

(1) 关于以出卖为目的强抢儿童或者捡拾儿童后予以出卖等行为的定性处理问题。根据规定，以出卖为目的强抢儿童，或者捡拾儿童后予以出卖，符合《刑法》第240条第2款规定的，应当以拐卖儿童罪论处。“拐卖妇女、儿童是指以出卖为目的，有拐骗、绑架、收买、贩卖、接送、中转妇女、儿童的行为之一的”，并未要求作为出卖对象的儿童必须是被拐骗、绑架的儿童。因此，被拐卖儿童的具体来源，并不影响拐卖儿童罪的认定。行为人出卖强抢得来的儿童或者捡拾的儿童的，均应当以拐卖儿童罪定罪处罚。

(2) 关于以抚养为目的偷盗婴幼儿或者拐骗儿童之后予以出卖行为的定性处理问题。以抚养为目的偷盗婴幼儿或者拐骗儿童之后予以出卖的，以拐卖儿童罪论处。

(3) 关于出卖亲生子女行为的定性处理问题。以非法获利为目的，出卖亲生子女的，应当以拐卖妇女、儿童罪论处。实践中，要严格区分借送养之名出卖亲生子女与民间送养行为的界限。区分的关键在于行为人是否具有非法获利的目的。应当通过审查将子女“送”人的背景和原因、有无收取钱财及收取钱财的多少、对方是否具有抚养目的及有无抚养能力等事实，综合判断行为人是否具有非法获利的目的。

【实例分析 5-10】

对上述内容，可从下例分析中深化认识：甲于某日早晨在路边捡回一名弃婴，抚养3个月后，声称是自己的亲生儿子，以3000元卖给乙。如何认定甲的行为？

A. 甲的行为构成遗弃罪；

B. 甲的行为构成拐骗儿童罪；

C. 甲的行为构成诈骗罪；

D. 甲的行为构成拐卖儿童罪。

分析如下：

两高一部和全国妇联共同发布的《关于打击拐卖妇女儿童犯罪有关问题的通知》第四部分指出：“出卖亲生子女的，由公安机关依法没收非法所得，并处以罚款；以营利为目的，出卖不满十四周岁子女，情节恶劣的，或者借收养名义拐卖儿童的，以及出卖捡拾儿童的，均应以拐卖儿童罪追究刑事责任。”

综上，上述问题的合适选项是D项。

6. 具有下列情形之一的,可以认定属于出卖亲生子女,应当以拐卖妇女、儿童罪论处:(1) 将生育作为非法获利手段,生育后即出卖子女的;(2) 明知对方不具有抚养目的,或者根本不考虑对方是否具有抚养目的,为收取钱财将子女"送"给他人的;(3) 为收取明显不属于"营养费""感谢费"的巨额钱财将子女"送"给他人的;(4) 其他足以反映行为人具有非法获利目的的"送养"行为的。

不是出于非法获利目的,而是迫于生活困难,或者受重男轻女思想影响,私自将没有独立生活能力的子女送给他人抚养,包括收取少量"营养费""感谢费"的,属于民间送养行为,不能以拐卖妇女、儿童罪论处。

对私自送养导致子女身心健康受到严重损害,或者具有其他恶劣情节,符合遗弃罪特征的,可以遗弃罪论处;情节显著轻微,危害不大的,可由公安机关依法予以行政处罚。

7. 关于将妇女拐卖给有关场所,致使其被迫卖淫或者从事其他色情服务行为的定性处理问题,以及关于医疗、社会福利机构等单位的工作人员实施贩卖儿童行为的定性处理问题。

将妇女拐卖给有关场所,致使被拐卖的妇女被迫卖淫或者从事其他色情服务的,以拐卖妇女罪论处。有关场所的经营管理人员事前与拐卖妇女的犯罪人通谋的,对该经营管理人员以拐卖妇女罪的共犯论处;同时构成拐卖妇女罪和组织卖淫罪的,择一重罪论处。医疗机构、社会福利机构等单位的工作人员以非法获利为目的,将所诊疗、护理、抚养的儿童贩卖给他人的,以拐卖儿童罪论处。

8. 拐卖妇女、儿童犯罪的共同犯罪。

(1) 明知他人拐卖妇女、儿童,仍然向其提供被拐卖妇女、儿童的健康证明、出生证明或者其他帮助的,以拐卖妇女、儿童罪的共犯论处。

(2) 明知他人收买被拐卖的妇女、儿童,仍然向其提供被收买妇女、儿童的户籍证明、出生证明或者其他帮助的,以收买被拐卖的妇女、儿童罪的共犯论处,但是,收买人未被追究刑事责任的除外。

认定是否"明知",应当根据证人证言、犯罪嫌疑人、被告人及其同案人供述和辩解,结合提供帮助的人次,以及是否明显违反相关规章制度、工作流程等,予以综合判断。

(3) 明知他人系拐卖儿童的"人贩子",仍然利用从事诊疗、福利救助等工作的便利或者了解被拐卖方情况的条件,居间介绍的,以拐卖儿童罪的共犯论处。

(4) 对于拐卖妇女、儿童犯罪的共犯,应当根据各被告人在共同犯罪中的分工、地位、作用,参与拐卖的人数、次数,以及分赃数额等,准确区分主从犯。

① 对于组织、领导、指挥拐卖妇女、儿童的某一个或者某几个犯罪环节,或者积极参与实施拐骗、绑架、收买、贩卖、接送、中转妇女、儿童等犯罪行为,起主要作用的,应当认定为主犯。

② 对于仅提供被拐卖妇女、儿童信息或者相关证明文件,或者进行居间介绍,起

辅助或者次要作用,没有获利或者获利较少的,一般可认定为从犯。

③ 对于各被告人在共同犯罪中的地位、作用区别不明显的,可以不区分主从犯。

（四）拐卖妇女、儿童罪的刑事责任

根据《刑法》第240条的规定,犯本罪的,处5年以上10年以下有期徒刑,并处罚金;有下列情形之一的,处10年以上有期徒刑或者无期徒刑,并处罚金或者没收财产;情节特别严重的,处死刑并处没收财产:(1) 拐卖妇女、儿童集团的首要分子;(2) 拐卖妇女、儿童3人以上的;(3) 奸淫被拐卖妇女的;(4) 诱骗、强迫被拐卖的妇女卖淫或者将被拐卖的妇女卖给他人迫使其卖淫的;(5) 以出卖为目的,使用暴力、胁迫或者麻醉方法绑架妇女、儿童的;(6) 以出卖为目的,偷盗婴幼儿的;(7) 造成被拐卖妇女、儿童或者其亲属重伤、死亡或者其他严重后果的;(8) 将妇女、儿童卖往境外的。

拐卖妇女、儿童时又同时实施了其他犯罪行为,有的情形应当作为犯罪情节,不单独定罪,仅以拐卖妇女、儿童罪处罚。而有的情形应单独定罪,并与拐卖妇女、儿童罪实行并罚。情况比较复杂,应该特别关注。

1. 一罪的情形。有下列情形的,应当作为犯罪情节,不单独定罪,仅以拐卖妇女、儿童罪处罚。

(1) 拐卖妇女、儿童,又奸淫被拐卖的妇女、儿童。

这里的“奸淫”,必须是在性质上已构成强奸罪或奸淫幼女的奸淫行为(但奸淫既遂与未遂在所不问)。不论行为人是否使用了暴力或者胁迫等强制手段,也不论被害妇女是否有反抗行为,都可以认定为量刑情节,但不违背妇女意志的性行为,则不在此列。

(2) 诱骗、强迫被拐卖的妇女、儿童卖淫的。

(3) 以出卖为目的,使用暴力、胁迫或者麻醉方法绑架妇女、儿童的。

(4) 以出卖为目的,偷盗婴幼儿的。

(5) 造成被拐卖的妇女、儿童或者其亲属重伤、死亡或者其他严重后果的。

2. 数罪的情形。有下列情形的,应当作为独立的犯罪情节,单独定罪,并与拐卖妇女、儿童罪实行并罚。

(1) 拐卖妇女、儿童,又对被拐卖的妇女、儿童实施故意杀害、伤害、猥亵、侮辱等行为,构成其他犯罪的,依照数罪并罚的规定处罚。

(2) 拐卖妇女、儿童或者收买被拐卖的妇女、儿童,又组织、教唆被拐卖、收买的妇女、儿童进行犯罪的,以拐卖妇女、儿童罪或者收买被拐卖的妇女、儿童罪与其所组织、教唆的犯罪数罪并罚。

(3) 拐卖妇女、儿童或者收买被拐卖的妇女、儿童,又组织、教唆被拐卖、收买的未成年妇女、儿童进行盗窃、诈骗、抢夺、敲诈勒索等违反治安管理活动罪的,以拐卖妇女、儿童罪或者收买被拐卖的妇女、儿童罪与组织未成年人进行违反治安管理活动罪数罪并罚。

四、收买被拐卖的妇女、儿童罪

(一) 收买被拐卖的妇女、儿童罪的概念

收买被拐卖的妇女、儿童罪,是指明知是被拐卖的妇女、儿童而予以收买的行为。

(二) 收买被拐卖的妇女、儿童罪的构成特征

1. 本罪侵犯的客体是妇女、儿童的人身不受买卖的权利。犯罪对象必须为已满14周岁的成年或未成年女性和不满14周岁的男、女儿童。如被收买的妇女是与人贩子合谋"放飞鸽"进行诈骗的妇女,则不构成此罪

2. 本罪在客观方面表现为收买被拐卖的妇女、儿童的行为。收买,是指行为人以货币或其他财物换取他人拐卖的妇女、儿童。只有实施了收买行为,并且收买了被拐卖妇女、儿童的,才构成犯罪。

3. 本罪主体为一般主体,凡年满16周岁,具有刑事责任能力的自然人均可构成本罪。

4. 本罪在主观上出于故意,并且要求明知是被拐卖的妇女、儿童仍然收买。并且,本罪在主观上是不以出卖为目的,否则构成拐卖妇女、儿童罪。不管行为人出于什么动机,都不影响本罪的成立。但是,收买的时候不以出卖为目的,收买后由于某种原因又将妇女、儿童出卖的,则应以拐卖妇女、儿童罪论处。

(三) 收买被拐卖的妇女、儿童罪的认定

明知是被拐卖的妇女、儿童而收买,具有下列情形之一的,以收买被拐卖的妇女、儿童罪论处;同时构成其他犯罪的,依照数罪并罚规定处罚:

(1) 收买被拐卖的妇女后,违背被收买妇女意愿,阻碍其返回原居住地的;

(2) 阻碍对被收买妇女、儿童进行解救的;

(3) 非法剥夺、限制被收买妇女、儿童的人身自由,情节严重,或者对被收买妇女、儿童有强奸、伤害、侮辱、虐待等行为的;

(4) 所收买的妇女、儿童被解救后又再次收买,或者收买多名被拐卖的妇女、儿童的;

(5) 组织、诱骗、强迫被收买的妇女、儿童从事乞讨、苦役,或者盗窃、传销、卖淫等违法犯罪活动的;

(6) 造成被收买妇女、儿童或者其亲属重伤、死亡以及其他严重后果的;

(7) 具有其他严重情节的。

明知被拐卖妇女有配偶而与之结婚,或形成事实婚姻,构成重婚罪的,一般也应予以数罪并罚。

(四) 收买被拐卖的妇女、儿童罪的刑事责任

根据《刑法》第241条的规定,犯本罪的,处3年以下有期徒刑、拘役或者管制。收买被拐卖的妇女,强行与其发生性关系的,或者收买被拐卖的妇女、儿童,非法剥夺、

限制其人身自由或者有伤害、侮辱等犯罪行为的，实行数罪并罚。收买被拐卖的妇女、儿童又出卖的，依照拐卖妇女、儿童罪定罪论处。收买被拐卖的妇女、儿童，对被买儿童没有虐待行为，不阻碍对其进行解救的，可以从轻处罚；按照被买妇女的意愿，不阻碍其返回原居住地的，可以从轻或者减轻处罚。

《刑法修正案（九）》对原《刑法》第 241 条第 6 款可以不追究刑事责任的规定作了修改，加大了对收买被拐卖妇女、儿童行为的处罚力度，以从源头上铲除拐卖犯罪滋生的土壤。规定收买被拐卖的妇女、儿童，对被买儿童没有虐待行为，不阻碍对其进行解救的，可以从轻处罚；按照被买妇女的意愿，不阻碍其返回原居住地的，可以从轻或者减轻处罚。这意味着今后收买被拐卖的妇女、儿童的行为将一律被追究刑事责任，这是我国打击拐卖犯罪立法的根本转变，具有里程碑式的意义。

五、聚众阻碍解救被收买的妇女、儿童罪

（一）聚众阻碍解救被收买的妇女、儿童罪的概念

聚众阻碍解救被收买的妇女、儿童罪，是指纠集众人，对国家机关工作人员解救被收买的妇女、儿童的活动进行阻碍的行为。

（二）聚众阻碍解救被收买的妇女、儿童罪的构成特征

1. 本罪侵犯的客体是国家机关的公务活动以及被收买的妇女、儿童的人身权利。犯罪对象是已被收买的被拐妇女、儿童，如阻碍国家机关工作人员解救已被拐卖、绑架但尚未被出卖（未被收买）的妇女、儿童，则构成拐卖妇女、儿童罪的共犯。

2. 本罪在客观方面表现为聚众阻碍国家机关工作人员解救被收买的妇女、儿童的行为。“聚众”，是指纠集、组织、策划、指挥多人共同阻碍国家机关工作人员的解救行为。“阻碍”，是指阻止、妨碍国家机关工作人员执行解救被收买的妇女、儿童的职务行为的行为方式。如果阻碍解救活动的行为不是以聚众方式进行的，不能构成本罪。

3. 本罪主体为一般主体，凡年满 16 周岁，具有刑事责任能力的自然人均可构成本罪。当然还必须是阻碍解救活动的首要分子。这里的首要分子，是指在聚众阻碍解救中起组织、策划、指挥作用的犯罪分子。如果不是首要分子，而是一般参与者，不构成本罪。但是，其他参与者使用暴力、威胁方法阻碍国家机关工作人员解救被收买的妇女、儿童的，可以构成妨害公务罪。

4. 本罪主观上出于故意，并且应当明知是国家机关工作人员正在执行解救被收买的妇女、儿童的公务行为而进行阻碍。

（三）聚众阻碍解救被收买的妇女、儿童罪的刑事责任

根据《刑法》第 242 条第 2 款的规定，犯本罪的，对首要分子处 5 年以下有期徒刑或者拘役；其他参与者使用暴力、威胁方法的，依照妨害公务罪论处。

六、诬告陷害罪

(一) 诬告陷害罪的概念

诬告陷害罪,是指捏造犯罪事实,向国家机关或有关单位作告发,意图使他人受到错误的刑事追究,情节严重的行为。

(二) 诬告陷害罪的构成特征

1. 本罪侵犯的客体。本罪既侵犯了他人的人身权利,也侵犯了司法机关的正常活动。故意诬告自己犯罪的,不成立本罪。

2. 本罪在客观方面表现为捏造他人犯罪的事实,并且向司法机关或有关机关告发,情节严重的行为。构成本罪必须具备以下条件:

(1) 捏造的事实必须是他人的犯罪事实,如果捏造的事实不足以使他人受到刑事追究,则不构成本罪。

(2) 不仅捏造了他人的犯罪事实,而且将捏造的犯罪事实向有关机关进行了告发。

(3) 诬告陷害的行为必须有明确的对象,如果行为人只是捏造了某种犯罪事实,向有关机关告发,并没有具体的告发对象,这种行为虽然也侵犯了司法机关的正常活动,但并未直接侵犯他人的人身权利,因此,也不构成本罪。

(4) 诬告陷害情节严重。这里所规定的"情节严重",主要是指捏造的犯罪事实情节严重,诬陷手段恶劣,或者社会影响恶劣等。只要诬告陷害的行为符合以上条件,不论被诬陷人是否受到刑事处罚,都不影响本罪成立。

3. 本罪主体为一般主体,年满16周岁,具有刑事责任能力的自然人均可构成。既可以是普通公民,也可以是国家工作人员。

4. 本罪在主观方面是出于故意,并且有使他人受到刑事追究的目的。至于出于什么动机,不影响定罪。

【实例分析5-11】

对上述内容,可从下面的分析中深化认识:下列哪种情形构成诬告陷害罪?

A. 甲为了得到提拔,便捏造同事曹某包养情人并匿名举报,使曹某失去晋升机会;

B. 乙捏造"文某明知王某是实施恐怖活动的人而向其提供资金"的事实,并向公安部门举报;

C. 丙捏造同事贾某受贿10万元的事实,并写成500份传单在县城的大街小巷张贴;

D. 丁匿名举报单位领导王某贪污救灾款50万元,事后查明,王某只贪污了救灾款5000元。

分析如下：

(1) A 项中甲捏造事实举报曹某是为了获得升职，而并不是想使他受到刑事追究。

(2) C 项中丙捏造贾某受贿的事实，并写成传单在县城张贴的行为，并不能看出丙有使贾某受到刑事追究的意图。

(3) D 项中，丁某举报王某贪污 50 万元，而查明王某只贪污 5000 元，丁某的行为属于错告或者检举失实，不构成诬告陷害罪。

(4) B 项中乙捏造文某向实施恐怖活动的王某提供资金的事实，并且直接向公安机关举报，可以看出乙明显是想让文某受到刑事追究。

综上，上述问题的合适选项是 B。

(三) 诬告陷害罪的认定

1. 注意划清诬告陷害罪与错告、检举失实的界限。《刑法》第 243 条第 3 款规定：“不是有意诬陷，而是错告，或者检举失实的，不适用前两款规定。”诬告陷害的行为人具有诬告陷害他人的故意，并以使他人受到刑事追究为目的，并且在客观上捏造他人的犯罪事实进行告发。而错告、检举失实的行为人并没有捏造犯罪事实的行为，也没有诬告他人的故意。行为人认为自己所告发的，都是真实的。

2. 注意划清本罪与一般诬告陷害行为的界限。诬告陷害罪不仅是有诬告陷害他人的行为，还必须诬告陷害他人情节严重才构成犯罪。

(四) 诬告陷害罪的刑事责任

根据《刑法》第 243 条的规定，犯本罪的，处 3 年以下有期徒刑、拘役、或者管制；造成严重后果的，处 3 年以上 10 年以下有期徒刑。国家机关工作人员犯本罪的，从重处罚。

七、强迫劳动罪

《刑法修正案(八)》第 38 条将《刑法》第 244 条修改为：“以暴力、威胁或者限制人身自由的方法强迫他人劳动的，处三年以下有期徒刑或者拘役，并处罚金；情节严重的，处三年以上十年以下有期徒刑，并处罚金。明知他人实施前款行为，为其招募、运送人员或者有其他协助强迫他人劳动行为的，依照前款的规定处罚。单位犯前两款罪的，对单位判处罚金，并对其直接负责的主管人员和其他直接责任人员，依照第一款的规定处罚。”

《刑法修正案(八)》的修改主要体现在以下三方面：

1. 主体：原来是单位犯罪，实行单罚制。现在可以是单位犯罪，实行双罚制，也可以是自然人犯罪。

2. 行为：犯罪客观方面增加以暴力、威胁方法强迫他人劳动的行为，保留原来刑法规定的限制人身自由的方法，强迫他人劳动的行为。同时，《刑法修正案(八)》还增加了明知他人实施前款行为,为其招募、运送人员的,或者有其他协助强迫他人劳动行为的,依照前款的规定处罚。

3. 量刑:增加了量刑档次,不仅规定了一般强迫劳动罪的情形,还规定了强迫劳动罪情节严重的情形,并规定了相对更严厉的法定刑。由最高刑罚仅3年,调整为“3年以上10年以下有期徒刑”。

(一) 强迫劳动罪的概念

强迫劳动罪,是指违反劳动管理法规,以暴力、威胁或者限制人身自由的方法强迫他人劳动的行为。《刑法修正案(八)》对《刑法》第244条修改后,罪名也由原来的强迫职工劳动罪改为强迫劳动罪。

(二) 强迫劳动罪的构成特征

1. 本罪侵犯的客体是他人的休息权利和人身自由的权利。犯罪对象不再要求是用人单位的职工,只要是被强迫劳动的人,都可以是本罪的犯罪对象。

2. 本罪在客观上表现为以暴力、威胁或者限制人身自由的方法强迫他人劳动的行为。如施以伤害或以杀害、伤害进行威胁等。“限制他人人身自由的方法”,是指采取监视、禁止出入等方法而将职工限制在一定的场所、区域内劳动。但这必须是为了限制他人人身自由。还应指出,有的甚至是将被害人禁闭在一个较为狭窄的空间内劳动,已超出限制人身自由的范围,达到了剥夺人身自由的程度,此时,又触犯了非法拘禁罪,对之应当按照牵连犯的处罚原则,择一重罪处理。所谓“强迫他人劳动”,是指违背他人的意志,迫使其进行劳动。至于劳动是有偿的,还是无偿的,则不影响本罪成立。监狱强迫犯人劳动,不构成本罪。所谓“情节严重”,主要是指长时间无偿强迫他人劳动的;强迫多人无偿劳动的;因强迫劳动致使发生重大劳动安全事故的;采用暴力、胁迫、侮辱等手段非法限制他人人身自由强迫劳动,情节恶劣的;等等。值得注意的是,从立法上说,《刑法修正案(八)》对构成强迫劳动罪不再要求情节严重,强迫劳动情节严重的,只是本罪加重处罚的量刑情节。

同时,《刑法修正案(八)》增加了明知他人实施以暴力、威胁或者限制人身自由的方法强迫他人劳动的行为,为其招募、运送人员的,或者有其他协助强迫他人劳动行为的,依照强迫劳动罪的规定处罚。

3. 本罪主体可以是用人单位,也可以是自然人。

4. 本罪在主观上出于故意。即违背他人的意志,迫使其进行劳动,其目的一般是为了追求经济利益。至于劳动是有偿的,还是无偿的,不影响本罪成立。

【实例分析5-12】

对上述内容,可从下面的分析中深化认识:关于侵犯人身权利犯罪的说法,下列哪些选项是错误的?

A. 私营矿主甲以限制人身自由的方法强迫农民工从事危重矿井作业,并雇用打手对农民工进行殴打,致多人伤残。甲的行为构成非法拘禁罪与故意伤害罪,应当实行并罚。

B. 砖窑主乙长期非法雇用多名不满16周岁的未成年人从事超强度体力劳动,并严重忽视生产作业安全,致使一名未成年人因堆砌的成品砖倒塌而被砸死。对乙的行为应以雇用童工从事危重劳动罪从重处罚。

C. 丙以介绍高薪工作的名义从外地将多名成年男性农民工骗至砖窑主王某的砖窑场,以每人1000元的价格卖给王某从事强迫劳动。由于《刑法》仅规定了拐卖妇女、儿童罪,所以,对于丙的行为,无法以犯罪论处。

分析如下:

(1) A选项,采取限制人身自由的方法强迫他人劳动的,构成强迫劳动罪,限制自由的手段可以被包容在强迫劳动罪中。但上述事例中行为人对工人进行暴力殴打致多人伤残,根据刑法规定,非法拘禁使用暴力致人伤残的,转化为故意伤害(重伤)罪。此时,故意伤害(重伤)已不能被强迫劳动罪包容,应当单独处罚。故而,本案应当认定为强迫劳动罪、故意伤害(重伤)罪两罪。

(2) B选项,根据《刑法》第244条之一第2款的规定,雇用童工从事危重劳动,又造成事故构成其他犯罪的,数罪并罚,所以对乙应该以雇用童工从事危重劳动罪和重大责任事故罪并罚。

(3) C选项,丙的行为虽不构成拐卖妇女、儿童罪,但根据《刑法》第244条第2款:明知他人实施强迫劳动行为,为其招募、运送人员或者有其他协助强迫他人劳动行为的,可构成强迫劳动罪,或者非法拘禁罪。

综上,上述问题的合适选项是ABC。

(三) 强迫劳动罪的认定

1. 本罪与虐待罪的界限

(1) 主体不同。本罪的主体是用人单位或自然人,其与被强迫劳动的人一般不存在家庭成员关系;而后者的主体则必须是与被害人共同生活并具有抚养或赡养关系的家庭成员。

(2) 主观目的不同。本罪的目的一般是追求经济利益,通过强迫他人劳动以盘剥他人的剩余劳动价值;而后者则一般是出于折磨、摧残受害人的动机。

(3) 客观方面表现不尽相同。本罪是采用暴力、威胁或者限制人身自由的方法强迫他人劳动;而后罪则不仅仅限于限制人身自由以强迫劳动的方式,还可采取其他方式如打骂、冻饿、有病不予医治等的方法摧残被害人。此外,本罪还要违反劳动法的有关管理规定,而后罪则没有这一前提条件。

(4) 所侵害的客体不同。本罪所侵害的是他人的劳动权利和人身自由;而后罪则是指向家庭成员在家庭中的合法权益。

2. 强迫劳动罪的一罪与数罪问题

实践中,行为人在强迫他人劳动中,如果对他人又实施了其他故意犯罪行为,如故意伤害、侮辱等行为的,对行为人应当实行数罪并罚。

如果行为人以强迫劳动为目的,被害人因人身自由受到限制不堪忍受而自杀,行为人对此结果有过失的,此种情形可视为强迫劳动罪与过失致人死亡罪的想象竞合犯,对行为人应从重定罪处罚,不需要数罪并罚。

(四) 强迫劳动罪的刑事责任

根据《刑法》第244条的规定,犯本罪的,处3年以下有期徒刑或者拘役,并处罚金;情节严重的,处3年以上10年以下有期徒刑,并处罚金。

明知他人实施前款行为,为其招募、运送人员或者有其他协助强迫他人劳动行为的,依照前款的规定处罚。

单位犯前两款罪的,对单位判处罚金,并对其直接负责的主管人员和其他直接责任人员,依照第1款的规定处罚。

八、雇用童工从事危重劳动罪

本罪系《刑法修正案(四)》第4条新增设的罪名。雇用童工从事危重劳动罪,是指用人单位违反劳动管理法规,雇用未满16周岁的未成人从事超强体力的劳动,或者在危险环境下从事体力劳动,情节严重的行为。

本罪侵犯的客体为国家的劳动用工管理制度和未成年人的身心健康。本罪在客观方面表现为用人单位违反劳动管理法规,雇用未满16周岁的未成年人从事超强体力的劳动,或者从事高空、井下作业的,或者在爆炸性、易燃性、放射性、毒害性等危险环境下从事劳动,情节严重的行为。本罪的主体为用人单位的直接责任人员。本罪在主观上出于故意。

根据《刑法修正案(四)》第4条的规定,犯本罪的,对直接责任人员,处3年以下有期徒刑或者拘役,并处罚金;情节特别严重的,处3年以上7年以下有期徒刑,并处罚金。有上述行为,造成事故,又构成其他犯罪的,依照数罪并罚的规定处罚。比如,甲承包经营某矿井采矿业务,动员当地矿工和村民将子女带到矿井上班,从事井下采矿作业,其中有20余人为10至16周岁的未成年人。后因甲所承诺的高工资未兑现,20余名童工表示不想再干,要求离开矿井。甲不同意,并在矿井周围布上电铁丝网,雇用数十名守卫,禁止所有的矿工包括这20余名童工离开矿井,强制他们为其采矿,其中1名年约12周岁的童工因体质弱而累死在井下。对甲的行为就应以强迫劳动罪和雇用童工从事危重劳动罪实行数罪并罚。

九、非法搜查罪

(一) 非法搜查罪的概念

非法搜查罪是指非法对他人的身体或住宅进行搜查的行为。

(二) 非法搜查罪的构成特征

1. 本罪侵犯的客体是公民的人身和住宅不受侵犯的权利。

2. 本罪在客观方面表现为非法搜查他人身体和住宅的行为。

所谓"搜查"是指搜索检查,既包括对他人身体的搜查,如摸索、掏翻等,又包括对他人住宅的搜查,如搜索、翻看、检查、挖掘等。在司法实践中,非法搜查主要有三种情况:一种是无搜查权的机关、团体、单位的工作人员或其他个人,为了寻找失物、有关人或达到其他目的而对他人的身体或住宅进行搜查的;第二种是有搜查权的人员,未经合法批准或授权,滥用权力,非法进行搜查的;第三种是有搜查权的机关和人员不按照法定的程序、手续进行搜查的。具备上述条件之一的就属于非法搜查。

搜查的对象,根据《刑法》第 245 条的规定,仅限于他人的身体和住宅。如果不是针对身体或住宅搜查,而是非法搜查机关或其他单位的办公室、仓库、车辆、船只、飞机等场所,则不能以本罪论处。构成犯罪的,可以他罪如妨害公务罪、抢劫罪、盗窃罪、故意毁坏财物罪等论处。如果是在上述场所对他人的人身进行搜查的,仍可构成本罪。

住宅,是指公民居住、生活的场所,既包括公民长期居住的生活场所,如私人建造的住宅、公寓等,又包括公民临时居住、生活的场所,如较长时间租住的旅店,还包括公民居住、办公两用的房间以及以船为家的渔民船只等。搜查住宅,不仅指搜查住宅内,而且还包括和住宅紧紧相连、构成住宅整体的庭院以及构成整个住宅组成部分的其他用房如储藏室等。

3. 本罪为一般主体,凡年满 16 周岁,具有刑事责任能力的自然人均可构成本罪。

4. 本罪在主观上出于故意。

(三) 非法搜查罪的认定

1. 非法搜查罪与非法侵入住宅罪的界限

(1) 非法搜查罪与非法侵入住宅罪的对象不同。非法搜查罪的对象包括他人的身体和住宅,而非法侵入住宅罪的对象只能是他人的住宅。

(2) 当行为人非法搜查他人住宅时,和非法侵入住宅罪一样,也违背权利人的意思,侵犯了他人住宅的安宁权,两者常常具有一定的牵连关系。当行为人非法侵入他人住宅的目的是进行非法搜查时,一般以后一行为吸收前一行为,定非法搜查罪。但是,如果前一行为情节恶劣而后一行为情节一般,则以前一行为吸收后一行为,定非法侵入住宅罪。

(3) 非法搜查罪只能以作为形式构成,而非法侵入住宅罪则既可由积极侵入的作为形式构成,也可以"拒不退出"的不作为的形式构成。如果行为人未经同意或无法律授权,强行进入他人住宅进行非法搜查的,对行为人应以其目的行为定罪处罚。

2. 非法搜查罪与非法搜查为手段的其他犯罪的界限

非法搜查罪一般是以目的行为不构成犯罪(如为了查找失物)为前提的,如果行为人出于其他犯罪目的(如为了抢劫)而对他人人身或住宅进行搜查的,应以目的行为吸收非法搜查行为,按目的行为定罪,如定抢劫罪。

(四) 非法搜查罪的刑事责任

根据《刑法》第 245 条的规定,犯本罪的,处 3 年以下有期徒刑或者拘役;司法工作人员滥用职权犯本罪的，从重处罚。

十、非法侵入住宅罪

非法侵入住宅罪，是指非法强行闯入他人住宅或者经要求仍无故拒不退出他人住宅的行为。

本罪侵犯的客体是公民住宅不受侵犯的权利。本罪在客观上表现为侵入他人住宅或者在进入他人住宅之后，经要求退出而无故拒不退出的行为。本罪主体为一般主体，凡年满 16 周岁，具有刑事责任能力的自然人均可构成本罪。本罪主观上出于故意。

根据《刑法》第 245 条的规定，犯本罪的，处 3 年以下有期徒刑或者拘役；司法工作人员滥用职权犯本罪的，从重处罚。

十一、刑讯逼供罪

（一）刑讯逼供罪的概念

刑讯逼供罪，是指司法工作人员对犯罪嫌疑人、被告人实施肉刑或者变相肉刑，以逼取口供的行为。

（二）刑讯逼供罪的构成特征

1. 本罪侵犯的是复杂客体。既包括公民人身权利，也包括司法机关的正常工作秩序。本罪的对象是侦查过程中的犯罪嫌疑人和起诉、审判过程中的刑事被告人。至于犯罪嫌疑人、被告人的行为实际上是否构成犯罪，对本罪的成立没有影响。但是，证人不能成为本罪侵害的对象，如果对他们刑讯逼供构成犯罪的，按暴力取证罪论处。

2. 本罪在客观上表现为对嫌疑人、被告人刑讯逼供的行为。所谓“刑讯逼供”，是指使用肉刑或者变相使用肉刑，获取口供的行为。所谓“肉刑”，是指对被害人的肉体施行暴力，如吊打、捆绑、殴打以及其他折磨人的肉体的方法。所谓“变相肉刑”，是指对被害人使用非暴力的摧残和折磨，如冻、饿、烤、晒等。无论是使用肉刑还是变相肉刑，均可成立本罪。此外，必须有逼供行为，即逼迫犯罪嫌疑人、被告人作出行为人所期待的口供。如果行为人采取诱供、指供的方式获取口供，没有使用肉刑或者变相肉刑，不构成本罪。诱供、指供是错误的审讯方法，但不是刑讯逼供。所谓指供，是侦查人员违反相关法律的规定，采用逼迫、强制、要挟等手段，按照其认定或主观推断的罪行，指定犯罪嫌疑人进行供述的违法审讯行为。所谓诱供，是侦查人员违反相关法律规定，采用欺诈、引诱、非法承诺等手段，诱骗犯罪嫌疑人供认罪行的违法审讯行为。

3. 本罪主体为特殊主体，司法工作人员才能构成本罪。刑讯逼供是行为人在刑事诉讼过程中，利用职权进行的一种犯罪活动，构成这种主体要件的只能是有权办理刑事案件的司法人员。

4. 本罪在主观上出于故意，且有获取口供的目的。至于行为人是否得到供述，犯罪嫌疑人、被告人的供述是否符合事实，均不影响本罪成立。如果行为人对犯罪嫌疑人、被告人使用肉刑或者变相肉刑不是为了逼取口供,而是出于其他目的,则不构成本罪。

【实例分析 5-13】

对上述内容,可从下面的分析中深化认识:关于刑讯逼供罪的认定,下列哪些选项是错误的?

A. 甲系机关保卫处长,采用多日不让小偷睡觉的方式,迫其承认偷盗事实。甲构成刑讯逼供罪。

B. 乙系教师,受聘为法院人民陪审员,因庭审时被告人刘某气焰嚣张,乙气愤不过,一拳致其轻伤。乙不构成刑讯逼供罪。

C. 丙系检察官,为逼取口供殴打犯罪嫌疑人郭某,致其重伤。对丙应以刑讯逼供罪论处。

D. 丁系警察,讯问时佯装要实施酷刑,犯罪嫌疑人因害怕承认犯罪事实。丁构成刑讯逼供罪。

分析如下:

(1) A 选项,"机关保卫处长"不属司法工作人员,不符合刑讯逼供罪的主体身份,不构成该罪。

(2) B 选项,人民陪审员属司法工作人员,但打人的动机是"气愤不过",没有逼供的目的,不构成刑讯逼供罪,构成故意伤害罪。

(3) C 选项,"致其重伤",转化为故意伤害罪。

(4) D 选项,"佯装要实施酷刑",实际上没有实施肉刑,不符合"刑讯"行为要素,不构成刑讯逼供罪。

综上,上述问题的合适选项是 ACD。

(三) 刑讯逼供罪的认定

1. 刑讯逼供罪与非罪的界限

对于在办案工作中出现轻微的逼供、诱供行为,不能认为构成刑讯逼供罪。根据最高人民检察院《关于人民检察院直接受理侦查案件立案标准的规定(试行)》中的规定,有下列情形之一,应予立案查处:(1) 手段残忍、影响恶劣的。(2) 致人自杀或者精神失常的。(3) 造成冤假错案的。(4) 3 次以上或者对 3 人以上进行刑讯逼供的。(5) 授意、指使、逼迫他人刑讯逼供的。

2. 刑讯逼供罪与非法拘禁罪的区别

二者的区别主要体现在:第一,目的不同。刑讯逼供罪的目的是为了获取口供;非法拘禁罪则以剥夺他人人身自由为目的。第二,刑讯逼供罪对被害人使用肉刑或者变相使用肉刑,对被害人的身体进行折磨;非法拘禁罪则不一定要对被害人的身体进行摧残。第三,刑讯逼供罪的客体是公民的人身权利以及司法机关的正常工作秩序;非法拘禁罪则只侵犯了公民的人身自由。第四,刑讯逼供罪的主体为特殊主体,司法工作人员才能构成本罪;非法拘禁罪则是一般主体的犯罪。第五,刑讯逼供罪的对象是犯罪嫌疑人和被告人;非法拘禁罪则可以针对任何公民。

应当注意,司法工作人员为刑讯逼供而非法剥夺犯罪嫌疑人、被告人人身自由的,应以刑讯逼供罪一罪对行为人定罪从重处罚,而不能对之实行数罪并罚;对于非司法工作人员将他人人身自由剥夺并采用肉刑或者变相肉刑逼取口供的,应视具体情况而认定行为人的犯罪性质。如果行为人在非法拘禁中(未使用暴力)致人伤残、死亡,以非法拘禁罪对其定罪处罚;如果使用暴力致人伤残、死亡的,应以故意伤害罪、故意杀人罪对行为人定罪处罚。

3. 刑讯逼供罪与故意伤害罪的界限

刑讯逼供行为往往给被害人的身体造成某种损害,严重的还可能致人伤残甚至死亡。这就与故意伤害罪的危害后果有相似之处。刑讯逼供,致人伤残、死亡的,依《刑法》第233条关于故意伤害罪、第231条关于故意杀人罪的规定,从重处罚。刑讯逼供罪与故意伤害罪的区别在于:

(1) 犯罪目的不同。刑讯逼供罪的行为人是以逼取犯罪嫌疑人、被告人口供为目的;故意伤害罪的行为人是以损害他人身体健康为目的,这是两者最本质的区别。

(2) 犯罪条件不同。刑讯逼供罪是行为人在行使职权过程中实施的;而故意伤害罪一般不是在特定条件下实施的。

(3) 侵害的对象不同。刑讯逼供罪侵害的对象是犯罪嫌疑人、被告人;而故意伤害罪侵害的对象可以是任何公民,不仅限于犯罪嫌疑人和被告人。

(4) 主体要件不同。本罪的主体是特定的司法工作人员,即依法负有对犯罪嫌疑人、被告人进行审讯职责或协助进行审讯的司法工作人员;而伤害罪的主体没有任何限制。

(四) 刑讯逼供罪的刑事责任

根据《刑法》第247条的规定,犯本罪的,处3年以下有期徒刑或者拘役;致人伤残或者死亡的,以故意伤害罪、故意杀人罪从重处罚。

十二、暴力取证罪

暴力取证罪,是指司法工作人员使用暴力,逼取证人证言的行为。

本罪侵犯的客体是公民的人身权利以及司法机关的正常工作秩序。本罪的对象是证人。本罪在客观上表现为使用暴力获取证人证言的行为。对不知案件情况的人使用暴力逼迫其作证的,也可以构成本罪。本罪主体为特殊主体,即司法工作人员。本罪主观上出于故意,且具有明确的逼取证言目的。

根据《刑法》第247条的规定,犯本罪的,处3年以下有期徒刑或者拘役,致人伤残、死亡的,依照故意伤害罪、故意杀人罪,从重处罚。

十三、虐待被监管人罪

（一）虐待被监管人罪的概念

虐待被监管人罪，是指监狱、拘留所、看守所等监管机构的监管人员，对被监管人进行殴打或者体罚虐待，或者监管人员指使被监管人员殴打或者体罚虐待其他被监管人员，情节严重的行为。

（二）虐待被监管人罪的构成特征

1. 本罪侵犯的客体是复杂客体，即被监管人的人身权利和监管机关的正常活动。

2. 本罪在客观方面表现为违反监管法规，对被监管人进行殴打或者体罚虐待，或者指使被监管人殴打或者体罚虐待其他被监管人，情节严重的行为。虐待行为，具体表现为殴打或者体罚，致使被监管人的身心备受摧残折磨。虐待行为需要情节严重才构成犯罪。情节严重，一般是指虐待手段特别残忍、多次虐待被监管人员或者虐待监管人员多人、造成严重的不良影响等。

3. 本罪主体是特殊主体，即监狱、拘留所、看守所等监管机构的监管人员。所谓"监狱"，是指刑罚的执行机关。所谓"拘留所"，即关押被处以司法拘留、行政拘留的人的场所。所谓"看守所"，即羁押依法被逮捕、刑事拘留的犯罪嫌疑人、被告人的场所。

4. 本罪在主观方面表现为故意，犯罪目的一般是为了压服被监管人。犯罪动机各种各样，有的是为泄愤报复，有的是逞威逞能等。不管出于何种动机，都不影响犯罪成立。

（三）虐待被监管人罪的认定

1. 罪与非罪

根据最高人民检察院发布施行的《关于人民检察院直接受理立案侦查案件立案标准的规定》（试行），国家机关工作人员涉嫌虐待被监管人，有下列情形之一的，应予立案：

（1）造成被监管人轻伤的；

（2）致使被监管人自杀、精神失常或其他严重后果的；

（3）对被监管人 3 人以上或 3 次以上实施殴打、体罚虐待的；

（4）手段残忍、影响恶劣的；

（5）指使被监管人殴打、体罚虐待其他被监管人，具有上述情形之一的。

根据上述规定，当行为人的行为具有以上情形，即应当对其立案追究刑事责任。

2. 虐待被监管人罪与刑讯逼供罪的界限

虐待被监管人罪与刑讯逼供罪都侵犯了公民的人身权利和司法机关的正常活动，在客观方面都实施了殴打或其他肉体折磨等侵犯他人健康的行为，主观方面均是出于直接故意。两罪的区别在于：

(1) 客体不完全相同。虐待被监管人罪侵犯的司法机关的活动具体为监管活动,对象可以是一切被监管机关监管的人,包括已被判刑而正在服刑的已决犯、被司法机关怀疑但未判决有罪而在看守所羁押的犯罪嫌疑人与被告人,以及被行政拘留、刑事拘留、司法拘留或劳动教养的人员;而刑讯逼供罪侵犯的司法机关的正常活动具体为审讯活动及证据收集制度,犯罪对象限于犯罪嫌疑人与被告人(包括被监管的犯罪嫌疑人与被告人)。

(2) 犯罪主体范围不同。虐待被监管人罪的主体为监狱、拘留所、看守所、法院临时羁押室等监管机构的监管人员,而刑讯逼供罪的主体可以是各种司法工作人员。

(3) 犯罪目的不同。刑讯逼供罪行为人的目的在于逼取口供,虐待被监管人罪行为人则无此目的。实践中,司法工作人员(包括监管人员)为了逼取口供而对被监管的犯罪嫌疑人、被告人实行殴打、体罚虐待的,应以刑讯逼供罪定罪处罚。

(四) 虐待被监管人罪的刑事责任

根据《刑法》第 248 条的规定,犯本罪的,处 3 年以下有期徒刑或者拘役;情节特别严重的,处 3 年以上 10 年以下有期徒刑。致人伤残、死亡的,依照故意伤害罪、故意杀人罪从重处罚。监管人员指使被监管人殴打或者体罚虐待其他被监管人的,依照本罪处罚。

第五节 侵犯公民人格、名誉的犯罪

一、侮辱罪

(一) 侮辱罪的概念

侮辱罪,是指以暴力或者其他方法公然贬低他人人格,破坏他人名誉,情节严重的行为。

(二) 侮辱罪的构成特征

1. 本罪侵犯的客体是公民的人格权、名誉权。本罪的对象是特定的自然人,国家机关、企事业单位、人民团体等组织不能成为本罪的对象。侮辱中华人民共和国国旗、国徽的,应以侮辱国旗、国徽罪依法追究刑事责任。

2. 本罪在客观上表现为使用暴力或者其他方法公然贬低他人人格,破坏他人名誉,情节严重的行为。

首先,侮辱行为必须采用暴力或者其他方法进行。这里所讲的暴力,仅就作为侮辱的手段而言。例如以粪便泼人,以墨涂人,强剪头发,强迫他人做有辱人格的动作等,而不是指殴打、伤害身体健康的暴力。

其次,侮辱行为必须公然进行。“公然”侮辱,是指当着第三者甚至众人的面,或者利用可以使不特定人或多数人听到、看到的方式,对他人进行侮辱。公然并不一定要求被害人在场。如果仅仅面对着被害人进行侮辱,没有第三者在场,也不可能被第三者知悉,则不构成侮辱罪。因为只有第三者在场,才能使被害人的外部名誉受到破坏。

再次,侮辱行为必须有明确的、特定的侮辱对象。侮辱对象必须是特定的人,特定的人既可以是一人,也可以是数人,但必须是具体的,可以确认的。在大庭广众之下进行无特定对象的谩骂,不构成侮辱罪。死者不能成为本罪的侮辱对象,但如果行为人表面上侮辱死者,实际上是侮辱死者家属的,则应认定为侮辱罪。

最后,侮辱行为情节严重的,才能成立犯罪。"情节严重"主要是指手段恶劣,后果严重等情形,如强令被害人当众爬过自己的胯下;当众撕光被害人衣服;给被害人抹黑脸、挂破鞋、带绿帽强拉游街示众;当众胁迫被害人吞食或向其身上泼洒粪便等污秽之物;当众胁迫被害人与尸体进行接吻、手淫等猥亵行为;因公然侮辱他人致其精神失常或者自杀身亡;多次侮辱他人,使其人格、名誉受到极大损害;对执行公务的人员甚至外宾进行侮辱,造成恶劣的影响;等等。

3. 本罪主体为一般主体,凡年满16周岁,具有刑事责任能力的自然人均可构成本罪。

4. 本罪在主观上出于故意,且有损害他人人格、名誉的目的。

(三) 侮辱罪的认定

1. 侮辱罪与强制猥亵、侮辱罪的区别

二者区别在于,侮辱罪的目的是要损害他人人格、名誉,而强制猥亵、侮辱罪,目的则在于满足性欲。同时,侮辱罪要求公然进行,而强制猥亵、侮辱罪则不要求公然进行。比如当行为人采用公然强行扒妇女的衣服、对妇女身体进行某些动作性猥亵、侮辱时,对行为人是定侮辱罪还是强制猥亵、侮辱罪,容易发生混淆。区别两者的关键,在于行为人的主观目的和动机。

侮辱罪中的侮辱妇女,行为人目的在于败坏妇女的名誉,贬低其人格,动机多出于私愤报复、发泄不满,这一点与侮辱其他人(男性)、其他侮辱行为(如以大字报进行侮辱)没有什么区别;而强制猥亵、侮辱妇女行为,行为人目的在于寻求下流无耻的精神刺激,满足行为人的畸形性欲。另外,强制侮辱罪在有些场合,行为人侮辱的对象具有不特定性,而侮辱罪的对象只能是特定的。

凡是使用暴力、胁迫等强制手段损害他人性的羞耻心、侵犯他人性的自由权、破坏社会正常的性行为秩序的行为,就不再属于侮辱罪,而应作为强制侮辱罪的行为范围。

2. 一罪与数罪的界限

侮辱罪可以以暴力方法实施。这里的暴力仅仅是指行为人为使他人人格尊严及名誉受到损害而采取的强制手段,不包括对被害人的故意杀伤行为。如果行为人在侮辱他人过程中故意伤害被害人甚至杀害被害人的,应以故意伤害罪或故意杀人罪对行为人定罪处罚,不应对行为人以侮辱罪和故意伤害罪、故意杀人罪实行数罪并罚。但如果是行为人在侮辱他人过程中,第三人予以阻止,行为人为排除阻碍而将第三人伤害或杀害的,则应对行为人实行数罪并罚。

(四) 侮辱罪的刑事责任

根据《刑法》第 246 条的规定,“以暴力或者其他方法公然侮辱他人或者捏造事实诽谤他人,情节严重的,处三年以下有期徒刑、拘役、管制或者剥夺政治权利。前款罪,告诉的才处理,但是严重危害社会秩序和国家利益的除外。”

《刑法修正案(九)》第 16 条规定,在原《刑法》第 246 条中增加一款作为第 3 款:“通过信息网络实施第一款规定的行为,被害人向人民法院告诉,但提供证据确有困难的,人民法院可以要求公安机关提供协助。”

“严重危害社会秩序”,是指侮辱行为引起了被害人精神失常甚至自杀身亡等后果,被害人无法告诉或失去告诉能力的情况。

“危害国家利益”,是指侮辱国家领导人、外国元首、外交使节等特定对象,既损害被害人个体的名誉,又危害到国家利益的情况。

“告诉才处理”,根据《刑法》第 98 条的规定,是指被害人告诉才处理。如果被害人因受强制、威吓无法告诉的,人民检察院和被害人的近亲属也可以告诉。需要指出:告诉才处理,并不是说不告诉不构成犯罪,而是说不告诉对这种犯罪就不提起诉讼。

二、诽谤罪

(一) 诽谤罪的概念

诽谤罪,是指捏造并散布虚构的事实,以损害他人人格和名誉,情节严重的行为。

(二) 诽谤罪的构成特征

1. 本罪侵犯的客体是他人的人格权和名誉权。犯罪侵犯的对象是自然人。

2. 本罪在客观方面表现为捏造并散布虚构事实,足以贬损他人人格和名誉,情节严重的行为。

(1) 诽谤罪必须以捏造事实的方式进行。所谓“捏造事实”,是指无中生有,虚构事实。诽谤他人的内容完全是虚构的。如果散布的不是凭空捏造的,而是客观存在的事实,即使有损于他人的人格、名誉,也不构成本罪。

(2) 诽谤罪必须散布捏造事实。所谓“散布”,就是在社会上公开地扩散。散布的方式基本上有两种:一种是言语散布;另一种是文字,即用大字报、小字报、图画、报刊、图书、书信等方法散布。所谓“足以贬损”,是指捏造并散布的虚假事实,完全可能贬损他人的人格、名誉,或者事实上已经给被害人的人格、名誉造成了实际损害。如果散布虚假的事实,但并不可能损害他人的人格、名誉,或无损于他人的人格、名誉,则不构成诽谤罪。

(3) 诽谤行为必须针对特定的人进行。但针对特定的人并不一定要指名道姓,只要从诽谤的内容上知道被害人是谁,就可以构成诽谤罪。如果行为人散布的事实没有特定的对象,不可能贬损某人的人格、名誉,就不能以诽谤罪论处。

(4) 诽谤行为情节严重的,才能成立犯罪。

3. 本罪主体为一般主体,凡年满16周岁,具有刑事责任能力的自然人均可构成本罪。

4. 本罪在主观上出于故意。明知自己捏造并散布虚构的事实,足以贬损他人人格和名誉,并且希望或者放任这种结果的发生,目的就是为了损害他人人格和名誉。

(三) 诽谤罪认定时应注意问题

1. 诽谤罪与侮辱罪的界限

二者的区别在于:(1) 行为手段不同。侮辱罪可以用口头、文字等形式实施,也可以以暴力方式实施;诽谤罪只能由口头、文字等形式实施。(2) 侮辱罪不使用捏造并散布事实的方法;而诽谤罪要求行为人捏造并散布具体虚构事实。(3) 侮辱一般当面进行;诽谤则往往在公众场合进行或向第三者散布。

【实例分析5-14】

对上述内容,可从下面的分析中深化认识:关于侮辱罪与诽谤罪的论述,下列哪一选项是正确的?

A. 为寻求刺激在车站扒光妇女衣服,引起他人围观的,触犯强制猥亵、侮辱罪,未触犯侮辱罪;

B. 为报复妇女,在大街上边打妇女边骂"狐狸精",情节严重的,应以侮辱罪论处,不以诽谤罪论处;

C. 捏造他人强奸妇女的犯罪事实,向公安局和媒体告发,意图使他人受刑事追究,情节严重的,触犯诬告陷害罪,未触犯诽谤罪;

D. 侮辱罪、诽谤罪属于亲告罪,未经当事人告诉,一律不得追究被告人的刑事责任。

分析如下:

(1) 选项A错误。为寻求刺激在车站扒光妇女衣服,引起他人围观的,既符合强制猥亵、侮辱妇女罪的成立要件,也符合侮辱罪的成立要件。

(2) 选项B正确。诽谤罪,是指捏造并散布虚假的事实,意图损害他人人格、毁坏他人名誉的行为。边打妇女边骂"狐狸精",并没有捏造具体的事实,因而不构成诽谤罪,情节严重的,构成侮辱罪。

(3) 选项C错误。捏造他人强奸妇女的犯罪事实,向公安局告发,意图使他人受刑事追究,情节严重的,构成诬告陷害罪;捏造他人强奸妇女的犯罪事实,向媒体告发,情节严重的,构成诽谤罪。

(4) 选项D错误。根据《刑法》第246条的规定,侮辱罪、诽谤罪,通常情况下,告诉的才处理,但是严重危害社会秩序和国家利益的除外。据此可知,选项D中说"一律"过于绝对。

综上,上述问题的合适选项是B。

2. 诽谤罪与诬告陷害罪的界限

二者的区别主要在于:(1) 侵犯客体不同。诬告陷害罪既侵犯了公民的人身权利,又扰乱司法机关的正常工作秩序;诽谤罪侵犯的是公民的人格权和名誉权。(2) 行为方式不同。诬告陷害罪在客观上表现为捏造他人犯罪的事实,通常向国家机关或有关单位告发;诽谤罪是捏造有损他人人格、名誉的事实,散布于第三者或更多的人,但不向国家机关或有关单位告发。如果行为人虽然捏造他人犯罪的事实,但并不告发,而是私下散布,旨在损害他人名誉,就构成诽谤罪。(3) 二者的目的不同。诬告陷害罪的目的是使他人受到刑事追究;而诽谤罪的目的是损害他人人格和名誉。

(四) 诽谤罪的刑事责任

根据《刑法》第 246 条规定,犯本罪的,处 3 年以下有期徒刑、拘役、管制或者剥夺政治权利。犯本罪的,告诉的才处理,但是严重危害社会秩序或者国家利益的除外。

第六节 侵犯少数民族合法权益的犯罪

一、煽动民族仇恨、民族歧视罪

煽动民族仇恨、民族歧视罪,是指故意以语言、文字或其他方式煽动民族仇恨、民族歧视,破坏民族团结,情节严重的行为。

本罪侵犯的客体是各民族的平等权利以及各民族之间的和睦相处关系。本罪在客观上表现为以语言、文字或者其他方式煽动民族仇恨、民族歧视,情节严重的行为。所谓"煽动民族仇恨",是指公然挑起民族之间的仇恨。"煽动民族歧视",是指公然煽动对其他民族进行排斥、限制等民族歧视,损害民族平等。本罪主体为一般主体,凡年满 16 周岁,具有刑事责任能力的自然人均可构成本罪。本罪在主观上出于故意。

根据《刑法》第 249 条的规定,犯本罪,情节严重的,处 3 年以下有期徒刑、拘役、管制或者剥夺政治权利;情节特别严重的,处 3 年以上 10 年以下有期徒刑。

二、出版歧视、侮辱少数民族作品罪

出版歧视、侮辱少数民族作品罪,是指故意在出版物中刊载歧视、侮辱少数民族的内容,情节恶劣,造成严重后果的行为。

本罪侵犯的客体是少数民族的民族尊严和各民族之间的和睦相处关系。本罪在客观上表现为在出版物中刊载歧视、侮辱少数民族的内容,情节恶劣,造成严重后果的行为。所谓"出版物",是指报纸、期刊、图书、音像制品以及电子出版物等。"造成严重后果",一般指引发民族纠纷,造成民族冲突甚至发生骚乱事件等。本罪主体为在出版物中刊载歧视、侮辱少数民族内容的直接责任人员。本罪在主观上出于故意。

根据《刑法》第 250 条的规定,犯本罪的,对直接责任人员,处 3 年以下有期徒刑、拘役或者管制。

三、非法剥夺公民宗教信仰自由罪

非法剥夺公民宗教信仰自由罪,是指国家机关工作人员非法剥夺公民宗教信仰自由,情节严重的行为。

本罪侵犯的客体是公民的宗教信仰自由。本罪在客观方面表现为非法剥夺公民宗教信仰自由,情节严重的行为。所谓"非法剥夺公民宗教信仰自由",是指使用暴力、胁迫或者其他方法,剥夺公民宗教信仰的自由的行为。剥夺方法包括:非法干涉公民正常的宗教活动;强迫教徒退教或者改变信仰;强迫公民信教或者信仰同一宗教的某一教派;非法封闭或者捣毁合法的宗教场所、设施等。所谓"情节严重",是指手段恶劣,造成被害人伤残、死亡或者精神失常等严重后果。本罪的主体为特殊主体,国家机关工作人员才能构成本罪。本罪在主观上出于故意。

根据《刑法》第251条的规定,犯本罪的,处2年以下有期徒刑或者拘役。

四、侵犯少数民族风俗习惯罪

侵犯少数民族风俗习惯罪,是指国家机关工作人员侵犯少数民族风俗习惯,情节严重的行为。

本罪侵犯的客体是少数民族保持本民族的风俗习惯的权利。侵犯少数民族风俗习惯罪侵犯的对象只限于少数民族公民的风俗习惯,不包括汉族人民的风俗习惯。本罪在客观上表现为侵犯少数民族风俗习惯,情节严重的行为。所谓"侵犯少数民族的风俗习惯",是指破坏少数民族风俗习惯或者强迫改变少数民族风俗习惯的行为。"少数民族的风俗习惯",主要是指其民俗、节庆、朝觐、禁忌、礼节等历史上长期形成的独特的传统习惯,是整个民族的约定俗成。侵犯的手段,可以是暴力,也可以是非暴力的(如精神上的胁迫)。"情节严重"才构成犯罪,是指手段恶劣,后果严重,影响极坏的情形,一般是已引起民族纠纷。本罪的主体为特殊主体,国家机关工作人员才能构成本罪。本罪在主观上出于故意。

根据《刑法》第251条的规定,犯本罪的,处2年以下有期徒刑或者拘役。

第七节　侵犯公民民主权利的犯罪

一、侵犯通信自由罪

(一)侵犯通信自由罪的概念

侵犯通信自由罪,是指隐匿、毁弃或者非法开拆他人信件,侵犯公民通信自由权利,情节严重的行为。

(二)侵犯通信自由罪的构成特征

本罪侵犯的客体是公民的通信自由权利和通信秘密的权利。所谓通信自由指与他人进行正当通信的自由。通信秘密,是公民个人写给他人的信件,其内容不经写信人或收信人同意不得公开的权利。本罪并不要求信件中写有秘密事项,私自开拆他人信件本身就侵犯了公民的通信秘密权利,使公民的信件内容有可能被公开化,从而无密可保。

1. 本罪侵犯的对象是公民的信件,不包括汇款通知、包裹等邮件。作为犯罪对象的信件,不仅包括私人间的信件,还包括国家机关、企事业单位、社会团体、组织发给公民个人的信函。非法隐匿、毁弃、开拆国家机关、企业、事业单位、社会团体、组织之间来往函件的,不构成本罪。

2. 本罪在客观方面表现为隐匿、毁弃或者非法开拆他人信件,情节严重的行为。所谓"隐匿",是指把被害人的信件扣留,在一定的地点加以隐藏,不交给被害人的行为。所谓"毁弃",是指故意丢弃、撕毁、焚毁信件的行为。以上两种行为的结果,都是使收信人无法收到信件,而行为人并不意图知晓信件内容,没有直接侵犯公民通信秘密的权利,但侵犯了公民的通信自由权利。"非法开拆"是指擅自开拆他人信件,偷看他人信件内容的行为。这种行为不影响收信人收到信件,但侵犯了他人的通信秘密。非法开拆他人信件,拆信人并不阅看信中内容的,使他人信件内容处于公开暴露状态,也是侵犯公民通信秘密的行为。侵犯通信自由罪的三种行为表现往往同时具有,根据法律规定,只要实施其中一种行为,情节严重的,就构成侵犯通信自由罪。

国家机关工作人员因依法执行公务而扣押、开拆他人信件,不是犯罪行为。

3. 本罪主体为一般主体,凡年满16周岁,具有刑事责任能力的自然人均可构成本罪。

4. 本罪在主观上出于故意。

(三) 侵犯通信自由罪的认定

1. 侵犯通信自由罪与私自开拆、隐匿、毁弃邮件、电报罪的界限

它们在主观上都是由故意构成,客观方面都实施了私拆、隐匿、毁弃信件的行为。其区别在于:

(1) 犯罪的主体不同。私自开拆、隐匿、毁弃邮件、电报罪是特殊主体,必须由邮电工作人员构成;而侵犯通信自由罪是一般主体。

(2) 犯罪的客体不同。私自开拆、隐匿、毁弃邮件、电报罪侵犯的客体是复杂客体,还包括国家邮电部门的正常活动;而侵犯通信自由罪侵犯的客体仅是公民通信自由和通讯秘密的权利。此外,侵害的对象也不完全一样。私自开拆、隐匿、毁弃邮件、电报罪侵害的对象是邮件和电报,而侵犯通信自由罪侵害的对象仅限于信件,范围较前者狭窄。

(3) 客观要件不同。多数人认为私自开拆、隐匿、毁弃邮件、电报罪以利用职务之便为要件,是带有渎职性质的犯罪;侵犯通信自由罪的成立则与行为人的职务无关。如果邮电工作人员利用职务之便私拆、隐匿或者毁弃信件,情节严重的,则构成侵犯通信自由罪;侵犯通信自由罪以情节严重为构成要件,而私自开拆、隐匿、毁弃邮件、电报

罪则不以此为构成要件。

2. 快递从业人员私自隐匿快件的行为如何定性

目前,快递业发展迅猛,且和我们的日常生活密不可分。实践中,快递从业人员私自隐匿快件的行为如何定性,值得我们深思。

一种意见认为,快递从业人员私自隐匿快件的行为因其不具有邮政工作人员身份,既不涉嫌私自隐匿邮件罪,也不涉嫌故意延误投递邮件罪,且涉案快件不是信件,不涉嫌侵犯通信自由罪。因此,快递从业人员私自隐匿快件的行为不涉嫌犯罪,应当由邮政管理部门根据《快递市场管理办法》给予行政处罚。另一种意见认为,对邮政工作人员身份的认定应作广义理解,快递从业人员从事的快递业务是邮政业务的一部分,其服务标准和质量标准与邮政企业并无二致,其隐匿的快件就是邮件。快递从业人员从事的快递业务应当认定为受邮政部门委托从事的邮政业务,即快递从业人员具有邮政工作人员身份,其私自隐匿快件的行为涉嫌私自隐匿邮件犯罪。快递从业人员私自隐匿快件的行为如何定性,关键问题有二,一是快递从业人员是否具有邮政工作人员身份,二是涉案快件是否是信件。

本书认为,快递从业人员私自隐匿快件的行为不涉嫌犯罪,应当由邮政管理部门根据《快递市场管理办法》给予行政处罚。

首先,快递从业人员不具有邮政工作人员身份,也并非从事邮政业务。现行《邮政法》并未对邮政工作人员的范围作出明确界定,学理解释及习惯上认为应是各级邮政管理部门中的工作人员,中国邮政集团及下属各级企业中从事分发、投递等与邮件直接有联系职责的邮政业务的人员,包括营业员、发行员、分拣员、投递员、押运员,及受邮政机构委托从事邮政业务的人员均属于邮政工作人员。显然快递从业人员不属于邮政管理部门及邮政集团下属企业工作人员。

通常所说的受委托从事邮政业务,一般认为,行为人通过与邮政企业签订代理协议或者承包协议,添置邮政企业规定的设备,使用邮政标识,在一定地域内从事部分邮政业务。而快递公司与邮政部门及邮政企业一般不存在委托关系,至多仅是行业监管与被监管的关系。据此,快递从业人员不能认定为受委托从事邮政业务。

其次,快递公司仅是市场经济实体的一般性企业法人。我国《邮政法》明确规定各级邮政部门对其辖区的邮政市场负责监督管理,邮政普遍服务和竞争性业务实行分业经营。《邮政法》对快递业务有相对于邮政服务的专章规定。《快递市场管理办法》也明确了经营快递业务的具体服务质量标准和法律责任。EMS 以外的快递企业不是邮政企业,仅是经营经过邮政管理部门许可经营的快件的市场经济实体,接受当地邮政管理部门的行业监管。

最后,快递员隐匿的包裹并非公民通信自由权利的载体。《邮政法》规定的邮件是指通过邮政企业寄递的信件、印刷品、邮包、汇款通知、报刊等,信件仅指公民的信件。快件均为包裹,不属于《邮政法》规定的信件,所以并非公民通信自由权利的载体,也就不是侵犯通信自由罪的犯罪对象,因而快递员的行为也不涉嫌侵犯通信自由罪。

（四）侵犯通信自由罪的刑事责任

根据《刑法》第 252 条的规定，犯本罪的，处 1 年以下有期徒刑或者拘役。

二、私自开拆、隐匿、毁弃邮件、电报罪

私自开拆、隐匿、毁弃邮件、电报罪，是指邮政工作人员私自开拆或者隐匿、毁弃邮件、电报的行为。

本罪侵犯的客体是公民的通信自由权利和邮政机关的正常工作秩序。本罪的对象是邮件、电报、各种信件、印刷品、包裹等。本罪在客观上表现为邮政工作人员利用职务上的便利，私自开拆、隐匿、毁弃邮件、电报的行为。本罪主体为特殊主体，只有邮政工作人员才能构成本罪。本罪在主观上出于故意。

根据《刑法》第 253 条的规定，犯本罪的，处 2 年以下有期徒刑或者拘役。为窃取财物而私自开拆、隐匿、毁弃邮件、电报的，以盗窃罪从重处罚。

应当注意，必须是行为人在实施私自开拆或者隐匿、毁弃邮件、电报行为的同时，又从邮件中窃取财物构成犯罪，才应当定盗窃罪，在法定刑的幅度内从重处罚。

三、侵犯公民个人信息罪

近年来，公民个人信息被非法泄露的情况时有发生，不仅使公民的生活安宁遭受侵害，而且可能危及公民个人的人身、财产安全和个人隐私。我国《刑法修正案（七）》与《刑法修正案（九）》，将违反国家规定，出售公民个人信息或者非法将公民个人信息提供给他人，情节严重的行为，以及窃取或以其他方法非法获取上述信息，情节严重的行为予以犯罪化，并规定了单位犯罪的情形。这对于保障公民个人信息的安全，促使国家机关或者金融、电信、交通、教育、医疗等单位及其工作人员诚实守信，防止以非法方法获取公民的个人信息，均有着极为重要的意义。

《刑法修正案（七）》第 7 条规定，在《刑法》第 253 条后增加一条，作为第 253 条之一："国家机关或者金融、电信、交通、教育、医疗等单位的工作人员，违反国家规定，将本单位在履行职责或者提供服务过程中获得的公民个人信息，出售或者非法提供给他人，情节严重的，处三年以下有期徒刑或者拘役，并处或者单处罚金。窃取或者以其他方法非法获取上述信息，情节严重的，依照前款的规定处罚。单位犯前两款罪的，对单位判处罚金，并对其直接负责的主管人员和其他直接责任人员，依照各该款的规定处罚。"

可见，《刑法修正案（七）》增设了出售、非法提供公民个人信息罪和非法获取公民个人信息罪。对于出售、非法提供公民个人信息罪和非法获取公民个人信息罪的犯罪主体及犯罪对象作了限定，即主体被限定为"国家机关或者金融、电信、交通、教育、医疗等单位的工作人员"，且所涉的为"本单位"履职和服务过程中获得的信息。

《刑法修正案（七）》将非法泄露、获取个人信息行为列为打击对象，表明国家开始

用刑罚加大对公民个人的信息保护。但是,其主要规范的犯罪主体是在履行职责或提供公共服务过程中利用某种程度的公权力采集到的公民个人信息的国家机关或者单位,违反法律规定的保密义务的应负刑事责任。立法机关没有将所有泄露公民信息的行为人都列为犯罪主体,同时也没有将所有泄露公民信息的行为都列为犯罪。《刑法修正案(九)》为进一步加强对公民个人信息的保护,修改出售、非法提供因履行职责或者提供服务而获得的公民个人信息犯罪的规定,去掉了上述限制,扩大犯罪主体的范围,同时,增加规定出售或者非法提供公民个人信息情节严重的犯罪,对于严厉打击侵犯公民个人信息的行为,保护公民个人信息,提供了有效的法律武器。

《刑法修正案(九)》第17条规定,将原《刑法》第253条之一修改为:"违反国家有关规定,向他人出售或者提供公民个人信息,情节严重的,处三年以下有期徒刑或者拘役,并处或者单处罚金;情节特别严重的,处三年以上七年以下有期徒刑,并处罚金。违反国家有关规定,将在履行职责或者提供服务过程中获得的公民个人信息,出售或者提供给他人的,依照前款的规定从重处罚。窃取或者以其他方法非法获取公民个人信息的,依照第一款的规定处罚。单位犯前三款罪的,对单位判处罚金,并对其直接负责的主管人员和其他直接责任人员,依照各该款的规定处罚。"

综合考虑上述修改的内容,最高人民法院、最高人民检察院《关于执行〈中华人民共和国刑法〉确定罪名的补充规定(六)》将《刑法修正案(九)》第17条确定为"侵犯公民个人信息罪",并相应取消了出售、非法提供公民个人信息罪和非法获取公民个人信息罪罪名。

(一)侵犯公民个人信息罪的概念

侵犯公民个人信息罪是指违反国家有关规定,向他人出售或者提供公民个人信息,情节严重;违反国家有关规定,将在履行职责或者提供服务过程中获得的公民个人信息,出售或者提供给他人;以及窃取或者以其他方法非法获取公民个人信息的行为。

(二)侵犯公民个人信息罪的构成特征

1. 本罪侵犯的客体是公民个人身份信息的安全和公民身份管理秩序。犯罪对象是公民个人身份信息,以及在履行职责或者提供服务过程中获得的公民个人信息。"公民个人信息"主要是指公民的姓名、住址、身份证号、电话号码、银行账号、银行卡号和财产状况等能够识别公民个人身份情况的信息。

2. 本罪在客观方面表现为行为人违反国家有关规定,向他人出售或者提供公民个人信息,情节严重的行为;行为人违反国家有关规定,将在履行职责或者提供服务过程中获得的公民个人信息,出售或者提供给他人的行为;以及窃取或者以其他方法非法获取公民个人信息的行为。

3. 本罪主体是一般主体,自然人和单位均可构成本罪。不再仅将国家机关或者金融、电信、交通、教育、医疗等单位及其工作人员,而是将收集公民个人信息的单位及其工作人员均作为本罪的犯罪主体。

4. 本罪在主观方面表现为故意,过失不构成本罪。

（三）侵犯公民个人信息罪的刑事责任

根据《刑法修正案（九）》第17条和《刑法》第253条之一，违反国家有关规定，向他人出售或者提供公民个人信息，情节严重的，处3年以下有期徒刑或者拘役，并处或者单处罚金；情节特别严重的，处3年以上7年以下有期徒刑，并处罚金。违反国家有关规定，将在履行职责或者提供服务过程中获得的公民个人信息，出售或者提供给他人的，依照前款的规定从重处罚。单位犯本罪的，对单位判处罚金，并对其直接负责的主管人员和其他直接责任人员，依照各该款的规定处罚。

窃取或者以其他方法非法获取公民个人信息的，处3年以下有期徒刑或者拘役，并处或者单处罚金；情节特别严重的，处3年以上7年以下有期徒刑，并处罚金。

四、报复陷害罪

（一）报复陷害罪的概念

报复陷害罪，是指国家机关工作人员滥用职权、假公济私，对控告人、申诉人、批评人、举报人实行报复陷害的行为。

（二）报复陷害罪的构成特征

1. 本罪侵犯的客体是公民的民主权利和国家机关的正常活动。这里的民主权利是指公民的批评权、申诉权、控告和举报权。侵害的对象，只限于控告人、申诉人、批评人、举报人这四种人。

2. 本罪在客观上表现为滥用职权、假公济私，对控告人、申诉人、批评人、举报人进行报复陷害的行为。行为人必须是滥用职权、假公济私，即违反有关规定，超出职权范围，假借公事名义，陷害他人。从这个意义上说，报复陷害行为是一种渎职行为。如果所采取的报复陷害行为与行为人的职权没有关系，则不构成本罪。如行为人对控告人进行身体伤害的行为，就不是滥用职权，因而不构成本罪。

3. 本罪的主体为特殊主体，国家机关工作人员才能构成本罪。非国家机关工作人员如果实施了报复陷害行为，应根据其行为的性质和侵犯的客体，构成什么罪，就以什么罪论处。

4. 本罪在主观上表现为直接故意，并且具有报复陷害他人的目的。

（三）报复陷害罪的司法认定

1. 报复陷害罪与诬告陷害罪的界限

二者都侵犯了公民的人身权利、民主权利和国家机关的正常活动，都有陷害他人的故意。其主要区别在于：

（1）侵犯的客体不同。报复陷害罪侵犯的客体是公民的批评建议等民主权利以及国家机关的正常工作秩序；诬告陷害罪侵犯的客体是公民人身权利和司法机关的正常工作秩序。

（2）犯罪的对象不同。报复陷害罪的对象是控告人、申诉人、批评人、举报人这四种人;诬告陷害罪的对象可以是任何人。

(3) 行为方式不同。报复陷害罪表现为基于职务,滥用职权、假公济私,对控告人、申诉人、批评人、举报人进行报复陷害的行为;诬告陷害罪则不要求必须利用职权,而是捏造犯罪事实并向有关机关进行告发,意图使他人受到刑事追究的行为。

(4) 犯罪主体不同。报复陷害罪的主体是国家机关工作人员;诬告陷害罪的主体是一般公民。

(5) 犯罪的目的不同。报复陷害罪的目的是打击报复、陷害他人;诬告陷害罪的目的是意图使他人受到刑事追究。

2. 报复陷害罪与打击报复证人罪的界限

(1) 主要客体不同。打击报复证人罪侵犯的客体是复杂客体,即主要是国家司法机关的正常活动,同时也妨害了公民依法作证的民主权利,属于妨害司法罪之类。报复陷害罪侵犯的客体主要是公民依法享有的控告、申诉、批评、检举等民主权利,同时也妨害了国家机关的正常管理活动,属于侵犯公民人身权利、民主权利罪之类。

(2) 客观方面不同。打击报复证人罪的客观表现为对证人进行打击报复的行为。既可以是行为人利用手中职权,假公济私,对证人进行打击报复,也可以是行为人没有利用职权而对证人采用恐吓、行凶、伤害等手段进行报复。报复陷害罪的客观方面则表现为行为人利用手中的职权,假公济私,对他人进行报复陷害的行为。

(3) 犯罪对象不同。打击报复证人罪侵害的对象只能是依法作证的证人。这里的证人是指知道案件事实情况并向司法机关提供证词的人。报复陷害罪侵害的对象只限于控告人、申诉人、批评人、举报人。

(4) 主体要件不同。打击报复证人罪的主体为一般主体,行为人既可以是国家工作人员,也可以是一般公民。报复陷害罪的主体则为特殊主体,即只有国家机关工作人员才能构成本罪。

3. 报复陷害罪与滥用职权罪的界限

(1) 侵犯的客体不同。滥用职权罪侵害的客体是国家机关的正常管理活动。报复陷害罪侵害的客体则主要是我国公民依法享有的控告权、申诉权、批评权、检举权等民主权利,同时也妨害了国家机关的正常管理活动。

(2) 客观方面不同。滥用职权罪表现为行为人滥用职权,并导致了公共财产、国家和人民利益遭受重大损失的行为,两个方面缺一不可。报复陷害罪要求行为人必须滥用职权,假公济私,对他人进行报复陷害。其滥用职权的表现形式可能与滥用职权罪相同,但并不以造成重大损失为要件。报复陷害罪侵害的对象仅限于控告人、申诉人、批评人、举报人;滥用职权罪侵害的对象则既可是物,也可是人,且被侵害的人没有身份限制。

(3) 主观方面不同。滥用职权罪在主观方面是出于故意,既可以是直接故意,也可以是间接故意。报复陷害罪的行为人,则主观上具有报复陷害控告人、申诉人、批评人、举报人的目的。

(四) 报复陷害罪的刑事责任

根据《刑法》第254条的规定，犯本罪的，处2年以下有期徒刑或者拘役；情节严重的，处2年以上7年以下有期徒刑。

所谓“情节严重”，是指致使被害人的人身权利、民主权利或其他权利受到严重损害的；手段恶劣的；致使被害人精神失常、自杀的；引起公众不满的；造成恶劣的社会影响的等等。

五、打击报复会计、统计人员罪

打击报复会计、统计人员罪，是指公司、企业、事业单位、机关、团体的领导人，对依法履行职责、抵制违反会计法、统计法行为的会计、统计人员实行打击报复，情节恶劣的行为。

本罪侵犯的客体是国家的会计、统计工作的正常工作秩序以及会计、统计人员的人身权利。本罪的客观方面表现为对依法履行职责，抵制违反会计法、统计法行为的会计人员、统计人员实行打击报复，情节恶劣的行为。必须情节恶劣才能构成本罪。本罪主体为特殊主体，公司、企业、事业单位、机关、团体的领导人才能构成。本罪在主观上出于故意。

根据《刑法》第255条的规定，犯本罪的，处3年以下有期徒刑或者拘役。

六、破坏选举罪

(一) 破坏选举罪的概念

破坏选举罪，是指在选举各级人民代表大会代表和国家机关领导人时，以暴力、威胁、欺骗、贿赂、伪造选举文件、虚报选举票数等手段破坏选举或者妨害选民和代表自由行使选举权和被选举权，情节严重的行为。

(二) 破坏选举罪的构成特征

1. 本罪侵犯的客体是公民的选举权和被选举权以及国家的选举制度。

2. 本罪在客观方面表现为在选举各级人民代表大会代表和国家机关领导人时，以暴力、威胁、欺骗、贿赂、伪造选举文件、虚报选举票数等手段破坏选举或者妨害选民和代表自由行使选举权和被选举权，情节严重的行为。

“暴力手段”，即对选民、代表及其工作人员采取殴打、捆绑等人身伤害的手段或者捣乱选举场所，砸毁选举设施进行破坏。

“威胁手段”，即以暴力伤害、毁坏财产、揭露隐私、破坏名誉等相要挟，对选民、代表及有关工作人员实施精神强制进行破坏。

“欺骗手段”，即虚构事实，散布、扩散各种谣言或隐瞒事实真相，以混淆视听进行干扰破坏。

“贿赂手段”，即利用金钱、财物或者其他物质利益甚或女色勾引、收买选民、代表或有关工作人员以进行破坏。

“伪造选举文件”,即伪造选民证、选票、候选人的情况资料、选举文件进行破坏。

“虚报选举票数”,即对选民、代表的投票总数、赞成票数、反对票数、弃权票数等进行以少报多或以多报少的虚假报告进行破坏。

“其他手段”,如撕毁选民名单、候选人情况;在选民名单、候选人名单、选票上涂写侮辱性词句;对与自己不同意见的选民、代表进行打击报复;等等。

3. 本罪主体为一般主体,可以是普通公民,也可以是国家工作人员。但有些破坏选举的行为,如有意不真实地介绍候选人的情况,变更、伪造、虚报选举结果的,只能由选举工作人员才能实施。

4. 本罪在主观上出于故意。

(三) 破坏选举罪的刑事责任

根据《刑法》第256条的规定,犯本罪的,处3年以下有期徒刑、拘役或者剥夺政治权利。

第八节　侵犯婚姻、家庭关系的犯罪

一、暴力干涉婚姻自由罪

(一) 暴力干涉婚姻自由罪的概念

暴力干涉婚姻自由罪,是指以暴力手段干涉他人结婚自由或离婚自由的行为。

(二) 暴力干涉婚姻自由罪的构成特征

1. 本罪是复杂客体的犯罪。既侵犯了公民的人身权利,又侵犯了公民的婚姻自由权利。公民的婚姻自由权利既包括结婚自由的权利,也包括离婚自由的权利。

2. 本罪在客观上表现为以暴力方法干涉他人婚姻自由的行为。首先,行为人必须是暴力行为。使用暴力是本罪在客观方面的一个显著特征,没有暴力干涉就不构成本罪。所谓“暴力”,是指对意图结婚或离婚的人实行拳打脚踢、捆绑、禁闭、强抢等人身强制的方法。其次,暴力行为必须是为干涉婚姻自由而实施的。

3. 本罪主体为一般主体。凡年满16周岁。具有刑事责任能力的自然人均可构成本罪。现实生活中以父母干涉子女婚姻自由的为多,子女干涉父母再婚的次之,也有亲属等干涉他人婚姻自由的。此外,丈夫因妻子提出离婚而殴打妻子,致使妻子不能行使离婚自由权的,考虑到夫妻双方的特殊关系,一般不以本罪论处。

4. 本罪在主观上出于故意。

(三) 暴力干涉婚姻自由罪的认定

1. 要注意区分暴力干涉婚姻自由引起的他人死亡与为干涉婚姻自由而故意杀死他人的犯罪的区别。暴力干涉婚姻自由致使被害人死亡的,是指由于暴力干涉婚姻自由而直接引起被害人自杀身亡或者在使用暴力的过程中,过失致使被害人死亡。对此应当以暴力干涉婚姻自由罪认定。而以杀死他人为方式干涉他人婚姻自由的,以故意杀人罪论处。

2. 犯罪嫌疑人以非法拘禁的手段干涉他人婚姻自由的,应按下列原则处理:

(1) 如果以非法拘禁干涉他人婚姻自由,尚未造成严重后果,且被害人未向司法机关告发的,不宜追究被告人的刑事责任。由于刑法规定了告诉才处理的原则,在处理暴力干涉婚姻自由罪与非法拘禁罪的想象竞合时,如果当事人未告诉,就不宜按通常的处理原则适用非法拘禁罪;如果当事人已告诉,则应按想象竞合犯处理,以非法拘禁罪论处。

(2) 如果以非法拘禁方法干涉他人婚姻自由,引起被害人死亡的,应以想象竞合犯的原则追究被告人的刑事责任。这是因为,《刑法》第 257 条规定,暴力干涉他人婚姻自由引起被害人死亡的,不在"告诉的才处理"之列。因此,出现这种情况的,应以想象竞合犯的原则处理。《刑法》第 238 条规定,非法拘禁致人死亡的,处 10 年以上有期徒刑,《刑法》第 257 条规定,暴力干涉婚姻自由致人死亡的,法定刑为 2 年以上 7 年以下有期徒刑,二者相比较,前者为重,因此应适用非法拘禁罪的条款。但是,考虑到前者重得多,而且考虑到《刑法》第 257 条的立法精神,在适用非法拘禁"致人死亡"的法定刑时,可适当取其轻者。

(3) 以非法拘禁方法干涉他人婚姻自由,致人重伤的,应视当事人是否告诉而分别处理:

第一,当事人向司法机关告诉的,应按想象竞合犯的原则,以非法拘禁罪的基本构成的法定刑追究被告人的刑事责任,而不能以非法拘禁"致人重伤"的法定刑处理。这是因为,《刑法》第 257 条虽未指明暴力干涉婚姻自由致人重伤的应如何处理,但从该条第 2 款的规定看,只把"致使被害人死亡"这一情节作为加重构成,所以根据其立法原意,致人重伤的,也包括在《刑法》第 257 条第 1 款即暴力干涉婚姻自由罪的基本构成中,属于"告诉的才处理"的范畴。

第二,如果当事人未告诉的,就不应追究行为人的刑事责任。

(四) 暴力干涉婚姻自由罪的刑事责任

根据《刑法》第 257 条的规定,犯本罪的,处 2 年以下有期徒刑或者拘役,而且是告诉才处理。但是,由于暴力干涉他人婚姻自由致使被害人死亡的,处 2 年以上 7 年以下有期徒刑,不属于告诉才处理的范畴。

二、重婚罪

(一) 重婚罪的概念

重婚罪,是指有配偶而与他人结婚,或者明知他人有配偶而与之结婚的行为。

(二) 重婚罪的构成特征

1. 本罪侵犯的客体是一夫一妻制的婚姻制度。

2．本罪在客观方面表现为有配偶而与他人结婚，或者明知他人有配偶而与之结婚。这里所说的结婚，包括登记结婚和事实婚姻两种情况。“登记结婚”，是指行为人到国家的婚姻登记机关登记结婚的行为。“事实婚姻”，是指公开以夫妻名义共同生活在一起，形成事实上的婚姻关系的行为。1994 年 2 月 1 日民政部《婚姻登记管理条例》公布实施后，我国不再承认事实婚姻。但是，我国刑法追究体制仍然承认“事实婚姻”可以构成重婚。

3．本罪主体为特殊主体，主要由两部分人构成：重婚者，即有配偶而又与他人结婚的人；相婚者，即明知他人有配偶而与之结婚的人。

4．本罪在主观上出于故意。

（三）重婚罪的认定

在实践中应注意，以下几种行为不应以重婚罪论处：因遭受自然灾害外出谋生而重婚的；因配偶外出长期下落不明，造成家庭生活困难而又与他人结婚的；被拐卖后再婚的；因强迫、包办婚姻或者婚后受虐待外逃而重婚的。

（四）重婚罪的刑事责任

根据《刑法》第 258 条的规定，犯本罪的，处 2 年以下有期徒刑或者拘役。

三、破坏军婚罪

（一）破坏军婚罪的概念

破坏军婚罪，是指明知是现役军人的配偶而与之同居或者结婚的行为。

（二）破坏军婚罪的构成特征

1．本罪侵犯的客体是现役军人的婚姻关系。现役军人，是指具有军籍，并在中国人民解放军、中国人民武装警察部队中服役的军人。复员退伍军人、转业军人、人民警察以及在中国人民解放军、中国人民武装警察部队中工作，但不具有军籍的人，不是现役军人。

2．本罪在客观上表现为明知是军人的配偶而与之结婚或者同居的行为。“军人的配偶”，是指与现役军人建立合法婚姻关系的人，即现役军人的丈夫或者妻子，不包括现役军人的未婚夫、未婚妻。这里的合法婚姻关系，既包括因登记结婚而建立的婚姻关系，也包括因事实婚姻而建立的婚姻关系。只有与现役军人配偶结婚或者同居才构成本罪。与现役军人的配偶有通奸关系，不构成本罪。在认定这类案件性质时要注意，利用职权、从属关系，以胁迫手段奸淫现役军人的妻子，依照强奸罪的规定定罪处罚。

3．本罪的主体为一般主体。

4．本罪在主观上出于故意，并且明知对方是现役军人配偶而与之结婚或者同居。

（三）破坏军婚罪与重婚罪的界限

二者的区别在于：（1）客观方面不完全相同。破坏军婚罪是与现役军人的配偶结婚或者同居;而重婚罪则是有配偶而重婚或者明知他人有配偶而与之结婚。(2) 对象不同。破坏军婚罪的对象是现役军人的配偶;重婚罪的对象则是现役军人配偶以外的任何人。(3) 侵犯的客体不同。破坏军婚罪侵犯的是现役军人的婚姻关系;重婚罪侵犯的是一般的婚姻关系。

(四) 破坏军婚罪的刑事责任

根据《刑法》第259条的规定,犯本罪的,处3年以下有期徒刑或者拘役。

四、虐待罪

(一) 虐待罪的概念

是指对共同生活的家庭成员以打骂、捆绑、冻饿、限制自由、凌辱人格、不给治病或者强迫作过度劳动等方法,从肉体上和精神上进行摧残迫害,情节恶劣的行为。

(二) 虐待罪的构成特征

1. 本罪犯罪客体是复杂客体。既侵犯家庭成员在家庭中的合法权益,主要是家庭成员之间的平等权利,又由于虐待行为所采取的方法,也侵犯了受害者的人身权利。基于血缘关系、婚姻关系、收养关系等方面取得家庭成员的身份,才能成为虐待罪之侵害对象,这也是此种犯罪行为本身的性质所决定的。

2. 本罪客观方面表现为经常虐待家庭成员,情节恶劣的行为。虐待是指对共同生活的家庭成员经常以打骂、捆绑、冻饿、有病不给治疗、强迫超体力的劳动、限制人身自由等方式,从肉体上或者精神上进行摧残折磨的行为。情节恶劣的才能成立犯罪。

3. 本罪主体为一般主体,但必须是共同生活的同一家庭的成员,相互之间存在一定的亲属关系或者扶养关系,才能成为本罪的主体。比如,甲与乙(女)2012年开始同居,生有一子丙。甲、乙虽未办理结婚登记,但以夫妻名义自居,周围群众公认二人是夫妻。甲长期虐待乙的,应当构成虐待罪。①

4. 本罪在主观方面表现为故意。过失不能构成本罪。

(三) 虐待罪的认定

在认定这类案件时,需要注意以下两个问题:(1) 罪与非罪的界限。在虐待罪中,行为人的虐待行为应当具有经常性,如果只是偶尔有打骂行为,不应当认定为本罪。(2) 虐待罪与其他犯罪的区别。在虐待案件中,如果由于行为人的一次暴力行为而造成被害人受伤或者死亡的,其行为已经超出了虐待罪的范畴,应当认定为故意伤害罪或者故意杀人罪。由于虐待行为本身而造成被害人重伤、死亡的,则属于虐待罪的结果加重犯,应当认定为虐待罪从重处罚。司法实践中难以认定某一行为是构成虐待罪还是故意杀人罪或故意伤害罪时,应当从主观故意上区分二者,虐待罪的主观方面是故意对被害人进行肉体上和精神上的摧残和折磨;故意杀人罪、故意伤害罪的主观方

① 2015年司法考试卷二,第62题。

面是故意剥夺他人的生命或故意伤害他人身体健康。

（四）虐待罪的刑事责任

根据《刑法》第260条、《刑法修正案（九）》第18条的规定，犯本罪的，处2年以下有期徒刑、拘役或者管制。犯本款罪的，告诉才处理，但被害人没有能力告诉，或者因受到强制、威吓无法告诉的除外。犯本罪致使被害人重伤、死亡的，处2年以上7年以下有期徒刑。

五、虐待被监护、看护人罪

本罪是《刑法修正案（九）》第19条新增设的罪名。

近年来，随着人口流动和工作节奏的加快，人们往往将年幼子女、年迈父母或不能自理的亲属交给相应的护理人员及护理机构看护。幼师虐童事件、看护人员虐待老人等行为常见诸报端，引起社会广泛关注，并呼吁刑法修改虐待罪，进行外延扩展。虐待罪不应仅仅限于家庭成员的监护人和被监护人之间，还应包括和扩展为任何具有对无民事行为和限制行为能力人具有临时、短期或长期接受委托看管、照顾、管理、医护等责任的人员或机构，即包括幼儿园的教职员工、救助站的工作人员、精神病院的医护人员、游乐场及超市的儿童游乐园等的工作人员和机构。一旦委托照管的法律关系成立，实施了虐待行为，情节恶劣的，就应依法追究其刑事责任。《刑法修正案（九）》为适应当今社会的发展现状，弥补了刑法立法上的漏洞，使虐待行为能够更好地得到刑法的调整，增设了虐待被监护、看护人罪。《刑法修正案（九）》第19条规定，在原《刑法》第260条后增加一条："对未成年人、老年人、患病的人、残疾人等负有监护、看护职责的人虐待被监护、看护的人，情节恶劣的，处三年以下有期徒刑或者拘役。单位犯前款罪的，对单位判处罚金，并对其直接负责的主管人员和其他直接责任人员，依照前款的规定处罚。有第一款行为，同时构成其他犯罪的，依照处罚较重的规定定罪处罚。"

（一）虐待被监护、看护人罪的概念

虐待被监护、看护人罪是指对未成年人、老年人、患病的人、残疾人等负有监护、看护职责的人对被监护、看护的人以打骂、捆绑、冻饿、限制自由、凌辱人格、不给治病或者强迫作过度劳动等方法，从肉体上和精神上进行摧残迫害，情节恶劣的行为。

（二）虐待被监护、看护人罪的构成特征

1. 本罪的犯罪客体是复杂客体。一方面侵害了被监护、看护的未成年人、老年人、患病的人、残疾人的被保护、被看护的合法权益权利；另一方面由于虐待行为所采取的方法，也侵犯了受害者的人身权利。基于委托关系的被监护、看护的未成年人、老年人、患病的人、残疾人才能成为虐待被监护、看护人罪之侵害对象。

2. 本罪在犯罪客观方面表现为虐待被监护、看护的未成年人、老年人、患病的人、残疾人，情节恶劣的行为。"虐待"是指对被监护、看护的未成年人、老年人、患病的人、残疾人不履行监护、看护职责,经常以打骂、捆绑、冻饿、有病不给治疗、强迫超体力的劳动、限制人身自由等方式,从肉体上或者精神上进行摧残折磨的行为。"情节恶劣"是区分罪与非罪的界限,具体是指虐待的动机卑劣、手段凶残,或者长期虐待被监护、看护人等。

3. 本罪犯罪主体为一般主体。非家庭成员,但对未成年人、老年人、患病的人、残疾人等负有监护、看护职责的自然人或单位,才能成为本罪的主体。

4. 本罪在主观方面表现为故意。过失不能构成本罪。

(三) 虐待被监护、看护人罪的刑事责任

根据《刑法修正案(九)》第19条、《刑法》第260条之一的规定,犯本罪的,处3年以下有期徒刑或者拘役。单位犯本罪的,对单位判处罚金,并对其直接负责的主管人员和其他直接责任人员,处3年以下有期徒刑或者拘役。虐待被监护、看护人同时构成其他犯罪的,依照处罚较重的规定定罪处罚。

六、遗弃罪

(一) 遗弃罪的概念

遗弃罪,是指对于负有扶养义务的年老、年幼、患病或者其他没有独立生活能力的人,拒绝扶养,情节恶劣的行为。

(二) 遗弃罪的构成特征

1. 本罪侵犯的客体是家庭成员受扶养的权利。本罪的对象,是家庭成员中年老、年幼、患病或者没有独立生活能力的人。

2. 本罪在客观方面表现为对于年老、年幼、患病或者其他没有独立生活能力的人,负有扶养义务而拒绝扶养,情节严重的行为。

3. 本罪主体为特殊主体,对被遗弃人有抚养义务的人才能构成本罪。

4. 本罪在主观上出于故意。

(三) 遗弃罪的认定

遗弃行为,情节恶劣的才构成本罪。同时应当注意区分遗弃罪与其他相关的犯罪。如将婴儿遗弃在公共场所导致婴儿死亡的,应当以遗弃罪论处;但将婴儿遗弃在人迹罕至的场所导致婴儿死亡的,以故意杀人罪(间接)论处。

(四) 遗弃罪的刑事责任

根据《刑法》第261条的规定,犯本罪的,处5年以下有期徒刑、拘役或者管制。

七、拐骗儿童罪

拐骗儿童罪,是指拐骗不满14周岁的未成年人,脱离家庭或者监护人的行为。

本罪的客体为未成年人合法权益以及他人的家庭关系。本罪的对象是未满14周岁的未成年人。本罪在客观方面表现为拐骗不满14周岁的未成年人,脱离家庭或者监护人的行为。本罪主体为一般主体,凡年满16周岁,具有刑事责任能力的自然人均可构成本罪。本罪在主观上出于故意。

根据《刑法》第262条的规定,犯本罪的,处5年以下有期徒刑或者拘役。

【实例分析5-15】

对上述内容,可从下例分析中深化认识:甲以从事杂技表演的名义欺骗多名农村儿童。儿童均信以为真,便随甲进城。甲将这些儿童带至大城市,利用儿童从事乞讨活动。其间,甲曾与儿童的家属电话联系,称小孩生活得很好。关于本案,下列哪一选项是正确的?

A. 甲的行为构成组织儿童乞讨罪(参见本书下一罪名);

B. 甲的行为构成拐骗儿童罪;

C. 甲的行为构成诈骗罪;

D. 甲的行为征得了儿童家长的同意,不成立犯罪。

分析如下:

(1) 甲拐骗不满14周岁的未成年人,脱离家庭或者监护人,根据《刑法》第262条的规定,构成拐骗儿童罪。

(2) 根据《刑法》第262条之一的规定,以暴力、胁迫手段组织不满14周岁的未成年人乞讨的,构成组织儿童乞讨罪。甲未对儿童使用暴力或者胁迫手段,故不构成组织儿童乞讨罪。

(3) 由于拐骗儿童罪保护的是监护关系,被害人(监护人)承诺可以阻却本罪的违法性。如经儿童家庭或者监护人同意,带离儿童不能构成拐骗儿童罪;由于儿童本人没有认识能力,其本人的同意属无承诺能力人的承诺。但在本事例中,甲在实施拐骗行为之前或之时,并未征得儿童家长的同意,不符合被害人承诺的时间条件(发生在行为实施完毕之前)。另外,甲并未告诉儿童家长儿童的真实情况,虚构关键事实骗取他人的承诺无效。故不能以被害人承诺(监护人代为承诺)阻却其拐骗行为的违法性,行为人仍构成拐骗儿童罪。

(4) 诈骗罪的对象是财物和财产性利益,本案拐骗对象是儿童,故不成立诈骗罪。

综上,上述问题的合适选项是B。

八、组织残疾人、儿童乞讨罪

《刑法修正案(六)》规定,在《刑法》第262条后增加一条,作为第262条之一:“以暴力、胁迫手段组织残疾人或者不满十四周岁的未成年人乞讨的,处三年以下有期徒刑或者拘役,并处罚金;情节严重的,处三年以上七年以下有期徒刑,并处罚金。”

(一) 组织残疾人、儿童乞讨罪的概念

组织残疾人、儿童乞讨罪是指以暴力、胁迫手段组织残疾人或者不满14周岁的未成年人乞讨的行为。

（二）组织残疾人、儿童乞讨罪的构成特征

1. 本罪的客体是复杂客体。组织乞讨不但侵害了残疾人与未成年人的身心健康，而且对社会正常的管理秩序也造成了混乱。其中残疾人与未成年人的身心健康是本罪的主要客体。被组织者以乞讨为生，是对残疾人与未成年人人格尊严的伤害，侵害了残疾人与未成年人的健康权与身体权，影响其正常的成长发育。另外，有预谋的、有组织的团体性乞讨会对正常的社会秩序造成一定的混乱。被组织的对象是残疾人与不满 14 周岁的未成年人，且人数应当是多人。

《刑法修正案（六）》将本罪的行为对象限定于“残疾人”和“不满 14 周岁的未成年人”。有学者认为本罪规定的犯罪对象的范围过于狭窄。因为现实中被组织乞讨的人群不仅仅是残疾人和不满 14 周岁的儿童，还包括老年人、病人，已经满 14 周岁但不满 18 周岁的未成年人，这些人也是社会中的弱势群体，也容易受到不法分子的利用，其合法权益也容易受到侵害，同样需要法律的保护，而不应该将残疾人和儿童之外的弱者排除在外。

2. 本罪在客观方面表现为行为人实施了以暴力、胁迫的手段，组织残疾人与未成年人进行乞讨的行为。概括起来，本罪有以下几个方面的内容：

（1）必须实施了组织未成年人、残疾人乞讨的行为；

（2）组织未成年人、残疾人乞讨，采用的是暴力、胁迫的手段；

（3）被组织的对象是残疾人与未成年人，且人数应当是多人。

3. 本罪的犯罪主体为一般主体，即年满 16 周岁，具有刑事责任能力的人都可以构成本罪，单位不是本罪的犯罪主体。需要注意的是，本罪只处罚组织者，也即在乞讨团体中起组织、策划、指挥、领导作用的人，其本人可能参与乞讨行为，也可能不参与。但是，单纯的乞讨行为并不是犯罪，因此只是进行乞讨的行为人并不符合本罪的主体特征。本罪的主体可以是一个人，也可以是几个人，关键要看其在组织乞讨活动中是否起组织的作用。

4. 组织乞讨罪的主观方面是故意。实践中发生的大量组织乞讨行为的组织者都是以获取利益为目的的，但本罪并不以获取利益的目的为构成要件。

（三）组织残疾人、儿童乞讨罪的认定

1. 本罪与一般组织乞讨行为的界限

《治安管理处罚法》第 41 条明确规定，“胁迫、诱骗或者利用他人乞讨的”构成治安违法行为。将组织未成年人、残疾人乞讨罪的规定与《治安管理处罚法》的相关规定进行比较，二者存在以下差异：

一是《治安管理处罚法》的保护对象为任何人，而非仅限于残疾人和未成年人。而组织乞讨罪明确要求，只有残疾人与未满 14 周岁的未成年人方能构成本罪的犯罪对象。

二是《治安管理处罚法》处罚的对象更加广泛，非但组织者，所有实施了胁迫、诱骗或者利用他人乞讨的行为人和乞讨方式违法的乞讨行为人都是行政处罚的对象。

而组织残疾人、未成年人乞讨罪的处罚对象只限于组织乞讨者。

三是《治安管理处罚法》规定的行为方式比组织乞讨罪广泛，只要是利用他人进行乞讨的行为，不论何种手段，均构成违反治安管理规定的违法行为。而组织残疾人、未成年人乞讨罪仅限于使用暴力与胁迫的手段。

2. 本罪与非法拘禁罪的关系

在组织残疾人、未成年人乞讨的过程中，往往伴随着组织者对被组织对象的非法限制或剥夺人身自由。本书认为，拘禁行为是组织行为的一部分，非法的组织行为往往都包含有对被组织者的非法拘禁。因此，刑法在规定组织残疾人、未成年人乞讨罪时已经把这种情况考虑在内了，组织行为中非法拘禁的社会危害性构成组织残疾人、未成年人乞讨罪的一部分，从而被吸收了。因此，此时不发生罪数的认定问题，依照组织乞讨罪单独定罪处罚已足以惩罚其社会危害性。

3. 本罪与拐骗儿童罪的关系

《刑法修正案(六)》把组织残疾人、未成年人乞讨罪规定在《刑法》第 262 条，与原先的拐骗儿童罪处于同一条文之内，因此，具体分析拐骗儿童罪与组织残疾人、未成年人乞讨罪的区别与联系，具有重大实践意义。

两罪的主体、客体及犯罪对象都具有一致的地方，而主观上也可能互相衔接。而在实践中，组织乞讨者为了组织到乞讨的主力军往往是不择手段的，而较容易控制的儿童更是他们着重考虑的对象。不满 14 周岁的儿童一般都处于父母的监护之下，因此组织乞讨者往往只有通过拐骗的方式方能使儿童脱离家庭庇护，从而实现其组织乞讨人员的目的。此时，组织乞讨罪的行为人的行为便符合了组织乞讨罪与拐骗儿童罪两个犯罪构成，应当进行数罪并罚，这也体现了立法者对儿童权益的着重保护。

(四) 组织残疾人、儿童乞讨罪的刑事责任

根据《刑法》第 262 条之一的规定，犯本罪的，处 3 年以下有期徒刑或者拘役，并处罚金。情节严重的，处 3 年以上 7 年以下有期徒刑，并处罚金。

九、组织未成年人进行违反治安管理活动罪

(一) 组织未成年人进行违反治安管理活动罪的概念

组织未成年人进行违反治安管理活动罪是指组织未成年人进行盗窃、诈骗、抢夺、敲诈勒索等违反治安管理活动的行为。

《刑法修正案(七)》规定，在第 262 条后增加一条，作为第 262 条之二："组织未成年人进行盗窃、诈骗、抢夺、敲诈勒索等违反治安管理活动的，处三年以下有期徒刑或者拘役，并处罚金；情节严重的，处三年以上七年以下有期徒刑，并处罚金。"

(二) 组织未成年人进行违反治安管理活动罪的构成特征

1. 本罪的客体是复杂客体。即在侵犯了未成年人的人身自由及身心健康的同时，也侵害了社会管理秩序。打击本款规定的犯罪行为，首先能够保护未成年人的人

身自由和权利免受侵犯、身心健康不受摧残，其次可以维护正常的社会秩序。因此，未成年人的人身自由和身心健康是本罪的主要客体，社会管理秩序是本罪的次要客体。本罪的对象是未成年人，但是与《刑法》第262条第1、2款的规定不同，本罪的犯罪对象是不满18周岁的未成年人，扩大了保护的范围。

2. 本罪的客观方面表现为行为人实施了组织未成年人违反治安管理活动的行为，这就是说行为人组织未成年人实施的盗窃、抢夺、敲诈勒索的行为没有达到我国刑法规定的犯罪的标准，但是已经违反了我国《治安管理处罚法》。

我国《治安管理处罚法》第49条规定，盗窃、诈骗、哄抢、抢夺、敲诈勒索或者故意损毁公私财物的，处5日以上10日以下拘留，可以并处500元以下罚款；情节较重的，处10日以上15日以下拘留，可以并处1000元以下罚款。

由此，只有符合上述内容的行为，才能被认定为违反了《治安管理处罚法》，是属于违反治安管理活动的行为，符合组织未成年人进行违反治安管理活动罪的客观方面的构成要件。

3. 本罪的主体为一般主体，已满16周岁的具有刑事责任能力的自然人即可成为本罪的犯罪主体。

4. 本罪在主观上出于故意，过失不能构成本罪。行为人必须明知组织对象是未成年人，当时不知道组织的对象是未成年人，但后来发现是未成年人，仍组织其进行违反治安管理的活动，也应认定为故意。

（三）组织未成年人进行违反治安管理活动罪的认定

1. 拐骗儿童罪与组织未成年人进行违反治安管理活动罪的界限

在实践中，很多不法分子首先拐骗一批未成年人，然后组织其进行违反治安管理的活动。拐骗儿童罪的对象必须是不满14周岁的未成年人，而组织未成年人进行违反治安管理活动罪的对象是18周岁以下的未成年人，因此当行为人拐骗14周岁至18周岁的未成年人，又组织他们进行违反治安管理的活动时，只能构成组织未成年人进行违反治安管理活动罪。这两罪产生竞合的问题是在对象均为14周岁以下的未成年人时。在这种情况下，行为人的先行的拐骗行为是后续的组织行为的手段，而后续的组织行为则是目的行为，且在行为人的主观上具有牵连性，因此构成牵连犯，应当按照牵连犯的处断原则，从一重罪处罚。在案件不具有严重情节时，对行为人应当以拐骗儿童罪处罚；反之，则应按照组织未成年人进行违反治安管理活动罪处罚。

如果行为人实施拐骗儿童行为的时候并不是以组织其进行违反治安管理活动为目的，而是在将未成年人拐骗到手后起意，组织未成年人实施违反治安管理活动的行为，则显然分别构成两个罪名，应当以拐骗儿童罪与组织未成年人进行违反治安管理活动罪并罚。

2. 组织未成年人进行违反治安管理活动罪与故意伤害罪

组织未成年人进行违反治安管理活动罪所指的“组织”，在司法实践中多表现为操纵、控制、策划、诱骗、招募、引诱、暴力胁迫、威吓等手段。“组织”这个词本身就包含了暴力行为在其中,因此在组织未成年人进行违反治安管理活动的行为时,使用暴力手段进行威胁、恐吓等,属于一个行为触犯两种罪名的情况,应当作为想象竞合犯,从一重罪处罚。

组织未成年人进行违反治安管理活动的时候,行为人使用暴力方法伤害未成年人的,如果没有构成重伤,应当以组织未成年人进行违反治安管理活动罪定罪量刑;如果造成了未成年人重伤、死亡或者以特别残忍手段致未成年人重伤、造成严重残疾的,则应当以故意伤害罪论处。

如果行为人在胁迫或威吓未成年人实施违反治安管理活动的过程中,由于未成年人不愿服从或企图逃跑而心生杀意,杀害了未成年人,则应当以故意杀人罪和组织未成年人进行违反治安管理活动罪两罪并罚。

3. 盗窃罪与组织未成年人进行违反治安管理活动罪

行为人最初组织未成年人实施的小偷小摸行为,没有达到盗窃罪的定罪量刑标准,仅仅是违反治安管理的活动;然后当他们"越偷越大"的时候,就不仅仅是违反治安管理的活动,而是触犯刑法、构成犯罪的行为。对于这种情况,应当分成两个阶段来看。前一阶段,构成组织未成年人进行违反治安管理活动罪;后一阶段,组织未成年人实施犯罪行为的阶段,应当以其组织的未成年人实施的行为所构成的罪名处罚,即构成盗窃罪。而这两个阶段的行为是分别独立的,不存在牵连与吸收的关系,因此,应当以组织未成年人进行违反治安管理活动罪和盗窃罪并罚。

(四)组织未成年人进行违反治安管理活动罪的刑事责任

根据《刑法》第 262 条之二的规定,犯本罪的,处 3 年以下有期徒刑或者拘役,并处罚金;情节严重的,处 3 年以上 7 年以下有期徒刑,并处罚金。

第六章 侵犯财产罪

学习要求

了解:侵犯财产罪的常见犯罪类型

理解:侵犯财产罪的常见犯罪的构成要件

熟悉并能够运用:侵犯财产罪的常见犯罪的认定界限

主要涉及的法条:

第二百六十三条 【抢劫罪】以暴力、胁迫或者其他方法抢劫公私财物的,处三年以上十年以下有期徒刑,并处罚金;有下列情形之一的,处十年以上有期徒刑、无期徒刑或者死刑,并处罚金或者没收财产:

(一)入户抢劫的;

(二)在公共交通工具上抢劫的;

(三)抢劫银行或者其他金融机构的;

(四)多次抢劫或者抢劫数额巨大的;

(五)抢劫致人重伤、死亡的;

(六)冒充军警人员抢劫的;

(七)持枪抢劫的;

(八)抢劫军用物资或者抢险、救灾、救济物资的。

第二百六十四条 【盗窃罪】盗窃公私财物,数额较大的,或者多次盗窃、入户盗窃、携带凶器盗窃、扒窃的,处三年以下有期徒刑、拘役或者管制,并处或者单处罚金;数额巨大或者有其他严重情节的,处三年以上十年以下有期徒刑,并处罚金;数额特别巨大或者有其他特别严重情节的,处十年以上有期徒刑或者无期徒刑,并处罚金或者没收财产。

第二百六十五条 【盗窃罪】以牟利为目的,盗接他人通信线路、复制他人电信码号或者明知是盗接、复制的电信设备、设施而使用的,依照本法第二百六十四条的规定定罪处罚。

第二百六十六条 【诈骗罪】诈骗公私财物,数额较大的,处三年以下有期徒刑、拘役或者管制,并处或者单处罚金;数额巨大或者有其他严重情节的,处三年以上十年以下有期徒刑,并处罚金;数额特别巨大或者有其他特别严重情节的,处十年以上有期徒刑或者无期徒刑,并处罚金或者没收财产。本法另有规定的,依照规定。

第二百六十七条 【抢夺罪;抢劫罪】抢夺公私财物,数额较大的,或者多次抢夺的,处三年以下有期徒刑、拘役或者管制,并处或者单处罚金;数额巨大或者有其他严重情节的,处三年以上十年以下有期徒刑,并处罚金;数额特别巨大或者有其他特别严重情节的,处十年以上有期徒刑或者无期徒刑,并处罚金或者没收财产。

携带凶器抢夺的,依照本法第二百六十三条的规定定罪处罚。

第二百六十九条 【抢劫罪】犯盗窃、诈骗、抢夺罪,为窝藏赃物、抗拒抓捕或者毁灭罪证而当场使用暴力或者以暴力相威胁的,依照本法第二百六十三条的规定定罪处罚。

第二百七十四条 【敲诈勒索罪】敲诈勒索公私财物,数额较大或者多次敲诈勒索的,处三年以下有期徒刑、拘役或者管制,并处或者单处罚金;数额巨大或者有其他严重情节的,处三年以上十年以下有期徒刑,并处罚金;数额特别巨大或者有其他特别严重情节的,处十年以上有期徒刑,并处罚金。

第一节　侵犯财产罪概述

一、侵犯财产罪的概念和特征

侵犯财产罪是指以非法占有为目的,攫取公私财物、故意毁坏公私财物以及破坏生产经营的行为。

侵犯财产罪具有如下特征:

1. 侵犯的客体是公私财产的所有权,侵犯的对象是公共财产和公民个人所有的财产。所谓“公共财产”,根据《刑法》第 91 条的规定,是指国有财产、劳动群众集体所有的财产、用于扶贫的其他公益事业的社会捐助或者专项基金的财产。在国家机关、国有公司、企业、集体企业和人民团体管理、使用或者运输中的私人财产,以公共财产论。这些财产如果受到损失,将由国家或者集体单位负担赔偿责任。所谓“公民个人所有的财产”,根据《刑法》第 92 条的规定,是指公民的合法收入、储蓄、房屋和其他生活资料,依法归个人、家庭所有的生活资料,个体户和私营企业的合法财产,依法归个人所有的股份、股票、债券和其他财产。公私财产的表现形式,通常是各种各样的财物。它们可以是有形的,如生产资料、生活资料、动产、不动产、货币、有价证券和有价票证等。公私财产还可以是无形的财产,如电力、煤气以及凝聚了智力劳动成果的技术资料等精神性财产。它们具备以下两个条件:第一,必须具有经济价值。犯罪分子就是为了利用它们的经济价值才去非法占有的。第二,必须具有合法的所有权关系,即有主物。

2. 客观方面表现为实施了攫取或者毁坏公私财物的行为。攫取具体包括两种行为:一是通过各种方式使他人的财产转变为自己所有的财产;二是暂时非法占有、使用他人财产。毁坏也包括两种行为:一是直接使财产丧失或者减少使用价值的行为;二是通过使生产资料的使用价值丧失或者减少来破坏生产经营。侵犯财产罪侵犯的是公私财产所有权或需要采取法定程序恢复应有状态的占有。

3. 犯罪主体多数为一般主体。除抢劫罪可以由年满14周岁的人构成以外,其他犯罪则由年满16周岁,具备刑事责任能力的人构成。另外,职务侵占罪、挪用资金罪、挪用特定款物罪要求具有特殊身份,其主体为特殊主体。挪用特定款物罪的主体还可以由单位构成,但刑法规定只对直接责任人员追究刑事责任。

4. 本罪主观方面表现为故意。攫取表现为直接故意,毁坏表现为直接故意和间接故意。关于非法占有的目的,是一个值得研究的问题。即财产罪的成立,除了要求行为人有故意(夺取财物的意思)之外,是否还要求其有非法占有目的(不法取得的意思)这一主观的超过要素?尤其是盗窃、抢劫、抢夺罪的成立,除了有相应的犯罪故意以外,是否还应要求行为人有非法占有目的?对于取得型财产罪的成立,一般认为需要行为人有非法占有目的。对于如何理解非法占有目的这一概念,存在两种比较有影响的观点。意图占有说认为,非法占有目的是指明知是公共的或他人的财物,而意图把它非法转归自己或第三者占有。利用、处分说认为,非法占有目的除包括意图占有或控制财物之外,还应该包括利用和处分意思在内。① 下文将对此作专门分析。

关于侵犯财产罪的类型,理论上可将其归纳为:(1) 行抢型犯罪,包括抢劫罪、抢夺罪、聚众哄抢罪。(2) 窃取型犯罪:盗窃罪。(3) 骗取、诈取型犯罪:包括诈骗罪、敲诈勒索罪。(4) 侵占型犯罪:包括侵占罪、职务侵占罪。(5) 挪用型犯罪:包括挪用资金罪、挪用特定款物罪。(6) 毁坏型犯罪:包括故意毁坏财物罪、破坏生产经营罪。(7) 拒不支付劳动报酬罪。

二、侵犯财产罪中的"非法占有"目的

刑法分则对一些财产犯罪明文规定了"以非法占有为目的"的主观要件;此外,许多财产犯罪条文虽然没有明文规定这一要件,但根据条文对客观行为的描述、刑法条文之间的关系,也需要以非法占有为目的,如盗窃罪、诈骗罪、抢夺罪等都需要"以非法占有为目的"。当某种犯罪明显需要"以非法占有为目的"或者根据相关条文明显要求"以非法占有为目的"时,刑法条文往往会省略关于"以非法占有为目的"的规定。盗窃、诈骗、抢夺等罪就是如此。以金融诈骗罪为例,刑法分则之所以仅就集资诈骗罪与贷款诈骗罪规定"以非法占有为目的",是因为前者容易与非法吸收公众存款罪相混淆,后者容易与贷款纠纷相混淆,而各自的区分关键在于行为人主观上是否具有非法占有的目的。而其他金融诈骗罪一般不存在这样的问题,所以刑法条文省略了关于非法占有目的的规定。

刑法上非法占有目的中的"占有"(与作为侵犯财产罪客体的"占有"不同)与民法上的占有不是等同的概念,也不是仅指事实上的支配或控制。因为如果将不法占有

① 参见陈兴良主编:《刑法学》,复旦大学出版社2003年版,第404页。

理解为单纯事实上的支配或者控制,那么,盗用他人财物时,行为人事实上也支配或者控制了该财物,于是盗用行为具有不法占有的目的,因而成立盗窃罪,这便扩大了盗窃罪的处罚范围。又如,公司、企业或者其他单位的工作人员,利用职务上的便利挪用单位资金时,具有支配、使用该资金的目的,但由于准备归还,所以不具有非法占有的目的,因而不成立职务侵占罪。如果将非法占有目的解释为事实上的支配、控制,就无法区分挪用资金罪与职务侵占罪。再如,非法吸收公众存款时,行为人具有事实上支配或控制他人存款的意图,但由于其准备归还,所以,不具有非法占有的目的;而集资诈骗罪则除了事实上支配、控制他人资金外,还不准备归还,即具有不法所有的意图,所以不同于非法吸收公众存款罪。如果将非法占有目的理解为事实上的支配目的,那么,就不可能区分非法吸收公众存款罪与集资诈骗罪。可见,只有将非法占有目的理解为不法所有的目的,才能使这一主观要件具有区分罪与非罪、此罪与彼罪的机能。具体地说,非法占有(不法所有)目的,是指排除权利人,将他人的财物作为自己的所有物,并遵从财物的用法进行利用、处分的意思。首先,盗窃等罪的成立要求行为人主观上具有排除权利人、将他人的财物作为自己的所有物的意思。这一要素的机能是,将不值得科处刑罚的盗用行为排除在犯罪之外。其次,行为人还具有遵从财物的用法进行利用、处分的意思。这一要素的机能是,将盗窃等取得财物的犯罪与毁坏财物的犯罪相区别。需要说明的是,所谓遵从财物的用法进行利用、处分,并不要求完全遵从财物原来的用法,只是遵从财物可能具有的用法即可。例如,为了取暖,将他人衣柜盗走后用于烤火的,也应认为具有不法所有的目的。显然,这里的“处分”不包括单纯的毁坏。

非法占有的目的既包括使行为人自己不法占有的目的,也包括使第三者(包括单位)不法占有的目的。其一,刑法规定或者刑法理论要求以非法占有为目的,无非是要表明行为人是为了永久性地剥夺他人的财产,并遵从财物的经济用途进行利用;从而说明行为对法益(财产)的侵犯程度,标明罪与非罪、此罪与彼罪的界限。但不管是行为人本人非法占有,还是第三者非法占有,都同样说明行为对法益的侵犯程度。例如,甲为了自己有车开,盗窃了丙的一辆轿车,其行为侵犯了丙的财产。同样,甲为了乙有车开,盗窃了丙的一辆轿车后当场无偿交给乙使用,甲的行为也无疑侵犯了丙的财产;如果甲为了单位有车开,盗窃了丙的一辆轿车后立即无偿交付给单位使用,甲的行为仍然侵犯了丙的财产。由此看来,行为人是为了本人非法占有还是为了第三者非法占有,对法益的侵犯程度并不产生影响。从刑法的目的来说,丙的合法财产是受刑法保护的,不能说甲为了第三者或者某单位而盗窃丙的轿车时,丙的财产就不受刑法保护了。其二,刑法规定以及刑法理论上的“以非法占有为目的”,并没有限定为“以本人非法占有为目的”;既然如此,“以非法占有为目的”当然包含以第三者非法占有为目的。其三,将“非法占有目的”解释为包括使第三者或者单位非法占有为目的,同样能够使非法占有目的具有前述两个机能:由于盗窃他人财物是为了使第三者或者单位不法所有,因而与盗用行为相区别;由于盗窃他人财物是为了使第三者或者单位遵从财物的经济用途进行利用,因而与毁坏财物相区别。其四,其他国家的刑事立法、刑法理论与司法实践,都没有将不法所有的目的限定为本人不法所有。例如,《奥地利刑法》第127条以下规定的各种取得财产的犯罪的主观要件都是"意图为自己或者第三人不法之利益",而不限于本人的利益;《瑞士刑法》第137条以下所规定的取得财产的犯罪的主观要件都是"为自己或第三人不法之利益";其他许多国家的刑法也是如此。

明确这一点,对于认定财产犯罪具有特别重要的意义。从宏观上说,不要因为"以非法占有为目的"属于主观要件,便认为财产犯罪、经济犯罪的本质是行为人获得利益。实际上,犯罪的本质是侵犯法益,定罪与量刑从根本上考虑的是行为对法益的侵犯程度。当行为人是否获得利益与行为是否侵犯了法益出现不一致的现象时,司法人员应当重视的是行为是否侵犯了法益,而不是行为人是否获取了利益。从微观上说,明确非法占有目的包括使第三者或单位非法占有,可以解决许多具体问题。例如,当行为人为了单位利益而指使他人或者直接实施盗窃行为时,仍然具有非法占有目的,完全符合盗窃罪的主客观要件,应认定为(自然人)盗窃罪。再如,非法占有目的包含使第三者非法占有为目的,所以,盗窃等行为并不限于将他人财物转移为自己占有,而是包括将他人财物转移为自己或者第三者(包括单位)占有。又如,在共同盗窃案件中,没有非法占有目的的人,只要明知他人具有非法占有的目的,而实施盗窃的帮助行为的,也成为盗窃罪的共犯。

第二节 行抢型犯罪

一、抢劫罪

(一)抢劫罪的概念与特征

抢劫罪,是指以非法占有为目的,使用暴力、胁迫或者其他方法,强行劫取公私财物的行为。本罪的主要特征是:

1. 侵犯的客体是复杂客体,即不仅侵犯了公私财产的所有权,同时也侵犯了被害人的人身权利。这是抢劫罪区别于其他侵犯财产罪和一般侵犯人身权利罪的本质特征。

(1) 关于抢劫罪的行为对象是否包括不动产。否定说认为,"抢劫罪的财物只限于动产,非法抢占不动产的,不属于抢劫罪。"[①]"强行霸占他人之不动产……虽带有抢劫性质,但同刑法规定的抢劫罪之特征并不吻合,因此,值得研究。"[②]肯定说认为,"抢劫罪的对象既可以是动产,也可以是不动产,如使用暴力手段当场非法占有、控制他人

① 何秉松主编:《刑法教科书》,中国法制出版社2000年版,第907页。
② 高西江主编:《中华人民共和国刑法的修订与适用》,中国方正出版社1997年版,第594页。

房屋的,使用暴力手段,迫使他人当场写出免除债务的承诺书的,应认定为抢劫罪。"①折中说认为,如果采取抢劫方法将不动产可分离的部分,如房屋的门窗、土地上的树木、庄稼、果实等当场劫走,也可以构成抢劫罪。② 关于不动产能否成为抢劫对象,各国刑法的规定不尽相同,一般可作三种分类。第一类,明文规定抢劫对象仅限于动产。《德国刑法典》第249条规定:"意图为自己或第三人不法占有他人财物,以暴力或危害身体或生命相胁迫抢劫他人动产的,处1年以上自由刑……"③西班牙刑法典也有类似规定。第二类,明文规定抢劫对象是动产,同时规定,侵夺他人不动产的,作为独立犯罪加以处罚。如意大利刑法典。第三类,只规定抢劫对象是财物,对其性质不加限定。如俄罗斯刑法典、泰国刑法典等。

本书认为,所谓"不动产",是指依一般观念认为在空间上不能移动否则会损害其经济价值的物。抢劫罪的客观方面对取得财物有两点要求:一是财物能被行为人占有、携带、移离;二是要求取得财物具有当场实现的可能性。而当场可以取得的财物只能是动产,因为只有动产才可以携带、移离,并实际控制据为己有。门窗、林木、庄稼在和房屋、土地分离之前属于不动产的一部分,在分离以后,已从形式上转化为动产,对此实施抢劫实质上是抢劫的动产,而非不动产。行为人若以暴力、胁迫或以其他方法强令被害人签订不动产买卖、赠与合同等书面文件并办理登记过户手续,这种情况下,不动产并不能认为已被移离,因为这些合同的签订违背了民法与合同法的诚实信用原则和契约自由原则,缺乏合法要件,受胁迫的一方亦可行使撤销权,使上述合同行为归于无效,由此进行的登记手续当然无法实现所有权的转移。对于使用暴力胁迫、强行入住手段霸占他人房屋的,可以定非法侵入他人住宅罪。行为人有伤害、杀人行为的,可以定故意伤害罪、故意杀人罪等。

(2)关于违禁品、赃物能否成为抢劫罪的行为对象。一种观点认为,被害人对违禁品、赃物的持有本身即是非法的,持有人对违禁品、赃物并不享有所有权,"作为财产罪保护对象的财物,理应是足以体现一定所有权关系的物,违禁品既然是法律禁止持有的物品,不能体现所有权,合理的结论应该是不能成为财产罪的侵害对象"④。另一种观点认为,财产罪侵犯的客体是所有权以及其他需要通过法律程序恢复应有状态的占有,没收违禁品也需要通过法律程序,故对违禁品的占有也是刑法所保护的客体,违禁品能成为刑法上的财物。⑤

本书认为,违禁品、赃物能否成为抢劫罪的行为对象不能一概而论,应作具体分析。我国《刑法》第127条规定,抢劫枪支、弹药、爆炸物的,构成抢劫枪支、弹药、爆炸物罪,因此,枪支、弹药、爆炸物虽属违禁品,但不是抢劫罪的行为对象。而对于抢劫其

---

① 赵秉志主编:《侵犯财产罪研究》,中国法制出版社1998年版,第51页。

② 参见张明楷:《刑法学》(下),法律出版社1997年版,第760页。

③ 金子桐等:《罪与罚——侵犯财产罪和妨害婚姻、家庭罪的理论与实践》,上海社会科学院出版社1987年版,第15页。

④ 苏惠渔主编:《刑法学》,中国政法大学出版社1994年版,第569页。

⑤ 参见张明楷:《刑法学》(下),法律出版社1997年版,第760页。

他违禁品或者赃物的,则构成抢劫罪。理由是:首先,抢劫罪属于财产犯罪,这类犯罪的主要特征是侵犯他人财产所有权,将本不属本人所有之物非法占为己有,抢劫违禁品、赃物具备了劫取他人之物的客观特征;其次,事实上的持有本身就是财产罪保护的法益,即便是违禁品、赃物,只要是在他人掌握之下,刑法就应予以有限度的保护;最后,抢劫违禁品,同样侵害他人财产所有权。违禁品、赃物并不是无主之物,依照法律规定,有的应当由国家没收归公(如毒品、走私物品等),有的则应由国家职能部门依法剥夺,然后归还合法持有人,无合法持有人的,则应上缴国库。

(3) 关于抢劫欠条能否构成抢劫罪。例如,甲从乙处借得 2 万元现金并向乙出具了欠条。一段时间后甲产生赖账念头,遂一天在路上对乙大打出手,逼其交出欠条,使其失去请求偿还 2 万元现金的依据。对甲的行为应如何处理?有人认为,甲构成抢劫罪。第一,行为人欠债应当归还,故意使用上述手段,达到不归还的目的,是对他人财产权利的侵犯;第二,行为人虽未当场将他人财物非法转归己有,但其抢走欠条,使被害人可能因无法提供证据而丧失在法律上讨回债务的机会;第三,虽然行为人未当场取得财物,但实际上以另一种方式增加了自己的财产,结果与当场抢到财物无异,故应构成抢劫罪。[①]

本书认为,甲的行为不构成抢劫罪。欠条(借据)是债权人与债务人之间以货币为标准的确认双方债权债务关系的凭证,欠条不是财物,抢劫欠条不等于抢劫财物,不应构成抢劫罪。理由有三:其一,抢劫欠条侵犯的是被害人向甲请求偿还债务的权利,而不是财产所有权。乙将 2 万元现金交给甲以后,这 2 万元钱的所有权就属于甲。欠条只是这 2 万元现金的借款凭据,现在凭据被抢劫了,侵犯了乙对债权的行使,给乙行使债权制造障碍,侵害的是欠条所记载表现的债权。而抢劫罪侵犯的客体是他人财产所有权,所以抢欠条并不符合抢劫罪的客体特征。其二,欠条只是记载双方当事人债权债务关系的一种凭证,欠条的灭失并不完全意味着债权人必定丧失财产,债权人可以通过其他证据,甚至可以通过甲的行为所派生的证据向法庭请求实现债权。其三,如果抢走欠条即是抢走财物,构成抢劫罪,那么行为人没有把欠条抢走,而是当场把欠条损毁,是否构成毁坏公私财物罪?显然不能。因此,抢劫欠条从本质上讲是一种赖账不还的行为,双方债权债务关系应通过民事法律去调整。如果刑法涉及这一领域,有违刑法谦抑性原则。但如果行为人使用暴力胁迫手段,对债权人造成伤害,或者有故意杀人情节的,应按故意伤害罪或故意杀人罪定罪处罚。

2. 客观方面,行为人必须具有对财物的所有人、保管人或者其他在场的人,当场实施暴力、胁迫或者其他侵犯人身的强制方法,迫使被害人立即交出财物或者强行劫走财物的行为。这种当场对被害人身体实施强制的犯罪手段,是抢劫罪区别于其他侵犯财产罪的行为特征。

所谓“暴力”,是指犯罪分子对被害人的身体实行打击或者强制。这种暴力是犯

① 参见高铭暄主编:《新编中国刑法学》(下册),中国人民大学出版社 1998 年版,第 762 页。

罪人用来排除被害人抵抗从而劫取财物的手段，它可以使被害人无法反抗或是丧失反抗能力。暴力一般是针对人实施的，但有时可以不直接针对人，而是通过对物使用有形力，抑制被害人的行动自由。这也属于使用暴力，且这种暴力最终还是指向人。

所谓"胁迫"，是指以立即实施暴力相威胁，对被害人实行精神强制，使其产生恐惧，不敢反抗，以达到劫取财物的目的。胁迫的方法是多种多样的，可以用语言，也可以用动作或示意进行威胁，胁迫的内容是以实施暴力相威胁。胁迫的特点是对被害人或在场的人当面发出暴力威胁，如遇反抗，会立即实施暴力，劫取财物。

所谓"其他方法"，是指犯罪人采用了除暴力、胁迫以外的可以使被害人处于不知抗拒或丧失抗拒能力的状态，而当场劫取财物的方法。这些方法包括用酒灌醉、用药物麻醉、催眠等。暴力、胁迫或者其他方法，必须是犯罪人当场实施，才能构成抢劫罪。如果犯罪人准备了凶器，企图以暴力、胁迫的方法抢劫财物，但到现场后由于某种原因，没有使用这种方法取得了财物，此时需对犯罪人行为的性质作具体分析。假如犯罪人预谋入户抢劫，但潜入室内后发现室内无人，于是乘机窃去大量财物，只能认定为盗窃罪。反之，如果行为人事先准备盗窃，但在实施盗窃时被发觉，于是当场使用暴力或以暴力相威胁，强行劫走财物，其行为只能是抢劫罪，而非盗窃罪。如果预谋抢劫而携带武器，但在当场没有对被害人使用暴力、胁迫手段，就强行夺取财物，根据《刑法》第 267 条第 2 款规定，按抢劫罪定罪处罚。

所谓"强行劫取财物"，一是行为人当场直接夺取、取走被害人占有的财物，二是迫使被害人当场交付财物。对这里所说的"当场"不能作狭义理解，劫持行为未间断的也应认为是当场，如逼迫被害人从家中取财的。①

3. 犯罪主体是一般主体。我国《刑法》第 17 条第 2 款规定，已满 14 周岁不满 16 周岁的人犯抢劫罪的应当负刑事责任。

4. 主观方面只能由故意构成。故意的内容是通过实施暴力、胁迫或者其他方法非法占有公私财物。基于抢劫的意思，在实施暴力、胁迫压制对方反抗之后，夺取财物的；基于抢劫的意思先夺取财物，立即对被害人实施暴力、胁迫，以确保自己对财物的占有的；出于盗窃的意思，在夺取财物后立即主动实施足以压制被害人的暴力、胁迫行为的，都属于有实施暴力、胁迫的意思和强取财物的意思。有人认为，为实现其他犯罪目的而对被害人实施暴力、胁迫行为，在此过程中产生夺取财物的意思并取得财物的，也应当认为有抢劫的意思。②

（二）抢劫罪的认定

1. 转化型抢劫罪的认定

《刑法》第 269 条规定："犯盗窃、诈骗、抢夺罪，为窝藏赃物、抗拒抓捕或者毁灭罪证而当场使用暴力或者以暴力相威胁的，依照本法第二百六十三条的规定定罪处

---

① 参见李晓明主编：《刑法学》（下），法律出版社 2001 年版，第 475 页。

② 参见陈兴良主编：《刑法学》，复旦大学出版社 2003 年版，第 409 页。

罚。”这被称为转化型抢劫，或者事后抢劫。认定转化型抢劫罪，需要具备以下三个条件：

（1）前提条件：行为人必须先犯“盗窃、诈骗、抢夺罪”，而不是其他犯罪行为。至于犯罪的性质和危害程度，既不要求达到“数额较大”，也不宜排除“数额较小”，无论是既遂还是未遂，只要结合全案不属于“情节显著轻微危害不大的”，都可以作为转化为抢劫罪的前提。根据最高人民法院《关于审理抢劫、抢夺刑事案件适用法律若干问题的意见》（2005 年 6 月 8 日法发[2005]8 号）第 5 条“关于转化抢劫的认定”，行为人实施盗窃、诈骗、抢夺行为，未达到“数额较大”，为窝藏赃款、抗拒抓捕或者毁灭罪证当场使用暴力或者以暴力相威胁，情节较轻，危害不大的，一般不以犯罪论处；但是有下列情节之一的，可依照《刑法》第 269 条的规定，以抢劫罪定罪处罚：① 盗窃、诈骗、抢夺接近“数额较大”标准的；② 入户或者在公共交通工具上盗窃、诈骗、抢夺后在户外或交通工具外实施上述行为的；③ 使用暴力致人轻微伤以上后果的；④ 使用凶器或以凶器相威胁的；⑤ 具有其他严重情节的。

（2）目的条件：行为人的目的是窝藏赃物、抗拒抓捕或者毁灭罪证。“窝藏赃物”是指行为人把已经非法盗得、骗得、夺得的赃物护住，不让被害人或其他制止、追捕者夺回去。“抗拒抓捕”，是指抗拒司法机关或者任何公民特别是失主的抓捕、扭送。“毁灭罪证”，是指湮灭罪案现场遗留的痕迹、物品等，以掩盖其罪行。如果出于其他目的，不能构成抢劫罪。

（3）时间条件与行为条件：行为人必须是当场使用暴力或者以暴力相威胁。“当场”包括实施犯罪行为的现场，或者刚离开现场就被发觉，追捕过程中的场所。“使用暴力或者以暴力相威胁”，是指犯罪分子对抓捕他的人实施殴打、伤害等足以危及身体健康和生命安全的行为，或者以立即实施这种行为相威胁。如果使用暴力或者以暴力相威胁，情节不严重、危害不大或者没有伤害意图，只是为了挣脱抓捕而冲撞他人的，可以不认为是使用暴力的情况，而仍然以原来的犯罪论处。

【实例分析 6-1】

对上述内容，可从下例分析中深化认识：李某乘正在遛狗的老妇人王某不备，抢下王某装有 4000 元现金的手包就跑。王某让名贵的宠物狗追咬李某。李某见状在距王某 50 米处转身将狗踢死后逃离。王某眼见一切，因激愤致心脏病发作而亡。关于本案，下列哪一选项是正确的？

A. 李某将狗踢死，属事后抢劫中的暴力行为；

B. 李某将狗踢死，属对王某以暴力相威胁；

C. 李某的行为满足事后抢劫的当场性要件；

D. 对李某的行为应整体上评价为抢劫罪。

分析如下：

（1）关于 A 项和 B 项。事后抢劫的行为要件是：行为人在盗窃、诈骗、抢夺之后，使用暴力或者以暴力相威胁。无论是使用暴力还是以暴力相威胁，其对象都只能是人。当然,这里的"人",不一定是行为人之前的取财对象。例如,甲到乙家里盗窃,刚出门时遇到乙的邻居丙,甲以为丙是乙,于是对丙使用了暴力。此时,甲的行为依然属于事后抢劫。因此,A 项和 B 项的表述都是错误的,不当选。

(2) 关于 C 项。事后抢劫的时间要件是:行为人在盗窃、诈骗、抢夺之后,当场使用了暴力或者以暴力相威胁。对这里的"当场",应作扩大理解,即行为人实施盗窃、诈骗、抢夺行为的现场以及被人抓捕的整个过程与现场。行为人实施盗窃等行为后,离开现场的时间短暂而被警察、被害人等发现的,依然属于这里的"当场"。本案中,王某在自己的手包被李某抢走之后,让宠物狗追咬李某,李某见状在距王某 50 米处转身将狗踢死后逃离,具有当场性,满足事后抢劫的当场性要件。因此,C 项的表述正确,当选。

(3) 关于 D 项。根据前述对 A 项、B 项和 C 项的解析,虽然李某的行为符合事后抢劫的当场性要件,但由于李某的暴力对象并非人,而是动物,因此不符合事后抢劫的对象要件,不属于事后抢劫,不成立抢劫罪。对李某的行为,应认定为抢夺罪(既遂)与故意毁坏财物罪(既遂),实行数罪并罚。

综上,上述问题的合适选项是 C。

【实例分析 6-2】

下列哪些情况不属于转化型抢劫?

A. 甲入室盗窃,被主人李某发现并追赶。甲进入李某厨房,拿出菜刀护在自己胸前,对李某说,你千万别过来,我胆子很小。然后,翻窗逃跑。

B. 乙抢夺王某的财物,王某让狼狗追赶乙。乙为脱身,打死了狼狗。

C. 丙骗取他人财物后,刚准备离开现场,骗局就被识破。被害人追赶丙。走投无路的丙从身上摸出短刀,扎在自己手臂上,并对被害人说,你们再追,我就死在你们面前。被害人见丙鲜血直流,一下愣住了。丙乘机迅速逃离现场。

D. 丁在一网吧里盗窃财物并往外逃跑时,被管理人员顾某发现。丁为阻止顾某的追赶,提起网吧门边的开水壶,将开水泼在顾某身上,然后逃离现场。

分析如下:

(1) A 项中,甲虽然在入室盗窃后为抗拒抓捕拿起菜刀,但是,他是因为胆小把菜刀护在自己的胸前,并没有展示菜刀并使用暴力威胁受害方,因此,不认为是转化型抢劫。

(2) B 项中,乙使用暴力攻击的对象是狼狗,并没有针对王某使用暴力,因此,不符合法律的规定,不属于转化型抢劫。

(3) C 项中,丙虽然当场使用了暴力,但是使用暴力的对象是自己,而非受害人,因此也不符合法律的规定,不属于转化型抢劫。

(4) D 项中,丁盗窃后被发现,为了抗拒抓捕当场对受害人使用暴力,因此,应该适用转化型抢劫的规定。

综上,上述问题的合适选项是 ABC。

实践中,使用暴力或以暴力相威胁的情形比较复杂,可能存在盗窃、诈骗、抢夺的过程中或者得逞后使用暴力或以暴力相威胁行为但是不能适用《刑法》第 269 条的情形。例如,行为人在盗窃、诈骗、抢夺过程中,被人发现或者发现现场有人或者遭遇到了反抗等阻力,临时转变犯罪意图,强行非法排除障碍,以使用暴力或者以暴力相威胁的手段非法取得财物,这就直接具备抢劫罪的条件。再如,行为人实施盗窃、诈骗、抢夺行为后,担心他人检举,出于灭口、报复等其他动机杀害、伤害他人的情况,应当数罪并罚。

(4) 本罪中有关共同犯罪的认定:

① 在共同犯罪中,数人共同实施盗窃、诈骗、抢夺行为,如果其中一人为抗拒抓捕、窝藏赃物或者毁灭罪证而当场使用暴力或以暴力相威胁,能否以共犯论处?

本书认为不能,因为按照我国刑法关于共同犯罪的理论,构成共犯必须具备主观上有共同的犯罪故意,客观上有共同的犯罪行为,且每个人的行为是相互结合、相互配合的,二者缺一不可。但是,在司法实践中,认定有一定难度。例如,甲、乙、丙三人盗窃某厂财务室,甲、乙入室盗窃,丙望风。此时,恰逢保安巡夜,丙速叫甲、乙逃走,自己先逃离现场。甲、乙与保安发生冲突,甲用砖头击伤保安。次日,丙才从甲、乙口中得知,他逃走后,甲、乙伤害了保安。此案,某法院对丙以转化型抢劫罪的共犯作了判决,理由是,甲、乙与保安搏斗,并用砖头击伤保安的行为,阻止了保安对丙的追捕。本书认为,此案的定性值得研究。虽然三人之间有共同盗窃的故意,但没有共同以暴力抗拒抓捕的故意,且抗拒抓捕的行为仅发生在甲、乙身上。应当承认,甲、乙施暴于保安,客观上确实起到阻止保安追捕丙的作用,但不能因此将抗拒抓捕而施暴于保安的罪责归于丙,这样做是客观归罪。

② 没有共同实施盗窃、诈骗、抢夺行为,但为窝藏赃物、抗拒抓捕或毁灭罪证目的,行为人共同实施暴力或以暴力相威胁,是否构成转化型共同抢劫罪?

本书认为,此种情况构成事前无通谋的共同犯罪。根据共同犯罪理论,事前无通谋的共同犯罪是指共同犯罪人不是在着手实行以前,而是在刚着手或正在实行犯罪的过程中形成共同故意的共同犯罪。就转化型抢劫罪而言,不仅在盗窃、诈骗、抢夺阶段可以形成共同犯罪,在实施暴力或者以暴力相威胁阶段也可以形成共同犯罪,是不是盗窃、诈骗、抢夺共犯,并不是构成转化型共同抢劫犯罪的必备条件。

(5) 区分转化型抢劫罪既遂与未遂的标准问题。有的观点认为转化型抢劫罪是按《刑法》第 263 条所规定的一般抢劫罪处罚,其既遂与未遂的标准也应该与一般抢劫罪相同;有的观点认为只要行为人实施了暴力或者以暴力相威胁行为,转化型抢劫罪就是既遂,换言之,转化型抢劫罪没有未遂。

本书认为第一种观点较为合理。转化型抢劫罪与一般抢劫罪是罪质相同的犯罪,一般抢劫罪把财物取得与否作为既遂、未遂的标准,作为与其罪质相同、危险性和危害性一致的转化型抢劫罪,就没有理由采取与此不同的标准。

具体说来,就是在盗窃、诈骗、抢夺取得财物后,为窝藏赃物、抗拒抓捕或者毁灭罪证而实施暴力、胁迫行为时,以行为人是否最终获得了财物为标准区分既遂和未遂。如果行为人最终取得了财物,就是转化型抢劫罪的既遂,反之就是未遂。因为行为人出于拒绝交还财物的目的而实施暴力、胁迫行为,那么行为人最终是否取得了财物就能反映出犯罪得逞与否。但行为人如果是基于避免抓捕或者毁灭罪证的目的而实施暴力、胁迫行为应如何认定呢?行为人在取得财物后,出于上述二种特定目的而实施暴力、胁迫行为,客观上也起着保护、控制赃物的作用。因此,即使行为人是出于避免抓捕或者毁灭罪证的目的而实施暴力、胁迫行为,也以行为人最终是否取得了赃物作为既遂、未遂的标准。

区分转化型抢劫罪的既遂与未遂是以行为人最终是否取得财物为标准,因此在盗窃、诈骗、抢夺没有取得财物,出于抗拒抓捕、毁灭罪证这两种特定目的而实施暴力、胁迫行为的,成立转化型抢劫罪的未遂。它抓住了此类犯罪属于贪利型犯罪这一本质特征,把着重点放在了是否夺取财物上,而不在于是否实施了暴力、胁迫行为,不以是否实施了暴力、胁迫行为作为区分既遂与未遂的标准。如果对这种情况认定为既遂,出现的后果是:在普通抢劫的场合,采用暴力手段而未得到财物,或者当场被物主夺回了财物,一般只能是抢劫罪的未遂;事后抢劫的危害性和危险性不至于超过普通抢劫罪,把普通抢劫当未遂处罚的情形,在转化型抢劫罪中却按既遂处理,显然有失公允。

【实例分析 6-3】

对上述内容,可从下例分析中深化认识:

2002 年某月某日 8 时许,李某携带偷配的被害人杨某家的钥匙及平头旋凿等作案工具,至杨某家开门入室,窃得人民币 3 万余元。当李某欲携款逃跑时,被杨某之妻王某发现。李某为制止王某的抓捕,扼住王某颈部,用一条睡裤猛勒王某颈部,致其机械性窒息而死亡。嗣后,李某携款逃逸。

在上述案例中,主要争议的焦点在于被告人李某在入户盗窃被发现后,为逃避抓捕而当场使用暴力构成转化型抢劫的情况下,能否适用《刑法》第 263 条中规定的"入户抢劫"这一加重情节。最高人民法院《关于审理抢劫案件具体应用法律若干问题的解释》第 1 条第 2 款规定,对于入户盗窃,因被发现而当场使用暴力或者以暴力相威胁的行为,应当认定为入户抢劫。但该解释没有对本意为入户盗窃但后来为获取财物而"当场使用暴力"和"为窝藏赃物、抗拒抓捕或者毁灭罪证"而使用暴力进行区分。前者,在盗窃还未完成的情况下,使用暴力是为了排除障碍而获取财物,故一般认为应直接认定为抢劫,当然也应适用"入户抢劫"这一加重情节。但对后者,因使用暴力的目的不同,对是否能认定为"入户抢劫"存在争论。

有的观点认为,本案李某已窃得钱款并放于自己的衣袋中,该钱款已为李某所控制,李某的盗窃行为已得逞,属盗窃既遂。李某为摆脱户主的抓捕而当场使用暴力并致户主死亡,其使用暴力的目的是迫使对方放弃或无力抓捕,而不是为了获取财物,因此又构成故意杀人罪。《刑法》第 269 条将这种犯盗窃罪和故意杀人罪的行为合并为抢劫一罪而不实行数罪并罚,是《刑法》的特别规定,与典型抢劫罪中入户并在户内以获取财物为目的使用暴力构成的“入户抢劫”有所不同,故不能认定李某有“入户抢劫”的加重情节。

本书认为,李某在入户盗窃得逞后,为抗拒户主抓捕而当场使用暴力,致户主死亡,其行为已转化为抢劫罪且具有“入户抢劫”的加重情节。理由是:立法者将“入户抢劫”作为抢劫罪的一个加重情节,主要原因在于,公民的住宅(即“户”)不仅是公民日常生活的场所,更是公民的人身权利和财产权利赖以自我保护的场所,公民对保障自己生活场所安全的要求极为强烈。另外,“户”与外界具有相对隔离、呈相对封闭状态的特征,在遭到外界侵入时,公民常身处孤立无援的境地,最容易受到侵害,因而法律必然应对侵犯公民“户”的行为予以更严厉的打击。因此,对《刑法》第269条关于入户盗窃得逞后欲逃离时被人发现,或盗窃尚未完成,被人发现后放弃了盗窃,为抗拒抓捕而当场使用暴力的情形,只要暴力发生在“户”内,并致人轻伤以上的,这种行为就不仅侵害了公民的人身权利、财产权利,还侵害了公民的住宅安全,完全符合“入户抢劫”的立法本意。当然,如果暴力行为发生在“户”外,行为人的行为就不能认定为“入户抢劫”。

2. 罪与非罪的界限

刑法没有规定对抢劫罪的起刑数额与定罪情节,但对情节显著轻微,危害不大的,不宜以抢劫罪论处。实践中,对以下情形一般不以犯罪论处:(1) 因婚姻家庭纠纷,一方抢回彩礼、陪嫁物,或者强行分割并拿走家庭共同财产的。(2) 为子女离婚、出嫁女儿暴死等事情所激怒,叫来亲友多人去抢对方财物要求赔偿损失的,属于泄愤报复行为。(3) 在借贷等民间纠纷中,强行拿走或者扣留对方财物,用以抵债抵物,或者借以偿还债务的行为。

3. 抢劫罪与故意伤害、故意杀人罪的界限

两罪在实施过程中都使用暴力,但两者的区别在于:(1) 实施暴力的目的不同。抢劫罪是以非法劫取财物为目的;故意伤害、故意杀人是以损害他人健康和剥夺他人生命为目的。(2) 在抢劫过程中,使用暴力致人重伤、死亡的,不以故意伤害罪或者故意杀人罪论处,也不以抢劫罪和故意伤害罪或者故意杀人罪数罪并罚,应以抢劫罪定罪处罚。因为抢劫罪中已经包含有暴力行为。(3) 出于复仇或者其他个人目的而伤害或者杀死被害人,然后产生非法占有财物的意图,乘机取得其财物的,不以抢劫罪论处,应认定为故意伤害罪或者故意杀人罪与盗窃罪。因为行为人是出于两个犯罪故意,实施了两个犯罪行为。(4) 在抢劫行为完成之后,行为人出于灭口或者其他目的而杀死被害人的,应定抢劫罪和故意杀人罪,实行数罪并罚。因为行为人同样是出于两个犯罪故意,实施了两个犯罪行为。①

① 参见最高人民法院《关于抢劫过程中故意杀人案件如何定罪问题的批复》,2001年5月22日最高人民法院审判委员会第1176次会议通过。

4. 抢劫罪与绑架罪的界限

抢劫罪与绑架罪一般都会实施一定的暴力,并且都是为了获取财物,但两者的主要区别在于:(1) 侵犯的主要客体不同。抢劫罪侵犯的主要客体是财产所有权,绑架罪侵犯的主要客体是公民人身权利。(2) 客观行为方式不同。抢劫罪是以暴力胁迫或其他方法施加于被害人,当场强行劫取财物的行为。绑架罪是将人掳走限制其人身自由后,以杀害、重伤或长期禁闭被害人等来威胁被害人及其家属或有关人员,迫使其在一定期限内交出索取的财物。(3) 犯罪主体年龄要求不同。前者要求已满14周岁,后者要求已满16周岁。但如果绑架行为中故意杀人、故意伤害致人重伤的,已满14周岁未满16周岁的人也可构成绑架罪。(4) 犯罪故意内容有所不同。前者是通过强行的方法非法占有他人财物;后者是通过将他人扣押为人质来勒索财物。

【实例分析6-4】

对上述内容,可从下例分析中深化认识:

2002年11月13日上午,被告人何某(现年18岁)、李某(现年17岁)、周某(现年18岁)三人手持匕首、水果刀等凶器在吉水县公园门口拦住正去上学的初中一年级学生王某(现年16岁),逼其交出其家的钥匙,并威胁王某讲出他家的地址,否则,将对其"放血"。王某害怕,被迫就范,交出了钥匙,并告知了他家地址。接着由何某把王某劫持到一偏僻处看守,由李某、周某二人持钥匙进入王某家,劫取现金1500元、金耳环一对(价值1000元)、金戒指一枚(价值800元)。李、周返回与何某会合后将王某放走,王某被限制人身自由达三个多小时。案发后,三被告人被公安机关抓捕归案。

在上述案例中,法院审理该案时,对何某、李某、周某三被告人如何定罪处罚存在以下两种分歧意见。一种意见认为应定绑架罪。何、李、周三被告人在主观上具有非法占有他人财物的目的,客观上实施了绑架行为,既侵犯了王某的人身权利,又侵犯了他家的财产权利,符合绑架罪的构成要件。另一种意见认为应定抢劫罪。何、李、周三被告人手持凶器,采用了暴力手段威胁王某交出了其家钥匙,且逼问出了王某的住址,为他们劫取王某家财物制造了抢劫的便利条件。在得知王某不能反抗的情况下,劫取了其家财产。对此,三被告人的行为既侵犯了王某的人身自由权,也侵犯了他家的财产权,符合抢劫罪的构成要件。这种抢劫行为与一般常见的抢劫行为在时间上和空间上有所不同,即他们三人绑架王某的目的,是为劫取财物提供抢劫条件,并没有以绑架王某为人质去勒索财物,不应仅依据有绑架行为而定绑架罪。

本书同意第二种意见,即本案不构成绑架罪,而应定抢劫罪。理由是:所谓绑架罪,是指以勒索财物为目的绑架他人,或者绑架他人作为人质的行为。本案三被告人在主观上虽然具有非法占有王某家财物的目的,客观上也对王某实施了绑架行为,但其绑架他人,并非以此向被害人亲友索取钱物的行为,而是以劫取王某家财物为目的,显然不符合绑架罪的构成要件。而抢劫罪的特征是以非法占有为目的,当场使用暴力、胁迫或者其他方法强行劫取公私财物的行为。本案三被告人为了劫取王某家的财产,采用了用匕首、水果刀等凶器,对王某进行胁迫、威吓,强迫其交出钥匙和告知家庭住址,并限制其人身自由,然后入户劫取王某家的财物,故构成抢劫罪。

5. 抢劫罪与敲诈勒索罪的界限

抢劫罪与敲诈勒索罪在主观上都是以非法占有为目的,客观上也具有某些相同或相似的特征,行为人都有可能当场使用威胁手段,而且敲诈勒索罪也可能当场实施暴力,当场取得财物。因此,在"当场使用暴力或当场实施威胁,当场取得财物"的情况下,两罪比较相似。但从犯罪客体和犯罪的主观方面来看,两罪还是有显著区别:

(1) 两罪的犯罪客体不同。两罪都在侵犯财产权的同时,侵犯了公民的人身权,但是侵犯公民人身权的具体内容却完全不同。抢劫罪侵犯的是公民的生命权与健康权,而敲诈勒索罪不仅包括以侵犯公民的生命权与健康权相威胁,还包括以侵犯公民的名誉权相威胁等。如果行为人当场或事后以诋毁他人名誉相威胁,就构成敲诈勒索罪,而非抢劫罪。

(2) 两罪在犯罪客观方面显著不同。犯罪客观方面的不同,是区分两罪的关键所在。抢劫罪表现为当场以暴力或威胁抑制被害人反抗,从而当场直接取得财物;而敲诈勒索罪一般表现为通过要挟或威胁的方法,对被害人精神上施加压力,使其感到恐惧,从而被迫无奈交出财物。

实践中,可以从六个方面加以区分:一是行为方式不同。抢劫罪是由行为人对被害人当场使用暴力,且明示实施。而敲诈勒索罪的威胁,既可以当面,也可以通过书信、电话、电报等形式发出;既可以明示,也可以暗示发出;既可以由行为人本人实施威胁,也可以通过第三人实施。即使以暴力为内容,只要不当面进行威胁,就不能构成抢劫罪,而只能构成敲诈勒索罪。二是行为内容不同。抢劫罪一般是以杀害、伤害等实施人身暴力或威胁。而敲诈勒索罪的威胁的内容比较广泛,可以是以暴力相威胁,但大多是以揭发隐私、毁坏财物、损害名誉等实施威胁,胁迫被害人交出财物,威胁的内容只要足以使被害人产生恐惧即可,不必实际产生恐惧心理。三是暴力程度不同。抢劫罪中的暴力表现为对被害人人身和财产安全的双重威胁,强度达到足以抑制被害人反抗、不敢反抗的程度。敲诈勒索罪中的暴力主要表现为一种精神上的强制,且不足以抑制他人反抗。需要注意的是,不能把抑制反抗的标准定得过严,否则可能放纵罪犯,导致重罪轻判。实践中,如何认定"足以抑制被害人反抗",是区别抢劫与敲诈勒索的难点所在。本书认为,一般应从暴力、胁迫的形态、手段、时间、场所等因素,结合被害人的年龄、性别、体力等实际情况,进行综合判断。同一性质的胁迫对一个人可能"足以抑制反抗",而对另一个人则未必,所以在具体案件中,应以个案中"具体的人"为标准进行认定,而不能以"一般人"为标准,否则不利于实现个案的公正。在行为人当场实施暴力的情况下,如果足以抑制个案被害人的反抗,则应认定为抢劫,否则宜认定为敲诈勒索。四是侵害付诸实施的紧迫性不同。抢劫罪以"当场"实施暴力侵害相威胁,如果被害人不"当场"交出财物,行为人将"当场"实施侵害,强调方法手段行为与目的结果行为的时空同一性,被害人受到侵犯是现实直接的。敲诈勒索罪的威胁不具有紧迫性,行为人往往扬言如不满足要求将把威胁内容变成现实,通常设定某种不利后果转为现实的时间间隔，时空跨度较大，一定程度上为被害人遭受物质或精神上的伤害提供了缓冲的余地。需要强调的是，“当场”的法律意义关键是时空，而且要从抢劫的手段行为和目的行为的承接关系上去理解它。行为人胁迫被害人“当场”交付财物，否则“日后”将侵害被害人的，宜认定为敲诈勒索罪。行为人对被害人“当场”实施暴力或以“当场”实施暴力相威胁，其目的不在于对被害人造成人身伤害，而在于使被害人内心产生恐惧心理，利用其担心受到更为严重侵害的心理，使其确定地在将来某个时间交付财物的，这样的暴力应是敲诈勒索罪中要挟手段的强化，而非抢劫罪的暴力，应以敲诈勒索罪定罪处罚。实践中，不可因“当场”使用暴力手段一概认定为抢劫。五是被害人的意思自治不同。抢劫的被害人不能充分表达自己的意志，丧失了意思表示的自由，处于极度紧迫的危险状态，除了当场交付财物之外，没有选择的余地，否则其生命、人身安全当场会遭受侵害。而敲诈勒索的被害人没有完全丧失自由意志，还可以采取权宜之计，尚有选择的余地，但由于精神上感到恐惧，有能力反抗而没有反抗，为了保护自己更大的利益不得已而处分数额较大的财产，意思表示上存在瑕疵。六是取得的非法利益不同。抢劫罪占有的只能是在场的财物，限于动产，且没有具体的数额要求。而敲诈勒索罪占有的既可以是动产，也可以是不动产，甚至可以是财产性利益，既可以是在场财物，也可以是不在当场的财物，且必须数额较大才构成犯罪。

【实例分析 6-5】

对上述内容，可从下例分析中深化认识：

陈某、何某、向某、林某四人预谋以摩托车撞摩托车的方法敲诈摩托车工的钱并进行分工。由何某载向某到邻镇去雇摩托车工，陈某与林某在一弯道处等候，当向某坐摩托车工郑某的车行至该弯道处时，陈某即驾车载林某故意与郑某的车相撞。随后陈、林二人不由分说即挥拳殴打郑某，同时提出赔钱修车的要求。向某也在一旁对郑某说陈某是本地的“地头蛇”，郑见状只好答应赔钱修车。在陈某家中，陈某提出要赔4000 元，并说不赔不让郑某回去。见郑某没有答应，陈某即装作要打向某，向某也催郑某快点赔钱，否则被打要找郑某算账。无奈，郑某只好叫来与陈某同村的关某，由其出面说情，并最终等妻子送来 2000 元后才得以回家。

对上述案例，存在着两种观点：一种观点认为，陈某等四人主观上具有敲诈的故意，客观方面按照预谋和分工实施了威胁和要挟的行为，强行索取他人的财物，虽然也有使用一定的暴力，但使用暴力并没有当场劫取到财物，因此，对陈某等人的行为只能认定为敲诈勒索罪。第二种观点认为，陈某与向某、林某三人自始至终都有非法占有他人财物的目的，虽然预谋时只有敲诈的内容，但其随后实施的暴力、胁迫和要挟等一系列行为都是针对他人的财物，其主观故意已由敲诈演变为抢劫，客观方面也正是通过上述行为才最终实现了对他人财物的占有，其行为完全符合抢劫罪的本质特征和构成要件，应认定为抢劫罪。

本书认为第二种观点是合理的，理由是：(1) 抢劫罪中行为人实施暴力、胁迫或其他方法的手段行为必须达到足以抑制和排除对方反抗,使被害人处于“不能反抗、不敢反抗或无法反抗”的状态。这是抢劫罪与有轻微暴力的敲诈勒索罪本质上的区别。在本案中,陈某等人实施了“直接殴打郑某并提出‘赔钱修车’要求”的行为,“对郑某称陈某是本地‘地头蛇’”的行为,“对郑某称不赔钱修车不放人回去”的行为,“装作要打向某,由向某催郑某快点赔钱,否则被打要找郑某算账”的行为,都是在郑某不明“事故”真相、孤立无援的情况下进行的,显然对其精神上有强制作用,郑某始终处于“不敢反抗”的状态。(2) 对抢劫罪中当场劫取财物的时间,即“当场”的理解不能过于狭窄。一般认为,在抢劫罪中,对于实施暴力、胁迫或其他方法的行为后取得财物的时间应限于“马上”“随即”“立即”等。本书认为是否属于“当场”,应当看行为人实施暴力、胁迫或其他方法的行为与其取得公私财物的行为之间有无间断,如果行为人实施暴力、胁迫或其他方法的行为与其取得财物的行为虽然也持续了一段的时间或者两个行为分处于不同的场所,但两个行为之间并没有间断,仍应当认为是“当场”取得财物。本案中,陈某等人实施了前述的一系列行为,虽然有时间上的跨度和空间上的移动,但郑某自始至终都在陈某等人的控制之下,直到其妻子送来2000元后才得以回家,符合这一特征。

6. 既遂与未遂

对此问题争议颇多。有人认为以行为人是否占有他人财物为标准;有人认为以行为是否侵害了他人的人身权利为标准;也有人认为基本犯以是否占有了他人财物为标准,致人重伤、死亡的,即使没有占有他人财物也是既遂。还有人认为,应以被害人是否失去对财物的控制为标准,致人重伤、死亡的,可视为被害人失去对财物的控制,按既遂处理,也可按未遂,不从轻、减轻处理。本书认为,上述观点都有一定的合理性,既然刑法将抢劫罪归为侵犯财产罪,其主要侵犯的客体是财产所有权,那么应以行为人是否实际控制财物为标准来判断抢劫罪的既遂与未遂。抢劫致人重伤、死亡的,可按结果加重犯来处理。

【实例分析 6-6】

对上述内容,可从下例分析中深化认识:甲深夜进入小超市,持枪胁迫正在椅子上睡觉的店员乙交出现金,乙说:“钱在收款机里,只有购买商品才能打开收款机。”甲掏出100元钱给乙说:“给你,随便买什么。”乙打开收款机,交出所有现金,甲一把抓跑。事实上,乙给甲的现金只有88元,甲“亏了”12元。关于本案,下列哪一说法是正确的?

A. 甲进入的虽是小超市,但乙已在椅子上睡觉,甲属于入户抢劫;

B. 只要持枪抢劫,即使分文未取,也构成抢劫既遂;

C. 对于持枪抢劫,不需要区分既遂与未遂,直接依照分则条文规定的法定刑量刑即可;

D. 甲虽“亏了”12元,未能获利,但不属于因意志以外的原因未得逞,构成抢劫罪既遂。

分析如下:

(1) 选项A错误。入户抢劫的"户",指的是供他人家庭生活的与外界相对隔离的住宅,超市不是生活场所,进入超市抢劫不属于入户抢劫。

(2) 选项B、C错误。根据司法解释的规定,抢劫罪既遂的标准是:具备劫取财物或者造成他人轻伤以上后果之一。既未劫取财物,又未造成他人人身伤害后果的,属抢劫未遂。即使持枪抢劫,如果既未劫取财物,又未造成他人轻伤以上后果的,仍属抢劫未遂,不属既遂。

(3) 选项D正确。犯罪既遂是以行为人实施的犯罪行为是否符合某一犯罪的犯罪构成为标准,不是以犯罪人的主观目的是否实现为标准。本案中,就犯罪人的主观目的而言,不仅没有非法占有他人财产,反而"亏了"12元;但是就客观而言,犯罪人劫取到了财产,因而构成既遂,而非未遂。

综上,上述问题的合适选项是D。

(三) 抢劫罪的刑事责任

根据《刑法》第263条,犯本罪的,处3年以上10年以下有期徒刑,并处罚金。有下列情形之一的,处10年以上有期徒刑、无期徒刑或者死刑,并处罚金或者没收财产:(1) 入户抢劫的;(2) 在公共交通工具上抢劫的;(3) 抢劫银行或者其他金融机构的;(4) 多次抢劫或者抢劫数额巨大的;(5) 抢劫致人重伤、死亡的;(6) 冒充军警人员抢劫的;(7) 持枪抢劫的;(8) 抢劫军用物资或者抢险、救灾、救济物资的。

"入户抢劫"是指为实施抢劫行为而非法进入他人生活的与外界相对隔离的住所进行抢劫的行为,包括封闭的院落、牧民的帐篷、渔民作为家庭生活场所的渔船、为生活租用的房屋等。[①] "在公共交通工具上抢劫"是指在从事旅客运输的各种公共汽车,大、中型出租车,火车,船只,飞机等正在运营中的机动公共交通工具上对旅客、司售、乘务人员实施的抢劫,也包括对运行途中的机动公共交通工具加以拦截后,对公共交通工具上的人员实施的抢劫。"抢劫银行或其他金融机构"是指抢劫其经营资金、有价证券和客户的资金。"多次抢劫"是指3次或者3次以上,[②]抢劫数额巨大的标准参照盗窃罪的数额巨大的标准。"抢劫致人重伤、死亡"是指行为人在实施抢劫过程中因使用暴力直接致人重伤、死亡。"持枪抢劫"是指行为人使用枪支或者向被害人显示持有、佩带的枪支进行抢劫的行为。

【实例分析6-7】

关于抢劫致人重伤、死亡的加重后果处理,可从下面的分析中深化认识:下列哪些

---

① 参见最高人民法院《关于审理抢劫案件具体应用法律若干问题的解释》,2000年11月17日最高人民法院审判委员会第1141次会议通过。

② 对多次抢劫有两个值得思考的问题:一是多次抢劫是否要求每次抢劫行为构成犯罪;二是多次的计算是否有时间上的限制,是否以追诉时效为标准。

情形可以成立抢劫致人死亡?

A. 甲冬日深夜抢劫王某财物,为压制王某的反抗将其刺成重伤并取财后离去。三小时后,王某被冻死。

B. 乙抢劫妇女高某财物,路人曾某上前制止,乙用自制火药枪将曾某打死。

C. 丙和贺某共同抢劫严某财物,严某边呼救边激烈反抗。丙拔刀刺向严某,严某躲闪,丙将同伙贺某刺死。

D. 丁盗窃邱某家财物,准备驾车离开时被邱某发现。邱某站在车前阻止丁离开,丁开车将邱某撞死后逃跑。

分析如下:

(1) A选项考查抢劫行为与致人死亡后果之间的因果关系问题,成立该加重后果要求死亡结果与抢劫行为之间有因果关系。王某被冻死是因重伤造成,重伤是由甲的抢劫暴力行为直接造成;但结合抢劫行为实施的当时环境(冬日深夜),致人重伤之后导致死亡的可能性极大,因果关系自然发展并未中断,故属于抢劫致人死亡。

(2) B选项考查抢劫致死的对象可以是第二人。抢劫致人死亡的死者不限于被抢者,本案死者属于阻止抢劫的障碍者,也是抢劫暴力行为的对象,乙的暴力行为是抢劫的组成部分,故属于抢劫致人死亡。

(3) C选项考查刑法总论中的对象认识错误。同伙贺某的死亡结果是因丙的抢劫行为直接导致,存在打击错误的问题,按法定符合说,具体错误仍应认定为实现犯罪结果,故属于抢劫致人死亡。

(4) D选项考查致死的原因行为,抢劫实行行为、实行之后的排除障碍行为都可以认为是致死的原因行为。行为人未脱离现场,暴力仍然发生在抢劫过程中,应属抢劫中的暴力,认定为抢劫致人死亡,而不属于抢劫实施完毕后为灭口而杀人。

综上,上述问题的合适选项是ABCD。

二、抢夺罪

(一) 抢夺罪的概念和特征

抢夺罪是指,以非法占有为目的,公然夺取数额较大的公私财物或者多次抢夺的行为(《刑法修正案(九)》增加了"多次抢夺"的客观要件)。本罪的主要特征是:

1. 本罪侵犯的客体是公私财物的所有权。犯罪对象是公私财物。如果抢夺枪支、弹药、爆炸物或公文、证件、印章等特定财物,应按照刑法分则有关规定论处,不以本罪论处。

2. 本罪在客观方面表现为公然夺取公私财物,数额较大或者多次夺取的行为。"公然夺取",是指当着财物所有人、保管人、看护人、持有人的面或者在上述被害人可以立即发现的情况下,乘其不备,使其来不及抗拒夺取财物,但并不要求必须在不特定人或多数人面前实施抢夺行为。行为人在夺取财物时并没有使用暴力或以暴力相威胁。抢夺公私财物“数额较大”“数额巨大”“数额特别巨大”的标准如下:(1)抢夺公私财物价值人民币500元至2000元以上的,为“数额较大”。(2)抢夺公私财物价值人民币5000元至20000元以上的,为“数额巨大”。(3)抢夺公私财物价值人民币30000元至100000元以上的,为“数额特别巨大”。[①] 最高人民法院《关于审理抢劫、抢夺刑事案件适用法律若干问题的意见》第11条规定:对于驾驶机动车、非机动车夺取他人财物的,一般以抢夺罪从重处罚。但具有下列情形之一的,应当以抢劫罪定罪处罚:(1)驾驶车辆,逼挤、撞击或强行逼倒他人以排除他人反抗,乘机夺取财物的。(2)驾驶车辆强抢财物时,因被害人不放手而采取强拉硬拽方法劫取财物的。(3)行为人明知其驾驶车辆强行夺取他人财物的手段会造成他人伤亡的后果,仍然强行夺取并放任造成财物持有人轻伤以上后果的。

行为人当着被害人的面,在被害人因其他原因没有能力或者条件反抗的情况下,不以暴力手段平和占有其财物,这样的行为应如何定性?第一种观点认为,这种情形可按盗窃罪来认定;第二种观点认为,这种情形可以按照抢夺罪来认定。但是,严格来讲,盗窃罪需以“秘密窃取”为特征,抢夺罪需以“乘人不备”为特征。本书认为,当面平和占有财物的行为,就行为人而言,是利用了被害人所处的不能够反抗或者缺乏反抗条件的状态;对于被害人来说,他也知道行为人利用了自己被强制力量限制的状态。行为人和被害人都认识到了被害人受强制状态的存在和行为人对强制状态的利用。虽然不能将该状态归因于行为人,但可以确定行为人仍然是通过这种状态强制取得被害人财物的。行为人占有财物的行为是当着被害人的面进行的,具有“公然性”的特点;行为人没有使用暴力或者胁迫手段,具有不针对人身的特点,因而完全符合抢夺罪中不对被害人实施暴力或者胁迫而公然占有其财物的特征。抢夺罪具有平和(不针对人身)地、公然地占有财物的本质特征,自然可以包容当面平和占有财物这种公然犯罪活动。因此,本书认为,当着被害人的面,在被害人因其他原因没有能力或者条件反抗的情况下,不以暴力手段平和占有其财物的行为按抢夺罪来认定比较合理。

3. 本罪犯罪主体是一般主体。

4. 本罪在主观方面是直接故意,而且必须以非法占有为目的。

(二)对携带凶器抢夺的理解

《刑法》第267条第2款规定:携带凶器抢夺的,以抢劫罪定罪处罚。按照司法解释,携带凶器抢夺,是指行为人随身携带枪支、爆炸物、管制刀具等国家禁止个人携带的器械进行抢夺,或者为了实施犯罪而携带其他器械进行抢夺的行为。[②] 虽然司法解释为认定携带凶器抢夺的行为提供了指导,但是在适用刑法的这一规定时,仍有一些

---

① 参见最高人民法院《关于审理抢夺刑事案件具体应用法律若干问题的解释》,2002年7月15日最高人民法院审判委员会第1231次会议通过。

② 参见最高人民法院《关于审理抢劫案件具体应用法律若干问题的解释》,2000年11月17日最高人民法院审判委员会第1141次会议通过。

问题需要探讨：

1. 本款是特别规定而非注意规定

所谓“特别规定”，是指在特殊情况下改变行为性质和处罚方式的规定。即某种行为在一般情形下，不符合某一行为的性质，但在特殊情形下则可按某一行为论处。如《刑法》第269条规定的抢劫转化犯就是这一情形。

所谓“注意规定”，是指在刑法已有规定的情形下，再行规定，以提示司法人员注意，防止其适用时忽略的规定。注意规定并没有改变相关规定的内容，只是对相关规定内容的重申，即使没有注意规定，也应按相关规定处理。如《刑法》第384条规定了挪用公款罪，第185条第2款则规定，国有金融机构工作人员和国有金融机构委派到非国有金融机构从事公务的人员挪用本单位或者客户资金的，以挪用公款罪定罪处罚。《刑法》第185条第2款的规定就属于注意规定。

《刑法》第267条第2款的规定如果是属于注意规定，那么就意味着携带凶器抢夺的行为，只有同时符合《刑法》第263条关于抢劫罪的规定，才能以抢劫罪论处；如果是属于特别规定，则意味着只要携带凶器抢夺，即使不符合第263条关于抢劫罪的规定，也必须以抢劫罪论处。本书认为，《刑法》第267条第2款属于特别规定，即只要求行为人携带凶器抢夺的，就以抢劫罪论处，而不要求行为人使用暴力、胁迫或者其他方法。如果没有《刑法》第267条第2款的特别规定，司法机关对携带凶器抢夺的行为，只能认定为抢夺罪，而不能认定为抢劫罪。

2. 凶器

凶器，按照字典的解释，在古代是指兵器。《史记·平津侯主父列传》：“兵者，凶器也。”在今天则是指凶手在行凶时所用的器械。[①]

3. 携带

携带，是指提和牵引，[②]即将某种物品提在手上或牵引在身旁。但是在这里携带和持有没有本质区分。手持凶器和怀中、手提包中藏着凶器都属于携带凶器。只要行为人具有随时使用的可能性，在客观上就符合了携带凶器的条件。因此，携带凶器不要求行为人显示凶器，也不要求行为人向被害人暗示自己携带着凶器。如果行为人使用所携带的凶器强取他人财物，则完全符合抢劫罪的构成要件，应直接适用《刑法》第263条的规定；只有行为人在携带凶器而又没有使用凶器的情况下抢夺他人财物的，才适用第267条第2款的规定。

4. 主观故意

行为人必须以实施抢夺犯罪或其他犯罪的目的而携带某种足以杀人、伤人的工具才能构成抢劫罪。换言之，对凶器的携带必须是行为人有意为之，否则不成立携带凶器抢夺。如果行为人并不是为了实施犯罪而携带某种工具，实施抢夺时也没有准备使用的意识，则不能适用《刑法》第267条第2款。在司法实践中，有的行为人随身携带

---

① 参见辞海编辑委员会：《辞海·语词分册》(上)，上海辞书出版社1977年版，第403页。

② 同上书，第711页。

具有一定杀伤力的工具四处游荡,看见有可以抢夺之机就见机行事的,也是有明显的携带意识。如果实施抢夺,应认定为携带凶器抢夺,按抢劫罪论处。

(三)抢夺罪既遂与未遂的区分标准

如何区分抢夺罪的既遂与未遂,目前理论界有以下两种观点:第一种观点认为,应以财物是否已经脱离所有人或保管人的完全控制、支配及行为人是否已经实际控制财物为准。行为人已抢到财物,不论占有时间多么短暂,即使被追赶就弃赃逃逸,也应视为既遂。[①] 第二种观点认为,行为人只有夺取数额较大的公私财物并且携赃逃离现场,即实际控制所夺取的财物,才能认定为抢夺罪的既遂;未实际控制所夺取的财物,是抢夺罪未遂。理由是:第一,公然夺取是抢夺罪的客观特征,其特点就是行为人已实际控制了财物,才达到非法占有的目的,而要完成夺取这个动作,行为人就必须携财物逃离现场;第二,抢夺罪是结果犯,这就要求其既遂是发生法定的危害结果,即将他人数额较大的公私财物据为己有;第三,这样符合罪刑相适应原则的要求;第四,有利于鼓励犯罪中止。[②]

上述第一种观点实际上是"失控+控制"说,但实际上抢夺罪的情况是非常复杂的,所有人、保管人对被抢夺的财物失去控制并不等于行为人控制了所夺取的财物,因此,这种观点不甚科学。第二种观点主张夺取数额较大的公私财物并且携带逃离现场,这种观点也不科学,因为行为人夺取了财物后不一定要逃离现场才能控制财物。如行为人在列车即将开动时,在站台上公然夺取列车上的乘客的财物(提包,手表等),这时火车很快离开车站,行为人不需逃离现场就可以占有财物,达到抢夺罪的既遂状态。这种观点同时又主张实际控制所夺取的财物是既遂,前后表述存在矛盾,因此也为本书所不主张。本书认为,应以行为人是否实际控制所夺取的财物为标准,行为人已实际控制所夺取的财物为抢夺既遂,未实际控制所夺取的财物为抢夺未遂。具体理由如下:

1. 认定抢夺罪既遂、未遂的标准,应当贯彻犯罪构成要件说。区分犯罪既遂、未遂的犯罪构成要件说,就是以抢夺罪犯罪构成要件齐备与否,作为抢夺罪既遂与未遂的区分标准。抢夺罪犯罪构成要件齐备的客观标志,就是公然夺取的犯罪行为造成了行为人非法占有所夺取的公私财物的犯罪结果。因此,非法占有财物的犯罪结果是否发生,是抢夺罪既遂与未遂的区分标准。那么,什么是发生了非法占有财物的犯罪结果?是以所有人或保管人脱离了对财物的控制为标准,还是以行为人对财物获得了实际控制为标准?本书认为,"非法占有"这一犯罪结果的发生,只能理解为行为人获得对财物的实际控制,而不能是其他含义。这里的"实际控制",并非指财物一定就在行为人手里,而是说行为人能够支配该项财物。这种实际控制并无时间长短的要求,也

---

① 参见金子桐等:《罪与罚——侵犯财产罪和妨害婚姻、家庭罪的理论和实践》,上海社会科学院出版社1987年版,第119页。

② 参见唐若愚:《抢夺罪犯罪既遂标准之我见》,载《法学与实践》1992年第4期。

不要求行为人实际上已经利用了该财物。

2. 以控制说为标准,也是抢夺罪本身的特点所决定的。抢夺罪的行为表现为公然夺取。这说明,它包括两个方面,"夺"和"取"。"夺"是从所有人、保管人身上直接抢,或当着所有人、保管人的面拿走其所有或保管的财物;"取"即为实际控制财物。当然,抢夺罪的"夺取"是非常复杂的,行为人公然夺取财物的当场又被财物所有人、保管人夺回去或者行为人由于当场被人追捕而扔掉了抢夺去的财物,由于行为人还没有实际控制被夺取的财物,非法占有的目的还没有达到,故仍然认定为行为人抢夺未遂。例如,被告人张某在石家庄市新华集贸市场趁个体户李某不备,从李某手中抢走装有290余元现金的皮包一个。张某逃离现场时,被三轮车绊倒,遂被抓获。[①] 本案中被告人张某夺取财物后逃离现场时,因意志以外的原因,即被三轮车绊倒而被抓获,虽然短暂占有了所夺取的财物,但仍未实际控制该财物,故仍属抢夺罪未遂。综上所述,应以行为人是否实际控制了所夺取的财物作为区分抢夺罪既遂与未遂的标准。

(四)特殊情况下抢夺财物行为的认定

对于暴力作用于财物而影响到财物持有者身体的情形下,究竟以抢劫罪还是抢夺罪认定,同样要根据两罪中暴力的危害来区分。如果在获取财物的同时,以侵犯人身安全为获取财物的手段的,就应以抢劫罪认定;如果只是获取财物而没有以侵犯人身安全为手段的,则只能以抢夺罪来认定。

实践中,行为人通过使用暴力于财物而影响到财物持有者人身安全一般存在以下两种情况:(1)财物附于被害人身体,暴力作用于财物,被害人来不及反抗而失去财物。(2)财物附于被害人身体,暴力作用于财物时,被害人反抗而失去财物。在第一种情况下,因为财物依附于被害人身体,行为人作用于财物之力间接作用于被害人身体,但由于行为人作用于财物之暴力并未使被害人的人身权利受到实际损害或威胁,以致处于不能或不敢抗拒之状态,被害人失去财物只是因为其来不及反抗。因此,对这种情况应按抢夺罪认定。在第二种情况下,由于被害人为护住财物而进行反抗,行为人为获取财物就必须加大用力或更多地利用有利于获取财物的条件,而被害人也就必须进一步阻止这种对财物的作用力。具体而言,这种情况又可以进一步作以下几种划分和考虑:如果行为人遭遇到反抗时立即放弃财物,且其暴力行为并未危害或威胁到被害人的人身,其行为就只能按照抢夺罪(未遂或中止)认定;如果行为人遭遇到反抗时并未放弃且继续用力于财物,被害人若继续反抗就有可能被拉倒在地或撞上障碍物,面临着要么受伤要么死亡的可能性结果,或者在拉扯财物的过程中,被害人受伤或死亡,最后只好放弃财物或财物被夺走。这时,尽管行为人只是用力于财物,但由于行为人使用于财物的暴力使被害人的人身自由或意志自由受限制,暴力就成为抢劫罪中获取财物的手段,这就完全符合抢劫罪的基本特征,因此,应以抢劫罪认定。

① 参见石磊:《从张某抢夺一案看抢夺罪的既遂与未遂》,载《法学与实践》1991年第2期。

【实例分析 6-8】

对上述内容,可从下例分析中深化认识:

甲、乙夫妇二人带着孩子去坐摩的。丙看到乙手上拿着一个价值不菲的包,就骑着摩托车追甲、乙夫妇乘坐的摩的。丙追上以后,抓住乙手上的包用力拉扯,虽然没有将包从乙的手上夺走,却导致摩的因驾驶不稳而倾翻,最终分别造成甲、乙夫妇轻微伤、孩子轻伤的结果;同时,丙也摔倒在地。在这个案件中,应该将丙的行为认定为抢夺罪,还是抢劫罪?

根据最高人民法院《关于审理抢劫、抢夺刑事案件适用法律若干问题的意见》第11条"驾驶机动车、非机动车夺取他人财物行为的定性",行为人明知其驾驶车辆强行夺取他人财物的手段会造成他人伤亡的后果,仍然强行夺取,并放任造成财物持有人轻伤以上后果的,要认定为抢劫。在这个案件中,丙在飞车抢夺时,已经知道摩的上坐了三个人,强取乙的包的行为可能会对摩的上的人造成一定的危险,但他还是用力拉扯乙的包,最终导致甲、乙受轻微伤、孩子受轻伤的结果。所以,根据该司法解释,丙的行为成立抢劫罪。

我们应该以抢劫罪的构成要件为依据来认定某一行为是否成立抢劫罪,而不是直接以司法解释为根据认定一个行为是否成立抢劫罪。只有当行为人为了压制财物占有人的反抗而使用暴力或者胁迫强取财物的,才能构成抢劫罪。所以,在这个案件中,只有能够将丙强取乙的包的行为认定为对财物占有人使用了暴力强取财物,才能将丙的行为认定为抢劫罪。

有观点认为,丙只是拉扯了乙的包,并没有对乙的身体实施暴力,最后甲、乙及他们的孩子受伤,是由于拉扯过程中造成了事故所致。所以,恐怕并不能将丙拉扯乙的包的行为认定为对乙的暴力行为。

本书认为,如果不能将丙的行为认定为对乙的暴力,就不能将这样的行为认定为抢劫罪。

在抢夺行为造成被害人一方轻伤的情况下,要考虑这种行为是否属于抢夺罪中的严重情节,如果得出肯定结论,就在"3 年以上 10 年以下有期徒刑,并处罚金"的法定刑内量刑。如果不能评价为严重情节,就只能适用最低档的法定刑。由于丙最终没有抢夺到乙的财物,因而属于抢夺未遂。在量刑中,犯罪未遂的可以从轻、减轻处罚。

另外,并不是所有的"飞车抢夺"案件都不符合抢劫罪的构成要件。比如,行为人为了让被害人放手,用力猛敲被害人的胳膊或者其他部位;行为人为了让被害人放弃财物,用车挤逼被害人驾驶的车辆;行为人骑着摩托车抢夺路人手提包时,路人不松手,行为人骑在摩托车上拖拉路人的,都可以被评价为抢劫罪中的暴力行为。

(五)抢夺罪中的刑事责任

根据《刑法》第267条,犯本罪,数额较大的,或者多次抢夺的,处3年以下有期徒刑、拘役或者管制,并处或者单处罚金;数额巨大或者有其他严重情节的,处3年以上

10 年以下有期徒刑,并处罚金;数额特别巨大或者有其他特别严重情节的,处 10 年以上有期徒刑或者无期徒刑,并处罚金或者没收财产。抢夺公私财物达到《关于审理抢劫、抢夺刑事案件适用法律若干问题的意见》第 1 条第 1 项规定的"数额较大"的标准,具有下列情形之一的,可以依照《刑法》第 267 条第 1 款的规定,以抢夺罪从重处罚:(1) 抢夺残疾人、老年人、不满 14 周岁未成年人的财物的。(2) 抢夺救灾、抢险、防汛、优抚、扶贫、移民、救济等款物的。(3) 一年内抢夺 3 次以上的。(4) 利用行驶的机动车辆抢夺的。

实施抢夺公私财物行为,构成抢夺罪,同时造成被害人重伤、死亡等后果,构成过失致人重伤罪、过失致人死亡罪等犯罪的,依照处罚较重的规定定罪处罚。[①]

三、聚众哄抢罪

(一) 聚众哄抢罪的概念和特征

聚众哄抢罪,是指以非法占有为目的,聚集多人,公然夺取公私财物,数额较大或情节严重的行为。本罪的主要特征是:

1. 本罪侵犯的客体是公私财物所有权。

2. 本罪在客观方面表现为组织、策划、指挥众人,公然夺取公私财物或者积极参与聚众公然夺取公私财物,数额较大或者有其他严重情节的行为。哄抢过程中一般不使用暴力或仅轻微使用暴力,且不是针对人身,而是针对财物,这是本罪与抢劫罪的主要区别。

3. 本罪的犯罪主体是一般主体。

4. 本罪在主观方面是直接故意,并以非法占有为目的。

(二) 聚众哄抢罪的刑事责任

根据《刑法》第 268 条,犯本罪的,对首要分子和积极参加的,处 3 年以下有期徒刑、拘役或者管制,并处罚金;数额巨大或者有其他特别严重情节的,处 3 年以上 10 年以下有期徒刑,并处罚金。

第三节 窃取型犯罪:盗窃罪

一、盗窃罪的概念和主要特征

按《刑法修正案(八)》修正后的《刑法》规定,盗窃罪是指行为人采取自认为不被被害人知情的方法秘密窃取公私财物,数额较大或多次盗窃、入户盗窃、携带凶器盗窃、扒窃的行为。盗窃罪的主要特征如下:

---

① 参见最高人民法院《关于审理抢夺刑事案件具体应用法律若干问题的解释》,2002 年 7 月 15 日最高人民法院审判委员会第 1231 次会议通过。

（一）盗窃罪的犯罪客体

盗窃罪的犯罪客体是公私财产的所有权，对象只能是动产，也包括能为人控制的无形财产或票证式或记载式的财产，前者如煤气、电、天然气等，后者如不记名、不挂失的或可以随即兑现的提货单、国库券等。但行为人明知是刑法另有规定的特殊对象而盗窃的不构成该罪，而构成另有规定的罪名。如枪支、弹药、爆炸物、林木、尸体、古文化遗址、古墓葬、技术秘密、武器装备、军用物资等。根据2013年两高《关于办理盗窃刑事案件适用法律若干问题的解释》（以下简称"2013年《盗窃罪解释》"），盗窃增值税专用发票或者可以用于骗取出口退税、抵扣税款的其他发票的，以盗窃罪处罚。盗窃网络游戏币、网络游戏装备等前已叙明，在目前不宜以盗窃罪论处。

作为本罪对象的财物有可能处于他人的占有之下。他人占有一般是他人主观上有占有的意思，客观上有占有的行为，他人与财物有较为接近的空间关系，但也要结合社会观念、财物性质等综合评价。处在封闭场所、私人空间内的财物，即使主人不知情，也属于主人占有的财物。如藏在祖上遗下房屋墙壁中的财物，第三人遗忘在房主家的财物，即使房主并不知情，也系房主占有之物。他人埋在公共场所的地下财物，只有埋藏人知情，可能与埋藏人距离遥远，但也属于埋藏人占有之物。除行为人偶然发掘而得可能定侵占罪外，故意挖掘他人埋藏物应构成本罪。在野外的家养动物，因其到时会自动回到主人家中，也属于他人占有之物。

【实例分析6-9】

对上述内容，可从下面的分析中深化认识：甲的下列哪些行为属于盗窃（不考虑数额）？

A. 某大学的学生进食堂吃饭时习惯于用手机、钱包等物占座后，再去购买饭菜。甲将学生乙用于占座的钱包拿走。

B. 乙进入面馆，将手机放在大厅6号桌的空位上，表示占座，然后到靠近窗户的地方看看有没有更合适的座位。在7号桌吃面的甲将手机拿走。

C. 乙将手提箱遗忘在出租车的后备箱。后甲搭乘该出租车时，将自己的手提箱也放进后备箱，并在下车时将乙的手提箱一并拿走。

D. 乙全家外出打工，委托邻居甲照看房屋。有人来村里购树，甲将乙家山头上的树谎称为自家的树，卖给购树人，得款3万元。

分析如下：

（1）A选项，物主近在咫尺，暂时离开，马上会回来，应认定财物归物主占有。钱包对于行为人而言是他人占有的财物，构成盗窃。

（2）B选项，同A选项，物主近在咫尺，暂时离开，马上会回来，应认定财物归物主占有，对于行为人而言是他人占有的财物，构成盗窃。

（3）C选项，物主将财物遗落在出租车内，物主丧失占有，但财物转归临时代管人出租车司机占有；行李箱对于行为人而言是他人占有的财物，而不属无人占有的遗忘物,构成盗窃。

(4) D选项,行为人虽对购树人实施了欺骗行为,但客观上甲对于乙的树木没有转移占有的处分权限,没有骗取他人处分,不构成诈骗罪,应当认定是盗窃罪的间接正犯,即通过欺骗手段,利用无过错的购树人,盗窃了乙的树木。

综上,上述问题的合适选项是ABCD。

(二) 盗窃罪的客观方面

1. 盗窃罪的5种法定形式

《刑法》第264条规定了盗窃罪的5种形式,分别是:(1) 一般盗窃。(2) 多次盗窃。二年内盗窃三次以上的,应当认定为多次盗窃。(3) 入户盗窃。非法进入供他人家庭生活,与外界相对隔离的住所盗窃的,应当认定为入户盗窃。(4) 携带凶器盗窃。携带枪支、爆炸物、管制刀具等国家禁止个人携带的器械盗窃,或者为了实施违法犯罪携带其他足以危害他人人身安全的器械盗窃的,应当认定为携带凶器盗窃。(5) 扒窃。在公共场所或者公共交通工具上盗窃他人随身携带的财物的,应当认定为扒窃。

【实例分析6-10】

对上述内容,可从下面的分析中深化认识:关于盗窃罪的理解,下列哪一选项是正确的?

A. 扒窃成立盗窃罪的,以携带凶器为前提;

B. 扒窃仅限于窃取他人衣服口袋内体积较小的财物;

C. 扒窃时无论窃取数额大小,即使窃得一张白纸,也成立盗窃罪既遂;

D. 入户盗窃成立盗窃罪的,既不要求数额较大,也不要求多次盗窃。

分析如下:

(1) A选项,扒窃成立盗窃罪的,无需携带凶器,也无需数额较大。

(2) B选项,扒窃指在公共场所或者公共交通工具上盗窃他人随身携带的财物(近身盗窃),而不限于窃取他人衣服口袋内体积较小的财物(贴身盗窃)。例如,盗窃别人背的双肩包内的财物也是扒窃。

(3) C选项,扒窃成罪虽无需数额较大,但诸如一张白纸等价值极其微薄的物品,因情节显著轻微,危害不大,不具社会危害性,可适用《刑法》第13条予以无罪化处理。

(4) D选项,入户盗窃、数额较大、多次盗窃等五种成罪要素是并列关系,只要符合其一即可。

综上,上述问题的合适选项是D。

2. 盗窃罪是否需要秘密性

传统观点认为,盗窃罪在客观方面表现为行为人采用秘密窃取的方法获取数额较大的公私财物或多次盗窃、入户盗窃、携带凶器盗窃、扒窃的行为。所谓"秘密窃取",

是指行为人用自认为不被被害人发现的方式取财。有时被害人也注意到了行为人的企图,但只要行为人不知情,还是属于秘密窃取。在众目睽睽之下扒窃或窃取公私财物,只要行为人认为被害人不知情,就是秘密窃取。财物放置于未封闭也无人看守的地方,如住宅外院坝中晾的衣物、放在公路旁的货物等,只要按一般人观念属于有主财物而非抛弃物或无主物,行为人认为被害人不知情公然取走,也是秘密窃取。利用无刑事责任能力人或训练有素的动物实施盗窃,以物主身份雇请不知情的人取他人财物,属于盗窃的间接正犯,将他人骗离财物现场取物也属于盗窃。

【实例分析 6-11】

对上述内容,可从下例分析中深化认识:甲潜入他人房间欲盗窃,忽见床上坐起一老妪,哀求其不要拿她的东西。甲不理睬而继续翻找,拿走一条银项链(价值 400 元)。关于本案的分析,下列哪些选项是正确的?

A. 甲并未采取足以压制老妪反抗的方法取得财物,不构成抢劫罪;

B. 如认为区分盗窃罪与抢夺罪的关键在于是秘密取得财物还是公然取得财物,则甲的行为属于抢夺行为,如甲作案时携带了凶器,则对甲应以抢劫罪论处;

C. 如采取 B 选项的观点,因甲作案时未携带凶器,也未秘密窃取财物,又不符合抢夺罪"数额较大"的要件,无法以侵犯财产罪追究甲的刑事责任;

D. 如认为盗窃行为并不限于秘密窃取,则甲的行为属于入户盗窃,可按盗窃罪追究甲的刑事责任。

分析如下:

(1) 选项 A,抢劫罪是采用暴力、胁迫等方式压制被害人反抗,然后取得被害人的财产,甲并未采取足以压制老妪反抗的方法取得财物,不构成抢劫罪。

(2) 选项 B,按照上述假设观点,盗窃罪与抢夺罪的关键区别在于是秘密取得财物还是公然取得财物:秘密取得财物的是盗窃,公开取得财物的是抢夺。因此,甲当着被害人的面取得被害人的财产,属于抢夺;如甲作案时携带了凶器,则对甲应以抢劫罪论处。

(3) 选项 C,如果依据上述观点,由于甲作案时未携带凶器,也未秘密窃取财物,又不符合抢夺罪"数额较大"的要件,无法以侵犯财产罪追究甲的刑事责任。

(4) 选项 D,近年有学者提出另外一种观点,认为抢夺罪必须是采用一定的力量夺取他人紧密占有之物;采用和平的方式夺取他人财物或者夺取他人未紧密占有之物,都不构成抢夺,属"公开盗窃"。按照这一观点,甲的行为属于入户盗窃,可按盗窃罪追究甲的刑事责任。

综上,上述问题的合适选项是 ABCD。

3. 其他客观内容

犯其他罪致被害人死亡或失去知觉后见被害人有财,临时起意取走财物,构成盗窃罪。但学界对于第三人取走死伤者的财物是否构成盗窃罪有争议,本书认为也应以盗窃罪定处。

随着科技发展,行为表现不是取财而是采用被害人不知的方法非法消费公私财产的,也属于盗窃。如盗打他人电话,将电信卡非法充值后使用,盗用他人公共信息网络上网账号、密码上网,造成他人电信资费损失等行为,以牟利为目的,盗接他人通信线路、复制他人电信码号或明知是盗接、复制的电信设备、设施而使用的,也属于盗窃行为。

根据2013年《盗窃罪解释》,盗窃罪中的数额较大指人民币1000—3000元,各高级法院可以根据本地区经济发展状况在此幅度内制定自己的"数额较大"的标准。所谓多次盗窃,根据2013年《盗窃罪解释》,是指在二年内盗窃三次以上。

入户盗窃或携带凶器盗窃、扒窃无需数额较大就可构成本罪。"户""携带凶器"的理解应同前述抢劫罪,因按刑法体系解释,除非有特殊理由或明确规定,同一法律中同一词语含义应相同,而此处无理由对其作出不同于抢劫罪的规定。

《刑法》第253条规定,邮政工作人员私自开拆邮件、电报而窃取财物的,依照盗窃罪从重处罚。

(三) 盗窃罪的犯罪主体

盗窃罪的犯罪主体为一般主体,已满16周岁的具有刑事责任能力的自然人才能构成,单位通常不构成该罪。对于单位领导集体研究决定或法定代表人决定安排职工为单位利益而盗窃公私财物的行为,根据2013年《盗窃罪解释》,单位组织、指使盗窃,符合《刑法》第264条及2013年《盗窃罪解释》有关规定的,以盗窃罪追究组织者、指使者、直接实施者的刑事责任。

(四) 盗窃罪的主观方面

1. 盗窃罪在主观方面表现为只有直接故意才能构成,并具有非法占有公私财物的目的。如盗窃被他人抛弃的或无主财物,或盗回自己所有的财产,不构成本罪,因行为人缺乏非法占有公私财产的故意。行为人行为时必须认为自己非法占有的方法是被害人不知晓的方法,明知被害人知情而非法取财不构成该罪,构成抢夺罪。行为人盗用,打算用后归还的,因缺乏非法占有的目的,不构成该罪。

【实例分析6-12】

对上述内容,可从下面的分析中深化认识:下列哪些选项的行为人具有非法占有目的?

A. 男性基于癖好入户窃取女士内衣;

B. 为了燃柴取暖而窃取他人红木家具;

C. 骗取他人钢材后作为废品卖给废品回收公司;

D. 杀人后为避免公安机关识别被害人身份,将被害人钱包等物丢弃。

分析如下:

盗窃罪的所谓非法占有目的,实际上就是非法所有目的,也就是排除他人占有之后以所有人自居,对财物进行占有、处分、利用的意思。

(1) A 选项,窃取女士内衣,排除了物主的占有,赏玩也是利用的意思,认为有非法占有目的,构成盗窃罪;(2) B 选项,窃取他人红木家具,排除了物主的占有,燃柴也是利用方法,认为有非法占有目的,构成盗窃罪;(3) C 选项,骗取排除了物主的占有,卖给废品回收公司是处分行为,认为有非法占有目的,构成诈骗罪;(4) D 选项,丢弃排除了物主的占有,但没有自己利用的意思,不认为有非法占有目的,而认定为毁损目的,可能构成故意毁坏财物罪。

综上,上述问题的合适选项是 ABC。

2. 行为人对所窃财物的价值是否需要明知。按常情,行为人是希望所窃财物的价值越大越好,故一般情况下无需行为人明知财物价值大小,以其实际盗窃价值认定。但有时行为人的确只追求盗窃价值较小财物,不知所盗之物价值昂贵,本书认为不宜一律按实际价值认定。如一民工为御寒去工厂仓库盗窃,仓库中价值昂贵的皮衣等不要,只盗窃一包其认为是棉花的物品意图做棉衣用,盗回宿舍未及打开就被抓获。事后查明其盗得的是一包价值数千元的羊毛绒,此时宜作治安管理处罚。

【实例分析 6-13】

对上述内容,可从下例分析中深化认识:2010 年某日,甲到乙家盗窃,发现乙家徒四壁。甲见桌上有一块玉坠,断定是不值钱的仿制品,便顺手拿走。后甲对丙谎称玉坠乃秦代文物,值 5 万元,丙以 3 万元买下。经鉴定乃清代玉坠,市值 5000 元。关于本案的分析,下列哪一选项是错误的?

A. 甲断定玉坠为不值钱的仿制品,具有一定根据,对“数额较大”没有认识,缺乏盗窃犯罪故意,不构成盗窃罪;

B. 甲将所盗玉坠卖给丙,具有可罚性,不属于不可罚的事后行为;

C. 不应追究甲盗窃玉坠的刑事责任,但应追究甲诈骗丙的刑事责任;

D. 甲诈骗丙的诈骗数额为 5 万元,其中 3 万元既遂,2 万元未遂。

分析如下:

盗窃故意的认定涉及对数额的误认是否影响盗窃故意的成立。一般情况下,对数额的认识错误不影响故意的成立,只要认识到对象具有相当的价值(认识到了财物属性),即使误认为价值较小,也认为具有盗窃故意。但是,误认为对象物价值极其微薄(或者是没有认识到财物属性),实则对象物价值数额较大、巨大乃至特别巨大,也不宜认为有盗窃故意。

(1) 甲到乙家盗窃客观上系“入户盗窃”,行为人主观上误将市值 5000 元的财物认定为“不值钱的仿制品”,结合“家徒四壁”的情形,该认识具有相当的依据,属于认识错误。因认为对象“不值钱”,没有认识到对象的“财物属性”,误将“财物”误认为“非财物”。对于盗窃对象没有认识,不认为具有盗窃故意。故而虽甲客观上有盗窃财物行为,但主观上对对象无认识,无盗窃故意,不构成盗窃罪。选项 A 正确。

(2) 关于诈骗:甲主观上明知物品不值钱却谎称值5万,具有诈骗故意;客观上,财物实际值5000元,卖得3万元,被害人因受骗而有损失,构成诈骗罪。

(3) 不可罚的事后行为的成立要求针对同一对象、同一法益、前一行为已评价,行为人先偷的是乙的东西,后骗的是丙,系不同对象(玉、钱)、不同人的不同法益,并且因为前一行为不构成犯罪,也未包容对后一行为的评价,所以后一行为不属于不可罚的事后行为,应当单独评价为诈骗罪。故选项B、C正确。

(4) 诈骗罪的数额应以被害人受骗后实施交付或预期交付的财物数额认定,本案应认定为3万元(5000元的客观犯罪成本不扣除)。被害人并未承诺交付5万元,不能认为诈骗数额是5万元,所以选项D错误。

综上,上述问题的合适选项是D。

二、盗窃罪的认定

(一) 罪与非罪

根据2013年《盗窃罪解释》,第一是看盗窃是否达到数额较大的标准,或是否是多次盗窃、入户盗窃或携带凶器盗窃、扒窃。不具备上述条件的盗窃行为,可作行政处罚。第二是看有否2013年《盗窃罪解释》规定的特殊情形。根据2013年《盗窃罪解释》,盗窃公私财物,具有下列情形之一的,"数额较大"的标准可以按照前条规定标准的百分之五十确定:(1) 曾因盗窃受过刑事处罚的;(2) 一年内曾因盗窃受过行政处罚的;(3) 组织、控制未成年人盗窃的;(4) 自然灾害、事故灾害、社会安全事件等突发事件期间,在事件发生地盗窃的;(5) 盗窃残疾人、孤寡老人、丧失劳动能力人的财物的;(6) 在医院盗窃病人或者其亲友财物的;(7) 盗窃救灾、抢险、防汛、优抚、扶贫、移民、救济款物的;(8) 因盗窃造成严重后果的。

盗窃公私财物数额较大,行为人认罪、悔罪,退赃、退赔,且具有下列情形之一,情节轻微的,可以不起诉或者免予刑事处罚;必要时,由有关部门予以行政处罚:(1) 具有法定从宽处罚情节的;(2) 没有参与分赃或者获赃较少且不是主犯的;(3) 被害人谅解的;(4) 其他情节轻微、危害不大的。

根据2013年《盗窃罪解释》,偷拿家庭成员或近亲属的财物,获得谅解的,一般可不认为是犯罪;追究刑事责任的,应当酌情从宽。

(二) 既遂与未遂

盗窃罪的既遂标准争议很大,有失控说、控制说、失控加控制说、转移场所说等。其认定难在何为失控、何为控制有一定模糊性,常有行为人与被害人均未控制或均控制的情况。均控制的如行为人扒窃了钱包即被发现,还未脱离被害人视线时被抓获。均未控制如入户盗窃行为人将财物从被害人房中窗户扔下楼,行为人未及下楼等。

按法理,被害人失控说更恰当,因盗窃行为已使被害人财产所有权遭受侵害。本书认为,盗窃罪一般应采控制说为妥,但如财物被行为人置于行为人、被害人均未控制之处,行为人即使未控制财物也属于既遂。如爬火车盗窃者将财物往车下抛后回去找财物时,财物已被别人捡走,就属于既遂。被害人失控一般指行为人已将被害人财物取离原处,且被害人当时已不知财物在何处。认定行为人是否已控制被盗财物则较复杂,应将被盗财物的轻重大小、被盗地点范围大小、是否封闭、是否被他人及时发现、行为人身份等结合起来认定。财物易于携带且盗窃地点环境开放,行为人取得财物就视为控制。如行为人在商店扒得他人钱包放入自己包内,即使作案人还在作案现场,未离开即被抓获,也是已控制。如被盗物为笨重大件财物,被盗地点系不大的、封闭的、只有少数内部人才能进入的场所,即使行为人已将财物带出所在的大楼,但只要未将财物搬离该单位,也是未控制。如行为人到某单位撬保险柜盗窃,快天亮了也未撬开,行为人将保险柜背到该单位围墙处,因一个人无法搬出围墙外,只好用破烂将该保险柜掩盖住,准备次日晚再叫一人来帮忙搬出。次日单位发现保险柜不在后报案,并找到了掩盖住的保险柜。此案行为人未控制所盗财产,属未遂。如果盗窃对象是小宗物品,将该物品放置于行为人控制之下,就属于既遂。如甲在珠宝柜台偷拿一枚钻戒后迅速逃离,慌乱中在商场内摔倒。保安扶起甲后发现其盗窃行为并将其控制。甲未能离开商场,但属于小宗物品的钻石已被甲控制,属于盗窃罪既遂。

(三) 盗窃罪与危害公共安全罪中破坏类罪的区别

行为人以盗窃为目的盗剪正在使用中的电线、电话线,撬盗正使用中的变电压器中的铜部件,盗窃正使用中的交通设施等时,构成盗窃罪还是破坏类罪容易混淆。此时可从以下几方面区别:一是从实际造成或可能造成的损害看侵犯的主要客体是什么,如主要危害不在于财产权而在于危害社会公众的生命、健康或重大公私财物,则主要客体是公共安全而非财产所有权,此时可能构成危害公共安全罪中的罪名。二是看行为人对危害公共安全是否明知或是否应当明知。如行为人不知自己的行为会危及公共安全,不管其是否应当预见,均不构成破坏类罪;如应当预见没有预见或预见到但轻信能避免,则属于危害公共安全罪中过失毁坏类罪名与盗窃罪的想象竞合犯,应从一重罪定处;如行为人没有预见且其也无预见的义务,则行为人只能构成盗窃罪;如行为人明知自己的行为会危害公共安全,但为达盗窃公私财物目的放任危害公共安全的结果发生,则系破坏类罪名与盗窃罪的想象竞合犯,应从一重罪定处。

(四) 偷开机动车案件的定性

偷开他人机动车的,按照下列规定处理:(1) 偷开机动车,导致车辆丢失的,以盗窃罪定罪处罚。(2) 为盗窃其他财物,偷开机动车作为犯罪工具,使用后非法占有车辆,或者将车辆遗弃导致丢失的,被盗车辆的价值计入盗窃数额。(3) 为实施其他犯罪,偷开机动车作为犯罪工具,使用后非法占有车辆,或者将车辆遗弃导致丢失的,以盗窃罪和其他犯罪数罪并罚;将车辆送回未造成丢失的,按照其所实施的其他犯罪从重处罚。

(五) 盗窃罪与金融诈骗罪的区别

《刑法》第196条只规定盗窃信用卡并使用的应定盗窃罪,对票据诈骗罪、金融凭证诈骗罪并未作此规定。当行为人盗窃印章不全或印章齐全但未填写金额的金融票据,私刻印章盖上或填上金额取财,属于伪造金融票据和使用伪造的金融票据,因伪造金融票证罪与票据诈骗罪法定刑相同,以结果行为票据诈骗罪定处。

【实例分析 6-14】

对上述内容,可从下例分析中深化认识:

朱某为泄私愤,于 2002 年 4 月 29 日至 5 月 10 日期间,利用事先窃取的陆某夫妇在国泰证券上海营业部的资金账号和股票交易账户密码,非法侵入并修改、重新设置了股票交易账户密码,然后使用陆某夫妇的股票和资金采用"高进低出"的方法进行恶意交易,造成陆某夫妇资金损失达 19 余万元。5 月 16 日,朱某再次侵入陆某的股票交易账户时,被发现并查获。

在上述案例中,对朱某出于泄愤目的,采用修改他人资金账号和股票交易账户密码并以"高进低出"的方式进行恶意交易的行为如何定性,争论颇大。归结起来,主要有以下三种意见:第一种意见认为,朱某的行为构成盗窃罪。主要理由是:首先,朱某具有非法占有的目的。所谓非法占有目的,是指"明知是公共的或他人的财物,而意图把它非法转归自己或第三者所有"。朱某明知陆某夫妇在证券公司的资金及股票都不是自己的,仍然通过修改密码的形式,使该笔资金及股票处于自己的控制之下。从其行为来看,朱某控制、占有他人财物的意图是十分明显的。其次,朱某的行为符合"秘密窃取"的特征。秘密窃取包括主客观两方面的内容,即客观上是采取隐秘方式取走其财物,主观上行为人自认为被害人不知晓。当代社会由于高科技的发展,"秘密窃取"的手段发生了许多变化,呈现多样化的特征。朱某修改密码的行为与传统的窃取方式有所不同,但在本质上仍不失为"秘密窃取"。第二种意见认为,朱某的行为构成故意毁坏财物罪。主要理由是:朱某没有非法占有陆某夫妇账户资金及股票的目的。其真正目的,一是通过恶意交易行为使陆某夫妇资金减少,达到毁坏之目的;二是通过这种毁坏行为进一步追求泄私愤的目的。修改密码只是进行后面的毁坏行为的预备,是为毁坏行为创造条件,是附属于毁坏行为的从行为。因此,对朱某在毁坏财物目的支配下实施的毁坏行为,应定故意毁坏财物罪。第三种意见认为,朱某修改密码的行为构成盗窃罪,恶意交易行为构成故意毁坏财物罪,应数罪并罚。主要理由是:朱某的行为符合有关司法解释的规定,即根据 2013 年《盗窃罪解释》第 11 条第 2 项的规定,"实施盗窃犯罪后,为掩盖盗窃罪行或者报复等,故意毁坏其他财物构成犯罪的,以盗窃罪和构成的其他犯罪数罪并罚"。

本书认为,本案应定盗窃罪。首先,应该认识到,按照有关规定,股票投资者必须先在证券公司开立资金账户和股票账户,然后才可以通过电话等方式向自己所开户的证券公司下达代为买进或卖出有关股票的委托指令。因此只要掌握了特定股票投资者的股票交易信息,就可以控制、买卖、处置该投资者的股票。本案中朱某利用事先窃取的陆某夫妇的资金账号和股票交易账户密码,非法秘密侵入并修改了股票交易账户密码,而这个密码不为被害人所知,这就等于朱某非法控制了陆某夫妇的资金和股票,非法占有了他人财产。其次,朱某是否有非法占有的目的。本案中并没有交代朱某有非法占有的目的,但从其实施的一系列行为,如事先窃取密码、修改密码等,就已经非法占有了账户中的资金。虽然这一资金要变成现金到手还存在着一定的难度,但这并不代表没有非法占有。最后,朱某的"恶意交易"行为属于对赃物的处理。按照刑法规定,"恶意交易"行为不构成独立的犯罪。

(六) 盗窃罪的数额认定

1. 一般盗窃的数额认定

一般盗窃的数额,按照下列方法认定:

(1) 被盗财物有有效价格证明的,根据有效价格证明认定;无有效价格证明,或者根据价格证明认定盗窃数额明显不合理的,应当按照有关规定委托估价机构估价。

(2) 盗窃外币的,按照盗窃时中国外汇交易中心或者中国人民银行授权机构公布的人民币对该货币的中间价折合成人民币计算;中国外汇交易中心或者中国人民银行授权机构未公布汇率中间价的外币,按照盗窃时境内银行人民币对该货币的中间价折算成人民币,或者该货币在境内银行、国际外汇市场对美元汇率,与人民币对美元汇率中间价进行套算。

(3) 盗窃电力、燃气、自来水等财物,盗窃数量能够查实的,按照查实的数量计算盗窃数额;盗窃数量无法查实的,以盗窃前六个月月均正常用量减去盗窃后计量仪表显示的月均用量推算盗窃数额;盗窃前正常使用不足六个月的,按照正常使用期间的月均用量减去盗窃后计量仪表显示的月均用量推算盗窃数额。

(4) 明知是盗接他人通信线路、复制他人电信码号的电信设备、设施而使用的,按照合法用户为其支付的费用认定盗窃数额;无法直接确认的,以合法用户的电信设备、设施被盗接、复制后的月缴费额减去被盗接、复制前六个月的月均电话费推算盗窃数额;合法用户使用电信设备、设施不足六个月的,按照实际使用的月均电话费推算盗窃数额。

(5) 盗接他人通信线路、复制他人电信码号出售的,按照销赃数额认定盗窃数额。盗窃行为给失主造成的损失大于盗窃数额的,损失数额可以作为量刑情节考虑。

2. 特殊情况下的数额认定

盗窃有价支付凭证、有价证券、有价票证的,按照下列方法认定盗窃数额:

(1) 盗窃不记名、不挂失的有价支付凭证、有价证券、有价票证的,应当按票面数额和盗窃时应得的孳息、奖金或者奖品等可得收益一并计算盗窃数额。

(2) 盗窃记名的有价支付凭证、有价证券、有价票证,已经兑现的,按照兑现部分的财物价值计算盗窃数额;没有兑现,但失主无法通过挂失、补领、补办手续等方式避免损失的,按照给失主造成的实际损失计算盗窃数额。

(七) 盗窃罪的罪数

盗窃罪是常见多发犯罪,盗窃本身行为与盗窃后赃物的处理行为或者实现盗窃财物价值的后续行为之间,经常出现混杂和前后相继的现象,需要根据刑法规定和具体情况予以分析。

【实例分析 6-15】

对上述问题,可从下面的分析中深化认识:请判断下列哪些选项是错误的?

A. 甲盗窃乙的存折后,假冒乙的名义从银行取出存折中的 5 万元存款。甲的行为构成盗窃罪与诈骗罪。

B. 甲盗窃了乙的 200 克海洛因,因本人不吸毒,就将海洛因转卖给丙。甲的行为构成盗窃罪和贩卖毒品罪。

C. 甲盗窃了博物馆的一件国家珍贵文物,以 20 万元的价格转卖给乙。甲的行为构成盗窃罪和倒卖文物罪。

D. 甲盗窃了乙的一块名表,以 2 万元的价格转卖给丙。甲的行为构成盗窃罪和掩饰隐瞒犯罪所得罪。

分析如下:

(1) A 选项,在触犯罪名方面,前一行为是盗窃罪(盗窃财产凭证),后一行为是诈骗罪;在罪数方面,后一行为是前一行为的兑现行为,最终都是针对存折上的资金,后行为属于事后不可罚的行为,应当以盗窃罪一罪论处。

(2) B 选项,根据 2013 年《盗窃罪解释》,盗窃毒品的行为可成立盗窃罪,盗窃毒品等违禁品后又以违禁品实施其他犯罪的,应数罪并罚。

(3) C 选项,盗窃博物馆内的珍贵文物构成盗窃罪。如果之后的行为侵害新的法定权益并符合其他罪名构成要件的,就不能认定为事后不可罚行为,而应另定他罪。如果之后的行为属于单纯的违规向个人出卖文物行为,不属于"倒卖",不能构成倒卖文物罪。

(4) D 选项,盗窃手表构成盗窃罪,又出售手表的属于行为人本人的销赃行为,是对非法盗窃财产的处分,属于不可罚的事后行为,不再单独认定为掩饰隐瞒犯罪所得罪。

综上,上述问题的合适选项是 ACD。

三、盗窃罪的刑事责任

根据《刑法修正案(八)》修正后的《刑法》第 264 条,盗窃罪分成三个量刑档次,即:盗窃数额较大或多次盗窃的,入户盗窃或携带凶器盗窃、扒窃的,处 3 年以下有期徒刑、拘役或者管制,并处或单处罚金;数额巨大或者有其他严重情节的,处 3 年以上 10 年以下有期徒刑,并处罚金;数额特别巨大或者有其他特别严重情节的,处 10 年以上有期徒刑或者无期徒刑,并处罚金或者没收财产。

根据 2013 年《盗窃罪解释》,盗窃公私财物人民币 1 千—3 千元以上为数额较大的起点,盗窃人民币 3 万—10 万元以上的为数额巨大的起点,盗窃人民币 30 万—

50万元以上的，为数额特别巨大的起点。各省、自治区、直辖市高级人民法院、人民检察院可以根据本地区经济发展状况，并考虑社会治安状况，在前款规定的数额幅度内，确定本地区执行的具体数额标准，报最高人民法院、最高人民检察院批准。在跨地区运行的公共交通工具上盗窃，盗窃地点无法查证的，盗窃数额是否达到“数额较大”“数额巨大”“数额特别巨大”，应当根据受理案件所在地省、自治区、直辖市高级人民法院、人民检察院确定的有关数额标准认定。盗窃毒品等违禁品，应当按照盗窃罪处理的，根据情节轻重量刑。

盗窃公私财物，具有2013年《盗窃罪解释》第2条第3项至第8项规定的情形之一，或者入户盗窃、携带凶器盗窃，数额达到2013年《盗窃罪解释》第1条规定的“数额巨大”“数额特别巨大”百分之五十的，可以分别认定为具有“其他严重情节”或者“其他特别严重情节”。

根据2013年《盗窃罪解释》，盗窃国有馆藏一般文物、三级文物、二级以上文物的，应当分别认定为“数额较大”“数额巨大”“数额特别巨大”。盗窃多件不同等级国有馆藏文物的，三件同级文物可以视为一件高一级文物。盗窃民间收藏的文物的，根据2013年《盗窃罪解释》第4条第1款第1项的规定认定盗窃数额。2002年修订的《文物保护法》第3条第2款规定，珍贵文物指历史上各时代重要实物、艺术品、文献、手稿、图书资料、代表性实物等可移动文物中属于一、二、三级的文物。

第四节　骗取、诈取型犯罪

一、诈骗罪

（一）诈骗罪的概念和主要特征

诈骗罪是指以非法占有为目的，采用虚构事实或隐瞒事实真相的方法，骗取数额较大的公私财物的行为。诈骗罪的主要特征如下：

1. 诈骗罪的犯罪客体

诈骗罪的犯罪客体是公私财产的所有权。犯罪对象既可以是动产，也可以是非动产。他人的抛弃物如已在他人的占有之下，行为人采用欺骗手段骗得也可构成本罪。行为人采用欺骗手段让他人抛弃财物后，行为人取得财物也构成本罪。

财产性利益、不法原因给付等能否成为本罪对象存在争议，如采用诈骗手段让对方负担债务、使自己免除债务、免费接受别人的劳务等。本书认为，从应然层面，财产性利益应作为本罪的对象，且最高人民检察院和最高人民法院在2007年、2008年《关于办理受贿刑事案件适用法律若干问题的意见》《关于办理商业贿赂刑事案件适用法律若干问题的意见》中规定，以交易形式受贿、收受干股等财产性利益的也构成受贿。按体系解释原则，以欺骗手段让对方负担债务且对方也履行了债务，或使自己免去了应付出的财产债务，被害人失去了财物、行为人也因此得到了财物的，可以构成诈骗罪。但骗取了他人的劳务，由于行为人未取得财物，对方也未丧失财物，不构成诈骗罪。所谓骗取不法原因给付，指采用欺骗手段让对方交付财物，但因为此种交付是不法交付，不具有返还请求权的情况。如卖淫妇女假装要卖淫，骗取嫖客嫖金后逃走，依法嫖客无返还请求权，由于行为人骗取的是财物，属于诈骗罪的对象，不定罪难以制止"黑吃黑"现象，且这些财物应收归国有，同样侵犯了财产所有权，可以构成本罪。

2. 诈骗罪的客观方面

诈骗罪在客观方面表现为行为人采用了虚构事实或隐瞒事实真相的方法，让受害人自动交付财物或自动处分财物，且数额较大的行为。

所谓"虚构事实"指以语言、文字或行为编造并不存在的事实欺骗被害人，让被害人信以为真。所谓"隐瞒事实真相"是指行为人有义务将事实真相告知被害人或让被害人知道事实真相，但行为人故意不告知被害人或故意阻挠被害人去查看、查阅等行使知情权。受害人自动交付财物或处分财物与受行为人欺骗之间要有因果关系，否则不构成本罪。所谓"交付财物"是指将处于自己占有之下的财物转移给行为人占有。所谓"处分财物"指因受骗不收取应收取的财物或不收回应收回的财物。被害人要有处分财物的能力（不一定达民事责任年龄），行为人从无知婴幼儿手中骗财或从精神病人手中骗财构成盗窃罪，而非诈骗罪。被骗人在交付财物的意思支配下实施了将财物转移给行为人占有的才称为交付。交付财物的前提是被害人明知自己有此财物，当被害人不知自己交付了甲财物，以交付乙财物的意思交付包藏在乙财物之中甲财物的行为不是交付甲财物。如行为人进自选商场后将金戒指夹藏在粮食中，收银员以粮食计价后交付给行为人，行为人是盗窃金戒指而非诈骗金戒指。因收银员只有交付粮食的意思，并不知自己处分了金戒指，对金戒指没有处分的意思。"交付"是指脱离被骗人的控制，转移占有，被害人是转移占有权还是转移所有权不论。交给行为人查看、试穿、挑选，财物处于被害人的控制之下不是交付。如行为人假意要购买金项链，让营业员拿给其挑选，待营业员接待其他顾客不注意之际逃之夭夭；假意为他人扛行李，趁被害人埋头打电话之际扛起逃跑，属于盗窃或抢夺（如刚起步就被发现为抢夺），而非诈骗。被骗而交付财物人不一定是财产被损害者，当财物的交付者与财物的损失者二者分离时为三角诈骗。如行为人到被害人家中诈称是受主人之托来家中取财物，保姆知道行为人是主人朋友，信以为真，将财物交给行为人，财产损失人系雇主，受骗人、处分财物人是保姆，属于三角诈骗。但交付财物人要有处分财物的权利，如其无处分财物的权利，不是诈骗而是盗窃。如行为人冒充物主要洗衣店工人去被害人屋门口取晾晒的衣服熨烫，受骗工人取走晾晒衣服熨烫后将衣服交给行为人；房主对开锁匠谎称房门钥匙丢失要其打开房门，行为人当着开锁匠的面取走房东的财物；尽管洗衣店工人、开锁匠也受了骗，洗衣店工人还交付了财物，但因其对财物无处分权利，行为人构成盗窃不构成诈骗。

一般情况下，诈骗罪的构造是行为人虚构事实、隐瞒事实真相，被害人受骗，受骗人因受骗交付财物，行为人获取财物。但也可以是行为人先合法获得财物，产生非法占有故意,在非法占有故意支配下虚构事实、隐瞒事实真相,让被害人不收回财物,被害人轻信行为人谎言,作出不收回财物的意思表示。如行为人在借用后产生非法占有故意,假称财物已毁损或遗失、被盗窃,被害人信以为真,向行为人表态放弃收回财物。还可以是行为人应当支付财物,但虚构事实、隐瞒事实真相,让被害人不收取行为人的财物。

【实例分析 6-16】

对上述内容,可从下面的分析中深化认识:下列哪些行为触犯诈骗罪(不考虑数额)?

A. 甲对李某家的保姆说:"李某现在使用的手提电脑是我的,你还给我吧。"保姆信以为真,将电脑交给甲。

B. 甲对持有外币的乙说:"你手上拿的是假币,得扔掉,否则要坐牢。"乙将外币扔掉,甲乘机将外币捡走。

C. 甲为灾民募捐,一般人捐款几百元。富商经过募捐地点时,甲称:"不少人都捐一两万元,您多捐点吧。"富商信以为真,捐款 2 万元。

D. 乙窃取摩托车,准备骑走。甲觉其可疑,装成摩托车主人的样子说:"你想把我的车骑走啊?"乙弃车逃走,甲将摩托车据为己有。

分析如下:

(1) 关于 A 项。该情况属于有处分权限的三角诈骗,在该三角诈骗中,如果被骗人具有处分被害人财产的权限或地位,成立诈骗罪的直接正犯,否则,将成立盗窃罪的间接正犯。本案中,甲是犯罪人,保姆是被骗人,主人李某是被害人,保姆具有处分主人李某财产的权限或地位,对甲应认定为诈骗罪的直接正犯,即实行犯。因此,A 项正确,当选。

(2) 关于 B 项。诈骗罪的成立,要求被害人基于认识错误处分财产。处分财产,不限于民法意义上的处分财产(即不限于所有权权能之一的处分),而意味着将被害人的财产转移给行为人或者第三者占有,或者说使行为人或者第三者取得被害人的财产。处分财产表现为直接交付财产、承诺行为人取得财产、承诺转移财产性利益、承诺免除行为人的债务等。行为人实施欺骗行为,使他人放弃财物,行为人拾取该财物的,应认定为诈骗罪。据此,本案中甲的行为成立诈骗罪。因此,B 项当选。

(3) 关于 C 项。行为人实施欺骗行为,导致受骗者就所交付财产的用途、财产的接受者存在法益关系的认识错误时,即使受骗者没有期待相当给付,也应认为存在财产损失,行为人的行为成立诈骗罪。例如,声称将募捐的钱交给灾民,但实际上将募捐的钱占为已有的,成立诈骗罪。但本案不符合上述情形,故不构成诈骗罪。此外,从犯罪目的来看,诈骗罪的行为人必须具有非法占有他人财物的目的。本案中的甲并无非法占有目的,不构成诈骗罪。因此,C 项错误,不当选。

(4) 关于 D 项。诈骗罪的被害人系基于认识错误而处分财物,敲诈勒索罪的被害人系基于恐惧心理而处分财物。因此,被害人基于何种原因而处分财物,是区分诈骗罪和敲诈勒索罪的一大关键。如果行为人仅仅实施欺骗行为,被害人陷入认识错误处分财产,但没有产生恐惧心理的,只能认定为诈骗罪。本案中的甲仅仅实施了欺骗行为,乙处分了摩托车系基于受骗而非基于恐惧心理,对甲应认定为诈骗罪。因此,D项正确,当选。

综上,上述问题的合适选项是ABD。

数额较大是构成本罪的必备要件,按2011年最高人民法院、最高人民检察院《关于办理诈骗刑事案件具体应用法律若干问题的解释》(以下简称“2011年两高《关于诈骗罪的解释》”),数额较大以3千元至1万元以上为标准,各省、自治区、直辖市高级人民法院、人民检察院可以结合本地区经济社会发展状况,在前款规定的数额幅度内,共同研究确定本地区执行的具体数额标准,报最高人民法院、最高人民检察院备案。对于多次诈骗,以后骗财物归还先诈骗财物的,以最终未归还数额认定。

3. 诈骗罪的犯罪主体

诈骗罪的犯罪主体是一般主体,只有自然人才能构成,单位不能构成此罪。

4. 诈骗罪的主观方面

诈骗罪在主观方面表现为直接故意,且具有非法占有目的。行为人尽管采用欺诈方法非法取得了他人财物或非法使用了他人财物,但确能证实行为人无非法占有(包括赠送给他人)公私财产目的,而是“借鸡生蛋”,即暂时占用、打算归还的,不构成此罪。

【实例分析6-17】

对上述内容,可从下面的分析中深化认识:对于甲的行为定性,下列哪些选项是错误的?

A. 甲曾借给好友乙1万元。乙还款时未要回借条。一年后,甲故意拿借条要乙还款。乙明知甲耍赖,但碍于情面,又给甲1万元。甲虽获得1万元,但不能认定为诈骗既遂。

B. 甲发现乙出国后其房屋无人居住,便伪造房产证,将该房租给丙住了一年,收取租金2万元。甲的行为构成诈骗罪。

C. 甲请客(餐费1万元)后,发现未带钱,便向餐厅经理谎称送走客人后再付款。经理信以为真,甲趁机逃走。不管怎样理解处分意识,对甲的行为都应以诈骗罪论处。

D. 乙花2万元向甲购买假币,后发现是一堆白纸。由于购买假币的行为是违法的,乙不是诈骗罪的受害人,甲不成立诈骗罪。

分析如下:

(1) A选项中,甲虽实施了诈骗行为,但乙并未产生认识错误,是基于其他理由交付财物,取得财物并非因诈骗导致,诈骗行为与取财无因果关系,不能认定为诈骗既遂,应当认定为未遂。

(2) B选项中,关键在于判断受害人有无损失。甲对丙实施诈骗行为,丙虽受骗交付租金,但也获得了一年居住权,财产并未损失,甲不构成诈骗罪。乙的房屋虽被人占有,但所有权未受到侵害,乙的房屋所有权未受到损失。乙的房屋收益权被人盗用,甲在民法上对2万元租金属不当得利,乙可追讨。

(3) C选项中,就吃的食物而言,甲是在吃下食物以后才产生非法占有的意图,这不符合诈骗罪的成立要件。成立诈骗罪必须是行为人先产生非法占有的意图,然后再采用欺诈手段将财产据为己有;就消费完毕后餐厅对甲享有的债权而言,在甲向餐厅经理谎称送走客人后再付款时,经理也只是同意其暂缓付款,而没有同意免除其债务,因此也不构成诈骗罪。

(4) D选项中,乙花2万元向甲购买假币,构成购买假币罪(未遂),甲以出售假币为名,实际上交付的是白纸,构成诈骗罪。也就是说,乙的行为构成购买假币罪,不影响甲的行为构成诈骗罪。

综上,上述问题的合适选项是BCD。

(二) 诈骗罪的认定

1. 罪与非罪认定

按2011年两高《关于诈骗罪的解释》,诈骗公私财物虽已达到“数额较大”的标准,但具有下列情形之一,且行为人认罪、悔罪的,可以根据《刑法》第37条、《刑事诉讼法》第142条的规定不起诉或者免予刑事处罚:(1) 具有法定从宽处罚情节的;(2) 一审宣判前全部退赃、退赔的;(3) 没有参与分赃或者获赃较少且不是主犯的;(4) 被害人谅解的;(5) 其他情节轻微、危害不大的。诈骗近亲属的财物,近亲属谅解的,一般可不按犯罪处理。

诈骗未遂,以数额巨大的财物为诈骗目标的,或者具有其他严重情节的,应当定罪处罚。

利用发送短信、拨打电话、互联网等电信技术手段对不特定多数人实施诈骗,诈骗数额难以查证,但具有下列情形之一的,应当认定为《刑法》第266条规定的“其他严重情节”,以诈骗罪(未遂)定罪处罚:(1) 发送诈骗信息5000条以上的;(2) 拨打诈骗电话500人次以上的;(3) 诈骗手段恶劣、危害严重的。明知他人实施诈骗犯罪,为其提供信用卡、手机卡、通讯工具、通讯传输通道、网络技术支持、费用结算等帮助的,以共同犯罪论处。

2. 特别诈骗等行为的定性

依照《刑法》第210条第2款之规定,使用欺骗手段骗取增值税专用发票或可以用于骗取出口退税、抵扣税款的其他发票的,构成诈骗罪。依照最高法院《关于审理扰乱电信市场管理秩序案件具体应用法律若干问题的解释》第9条,以虚假、冒用的身份证件办理入网手续并使用移动电话、造成电信资费损失数额较大的,也构成诈骗罪。

3. 本罪与金融诈骗罪的区别

金融诈骗罪是从本罪中分离出的犯罪，与本罪是特别法与普通法的关系。由于《刑法》第266条规定“本法另有规定的，依照规定”，故行为人只要属于金融诈骗，其作案数额如达不到金融诈骗罪的定罪标准则不构成犯罪，不能定本罪。

二者区别如下：一是侵犯客体不同。后者除侵犯公私财产权外还要侵犯金融秩序，本罪只侵犯公私财产权。二是客观要件不同。本罪是发生在日常生活领域的诈骗，行为人不通过金融机构或利用金融工具或从事金融活动。后者发生在生产或流通过程中，且行为人要通过金融机构或利用金融工具或要从事金融活动进行诈骗。本罪定罪数额起点低，后者定罪起点远高于本罪，最低也为5000元以上，高的达10万元以上。三是犯罪主体不同。本罪只能由自然人构成，后者除贷款诈骗罪、信用卡诈骗罪、有价证券诈骗罪只能由自然人构成外，其余金融诈骗罪单位、自然人均可以构成。金融诈骗罪中的金融凭证诈骗罪、有价证券诈骗罪行为人冒用真实有效的金融凭证、有价证券不构成金融诈骗罪，如行为人骗得他人的金融凭证、有价证券使用则构成诈骗罪。

4. 本罪与合同诈骗罪的区别

诈骗罪也可以以签订、履行合同的方式进行，因而诈骗罪与合同诈骗罪极易混淆。二者区别在于：一是侵犯客体不同，诈骗罪是简单客体犯罪，合同诈骗罪是复杂客体犯罪，除了侵犯财产所有权外还会侵犯市场秩序；二是犯罪主体不同，诈骗罪只有自然人才能成为犯罪主体，而合同诈骗罪的犯罪主体除了自然人外，单位也可以成为主体；三是客观要件不同，诈骗罪一般不以签订、履行合同方式诈骗，合同诈骗罪必须是在签订、履行合同过程中骗取合同项下的财产。如均以签订、履行合同方式进行诈骗，则二者合同性质不同。诈骗罪中的合同不是市场交易主体之间发生交易关系的合同，如公民双方日常生活中偶尔发生的买卖关系，行为人以急需用钱低价出卖自有住房为名与他人签订合同骗取买家预付定金，此行为构成诈骗罪，不属于合同诈骗罪。合同诈骗罪中的合同发生在生产、流通过程中，双方或有一方是以生产者或经营者的面貌出现而签订的合同，反映了市场流通中的市场交易关系。从合同形式看，本罪一般不签订书面合同，后者一般要签订书面合同。后罪定罪起点比本罪高，个人要诈骗5千—2万元以上、单位要诈骗5万—20万元以上才构成犯罪。

5. 本罪与盗窃罪的区别

二者一般不易混淆，但当行为人既有欺骗行为又有秘密窃取财物行为时极易混淆，如冒充和尚称他人子女有血光之灾，要他人交出钱供神、替其作“法事”免灾，待被害人不注意之机将钱调包后逃走；冒充购衣试穿悄悄溜走；将被害人骗离财物现场取走财物等。二者区别的关键在于被害人是否有交付、转移占有财物的意思。前述情况或是行为人在财物还处在被害人的控制之下时秘密取财，或是骗得被害人离去后秘密取财，被害人均无交付财物、转移占有的意思，诈骗只是为盗窃创造条件，故构成盗窃罪不构成诈骗罪。

【实例分析 6-18】

对上述内容,可从下例分析中深化认识:菜贩刘某将蔬菜装入袋中,放在居民小区路旁的长条桌上,写明"每袋 10 元,请将钱放在铁盒内",然后刘某去 3 公里外的市场卖菜。附近小区理发店的店员经常好奇地出来看看是否有人偷菜。甲数次公然拿走蔬菜时假装往铁盒里放钱。关于甲的行为定性(不考虑数额),下列哪一选项是正确的?

A. 甲乘人不备,公然拿走归刘某所有的蔬菜,构成抢夺罪;

B. 蔬菜为经常出来查看的店员占有,甲构成盗窃罪;

C. 甲假装放钱而实际未放钱,属诈骗行为,构成诈骗罪;

D. 刘某虽距现场 3 公里,但仍占有蔬菜,甲构成盗窃罪。

分析如下:

(1) 关于 A 项。抢夺罪是暴力犯罪,其特点是对他人紧密贴身占有的财物使用暴力,即所谓的"对物暴力"。本案中,甲并未实施任何暴力行为,不符合抢夺罪的构成要件。因此,A 项的表述错误,不当选。

(2) 关于 B 项。刘某虽然去 3 公里外的市场卖菜,但其放置在小区路旁长条桌上的蔬菜,依然归自己所有。小区理发店的店员虽然经常出来看看是否有人偷菜,但并未占有该蔬菜。B 项的结论虽正确,但分析的过程错误,因此,B 项是错误的,不当选。

(3) 关于 C 项。成立诈骗罪,必须要有虚构事实、隐瞒真相的诈骗行为,而且,被害人必须要基于错误认识而处分财物,甲的行为不符合诈骗罪的构成要件。因此,C 项的表述错误,不当选。

(4) 关于 D 项。盗窃罪是变他人占有为自己所有。这里的"占有",是指事实上的支配,不仅包括物理范围内的支配,还包括社会观念上可以推知财物的支配人的状态。本案中,刘某虽然距离现场 3 公里,但仍占有该蔬菜。甲明知是他人的财物而将其占为已有,符合盗窃罪的构成要件,应认定为盗窃罪。因此,D 项的表述正确,当选。

6. 诉讼诈骗

对诉讼诈骗的定义争议很大。本书认为,广义的诉讼诈骗是指虚构民事、行政法律关系或法律事实、伪造证据等,通过诉讼或申请强制执行等方式,使法院作出错误裁判,从而达到损害他人利益,谋取非法利益的行为。狭义的诉讼诈骗只指以非法占有为目的,采用种种造假手段,以诉讼或申请强制执行等方式,让法院作出错误判决裁定、执行来达到非法占有公私财物目的,即只指侵财型诉讼欺诈。在我国现有法律规定下,有人认为对狭义的诉讼诈骗应以诈骗罪定处;对于非骗财的诉讼诈骗,《刑法修正案(九)》增加了"虚假诉讼罪",可认定为该罪。

(三) 诈骗罪的刑事责任

根据《刑法》第 266 条,诈骗公私财物数额较大的,处 3 年以下有期徒刑、拘役或者管制,并处或者单处罚金;数额巨大或者有其他严重情节的,处 3 年以上 10 年以下有期徒刑,并处罚金;数额特别巨大或者有其他特别严重情节的,处 10 年以上有期徒刑或者无期徒刑,并处罚金或者没收财产。按 2011 年两高《关于诈骗罪的解释》,3 万元至 10 万元以上、50 万元以上的,应当分别认定为《刑法》第 266 条规定的“数额巨大”“数额特别巨大”。

二、敲诈勒索罪

(一) 敲诈勒索罪的概念和特征

敲诈勒索罪,是指以非法占有为目的,对公私财物的所有人、管理人实施威胁或者要挟的方法,强行索取数额较大的公私财物的行为。本罪的主要特征是:

1. 本罪侵犯的客体是公私财物的所有权,同时也侵犯了公民的人身权利或者其他权益。

2. 本罪在客观方面表现为对公私财物的所有人、管理人实施威胁或要挟,迫使其当场或者限期交出数额较大的公私财物的行为。使用威胁和要挟的方法,即精神强制的方法,使被害人在心理上产生恐惧或压力,然后向被害人强行索取财物。威胁或要挟的内容包括对被害人及其亲属的生命、身体自由、名誉以及宣扬、揭露不利于被害人的事项等进行威胁。只要是能够使被害人产生恐惧心理即可。在方式上,可以是口头的,也可以是书面的;可以是当面提出,也可以由第三者转达;可以是明示,也可以是暗示。一般来说,威胁、要挟的内容在实现方面一般不具有当场性,[①]而是扬言在以后某个时间付诸实施。至于行为人取得财物的时间,可以是当场,也可以是在规定的期限以内。另外,威胁内容不要求自身是违法的。比如,行为人知道他人的犯罪事实,以向司法机关告发相威胁进而索取财物的,同样可以构成敲诈勒索罪。

3. 本罪的犯罪主体为一般主体。

4. 本罪在主观方面出于故意,且具有非法占有公私财物的目的。

(二) 敲诈勒索罪的认定

1. 敲诈勒索罪与抢劫罪的区别

两者在侵犯的客体、犯罪主体、犯罪主观方面等都极为相似,在客观方面也有相似之处,都具有威胁的形式,但两者威胁的内容、方式以及取得财物的时间等都具有一定的差别,具体表现为:(1) 实施威胁的内容不同。抢劫罪以当场实施暴力相威胁;敲诈勒索罪也有的以实施暴力相威胁,但一般不当场实施暴力。(2) 威胁方式不同。抢劫罪的威胁只能当着被害人的面实施,一般是用语言或动作来表示,敲诈勒索罪的威胁不仅可以当着被害人的面发出,还可以通过第三者,或者以书面的形式发出。(3) 威胁内容付诸实施的时间不同。抢劫罪是如果不满足行为人的要求,威胁就当即实现,而敲诈勒索罪则表现为将来某个时间实现或者当场实现。(4) 取得财物的时间不同。

---

① 以实施暴力相威胁的敲诈勒索罪,一般行为人没有当场实施暴力,但如果实施了,是构成敲诈勒索罪还是抢劫罪,请参阅下文的分析。

抢劫罪是当场取得财物,而敲诈勒索罪取得财物可以是当场,也可以是在限定的时间内取得。(5)从要求取得的内容来看,抢劫罪只能是财物,且只能是动产,而敲诈勒索罪主要是财物,也可以包括一些财产性利益(如提供劳务等),而且敲诈勒索罪以“数额较大”作为构成要件。

2. 敲诈勒索罪与受贿(索贿)罪的区别

两罪在行为方式上都表现为索要财物,但还是有明显的区别:(1)犯罪主体不同。前罪为一般主体,后罪是特殊主体,只能是国家工作人员。(2)客观方面表现不同。敲诈勒索罪是使用威胁、要挟的方法,造成被害人心理上的恐惧从而迫使被害人交出财物。受贿罪则是通过主动索要,而被害人“自愿”交出财物。索贿人在索贿的过程中也包括使用威胁的方法进行索贿,但是通过利用职务、职权来实施的威胁。如果国家工作人员没有利用其职权来实施威胁,而是通过其他的方式对被害人实施威胁来索取财物,应当认定为敲诈勒索罪。(3)两罪被害人交出财物是否“自愿”不同。敲诈勒索罪被害人交出财物是不自愿的。索贿犯罪一般没有被害人,因为被索贿的人能获得一定的利益(主要是不正当利益),其被索贿心理虽然是不高兴或者不愿意,但最后交钱时一般还是主动送上。因此,被索贿同样要以行贿罪来论处。但是,根据《刑法》第389条第3款规定,“因被勒索给予国家工作人员以财物,没有获得不正当利益的,不是行贿。”

3. 敲诈勒索罪与诈骗罪的区别

二者的一般区别如下:一是侵犯客体不同。敲诈勒索罪侵犯的是双重客体,既有财产权利也有人身权利,而诈骗罪只侵犯财产权利。二是客观要件不同。敲诈勒索罪必须是以威胁、要挟方法造成被害人恐惧,不得不交付财物,诈骗罪是编造虚假事实、隐瞒事实真相,让被害人信以为真,自动交付或处分财物。三是行为人主观上对所采取手段的故意内容不同。敲诈勒索罪行为人希望造成被害人精神恐惧,不得不交付财物,诈骗罪行为人是希望被害人相信自己的谎言、上当受骗,自动交付或处分财物。当行为人用以要挟的内容是虚构事实真相但又造成被害人精神恐惧时交付或处分财物,极易与诈骗罪混淆,此时一是要看被害人交付财物是基于轻信受骗自动交付财物,还是基于精神恐惧被迫交付财物,二是看行为人主观上是要挟制服对方的故意还是欺骗对方让其上当受骗的故意,三是看其要挟内容是否足以让社会一般人也会精神恐惧被迫交付财物,如是则定本罪。如行为人假装被他人小轿车撞倒,以如给2000元就私了,不给就报警或不给就告发司机酒后驾车、无照驾车、要其赔偿更高的医疗费等相要挟,司机权衡利弊轻重,给付2000元私了。因司机并非主要是相信了自己撞到人,而是怕自己酒后驾车、无照驾车之事到警察处受罚更重而交付财物,行为人构成敲诈勒索罪而非诈骗罪。

【实例分析 6-19】

对上述内容,可从下面的分析中深化认识:关于敲诈勒索罪的判断,下列哪些选项是正确的?

A. 甲将王某杀害后,又以王某被绑架为由,向其亲属索要钱财。甲除构成故意杀人罪外,还构成敲诈勒索罪与诈骗罪的想象竞合犯。

B. 饭店老板乙以可乐兑水冒充洋酒销售,向实际消费数十元的李某索要数千元。李某不从,乙召集店员对其进行殴打,致其被迫将钱交给乙。乙的行为构成抢劫罪而非敲诈勒索罪。

C. 职员丙被公司辞退,要求公司支付10万元补偿费,否则会将所掌握的公司商业秘密出卖给其他公司。丙的行为构成敲诈勒索罪。

D. 丁为谋取不正当利益送给国家工作人员刘某10万元。获取不正当利益后,丁以告发相要挟,要求刘某返还10万元。刘某担心被告发,便还给丁10万元。对丁的行为应以行贿罪与敲诈勒索罪实行并罚。

分析如下:

(1) A选项,甲在杀人时没有勒索财物目的,不构成绑架罪。杀人后又实施其他犯罪的,应数罪并罚。后一行为属于隐瞒被害人已死的真相,向第三人威胁索财,意图利用被害人的认识错误和恐惧心理取财,应认定为敲诈勒索罪与诈骗罪的想象竞合犯(实务中经常直接以敲诈勒索罪论处)。

(2) B选项,用可乐兑水冒充洋酒销售,属诈骗行为,被人识破后转而使用暴力当场劫取财物,属于转化型抢劫罪。行为人实施暴力并当场取财,具有“当场性”,不再以敲诈勒索罪处理。

(3) C选项,以揭露商业秘密的非法侵害为要挟内容,而要求明显高额的所谓“补偿费”,可认为具有非法占有目的,可构成敲诈勒索罪。

(4) D选项,前段行为应当构成行贿罪。对于后段行为,贿赂已经送出,即认为归受贿人事实上占有,以非法手段侵占此种事实占有权的“黑吃黑”行为也可能构成犯罪。上述事例中行为人以告发犯罪相要挟,侵占他人事实占有权,可认定为非法占有,构成敲诈勒索罪,应当数罪并罚。

综上,上述问题的合适选项是ABCD。

4. 敲诈勒索罪与绑架罪的区别

一是侵犯客体不同。绑架罪主要侵犯人身权利,当行为人不以勒索财物为目的时不会侵犯财物权,本罪必定会侵犯财产权。二是客观要件不同。绑架他人勒索财物的或绑架他人作为人质的,或以勒索财物为目的偷盗婴幼儿的,如勒索财物不是从人质处获取财物,是以人质的生命健康为要挟从与人质有密切关系的第三人处获取财物,属于绑架而非本罪。绑架罪不以勒索数额较大的财物为构成犯罪条件。本罪被威胁、要挟的人就是交付财物的人,不是从第三人处获取财物,且以勒索数额较大的财物为构成犯罪的必备要件。三是主观目的不同。本罪以非法占有公私财物为目的,绑架罪可以是非法占有为目的,也可以是其他目的。

5. 权利受侵害要求侵害人不当赔偿行为的定性

实践中常发生因本人或亲人被伤害、被强奸或购买到假冒伪劣商品等,行为人要求不当赔偿的情况,是否定敲诈勒索罪常引起争议。如到大酒店就餐时吃到死苍蝇,行为人以此要求巨额赔偿,否则会向各大媒体曝光;因妻子被他人强奸要求他人赔偿数万元就可私了,否则告官要让其坐牢等,如何定性分歧很大。本书认为,上述情况有的构成敲诈勒索罪,有的不构成犯罪,是否定敲诈勒索罪,一是看行为人主观上是否明知自己无权要求过度赔偿,如行为人的确认为自己要求巨额赔偿合法,属主观缺乏非法占有目的,不构成敲诈勒索罪。二是看其索取的赔偿是否符合常情常理常识,是否远远超过常情或远超过法律规定的赔偿数额,如不是则不构成犯罪。三是看行为人要挟对方的事实是否违法。前述要"向各大媒体曝光""告官要其坐牢"均不违法,即使故意要求不当赔偿,只要不是远超正常赔偿数额不宜定本罪。但如称"不给赔偿就砸店""不给赔偿我就强奸你老婆",则可以定敲诈勒索罪。四是看行为人是否具有非法占有目的。如行为人是自己合法权益受侵害讨要合理数额赔偿或将其讨要到的合理赔偿数额给付给权利受侵害的亲属的,表明行为人主观不具有非法占有目的;如系同居共财的家庭成员之外的人受不法侵害,行为人将讨要到的赔偿费自己占有,表明行为人具有非法占有目的,构成敲诈勒索罪。五是行为人是否受亲属委托或有权代表受侵害亲属主张赔偿。如受害亲属是未成年人或无行为能力、限制行为能力人,即使未受委托也有权主张赔偿,如亲属为有责任能力人,一般要受亲属委托或亲属赞同其索要赔偿才不构成本罪。

(三)敲诈勒索罪的刑事责任

根据《刑法》第 274 条,犯本罪的,处 3 年以下有期徒刑、拘役或者管制,并处或单处罚金;数额巨大或有其他严重情节的,处 3 年以上 10 年以下有期徒刑并处罚金;数额特别巨大或者有其他特别严重情节的,处 10 年以上有期徒刑,并处罚金。根据最高人民法院、最高人民检察院《关于办理敲诈勒索刑事案件适用法律若干问题的解释》,敲诈勒索公私财物价值 2 千元至 5 千元以上、3 万元至 10 万元以上、30 万元至 50 万元以上的,应当分别认定为《刑法》第 274 条规定的"数额较大""数额巨大""数额特别巨大"。

第五节 侵占型犯罪

一、侵占罪

(一)侵占罪的概念和特征

侵占罪,是指以非法占有他人财物为目的,将代为保管的他人财物、他人的遗忘物、埋藏物非法占为己有,数额较大,拒不退还的行为。本罪的主要特征是:

1. 本罪侵犯的客体是公私财物的所有权。侵害的对象是代为保管的他人财物、他人的遗忘物、埋藏物等。

(1)代为保管的他人财物。"代为保管"不能仅仅理解为委托保管,而应包括基于委托租赁、借用、担保、无因管理等原因而保管他人财物。此外,因为雇佣关系、居间关系、违法行为等,都可能出现代为保管他人财物的情形。代为保管比直接的委托保管内容更为广泛。“他人财物”是指除本人以外的其他自然人和单位的财物,也可以是属于国家的财物。本人的财物一般不能成为侵占罪的对象。但是,如果财物虽然属于自己,但已依法律作出处分,只是归自己保管,则是他人的财物,加以侵占的,仍然构成犯罪。例如,将已设定担保的自己财物进行处分,即是适例。但对已被司法机关查封、冻结而处于自己保管状态下的财产加以侵占的,应认定构成《刑法》第 314 条所规定的非法处置查封、扣押、冻结的财产罪。共同共有财物,未征得其他共有人的同意而侵占的,应对共有财物先进行分割,超过自己所有的部分可认定为侵占。

(2) 遗忘物。“遗忘物”是指一定时间内脱离财物占有人的控制的财物。遗忘物不同于遗失物,遗忘物是指占有人偶然遗忘于特定场所的物品。遗忘人对财物的控制能力并未完全丧失。一旦占有人恢复记忆,就很容易恢复对此财物的控制。遗失物是非出于遗失人自己的意思而丧失占有,同时又不为其他人占有的非无主财产。遗失人已经对财物失去控制。他人占有之物不是遗忘物。如行为人有意识放置之物,即使时间、距离较远,也不应当认定为遗忘物。例如,日本判例认为,未上锁的自行车在停放了 14 小时之后被盗,由于车牌上记载了车主姓名,车筐内留有被害人的雨伞,而且停放自行车的桥事实上成了停车场,所以该车属于他人占有之物,不法取得者对此能够认识,所以其构成盗窃而不是侵占遗忘物。①

有的国家或地区在刑法中,只有遗失物而无遗忘物之提法,我国刑法则规定了遗忘物,因此,有必要对遗忘物与遗失物之间的区别进行分析。肯定说认为,两者含义不同,应当进行区分,区分的标准主要是财物遗置人能否回忆起丧失财物的时间、地点等;否定说则认为,遗忘物与遗失物词异义同,没有必要进行区分。肯定说是以民法学的研究为立论根据的。民法上认为,遗失物是非出于遗失人自己的意思而丧失占有,同时又不为其他人占有的非无主财产。遗失人对财物的控制能力已经完全丧失。而遗忘物则是指占有人偶然遗忘于他人的车船、飞机、住宅等特定场所的物品。遗忘人对财物的控制能力并未完全丧失。但是,将民法上的区分标准借用到刑法中是否妥当值得商榷。把财物遗置的时间、场所、遗置人的记忆能力等作为区分遗忘物、遗失物的标准,并不科学;同时也不合理,对被告人是否定罪,取决于被害人的记忆能力,被害人能够记得遗置的时间、地点,就是遗忘物,被告人就有罪,反之,被告人无罪,这就违反了犯罪是危害行为的刑法学基本原理。所以,对遗忘物与遗失物在刑法上不作区分的观点似乎更有道理。

从《刑法》第 270 条的规定,我们不难看出,立法者的目的是要保护财物所有人对于财产的所有权不被非法侵犯。而无论是遗忘物还是遗失物,所有人都未放弃其所有权,占有他人的遗忘物或遗失物在本质上都是对他人财物所有权的一种侵犯,应当纳

① 参见陈兴良主编:《刑法学》,复旦大学出版社 2003 年版,第 440 页。

入刑法调整的范围,否则将不利于保护公民财产的合法权益,不利于预防和打击犯罪,并与立法精神相背驰。遗忘物和遗失物的界限模糊不清,在实际工作中很难加以区分,容易造成执法上的混乱,很有必要对此加以统一,以利于法律的正确实施。因此,有人认为侵占罪中的遗忘物,就是遗失物,是指非基于合法占有人抛弃的意思偶然丧失占有,现又无人占有之物。它具有以下特征:一是他人之物;二是须为动产;三是遗失人占有之丧失须出于偶然原因,并且非出于本意;四是非隐藏之物。①

(3) 埋藏物。"埋藏物"是指埋藏于土地及他物中,其所有权归属不能判明之动产。这里的所有人不明,并不等于无主,只是说该物在被他人发现、持有当时的具体情况下,所有人不明确。如果某种埋藏物在被偶然发现时所有人不明,后来出现了明确的所有人,其自然可以依法主张所有权,行为人拒不交出的,构成侵占罪。根据《民法通则》第 79 条,所有人不明的埋藏物,归国家所有。因此,国家也可以对不明所有人的埋藏物主张所有权。有人认为,埋藏物具有以下三个特征:一是埋藏于他物之中,不易由外部窥视或目睹其实际状态。二是无他人持有。三是被偶然发现。② 行为人如果明知某处埋藏有他人之物,以非法占有为目的进行挖掘,将财物占为己有,则应成立盗窃罪;在不知道有埋藏物的情况下进行挖掘,偶然发现财物的,该财物才是埋藏物,对之非法加以占有的,成立侵占罪;在这些偶然发现物周围继续挖掘,试图发现更多财物的,后续行为可以成立盗窃罪或者盗掘古人类化石、古脊椎动物化石罪等。

2. 本罪在客观方面表现为行为人将代为保管的他人财物、他人的遗忘物、埋藏物非法占为己有,数额较大,拒不退还或拒不交出的行为。所谓"非法占为己有"是指行为人将其保管的他人财物、他人的遗忘物、埋藏物扣留为自己所有。

所谓"拒不退还""拒不交出",是指行为人非法侵占他人财物,被人发现后,经所有人要求退还或交出仍不予退还或交出的行为。如果行为人主观上愿意退还或者交出,但客观上已无法退还或者交出的,不以侵占罪论处。行为人将他人财物非法占为己有,其行为就已经具有非法性,但是要构成侵占罪必须要求行为人具有拒不交出、拒不退还的行为。因而要认定行为人具有拒不退还、拒不交出的故意,必须先认定行为人具有非法占有的事实。

本书认为,拒不退还与拒不交出的基本内容是相同的,所以下文将主要探讨拒不退还问题,拒不交出可以参照理解。"拒不退还"是指行为人怀着坚定的非法占有目的,无正当理由,有能力退还、退赔而不退还、退赔。在司法实践中正确判定拒不退还这一要素的成立,应结合行为人的主观意志与客观实际来具体分析:

(1) 对由于行为人意志以外原因而导致客观上不能退还代为保管物的情况,不应认定为拒不退还,因为行为人主观上并没有过错,其对代为保管物也不具备非法占为己有的故意,因而这种情形只可依照民事法律的规定处理。

(2) 行为人仍占有完整的代为保管物,却拒绝了权利人退还的要求,这就是我们

① 参见陈兴良主编:《刑法学》,复旦大学出版社 2003 年版,第 441 页。
② 同上书,第 442 页。

通常所说的能还而不还，是典型的侵占行为。行为人借口代为保管物丢失、被盗、遗失等，或将代为保管物藏匿，准备占为己有，拒绝权利人退还要求的行为，也是能还而不还的一种表现，应认定为拒不退还。

(3) 拒不退还是一种意思表示，但并非要求行为人仅仅向权利人表明不退还的态度才可认定，有时我们可以从行为人的行为上得出他意思表示的内容。如行为人携带代为保管物潜逃，使权利人不知其下落而无法追索的，虽然行为人没有明确不退还的意思表示，仍应认定为拒不退还，因为行为人潜逃已表明他对代为保管物永久占有的故意。

(4) 对于行为人故意逃避权利人的追索，但又不明确表示不退还的行为如何认定？此种行为一般不宜认定为拒不退还，但对于一些情节特别严重的情况应区别对待。如行为人占有代为保管物的数额特别巨大，且利用该物获得较大的收益，经权利人长时间追索仍不退还的，应考虑以侵占罪追究行为人的责任。因为行为人对代为保管物长时间的使用，对该物产生利益的占有，表明了他主观上不想退还的故意。

(5) 认定拒不退还有无时间限制？对这一问题学者们有不同的看法。第一种观点认为，在司法机关立案后实体审理以前仍不退还，为最终不退还；第二种观点认为，在一审判决以前仍不退还为最终不退还；第三种观点认为，在二审终审以前仍不退还为最终不退还；[①]第四种观点认为，拒不退还认定最后时间限制以该案件是否需要侦查来区分，对于需要侦查的案件，以侦查人员抓获行为人时其是否拒不退还为最后时间限制，对于不需要侦查的案件，以权利人或占有人向人民法院告诉时行为人是否拒不退还为最后时间限制。本书认同第一种观点。将拒不退还的最终认定时间定于一审判决前，就违反了刑事司法审理的应是确定的行为事实这一刑事诉讼原理。另一个无法解释的问题是，拒不退还是行为人构成侵占罪必不可少的情节，如认为一审判决前退还就不成立拒不退还，那么告诉人起诉侵权人犯罪就失去了依据，一审法院将案件定性为刑事案件审理就更无法解释法律依据何在。将时间定于二审终审前更加没有道理。第四种观点采取分类的办法，有其可取之处，但新刑法将侵占罪规定为自诉案件，而侦查则是公安机关在刑事诉讼中的基本职权之一，该职权不会出现于自诉案件之中。此种分类方法将侦查列入是不妥当的，但其精神可取，有时行政执法部门依法行使行政职权要求行为人退还或交出被侵占之物，如文物管理部门要求行为人交出代为保管物中的文物，行为人拒绝的，也可认定为拒不退还。

3. 本罪犯罪主体是一般主体。

4. 本罪在主观方面表现为故意，并且以将他人财物非法占有为目的。

【实例分析 6-20】

对上述内容，可从下面的分析中深化认识：关于侵占罪的认定（不考虑数额），下列哪些选项是错误的？

---

① 以上三种观点参见王钧柏：《侵占罪主要争议问题研究》，载《人民检察》1999 年第 4 期，第 16 页。

A. 甲将他人停放在车棚内未上锁的自行车骑走卖掉,甲的行为构成侵占罪;

B. 乙下出租车取自己行李时将后备箱内其他乘客遗忘的行李箱一并拿走变卖,乙的行为构成侵占罪;

C. 丙在某大学食堂将学生用于占座的手机拿走卖掉,丙的行为成立侵占罪;

D. 丁受托为外出邻居照看房屋,将邻居锁在柜里的手提电脑拿走变卖,丁的行为成立侵占罪。

分析如下:

(1) A 选项,车棚内未上锁的自行车,属根据存在状态可以推知由他人事实支配的情形,系他人占有的财物,甲构成盗窃罪。

(2) B 选项,出租车后备箱内乘客遗忘的行李箱,物主虽失去占有,但由于放在出租车后备箱内,应归出租车司机占有,属原占有者丧失了占有但归临时占有人占有的情形,系他人(临时占有人)占有的财物,乙构成盗窃罪。

(3) C 选项,学生用于占座的手机,物主近在咫尺,马上即归,属他人直接支配下的财物情形,系他人占有的财物,丙构成盗窃罪。

(4) D 选项,电脑在邻居的屋子里,属他人的事实支配领域内的财物,仍归邻居占有,丁只是辅助占有人。辅助占有人拿走上位占有人的财物,构成盗窃罪。

综上,上述问题的合适选项是 ABCD。

(二) 侵占罪的认定

1. 罪与非罪的区别

一是看数额是否达到较大标准,二是看行为对象是否为代为保管的他人财物、遗忘物、埋藏物。如不是以上三类财物,而是漂流物、不当得利、借用财物,不构成本罪。三是看行为人是否以非法占有为目的。有的拒不交出、拒不退还是因民事纠纷,行为人扣押被害人的财物以要求对方履行其应当履行的义务,此时行为人缺乏非法占有目的,不构成本罪。

2. 本罪与盗窃、诈骗等罪的区别

一是犯罪对象不同。本罪犯罪对象是三种特定财物,后两罪不系此三种特定财物。盗窃罪仅限于动产。本罪犯罪对象是脱离他人占有控制之物,而后两罪犯罪对象只能是正为他人占有控制之物。二是行为人非法占有故意产生的时间不同。本罪是在合法占有财物之后产生的非法占有目的,是变合法持有为非法占有。后者在占有他人财物之前就产生了非法占有目的,这点是二者的本质区别。三是客观行为手段不同。本罪一般要他人主张交出或退还权利后行为人拒不交出、拒不退还才构成犯罪,后者无需此条件。四是定罪数额较大的标准不同。

【实例分析 6-21】

对上述内容,可从下例分析中深化认识:乙全家外出数月,邻居甲主动帮乙照看房屋。某日,甲谎称乙家门口的一对石狮为自家所有,将石狮卖给外地人,得款 1 万元据为已有。关于甲的行为定性,下列哪一选项是错误的?

A. 甲同时触犯侵占罪与诈骗罪;

B. 如认为购买者无财产损失,则甲仅触犯盗窃罪;

C. 如认为购买者有财产损失,则甲同时触犯盗窃罪与诈骗罪;

D. 不管购买者是否存在财产损失,甲都触犯盗窃罪。

分析如下:

将他人的财物当作自己的财物出卖给第三者的行为,成立盗窃罪。本案中,甲帮乙照看房屋,但乙家门口的一对石狮依然归乙占有,甲并未受托代为保管该石狮。甲将该石狮谎称为自己的财物卖给他人,成立盗窃罪。甲的行为是否同时对购买者成立诈骗罪?甲无疑欺骗了购买者,使购买者误以为石狮为甲所有,进而向甲支付了对价。所以,关键在于购买者是否存在财产上的损失。如有,则甲的行为还触犯了诈骗罪。即使认为甲的行为对购买者成立诈骗罪,也不能实行数罪并罚。因为甲虽同时触犯了盗窃罪与诈骗罪,但因其只实施了一个行为,应认定为想象竞合犯,择一重罪论处。

综上,上述问题的合适选项是A。

3. 既遂与未遂

关于侵占罪的既遂与未遂问题,有人认为只存在既遂,不存在未遂,也有人认为两者均存在。第二种观点认为侵占罪属于结果犯,结果犯一般以造成法定的危害结果作为犯罪既遂的标准。侵占罪以他人告诉前是否给所有人造成财物损失结果,并达到一定数额为既遂标准。同时,结果犯也存在着未遂状态,行为人在着手实施侵占行为以后,可能会因为自己意志以外的原因出现预期的犯罪结果,这就是侵占罪的未遂状态。本书认为,侵占罪应以实施完成侵占过程而构成既遂。而侵占过程的完成不但要求行为人具有非法占有的行为,而且必须具有拒不退还、拒不交出的行为。这一过程的完成也表明侵占罪的危害结果已经产生。

(三) 侵占罪的刑事责任

《刑法》第270条规定,犯本罪,数额较大的,处2年以下有期徒刑、拘役或者罚金;数额巨大或有其他严重情节的,处2年以上5年以下有期徒刑,并处罚金。侵占罪告诉的才处理。

二、职务侵占罪

(一) 职务侵占罪的概念和特征

职务侵占罪,是指非国有的公司、企业或者其他单位的人员,利用职务上的便利,将本单位财物非法占为己有,且数额较大的行为。本罪的主要特征是:

1. 本罪侵犯的客体是公司、企业或者其他单位的财产所有权。犯罪的对象是单位所有的财物。“其他单位”是指除公司、企业以外的单位,如事业单位、人民团体。财产包括这些单位中的国有财产、集体财产和管理、使用、运输过程中的个人财产,包括动产和不动产。

2. 本罪在客观方面表现为行为人利用职务或者工作便利，侵吞、骗取、窃取本单位的财物且数额较大的行为。“利用职务的便利”，主要是指公司、企业或其他单位的管理人员，利用在职务上主管、经营、管理公司、企业财物的权力，或者因执行职务而经手公司、企业财物的便利。利用职务上的便利，是构成职务侵占罪的必要条件。“侵占”有广义、狭义之分。广义的侵占，泛指一切非法占有他人财物的行为；狭义的侵占，指合法持有他人财物，非法转为己有。职务侵占罪中的“侵占”指的是广义的侵占，不仅仅是指自己合法持有的财物，非法转为己有，而且还包括采用盗窃（监守自盗）、骗取或者其他方法占有他人财物。侵占本单位财物5千—1万元以上的，应当予以立案侦查。

3. 本罪的犯罪主体是特殊主体，必须是公司、企业或者其他单位的人员才能构成。由于刑法规定国有公司、企业或者其他国有单位中从事公务的人员和国有公司、企业或者其他国有单位委派到非国有公司、企业以及其他单位从事公务的人员有本罪行为的，以贪污罪定罪处罚，故本罪中的公司、企业一般是非国有的公司、企业，或国有公司、企业及其他单位中的非国家工作人员。传统刑法理论认为，受刑法客观上要件“利用职务上的便利”所限，本罪主体不是纯粹从事劳务的人员，一般是从事经营、管理、监督等职责或从事劳务但兼有从事经营、管理、监督等职责的人员。纯粹从事劳务的人员利用工作之便有本罪行为的，构成盗窃、诈骗等罪。但近年来也有人认为，本罪主体除传统刑法观点主张的人员外，还可以是一般从事劳务人员。本书认为，因盗窃、诈骗罪定罪标准远低于本罪，如过于强调本罪主体的经营、管理、监督等职责，会使劳动者与管理者之间不公正的鸿沟扩大，故本书赞同一般从事劳务人员利用自己有权占有控制单位财物之便非法占有财物也可以构成本罪，不限于从事经营、管理、监督等职责的人员。

4. 本罪在主观方面出于故意，并且具有非法占有的目的。

【实例分析 6-22】

对上述内容，可从下例分析中深化认识：

被告人高某出资人民币20万元，周某和姚某各出资人民币15万元，在本市某经济开发区注册成立了慧豪建筑工程材料有限责任公司（以下简称“慧豪公司”），但各发起人实际未将上述资金投入“慧豪公司”。“慧豪公司”由高某和周某两人经营管理，高某担任公司的法定代表人。在公司运作过程中，高某因与周某合作不愉快欲脱离“慧豪公司”。2000年3月，高某与公司部分员工集体离开“慧豪公司”，同时划走该公司资金人民币11万元，并搬走了公司的部分办公用品及样品。之后，在双方对纠纷进行协商的过程中，高某又于2000年4月18日、4月27日让公司财务人员以贷记凭证两次从“慧豪公司”账上划走共计人民币9万元至上海某机电设备有限公司并提取现金，其中大部分用于高某为法定代表人的上海某建筑工程材料有限公司的运作。

一审法院认为，高某为维护自己的经济利益而将公司资金划走，属股东之间争夺财产的行为,不构成犯罪。

区人民检察院以原判决定性不当,高某构成挪用资金罪为由,提出抗诉。上级检察院第二分院以相同的理由支持抗诉。

二审法院经审理认为,高某擅自转出资金9万元的行为显属不当,但其在"慧豪公司"有可分割的利益是不争的事实;高某前后共转出"慧豪公司"资金20万元,未超出其拥有的股份;其他股东在资金使用上的不规范行为,亦证明高某的行为属事出有因。综上,高某的行为不构成挪用资金罪。据此,驳回抗诉,维持原判。

在本案中,争议焦点是高某是否具有挪用资金的故意。

检察机关认为,高某与周某发生矛盾后,离开公司并划走11万元。事后高某就11万元中自己占有6万元份额得到周某的认可,在仍需归还周某5万元的前提下,又利用职务便利挪用公司资金9万元用于其他公司运作,其行为及挪用资金的用途,足以证明其主观上存在故意,目的是挪用本单位资金归个人使用,而不是维护自身经济权益。笔者认为对此要具体分析,不能一概而论。首先,在"慧豪公司"中,高某控制公司账户,周某掌握客户并自行办理银行"龙卡"用于"慧豪公司"部分资金的往来,双方在"慧豪公司"名存实亡的情况下,为了维护自身利益,想方设法控制公司资金,划出资金即是重要手段之一。高某将"慧豪公司"部分资金划入其他公司运作,并非将资金暂时挪作他用,而是为了在与周某争抢公司资金中处于有利地位。其次,高某系"慧豪公司"法定代表人,拥有"慧豪公司"的股份,在与周某发生矛盾后,他咨询了律师和部分员工,并在多数人认为只有转移公司资金才能保护自己利益的情况下才划出"慧豪公司"的资金,因此高某在主观上不具有挪用"慧豪公司"资金的犯罪故意。

本案一、二审的判决及其上述观点值得商榷:首先,本案中被告人高某的行为确实不能认定为挪用资金罪。但笔者不同意上述分析的理由。本案中被告人高某在主观上根本就没有要归还的意思,而挪用资金罪必须要有归还的意思。因此,本案中高某的行为不属于挪用资金罪。其次,本案中高某利用担任法定代表人这一职务的便利,将单位的资金半公开地转移到另一家公司,其行为的性质应属于《刑法》第271条所规定的职务侵占行为,应定职务侵占罪。

(二) 职务侵占罪的认定

1. 本罪与侵占罪的区别。(1)侵犯的直接权利不同。前者侵犯的是单位财物的所有权,后者侵犯的是他人财物的所有权。(2) 犯罪对象不同。前者侵犯的对象是本单位财物,后者侵犯的对象是代为保管的他人的财物、他人的遗忘物和埋藏物。(3) 主体不同。前者是特殊主体,后者是一般主体。(4) 司法程序不同。前者是公诉罪,后者是自诉罪。

2. 本罪与贪污罪的区别。(1)侵犯的客体不同。前者侵犯的是公私财产所有权,后者侵犯的是公共财产所有权及国家机关的正常活动与威信。(2) 犯罪主体不同。前者是公司、企业或者其他单位的职工,后者是国家工作人员。(3) 定罪标准不同。

前者以1000元为定罪标准;而后者以5000元为定罪标准。(4)法定刑不同。前者最高刑期是15年有期徒刑,而后者的最高法定刑是死刑。

3. 侵占非依法成立的单位财物应如何定性?公司、企业并不是依法成立的,有关登记手续还没有完全取得就开展业务,行为人侵占单位财物的;或者行为人从事的业务本身从性质上看具有违法性或者在程序上有重大缺陷,行为人侵占单位财物的行为,是否构成职务侵占罪?

本书认为,公司、企业虽尚未依法成立,或者业务行为本身有重大缺陷的,并不妨碍其从事特定的业务。行为人利用业务上的便利非法侵占单位的财物,其行为侵犯财产所有权的性质是明显的,即在公司、企业的主体资格尚不具备的情况下,侵占行为是对合法投资主体财产所有权的侵犯,所以仍然可以构成本罪。如果单位业务行为本身具有违法性,但行为本身的业务性质依然存在,行为人利用职务便利侵占财物的行为,仍应构成本罪。

(三)职务侵占罪的刑事责任

根据《刑法》第271条的规定,犯本罪的,处5年以下有期徒刑或者拘役;数额巨大的,处5年以上有期徒刑,可以并处没收财产。公司、企业或者其他单位的国家工作人员犯本罪的,依照贪污罪定罪处罚。

第六节　挪用型犯罪

一、挪用资金罪

(一)挪用资金罪的概念和特征

挪用资金罪,是指公司、企业或者其他单位的工作人员,利用职务上的便利,挪用单位资金归个人使用或者借贷给他人,数额较大,超过3个月未还的,或者虽未超过3个月,但数额较大,进行营利活动或者非法活动的行为。本罪的主要特征是:

1. 本罪侵犯的客体是公司、企业或者其他单位资金的占有权、使用权和收益权。侵犯的对象包括国有的、集体的资金,也包括个人的资金,中外合资及外国独资的公司、企业的资金。

2. 本罪在客观方面表现为行为人利用职务上的便利,挪用本单位资金归个人使用或者借贷给他人使用的行为。首先,要有挪用资金的行为。根据挪用资金的用途不同,分别以数额的大小和挪用时间的长短不同,构成本罪的客观要件。具体分为以下三种情况:(1)挪用本单位资金归个人使用或者借贷给他人,数额较大,并且超过3个月未还的。这里规定的是一般挪用犯罪,即没有进行非法活动或者营利活动。这一情形必须是数额较大,并且超过3个月未还的,才能构成本罪。"未还的"是指案发前(被司法机关、主管部门或者有关单位发现以前)未还。(2)挪用本单位资金归个人使用或者借给他人,虽未超过3个月,但数额较大,进行营利活动的。这里规定的是挪用单位资金进行营利活动,如炒股票、作期货,只要数额较大,不受挪用时间长短以及是否归还的限制,均构成本罪。(3) 挪用本单位资金归个人使用或者借贷给他人,进行非法活动的,如走私、赌博等,因为其社会危害性大,所以,不论数额多少,不管挪用时间长短,也不问是否归还,都构成本罪。其次,挪用单位资金必须是利用了职务上的便利。一般是指上述公司、企业或者其他单位中具有管理、经营或经手财物职责的经理、厂长、财会人员、购销人员等,利用其具有的管理、调配、使用、经手本单位资金的便利条件,将资金挪作他用。

3. 本罪犯罪主体是特殊主体,即公司、企业或者其他单位的人员,包括董事、监事或者经理,也包括职员和工人。根据《刑法修正案》第 7 条,金融机构、证券交易所、期货交易所、证券公司、期货经纪公司、保险公司的工作人员利用职务之便,挪用本单位或客户资金的,依本条规定处罚。

4. 本罪在主观方面只能是故意,即行为人明知是公司、企业或其他单位的资金而拿来归个人使用或借贷给他人,但没有非法占有的目的,而是准备日后归还的。

(二) 挪用资金罪的认定

1. 本罪与职务侵占罪的区别。(1)侵犯的对象不同。本罪侵犯的是单位的资金;而后罪侵犯的可以是资金,也可以是财物。(2) 犯罪客观方面不同。本罪的行为方式是挪用;而后罪的行为方式为侵占。(3) 犯罪主观方面不同。本罪的主观方面是挪用,准备以后归还;而后罪是想非法占有。

2. 本罪与挪用公款罪的区别。(1)侵犯的对象不同。本罪侵犯的是单位的资金;而后罪侵犯的是公款。(2) 犯罪主体不同。本罪的主体为公司、企业人员;而后罪的主体是国家工作人员以及在国有公司、企业或者其他国有单位中从事公务的人员。

(三) 挪用资金罪的刑事责任

根据《刑法》第 272 条,犯本罪的,处 3 年以下有期徒刑或者拘役;挪用单位资金数额巨大,或者数额较大不退还的,处 3 年以上 10 年以下有期徒刑。公司、企业或者其他单位中的国家工作人员犯本罪的,依照挪用公款罪定罪处罚。

二、挪用特定款物罪

(一) 挪用特定款物罪的概念和特征

挪用特定款物罪,是指违反国家财经管理制度,挪用用于救灾、抢险、防汛、优抚、扶贫、移民、救济等特定款物,情节严重,致使国家和人民群众利益遭受重大损失的行为。本罪的主要特征是:

1. 本罪侵犯的客体是复杂客体,既侵犯了救灾、抢险、防汛、优抚、扶贫、移民、救济款物的使用权,又侵犯了国家关于这七项救援款物专用的财经管理制度。侵犯的对象是国家用于救灾、抢险、防汛、优抚、扶贫、移民、救济的特定款物,具体包括国家财政预算中支出的特定款物,国家临时调拨的特定款物,以及由国家募集,来自集体单位、公民个人捐献的款物。

2. 本罪在客观方面表现为挪用救灾、抢险、防汛、优抚、扶贫、移民、救济等七项特定款物,情节严重,致使国家和人民群众的利益受到重大损害的行为。所谓“挪用特定款物”,是指行为人擅自将特定用于救灾、抢险、防汛、优抚、扶贫、移民、救济的专项款物,挪作其他公用。如用于修建楼堂馆所,搞经济开发项目,购置房屋、轿车等。根据《刑法》第 384 条第 2 款,挪用用于救灾、抢险、防汛、优抚、扶贫、移民、救济的款物归个人使用的,应以挪用公款罪定罪,并且从重处罚。根据刑法规定,挪用社会救援款物,必须是情节严重,并且使国家和人民利益遭受重大损害的行为。如果只有挪用救援款物的行为,但没有造成国家和人民群众利益重大损害的,不构成犯罪。“情节严重”主要指挪用救援款物数额巨大的;利用挪用款物大肆挥霍浪费的;对生产和人民群众生活造成重大困难和影响的等等。

3. 本罪犯罪主体是特殊主体,即管理、分配、发放这些救援款物的直接责任人员。

4. 本罪在主观方面是故意,即明知是救援款物而故意挪作其他公用。

(二) 挪用特定款物罪的认定

1. 本罪与挪用公款罪的区别。(1) 侵犯的对象范围不同。本罪侵犯的对象仅限用于救灾、抢险、防汛、优抚、扶贫、移民、救济的款物;而后者侵犯的对象限于公款。(2) 客观方面表现不同。本罪在客观方面表现为实施了将救灾、抢险、防汛、优抚、扶贫、移民、救济款物挪作其他公用事项,情节严重,致使国家和人民群众利益遭受重大损害的行为;而后者表现为行为人利用职务上的便利,挪用公款归个人使用,进行非法活动的,或者挪用公款数额较大,进行营利活动的,或者挪用公款数额较大,超过 3 个月未还的行为。(3) 犯罪主体不同。本罪的主体是经营、支配上述款物的直接职权人员;而后者的主体是国家工作人员。(4) 犯罪主观方面不同。本罪主观方面是将特定款物挪作其他公用事业;而后罪的主观意图是将公款挪作个人使用。

2. 本罪与贪污罪的区别。(1) 侵犯的对象不同。本罪侵犯的对象是用于救灾、抢险、优抚、扶贫、防汛、移民、救济的款物;而后罪侵犯的是公共财物。(2) 犯罪主体不同。本罪的主体是经手、掌管特定款物的人员;而后罪的主体是经手、管理公共财物的人员。(3) 主观目的不同。本罪的目的是将特定款物挪作其他公用事项;而后罪的目的是将公共财物占为己有。

(三) 挪用特定款物罪的刑事责任

根据《刑法》第 273 条,犯本罪的,对直接责任人员,处 3 年以下有期徒刑或者拘役;情节特别严重的,处 3 年以上 7 年以下有期徒刑。根据《刑法》第 384 条第 2 款规定,挪用特定款物归个人使用的,以挪用公款罪定罪,从重处罚。

第七节 毁坏型犯罪

一、故意毁坏财物罪

（一）故意毁坏财物罪的概念和特征

故意毁坏财物罪，是指故意毁灭或者损坏公私财物，数额较大或者有其他严重情节的行为。本罪的主要特征是：

1. 本罪侵犯的客体是公私财物的所有权。犯罪的对象包括各种公私财物，既包括生产资料，也包括生活资料，既包括动产，也包括不动产。

2. 本罪在客观方面表现为行为人具有非法毁坏公私财物的行为。它既包括“毁灭”，即使物品的价值或使用价值全部丧失，也包括“损坏”，即使物品的价值或使用价值部分丧失。依照刑法的规定，故意毁坏财物的行为，必须是数额较大或者有其他严重情节的，才构成犯罪。因此，数额是否较大，情节是否严重，是认定本罪罪与非罪的标准。刑法对一些特定财产毁坏另规定有罪名的不构成本罪，如故意毁坏武器装备、军事设施、文物、国家机关公文、证件、印章、界碑、界桩或者永久性测量标志等。对金融票证、有价证券等进行毁坏，则要看是否为记名的、是否可通过挂失挽回损失，如对不能通过挂失挽回损失的进行毁坏也可构成本罪，反之不构成。

3. 本罪犯罪主体是一般主体。

4. 本罪在主观方面是直接故意。本罪不以非法占有财物为目的，而是以故意毁坏财物为目的。这是本罪与其他侵犯财产罪的本质区别。

（二）故意毁坏财物罪的刑事责任

根据《刑法》第275条，犯本罪的，处3年以下有期徒刑、拘役或者罚金；数额巨大或者有其他特别严重情节的，处3年以上7年以下有期徒刑。

二、破坏生产经营罪

（一）破坏生产经营罪的概念和特征

破坏生产经营罪，是指由于泄愤报复或者其他个人目的，毁坏机器设备、残害耕畜或者以其他方法破坏生产经营的行为。本罪的主要特征是：

1. 本罪侵犯的客体是复杂客体，既侵犯了公私财物的所有权，也侵犯了生产经营秩序。这里的“生产经营”，既指国家、集体企业的生产经营，也指个体、私营以及中外合资、中外合作、外国独资企业的生产经营，既包括工业、农业，也包括第三产业的生产经营。侵犯的对象必须是与生产经营活动密切相关的生产资料。

2. 本罪在客观方面表现为行为人实施了毁坏机器设备、残害耕畜或者以其他方法破坏生产经营的行为。犯罪手段主要表现为“毁坏”“残害”以及“其他方法”。“毁坏”主要是指使用暴力或借助其他手段毁灭、损坏机器设备。“残害”是指使用残酷的方法对耕畜进行伤害或杀戮,也包括用毒药毒死耕畜。“其他方法”是指除“毁坏”“残害”以外的破坏生产经营的方法。构成本罪,并不要求损坏的某项财物价值很大,如果破坏行为使生产、经营无法进行下去,就可以认定构成本罪。但是,如果破坏的是未使用的、闲置的或保存中的生产工具或设备,不影响生产经营活动的正常进行,则不构成本罪。如果是属于数额较大或者情节严重的,可构成故意毁坏财物罪。

3. 本罪犯罪主体是一般主体。

4. 本罪在主观方面出于故意,并且必须具有泄愤报复或其他个人目的。“其他个人目的”一般是指出于个人恩怨而产生的憎恨、不满等不正当的目的。

（二）破坏生产经营罪的认定

1. 本罪与放火、投放危险物质、决水、爆炸罪的区别。二者区分的关键在于是否足以危害公共安全。如果用放火、投放危险物质、决水、爆炸的方法破坏厂矿、企业的机器设备、生产设施和耕畜、家具以及其他生产资料等,破坏生产经营,足以危害公共安全的,应当分别以放火罪、投放危险物质罪、决水罪、爆炸罪论;如果这些破坏生产经营行为,尚不足以危害公共安全的,以破坏生产经营罪论。

2. 本罪与破坏交通工具罪、破坏交通设施罪、破坏通讯设施罪、破坏电力、煤气或者其他易燃易爆设备罪的区别。区分的关键同样在于是否危害公共安全。如果这些破坏行为破坏的只是生产经营,而非公共安全,以破坏生产经营罪论;如果这些行为既破坏了生产经营,又危害了公共安全,则属于刑法理论中的想象竞合犯,应以破坏交通工具等罪论处。

（三）破坏生产经营罪的刑事责任

根据《刑法》第 276 条,犯本罪的,处 3 年以下有期徒刑、拘役或者管制;情节严重的,处 3 年以上 7 年以下有期徒刑。

第八节　拒不支付劳动报酬罪

一、拒不支付劳动报酬罪的概念与特征

拒不支付劳动报酬罪是《刑法修正案(八)》增设的罪名。根据《刑法修正案(八)》新增的《刑法》第 276 条之一的规定,拒不支付劳动报酬罪是指自然人或单位以转移财产、逃匿等方法逃避支付劳动者的劳动报酬或者有能力支付而不支付劳动者的劳动报酬,数额较大,经政府有关部门责令支付仍不支付的行为。拒不支付劳动报酬罪有如下主要特征:

1. 本罪侵犯的客体是劳动者按时足额获取劳动报酬的权利,也属于财产权。犯罪对象是劳动报酬,“劳动报酬”指用人单位依据国家有关规定或劳动合同的约定,以货币形式直接支付给本单位劳动者的酬金,包括计时工资、计件工资、奖金、津贴和补

贴、延长工作时间的工资报酬以及特殊情况下支付的工资等。

2. 本罪在客观方面表现为行为人实施了以转移财产、逃匿等方法逃避支付劳动者的劳动报酬或者有能力支付而不支付劳动者的劳动报酬,数额较大,经政府有关部门责令支付仍不支付的行为。所谓"转移财产",是指为逃避支付劳动报酬故意将单位或行为人个人财产转移出法定的账户或常规存放地点。"逃匿"指行为人逃跑隐匿到不被劳动者或有关单位发现之地。转移财产、逃匿的目的均是逃避支付劳动报酬。"等方法"指转移财产、逃匿以外的方法,如将财产赠送给他人、无根据地提前归还债务、将财产故意毁坏或大肆挥霍等。"有能力支付而不支付"指无转移财产、逃匿等行为,但就是拒不支付。何为"数额较大",刑法无明文规定,有待最高司法机关尽快作出解释。但本书认为,不宜作出一个统一的数额起点标准,宜规定一定幅度,让各高级法院等根据自己地区的劳动者的平均工资水平、经济发展状况等作出规定。原则是被拖欠单位的劳动者平均收入越低、总劳动者人数越少、所在地区经济发展程度越低,定罪起点就应越低,反之就应越高。"政府有关部门"指各级政府劳动行政机关、各级政府的工会组织等。"责令"可以是书面责令,也可以是口头责令。为追究有据,也为避免政府劳动行政机关、政府工会不作为,国家劳动部、总工会应尽快作出相关规定,规定各级劳动行政机关、工会在得知发生拖欠劳动报酬之事后,应在一定限期内向拖欠者发出责令其在一定限期内支付的公函件,写明到期不支付的法律后果,这样到期恶意不支付,司法机关立案才有据。

3. 本罪主体是应当支付劳动者报酬的自然人、单位。从文义来看,任何单位均可能发生拖欠劳动者的劳动报酬的行为,从理论上任何单位均可以构成本罪的主体,但从实践中情况看,多为非国有企业,且多为建筑部门。

4. 本罪在主观方面表现为故意,而且为直接故意,行为人明知自己拖欠了劳动者的劳动报酬,明知自己有支付能力而故意拖欠。如系客观无能力支付或不知自己应支付而致拖欠,不构成本罪。

二、拒不支付劳动报酬罪的认定

(一) 罪与非罪的认定

一是要看行为人拖欠的原因是什么,本罪是有能力支付而不支付;二是要看拖欠的数额是否达较大标准,数额未达较大标准也不构成犯罪;三是要看是否经政府有关部门责令支付仍不支付,如恶意拖欠劳动者的劳动报酬,也达数额较大,但只要行为人在政府有关部门责令支付的限期内支付了的,也不构成犯罪。

(二) 既遂与未遂

因本罪构成条件为有支付能力不支付,既要达数额较大标准,还要经政府有关部门责令支付仍不支付才构成犯罪,而一旦符合上述条件,就全部具备了刑法分则规定的犯罪构成要件,故本罪无未完成形态,只有构成犯罪与否的区别。

三、拒不支付劳动报酬罪的刑事责任

根据《刑法》第 276 条之一的规定,犯拒不支付劳动报酬罪的,处 3 年以下有期徒刑或者拘役,并处或者单处罚金;造成严重后果的,处 3 年以上 7 年以下有期徒刑,并处罚金。单位犯该罪的,对单位判处罚金,并对其直接负责的主管人员和其他直接责任人员,依照上述标准处罚。有上述行为,尚未造成严重后果,在提起公诉前支付劳动者的劳动报酬,并依法承担相应赔偿责任的,可以减轻或者免除处罚。

第七章　妨害社会管理秩序罪

学习要求

了解:妨害社会管理秩序罪的常见多发犯罪类型

理解:妨害社会管理秩序罪的常见多发犯罪的构成要件

熟悉并能够运用:妨害社会管理秩序罪的常见多发犯罪的认定界限

主要涉及的法条:

第二百七十七条　【妨害公务罪】以暴力、威胁方法阻碍国家机关工作人员依法执行职务的,处三年以下有期徒刑、拘役、管制或者罚金。

第二百七十九条　【招摇撞骗罪】冒充国家机关工作人员招摇撞骗的,处三年以下有期徒刑、拘役、管制或者剥夺政治权利;情节严重的,处三年以上十年以下有期徒刑。

第二百八十四条之一　【组织考试作弊罪;非法出售、提供试题、答案罪;代替考试罪】在法律规定的国家考试中,组织作弊的,处三年以下有期徒刑或者拘役,并处或者单处罚金;情节严重的,处三年以上七年以下有期徒刑,并处罚金。

为他人实施前款犯罪提供作弊器材或者其他帮助的,依照前款的规定处罚。

为实施考试作弊行为,向他人非法出售或者提供第一款规定的考试的试题、答案的,依照第一款的规定处罚。

代替他人或者让他人代替自己参加第一款规定的考试的,处拘役或者管制,并处或者单处罚金。

第二百八十六条　【破坏计算机信息系统罪;网络服务渎职罪】违反国家规定,对计算机信息系统功能进行删除、修改、增加、干扰,造成计算机信息系统不能正常运行,后果严重的,处五年以下有期徒刑或者拘役;后果特别严重的,处五年以上有期徒刑。

违反国家规定,对计算机信息系统中存储、处理或者传输的数据和应用程序进行删除、修改、增加的操作,后果严重的,依照前款的规定处罚。

故意制作、传播计算机病毒等破坏性程序,影响计算机系统正常运行,后果严重的,依照第一款的规定处罚。

第二百九十四条　【组织、领导、参加黑社会性质组织罪;入境发展黑社会组织罪;包庇、纵容黑社会性质组织罪】组织、领导黑社会性质的组织的,处七年以上有期徒刑,并处没收财产;积极参加的,处三年以上七年以下有期徒刑,可以并处罚金或者没收财产;其他参加的,处三年以下有期徒刑、拘役、管制或者剥夺政治权利,可以并处罚金。

黑社会性质的组织应当同时具备以下特征：

（一）形成较稳定的犯罪组织，人数较多，有明确的组织者、领导者，骨干成员基本固定；

（二）有组织地通过违法犯罪活动或者其他手段获取经济利益，具有一定的经济实力，以支持该组织的活动；

（三）以暴力、威胁或者其他手段，有组织地多次进行违法犯罪活动，为非作恶，欺压、残害群众；

（四）通过实施违法犯罪活动，或者利用国家工作人员的包庇或者纵容，称霸一方，在一定区域或者行业内，形成非法控制或者重大影响，严重破坏经济、社会生活秩序。

第三百四十七条　【走私、贩卖、运输、制造毒品罪】走私、贩卖、运输、制造毒品，无论数量多少，都应当追究刑事责任，予以刑事处罚。

走私、贩卖、运输、制造毒品，有下列情形之一的，处十五年有期徒刑、无期徒刑或者死刑，并处没收财产：

（一）走私、贩卖、运输、制造鸦片一千克以上、海洛因或者甲基苯丙胺五十克以上或者其他毒品数量大的；

（二）走私、贩卖、运输、制造毒品集团的首要分子；

（三）武装掩护走私、贩卖、运输、制造毒品的；

（四）以暴力抗拒检查、拘留、逮捕，情节严重的；

（五）参与有组织的国际贩毒活动的。

走私、贩卖、运输、制造鸦片二百克以上不满一千克、海洛因或者甲基苯丙胺十克以上不满五十克或者其他毒品数量较大的，处七年以上有期徒刑，并处罚金。

走私、贩卖、运输、制造鸦片不满二百克、海洛因或者甲基苯丙胺不满十克或者其他少量毒品的，处三年以下有期徒刑、拘役或者管制，并处罚金；情节严重的，处三年以上七年以下有期徒刑，并处罚金。

单位犯第二款、第三款、第四款罪的，对单位判处罚金，并对其直接负责的主管人员和其他直接责任人员，依照各该款的规定处罚。

利用、教唆未成年人走私、贩卖、运输、制造毒品，或者向未成年人出售毒品的，从重处罚。

对多次走私、贩卖、运输、制造毒品，未经处理的，毒品数量累计计算。

第三百五十八条　【组织卖淫罪；强迫卖淫罪；协助组织卖淫罪】组织、强迫他人卖淫的，处五年以上十年以下有期徒刑，并处罚金；情节严重的，处十年以上有期徒刑或者无期徒刑，并处罚金或者没收财产。

组织、强迫未成年人卖淫的，依照前款的规定从重处罚。

犯前两款罪，并有杀害、伤害、强奸、绑架等犯罪行为的，依照数罪并罚的规定处罚。

为组织卖淫的人招募、运送人员或者有其他协助组织他人卖淫行为的，处五年以下有期徒刑，并处罚金；情节严重的，处五年以上十年以下有期徒刑，并处罚金。

第三百六十三条 【制作、复制、出版、贩卖、传播淫秽物品牟利罪】以牟利为目的，制作、复制、出版、贩卖、传播淫秽物品的，处三年以下有期徒刑、拘役或者管制，并处罚金；情节严重的，处三年以上十年以下有期徒刑，并处罚金；情节特别严重的，处十年以上有期徒刑或者无期徒刑，并处罚金或者没收财产。

第三百六十四条 【传播淫秽物品罪】传播淫秽的书刊、影片、音像、图片或者其他淫秽物品，情节严重的，处二年以下有期徒刑、拘役或者管制。

第一节 妨害社会管理秩序罪概述

妨害社会管理秩序罪，是指妨害国家的社会管理活动，破坏社会正常秩序，情节严重的行为。本章犯罪的主要特征是：

1. 侵害的客体是国家确立的并用法律保护的正常社会秩序。社会秩序有广义和狭义之分。从广义上说，社会秩序是指各行各业、各个部门，各项工作、各个方面的秩序，它不仅包括生产秩序、工作秩序、教学科研和人民群众正常生活的秩序，还包括诸如社会治安、商品交换、环境保护、卫生管理等方面的秩序。正常的社会秩序是维护社会稳定的基础。无论是专制社会还是民主社会，国家都将维护社会秩序作为其重要任务。社会秩序一旦失控，社会将会处于无政府状态，不但广大公民的生命、财产无法得到保护，整个社会也难以向前发展。

2. 客观方面表现为违反各种社会管理法规，妨害国家机关依法对社会的管理活动，破坏社会正常秩序，情节严重的行为。正常的社会秩序，必须由国家机关根据有关的社会管理法规经过管理活动才能实现。国家机关对社会的管理活动，包括行政机关、司法机关以及各种社会事务机关的管理活动。国家机关通过这些管理活动，创造一个良好的社会秩序，使人民群众能够安心地劳动、工作、学习和生活。妨害社会管理秩序的犯罪行为，就是违反社会管理法规、妨害国家机关社会管理活动的行为。但是，妨害国家机关的管理活动，破坏社会秩序的行为情节严重的，才构成犯罪，情节显著轻微、危害不大的，不认为是犯罪。

3. 犯罪主体，大多数是一般主体，个别的是特殊主体。有的犯罪主体既可以由个人构成，也可以由单位构成。对单位犯罪，采取两罚制，既对单位判处罚金，又对直接负责的主管人员和其他直接责任人员追究相应的刑事责任。其中，贩卖毒品罪年满14周岁即可构成。

4. 主观方面，多数为故意，少数为过失，而且某些具体犯罪还以特定的目的作为构成犯罪的必要条件。如引诱、容留、介绍卖淫罪，制作、复制、出版、贩卖、传播淫秽物品罪等,都必须以牟利为目的。这种特定的犯罪目的,是构成这些犯罪的必要要件。

本章内容涉及《刑法》第 227 条至 367 条,共计 91 条。本章是所有刑法章节中条文最多,罪名最多,分节最多,涉及社会关系最为广泛、复杂的一章。

如果说 1979 年刑法的这一章是将不宜列入其他各章的罪名都归于本章,那么,新刑法的这一章,仍含有这种意义。所不同的是,新刑法又按犯罪侵害的不同方面的、具体的社会管理秩序,将本章犯罪分为 9 节,每一节犯罪还有自己的同类客体,即扰乱公共秩序罪;妨害司法罪;妨害国(边)境管理罪;妨害文物管理罪;危害公共卫生罪;破坏环境资源保护罪;走私、贩卖、运输、制造毒品罪;组织、强迫、引诱、容留、介绍卖淫罪;制造、贩卖、传播淫秽物品罪。

第一节扰乱公共秩序罪。本节规定的犯罪有:妨害公务罪;煽动暴力抗拒法律实施罪;招摇撞骗罪;伪造、变造、买卖国家机关公文、证件、印章罪;盗窃、抢夺、毁灭国家机关公文、证件、印章罪;伪造公司、企业、事业单位、人民团体印章罪;伪造、变造、买卖身份证罪;使用虚假身份证件、盗用身份证件罪;非法生产、买卖警用装备罪;非法获取国家秘密罪;非法持有国家绝密、机密文件、资料、物品罪;非法生产、销售专用间谍器材、窃听、窃照专用器材罪;非法使用窃听、窃照专用器材罪;组织考试作弊罪;非法出售、提供试题、答案罪;代替考试罪;非法侵入计算机信息系统罪;非法获取计算机信息系统数据、非法控制计算机信息罪;提供侵入、非法控制计算机系统程序、工具罪;破坏计算机信息系统罪;拒不履行信息网络安全管理义务罪;非法利用信息网络罪;帮助信息网络犯罪活动罪;扰乱无线电通讯管理秩序罪;聚众扰乱社会秩序罪;扰乱国家机关工作秩序罪;组织、资助非法聚集罪;聚众冲击国家机关罪;聚众扰乱公共场所秩序、交通秩序罪;投放虚假危险物质罪;编造、故意传播虚假恐怖信息罪;编造、故意传播虚假信息罪;聚众斗殴罪;寻衅滋事罪;组织、领导、参加黑社会性质组织罪;入境发展黑社会组织罪;包庇、纵容黑社会性质组织罪;传授犯罪方法罪;非法集会、游行、示威罪;非法携带武器、管制刀具、爆炸物参加集会、游行、示威罪;破坏集会、游行、示威罪;侮辱国旗、国徽罪;组织、利用会道门、邪教组织、利用迷信破坏法律实施罪;组织、利用会道门、邪教组织、利用迷信致人重伤、死亡罪;引诱未成年人聚众淫乱罪;聚众淫乱罪;盗窃、侮辱、故意毁坏尸体、尸骨、骨灰罪;赌博罪;开设赌场罪;故意延误投递邮件罪。

第二节妨害司法罪。本节规定的犯罪有:伪证罪;辩护人、诉讼代理人毁灭证据、伪造证据、妨害作证罪;妨害作证罪;帮助毁灭、伪造证据罪;虚假诉讼罪;打击报复证人罪;泄露不应公开的案件信息罪;披露、报道不应公开的案件信息罪;扰乱法庭秩序罪;窝藏、包庇罪;拒绝提供间谍犯罪、恐怖主义犯罪、极端主义犯罪证据罪;掩饰、隐瞒犯罪所得、犯罪所得收益罪;拒不执行判决、裁定罪;非法处置查封、扣押、冻结的财产罪;破坏监管秩序罪;脱逃罪;劫夺被押解人员罪;组织越狱罪;暴动越狱罪;聚众持械劫狱罪。

第三节妨害国(边)境管理罪。本节规定的犯罪有:组织他人偷越国(边)境罪;骗取出境证件罪;提供伪造、变造的出入境证件罪;出售出入境证件罪;运送他人偷越国

(边)境罪;偷越国(边)境罪;破坏界碑、界桩罪;破坏永久性测量标志罪。

第四节妨害文物管理罪。本节规定的犯罪有:故意损毁文物罪;故意损毁名胜古迹罪;过失损毁文物罪;非法向外国人出售、赠送珍贵文物罪;倒卖文物罪;非法出售、私赠文物藏品罪;盗掘古文化遗址、古墓葬罪;盗掘古人类化石、古脊椎动物化石罪;抢夺、窃取国有档案罪;擅自出卖、转让国有档案罪。

第五节危害公共卫生罪。本节规定的犯罪有:妨害传染病防治罪;传染病菌种、毒种扩散罪;妨害国境卫生检疫罪;非法组织卖血罪;强迫卖血罪;非法采集、供应血液、制作、供应血液制品罪;采集、供应血液、制作、供应血液制品事故罪;医疗事故罪;非法行医罪;非法进行节育手术罪;逃避动植物检疫罪。

第六节破坏环境资源保护罪。本节规定的犯罪有:污染环境罪;非法处置进口的固体废物罪;擅自进口固体废物罪;非法捕捞水产品罪;非法猎捕、杀害珍贵、濒危野生动物罪;非法收购、运输、出售珍贵、濒危野生动物、珍贵、濒危野生动物制品罪;非法狩猎罪;非法占用农用地罪;非法采矿罪;破坏性采矿罪;非法采伐、毁坏国家重点保护植物罪;非法收购、运输、加工、出售国家重点保护植物、国家重点保护植物制品罪;盗伐林木罪;滥伐林木罪;非法收购、运输盗伐、滥伐的林木罪。

第七节走私、贩卖、运输、制造毒品罪。本节规定的犯罪有:走私、贩卖、运输、制造毒品罪;非法持有毒品罪;包庇毒品犯罪分子罪;窝藏、转移、隐瞒毒品、毒赃罪;非法生产、买卖、运输、走私制毒物品罪;非法种植毒品原植物罪;非法买卖、运输、携带、持有毒品原植物种子、幼苗罪;引诱、教唆、欺骗他人吸毒罪;强迫他人吸毒罪;容留他人吸毒罪;非法提供麻醉药品、精神药品罪。

第八节组织、强迫、引诱、容留、介绍卖淫罪。本节规定的犯罪有:组织卖淫罪;强迫卖淫罪;协助组织卖淫罪;引诱、容留、介绍卖淫罪;引诱幼女卖淫罪;传播性病罪。

第九节制作、贩卖、传播淫秽物品罪。本节规定的犯罪有:制作、复制、出版、贩卖、传播淫秽物品牟利罪;为他人提供书号出版淫秽书刊罪;传播淫秽物品罪;组织播放淫秽音像制品罪;组织淫秽表演罪。

第二节　扰乱公共秩序罪

一、妨害公务罪

(一) 概念与特征

妨害公务罪,是指以暴力、威胁方法阻碍国家机关工作人员依法执行职务的行为。本罪的主要特征是:

1. 侵犯的客体是国家机关的公务活动。公务活动是指国家机关工作人员,按照法律、法规的规定所进行的职务活动。比如,海关人员依法缉私、税务人员依法征收税款、司法工作人员依法拘捕犯罪嫌疑人、被告人等。根据《刑法》第 277 条第 2 款和第

3款规定,本罪侵害的客体还包括全国人大代表、地方各级人大代表依法执行代表职务的活动和红十字会工作人员在自然灾害、突发事件中依法履行职责的活动①。本罪侵害的对象,是依法正在执行职务的国家机关工作人员、各级人大代表和红十字会工作人员。阻碍非上述人员从事某种活动,或者虽是上述人员,但其执行的不是职务活动,或者其活动不是依法正在进行的职务活动,均不构成本罪。

对国家工作机关工作人员的理解,有一点值得注意:对于以暴力、威胁方法阻碍国有事业单位人员依照法律、行政法规的规定执行行政执法职务的,或者以暴力、威胁方法阻碍国家机关中受委托从事行政执法活动的事业编制人员执行行政执法任务的,可以对侵害人以妨害公务罪追究刑事责任。

2. 本罪的客观方面表现为以暴力、威胁方法阻碍国家工作人员、人大代表依法执行职务,或者在自然灾害和突发事件中,以暴力、威胁的方法阻碍红十字会工作人员依法履行职责,以及故意阻碍国家安全机关、公安机关依法执行国家安全工作任务,虽未使用暴力、威胁方法,但造成严重后果的行为。其中本罪的危害行为所针对的对象必须是在"依法"执行职务或职责。本罪的危害行为只能发生在国家机关工作人员、人大代表、红十字会工作人员以及国家安全机关与公安机关工作人员依法执行职务或职责期间。

所谓"暴力",是指殴打、捆绑、损伤、人身侮辱、拘禁等暴力打击或者人身强制。如果行为人的暴力行为造成重伤结果或因重伤导致死亡结果,甚至故意杀害上述工作人员的,应按处理牵连犯的原则,按故意伤害(重伤)罪或者故意杀人罪定罪,从重处罚。暴力主要是对一种行为状态的描述,并不要求必然造成危害后果,既可徒手实施,也可借助某种工具,既可直接指向有关人员的身体,亦可表现为毁坏有关人员所使用的交通工具、通讯设备以及文件资料等。

所谓"威胁",是指行为人以杀害、伤害、毁坏财产、破坏名誉、扣押人质等对正在依法执行职务的上述人员进行精神上的强制,企图迫使他们放弃执行职务。暴力、威胁是本罪客观方面的特征。如果行为人并未使用暴力或威胁方法,而是采用谩骂、吵闹等其他方法,虽然对执行职务也会有一定程度的妨害,但不构成本罪。对于故意阻碍依法执行国家安全工作任务而构成犯罪的,不以"使用暴力、威胁方法"为必要条件,而以客观上是否造成"严重后果"为必要条件。

所谓"严重后果",一般指使国家安全工作任务受挫,未能及时制止、侦破危害国家安全的犯罪,损害了国家安全,影响了国家形象,或者造成危害国家安全的犯罪分子逃脱等。

3. 犯罪主体是一般主体。

4. 主观方面是故意,即明知对方是在依法执行职务的国家机关工作人员、全国人

---

① 参见最高人民法院、最高人民检察院《关于办理妨害预防、控制突发传染病疫情等灾害的刑事案件具体应用法律若干问题的解释》,2003年5月13日最高人民法院审判委员会第1269次会议、2003年5月13日最高人民检察院第十届检察委员会第3次会议通过,自2003年5月15日起施行。

大代表和地方各级人大代表、红十字会工作人员，而故意对其实施暴力或者威胁，使其不能执行职务。

(二) 认定时应注意的问题

1. 本罪与非罪的界限

(1) 要分清妨害公务罪与人民群众同国家机关工作人员等的违法乱纪行为作斗争的行为的界限。二者主观意图和客观表现都不相同。前者的行为人是怀着明确的反社会意图而实施阻碍公务的行为；后者的行为人则是基于社会公正的立场同违法乱纪的行为进行斗争。

(2) 要分清妨害公务罪与群众因其合理要求未得到解决而顶撞某些国家机关工作人员的行为的界限。国家工作人员在工作中有时会出现失误与纰漏，甚至个别素质不高的国家工作人员未能摆正自己的位置，执行职务态度生硬、方法简单，影响到群众的具体利益，引起群众的不满，群众与其发生冲突和顶撞，对此不应以犯罪论处。

(3) 要分清妨害公务罪与一般违法行为的界限。对于情节显著轻微、危害不大的妨害公务行为，如果行为手段强制性不明显，一般不应作为犯罪处理。故意阻碍国家安全机关、公安机关依法执行国家安全工作任务，未造成严重后果的，不应以犯罪论处。

2. 本罪与近似犯罪的界限

(1) 本罪与侮辱罪、故意伤害罪、故意毁坏财物罪的界限。本罪行为人的暴力、威胁行为必须发生在前述人员依法执行职务或履行职责期间，而上述三种犯罪则无时间性限制。如果行为人以暴力妨害公务行为造成了国家机关工作人员或人大代表或红十字会工作人员的人身伤害或者死亡，属于想象竞合，应从一重罪处断。

(2) 本罪与其他犯罪的牵连。妨害公务的行为，可能成为其他犯罪的手段，对此一般应按牵连犯择一重处断的原则处理。但刑法有特别规定的，应遵照特别规定。

(三) 刑事责任

根据《刑法》第 277 条规定，犯本罪的，处 3 年以下有期徒刑、拘役、管制或者罚金。

二、煽动暴力抗拒法律实施罪

(一) 概念和特征

煽动暴力抗拒法律实施罪，是指以言语、传单、标语或其他宣传方式，故意煽动群众以暴力抗拒国家法律、行政法规正常实施，扰乱社会秩序的行为。本罪的主要特征是：

1. 侵犯的客体是国家实施法律的活动。

2. 客观方面表现为行为人具有面向社会煽动广大群众抗拒国家法律、行政法规实施的行为。行为方式可以是口头的，也可以是以标语、传单等书面形式。煽动行为多在公开场合实施,但并不排除对个别人进行的煽动。煽动的内容为造谣、诬蔑、诋毁、攻击国家的法律、行政法规,挑拨群众以暴力方式抵制、破坏国家法律、行政法规的实施,扰乱社会公共秩序。本罪的构成不以结果的发生为条件,行为人只要实施了上述行为,无论结果是否发生,即构成本罪。本罪是行为犯,行为人只要实施了煽动暴力抗拒法律、行政法规实施的行为,即构成本罪既遂。如果行为人实施了煽动暴力抗拒法律、行政法规实施的行为,而被煽动群众没有实施或者没有完全实施暴力抗拒法律、行政法规的行为,不影响本罪的成立。

3. 犯罪主体是一般主体。

4. 主观方面是故意。犯罪的目的是煽动群众起来以暴力方式抵制、破坏国家法律、行政法规的实施,扰乱正常的社会秩序。犯罪的动机多种多样,有的是出于对法律制度的不满;有的是出于发泄自己心中的怨气和不满;有的甚至是出于对现行的政权和社会制度的不满。不论其动机如何,只要行为人故意煽动群众暴力抗拒国家法律实施,扰乱社会正常秩序,即构成本罪。

(二) 认定时应注意的问题

1. 罪与非罪的界限

(1) 煽动群众以和平的方式抗拒国家法律和行政法规的实施,或者煽动一两个人暴力抗拒法律和行政法规的实施,均不构成本罪。(2) 区分本罪与群众发牢骚、闹情绪之间的区别。在司法实践中,经常有一些群众对某些涉及自身利益的法律法规的实施,发牢骚、闹情绪,在公开场合有一些过激的言行,但因其不具备煽动暴力抗拒法律实施的故意,不构成本罪。

2. 本罪与煽动分裂国家罪、煽动颠覆国家政权罪的区别

(1) 侵害的客体不同。本罪侵害的是国家法律的实施秩序,而后两罪侵害的是国家安全。(2) 客观方面的内容不同。本罪是煽动群众暴力抗拒法律、行政法规的实施,而后两罪则是煽动分裂国家、煽动分裂国家政权。(3) 主观方面不同。本罪成立不要求有特定的犯罪目的。而后两罪必须有分裂国家、颠覆国家政权的目的。

(三) 刑事责任

根据《刑法》第 278 条的规定,犯本罪的,处 3 年以下有期徒刑、拘役、管制或者剥夺政治权利;造成严重后果的,处 3 年以上 7 年以下有期徒刑。所谓"严重后果",主要是指国家的法律、法规的实施受到了严重的阻碍。

三、招摇撞骗罪

(一) 概念与特征

招摇撞骗罪,是指为谋取非法利益,冒充国家机关工作人员招摇撞骗的行为。本罪的主要特征是:

1. 侵犯的客体是国家机关的威信及其对社会的正常管理活动,同时也损害了公

共利益和公民的合法权益。由于行为人采取的是冒充国家机关工作人员的手段，致使人民群众以为这些不法行为是国家机关工作人员所为，这就直接破坏了国家机关的威信及其正常的活动。这也是本罪特殊的、实质的危害所在。

2. 客观方面表现为行为人冒充国家机关工作人员进行招摇撞骗的行为。（1）行为人必须冒充国家机关工作人员。冒充，是指不具备国家机关工作人员身份或者职称的人，假冒成具有国家机关工作人员身份或者职称的人。冒充国家机关工作人员的身份或者职称，不单是指非国家机关工作人员冒充国家机关工作人员，而且包括此种国家机关工作人员冒充他种国家机关工作人员的身份或职称，甚至还包括本不是领导干部，冒充某领导干部的行为。如普通机关的行政干部冒充检察机关的干部，普通国家干部冒充高级职务的国家干部等。（2）行为人必须实施招摇撞骗的行为。所谓"招摇撞骗"，是指行为人利用人们对国家工作人员的信任，冒充其身份或者职称炫耀并骗取非法利益。根据《刑法》第279条规定，冒充人民警察招摇撞骗的，依法从重处罚。但是如果行为人冒充的是非国家工作人员的身份，如冒充党团员、高干子弟、烈士子弟、私营或集体企业单位的管理人员、采购员等，进行招摇撞骗活动的，不构成本罪。构成本罪，行为人不仅要有假冒国家机关工作人员身份或职称的行为，同时还要有招摇撞骗的行为，即行为人假冒国家机关工作人员身份或职称，招摇炫耀，利用人民群众对国家机关工作人员的信任，实施骗取非法利益的行为。如果行为人仅有冒充行为，但未借此实施骗取非法利益的行为或骗取非法利益的行为并未以假冒的身份为手段，即两行为之间不存在有机的联系，不构成本罪。

3. 犯罪主体是一般主体，非国家工作人员和国家工作人员均可构成。

4. 主观方面是故意，犯罪的目的是为了谋取非法利益。这里的非法利益，不单包括物质利益，也包括各种非物质性利益。如骗取某种政治待遇或荣誉待遇，甚至骗取"爱情"玩弄异性等。

（二）认定时应注意的问题

1. 本罪与诈骗罪的区别

两罪都使用虚构事实、隐瞒真相的方法，骗取被害人的信任，实现其犯罪目的。两罪的区别在于：（1）侵犯的客体不同。本罪侵犯的客体是国家机关的威信及其对社会的正常管理活动，同时也损害了公共利益和公民的合法权益。后罪侵犯的是公私财产的所有权。（2）犯罪的手段不同。本罪的手段只限于冒充国家工作人员的身份或职称进行诈骗；而诈骗罪的手段则无此限制，行为人可以利用任何虚构事实、隐瞒真相的手段和方式，或者冒充其他人员进行诈骗。（3）犯罪的目的有所不同。本罪的目的是为了获取非法利益，可以是骗取财物、某种职位、政治待遇、他人的爱情或其他权利和利益。而后罪目的只限于骗取财物。（4）构成犯罪有无数额限制的不同。本罪的构成对骗取的财物数额没有什么要求，因为这种犯罪未必一定表现为诈骗财物，而有可能是骗取其他非法利益，其社会危害性首先和集中表现为对国家机关的威信及其正常活动的破坏。后罪的构成则要求诈骗的公私财物数额较大。

【实例分析 7-1】

对上述内容,可从下面的分析中深化认识:下列哪一选项是正确的?

A. 冒充警察招摇撞骗,骗取他人财物的,适用特别法条以招摇撞骗罪论处;

B. 冒充警察实施抢劫,同时构成抢劫罪与招摇撞骗罪,属于想象竞合犯,从一重罪论处;

C. 冒充军人进行诈骗,同时构成诈骗罪与冒充军人招摇撞骗罪的,从一重罪论处;

D. 冒充军人劫持航空器的,成立冒充军人招摇撞骗罪与劫持航空器罪,实行数罪并罚。

分析如下:

(1) 选项 A 错误,选项 C 正确。根据《关于办理诈骗刑事案件具体应用法律若干问题的解释》第 8 条规定,冒充国家机关工作人员进行诈骗,同时构成诈骗罪和招摇撞骗罪的,依照处罚较重的规定定罪处罚。

(2) 选项 B、D 错误。招摇撞骗罪属广义诈骗罪的一个特殊罪名,成立该罪必须是被害人在错误认识的支配下对某项权益进行了处分。反之,如果犯罪人虽然采用了欺诈手段,但被害人并未产生错误的认识,更未基于错误的认识对某项权益作出处分,那么犯罪人往往最终是采用其他手段获取非法利益。此种情况下,都不应当定诈骗罪,而应当按照犯罪人实际采用的手段定罪。据此可知,选项 B 中的行为人应定抢劫罪;选项 D 中的行为人应定劫持航空器罪。

综上,上述问题的合适选项是 C。

2. 本罪与抢劫罪、敲诈勒索罪的界限

(1) 行为人冒充正在执行公务的人民警察,比如像“抓赌”“抓嫖”,没收赌资或者罚款的行为,构成犯罪的,以招摇撞骗罪从重处罚;在实施上述行为中使用暴力或者暴力威胁的,以抢劫罪定罪处罚。(2) 行为人冒充治安联防队员“抓赌”“抓嫖”,没收赌资或者罚款的行为,构成犯罪的,以敲诈勒索罪定罪处罚;在实施上述行为中使用暴力或者暴力威胁的,以抢劫罪定罪处罚。

(三) 刑事责任

根据《刑法》第 279 条的规定,犯本罪的,处 3 年以下有期徒刑、拘役、管制或者剥夺政治权利;情节严重的,处 3 年以上 10 年以下有期徒刑。根据本条第 2 款规定,冒充人民警察招摇撞骗的,从重处罚。所谓“情节严重”,一般是指多次冒充国家机关工作人员进行招摇撞骗或者造成恶劣影响,严重损害国家机关的威信及其正常活动等。

四、伪造、变造、买卖国家机关公文、证件、印章罪

(一) 概念和特征

伪造、变造、买卖国家机关公文、证件、印章罪,是指伪造、变造、买卖国家机关的公

文、证件、印章的行为。本罪的主要特征是：

1. 侵害的客体是国家机关的正常活动及其信誉。国家机关的公文、证件、印章，是国家机关用以行使职权，对社会实行管理的重要凭证和手段。任何伪造、变造、买卖公文、证件、印章的行为，都会影响到国家机关的正常管理活动，损害它们的名誉，从而破坏社会管理秩序。本罪侵害的对象是国家机关的公文、证件、印章。

2. 客观方面具有伪造、变造、买卖国家机关的公文、证件、印章的行为。所谓“伪造”，是指制作机关或单位以外的人在无权限的情况下冒用制作机关或单位的名义，非法制造。所谓“变造”，是指利用涂改、抹擦、拼接等方法，对公文、证件、印章进行改制，改变其真实内容，以便形成与原制作内容不一致的虚假内容，如涂改证件的有效时间、姓名等。所谓“买卖”，是指卖出或买进国家机关的公文、证件和印章。所谓“公文”，是指以国家机关的名义制作的，用以联系事务、指导工作、处理问题的书面文件，包括指示、决议、通知、命令、决定、请示报告、批复、信函、电文等。这些公文，以某国家机关的名义制作，加盖该机关公章，或以指定的负责人的名义代表组织签发生效。所谓“证件”，是指国家机关制作、颁发的，用以证明身份、职务、权利义务关系或其他有关事项的凭证。如工作证、结婚证、户口迁移证、营业执照等。所谓“印章”，是指国家机关刻制的，以文字、图形表明主体同一性的公章或国家机关特殊用途的专用章。如外调、财务等专用章。它们是国家机关行使职权的符号和标记。各种公文、证件须加盖公章才能生效。用于国家机关事务的私人印鉴、图章也应视为本款所称印章。伪造高等院校印章制作学历、学位证明的行为，以本罪论处。明知是伪造高等院校印章制作的学历、学位证明而贩卖的，以伪造事业单位印章罪的共犯论处。[①] 伪造、变造、买卖国家机关颁发的野生动物允许进出口证明书、特许猎捕证、狩猎证、驯养繁殖许可证等公文、证件，构成犯罪的，依照本罪定罪处罚。[②] 本罪是选择性罪名，只要行为人实施了三种行为之一的，便可构成本罪。

3. 犯罪主体是一般主体。

4. 主观方面是故意。

（二）刑事责任

根据《刑法》第 280 条规定，犯本罪的，处 3 年以下有期徒刑、拘役、管制或者剥夺政治权利，并处罚金；情节严重的，处 3 年以上 10 年以下有期徒刑，并处罚金。所谓“情节严重”，是指伪造、变造、买卖国家重要机关和领导机关、军警机关、司法机关的公文、证件、印章的；多次或大量伪造、变造、买卖公文、证件、印章的；伪造、变造、买卖公文、证件、印章的犯罪行为，严重损害国家机关的名誉或给其造成重大损失的等。

---

① 参见最高人民法院、最高人民检察院《关于办理伪造、贩卖伪造的高等院校学历、学位证明刑事案件如何适用法律问题的解释》。

② 参见最高人民法院《关于审理破坏野生动物资源刑事案件具体应用法律若干问题的解释》，2000 年 11 月 17 日最高人民法院审判委员会第 1141 次会议通过。

五、盗窃、抢夺、毁灭国家机关公文、证件、印章罪

(一) 概念和特征

盗窃、抢夺、毁灭国家机关公文、证件、印章罪，是指盗窃、抢夺、毁灭国家机关公文、证件、印章的行为。本罪的主要特征是：

1. 侵犯的客体是国家机关的正常活动及其信誉。

2. 客观方面具有盗窃、抢夺、毁灭国家机关公文、证件、印章，妨害国家机关正常管理活动及其信誉的行为。盗窃，是指秘密窃取。抢夺，是指乘人不备而夺走。毁灭，是指将公文、证件、印章烧毁、撕毁或者损坏，使其不能使用或灭失。本罪是选择性罪名，只要行为人实施了三种行为之一的，便可构成本罪。

3. 犯罪主体是一般主体。

4. 主观方面是故意。

(二) 刑事责任

本罪的刑事责任与伪造、变造、买卖国家机关公文、证件、印章罪的刑事责任相同。

六、伪造公司、企业、事业单位、人民团体印章罪

(一) 概念与特征

伪造公司、企业、事业单位、人民团体印章罪，是指伪造公司、企业、事业单位、人民团体印章的行为。

本罪与伪造、变造、买卖国家机关公文、证件、印章罪在特征上的区别在于：(1) 本罪所侵犯的直接客体是公司、企业、事业单位、人民团体的正常活动和声誉，同时构成对社会公共秩序的侵犯。而后者侵犯的客体是国家机关的正常管理活动和声誉。(2) 本罪的犯罪对象是公司、企业、事业单位、人民团体的印章，而后者则是国家机关的公文、证件和印章。(3) 本罪在客观方面仅表现为伪造公司、企业、事业单位、人民团体印章的行为，而后者除了伪造以外，还包括变造、买卖国家机关公文、证件、印章的行为。

(二) 刑事责任

根据《刑法》第 280 条规定，犯本罪的，处 3 年以下有期徒刑、拘役、管制或者剥夺政治权利，并处罚金。

七、伪造、变造、买卖身份证件罪

(一) 概念与特征

伪造、变造、买卖身份证件罪，是指违反国家有关居民身份证管理的法规，伪造、变造、买卖居民身份证、护照、社会保障卡、驾驶证等依法可以用于证明身份的证件的行为。

这是《刑法修正案(九)》对原“伪造、变造居民身份证罪”进行修改完善后的新罪名。《刑法修正案(九)》的修改主要有三点:一是补充了妨害居民身份证等身份证明文件犯罪行为的种类,将证件的范围扩大为“居民身份证、护照、社会保障卡、驾驶证等依法可以用于证明身份的证件”。二是增加规定买卖身份证件的行为为犯罪。三是增加了罚金刑,以加大惩处力度。本罪的主要特征是:

1. 侵害的客体是国家对居民身份证件的管理制度及国家机关的信誉。侵害的对象是居民身份证、护照、社会保障卡、驾驶证等依法可以用于证明身份的证件。这一特征也是它区别于其他妨害公文、证件、印章等犯罪行为的主要标志。

2. 客观方面表现为具有伪造、变造、买卖居民身份证件的行为。根据《居民身份证条例》和《临时身份证规定》,居民身份证由公安机关统一印制、颁发、管理,任何单位和个人均无权制作。

中华人民共和国护照是中华人民共和国公民出入国境和在国外证明国籍和身份的证件。中华人民共和国护照分为外交护照、公务护照、普通护照和特区护照。公务护照又分为公务护照和公务普通护照。特区护照分为香港特别行政区护照和澳门特别行政区护照。外交护照、公务护照和公务普通护照统称为“因公护照”,普通护照俗称“因私护照”。在国内,因公务出境的中国公民持用的护照由外交部或外交部授权的地方外事部门颁发;因私事出境的中国公民持用的护照由公安部或公安部授权的地方公安机关颁发;香港特别行政区护照由中央人民政府授权香港特别行政区政府依照法律签发,具体负责签发护照的机关是香港特别行政区入境事务处。在国外,中华人民共和国的外交代表机关、领事机关以及外交部授权的其他驻外机关受理申请并颁发护照事宜。颁发护照机关根据法律规定有权拒绝发给护照,并对已经发出的护照,有权宣布吊销。

《护照法》第 2 条规定,中华人民共和国护照是中华人民共和国公民出入国境和在国外证明国籍和身份的证件。任何组织或者个人不得伪造、变造、转让、故意损毁或者非法扣押护照。

中华人民共和国社会保障卡是由人力资源和社会保障部统一规划,由各地人力资源和社会保障部门面向社会发行,用于人力资源和社会保障各项业务领域的集成电路(IC)卡。社会保障卡卡面和卡内均记载持卡人姓名、性别、公民身份号码等基本信息,卡内标识了持卡人的个人状态(就业、失业、退休等),可以记录持卡人社会保险缴费情况、养老保险个人账户信息、医疗保险个人账户信息、职业资格和技能、就业经历、工伤及职业病伤残程度等。社会保障卡是劳动者在劳动保障领域办理的电子凭证。持卡人可以凭卡就医,进行医疗保险个人账户结算;可以凭卡办理养老保险事务;可以凭卡到相关部门办理求职登记和失业登记手续,申领失业保险金,申请参加就业培训;可以凭卡申请劳动能力鉴定和申领享受工伤保险待遇等。此外,社会保障卡还是握在劳动者手中,开启与系统联络之门的钥匙,凭借这把钥匙,持卡人可以上网查询信息,将来还可以在网上办理有关劳动和社会保障事务。

驾驶证,简称驾证、驾照,是政府交通部门发给具有驾驶资格人士的证明文件,通常是一张卡片。驾驶证通常列明持有人可驾驶的机动车辆种类,例如,摩托车、小客车。2012 年 9 月 12 日,中华人民共和国公安部令第 123 号公布修订后的《机动车驾驶证申领和使用规定》第 81 条规定,伪造、变造或者使用伪造、变造的机动车驾驶证的,由公安机关交通管理部门予以收缴,依法拘留,并处 2000 元以上 5000 元以下罚款;构成犯罪的,依法追究刑事责任。

3. 犯罪主体是一般主体。

4. 主观方面是故意。

(二) 刑事责任

根据《刑法》第 280 条第 3 款的规定,犯本罪的,处 3 年以下有期徒刑、拘役、管制或者剥夺政治权利,并处罚金;情节严重的,处 3 年以上 7 年以下有期徒刑,并处罚金。所谓"情节严重",一般是指将伪造的身份证卖出牟利,给国家和人民造成重大经济损失,以及造成社会秩序混乱等。

八、使用虚假身份证件、盗用身份证件罪

(一) 概念与特征

使用虚假身份证件、盗用身份证件罪,是指违反国家有关使用身份证明管理规定,在应当提供身份证明的活动中,使用伪造、变造的或者盗用他人的居民身份证、护照、社会保障卡、驾驶证等依法可以用于证明身份的证件,情节严重的行为。本罪的主要特征是:

1. 侵害的客体是国家对居民身份证及相关能证明身份的证件的管理制度及国家机关的信誉。侵害的对象是居民身份证、护照、社会保障卡、驾驶证等依法可以证明身份的证件。这一特征也是它区别于其他妨害公文、证件、印章等犯罪行为的主要标志。

2. 客观方面表现为具有在应当提供身份证明的活动中,使用伪造、变造的或者盗用他人的居民身份证、护照、社会保障卡、驾驶证等依法可以用于证明身份的证件,情节严重的行为。

所谓"情节严重",一般是指:多次使用的;用于其他违法犯罪活动的;给他人或者社会造成严重后果的。

3. 犯罪主体是一般主体。

4. 主观方面是故意。

(二) 刑事责任

根据《刑法》第 280 条之一规定,犯本罪的,处拘役或者管制,并处或者单处罚金。实施本罪同时又构成其他犯罪的,依照处罚较重的规定定罪处罚。

九、非法生产、买卖警用装备罪

(一) 概念与特征

非法生产、买卖警用装备罪，是指违反国家规定，未经许可生产、买卖人民警察制式服装、车辆号牌等专用标志、警械，情节严重的行为。本罪的主要特征是：

1. 侵犯的客体是警用服装、专用标志和警械的管理制度。人民警察的警用标志、制式服装、警械、是人民警察身份的标志，也是其执行职务行使职权的证件之一，为人民警察专用，其他个人和组织不得持有和使用，它由国务院公安部门统一监制。非国家指定，任何单位与个人均不得私自生产或买卖上述物品。本罪的犯罪对象是人民警察制式服装、专用标志、警械。所谓“人民警察制式服装”，是指国家依法规定其特有的样式专供人民警察穿着以便标志身份、依法执行警务的服装，即警服。所谓“专用标志”，是指警服专用标志和其他警察专用标志。警服专用标志包括现行警服纽扣、警服专用布以及帽徽、领花、符号、领带、领带卡等。其他警察专用标志，如警徽、警灯等。所谓“警械”，是指警察专用的器械，如手铐、警棍等。

2. 客观方面表现为行为人具有非法生产、买卖人民警察制式服装、专用标志和警械，情节严重的行为。“情节严重”，主要应从非法生产、买卖的营利数额、数量及涉及范围等方面综合考虑。

3. 犯罪主体是一般主体，自然人和单位均可构成本罪。

4. 主观方面是故意。

(二) 刑事责任

根据《刑法》第281条规定，犯本罪的，处3年以下有期徒刑、拘役或者管制，并处或者单处罚金。

十、非法获取国家秘密罪

(一) 概念与特征

非法获取国家秘密罪，是指以窃取、刺探、收买方法非法获取国家秘密的行为。本罪的主要特征是：

1. 侵害的客体是国家对秘密的保护、管理制度和国家安全以及经济建设、科学等各方面的重大利益。本罪的犯罪对象是国家秘密。它是指关系国家的安全和利益，依照法定程序确定，在一定时间内只限于一定范围的人员知晓的事项，包括国家重大决策、国防建设、武装力量、外交与外事活动、国民经济和社会发展、科学技术、维护国家安全和追查刑事犯罪等各方面的秘密。根据其重要性，可分为“绝密”“机密”“秘密”三级。

2. 客观方面表现为行为人具有以窃取、刺探、收买方法，非法获取国家秘密的行为。所谓“窃取”，是指采取秘密的方式，偷取属于国家秘密的文件、资料和其他物品。

窃取的方式多种多样,如直接窃取,利用计算机或通过电磁波窃取,偷拍国家秘密等。所谓“刺探”,是指行为人暗中对掌握有国家秘密的人,采取各种手段,探听、侦察、了解国家秘密的行为。探听的主要方式有:利用特殊身份或利用社交手段打通关系,向知密者探询;利用公开合法形式,如贸易洽谈会、学术交流会等探听国家秘密。侦察的主要方式包括:使用窃听装置、电子监控及远红外线扫描等高科技手段,或采用色情引诱、向有关部门渗透等形式侦察国家秘密。所谓“收买”,是指用金钱、物质、色情以及其他方法,向掌握有国家秘密的人交换国家秘密的行为,如有用小恩小惠、低价收买的,也有采用重金收买、高价拉拢的。上述窃取、刺探、收买都属于非法获取国家秘密的行为。非法获取,是指依法不应知悉、取得某项国家秘密的人,从知悉、取得某项国家秘密的人那里知悉、取得该项国家秘密或者可以知悉的人未经办理手续取得该项国家秘密。本罪是选择性罪名,实施其中任何一种行为都构成犯罪。

3. 犯罪主体是一般主体。

4. 犯罪主观方面是故意,出于何种目的,不影响本罪构成。

(二) 刑事责任

根据《刑法》第 282 条规定,犯本罪的,处 3 年以下有期徒刑、拘役、管制或者剥夺政治权利;情节严重的,处 3 年以上 7 年以下有期徒刑。

十一、非法持有国家绝密、机密文件、资料、物品罪

(一) 概念与特征

非法持有国家绝密、机密文件、资料、物品罪,是指非法持有属于国家绝密、机密的文件、资料或者其他物品,拒不说明来源与用途的行为。本罪的主要特征是:

1. 本罪在犯罪客体、犯罪主体、犯罪主观方面与非法获取国家秘密罪相同。本罪的主要特点在于本罪的犯罪对象仅限于国家绝密级和机密级的秘密物品。

2. 客观方面表现为具有非法持有属于国家绝密、机密物品且拒不说明来源与用途的行为。所谓“非法持有属于国家绝密、机密的文件、资料或者其他物品”,是指不应知悉某项国家绝密、机密的人员,携带、存放属于该项国家绝密、机密的文件、资料和其他物品的;可以知悉某项国家绝密、机密的人员,未经办理规定的手续,私自携带、留存属于该项国家绝密、机密的文件、资料和其他物品的。所谓“拒不说明来源和用途”,是指经调查询问仍不肯说明所非法持有的机密材料从何处获取、在什么方面或范围内使用,这是构成本罪的必要条件。

(二) 刑事责任

根据《刑法》第 282 条第 2 款的规定,犯本罪的,处 3 年以下有期徒刑、拘役或者管制。

十二、非法生产、销售专用间谍器材、窃听、窃照专用器材罪

(一) 概念与特征

非法生产、销售专用间谍器材、窃听、窃照专用器材罪,是指违反国家法律规定,生产、销售专用间谍器材或者窃听、窃照专用器材的行为。

这是《刑法修正案(九)》新修改的罪名,修改的内容有三处:一是将原来规定的“非法生产、销售窃听、窃照等专用间谍器材”修改为“非法生产、销售专用间谍器材或者窃听、窃照专用器材”。二是增加了单位犯罪,以针对实践中多有单位实施非法生产、销售专业间谍器材或者窃听、窃照专用器材行为的情况。三是完善了本罪的法定刑配置,提高了本罪的法定刑,将法定最高刑由三年有期徒刑提高到七年有期徒刑,以加大惩处力度;增加罚金刑,以剥夺犯罪人或单位的犯罪收益。原罪名“非法生产、销售间谍专用器材罪”也相应修改为“非法生产、销售专用间谍器材、窃听、窃照专用器材罪”。

本罪的主要特征是:

1. 侵犯的客体是国家安全机关对专用间谍器材、窃听、窃照专用器材的管理活动。专用间谍器材,是指进行间谍活动需要的特殊器材,主要包括:(1) 暗藏式窃听、窃照器材。(2) 突发式收发报机、一次性密码本、密写工具。(3) 用于获取情报的电子监听、截收器材。(4) 其他专用间谍器材。专用间谍器材的确认,由国家安全部负责,而且国家安全部门是间谍专用器材生产、销售的唯一指定权力机构,任何单位和个人未经批准或许可,不得非法生产和销售。窃听、窃照专用器材是用来进行秘密监听、录音、拍摄影象的专用工具,所以,非法使用是指使用窃听、窃照专用器材进行非法窃听、窃照。如果使用窃听、窃照专用器材公开录音、拍摄影象,其持有窃听、窃照专用器材的行为可能是非法的,但其使用行为不属于本罪客观方面的“非法使用”。非法窃听,是指非法使用窃听专用器材,秘密监听窃听对象的言谈、动静。监听对象既可以是我国公民,也可以是外国人、无国籍人、企事业单位。监听内容包括私人谈话、电话、日常生活起居、会议等。当然,如果行为人利用窃听专用器材窃听国家秘密的,则构成妨害国家秘密的犯罪。

2. 客观方面表现为非法生产、销售专用间谍器材、窃听、窃照专用器材的行为。所谓“非法生产”,是指未经批准,运用各种手段加工、制作窃听、窃照等专用间谍器材的行为。所谓“非法销售”,是指未经批准,擅自经营专用间谍器材或者向没有法定使用许可手续的单位或个人出售专用间谍器材的行为。

3. 犯罪主体是一般主体,自然人和单位均可成为本罪主体。

4. 主观方面是故意,无论其是否有营利的目的,只要行为人出于故意非法生产、销售专用间谍器材,窃听、窃照专用器材的,都构成本罪。

(二) 刑事责任

根据《刑法》第 283 条规定,犯本罪的,处 3 年以下有期徒刑、拘役或者管制,并处

或者单处罚金;情节严重的,处3年以上7年以下有期徒刑,并处罚金。

单位犯前款罪的,对单位判处罚金,并对其直接负责的主管人员和其他直接责任人员,依照前款的规定处罚。

十三、非法使用窃听、窃照专用器材罪

(一)概念与特征

非法使用窃听、窃照专用器材罪,是指非法使用窃听、窃照专用器材,造成严重后果的行为。本罪的主要特征是:

1. 侵犯的客体是国家安全机关对窃听、窃照专用器材的使用管理权。在我国,只有具有侦查权的司法机关、军事、国防部门根据侦查工作需要,有权使用窃听、窃照专用器材。如果不是这些单位的工作人员,或虽是这些单位的工作人员,但不是为工作需要而擅自使用,皆为非法使用。

2. 客观方面表现为具有非法使用窃听、窃照专用器材,情节严重的行为。非法窃听,是指非法使用窃听专用器材,秘密监听窃听对象的言谈、动静。非法窃照,是指行为人非法使用窃照专用器材偷拍、偷录他人活动或其他目标的行为。监听、窃照的对象和内容不受限制。如果行为人利用窃听专用器材窃听国家秘密的,则构成窃取国家秘密的犯罪。如果未使用专用的窃听、窃照专用器材或者未造成严重后果的,不构成本罪。

3. 犯罪主体是一般主体。

4. 主观方面是故意。

(二)刑事责任

根据《刑法》第284条规定,犯本罪的,处2年以下有期徒刑、拘役或者管制。

十四、组织考试作弊罪

(一)概念和特征

组织考试作弊罪,是指在法律规定的国家考试中,组织他人作弊,或者明知他人在实施组织考试作弊犯罪,还为其提供作弊器材或者其他帮助的行为。本罪的主要特征是:

1. 侵犯的客体是国家的考试制度。当代社会,考试作为发现人才、培养人才、选拔人才、衡量人才的一种重要手段,有其无可替代的功用。对于一些重要的考试,国家往往自己进行组织,以显示其严肃性和规范性,并期望达到最大限度的公平和公正。考试作弊及其相关的行为,破坏了国家设立的考试制度,违反了基本的公平、公正原则。

2. 客观方面表现为在法律规定的国家考试中组织作弊,或者明知他人在实施组织考试作弊犯罪,还为其提供作弊器材或者其他帮助的行为。首先,必须是在法律规

定的国家考试中。什么是国家考试,目前没有司法解释。教育部规定,国家教育考试指的是国家组织的普通和成人高校招生考试、全国研究生招生考试、高等教育自学考试等取得学历学位证书的活动。国家教育考试是国家考试的一个部分,但不是全部,所以国家考试的范围应比国家教育考试的范围更广。我们一般理解国家考试是指国家组织的考试,目前有如中考、高考、硕士研究生统一考试、司法考试、公务员考试等。其次,组织作弊,是指组织他人从事作弊行为,如果单纯是自己作弊,则不构成本罪。这里的他人既包括其他作弊的人,也包括参加考试作弊的人。最后,考试作弊器材有很多,如无线电对讲机、隐形耳机等。其他帮助,是指为他人组织作弊提供指导、辅导或者提供资金、账号、房屋租赁等。

3. 犯罪主体是一般主体。

4. 主观方面是故意。

(二) 刑事责任

根据《刑法》第 284 条之一第 1 款的规定,犯本罪的,处 3 年以下有期徒刑或者拘役,并处或者单处罚金;情节严重的,处 3 年以上 7 年以下有期徒刑,并处罚金。所谓“情节严重”,一般是指:(1)作案次数多;(2) 参与作弊的考生人数多;(3) 考试作弊的内容多;(4) 造成其他严重后果或者影响的。

十五、非法出售、提供试题、答案罪

(一) 概念和特征

非法出售、提供试题、答案罪,是指明知他人去实施考试作弊的行为,还向其非法出售或者提供法律规定的国家考试的试题、答案的行为。本罪的主要特征是:

1. 侵犯的客体是国家的考试制度。当代社会,考试作为发现人才、培养人才、选拔人才、衡量人才的一种重要手段,有其无可替代的功用。对于一些重要的考试,国家往往自己进行组织,以显示其严肃性和规范性,并期望达到最大限度的公平和公正。考试作弊及其相关的行为,破坏了国家设立的考试制度,违反了基本的公平、公正原则。

2. 客观方面表现为明知他人去实施考试作弊的行为,还向其非法出售或者提供法律规定的国家考试的试题、答案的行为。首先,向他人出售或者提供是非法的,这里的非法既包括合法持有者违反规定的非法出售或者提供,也包括非法持有者的非法出售或者提供。其次,向他人非法出售或者提供考试的试题和答案是为了其去实施考试作弊行为。

3. 犯罪主体是一般主体。

4. 主观方面是故意。

(二) 刑事责任

根据《刑法》第 284 条之一第 3 款的规定,犯本罪的,处 3 年以下有期徒刑或者拘役,并处或者单处罚金;情节严重的,处 3 年以上 7 年以下有期徒刑,并处罚金。所谓"情节严重",一般是指:(1) 非法出售或者提供的试题、答案次数多,数量大;(2) 参与作弊的考生人数多;(3) 考试作弊的内容多;(4) 造成其他严重后果或者影响的。

十六、代替考试罪

(一) 概念和特征

代替考试罪,是指代替他人或者让他人代替自己参加法律规定的国家考试的行为。本罪的主要特征是:

1. 侵犯的客体是国家的考试制度。

2. 客观方面表现为具有代替他人或者让他人代替自己参加法律规定的国家考试的行为。一是代替他人参加考试。二是让他人代替自己参加考试。

3. 犯罪主体是一般主体。

4. 主观方面是故意。

(二) 刑事责任

根据《刑法》第 284 条之一第 4 款的规定,犯本罪的,处拘役或者管制,并处或者单处罚金。

十七、非法侵入计算机信息系统罪

(一) 概念与特征

非法侵入计算机信息系统罪,是指违反国家规定,故意侵入国家事务、国防建设、尖端科学技术领域的计算机信息系统的行为。本罪的主要特征是:

1. 侵犯的客体是计算机信息系统的安全。其中包括计算机及其相关和配套设备的安全、运行环境的安全、信息的安全、信息系统功能的安全。侵犯的对象是计算机信息系统。计算机信息系统,是指由计算机及其相关的配套设备、设施(含网络)构成的,按照一定的应用目标和规则对信息进行采集、加工、存储、传输、检索等处理的人机系统,即通常人们所说的用于生产、营业、科研、管理的微机系统。这里并不包括家庭电脑。本罪的犯罪对象特指国家事务、国防建设和尖端科学技术领域计算机信息系统,其储存着有关国家内政、外交、国防建设、经济建设、尖端科学技术的重要信息资料。这些领域信息的保密及计算机信息系统的正常运行,关系着国家的重大利益。非法侵入这些领域的计算机信息系统,是阅读、窃取计算机内储存的信息资料,删除、修改、复制、增加干扰计算机信息系统功能(程序和数据)的必要步骤。可见非法侵入这些领域的计算机信息系统的后果是十分严重的。

2. 客观方面表现为行为人具有非法侵入国家事务、国防建设、尖端科技领域的计算机信息系统的行为。非法侵入是指未经允许擅自以非法解密等手段进入有关重要的计算机信息系统。根据国务院颁布的《中华人民共和国计算机信息系统安全保护条例》的规定,计算机信息系统的安全保护,应当保障计算机及其相关的和配套的设备、设施(含网络)的安全,运行环境安全,保障信息的安全,保障计算机功能的正常发挥,以维护计算机信息系统的安全运行。计算机信息系统的安全保护工作,重点是维护国家事务、经济建设、国防建设、尖端科学技术等重要领域的计算机信息系统的安全。任何组织或者个人,不得利用计算机信息系统从事危害国家利益、集体利益和公民合法利益的活动,不得危害计算机信息系统的安全。

3. 犯罪主体是一般主体。

4. 主观方面是故意。只要行为人故意非法进入上述特定计算机信息系统,就构成本罪。过失进入后,已经发觉而不主动退出的,也构成本罪。

(二) 刑事责任

根据《刑法》第285条规定,犯本罪的,处3年以下有期徒刑或者拘役。对于非法侵入计算机信息系统后又有其他犯罪行为的,按牵连犯归罪,择一重罪定罪处罚。单位犯本罪的,对单位判处罚金,并对其直接负责的主管人员和其他直接责任人员,依照第1款的规定处罚。

十八、非法获取计算机信息系统数据、非法控制计算机信息系统罪

(一) 概念与特征

非法获取计算机信息系统数据、非法控制计算机信息系统罪,是指违反国家规定,故意侵入国家事务、国防建设、尖端科学技术领域以外的计算机信息系统的行为。本罪的主要特征是:

1. 侵犯的客体是计算机信息系统的安全。其中包括计算机及其相关配套设备的安全、运行环境的安全、信息的安全、信息系统功能的安全。侵犯的对象是计算机信息系统。

2. 客观方面表现为行为人具有非法侵入国家事务、国防建设、尖端科技领域以外的计算机信息系统的行为。非法侵入是指未经允许擅自以非法解密等手段进入有关重要的计算机信息系统。根据国务院颁布的《中华人民共和国计算机信息系统安全保护条例》的规定,计算机信息系统的安全保护,应当保障计算机及其相关的和配套的设备、设施(含网络)的安全,运行环境安全,保障信息的安全,保障计算机功能的正常发挥,以维护计算机信息系统的安全运行。任何组织或者个人,不得利用计算机信息系统从事危害国家利益、集体利益和公民合法利益的活动,不得危害计算机信息系统的安全。

3. 犯罪主体是一般主体。

4. 主观方面是故意。只要行为人故意非法进入上述特定计算机信息系统,就构成本罪。过失进入后,已经发觉而不主动退出的,也构成本罪。

(二) 刑事责任

根据《刑法》第285条第2款规定,犯本罪的,处3年以下有期徒刑或者拘役,并处

或者单处罚金;情节特别严重的,处 3 年以上 7 年以下有期徒刑,并处罚金。对于非法侵入计算机信息系统后又有其他犯罪行为,按牵连犯归罪,择一重罪定罪处罚。本条第 4 款规定,单位犯本罪的,对单位判处罚金,并对其直接负责的主管人员和其他直接责任人员,依照第 2 款的规定处罚。

十九、提供侵入、非法控制计算机信息系统程序、工具罪

(一) 概念与特征

提供侵入、非法控制计算机信息系统程序、工具罪,是指违反国家规定,提供侵入、非法控制计算机信息系统程序、工具,或者明知他人实施侵入、非法控制计算机信息系统的违法犯罪行为而为其提供程序、工具,情节严重的行为。本罪的主要特征是:

1. 侵犯的客体是计算机信息系统的安全。其中包括计算机及其相关和配套的设备的安全、运行环境的安全、信息的安全、信息系统功能的安全。侵犯的对象是计算机信息系统。

2. 客观方面表现为行为人具有违反国家规定,提供侵入、非法控制计算机信息系统程序、工具,或者明知他人实施侵入、非法控制计算机信息系统的违法犯罪行为而为其提供程序、工具,情节严重的行为。

3. 犯罪主体是一般主体。

4. 主观方面是故意。

(二) 本罪的认定

1. 划清本罪与非罪的界限。是否达到"情节严重"是区别构成犯罪与否的关键所在。

2. 划清本罪与非法侵入计算机信息系统罪及非法获取计算机信息系统数据、非法控制计算机信息系统罪的界限。实践中本罪的行为常常与后两罪的行为密切关联,本罪行为人常常为后两罪行为的实施提供程序、工具,帮助后两罪的顺利实施,但法律规定本罪行为为独立犯罪行为,故其因客观行为的表现不同而区分为不同的犯罪。

(三) 刑事责任

根据《刑法》第 285 条第 3 款规定,犯本罪的,处 3 年以下有期徒刑或者拘役,并处或者单处罚金;情节特别严重的,处 3 年以上 7 年以下有期徒刑,并处罚金。对于非法侵入计算机信息系统后又有其他犯罪行为,按牵连犯归罪,择一重罪定罪处罚。本条第 4 款规定,单位犯本罪的,对单位判处罚金,并对其直接负责的主管人员和其他直接责任人员,依照第 3 款的规定处罚。

二十、破坏计算机信息系统罪

(一) 概念与特征

破坏计算机信息系统罪,是指违反国家规定,对计算机信息系统功能进行删除、修

改、增加、干扰,造成计算机信息系统不能正常运行,以及对计算机信息系统中存储、处理或者传输的数据和应用程序进行删除、修改、增加的操作,或者故意制作、传播计算机病毒等破坏性程序,影响计算机系统正常运行,后果严重的行为。本罪的主要特征是:

1. 侵犯的客体是计算机信息系统的安全及其正常运行。

2. 客观方面表现为行为人具有违反国家计算机信息系统安全保护条例的规定,通过程序操纵、输入操纵和制作、输入计算机病毒的方法破坏计算机信息系统。具体表现为三个方面:

一是破坏计算机信息系统功能,即计算机信息系统按照一定的应用目标和规定对信息进行收集、加工、存储、传输、检索等处理的能力。对计算机信息系统功能进行删除、修改、增加、干扰,计算机就会不执行指令,或错误地执行指令,甚至瘫痪。这种情况带来的后果,轻者妨碍计算机使用单位的正常工作,重者给计算机功能造成难以修复的损坏,甚至造成不可修复的危害。

二是破坏计算机数据和应用程序。所谓"数据",是指在计算机信息系统中存储、处理或者传输的信息资料。所谓"应用程序",是指为了得到某种结果而由计算机信息系统执行的代码化指令序列,或者可被自动转换成代码化指令序列的符号化指令序列或者符号化语句序列。计算机的应用,离不开计算机数据和程序。按照上述序列(应用程序)使用数据,进行计算机操作,才能得到预想的结果。如果删除、修改、增加计算机信息系统中的数据和应用程序,会导致计算机不能按照指令工作,得不到想要得到的结果,或提供错误的数据,甚至是难以立即发现的错误数据,并由此误导出错误结论。

三是故意制作、传播计算机病毒。计算机病毒,是指编制或者在计算机程序中插入的破坏计算机功能或者毁坏数据,影响计算机使用,并能自我复制的一组计算机指令或者程序代码。它具有可传播、可激发和可潜伏性,作为隐藏在可执行程序中或数据文件中,在计算机内部运行的一种干扰程序,已经成为计算机犯罪的一种有效手段,也是对计算机进行攻击的最严重的方法。"制作",即编制破坏性程序,一种是将其直接编制在计算机上,另一种是编制在磁盘、光盘上。制作包括复制。"传播",是指使其他计算机染上计算机病毒等破坏性程序。传播的方式有两种:一是在计算机上编制,通过网络直接传输到其他计算机上。二是通过磁盘交换把带病毒的磁盘、光盘插入其他计算机,使之感染病毒。

本罪是结果犯。故意制作、传播计算机病毒等破坏性程序的行为只有造成严重后果时才构成犯罪。所谓"严重后果",是指使计算机信息系统网络瘫痪、使计算机因功能不可恢复而报废、计算机内存储的重要资料消失或不可能提取或其他严重后果。

3. 犯罪主体是一般主体,往往都是精通计算机知识的人员。

4. 主观方面是故意,对于以破坏计算机信息系统为手段而实行其他犯罪行为的,按牵连犯归罪,择一重罪定罪处罚。

(二) 刑事责任

根据《刑法》第286条规定,犯本罪的,处5年以下有期徒刑或者拘役;后果特别严重的,处5年以上有期徒刑。单位犯本罪的,对单位判处罚金,并对其直接负责的主管人员和其他直接责任人员,依照第一款的规定处罚。

【实例分析7-2】

对上述内容,可从下面的分析中深化认识:下列哪些情形应以破坏计算机信息系统罪论处?

A. 甲采用密码破解手段,非法进入国家尖端科学技术领域的计算机信息系统,窃取国家机密;

B. 乙因与单位领导存在矛盾,便擅自对单位计算机中存储的数据和应用程序进行修改操作,给单位的生产经营管理造成严重混乱;

C. 丙通过破解密码的手段,进入某银行计算机信息系统,为其朋友的银行卡增加存款额10万元;

D. 丁为了显示自己在计算机技术方面的本事,设计出一种计算机病毒,并通过互联网进行传播,影响计算机系统正常运行,造成严重后果。

分析如下:

(1) A选项,属于非法获取国家秘密罪(目的行为)和非法侵入计算机信息系统罪(手段行为)的牵连犯,应依《刑法》第282条以目的行为即非法获取国家秘密罪定罪。

(2) B选项,① 属于破坏计算机信息系统罪(后果严重的,法定最高刑5年;后果特别严重的,法定最高刑15年)与破坏生产经营罪(一般情况,法定最高刑3年;情节严重的,法定最高刑7年)的想象竞合,择一重处,应以重罪即破坏计算机信息系统罪论处。② 不以破坏生产经营罪论处的原因不是因为《刑法》第287条没有列举破坏生产经营罪罪名,"其他犯罪"说明该条列举的罪名只是列举而不穷尽;③ 本例中行为只有一个,破坏计算机信息系统行为即是破坏生产经营行为,故属想象竞合犯,而不属牵连犯,不能适用《刑法》第287条的规定。

(3) C选项,系盗窃罪(目的行为)与非法获取计算机信息系统数据罪(手段行为)的牵连犯,应依《刑法》第287条以目的行为即盗窃罪论处。

(4) D选项,构成《刑法》第286条规定的破坏计算机信息系统罪。

综上,上述问题的合适选项是BD。

二十一、拒不履行信息网络安全管理义务罪

(一) 概念和特征

拒不履行信息网络安全管理义务罪,是指网络服务提供者不履行法律、行政法规规定的信息网络安全管理义务,经监管部门责令采取改正措施而拒不改正的行为。本

罪的主要特征是：

1. 侵犯的客体是网络安全的管理秩序。网络安全关系到国家、社会和公民生活的方方面面。保护网络安全是现代信息社会安全的一个重要方面。

2. 客观方面表现为网络服务提供者具有不履行法律、行政法规规定的信息网络安全管理义务，经监管部门责令采取改正措施而拒不改正的行为。首先，网络服务提供者具有不履行法律、行政法规规定的信息网络安全管理义务的行为。其次，经监管部门责令采取改正措施而拒不改正。最后，造成一定的后果。后果包括以下几种情形：(1) 致使违法信息大量传播的。(2) 致使用户信息泄露，造成严重后果的。(3) 致使刑事案件证据灭失，情节严重的。(4) 有其他严重情节的。

3. 犯罪主体是特殊主体，即网络服务提供者。单位也能成为本罪主体。

4. 主观方面是故意。

(二) 刑事责任

根据《刑法》第 286 条之一的规定，犯本罪的，处 3 年以下有期徒刑、拘役或者管制，并处或者单处罚金。单位犯前款罪的，对单位判处罚金，并对其直接负责的主管人员和其他直接责任人员，依照前款的规定处罚。

有前两款行为，同时构成其他犯罪的，依照处罚较重的规定定罪处罚。

二十二、非法利用信息网络罪

(一) 概念和特征

非法利用信息网络罪，是指行为人利用信息网络发布实施违法犯罪活动信息，情节严重的行为。本罪的主要特征是：

1. 侵犯的客体是网络安全的管理秩序。网络安全关系到国家、社会和公民生活的方方面面。保护网络安全是现代信息社会安全的一个重要方面。

2. 客观方面表现为行为人具有利用信息网络实施下列情节严重的行为：(1) 设立用于实施诈骗、传授犯罪方法、制作或者销售违禁物品、管制物品等违法犯罪活动的网站、通讯群组的。(2) 发布有关制作或者销售毒品、枪支、淫秽物品等违禁物品、管制物品或者其他违法犯罪信息的。(3) 为实施诈骗等违法犯罪活动发布信息的。

所谓“情节严重”，一般是指(1) 利用信息网络实施犯罪时间长，次数多。(2) 发布的实施犯罪信息量大。(3) 后果严重。

3. 犯罪主体是一般主体，单位也能成为本罪主体。

4. 主观方面是故意。

(二) 刑事责任

根据《刑法》第 287 条之一的规定，犯本罪的，处 3 年以下有期徒刑或者拘役，并处或者单处罚金。单位犯前款罪的，对单位判处罚金，并对其直接负责的主管人员和其他直接责任人员，依照第 1 款的规定处罚。

有前两款行为,同时构成其他犯罪的,依照处罚较重的规定定罪处罚。

二十三、帮助信息网络犯罪活动罪

(一) 概念和特征

帮助信息网络犯罪活动罪,是指行为人明知他人利用信息网络发布诈骗信息,为其提供帮助,情节严重的行为。本罪的主要特征是:

1. 侵犯的客体是网络安全的管理秩序。网络安全关系到国家、社会和公民生活的方方面面。保护网络安全是现代信息社会安全的一个重要方面。

2. 客观方面表现为行为人明知他人利用信息网络发布诈骗信息,为其犯罪提供互联网接入、服务器托管、网络存储、通讯传输等技术支持,或者提供广告推广、支付结算等帮助,情节严重的行为。所谓"情节严重",一般是指:(1)利用信息网络实施犯罪时间长,次数多。(2) 发布的实施犯罪信息量大。(3) 后果严重。

3. 犯罪主体是一般主体,单位也能成为本罪主体。

4. 主观方面是故意。

(二) 刑事责任

根据《刑法》第 287 条之二的规定,犯本罪的,处 3 年以下有期徒刑或者拘役,并处或者单处罚金。单位犯前款罪的,对单位判处罚金,并对其直接负责的主管人员和其他直接责任人员,依照第 1 款的规定处罚。

有前两款行为,同时构成其他犯罪的,依照处罚较重的规定定罪处罚。

二十四、扰乱无线电通讯管理秩序罪

(一) 概念与特征

扰乱无线电通讯管理秩序罪,是指违反国家规定,擅自设置、使用无线电台(站),或者擅自使用无线电频率,干扰无线电通讯秩序,情节严重的行为。本罪的主要特征是:

1. 侵害的客体是国家对无线电通讯的管理秩序。

2. 客观方面表现为行为人实施了违反国家规定,擅自设置、使用无线电台(站),或者擅自使用无线电频率,干扰无线电通讯秩序,情节严重的行为。无线电台,是指用无线电发送设备将电磁波向空间辐射传播的场所,其中装有一部或若干部无线电发射机及其附属设备和天线。频率,是指无线电管理机构核准给某电台在规定的条件下占用的无线电频段或频道。非法擅自设置、使用无线电台(站),或者擅自使用无线频率,会干扰无线电通信设备正常运行,对无线电通信系统的接收产生有害影响。通常表现为接收性能下降、误解,或信息遗漏等。构成本罪,不仅须有违反国家规定,擅自设置、使用或占用无线电台(站)或频率的行为,而且还必须是经责令停止使用后拒不停止使用,干扰无线电通讯正常运行,造成严重后果的行为。所谓"严重后果",一般是指干扰重要无线电通信系统的接收,造成重大误解或信息遗漏,危害严重的;干扰无线电导航或其他安全业务的正常运行,造成人身伤亡或财产损失的;干扰按照规划开展的无线电广播电视业务,严重损害、阻碍或一再阻断广播电视的接收,后果严重的;其他因干扰而造成严重后果的,如严重妨害公安机关对重大案犯的抓捕行动,妨害军事行动等。

3. 犯罪主体是一般主体,自然人和单位均可构成。

4. 主观方面是故意。

(二) 刑事责任

根据《刑法》第288条规定,犯本罪的,处3年以下有期徒刑、拘役或者管制,并处或者单处罚金;情节特别严重的,处3年以上7年以下有期徒刑,并处罚金。

二十五、聚众扰乱社会秩序罪

(一) 概念与特征

聚众扰乱社会秩序罪,是指聚众扰乱社会秩序,情节严重,致使工作、生产、营业和教学、科研、医疗无法进行,造成严重损失的行为。本罪的主要特征是:

1. 侵犯的客体是国家对社会的管理秩序。具体是指国家机关与人民团体的工作秩序,企业单位的生产与营业秩序,事业单位的教学、科研、医疗秩序。侵犯的对象是国家机关、企事业单位和人民团体。

2. 客观方面表现为行为人具有聚众扰乱党政机关、企事业单位、人民团体的工作、生产、营业、教学、科研、医疗秩序,情节严重的行为。所谓"聚众",是指聚集众多的人参加,其特点是在首要分子的组织、煽动、指挥下,纠集多人共同进行。除首要分子外,参加活动的人员往往是不确定的,人数也有可能随时有所增减。所谓"扰乱",是指对国家机关、企事业单位与人民团体正常工作的各种干扰与破坏活动。可以是暴力性扰乱,也可以是非暴力性扰乱。只要足以阻碍国家机关、企事业单位与人民团体正常工作的行为,都属于扰乱行为。实施扰乱社会秩序的行为,必须情节严重,才构成本罪。情节严重,通常表现为扰乱社会秩序,致使工作、生产、营业、教学与科研、医疗无法进行,造成严重损失的情形。

3. 犯罪主体是一般主体,但并非一切聚众扰乱社会秩序的人都能构成本罪。构成本罪的只能是扰乱社会秩序的首要分子和其他积极参加者。所谓"首要分子",即在扰乱社会秩序犯罪中起组织、策划、指挥作用的犯罪分子。"其他积极参加者",是指除首要分子以外的,在犯罪活动中起主要作用的犯罪分子。对于一般参加者,不追究其刑事责任。

4. 主观方面只能由故意构成,而且必须是基于众多行为人的共同故意。通常表现为因为某种要求得不到满足而在有关机关、单位聚众无理取闹、纠缠,妨碍机关单位的正常活动。

(二) 认定时应注意的问题

1. 本罪与非罪的界定

要注意区分本罪与扰乱社会秩序的一般违法行为的界限。如果行为人聚众扰乱社会公共秩序的行为尚未达到情节严重的程度,或者虽然达到情节严重的程度,但尚未造成严重损失的,属于扰乱社会秩序的一般违法行为,不能以犯罪论处。

要严格区分聚众扰乱社会秩序的首要分子、积极参加者和一般参加者。对煽动、引诱、蒙骗、组织、领导群众扰乱社会秩序的首要分子以及参加闹事活动的积极参加者,应依法追究刑事责任。对于一般的参与人员,则应当用批评教育、行政处罚等方法,使他们认识错误,而不能追究他们的刑事责任。

2. 本罪与破坏生产经营罪的区别

两者之间的区别主要有五个方面:一是侵犯的客体不同。本罪侵害的是社会秩序;而破坏生产经营罪侵犯的客体是公司财产权。二是客观方面表现不同。本罪表现为聚众扰乱工作、生产、经营或教学、科研等社会秩序的行为,不限于扰乱生产经营秩序;而破坏生产经营罪则表现为毁坏机器设备、残害牲畜或者以其他方法破坏生产经营的行为。三是主观方面内容不同。本罪对目的、动机没有特别要求;而破坏生产经营罪的成立,则要求行为人必须是出于泄愤报复或者其他个人目的。四是犯罪主体不同。本罪是聚众型犯罪,刑法规定只处罚首要分子和积极参加者;而破坏生产经营罪既可以单个人实施,也可以两人以上共同实施。五是犯罪成立的标准不同。本罪属结果犯;而破坏生产经营罪则属于行为犯。

(三) 刑事责任

根据《刑法》第 290 条第 1 款规定,犯本罪的,对首要分子,处 3 年以上 7 年以下有期徒刑;对其他积极参加的,处 3 年以下有期徒刑、拘役、管制或者剥夺政治权利。

二十六、聚众冲击国家机关罪

(一) 概念与特征

聚众冲击国家机关罪,是指聚集多人,非法闯入国家机关,致使国家机关工作无法进行,造成严重损失的行为。本罪的主要特征是:

1. 侵犯的客体是国家机关的正常工作秩序。犯罪对象仅限于国家机关,即各级国家机关办公地点。它和以依法执行职务(职责)的人员为侵害对象的妨害公务罪有区别;同时和以党政机关、企事业单位、人民团体为侵害对象的聚众扰乱社会秩序罪也不相同。

2. 客观方面表现为行为人具有聚众强行进入国家机关,致使国家机关无法进行工作,造成重大损失的行为。

3. 犯罪主体是一般主体。本罪只能由聚众冲击国家机关的首要分子和其他积极参加分子构成。

4. 主观方面是故意。

（二）刑事责任

根据《刑法》第290条第2款规定，犯本罪的，对首要分子处5年以上10年以下有期徒刑；对其他积极参加的，处5年以下有期徒刑、拘役、管制或者剥夺政治权利。

二十七、扰乱国家机关工作秩序罪

（一）概念与特征

扰乱国家机关工作秩序罪，是指多次扰乱国家机关工作秩序，经行政处罚后仍不改正，造成严重后果的行为。本罪的主要特征是：

1. 侵犯的客体是国家机关工作秩序。国家机关是指从事国家管理和行使国家权力的机关。包括国家元首、权力机关、行政机关、审判机关、检察机关和军事机关。

2. 客观方面表现为行为人具有多次扰乱国家机关工作秩序，经行政处罚后仍不改正，造成严重后果的行为。本罪构成要件上有严格的限制：要求扰乱对象必须是国家机关；要求扰乱行为达到多次，通常是指三次以上，但多次的时间间隔没有规定；经行政处罚后仍不改正；造成严重后果。

3. 犯罪主体是一般主体。

4. 主观方面是故意。

（二）刑事责任

根据《刑法》第290条第3款规定，犯本罪的，处3年以下有期徒刑、拘役或者管制。

二十八、组织、资助非法聚集罪

（一）概念与特征

组织、资助非法聚集罪，是指多次组织、资助他人非法聚集，扰乱社会秩序，情节严重的行为。本罪的主要特征是：

1. 侵犯的客体是国家对社会的管理秩序。具体是指国家机关与人民团体的工作秩序，企业单位的生产与营业秩序，事业单位的教学、科研、医疗秩序。侵犯的对象是国家机关、企事业单位和人民团体。

2. 客观方面表现为行为人具有多次组织、资助他人非法聚集，扰乱社会秩序，情节严重的行为。所谓“多次”，是指三次以上。所谓“组织”，是指谋划、策划、安排、联络他人非法聚集。所谓“资助”，是指在经济上或者财产上帮助他人非法聚集。所谓“聚集”，是指集合、凑在一起，如聚集力量，聚集资金。所谓“情节严重”，是指(1)组织、资助他人非法聚集次数多，资助的财产数额大。(2)造成社会秩序严重混乱的。(3)造成人员或者财产严重损失的。

3. 犯罪主体是一般主体。

4. 主观方面是故意。

（二）刑事责任

根据《刑法》第290条第4款规定，犯本罪的，处3年以下有期徒刑、拘役或者管制。

二十九、聚众扰乱公共场所秩序、交通秩序罪

（一）概念与特征

聚众扰乱公共场所秩序、交通秩序罪，是指聚众扰乱车站、码头、民用航空站、商场、公园、影剧院、展览会、运动场及其他场所秩序，或者聚众堵塞交通或破坏交通秩序，抗拒、阻碍国家治安管理工作人员依法执行职务，情节严重的行为。本罪的主要特征是：

1. 侵犯的客体是正常的公共场所秩序和交通秩序。

2. 客观方面表现为行为人具有聚众扰乱公共场所或交通秩序的行为。构成本罪还必须是抗拒、阻碍国家治安管理工作人员执行职务，而且情节严重。如果虽扰乱公共场所秩序，但听从制止，没有抗拒、阻拦治安工作人员或者扰乱秩序不严重的，属于一般的治安违法行为。

3. 犯罪主体是一般主体。但本罪只能是聚众扰乱公共场所秩序、交通秩序的首要分子。

4. 主观方面是故意。其目的是制造事端，给有关机关、部门施加压力，以满足其某些无理要求。

（二）刑事责任

根据《刑法》第291条规定，犯本罪的，处5年以下有期徒刑、拘役或者管制。

三十、投放虚假危险物质罪

（一）概念与特征

投放虚假危险物质罪，是指投放虚假的爆炸性、毒害性、放射性、传染病病原体等物质，严重扰乱社会秩序的行为。本罪的主要特征是：

1. 侵犯的客体是社会公共安全管理秩序。投放虚假的危险物质，会严重扰乱国家对社会公共安全的管理秩序。

2. 客观方面表现为行为人具有投放虚假的爆炸性、毒害性、放射性、传染病病原体等物质，严重扰乱社会秩序的行为。

3. 犯罪主体是一般主体。

4. 主观方面是故意。

（二）刑事责任

根据《刑法》第291条之一的规定，犯本罪的，处5年以下有期徒刑、拘役或者管

制;造成严重后果的,处5年以上有期徒刑。

三十一、编造、故意传播虚假恐怖信息罪

(一) 概念与特征

编造、故意传播虚假恐怖信息罪,是指编造爆炸威胁、生化威胁、放射威胁等恐怖信息,或者明知是编造的恐怖信息而故意传播,严重扰乱社会秩序的行为。本罪的主要特征是:

1. 侵犯的客体是社会公共安全管理秩序。虚假的恐怖信息,会严重扰乱国家对社会公共安全的管理秩序。

2. 客观方面表现为行为人具有编造爆炸威胁、生化威胁、放射威胁等恐怖信息,或者明知是编造的恐怖信息而故意传播,严重扰乱社会秩序的行为。如果编造与突发传染病疫情等灾害有关的恐怖信息,或者明知是编造的此类恐怖信息而故意传播,严重扰乱社会秩序的,也构成本罪。①

关于严重扰乱社会秩序的认定,2013年最高人民法院《关于审理变造、故意传播虚假恐怖信息刑事案件适用法律若干问题的解释》中作了明确的列举,具有以下情形之一的,便认作严重扰乱社会秩序:(1) 致使机场、车站、码头、商场、影剧院、运动场馆等人员密集场所秩序混乱,或者采取紧急疏散措施的;(2) 影响航空器、列车、船舶等大型客运交通工具正常运行的;(3) 致使国家机关、学校、医院、厂矿企业等单位的工作、生产、经营、教学、科研等活动中断的;(4) 造成行政村或者社区居民生活秩序严重混乱的;(5) 致使公安、武警、消防、卫生检疫等职能部门采取紧急应对措施的;(6) 其他严重扰乱社会秩序的。

3. 犯罪主体是一般主体。

4. 主观方面是故意。

【实例分析7-3】

对上述内容,可从下例分析中深化认识:甲给机场打电话谎称“3架飞机上有炸弹”,机场立即紧急疏散乘客,对飞机进行地毯式安检,3小时后才恢复正常航班秩序。关于本案,下列哪一选项是正确的?

A. 为维护社会稳定,无论甲的行为是否严重扰乱社会秩序,都应追究甲的刑事责任;

B. 为防范危害航空安全行为的发生,保护人民群众,应以危害公共安全相关犯罪判处甲死刑;

C. 从事实和法律出发,甲的行为符合编造、故意传播虚假恐怖信息罪的犯罪构

---

① 参见《最高人民法院、最高人民检察院关于办理妨害预防、控制突发传染病疫情等灾害的刑事案件具体应用法律若干问题的解释》,2003年5月13日最高人民法院审判委员会第1269次会议、2003年5月13日最高人民检察院第十届检察委员会第3次会议通过。2003年5月15日起施行。

成,应追究其刑事责任;

D. 对于散布虚假信息,危及航空安全,造成国内国际重大影响的案件,可突破司法程序规定,以高效办案取信社会。

分析如下:

(1)选项A错误。定罪量刑必须严格遵守罪刑法定原则,不能为了维护社会稳定,将依法不构成犯罪的行为作为犯罪处理。

(2)选项B错误,选项C正确。甲只是谎称"3架飞机上有炸弹",并没有实际放置炸弹,没有危害公共安全的现实危险和可能,不应以危害公共安全相关犯罪判处甲死刑。但其行为符合编造、故意传播虚假恐怖信息罪的犯罪构成,应以编造、故意传播虚假恐怖信息罪进行处罚。

(3)选项D错误。刑事诉讼必须严格遵守法定的程序,即便造成了国内国际重大影响等,也不得以任何理由突破法定的程序。

综上,上述问题的合适选项是C。

(二)刑事责任

根据《刑法》第291条之一的规定,犯本罪的,处5年以下有期徒刑、拘役或者管制;造成严重后果的,处5年以上有期徒刑。

三十二、编造、故意传播虚假信息罪

(一)概念与特征

编造、故意传播虚假信息罪,是指编造虚假的险情、疫情、灾情、警情,在信息网络或者其他媒体上传播,或者明知是上述虚假信息,故意在信息网络或者其他媒体上传播,严重扰乱社会秩序的行为。本罪的主要特征是:

1. 侵犯的客体是社会公共安全管理秩序。虚假的信息,会严重扰乱国家对社会安全的管理秩序。

2. 客观方面表现为行为人具有编造虚假的险情、疫情、灾情、警情,在信息网络或者其他媒体上传播,或者明知是上述虚假信息,故意在信息网络或者其他媒体上传播,严重扰乱社会秩序的行为。

3. 犯罪主体是一般主体。

4. 主观方面是故意。

(二)刑事责任

根据《刑法》第291条之一第2款的规定,犯本罪的,处3年以下有期徒刑、拘役或者管制;造成严重后果的,处3年以上7年以下有期徒刑。

三十三、聚众斗殴罪

（一）概念与特征

聚众斗殴罪，是指故意组织、策划、指挥聚众斗殴或者积极参加聚众斗殴的行为。本罪的主要特征是：

1. 侵害的客体是公共秩序。在实际生活中，聚众斗殴犯罪往往同时会造成公民的人身权利和公私财产权利受到侵害。但是，其所侵犯的主要不是特定的个人或者特定的公私财物，而是用聚众斗殴行为向社会挑战，从而形成对社会秩序的严重威胁。聚众斗殴犯罪可以发生在公共场所，也可以发生在较僻静的私人场所。公然藐视法纪和社会公德，破坏公共秩序，是聚众斗殴罪的特征。

2. 客观方面表现为行为人具有聚集多人进行殴斗的行为。“聚众”应理解为纠集3人以上打架斗殴。“斗殴”，主要是指采用暴力相互搏斗，但使用暴力的方式各有不同。聚众斗殴多表现为流氓团伙之间互相殴斗，他们往往是约定时间、地点，拿刀动棒，大打出手，置公共秩序于不顾，往往造成伤亡和社会秩序的混乱，是一种严重影响社会公共秩序的恶劣犯罪行为。

3. 犯罪主体是一般主体，但本罪只追究聚众斗殴的首要分子和积极参加者的刑事责任，对一般参加者，可以按治安管理处罚法追究行政责任，不构成本罪。

4. 主观方面是故意。犯罪的动机，一般不是完全为了某种个人的利害冲突，也不是单纯为了取得某种物质利益，而是表现为公然藐视国家法纪和社会公德，故意进行聚众斗殴活动，来寻求精神刺激，填补其精神上的空虚。行为人在思想上已经丧失了道德观念和法制观念，是非荣辱标准已被颠倒。这种心理状态，是聚众斗殴犯罪故意的最明显的特点。

（二）认定时应注意的问题

1. 本罪与非罪的界限

司法实践中，对于群众之间因日常矛盾激化而引起的多人之间的打斗，以及山区、边区或少数民族村寨之间因土地、水源、山林等纠纷而发生的结伙殴打的行为，不宜按本罪处理。其中情节显著轻微，危害不大的，不属于犯罪，应按一般违法行为处理。

2. 本罪与聚众扰乱社会秩序罪的区别

主要区别有四点：一是直接客体的范围不同。本罪侵犯的是社会公共秩序，而后者侵犯的只限于企事业单位、人民团体的工作、生产、经营和教学、科研秩序。二是犯罪对象不同。本罪的对象是相互斗殴的对方或普通群众，而后者的对象则是企业、事业单位、人民团体等。三是客观方面表现不同。本罪表现为行为人实施了“聚众斗殴”的行为，而后者则表现为行为人实施了聚众扰乱社会秩序的行为。四是犯罪形态不同。本罪属行为犯，而后者是结果犯。

3. 本罪与故意伤害罪、故意杀人罪的区别

如果聚众斗殴致人重伤、死亡的，刑法规定应分别以故意伤害罪、故意杀人罪定罪

处罚。这里值得注意的是,在聚众斗殴出现致人重伤、死亡的情况时,不应将所有的参与斗殴的人都认定为故意伤害罪或故意杀人罪,而只能将直接造成重伤、死亡结果的斗殴者和首要分子认定为上述犯罪。如果现有证据无法证明谁的行为是直接致重伤、死亡的原因,则仅应对首要分子以故意伤害罪、故意杀人罪定罪处罚。

【实例分析 7-4】

对上述内容,可从下例分析中深化认识:甲、乙两村因用水问题发生纠纷。甲村 20 名村民手持铁锹等农具,在两村交界处强行修建引水设施。乙村 18 名村民随即赶到,手持木棍、铁锹等与甲村村民互相谩骂、互扔石块,甲村 3 人被砸成重伤。因警察及时疏导,两村村民才逐渐散去。关于本案,下列哪些选项是正确的?

A. 村民为争水源而斗殴,符合聚众斗殴罪的主观要件;

B. 不论是一般参加斗殴还是积极参加斗殴,甲、乙两村村民均触犯聚众斗殴罪;

C. 因警察及时疏导,两村未发生持械斗殴,属于聚众斗殴未遂;

D. 对扔石块将甲村 3 人砸成重伤的乙村村民,应以故意伤害罪论处。

分析如下:

(1) 选项 A 正确。聚众斗殴罪,是指聚集多人攻击对方身体,或者相互攻击对方身体的行为。本案完全符合本罪的成立要件,构成聚众斗殴罪。

(2) 选项 B 错误。《刑法》第 292 条第 1 款规定,对聚众斗殴罪,只打击首要分子和其他积极参加者。据此可知,对聚众斗殴罪,只打击首要分子以及积极参加者,对一般参加者不以犯罪处理。

(3) 选项 C 错误。聚众斗殴罪只要求一方或双方纠集多人进行了殴斗即可,不要求"持械"斗殴,本案中,甲、乙两村分别纠集 20、18 人,并且互相谩骂、互扔石块,致甲村 3 人被砸成重伤,因而已构成既遂。

(4) 选项 D 正确。《刑法》第 292 条第 2 款规定,聚众斗殴,致人重伤、死亡的,依照故意伤害罪、故意杀人罪的规定定罪处罚。

综上,上述问题的合适选项是 AD。

4. 聚众斗殴罪的既遂与未遂

一种观点认为,聚众斗殴罪存在未遂。因为聚众斗殴罪为行为犯,只要实施了聚众斗殴的行为即构成聚众斗殴罪既遂,无需造成严重后果,因此,是否构成聚众斗殴罪不以是否造成严重后果论;另外,聚众斗殴罪客观方面行为包括"聚众"和"斗殴"两个方面,"斗殴"是指双方当事人间进行互相殴斗。双方当事人间没有相互殴斗的行为,或只是一方对另一方进行殴打伤害,不属"斗殴"。行为人已经"聚众",却因意志以外的原因未能实施"斗殴"行为,应为犯罪着手后的未遂而非着手前的预备,且此时行为人的行为已对社会公共安全造成严重威胁。因此,可以存在聚众斗殴的未遂犯。

另一种观点认为,聚众斗殴罪不存在未遂。聚众斗殴罪属于行为犯。所谓行为犯,是指以实施一定的侵害行为作为犯罪构成要件或既遂标志的犯罪形态。根据刑法条文要义,聚众斗殴罪不以发生实际的危害后果作为构成犯罪要件。行为人只要实行了斗殴的行为,即构成犯罪。据此,可以认为,聚众斗殴罪中的斗殴行为既是犯罪构成的要件,也是既遂的标志,只要斗殴行为实际发生,即可认为本罪的犯罪构成要件齐备,本罪不存在未遂状态。斗殴行为是本罪的目的行为。因此,只有双方开始实施斗殴的行为,才能被认为"已经着手"实行犯罪,一旦双方实际发生斗殴,犯罪即为既遂。因此,只要双方已经着手实施斗殴行为,犯罪即为既遂,而在斗殴前的所有行为均为预备行为。如聚众,购买、分配械具,参与斗殴的人员纠集至斗殴地点直至双方两阵对峙准备斗殴等。可见,犯罪人因意志以外的原因而致斗殴未成的情形,只能发生在预备阶段,故本罪不存在未遂形态。

(三) 刑事责任

根据《刑法》第 292 条规定,犯本罪的,对首要分子和其他积极参加的,处 3 年以下有期徒刑、拘役或者管制。具有下列情形之一的,对首要分子和其他积极参加的,处 3 年以上 10 年以下有期徒刑:(1) 多次聚众斗殴的;(2) 聚众斗殴人数多、规模大、社会影响恶劣的;(3) 在公共场所或者交通要道聚众斗殴,造成社会秩序严重混乱的;(4) 持械聚众斗殴的。

根据本条第 2 款的规定,聚众斗殴致人重伤的,应以故意伤害罪定罪处罚;致人死亡的,应以故意杀人罪定罪处罚,即聚众斗殴罪不包括致人重伤、死亡的结果。

【实例分析 7-5】

对上述内容,可从下例分析中深化认识:首要分子甲通过手机指令所有参与者"和对方打斗时,下手重一点"。在聚众斗殴过程中,被害人被谁的行为重伤致死这一关键事实已无法查明。关于本案的分析,下列哪一选项是正确的?

A. 对甲应以故意杀人罪定罪量刑;

B. 甲是教唆犯,未参与打斗,应认定为从犯;

C. 所有在现场斗殴者都构成故意杀人罪;

D. 对积极参加者按故意杀人罪定罪,对其他参加者按聚众斗殴罪定罪。

分析如下:

(1) 选项 A 正确。首要分子甲指令所有参与者和对方打斗时"下手重一点",这里的"下手重一点",应认为包括对被害人重伤、死亡后果所持的是直接故意心态或间接故意心态。因此,甲对被害人被重伤致死的后果应当承担刑事责任,即甲构成故意杀人罪。

(2) 选项 B 错误。甲是教唆犯,虽其没有实际参与打斗,但其在共同犯罪中起了主要作用。因此,对甲应认定为主犯,而非从犯。

(3) 选项 C、D 错误。按照共同犯罪的法理,在聚众斗殴过程中,如果只是一个或一部分人实施了严重暴力行为,导致被害人重伤、死亡的,那么只有实施该严重暴力的人转化为故意伤害罪或故意杀人罪,其他的人仍然定聚众斗殴罪。但是由于被害人被谁的行为重伤致死这一关键事实已无法查明，只能认定甲对聚众斗殴行为承担刑事责任。

综上，上述问题的合适选项是A。

三十四、寻衅滋事罪

（一）概念与特征

寻衅滋事罪，是指在公共场所，无事生非，肆意挑衅，起哄闹事，扰乱社会公共秩序，情节严重的行为。本罪的主要特征是：

1. 侵犯的客体是正常的公共秩序。

2. 客观方面表现为行为人在公共场所肆意挑衅，无事生非，进行骚扰、破坏的行为。主要表现为：（1）随意殴打他人，情节恶劣的。（2）追逐、拦截、辱骂、恐吓他人，情节恶劣的。（3）强拿硬要或者任意毁损、占用公私财物，情节严重的。（4）在公共场所起哄闹事，造成公共场所秩序严重混乱的。本罪具体行为表现，或要求情节严重，或要求情节恶劣，才构成犯罪。在预防、控制突发传染病疫情等灾害期间，强拿硬要或者任意损毁、占用公私财物情节严重，或者在公共场所起哄闹事，造成公共场所秩序严重混乱的，依照本罪从重处罚。①

3. 犯罪主体是一般主体。

4. 主观方面是故意，表现为公然藐视国家法纪和社会公德，通过寻衅滋事活动，追求精神刺激，填补精神上的空虚。但是，寻衅滋事罪主要是破坏公共秩序，它所能包容的对人身权利、财产权利的损害是比较轻微的。如果给上述权利造成重大损害，比如杀人取乐，抢劫巨额财物，应按故意杀人罪、抢劫罪等定罪处罚。

（二）寻衅滋事罪的认定

1. 罪与非罪的区别

本罪的罪与非罪的区别，关键是看行为人的行为是否属于“情节严重”“情节恶劣”或者“造成公共场所秩序严重混乱”。对于尚未达到上述情节的，则不能以犯罪论处，应按照《治安管理处罚条例》的有关规定予以行政处罚。

2. 一罪与数罪的区别

本罪与强制猥亵、侮辱妇女罪存在着法条上的竞合。当行为人以暴力、威胁手段追逐、拦截妇女时，两罪存在着法条竞合。本罪为普通法，后罪为特别法，根据特别法优于普通法的原则，适用强制猥亵、侮辱妇女罪定罪处罚。

3. 本罪与聚众扰乱社会秩序罪的区别

主要区别有三点：（1）主观方面不同。本罪是出于流氓动机；后罪主要是出于实

---

① 参见《最高人民法院、最高人民检察院关于办理妨害预防、控制突发传染病疫情等灾害的刑事案件具体应用法律若干问题的解释》，2003年5月13日最高人民法院审判委员会第1269次会议、2003年5月13日最高人民检察院第十届检察委员会第3次会议通过。2003年5月15日起施行。

现个人的无理要求。(2) 客观方面不同。本罪客观方面主要表现为随意殴打他人,追逐、拦截、辱骂他人,强拿硬要或者任意损毁、占用公共财物,在公共场所起哄闹事,造成公共场所秩序严重混乱;后罪客观方面主要表现为聚集多人闹事,给政府施加压力。(3) 本罪不一定是聚众犯罪,对本罪的共同犯罪分子都要按照刑法规定追究刑事责任;后罪必是聚众犯罪,但只追究首要分子和积极参加者的刑事责任。

4. 寻衅滋事罪的认定暨此罪与彼罪的区分

寻衅滋事罪的四种行为方式应作如下理解和认定:

(1) 随意殴打他人,情节恶劣的。此项规定是指无故殴打他人,尚未造成轻伤以上后果但是严重扰乱社会秩序因而应当受到刑罚处罚的行为。如果行为人无故殴打他人的伤害行为致人轻伤以上的危害结果(包括轻伤、重伤和死亡),则分别按照故意伤害罪和故意杀人罪定罪处罚,不管是出于流氓动机或寻衅滋事的故意还是其他的非法动机和故意;如果行为人出于无故寻衅的动机故意杀人的,仍定故意杀人罪,而没有必要在确定罪名时区分行为人是否出于流氓动机。

(2) 追逐、拦截、辱骂他人,情节恶劣的。此项规定是指尚未达到强制猥亵、侮辱妇女罪,非法拘禁罪,侮辱罪的犯罪标准,但是严重破坏社会秩序而应当受到刑罚处罚的行为。如果行为人采取暴力、胁迫等足以使被害人不敢反抗或不知反抗的方法猥亵、侮辱妇女的,则构成强制猥亵、侮辱妇女罪;如果行为人故意非法剥夺他人自由,则构成非法拘禁罪;如果行为人以辱骂的方法公然损害特定的他人人格,情节严重的,则构成侮辱罪;如果行为人辱骂不特定人,严重扰乱社会秩序的,则以本罪论处。

(3) 强拿硬要或者毁损公私财物,情节严重的。此项规定是指:① 采取轻微暴力或者胁迫手段强行取得公私财物、尚未达到抢劫罪和敲诈勒索罪犯罪标准但严重破坏社会秩序的行为。② 故意毁损财物尚未达到故意毁损财物罪但严重扰乱社会秩序的行为。③ 占用公私财物,严重扰乱社会秩序的行为。如果上述前两种行为达到了抢劫罪、敲诈勒索罪和故意毁坏财物罪的犯罪标准,则分别以这三种罪名论处。

(4) 在公共场所起哄闹事,造成公共场所秩序严重混乱的。此项规定是指尚未构成其他犯罪,但严重破坏社会秩序的起哄闹事行为。本罪与聚众扰乱社会秩序罪和聚众扰乱公共场所秩序、交通秩序罪的区别主要是后两罪要求聚众实施而本罪无此要求。

(三) 刑事责任

根据《刑法》第 293 条第 1 款规定,犯本罪的,处 5 年以下有期徒刑、拘役或者管制。根据本条第 2 款规定,纠集他人多次实施寻衅滋事行为,严重破坏社会秩序的,处 5 年以上 10 年以下有期徒刑,可以并处罚金。

三十五、组织、领导、参加黑社会性质组织罪

(一) 概念与特征

组织、领导、参加黑社会性质组织罪,是指组织、领导和积极参加黑社会性质组织

的行为。本罪的主要特征是：

1. 侵犯的客体是复杂客体，既侵犯了经济秩序、社会生活秩序，又侵犯了公民的人身权利。

2. 客观方面具有组织、领导、积极参加黑社会性质组织的行为。其中包括：纠集、创建、培植发展黑社会性质的组织；领导、指挥黑社会性质组织进行活动；积极参加黑社会性质组织。黑社会性质的组织具有以下特征：(1) 形成较稳定的犯罪组织，人数较多，有明确的组织者、领导者，骨干成员基本固定。(2) 有组织地通过违法犯罪活动或者其他手段获取经济利益，具有一定的经济实力，以支持该组织的活动。(3) 以暴力、威胁或者其他手段，有组织地多次进行违法犯罪活动，为非作恶，欺压、残害群众。(4) 通过实施违法犯罪活动，或者利用国家工作人员的包庇或者纵容，称霸一方，在一定区域或者行业内，形成非法控制或者重大影响，严重破坏经济、生活秩序。

3. 犯罪主体是一般主体。

4. 犯罪主观方面是直接故意。

(二) 刑事责任

根据《刑法》第 294 条第 1 款规定，犯本罪的，对组织、领导者处 7 年以上有期徒刑，并处没收财产；积极参加的，处 3 年以上 7 年以下有期徒刑，可以并处罚金或者没收财产；其他参加的，处 3 年以下有期徒刑、拘役、管制或者剥夺政治权利，可以并处罚金。

根据本条第 4 款的规定，犯本罪又有其他犯罪行为的，依照数罪并罚的规定处罚。

三十六、入境发展黑社会组织罪

(一) 概念与特征

入境发展黑社会组织罪，是指境外的黑社会组织的人员到中华人民共和国境内发展组织成员的行为。本罪的主要特征是：

1. 侵犯的客体是复杂客体，既侵犯了经济秩序、社会生活秩序，又侵犯了公民的人身权利。

2. 客观方面表现为境外的黑社会组织有到我国境内发展黑社会组织成员的行为。所谓“境外的黑社会组织”，是指在中华人民共和国境外的黑社会组织，包括国外的黑社会组织和港、澳、台地区的黑社会组织，如意大利、美国的黑手党，日本的山口组，台湾地区的竹联帮等等。境外的黑社会组织成员进入中国境内，在中国境内招收新的组织成员，则构成本罪。

3. 犯罪主体是特殊主体，即境外的黑社会组织的成员。

4. 犯罪主观方面是故意。

(二) 刑事责任

根据《刑法》第 294 条第 2 款规定，犯本罪的，处 3 年以上 10 年以下有期徒刑。

根据本条第4款的规定，犯本罪又有其他犯罪行为的，依照数罪并罚的规定处罚。

三十七、包庇、纵容黑社会性质组织罪

（一）概念与特征

包庇、纵容黑社会性质组织罪，是指国家机关工作人员包庇黑社会性质的组织，或者纵容黑社会性质的组织进行违法犯罪活动的行为。本罪的主要特征是：

1. 侵犯的客体是复杂客体，既侵犯了经济秩序、社会生活秩序，又侵犯了公民的人身权利。

2. 客观方面具有包庇、纵容黑社会性质组织的行为。所谓“包庇”，是指为了使黑社会性质的组织避免被指控、审判、取缔而为其掩盖犯罪事实、湮灭罪证或者以其他方式阻碍侦查、起诉、审判活动。所谓“纵容”，是指不履行职责，放纵、听任、允许黑社会性质组织进行违法犯罪活动。国家机关工作人员有责任阻止自己职责范围内发生的违法犯罪活动，尤其是应当阻止危害一方安宁、稳定的黑社会性质的组织进行的违法犯罪活动。因此，对国家机关工作人员的“纵容”行为应追究刑事责任。“纵容”含有不履行职务上的责任而纵容之意。实践中应注意它和知情不举的区别：纵容以负有职务上的责任为前提，单纯的知情不举不属于纵容。此外，还应注意纵容与共犯的区别：纵容仅有不履行职责放任他人违法犯罪的行为，而未参与黑社会性质组织的违法犯罪活动。

3. 犯罪主体是特殊主体，即国家机关的工作人员。

4. 主观方面是故意。

（二）刑事责任

根据《刑法》第294条第3款规定，犯本罪的，处5年以下有期徒刑；情节严重的，处5年以上有期徒刑。所谓“情节严重”，一般指包庇重大黑社会性质的组织的；利用职权严重阻碍惩治黑社会性质的组织的；包庇行为导致严重后果的；主管政法、治安工作的负责人或者负有直接责任的司法工作人员因纵容而导致严重后果的等。

根据本条第4款的规定，犯本罪又有其他犯罪行为的，依照数罪并罚的规定处罚。

三十八、传授犯罪方法罪

（一）概念与特征

传授犯罪方法罪，是指故意以语言、文字、动作或其他方法把实施犯罪的具体经验、技能传授给他人的行为。本罪的主要特征是：

1. 侵害的客体是复杂客体，既侵犯了社会治安管理秩序，又侵犯了公私财产所有权和公民的人身安全。

2. 客观方面具有传授犯罪方法的行为。行为人传授的必须是刑法和有关法律上规定的犯罪方法，即犯罪的经验与技能。如果传授的是实施一般违法或者不道德行为

的方法，就不构成本罪。犯罪方法的内容包括预备或实施某种犯罪的具体方法、手段、技能、步骤以及作案后隐匿、毁灭罪证、逃避打击的方法。传授犯罪方法的方式是多种多样的，可以口授，也可以书面传授；可以当面直接传授，也可以托人转达间接传授；既可以“言传”也可以“身教”，甚至相互传授。传授的方式不影响本罪的成立，但有时可影响量刑。传授某种犯罪方法既可以是概括传授，如不指向特定对象的传授扒窃技术，也可以是具体传授，如指向具体对象扒窃某家某人，具体传授具有付诸实施并成功的更大可能性，在量刑时应予考虑。传授的对象和场所法律上没有特殊限制。但没有达到刑事责任年龄的人和无责任能力的人接受传授的犯罪方法去实施犯罪，不负刑事责任，但传授者要负刑事责任。传授犯罪方法是行为犯而不是结果犯，即只要实施了传授犯罪方法的行为就构成本罪既遂，不要求被传授者必须接受传授，更不要求对方接受传授后一定要去实施所传授的犯罪。

3. 犯罪主体是一般主体。实践中多为具有犯罪经验和技能的人，如盗窃、抢劫、诈骗等犯罪分子，尤其是惯犯、累犯。

4. 主观方面是故意，并且只能是直接故意。这是区别本罪与非罪界限的重要标志。至于本罪的犯罪动机，是多种多样的，有的为拉帮结派、网罗犯罪成员；有的出于对社会进行捣乱；有的为牟取非法利益而拉拢他人等。不论出于什么动机，只要有传授犯罪方法故意，即可构成本罪。

(二) 本罪与教唆罪的区别

两者的区别主要在于：第一，本罪侵犯的是社会治安管理秩序；教唆罪侵犯的是不确定的，取决于被教唆犯罪的性质。第二，本罪的实质在于把犯罪的方法、手段、技能、经验传授给他人，可以在他人产生犯意之后实施；教唆罪的实质在于引起他人的犯罪意图，必须在他人产生犯意之前实施。第三，对犯罪主体的要求不同。本罪的主体是一般主体；对于教唆犯，已年满 14 周岁不满 16 周岁的人如果教唆他人实施刑法第 17 条第 2 款规定的罪，能够构成教唆罪的主体。第四，主观方式不同。本罪只能由直接故意构成；教唆罪可以由直接故意或者间接故意构成。第五，犯罪既遂的标准不同。本罪属于行为犯，行为人只要实施了传授犯罪方法的行为，就构成既遂，被传授者是否接受犯罪方法并实施犯罪并不影响本罪的成立；教唆罪则有既遂与未遂之分，随被教唆者的犯罪行为而定。只有当被教唆者实施被教唆的犯罪时，才构成教唆犯罪的既遂，否则为未遂。第六，定罪处罚不同。本罪是独立的犯罪，应根据法律规定的量刑幅度，依照情节轻重以一罪处罚，不受所传授之罪法定刑的限制；而教唆罪不是独立的犯罪，是共同犯罪，应按教唆犯教唆的罪名定性，并按其在共同犯罪中所起的作用量刑。第七，二者可构成的罪数不同。对本罪来说，无论行为人向他人传授一种犯罪方法还是多种犯罪方法，都只能构成一个罪，不存在数罪并罚的问题；就教唆罪而言，对同一个被教唆人，教唆实施一种犯罪构成一个教唆罪，教唆实施数种不同的犯罪，则构成数个不同的教唆犯罪，存在数罪并罚的问题。

在实践中，同一行为人往往既实行过传授犯罪方法的行为，也实行过教唆犯罪的行为。对此应分两种情况处理:其一,在行为人向同一对象实施的情况下,(1) 如果行为人先实行教唆犯罪的行为,然后为了保证被教唆人顺利实施犯罪,又传授了犯教唆之罪的方法,或者边教唆边传授,就成立教唆犯罪和传授犯罪方法罪的牵连犯。(2) 如果行为人先实行传授犯罪方法的行为,然后又教唆被传授人利用学会的犯罪方法实行犯罪的,排除行为人在实行传授行为之前或之时已具有在传授后再实施教唆行为的故意的情况(对这种情况,当然应按其中的重罪论处)外,由于行为人的传授故意和教唆故意是在先后不同的时间产生的,传授行为和教唆行为也无刑法意义上的联系,因此,应认定构成传授犯罪方法罪和教唆罪,实行数罪并罚。(3) 如果行为人先后或同时向同一对象实行了传授犯罪方法的行为和教唆犯罪的行为,就构成传授犯罪方法罪和教唆罪,实行数罪并罚。其二,在行为人向不同对象分别实施传授犯罪方法行为和教唆罪的情况下,不管所传授的犯罪方法和所教唆的犯罪是否属于同种犯罪,都构成传授犯罪方法罪和教唆罪两罪,应实行数罪并罚。

(三) 刑事责任

根据《刑法》第 295 条规定,犯本罪的,处 5 年以下有期徒刑、拘役或者管制;情节严重的,处 5 年以上 10 年以下有期徒刑;情节特别严重的,处 10 年以上有期徒刑或者无期徒刑。所谓"情节严重",是指传授的内容是较为严重的犯罪方法,可能对国家、社会、公民等造成严重的威胁;多次向他人传授犯罪方法;传授的对象人数较多;向未成年人传授犯罪方法;被传授人实施了所传授的犯罪行为,给社会造成了危害。所谓"情节特别严重",是指所传授的犯罪方法已经造成了严重后果;传授的对象人数特别多;多次向未成年人传授犯罪方法且传授的人数众多等。

三十九、非法集会、游行、示威罪

(一) 概念与特征

非法集会、游行、示威罪,是指举行集会、游行、示威,未依照法律规定申请或者申请未获许可,或者未按照主管机关许可的起止时间、地点、路线进行,又拒不服从解散命令,严重破坏社会秩序的行为。本罪的主要特征是:

1. 侵犯的客体是国家对集会、游行、示威活动的管理。

2. 客观方面包括两种情形:一是"未依照法律规定申请或者申请未获许可",擅自举行集会、游行、示威的。二是"未按照主管机关许可的起止时间、地点、路线进行",未按许可的方式举行集会、游行、示威的。这两种情形均以"拒不服从解散命令"并"严重破坏社会秩序"为构成犯罪的必要条件。根据《集会、游行、示威法》及其实施条例的规定,集会,是指聚集于露天公共场所,发表意见、表达意愿的活动。游行,是指在公共道路、露天公共场所列队行进、表达共同意愿的活动。示威,是指在露天公共场所,或者在公共道路上以集会、游行、静坐等方式,表达要求、抗议或者支持、声援等共同意愿的活动。举行集会、游行、示威,必须向主管机关提出申请并获得许可。公民在行使集会游行示威这些自由权利时,既要符合法律的规定,又要注意不得损害国家的、社会的、集体的利益和其他公民合法的自由和权利。

3. 犯罪主体是一般主体,但刑法规定只处罚集会、游行、示威活动的负责人和直接责任人员。举行集会、游行、示威必须有负责人,只有举行集会、游行、示威的负责人和直接责任人员才能成为本罪主体。不服从负责人或者现场组织者的指挥,自行其是,因而直接严重破坏社会秩序的人,不是负责人或者直接责任人员,不能构成本罪主体。

4. 主观方面是故意。无论其动机如何,其要求是否合理,均不影响本罪的成立。

(二) 非法集会、游行、示威罪的认定

1. 罪与非罪的区别。行为人虽然有非法举行集会、游行、示威的行为,但是没有拒不服从解散命令,或者没有造成严重破坏社会秩序的结果的,不应当以犯罪论处。

2. 本罪与其他犯罪的区别。本罪与聚众扰乱社会秩序罪、聚众冲击国家机关罪、聚众扰乱公共场所秩序、交通秩序罪的共同点是都具有聚众性,都可能发生在公共场所,都会造成严重破坏社会秩序的结果,区别的关键在于,本罪是以举行具有集会、游行、示威性质的活动为前提。

(三) 刑事责任

根据《刑法》第 296 条的规定,犯本罪的,处 5 年以下有期徒刑、拘役、管制或者剥夺政治权利。

四十、非法携带武器、管制刀具、爆炸物参加集会、游行、示威罪

(一) 概念与特征

非法携带武器、管制刀具、爆炸物参加集会、游行、示威罪,是指违反法律规定,携带武器、管制刀具或者爆炸物参加集会、游行、示威的行为。本罪的主要特征是:

1. 侵害的客体是复杂客体,既侵犯了国家对集会、游行、示威的管理制度,又侵犯了社会治安管理秩序。根据《集会游行示威法》第 5 条规定:“集会、游行、示威应当和平地进行,不得携带武器、管制刀具和爆炸物,不得使用暴力或者煽动使用暴力。”本罪的犯罪对象是各种武器、管制刀具或者爆炸物。

2. 客观方面具有携带武器、管制刀具、爆炸物参加集会、游行、示威的行为。鉴于携带以上物品具有潜在的重大危害性,刑法于本条将在集会、游行、示威中携带武器、管制刀具或者爆炸物的行为规定为犯罪,它不仅可以维护社会管理秩序,还可以保障社会的公共安全。应当指出,即使是依法规定或者经有关部门批准,准许持有武器的人员违反法律规定,在举行集会、游行、示威时携带了武器、管制刀具或者爆炸物的,同样构成本罪。也就是说,合法配备的枪支弹药,在参加集会、游行、示威时,也不准携带。当然,在集会、游行、示威活动中,为维护秩序而依法执行职务的人员除外。携带主要包括随身佩带、暗藏在其他物品中夹带或手中携持,将武器、管制刀具和爆炸物运往集会、游行、示威的举行地也视为携带。在举行集会、游行、示威活动时,只要具有上

述任何一种"携带"行为的,即构成本罪。

3. 犯罪主体是一般主体。

4. 主观方面是故意。

(二) 刑事责任

根据《刑法》第297条规定,犯本罪的,处3年以下有期徒刑、拘役、管制或者剥夺政治权利。

四十一、破坏集会、游行、示威罪

(一) 概念与特征

破坏集会、游行、示威罪,是指扰乱、冲击或者以其他方法破坏依法举行的集会、游行、示威,造成公共秩序混乱的行为。本罪的主要特征是:

1. 侵犯的客体是复杂客体,既侵犯了国家对集会、游行、示威的管理制度,又侵犯了社会治安管理秩序。

2. 客观方面具有扰乱、冲击或者以其他方法破坏依法举行的集会、游行、示威,造成公共秩序混乱的行为。集会、游行、示威自由是公民的民主自由权利。依法进行的集会、游行、示威受法律保护。《宪法》和《集会游行示威法》为集会、游行、示威依法进行提供了法律依据和强有力的法律保障。依法举行的集会、游行、示威,任何人不得以暴力、胁迫或者其他非法手段进行扰乱、冲击和破坏。"扰乱",是指对集会、游行、示威的秩序进行干扰,制造混乱,如起哄、播放高音喇叭、制造事端。"冲击",是指冲散游行队伍或冲进会场,以及拦截游行队伍,造成冲撞、公共秩序混乱等。本罪为结果犯。造成公共秩序混乱,是构成本罪的必要条件。

3. 犯罪主体是一般主体。

4. 主观方面是故意。

(二) 刑事责任

根据《刑法》第298条的规定,犯本罪的,处5年以下有期徒刑、拘役、管制或者剥夺政治权利。

四十二、侮辱国旗、国徽罪

(一) 概念与特征

侮辱国旗、国徽罪,是指在公众场合故意以焚烧、毁损、涂划、玷污、践踏等方式,侮辱中华人民共和国国旗、国徽的行为。本罪的主要特征是:

1. 侵犯的客体是国家对国旗、国徽的管理制度。国旗、国徽是国家的象征和标志,代表着国家的主权和尊严。中华人民共和国的每一个公民和组织都应当尊重和爱护国旗、国徽。本罪的犯罪对象只限于中华人民共和国国旗、国徽。

2. 客观方面具有在公共场合故意以焚烧、毁损、涂划、玷污、践踏等方式,侮辱中华人民共和国国旗、国徽的行为。首先,该行为必须发生在公共场合;其次,侮辱行为必须带有公然性,而且是明目张胆地在众人在场或者能够使多人知晓的情况下进行侮辱。行为人如果将国旗、国徽受侮辱后呈现的不法状态呈现在能够使公众看到的地方并被众人知晓或可能知晓的,也应视为具有公然侮辱的性质。行为如果不具有公然性,即使行为人侮辱了国旗、国徽,也不构成本罪。侮辱国旗、国徽罪的主要行为方式表现为焚烧、毁损、涂划、玷污、践踏及其他积极作为的形式,如将国旗、国徽倒置,或置于坟场等。行为人只要实施了上述行为之一的,即可构成本罪。

3. 犯罪主体是一般主体。

4. 主观方面是故意,并具有使国旗、国徽受辱的目的。如果因意外事件或出于过失而使国旗、国徽在客观上受辱的,不构成犯罪。如果行为人出于占有目的而拆走国旗、国徽,或在公共场所抢走国旗、国徽,在盗窃、抢夺或抢劫过程中侮辱了国旗、国徽,也应按盗窃、抢夺或抢劫论处。行为人以暴力方法妨碍审判人员、检察人员依法执行职务时侮辱了其佩带的国徽甚至砸坏了审判庭内悬挂的国徽的,或者行为人以满足无理要求为目的,聚众以各种手段在机关、单位、人民团体门前或院内肆意哄闹,有侮辱国旗、国徽情况发生的,都应按想象竞合犯处理,分别按妨害公务罪、扰乱法庭秩序罪和聚众扰乱社会秩序罪论处,而不再以侮辱国旗、国徽罪处罚。

(二) 刑事责任

根据《刑法》第 299 条规定,犯本罪的,处 3 年以下有期徒刑、拘役、管制或者剥夺政治权利。

四十三、组织、利用会道门、邪教组织、利用迷信破坏法律实施罪

(一) 概念与特征

组织、利用会道门、邪教组织、利用迷信破坏法律实施罪,是指组织和利用会道门、邪教组织或者利用迷信破坏国家法律、行政法规实施的行为。本罪的主要特征是:

1. 侵犯的客体是国家实施法律、法规的正常秩序。会道门是封建迷信活动组织的总称,主要是指类似于袍哥会、一贯道、先天道等的封建迷信团体。邪教组织,是指以妖道魔法、异端邪说为信条教义,迷惑人心的组织。

2. 客观方面具有组织和利用会道门、邪教组织或者利用迷信破坏国家法律、行政法规实施的行为。犯罪分子主要是在会道门、邪教团体中利用教义、邪说进行宣传煽动,使其成员、信徒抗拒国家法律、行政法规的实施或者利用迷信,造谣惑众,鼓动他人抗拒国家法律、行政法规的实施。

3. 犯罪主体是一般主体,但实践中往往由那些以迷信为职业的会道门、邪教组织的头目或神汉、巫婆构成。

4. 主观方面是故意。

(二) 刑事责任

根据《刑法》第 300 条第 1 款规定,犯本罪的,处 3 年以上 7 年以下有期徒刑,并处

罚金;情节特别严重的,处7年以上有期徒刑或者无期徒刑,并处罚金或者没收财产;情节较轻的,处3年以下有期徒刑、拘役、管制或者剥夺政治权利,并处或者单处罚金。这里的"情节特别严重"主要是指破坏国家法律、行政法规实施造成重大的损失或者后果严重的;造成特别严重的社会影响的。

根据《刑法》第300条第3款规定,犯本罪又有奸淫妇女、诈骗财物等犯罪行为的,依照数罪并罚的规定处罚。

四十四、组织、利用会道门、邪教组织、利用迷信致人重伤、死亡罪

(一) 概念与特征

组织、利用会道门、邪教组织、利用迷信致人重伤、死亡罪,是指组织利用会道门、邪教组织或者利用迷信蒙骗他人,致人重伤、死亡的行为。本罪的主要特征是:

1. 侵犯的客体是社会治安管理秩序和他人的生命权利。

2. 客观方面主要表现为行为人具有在会道门、邪教团体中宣扬、灌输异端邪说或者造谣惑众使其成员信徒自杀死亡,或利用迷信迷惑愚弄他人,使他人自残、自杀等的行为。

3. 犯罪主体是一般主体。

4. 主观方面是故意。

(二) 刑事责任

根据《刑法》第300条第2款规定,犯本罪的,处3年以上7年以下有期徒刑,并处罚金;情节特别严重的,处7年以上有期徒刑或者无期徒刑,并处罚金或者没收财产;情节较轻的,处3年以下有期徒刑、拘役、管制或者剥夺政治权利,并处或者单处罚金。

四十五、聚众淫乱罪

(一) 概念与特征

聚众淫乱罪,是指聚众进行淫乱活动的行为。本罪的主要特征是:

1. 侵犯的客体是社会的优风良俗。

2. 客观方面具有组织、策划、指挥三人以上共同进行猥亵、性交的行为或者多次参加的行为。聚众淫乱是一种违反社会公共生活的交往规则,败坏社会风俗习尚的行为,从这个角度讲,它破坏了公共秩序,即破坏了公共秩序中的交往秩序。行为人破坏公共秩序的目的是为了寻求下流无耻的精神刺激。如果是为了其他个人目的,就不构成聚众淫乱罪。因此,寻求下流无耻的精神刺激,在聚众淫乱犯罪中具有决定性的意义,是区别本罪和其他犯罪的主要标志。

3. 犯罪主体是一般主体。但是,根据刑法的规定,构成本罪的仅限于聚众淫乱的首要分子和多次参加者。非首要分子或偶然参加聚众淫乱的,不构成本罪。

4. 主观方面是故意。

（二）刑事责任

根据《刑法》第301条第1款规定，犯本罪的，对首要分子或者多次参加的，处5年以下有期徒刑、拘役或者管制。

四十六、引诱未成年人聚众淫乱罪

（一）概念与特征

引诱未成年人聚众淫乱罪，是指引诱未成年人参加聚众淫乱活动的行为。本罪的主要特征是：

1. 侵犯的客体是社会的优风良俗。

2. 客观方面表现为行为人实施了引诱未成年人参加聚众淫乱的行为。这里的“引诱”，既可以是用口头语言对未成年人进行勾引，也可以是用书面文字、图画诱劝，还可以是用表演、示范、收听、观看淫秽音像制品等手段挑逗未成年人，从而将未成年人拉入聚众淫乱活动。

3. 犯罪主体是一般主体。

4. 主观方面是故意。

（二）刑事责任

根据《刑法》第301条第2款的规定，犯本罪的，对首要分子或者多次参加的，处5年以下有期徒刑、拘役或者管制，并依该款规定从重处罚。

四十七、盗窃、侮辱、故意毁坏尸体、尸骨、骨灰罪

（一）概念与特征

盗窃、侮辱、故意毁坏尸体、尸骨、骨灰罪，是指秘密窃取尸体、公然侮辱尸体或者毁坏尸体、尸骨、骨灰的行为。本罪的主要特征是：

1. 侵犯的客体是社会优风良俗和社会公共生活的准则。犯罪对象是尸体、尸骨、骨灰，即自然人死亡之后遗留的躯体、骨头或者骨灰。尚未死亡的被害人的身体，不是尸体。无生命的尸体如已脱化分离的，则为遗骨、遗发；整具遗骨、遗发是遗骸，属于尸骨。火化后的粉状遗留物认定为骨灰。我国传统文化认为盗窃、侮辱、毁坏尸体、尸骨、骨灰的行为，具有较大的社会危害性，在感情上会对死者的家属造成比较严重的伤害。

2. 客观方面表现为行为人具有秘密窃取尸体、公然侮辱尸体或者毁坏尸体、尸骨、骨灰的行为。盗窃尸体后加以侮辱的，只需按一罪论处。如果杀人后，为侮辱死者的尊严或者生者的感情而故意侮辱尸体的，应当数罪并罚。

3. 犯罪主体是一般主体。

4. 主观方面是故意。

（二）刑事责任

根据《刑法》第302条规定，犯本罪的，处3年以下有期徒刑、拘役或者管制。

四十八、赌博罪

（一）概念与特征

赌博罪，是指以营利为目的，聚众赌博或者以赌博为业的行为。本罪的主要特征是：

1. 侵犯的客体是社会风尚和社会管理秩序。

2. 客观方面表现为行为人具有聚众赌博或者以赌博为业的行为。“聚众赌博”，是指组织、召集、引诱多人进行赌博，本人从中抽头渔利的行为。这种人员俗称“赌头”。赌头本人不一定直接参加赌博。以营利为目的，有下列情形之一的，属于“聚众赌博”：(1) 组织3人以上赌博，抽头渔利数额累计达到5000元以上的。(2) 组织3人以上赌博，赌资数额累计达到5万元以上的。(3) 组织3人以上赌博，参赌人数累计达到20人以上的。(4) 组织中华人民共和国公民10人以上赴境外赌博，从中收取回扣、介绍费的。① “以赌博为业”，是指经常进行赌博，以赌博获取钱财为其生活或者主要经济来源的行为。这种人员俗称“赌棍”。长期受雇于赌场，代表赌场与顾客赌博的人，也应属于“以赌博为业”的人。

只要具备聚众赌博、以赌博为业行为之一的，即符合赌博罪的客观要件。可见，立法者的意图是打击那些“赌头”“赌棍”。赌博犯罪中用作赌注的款物、换取筹码的款物和通过赌博赢取的款物属于赌资。通过计算机网络实施赌博犯罪的，赌资数额可以按照在计算机网络上投注或者赢取的点数乘以每一点实际代表的金额认定。

3. 犯罪主体是一般主体。但刑法规定只有诸如“赌头”“赌棍”的人员才构成犯罪。

4. 主观方面是故意。在处理赌博罪案件时，应当注意区分行为人主观上是否以营利为目的。赌博罪主观上是故意，并且以营利为目的，即行为人聚众赌博或者一贯参加赌博，是为了获得钱财，而不是为了消遣、娱乐。只要是为了获取财物，即使实际上未能赢得钱财，甚至输了钱，也不影响具备赌博罪的主观要件。因此，虽有赌博行为，但不以营利为目的的，不构成本罪。

（二）赌博罪的缺陷及其完善

1. 客观方面的立法缺陷

(1) “聚众赌博”的规定需要完善。根据《关于办理赌博刑事案件具体应用法律若干问题的解释》，“聚众赌博”具体分为四种情形：“（一）组织3人以上赌博，抽头渔利数额累计达到5000元以上的；（二）组织3人以上赌博，赌资数额累计达到5万元

① 参见最高人民法院、最高人民检察院《关于办理赌博刑事案件具体应用法律若干问题的解释》。

以上的;(三) 组织3人以上赌博,参赌人数累计达到20人以上的;(四) 组织中华人民共和国公民10人以上赴境外赌博,从中收取回扣、介绍费的。”这里存在两方面的问题。

首先,理论界和司法实务中通常理解的“聚众赌博”是指提供赌场或赌具,组织、引诱他人进行赌博,本人从中抽头渔利的行为。《关于办理赌博刑事案件具体应用法律若干问题的解释》所列举的四种情形与“开设赌场”罪状的外延多有交叉,对“开设赌场”只列举了网络上开设赌博网站的情形,不能视为对“开设赌场”的总体规定,因而在实践中遇到多人赌博的情况如何理解肯定存在疑义。

其次,赌博作为一种必要共犯,必然是聚众进行的。聚众赌博属于必要共犯的一种,但与必要共犯并不是同一回事。我国刑法中的聚众犯罪分两种类型:一是聚众进行犯罪,是共同犯罪的一种形式,所有参加者均构成犯罪,只是处罚有所不同;二是聚集众人的犯罪,只有组织者、首要分子、积极参加者才构成犯罪。凡赌博均有聚众,立法者使用“聚众赌博”一词,反而体现不出其对组织者和参加者区别对待的本意。应将罪状中关于“聚众赌博”的规定改为“组织赌博”,而把聚集一定的人数作为处罚情节考虑更为合理。当然,也可以参照日本《刑法》第186条将这种行为单独确定为聚集赌徒罪。

(2)“以赌博为业”的规定缺乏可操作性。根据《关于办理赌博刑事案件具体应用法律若干问题的解释》,“以赌博为业”,是指“以赌博为生活或主要经济来源者”,既包括没有正式职业和其他正当收入而以赌博为生的人,也包括那些虽然有职业或其他收入而其经济收入的主要部分来自于赌博活动的人。有学者以列举的方式来说明以赌博为业:其一,专门从事赌博活动,以赌博所得作为主要生活来源者;其二,连续半年以上有业不务,有工不就,专事赌博活动者;其三,连续半年以上参加赌博活动,赌博所得超过其合法收入者;其四,经常赌博,屡教不改者等等。我们长期将“常业”作为赌博罪的一个定罪要件而固定将赌博罪理解为常业犯。常业犯又称营业犯,是以营利为目的,反复实施一定犯罪行为作为其业务的犯罪形态。常业犯的成立条件之一是行为人现行反复多次实施的同种行为本身已属犯罪行为。“常业”本身是一种中性现象,不属于负面因素,将“常业”作为赌博罪的基本要件是不适当的。如果将其仅作为一个量刑因素,并且其标准由司法解释加以明确规定的话,该问题就能得到较为清晰的解决。

(3)“聚众赌博”“以赌博为业”并列规定易造成混乱。首先,两者在概念上有交叉和混同,在法理上不易区分其犯罪形态和情节,司法实践中也很难掌握其犯罪标准;其次,未正确区分选择性罪名和排列式罪名。我国《刑法》中的赌博罪应属于排列式罪名。然而,无论是理论上还是实践中,我们却将其认定为选择性罪名,概括使用并统称为赌博罪,这是不妥当的;再次,不符合罪名设置规则。“聚众赌博”可以因一次行为而构成赌博罪,但“以赌博为业”不是只有一次行为就构成犯罪的。

2. 主观方面的立法缺陷

我国刑法普遍没有将犯罪目的规定为故意犯罪构成的必要要件。而刑法一旦将特定的犯罪目的规定为犯罪构成的必要要件,特定的犯罪目的在定罪上就具有了关键性的作用,成为划分罪与非罪、此罪与彼罪的重要标志之一。根据《刑法》第303条规定,构成赌博罪必须是以营利为目的,如果不是以营利为目的,不能以赌博罪追究刑事责任。"以营利为目的"成了认定赌博罪的关键因素。《关于办理赌博刑事案件具体应用法律若干问题的解释》第9条规定:"不以营利为目的,进行带有少量财物输赢的娱乐活动以及提供棋牌室等娱乐场所只收取正常的场所和服务费用的经营行为等,不以赌博罪论处。"这一规定只是在范围上对认定以营利为目的的经营活动稍加限制。在司法实践中,要认定是否以营利为目的困难很大。赌博犯罪本身就是一种利欲型犯罪,如德国《刑法》就把赌博称为是一种"应处罚的利欲型犯罪"。参赌者必抱着营利的目的,只不过是数额的大小有所控制而已。赌博行为一经查获后,除了从犯罪嫌疑人的口供入手和对涉案物品、金钱以及其他利益的数额进行分析判断之外,难以有足够的证据认定犯罪嫌疑人是否具有营利的目的,而且当前人们的支付手段越来越发达,对此司法解释并没有具体规定如何认定主观上是否具有营利目的。

(三)刑事责任

根据《刑法》第303条规定,犯本罪的,处3年以下有期徒刑、拘役或者管制,并处罚金。中华人民共和国公民在我国领域外周边地区聚众赌博、开设赌场,以吸引中华人民共和国公民为主要客源,构成赌博罪的,可以依照刑法规定追究刑事责任。明知他人实施赌博犯罪活动,而为其提供资金、计算机网络、通讯、费用结算等直接帮助的,以赌博罪的共犯论处。有下列情形之一的,从重处罚:(1)具有国家工作人员身份的。(2)组织国家工作人员赴境外赌博的。(3)组织未成年人参与赌博,或者开设赌场吸引未成年人参与赌博的。①

四十九、开设赌场罪

(一)概念与特征

开设赌场罪,是指营业性地为赌博提供场所、设定赌博方式、提供赌具、筹码、资金等组织赌博的行为。本罪的主要特征是:

1. 侵犯的客体是社会管理秩序和社会风化。

2. 客观方面表现为为赌博提供场所、设定赌博方式、提供赌具、筹码、资金等组织赌博的行为。传统赌场主要是房屋、场馆,也可以在郊外等隐蔽处所搭建临时设施充作赌场。赌具、筹码均为有形实物,比如纸牌、麻将、色子等。在互联网时代,赌博犯罪也在与时俱进,网络虚拟赌场层出不穷。从司法实践看,为逃避监管,赌博网站的服务器主要设置在国外,在境内设立分级代理,各级代理均能全权代表赌博网站与赌客发

① 参见最高人民法院、最高人民检察院《关于办理赌博刑事案件具体应用法律若干问题的解释》。

生业务关系。常见的网络赌博方式主要有赌球、赌马、老虎机、百家乐、六合彩、押大小、21点等。网络赌博的下注、资金交割完全通过鼠标或键盘操作,快速简便,隐蔽性高,往往难以查处。归纳来看,“开设赌场”主要包括两种方式:一是开设赌场者不直接参加赌博,仅以收取场地、用具使用费或抽头渔利;二是开设赌场者直接参加赌博,如设置游戏机、吃角子老虎等赌博机器或者雇用人员与顾客赌博。只有“开设赌场”的人,即赌场老板或合伙开办经营赌场者才构成犯罪,普通雇员不属于开设赌场的人。以营利为目的,在计算机网络上建立赌博网站,或者为赌博网站担任代理,接受投注的,属于“开设赌场”。[①]

3. 犯罪主体为自然人一般主体。但刑法未规定单位可以成为犯罪主体似乎不尽合理,在司法实践中有些单位为了自己的利益非法开设赌场,或者一些经过合法批准的游戏娱乐场所,超越经营范围,与游戏参与者进行赌博,或者允许游戏参与者之间利用游戏进行赌博而从中渔利,这样的情况完全可以构成单位犯罪。因此,刑法有必要确定以单位的名义集体研究决定并且从事赌博行为的,单位应当承担相应的刑事责任,采取两罚制的原则处罚。

4. 主观方面是故意,一般都具有营利之目的,但目的不是必备要素。鉴于赌博罪和开设赌场罪都是赌博性质的犯罪,出于立法统一与刑法解释体系化的考量,有必要将营利目的纳入本罪主观方面要件。不以营利为目的,提供棋牌室等娱乐场所只收取正常的场所和服务费用的经营行为,不以开设赌场罪论处。

(二) 刑事责任

根据《刑法》第303条规定,开设赌场的,处3年以下有期徒刑、拘役或者管制,并处罚金;情节严重的,处3年以上10年以下有期徒刑,并处罚金。中华人民共和国公民在我国领域外周边地区开设赌场,以吸引中华人民共和国公民为主要客源,构成赌博罪的,可以依照刑法规定追究刑事责任。有下列情形之一的,从重处罚:(1) 具有国家工作人员身份的。(2) 组织国家工作人员赴境外赌博的。(3) 组织未成年人参与赌博,或者开设赌场吸引未成年人参与赌博的。[②]

五十、故意延误投递邮件罪

(一) 概念与特征

故意延误投递邮件罪,是指邮政工作人员严重不负责任,故意延误投递邮件,致使公共财产、国家和人民利益遭受重大损失的行为。本罪的主要特征是:

1. 侵犯的客体是国家邮政管理秩序。

2. 客观方面表现为邮政工作人员具有严重不负责任,故意延误投递邮件,致使公共财产、国家和人民利益遭受重大损失的行为。邮件是指通过邮政企业寄递的信件、

① 参见最高人民法院、最高人民检察院《关于办理赌博刑事案件具体应用法律若干问题的解释》。

② 同上。

印刷品、邮包、汇款通知、报刊等。邮政工作人员玩忽职守,明知应当履行及时投递邮件的职责而不及时投递,致使公共财产、国家和人民利益遭受重大损失的,构成本罪。这里所称“重大损失”,主要是指由于邮件延误投递致使重要的公务活动受到影响;紧急事务无法及时得到处理;重要经济合同的签订和履行受到影响;治病、救灾等被耽误;升学、出国等机遇丧失等。

3. 犯罪主体是特殊主体,仅限于邮政工作人员。

4. 主观方面是故意。

(二) 刑事责任

根据《刑法》第 304 条规定,犯本罪的,处 2 年以下有期徒刑或者拘役。

第三节 妨害司法罪

妨害司法罪,是指妨害法院、检察院、公安机关、国家安全机关以及刑罚执行机关行使国家赋予的司法职权活动的犯罪行为。本节犯罪具有以下主要特征:

1. 妨害司法罪侵犯的客体是司法活动的正常秩序,即国家司法权的行使。司法活动具有多样化和阶段性,无论在哪个环节上妨害了司法活动的顺利进行,都是对国家司法权的侵犯。

2. 客观方面表现为行为人具有各种妨害司法活动的行为。根据行为所侵害的直接客体及行为方式的不同,可划出许多具体的罪名。有些犯罪只能由作为构成,有些既可由作为也可由不作为构成,如伪证罪只能由积极的作为构成,而私放罪则既可由作为也可由不作为构成。有些犯罪行为一经实施终了,犯罪即告结束,如脱逃罪。有些犯罪虽已既遂,其犯罪行为仍然继续进行,如包庇罪、窝藏罪等。有的犯罪构成客观上要求有一定的犯罪结果,如聚众劫狱罪;而有的则不要求,如伪证罪。

3. 犯罪主体,绝大多数是一般主体,其中有的犯罪是特殊主体,必须是具备特殊主体资格才能构成,如伪证罪、组织越狱罪等。

4. 犯罪主观方面只能由故意构成,过失不能构成。

现行刑法把原分散在各章的、涉及妨害司法活动的罪名都集中规定到本节,使我国刑法分则更具条理性、系统化,也便于审判人员及其他法律工作者对法律的掌握与操作。本节共 13 个条文,规定了 17 种犯罪。

一、伪证罪

(一) 概念与特征

伪证罪,是指在刑事诉讼中,证人、鉴定人、记录人、翻译人对与案件有重要关系的情节,故意作虚假的证明、鉴定、记录、翻译,意图陷害他人或者隐匿罪证的行为。本罪的主要特征是:

1. 侵害的客体是司法机关在刑事诉讼过程中的正常工作活动以及他人的人身权利。证人、鉴定人、记录人、翻译人作为刑事诉讼的参与人,必须如实陈述所见所闻,对需要其作鉴定的事项实事求是地作出结论,如实地记录、翻译有关人员的陈述内容,否则刑事诉讼活动就无法正常进行,司法机关就难以公正执法,甚至会殃及无辜。

2. 客观方面表现为在刑事诉讼过程中,证人、鉴定人、记录人、翻译人对与案件有重要关系的情节,作虚假的证明、鉴定、记录、翻译的行为。其中包含三层意思:(1) 本罪的实施时间是始于立案,终于撤销案件、不起诉、终止审理、宣告无罪、刑罚执行完毕等几种不同情况,即包括刑事诉讼的整个过程。(2) 虚假的证明、鉴定、记录、翻译是指不符合客观实际的证明、鉴定、记录、翻译。(3) 这些虚假的行为是"与案件有重要关系的情节",即能决定案件性质及罪行轻重的事实和证据。

3. 犯罪主体是特殊主体,即刑事诉讼中的证人、鉴定人、记录人、翻译人。

4. 主观方面是故意,即具有故意隐瞒真相,歪曲事实,影响司法人员公正执法的直接故意。目的在于使有罪的人逃避法律制裁或无罪的人被刑事追究。如果因记忆不清,表述或翻译不够准确,鉴定或记录中因疏忽而出差错,或业务水平不高而使证明、鉴定、记录、翻译有误,不能构成犯罪。

(二) 认定中应注意的问题

1. 对"伪证"的界定

解决这个问题的关键就在于对所谓"虚伪"的认识。国内外刑法理论对此有三种观点:客观说、主观说和折中说。

客观说认为,只有陈述内容与客观事实不相符合的,才是虚伪的。具体地讲,客观说以陈述的内容是否符合客观真实性为标准,只要陈述内容与客观事实有出入,那么陈述就是虚伪的;而即使陈述人主观上故意作虚伪陈述,但只要不违反客观真实性,没有实际的危害结果,此陈述也被认为是真实的。

主观说则认为判断陈述内容是否虚伪,并不取决于陈述内容是否符合客观事实,而取决于陈述者主观上是否将其所经历的事实作准确无误的陈述。如是,则陈述就是真实的,即使与客观事实不符,也不影响其真实性;反之,如果陈述是违反其经历事实的,即使陈述内容符合客观真实,也是虚伪的。

折中说则认为,既有主观故意,又违背客观事实的陈述才是虚伪的陈述;主观上有故意,但陈述并未违背客观事实的,应视为真实;主观上没有故意,但陈述违背客观事实的,亦不在虚伪之列。

目前,国内较为通行的是折中说,但其观点颇值得商榷。行为人作伪证必须通过积极作为的方式来进行,如果不作为就是拒不作证,既然并未提供证据,就无所谓"真""伪"之分,且陈述违反证人记忆但符合客观事实也只是巧合,而非其本意。所以,只要其主观上欲故意作伪证,客观上就必须积极地实施一定行为,那么在这种心理状态下实施的就应该是"危害行为"。而依我国《刑法》第 305 条之规定,只要行为人有故意行为,且意图陷害他人或隐匿罪证,即可构成本罪。可见,法律强调的是行为人歪曲事实的主观意图和客观行为,对是否造成实际危害则并不过问。因此,我国刑法所规定的伪证罪是行为犯而不是结果犯。折中说显然是以是否产生危害结果来认定伪证罪是否成立的,但实际上构成伪证罪的客观要件是危害行为而非危害结果。折中说虽然顾及了主客观两个方面的因素,但在对客观因素的认定上发生了错误,从而偏离了刑法规定的本意,这正是折中说的失误所在。

客观说则有失偏颇。如果依其观点,那么无论行为人主观上是何种心理状态,只要其提供的证据与客观事实不符,即成立伪证罪。换言之,过失亦可构成伪证罪,这无异于一柄双刃剑。一方面,有利于准确认定案件事实,较好地保障了司法活动的正确性;另一方面,对证据提供者的约束过于严格,反而使其抵触情绪增加,给司法活动的正常开展带来诸多不便。权衡利弊,这种客观归罪的做法显然有矫枉过正之嫌,并没有太大的实践意义。

因此,相比较而言,主观说就显得更为合理了。只要行为人在刑事诉讼中为了陷害他人或隐匿罪证而对与案件有重要关系的情节提供不实证据的,即犯有伪证罪,而不论是否造成了他所希望的危害结果。若因客观条件限制而使证人的记忆发生错误,导致其所作证据与客观事实不符,由于其不具备犯罪故意,故不构成伪证罪;如果证人故意作与记忆不符的假证明,即使此证据与客观事实恰巧相符合,仍不能阻却伪证罪的成立。只是由于未造成危害后果,因而可以认定为情节比较轻微。

2. 对其他主体伪证行为的认识及策略

2012 年修订的《刑事诉讼法》对我国证据制度进行了完善,该法第 48 条规定法定的证据包括如下八种:① 物证;② 书证;③ 证人证言;④ 被害人陈述;⑤ 犯罪嫌疑人、被告人供述和辩解;⑥ 鉴定意见;⑦ 勘验、检查、辨认、侦查实验等笔录;⑧ 视听资料、电子数据。因此证人、记录人、鉴定人、翻译人、被害人和犯罪嫌疑人、被告人都是证据的重要来源,那么这些人就都有作伪证的可能。我国刑法已就前四种人的故意伪证行为规定了伪证罪及其处罚,而对于被害人与犯罪嫌疑人、被告人这几个潜在的伪证行为主体,虽然我国刑事诉讼法规定,凡是伪造证据、隐匿罪证或者毁灭证据的,无论属于何方都必须受法律追究,但刑法却并没有指出对被害人和犯罪嫌疑人、被告人在刑事诉讼中的伪证行为应当如何处理,这显然不利于刑事司法活动的正常进行。因此,有人认为应对下列人员规定伪证罪。

(1) 对犯罪嫌疑人、被告人规定伪证罪

根据我国《刑事诉讼法》的规定,在刑事诉讼中,犯罪嫌疑人对侦查人员的讯问,应当如实回答,没有保持沉默的权利;而被害人也有如实向司法机关陈述案件事实的义务。同时,依据刑事诉讼证据理论,犯罪嫌疑人、被告人对自己所实施的犯罪行为的供述和被害人亲历犯罪行为发生的证言或陈述都属于直接证据,具有较强的证明力,能够单独直接证明案件的主要事实,是公安司法机关认定案件事实,对案件进行处理的重要依据。虽然不能要求犯罪嫌疑人、被告人证明自己有罪,但是当犯罪嫌疑人、被告人在有罪供述或检举揭发时故意作伪,情况就不一样了。我国《刑法》分别在第 67

条和第68条规定了对自首和立功的处理:被采取强制措施的犯罪嫌疑人、被告人和正在服刑的罪犯,如实供述司法机关还未掌握的本人其他罪行的,以自首论,并可从轻或减轻处罚;犯罪分子有揭发他人犯罪行为,查证属实的,或者提供重要线索,从而得以侦破其他案件等立功表现的,可以从轻或减轻处罚。那么如果他们提供了虚假的新情况,又应如何处理呢?我们认为对其有关供述应该认定为作证行为。对属于证人证言性质的检举揭发,若有故意作伪,应当以适用伪证罪进行论处。

(2)对被害人规定伪证罪

被害人陈述,是指被害人就自己遭受犯罪行为侵害的事实和所了解的犯罪分子的情况向公安司法机关所作的陈述。刑事诉讼开始之前的被害人陈述,是公安司法机关立案的根据;在刑事诉讼过程之中的被害人陈述,则是重要的证据来源。由于被害人是犯罪行为直接侵害的对象,因此一般对案件事实了解得比较详细、具体,特别是在强奸、流氓、伤害、诈骗等案件中,被害人与犯罪分子大都有过直接的接触。他们不仅了解犯罪的时间、地点、手段、过程、后果,而且还了解犯罪分子本人的许多具体情况,有时甚至可以明确告发或指认谁是犯罪人。因此,被害人陈述对于公安司法机关判断案件性质、确定侦查方向和重点,收集核实其他证据,都有着重要的作用。如果是在刑事诉讼中,受外因的影响,如或被威逼利诱,或出于与犯罪分子的特殊关系,抑或是为了报复、泄愤等等,而有意将案件事实缩小或夸大,将情节减轻或加重,由于此时刑事诉讼已经启动,所以此类行为应属于故意作伪证。被害人的这些虚伪陈述都有可能导致案件性质发生改变、对案件事实的认定发生错误等严重后果,这对于司法机关的正常活动有着相当大的妨害,因此对被害人同样应规定伪证罪。

3. 国内外关于伪证罪的不同规定

当今世界各国刑法几乎都有关于伪证罪的规定,外国的相关规定与我国相比较,存在着诸多的不同点,并且有一定的借鉴意义。在主体方面,泰国刑法、印度1953年刑法和法国1810年刑法对伪证罪的主体均不加限制,即为一般主体;在主观方面,有些国家的刑法没有写明罪过形式是故意还是过失,如法国、西班牙、日本、朝鲜等,保加利亚1915年刑法甚至明文规定了过失伪证罪;在客观方面,很多国家强调证人、鉴定人、翻译人在陈述之前或之后需要依法宣誓,保证真实陈述或保证所作陈述是真实的;关于伪证罪发生的诉讼阶段的规定也不仅仅局限于在刑事诉讼中。另外,许多国家的刑法都未规定伪证须是对案件的重要情节,更有甚者,瑞士《刑法》第307条第3款规定:“虚伪陈述与法官判决之事无关者,处三个月以下轻惩役”。在量刑方面,各国都相对较重:日本、美国为10年以下,泰国为7年以下并有罚金刑,法国为5年以上10年以下,加拿大则为14年以下。总之,外国刑法对伪证罪的规定在适用范围上、打击面上和处罚程度上都超过了我国。

4. 本罪与诬告陷害罪的区别

主要区别有四点:(1)犯罪主体不同。本罪的主体是特殊主体,限于刑事诉讼中的证人、鉴定人、记录人、翻译人;后罪是一般主体。(2)犯罪时间不同。本罪发生在整个刑事诉讼过程中;后罪发生在立案侦查之前,是引起立案侦查的原因。(3)犯罪目的不同。本罪的犯罪目的包括陷害他人和包庇罪犯两种;后罪的犯罪目的只能是陷害他人。(4)诬陷内容不同。本罪是在与案件有重要关系的情节上捏造犯罪事实或者隐匿罪证;后罪则是捏造整个犯罪的基本事实。(5)犯罪对象不同。本罪的对象是刑事犯罪嫌疑人或被告;后罪的对象可以是任何公民。

5. 既遂与未遂

本罪为行为犯,只要刑事诉讼的证人、鉴定人、记录人、翻译人对与案件有重要关系的情节,实行了故意作虚假证明、鉴定、记录、翻译,意图陷害他人或者隐藏罪证的行为,即为既遂。至于该行为是否实际影响到案件的正确处理,不妨碍本罪的成立。

(三)刑事责任

根据《刑法》第305条规定,犯本罪的,处3年以下有期徒刑或者拘役;情节严重的,处3年以上7年以下有期徒刑。

二、辩护人、诉讼代理人毁灭证据、伪造证据、妨害作证罪

(一)概念与特征

辩护人、诉讼代理人毁灭证据、伪造证据、妨碍作证罪,是指在刑事诉讼中,辩护人、诉讼代理人毁灭、伪造证据,帮助当事人毁灭、伪造证据,威胁、引诱证人违背事实改变证言或者作伪证的行为。本罪的主要特征是:

1. 侵犯的客体是国家司法机关正常的刑事诉讼活动。

2. 客观方面表现为在刑事诉讼中辩护人和诉讼代理人毁灭、伪造证据,或者帮助当事人毁灭、伪造证据或者威胁引诱证人作伪证。所谓“毁灭证据”,是指使证据不复存在或无从查找,如烧毁、砸烂、丢弃、易地转移、异地出售,改变得面目全非等。所谓“伪造证据”,是指制作虚假证言或物证。所谓“帮助当事人毁灭、伪造证据”,是指辩护人或诉讼代理人虽未亲自毁灭、伪造证据,但以教唆、提供方便条件的方式使当事人毁灭、伪造证据。此外,唆使当事人以外的人帮助当事人毁灭、伪造证据也属于帮助行为。所谓“威胁、引诱证人违背事实改变证言或者作伪证”,是指以暴力相威胁,以金钱等物质利益相引诱,使证人违背事实推翻原来真实的证词,改变证言或者作伪证。但是,对证人明确说明伪证应负的法律责任,这不是“威胁”。如果为了帮助证人回忆经历的情况而作一些提示甚至诱导启发,不能认为是“引诱”。

3. 本罪主体是特殊主体,即参与刑事诉讼的辩护人、诉讼代理人,以及受犯罪嫌疑人聘请为其提供法律咨询、代理申诉、控告的律师。

4. 主观方面是故意。犯罪的动机可能不同,如袒护亲友、挟私报复、贪财图利等,故意毁灭、伪造证据,帮助当事人毁灭、伪造证据,威胁、引诱证人违背事实改变证言或者作伪证等。但动机不影响本罪的成立。

(二) 认定中注意的问题

1. 罪与非罪的区别

辩护人、诉讼代理人提供、出示、引用的证人证言或者其他证据失实,不是故意伪造的,而是由于缺乏经验、工作失误,或者证人提供虚假证言,辩护人、诉讼代理人不知情的,因其主观上没有犯罪故意,因而不构成本罪。

2. 本罪与伪证罪的异同

两罪的共同之处都是故意犯罪,都发生在刑事诉讼过程中,主体方面都是特殊主体。两罪的区别在于:(1) 主体不同。本罪的主体是辩护人、诉讼代理人;后罪的主体是证人、鉴定人、记录人、翻译人。(2) 主观方面不同。后罪必须是意图陷害他人或者隐匿罪证,本罪则不限于此。(3) 客观表现不同。本罪表现为毁灭、伪造、帮助毁灭、伪造各种证据,使证人改变证言或作伪证;后罪只表现为对与案件有重要关系的情节,故意作虚假的证明、鉴定、记录、翻译,不存在威胁、引诱证人违背事实改变证言或者作伪证的情况。

3. 既遂与未遂

本罪是行为犯,只要在刑事诉讼中,辩护人、诉讼代理人实施了毁灭、伪造证据,帮助当事人毁灭、伪造证据,威胁、引诱证人违背事实、改变证言或者作伪证的行为之一的,即为既遂。至于该行为是否实际影响到案件的正确处理,不妨碍本罪的成立。

(三) 刑事责任

根据《刑法》第 306 条规定,犯本罪的,处 3 年以下有期徒刑或者拘役;情节严重的,处 3 年以上 7 年以下有期徒刑。

三、妨害作证罪

(一) 概念与特征

妨害作证罪,是指采用暴力、威胁、贿买等方法阻止证人作证或者指使他人作伪证的行为。本罪的主要特征是:

1. 侵犯的客体是国家司法机关的正常诉讼活动和公民依法作证的权利。本罪的对象,是各类案件的证据、证人和他人。其中“他人”,泛指具备或不具备证人身份的人。

2. 客观方面表现为:(1) 以暴力、威胁、贿买等方法阻止证人作证,即在刑事诉讼中,以暴力、威胁、贿买等手段,阻止证人接受公安、检察等司法机关的依法调查、询问以及阻止证人出席法庭作证。在民事、经济和行政诉讼中,一般是指阻止证人出席法庭作证,从而妨害了法庭审理活动的行为。(2) 指使他人作伪证中“指使”的含意比“教唆”更广,即不问被指使人是否已有作伪证的意图,只要是指使者出主意,要他人作伪证即可。而作伪证是指证人故意作出与自己经验、记忆相反的陈述。本罪是行为犯,行为人只要实施了符合上述构成要件、妨害作证的行为,就构成妨害作证罪,且为既遂。至于证人是否被劝止或阻止而没有作证,或者是否接受贿买或接受贿买后是否作证,均不影响本罪成立。同样,他人是否因为行为人的指使作伪证,或者是否接受贿买或接受贿买后是否作伪证也不影响本罪的成立。这些情节只是量刑时考虑的因素。此外,妨害作证罪不仅可以发生在诉讼提起以后的诉讼活动中,也可以发生在诉讼提起之前,因为行为人实施有妨害作证的行为,同样会影响以后即将发生的诉讼活动,具有相当的社会危害性。妨害作证罪可以发生在刑事案件、民事案件中,也可以发生在经济案件、行政案件中,但不包括没有进入诉讼的违纪案件、行政案件等。

3. 犯罪主体是一般主体。

4. 主观方面是故意,即行为人具有阻止他人作证、制造虚假证据的故意。行为人往往出于个人利益或他人利益之动机,但动机的多样性并不影响本罪的成立。

(二) 认定中应注意的问题

1. 本罪与伪证罪的区别

两罪的区别在于:(1) 犯罪主体不同。本罪为一般主体;后罪则是特殊主体,仅限于刑事诉讼中的证人、鉴定人、记录人、翻译人。(2) 犯罪发生的诉讼程序不同。本罪既可发生在刑事诉讼中,也可发生在民事诉讼和行政诉讼中;后罪则只能发生在刑事诉讼中。(3) 犯罪发生的时间不同。本罪可发生在诉讼的提起之前,也可发生在诉讼过程中;后罪则只能发生在刑事诉讼过程中。(4) 行为表现方式不同。本罪以暴力、威胁、贿买等方法阻止证人依法作证或指使他人作伪证;后罪则是对案件有重要关系的情节作虚假的证明、鉴定、记录、翻译。

2. 本罪与辩护人、诉讼代理人毁灭证据、伪造证据、妨害作证罪的区别

两罪的区别在于:(1) 犯罪主体不同。本罪是一般主体;后罪则是特殊主体,仅限于刑事诉讼中的辩护人、诉讼代理人。(2) 犯罪发生的诉讼程序不同。本罪既可发生在刑事诉讼中,也可发生在民事诉讼和行政诉讼中;后罪则只能发生在刑事诉讼中。(3) 犯罪发生的时间不同。本罪可发生在诉讼的提起之前,也可发生在诉讼过程中;后罪则只能发生在刑事诉讼过程中。(4) 行为表现形式不同。本罪表现为使用暴力、威胁、贿买等手段阻止证人依法作证或指使他人作伪证;后罪则表现为采取毁灭、伪造证据,帮助当事人毁灭、伪造证据或威胁、引诱证人违背事实改变证言或作伪证。

(三) 刑事责任

根据《刑法》第 307 条第 1 款规定,犯本罪的,处 3 年以下有期徒刑或拘役;情节严重的,处 3 年以上 7 年以下有期徒刑。

根据本条第 3 款的规定,司法工作人员犯本罪的,从重处罚。

四、帮助毁灭、伪造证据罪

(一) 概念与特征

帮助毁灭、伪造证据罪,是指在诉讼活动中,其他人帮助当事人毁灭、伪造证据,情

节严重的行为。帮助毁灭、伪造证据罪中的“毁灭”,并不限于从物理上使证据消失,而是包括妨碍证据显现、使证据的证明价值减少、消失的一切行为。隐匿证据的行为,也属于这里的“毁灭”行为。使证据不被司法机关发现的隐匿行为,与使证据从物理上灭失的行为,在性质上无任何差别。

本罪和辩护人、诉讼代理人毁灭证据、伪造证据、妨害作证罪的主要区别在于:(1) 犯罪主体不同。本罪的主体是一般主体;而后罪则是特殊主体,即辩护人、诉讼代理人。(2) 犯罪对象不同。本罪是指各种案件的证据;后罪则是指刑事案件的证据。(3) 辩护人、诉讼代理人在刑事诉讼中帮助当事人毁灭、伪造证据的,无论其是否已达到情节严重,均构成犯罪;而其他人帮助当事人毁灭、伪造证据,诉讼代理人在民事、行政诉讼中帮助当事人毁灭、伪造证据,情节严重才构成犯罪。

【实例分析 7-6】

对上述内容,可从下面的分析中深化认识:甲的下列哪些行为成立帮助毁灭证据罪(不考虑情节)?

A. 甲、乙共同盗窃了丙的财物。为防止公安人员提取指纹,甲在丙报案前擦掉了两人留在现场的指纹;

B. 甲、乙是好友。乙的重大贪污罪行被丙发现。甲是丙的上司,为防止丙作证,将丙派往境外工作;

C. 甲得知乙放火致人死亡后未清理现场痕迹,便劝说乙回到现场毁灭证据;

D. 甲经过犯罪嫌疑人乙的同意,毁灭了对乙有利的无罪证据。

分析如下:

(1) 选项 A 错误。帮助毁灭、伪造证据罪属事后帮助犯,犯罪主体必须是犯罪分子以外的人,甲、乙共同盗窃丙的财物,甲自己毁灭证据,不成立帮助毁灭证据罪。

(2) 选项 B 错误。帮助毁灭、伪造证据罪针对的对象必须是实物性证据,甲将丙派往境外工作,阻止公安司法机关收集丙提供的言词证据的,不符合帮助毁灭、伪造证据罪的对象要求,因而不构成帮助毁灭证据罪。

(3) 选项 C 正确。甲得知乙放火致人死亡后未清理现场痕迹,便劝说乙回到现场毁灭证据,甲实施了教唆当事人实施毁灭证据的行为,乙作为放火案件的当事人,不成立帮助毁灭证据罪,但甲成立帮助毁灭证据罪的间接正犯。

(4) 选项 D 正确。在刑事诉讼中,即使经过当事人(犯罪嫌疑人、被告人)同意,帮助其毁灭无罪证据,由于妨害了刑事司法客观公正性,构成帮助毁灭证据罪。因此,甲经过犯罪嫌疑人乙的同意,毁灭了对乙有利的无罪证据,成立帮助毁灭证据罪。

综上,上述问题的合适选项是 CD。

(二) 刑事责任

根据《刑法》第 307 条第 2 款规定,犯本罪的,处 3 年以下有期徒刑或者拘役。

根据本条第 3 款的规定,司法工作人员犯本罪的,从重处罚。

五、虚假诉讼罪

(一) 概念与特征

虚假诉讼罪,是指在民事诉讼中,以捏造的事实提起民事诉讼,妨害司法秩序或者严重侵害他人合法权益的行为。本罪是《刑法修正案(九)》新增加的罪名,其主要特征是:

1. 侵害的客体是司法机关在民事诉讼过程中的正常工作活动以及他人的合法权益。在民事诉讼中,如果有人伪造证据,恶意提起诉讼,不但会妨害司法机关的正常活动,而且会给恶意诉讼相对人造成经济和精神上的损害。

2. 客观方面表现为行为人具有在民事诉讼中,以捏造的事实提起民事诉讼,妨害司法秩序或者严重侵害他人合法权益的行为。本罪是在民事诉讼中成立,如果是在刑事诉讼中,则可能成立伪证罪或者伪造证据罪,如果是在行政诉讼中,则不构成犯罪。

3. 犯罪主体是一般主体。如果行为人提起了恶意诉讼,在法庭上一般会以原告或者被告的身份出现。

4. 主观方面是故意,即故意捏造事实,向人民法院提起民事诉讼。如果确实是因为各种原因错误地理解了证据,则不构成本罪。

(二) 认定中注意的问题

1. 本罪与诬告陷害罪的区别

两罪的区别在于:(1) 诉讼程序不同。本罪发生在民事诉讼程序中;后罪发生在刑事诉讼程序中。(2) 犯罪目的不同。本罪的犯罪目的主要是非法占有他人财产或者逃避合法债务;后罪的犯罪目的只能是陷害他人。(3) 捏造事实不同。本罪是捏造一个民事案件的事实;后罪则是捏造整个犯罪的基本事实。(4) 犯罪可能造成的后果不同。本罪可能造成的后果是非法占有他人财产或者逃避合法债务;后罪可能造成的后果是他人受到刑事处罚。

2. 本罪与伪证罪的区别

两罪的区别在于:(1) 诉讼程序不同。本罪发生在民事诉讼程序中,后罪发生在刑事诉讼程序中。(2) 犯罪目的不同。本罪的犯罪目的主要包括非法占有他人财产或者逃避合法债务;后罪的犯罪目的是意图陷害他人或者使他人逃脱法律的追究。(3) 客观行为方式不同。本罪是伪造一定的证据提起民事诉讼;后罪是在与案件有重要关系的情节上捏造犯罪事实或者隐匿罪证。(4) 犯罪可能造成的后果不同。本罪可能造成的后果是非法占有他人财产或者逃避合法债务;后罪可能造成的后果是他人受到刑事处罚或者逃脱刑事追究。

3. 既遂与未遂

本罪为行为犯,只要行为人伪造了事实并且提起了民事诉讼,即为既遂。至于该行为是否实际影响到案件的正确处理,不妨碍本罪的成立。

（三）刑事责任

根据《刑法》第 307 条之一规定，犯本罪的，处 3 年以下有期徒刑、拘役或者管制，并处或者单处罚金；情节严重的，处 3 年以上 7 年以下有期徒刑，并处罚金。

单位犯前款罪的，对单位判处罚金，并对其直接负责的主管人员和其他直接责任人员，依照前款的规定处罚。

有第一款行为，非法占有他人财产或者逃避合法债务，又构成其他犯罪的，依照处罚较重的规定定罪，从重处罚。

司法工作人员利用职权，与他人共同实施前三款行为的，从重处罚；同时构成其他犯罪的，依照处罚较重的规定定罪从重处罚。

六、打击报复证人罪

（一）概念与特征

打击报复证人罪，是指故意对证人进行打击报复的行为。本罪的主要特征是：

1. 侵犯的客体是公民的人身权利和国家司法活动的正常秩序。侵害的对象只限于证人。知悉案情但尚未作证的人，不是本罪的对象。证人的亲友本不是本罪的对象，但是通过加害证人亲友的方式打击报复证人，可按本罪处理。

2. 客观方面表现为对证人进行捆绑、殴打、伤害、禁闭等袭击或人身强制的暴力行为，或者对证人财物进行毁坏，或者散布谣言，对证人名誉进行损毁等打击报复的行为。情节严重是指给证人的人身造成重大伤害，或者使财物遭受重大损失，或者给证人的名誉造成极大贬损，使证人无法履行向国家司法机关作证的义务，或者使证人违心地去改变证言，或者作伪证的情形。

3. 犯罪主体是一般主体。

4. 主观方面是直接故意，并且行为人必须具有打击报复证人的目的。

（二）刑事责任

根据《刑法》第 308 条规定，犯本罪的，处 3 年以下有期徒刑或者拘役；情节严重的，处 3 年以上 7 年以下有期徒刑。

七、泄露不应公开的案件信息罪

（一）概念与特征

泄露不应公开的案件信息罪，是指司法工作人员、辩护人、诉讼代理人或者其他诉讼参与人，泄露依法不公开审理的案件中不应当公开的信息，造成信息公开传播或者其他严重后果的行为。这是《刑法修正案（九）》增设的罪名，本罪的主要特征是：

1. 侵犯的客体是国家司法活动的正常秩序和有关当事人的合法权利。侵害的对象为依法不公开审理的案件中不应当公开的信息。非法泄露依法不公开审理的案件中不应当公开的信息，不但会对案件的审理造成影响，而且会对公民的隐私等合法权益造成损害。

2. 客观方面表现为行为人具有泄露依法不公开审理的案件中不应当公开的信息,造成信息公开传播或者其他严重后果的行为。构成泄露不应公开的案件信息罪在客观方面必须具备以下两个条件:①

一是泄露依法不公开审理的案件中不应当公开的信息。依法不公开审理的案件,是指依照刑事诉讼法、民事诉讼法、行政诉讼法、未成年人保护法等法律规定,应当不公开审理或者经当事人提出申请,人民法院决定不公开审理的案件。不应当公开的信息,是指公开以后可能对国家安全和利益、当事人受法律保护的隐私权、商业秘密造成损害,以及对涉案未成年人的身心健康造成不利影响的信息。这些信息包括案件涉及的国家秘密、个人隐私、商业秘密,也包括其他与案件有关不宜为诉讼参与人以外人员知悉的信息,如案件事实的细节,诉讼参与人在参加庭审时发表言论的具体内容,被性侵的被害人的个人信息等。对于未成年人犯罪案件,未成年犯罪嫌疑人和被告人的姓名、住所、照片、图像以及可能推断出该未成年人的资料,都属于不应公开的信息。由于行为人的故意或者过失,造成不应当知悉有关案件信息的人员知悉有关案件信息的,即属于泄露该信息的行为。

二是造成信息公开传播或者其他严重后果。这是构成本罪的结果条件。信息公开传播是指信息在一定数量的公众中广泛传播。如果泄露的案件信息只是为个别人私下知悉,没有公开传播的,不构成本罪。信息的公开传播使对不公开审理制度所保护的法益的损害扩大,是严重的危害后果。"其他严重后果"是指信息公开传播以外的其他严重的危害后果,如造成被害人不堪受辱而自杀,造成审判活动被干扰而无法顺利进行等。

3. 犯罪主体是特殊主体,包括司法工作人员、辩护人、诉讼代理人或者其他诉讼参与人,即参与不公开审理的案件诉讼活动,知悉不应当公开的案件信息的人。"司法工作人员",在刑事诉讼中包括侦查人员、检察人员、审判人员和有监管职责的人员,在民事诉讼、行政诉讼中主要是审判人员。"辩护人",是指在刑事诉讼中向犯罪嫌疑人、被告人提供法律帮助的人,包括律师,人民团体或者犯罪嫌疑人、被告人所在单位推荐的人和犯罪嫌疑人、被告人的监护人、亲友。"诉讼代理人",是指接受刑事公诉案件被害人及其法定代理人或者近亲属、自诉案件自诉人及其法定代理人、刑事附带民事诉讼案件当事人及其法定代理人、民事诉讼案件当事人及其法定代理人、行政诉讼案件当事人及其法定代理人的委托,代为参加诉讼和提供法律帮助的人,包括律师,基层法律服务工作者,当事人的近亲属或者工作人员,当事人所在社区、单位以及有关社会团体推荐的公民等。"其他诉讼参与人",是指司法工作人员、辩护人、诉讼代理人以外其他参加诉讼的人员,包括证人、鉴定人、出庭的有专门知识的人、记录人、翻译人等。

---

① 参见雷建斌主编:《〈中华人民共和国刑法修正案(九)〉释解与适用》,人民法院出版社 2015 年版,第 327—328 页。

4. 主观方面包括故意和过失,即故意泄露和过失泄露案件信息都可能构成本罪。

(二) 刑事责任

根据《刑法》第308条之一第1款的规定,犯本罪的,处3年以下有期徒刑、拘役或者管制,并处或者单处罚金。

该条第2款规定,如果有泄露不公开审理的案件信息的行为,同时泄露国家秘密的,依照本法第398条的规定定罪处罚。

该条第3款规定,单位犯本罪的,对单位判处罚金,并对其直接负责的主管人员和其他直接责任人员,依照第一款的规定处罚,即处3年以下有期徒刑、拘役或者管制,并处或者单处罚金。

八、披露、报道不应公开的案件信息罪

(一) 概念与特征

披露、报道不应公开的案件信息罪,是指个人或者媒体、网站等单位公开披露、报道依法不公开审理的案件中不应当公开的信息,情节严重的行为。有的个人和媒体、网站等单位,虽然不是泄露不公开审理的案件信息的行为人,但通过各种渠道获得不公开审理的案件信息后,公开披露、报道,甚至大肆炒作,有的造成严重后果,对司法秩序和有关当事人的合法权益造成严重损害。这种行为与泄露不公开审理的案件信息具有同样的严重社会危害性,因此《刑法修正案(九)》也将此类行为规定为犯罪。本罪的主要特征是:

1. 侵犯的客体是国家司法活动的正常秩序和有关当事人的合法权利。侵害的对象是依法不公开审理的案件中不应当公开的信息。公开披露、报道依法不公开审理的案件中不应当公开的信息,不但会对案件的审理造成影响,而且会对当事人的隐私等合法权利造成损害。

2. 客观方面表现为行为人具有公开披露、报道依法不公开审理的案件中不应当公开的信息,情节严重的行为。“公开披露”是指通过各种途径向他人或公众发布有关案件信息。“报道”主要是指报刊、广播、电视、网站等媒体向公众公开传播有关案件信息。在网络自媒体发达的今天,公开披露和报道有关信息,都会使得相关信息被广泛传播,从而损害当事人的合法权益。“情节严重”,主要是指造成信息大量公开传播、为公众所知悉,给司法秩序和当事人合法权益造成严重损害,以及其他与此类似的严重后果。

3. 犯罪主体是一般主体,包括个人或者媒体、网站等单位,但是以媒体、网站及相关从业人员居多。

4. 主观方面包括故意和过失。

(二) 刑事责任

根据《刑法》第308条之一第3款的规定,犯本罪的,处3年以下有期徒刑、拘役或

者管制,并处或者单处罚金。

单位犯本罪的,对单位判处罚金,并对其直接负责的主管人员和其他直接责任人员,依照本条第1款的规定处罚。

九、扰乱法庭秩序罪

(一) 概念与特征

扰乱法庭秩序罪,是指在法庭审理案件过程中,聚众哄闹、冲击法庭,殴打司法工作人员或者诉讼参与人,侮辱、诽谤、威胁司法工作人员或者诉讼参与人,不听法庭制止,严重扰乱法庭秩序,毁坏法庭设施,抢夺、损毁诉讼文书、证据等扰乱法庭秩序,情节严重的行为。本罪的主要特征是:

1. 侵犯的客体是人民法院庭审活动的正常秩序。

2. 客观方面表现为在法庭上聚众哄闹、冲击法庭,殴打司法工作人员或者诉讼参与人,侮辱、诽谤、威胁司法工作人员或者诉讼参与人,不听法庭制止,严重扰乱法庭秩序,毁坏法庭设施,抢夺、损毁诉讼文书、证据等扰乱法庭秩序,情节严重的行为。只要行为人实施了下列情形之一,即可构成本罪:(1) 聚众哄闹、冲击法庭的。(2) 殴打司法工作人员或者诉讼参与人的。(3) 侮辱、诽谤、威胁司法工作人员或者诉讼参与人,不听法庭制止,严重扰乱法庭秩序的。(4) 有毁坏法庭设施,抢夺、损毁诉讼文书、证据等扰乱法庭秩序行为,情节严重的。

从犯罪时间看,犯罪行为只能发生在法庭开庭审理过程中,从犯罪地点看,本罪限于开庭审理案件的法庭内,既包括犯罪行为和犯罪结果都发生在法庭内,也包括犯罪行为或犯罪结果之一发生在法庭内的行为。如果行为和结果都不发生在法庭内的,不构成本罪。哄闹、冲击法庭的行为必须以聚众的形式表现出来,单个人哄闹、冲击法庭不构成本罪。但对于殴打司法工作人员则不要求聚众,单个人也可以构成犯罪。构成本罪,要求“严重扰乱法庭秩序”。所谓“严重扰乱法庭秩序”,通常是指法庭秩序严重混乱,案件无法继续正常审理,或者案件审理被迫中断等情形。

3. 犯罪主体是一般主体。一般为案件的当事人、诉讼参与人、其他与案件有利害关系的人以及其他人员。

4. 主观方面为故意,即行为人明知自己的行为会严重扰乱法庭秩序,而希望或者放任这种后果的发生。

(二) 认定中应注意的问题

1. 本罪与扰乱社会秩序罪的区别

从本质上讲,扰乱法庭秩序也是扰乱社会秩序的一种表现形式。但是刑法将扰乱法庭秩序从扰乱社会秩序中分离出来,专门加以规定。所以,对于扰乱法庭秩序情节严重的,应按照特别条文优于一般条文,按扰乱法庭秩序罪处理。同时,扰乱法庭秩序必然妨害有关国家工作人员,如审判人员依法执行公务。两罪的区别在于:(1) 本罪只发生在人民法院对案件开庭审判的各阶段;后罪则可发生在任何时候,没有时间上的限制。(2) 本罪致使法庭审判无法继续进行;后罪则致使工作、生产、营业、教学、科研以及国家机关的工作无法正常进行,其范围更为广泛。(3) 本罪对构成犯罪的全部行为人均予以法律制裁;后罪则处罚其中的首要分子和积极参与者。

2. 本罪与妨害公务罪的异同

两罪的共同之处在于客观上有其重合的一面,如殴打司法工作人员,扰乱法庭秩序的行为也必然妨害了国家工作人员即司法人员依法执行任务。两罪的不同之处在于:(1) 本罪发生在法庭开庭审判过程中,即人民法院宣布开庭审理至宣布闭庭的整个过程;后罪则发生在国家工作人员依法执行职务的过程中,即已着手执行至尚未结束之前。(2) 本罪的空间范围仅限于法庭内;后罪则为国家工作人员执行职务的场所,范围更广。(3) 本罪表现为聚众哄闹、冲击法庭,或者殴打司法工作人员等。行为人采取的既有暴力方式,也有非暴力方式,如起哄、大声喧哗、吵闹等;后罪则一般表现为暴力方式,即行为人采取暴力、威胁等手段阻碍国家工作人员依法执行公务。

(三) 刑事责任

根据《刑法》第 309 条的规定,犯本罪的,处 3 年以下有期徒刑、拘役、管制或者罚金。

十、窝藏、包庇罪

(一) 概念与特征

窝藏、包庇罪,是指明知是犯罪分子而为其提供隐蔽处所、财物,帮助其逃匿或者作假证明包庇的行为。本罪的主要特征是:

1. 侵犯的客体是国家司法机关同犯罪分子作斗争的正常活动。窝藏的对象,必须是实施犯罪行为应受刑罚处罚的人,包括在逃尚未归案的犯罪人,已被采取刑事强制措施或者已被判处刑罚而被剥夺、限制自由的犯罪嫌疑人、刑事被告人、罪犯。如果窝藏的对象是有一般违法行为、尚不构成犯罪的人,如劳教人员和行政拘留人员,对此不能以窝藏罪论处。

2. 客观方面表现为行为人具有为犯罪分子提供隐蔽处所、财物,或提供其他条件帮助其藏匿或者作假证明包庇,以逃避制裁的行为。窝藏,是指为犯罪分子提供隐蔽处所或为其提供金钱、交通工具或者其他方便条件,以使其逃避侦查、起诉、审判的行为。窝藏行为,必须是在犯罪分子犯罪以后,而且事先没有通谋。如果事先答应罪犯,作案后帮助其窝藏,就应以共同犯罪论处,而不定窝藏罪。因为,这种事先答应窝藏,会起一种精神上的鼓励作用,也就是精神上的帮助。包庇是指用各种方式帮助犯罪分子掩盖其犯罪事实。包庇的方法有"作假证明",如明知是犯罪分子,却为其申报临时户口,说他是出差办事,掩盖其罪犯的身份;还有帮助犯罪分子毁灭罪迹,洗净血衣,掩埋被害人尸体、掩藏凶器等。其目的都是要帮助罪犯掩盖犯罪事实,逃避制裁。

3. 犯罪主体是一般主体。

4. 主观方面是故意,即明知是犯罪分子,而故意加以窝藏。不知是犯罪分子,而为其提供了住所,不构成犯罪。但是,一旦发现是犯罪分子,仍不检举、揭发,继续将其留住,则应以窝藏罪论处。

(二) 认定中注意的问题

1. 罪与非罪的界限

实践中,应当注意窝藏、包庇罪与知情不举报的界限。知情不举报是明知是犯罪分子而不检举、揭发,在客观上起着包庇罪犯的作用。但是,两者是有区别的:(1) 知情不举报是消极的不作为,而包庇则是积极的作为。(2) 知情不举报虽然无助于司法机关揭露和抓获罪犯,但也不为此制造困难。而窝藏、包庇罪则不同,它可以为侦破案件增加困难。因此,单纯的知情不举报行为不构成本罪。

2. 本罪与伪证罪的区别

两罪在主观上都有帮助犯罪人掩盖罪行,逃避法律制裁的目的,客观上都向司法机关提供了虚假证明。两罪的区别在于:(1) 本罪为一般主体,可以是任何一个具备刑事责任能力的人;后罪则是特殊主体,限于证人、鉴定人、记录人、翻译人。(2) 本罪包庇的对象既可以是犯罪后未被羁押、逮捕归案而畏罪潜逃的犯罪嫌疑人,也可以是已被依法羁押、拘禁而逃跑出来的未决犯和已决犯;后罪包庇的对象只能是刑事诉讼中的未决犯。(3) 本罪的行为既可以发生在犯罪分子被侦查、审判之前,也可以发生在侦查、起诉、审判中至判决后服刑之中;后罪只能发生在刑事诉讼中,即侦查、起诉、审判过程中。

3. 本罪与帮助毁灭、伪造证据罪的区别

两罪的主要区别在于:(1) 本罪只限于刑事案件中;后罪可以发生在任何诉讼案件中。(2) 作假证明是伪造证据的情形之一,根据特殊优于普通的原则,对以作假证明的方式包庇犯罪分子的,构成包庇罪。

【实例分析 7-7】

对上述内容,可从下例分析中深化认识:甲杀人后将凶器忘在现场,打电话告诉乙真相,请乙帮助扔掉凶器。乙随即把凶器藏在自家地窖里。数月后,甲生活无着落准备投案自首时,乙向甲汇款 2 万元,使其继续在外生活。关于本案,下列哪一选项是正确的?

A. 乙藏匿凶器的行为不属毁灭证据,不成立帮助毁灭证据罪;

B. 乙向甲汇款 2 万元不属帮助甲逃匿,不成立窝藏罪;

C. 乙的行为既不成立帮助毁灭证据罪,也不成立窝藏罪;

D. 甲虽唆使乙毁灭证据,但不能认定为帮助毁灭证据罪的教唆犯。

分析如下:

(1) 关于 A 项。帮助毁灭、伪造证据罪中的"毁灭",并不限于从物理上使证据消失,而是包括妨碍证据显现、使证据的证明价值减少、消失的一切行为。隐匿证据的行为,也属于这里的"毁灭"行为。使证据不被司法机关发现的隐匿行为,与使证据从物理上灭失的行为,在性质上无任何差别。本案中的乙实施了藏匿凶器的行为,应认定为毁灭证据,成立帮助毁灭证据罪。因此,A 项的表述错误,不当选。

(2) 关于 B 项。如前所述,明知是犯罪的人而为其提供隐藏住所、财物,帮助其逃匿的,成立窝藏罪。本案中乙的行为成立窝藏罪,当无疑问。因此,B 项的表述错误,不当选。

(3) 关于 C 项。综合前述对 A 项和 B 项的解析,C 项的表述错误,不当选。

(4) 关于 D 项。毁灭自己是当事人的案件的证据的,不成立犯罪。据此,甲唆使乙毁灭证据的行为只能认定为帮助毁灭证据罪的正犯,而非教唆犯。具体理由在于:教唆犯的前提是共犯,其要求教唆者和被教唆者的行为都成立犯罪。因此,D 项的表述正确,当选。

4. 窝藏罪、包庇罪的异同

相同点:(1) 犯罪主体都是一般主体,任何达到刑事责任年龄、具备刑事责任能力的自然人均可构成本罪。(2) 犯罪的主观方面都表现为故意,即明知是犯罪分子而进行窝藏、包庇。如果不知道是犯罪分子,而为其提供便利条件,客观上帮助犯罪分子逃避法律制裁者,不构成本罪。(3) 侵犯的客体都是司法机关对犯罪分子的追诉活动。窝藏、包庇的对象都是实施犯罪行为应受刑罚处罚的人,包括在逃尚未归案的犯罪人,已被采取刑事强制措施或者已被判处刑罚而被剥夺、限制自由的犯罪嫌疑人,刑事被告人、罪犯。

不同点:(1) 窝藏罪主要表现为积极实施为犯罪分子提供隐蔽处所、财物,帮助其藏匿,以逃避制裁的行为。所谓"提供隐蔽处所、财物",是指把犯罪的人藏匿于一定的处所或为犯罪的人提供金钱和物质。所谓"帮助其藏匿",是指除上述提供的隐蔽处所、财物之外的其他帮助犯罪的人逃匿的行为,如为犯罪的人指示逃跑路线、方向。为犯罪的人提供隐蔽处所,这里的"处所"是否为行为人所有或占用、使用,不影响窝藏的性质。行为人既可以把犯罪的人藏匿于自己所用或占有、使用的地方,如自己的家、租用的房子、使用的单位宿舍或办公室等,也可以把犯罪的人藏匿于他人所控制和使用的地方,如朋友、同学、亲戚等人的房屋或宿舍等,还可以将其藏匿于其他地方,如山洞、树林等。(2) 包庇罪在客观方面主要表现为明知是犯罪分子,而向司法机关作假证明的行为。所谓"为犯罪的人作假证明",是指自己向司法机关和有关组织出具口头或书面的假证明,意图使犯罪的人逃避法律追究。如果行为人不是自己提供假证明,而是帮助犯罪的人隐匿、毁灭、伪造证据,则可能构成其他罪,不构成包庇罪。

【实例分析 7-8】

对上述内容,可从下例分析中深化认识:甲路过偏僻路段,看到其友乙强奸丙的犯罪事实。甲的下列哪一行为构成包庇罪?

A. 用手机向乙通报公安机关抓捕乙的消息;

B. 对侦查人员的询问沉默不语;

C. 对侦查人员声称乙、丙系恋人,因乙另有新欢遭丙报案诬陷;

D. 经法院通知,无正当理由,拒绝出庭作证。

分析如下:

(1) A 选项,甲为犯罪人通风报信,帮助其逃匿,构成窝藏罪。

(2) B、D 选项,司法机关对知情他人犯罪事实的人进行调查取证时,其单纯不提供证言(不作为)的,不构成犯罪。

(3) C 选项,甲系属作假证明包庇犯罪人(作为),成立包庇罪。

综上,上述问题的合适选项是 C。

5. 根据《刑法》第 310 条第 2 款规定,对于事先通谋,即在他人犯罪之前与之约定事后为其提供隐藏处所或者财物,或者以作假证明方式掩盖其罪行的,不能以本罪论处,而应认定为其他犯罪的共犯。

6. 根据《刑法》第 362 条规定,旅馆业、饮食服务业、文化娱乐业、出租汽车业等单位的人员,在公安机关查处卖淫、嫖娼活动时,为违法犯罪分子通风报信,情节严重的,依照本法第 310 条的规定定罪处罚。

7. 根据《刑法》第 349 条规定,包庇走私、贩卖、运输、制造毒品的犯罪分子的,不定窝藏、包庇罪,而应按包庇毒品犯罪分子罪定罪处罚。

(三) 刑事责任

根据《刑法》第 310 条规定,犯本罪的,处 3 年以下有期徒刑、拘役或者管制;情节严重的,处 3 年以上 10 年以下有期徒刑。所谓"情节严重",一般是指:(1) 窝藏包庇犯罪分子多人的。(2) 一贯或者多次实施窝藏、包庇行为的。(3) 窝藏、包庇犯罪性质严重或者罪行严重的犯罪分子的。(4) 隐匿、毁灭重大或者大量罪证的。(5) 窝藏、包庇的动机、手段恶劣的等。

十一、拒绝提供间谍犯罪、恐怖主义犯罪、极端主义犯罪证据罪

(一) 概念与特征

拒绝提供间谍犯罪、恐怖主义犯罪、极端主义犯罪证据罪,是指明知他人有间谍犯罪、恐怖主义犯罪、极端主义犯罪行为,在司法机关向其调查有关情况、收集有关证据时,拒绝提供,情节严重的行为。本罪是《刑法修正案(九)》在原"拒绝提供间谍犯罪证据罪"基础上修改而来的新罪名,修改之处主要有两点:一是扩大了本罪的适用范围,增加了"恐怖主义、极端主义犯罪行为"。二是相应地将条文中的"国家安全机关"改为"司法机关"。本罪的主要特征是:

1. 侵犯的客体是国家安全和社会公共安全。间谍犯罪,是危害国家安全的犯罪。我国国家安全法明确规定,向国家安全机关如实提供有关危害国家安全的情况和证据,是每个公民和组织的义务,不得拒绝。恐怖主义犯罪、极端主义犯罪,是对社会公共安全的严重危害。

2. 客观方面表现为行为人具有明知他人有间谍犯罪、恐怖主义、极端主义犯罪行为，在司法机关向其调查有关情况、收集有关证据时，拒绝提供，情节严重的行为。

"间谍犯罪行为"，主要是指《反间谍法》第 38 条规定的构成犯罪的行为。"恐怖主义犯罪行为"，主要是指通过暴力、破坏、恐吓等手段，制造社会恐慌、危害公共安全、侵犯人身财产等犯罪行为。"极端主义犯罪行为"，是指以歪曲宗教教义或者其他方法煽动仇恨、煽动歧视、崇尚暴力等极端主义，因而构成犯罪的行为。

本罪是一种不作为犯罪，即司法机关向其调查有关情况、收集有关证据时，行为人没有履行特定义务。"调查有关情况"，主要是指司法机关调查了解间谍犯罪或者恐怖主义、极端主义犯罪及其有关情况，不仅包括间谍犯罪或者恐怖主义、极端主义犯罪行为本身的情况，还包括参加犯罪活动的人、线索以及方法、手段、时间、地点等情况。这种调查既包括立案前的一般调查，也包括立案后的调查询问。"收集有关证据"，主要是指侦查人员根据刑事诉讼法所规定的侦查程序收集有关间谍犯罪或者恐怖主义、极端主义犯罪的证据材料，既包括能证明间谍犯罪或者恐怖主义、极端主义犯罪真实情况的证人证言，也包括有关书证、物证等。

"拒绝提供"的表现是各种各样的，如佯装不知情，公然不说，拒不出示证据，谎称未见过罪证等。但就拒绝的方式而言，主要有两种：一种是明示拒绝；另一种是暗示的拒绝。需要注意的是，本罪所规定的拒绝提供情况和证据，是指行为人在司法机关向其调查间谍犯罪或者恐怖主义、极端主义犯罪有关情况、收集证据的时候，其明知而拒不提供的行为。如果司法机关未向其了解情况、收集证据，即使其明知他人有间谍犯罪、恐怖主义犯罪、极端主义犯罪行为，而未主动向司法机关检举、揭发、提供有关情况或证据的，也不能按本罪追究刑事责任。

构成本罪必须达到"情节严重"的程度。"情节严重"，包括行为人在司法机关要求提供证据时进行暴力抗拒的；或者行为人拒不提供证据，手段恶劣的；或者由于行为人的不配合而延误对间谍犯罪、恐怖主义、极端主义犯罪案件的侦破，致使犯罪分子逃避法律追究或致使国家安全、利益遭受损害的；或者妨害了司法机关执行维护国家安全任务等情形。

3. 本罪的主体是一般主体，但必须是明知他人有间谍犯罪、恐怖主义、极端主义犯罪行为的人。

4. 主观方面是故意，即明知他人有间谍犯罪、恐怖主义、极端主义犯罪行为，而在司法机关向其调查收集有关情况和证据时，故意拒绝提供。"明知"，是指行为人主观上知道或者应当知道，既包括知道他人实施间谍犯罪或者恐怖主义、极端主义犯罪行为的全部情况，也包括知道部分情况。行为人的主观动机可能是多种多样的，但无论动机如何，都不影响本罪的成立。这里的"他人"，是指实施间谍犯罪或者恐怖主义、极端主义犯罪行为的人。

（二）刑事责任

根据《刑法》第 311 条规定，犯本罪的，处 3 年以下有期徒刑、拘役或者管制。

十二、掩饰、隐瞒犯罪所得、犯罪所得收益罪

(一) 概念与特征

掩饰、隐瞒犯罪所得、犯罪所得收益罪,是指明知是犯罪所得的赃物或者由赃物而产生的收益而予以窝藏、转移、收购、代为销售或者以其他方法掩饰、隐瞒的行为。本罪的主要特征是:

1. 侵犯的客体是司法机关的正常活动。犯罪对象必须是犯罪所得的赃物或者由赃物而产生的收益。从广义上讲,一切非法制造、买卖、运输和获取的,应予追缴、没收的财物都是赃物。但是,并非所有赃物都能成为本罪的对象。作为本罪对象的赃物应有如下几个特征:(1) 不论是因侵犯财产罪而得到的财物,还是其他犯罪而取得的财物,都是赃物,甚至伪造、变造的公文、证件、印章,伪造的国家货币等,虽然其本身的经济价值不大,但一般也可视为赃物,成为本罪的对象。也就是说,这种物品必须由他人违法犯罪行为得到。即使无责任能力人,用上述方法取得的财物,也是赃物。犯罪分子自用的犯罪物品,如凶器、撬门锁的钳子,或其他各种用品都不是本罪的犯罪对象。窝藏、转移、收购、代为销售这类物品的,不能构成本罪,而有可能构成包庇罪或者伪证罪。(2) 用犯罪方法获得财物的行为人,一旦财物到手,其犯罪目的即可达到。即使对该财物进行加工,或以物换物,以钱购物,以物卖钱后,这些钱物,仍改变不了其赃物的性质。(3) 犯罪获得的财物,原来都是归国家、集体或者他人所有的,但不一定都有"返还请求权"。比如通过索贿、受贿等方法获得的财物,违法犯罪所得的违禁品等。如果明知是毒品犯罪所得赃物,而为犯罪分子窝藏、转移、隐瞒,因为刑法有特别规定,所以不构成本罪。

2. 客观方面表现为为他人犯罪所得赃物进行窝藏、转移、收购、代为销售或者以其他方法掩饰、隐瞒。"窝藏",是指行为人为犯罪分子藏匿赃物;"转移",是指行为人把犯罪分子犯罪所得赃物由甲地运往乙地,由乙地运往丙地等;"收购",是指行为人购买犯罪分子犯罪所得的赃物;"代为销售",是指行为人代犯罪分子将犯罪所得的赃物卖出;"其他方法掩饰、隐瞒",是指除上述方法以外的方法。行为人只要具备其中之一即构成本罪,但即使同时兼有以上数种形式的,也只是一罪,无须数罪并罚。事先和犯罪分子有通谋,应按共同犯罪处理。

3. 犯罪主体是一般主体,但只能是赃物持有人以外的其他人。如果犯罪分子本人将犯罪所得的赃物予以窝藏、转移、销售,不能构成本罪。

根据《刑法修正案(七)》第 10 条规定,"单位犯前款罪的,对单位判处罚金,并对其直接负责的主管人员和其他直接责任人员,依照前款的规定处罚。"因此,单位也可以成为本罪的主体。

4. 主观方面是故意,即明知是犯罪所得的赃物或者其收益而仍加以窝藏、转移、收购、代为销售或者以其他方法掩饰、隐瞒。如何认定本罪的故意和"明知",有两种不同的观点:一种观点认为,"明知是赃物"是指确实知道是赃物。只有直接故意才能

定本罪。另一种通行的观点认为,这种认识可以是不确定的,即认识到可能是赃物就够了。也就是说,本罪在主观上不一定出自确定故意,出自未必故意(间接故意的一种)也行。这种"明知"不一定要由赃物持有人明白说出,可以是心照不宣,有时还可以由具体情况来推定。例如,在非法交易市场,以极低价卖出紧俏商品的,一般就可以推定其为赃物。因此,判断行为人是否明知是赃物,不能单凭他的口供,也不能以犯罪分子是否明确告诉他是赃物为准,司法机关只要有充足的事实证据,能够证明行为人在当时不可能不知道是赃物,就可以认定他明知是赃物,而予以定罪。如果行为人不知是犯罪所得的赃物而予以窝藏、转移、收购、代为销售或者以其他方法掩饰、隐瞒,则不构成本罪。

(二) 认定中应注意的问题

在共同犯罪的场合,因为分工的不同,可能有的共同犯罪人专门负责赃物的窝藏、转移、收购、销售或者以其他方法掩饰、隐瞒。此种共犯中的窝藏、转移、收购、销售或者以其他方法掩饰、隐瞒赃物的行为与本罪的客观表现十分类似。两者的关键区别在于:共同犯罪中负责窝藏、转移、收购、销售或者以其他方法掩饰、隐瞒赃物的人与其他共同犯罪人有共谋,只是分工不同而已;而本罪的行为人虽然明知自己窝藏、转移、收购、销售或者以其他方法掩饰、隐瞒的是赃物,但没有与其他犯罪人事前通谋。如果行为人与其他犯罪人事前有通谋,即按照分工不同来窝藏、转移、收购、销售或者以其他方法掩饰、隐瞒赃物的话,就应对其按共同犯罪论处。

【实例分析 7-9】

对上述内容,可从下面的分析中深化认识:下列哪一选项的行为应以掩饰、隐瞒犯罪所得罪论处?

A. 甲用受贿所得 1000 万元购买了一处别墅;

B. 乙明知是他人用于抢劫的汽车而为其更改车身颜色;

C. 丙与抢劫犯事前通谋后代为销售抢劫财物;

D. 丁明知是他人盗窃的汽车而为其提供伪造的机动车来历凭证。

分析如下:

(1) 选项 A 错误。受贿后使用受贿所得的行为属于事后不可罚的行为,仅以受贿罪论处即可。

(2) 选项 B 错误。乙明知他人去实施抢劫,而为他人的抢劫行为提供帮助,即帮助他人将用于实施抢劫的汽车更换车身颜色。因此,乙的行为成立抢劫罪的共犯,而非掩饰、隐瞒犯罪所得罪。

(3) 选项 C 错误。《关于办理与盗窃、抢劫、诈骗、抢夺机动车相关刑事案件具体应用法律若干问题的解释》第 4 条规定,实施本解释第 1 条、第 2 条、第 3 条第 1 款或者第 3 款规定的行为,事前与盗窃、抢劫、诈骗、抢夺机动车的犯罪分子通谋的,以盗窃罪、抢劫罪、诈骗罪、抢夺罪的共犯论处。因此,丙的行为应成立抢劫罪的共犯。

(4) 选项D正确。《关于办理与盗窃、抢劫、诈骗、抢夺机动车相关刑事案件具体应用法律若干问题的解释》第1条第6项规定，明知是盗窃、抢劫、诈骗、抢夺的机动车，而为其提供或者出售伪造、变造的机动车来历凭证、整车合格证、号牌以及有关机动车的其他证明和凭证的，以掩饰、隐瞒犯罪所得、犯罪所得收益罪定罪。

综上，上述问题的合适选项是D。

(三) 刑事责任

根据《刑法》第312条规定，犯本罪的，处3年以下有期徒刑、拘役或者管制，并处或者单处罚金；情节严重的，处3年以上7年以下有期徒刑，并处罚金。①

单位犯前款罪的，对单位判处罚金，并对其直接负责的主管人员和其他直接责任人员，依照前款的规定处罚。

十三、拒不执行判决、裁定罪

(一) 概念与特征

拒不执行判决、裁定罪，是指有能力执行而拒不执行人民法院已经发生法律效力的判决或者裁定，情节严重的行为。本罪的主要特征是：

1. 侵犯的客体是人民法院的正常执行活动。拒不执行的对象是人民法院已经发生法律效力的判决或者裁定。"人民法院的判决、裁定"，是指人民法院依法作出的具有执行内容并已发生法律效力的判决、裁定以及人民法院为依法执行支付令、生效的调解书、仲裁裁决、公证债权文书等所作的裁定。

2. 客观方面表现为行为人具有拒不执行人民法院已经发生法律效力的判决或者裁定，情节严重的行为。"有能力执行而拒不执行，情节严重"的情形是指：(1) 被执行人隐藏、转移、故意毁损财产或者无偿转让财产、以明显不合理的低价转让财产，致使判决、裁定无法执行的。(2) 担保人或者被执行人隐藏、转移、故意毁损或者转让已向人民法院提供担保的财产，致使判决、裁定无法执行的。(3) 协助执行义务人接到人民法院协助执行通知书后，拒不协助执行，致使判决、裁定无法执行的。(4) 被执行人、担保人、协助执行义务人与国家机关工作人员通谋，利用国家机关工作人员的职权妨害执行，致使判决、裁定无法执行的。(5) 其他有能力执行而拒不执行，情节严重的情形。国家机关工作人员有上述第四项行为的，以拒不执行判决、裁定罪的共犯追究刑事责任。国家机关工作人员收受贿赂或者滥用职权，有上述第四项行为的，同时又构成《刑法》第385条、第397条规定之罪的，依照处罚较重的规定定罪处罚。②

3. 犯罪主体是一般主体，一般是诉讼当事人。对于除当事人或负有执行义务的"其他人"以外的人，以暴力、威胁或者其他方法帮助当事人阻碍判决、裁定执行的，以

① 参见《刑法修正案(六)》第19条的规定。
② 参见《全国人民代表大会常务委员会关于〈中华人民共和国刑法〉第三百一十三条的解释》。

共同犯罪论处。

4. 主观方面是故意。

(二) 认定中注意的问题

1. 本罪与妨害公务罪的异同

两罪的共同之处在于客观上都采取了暴力、威胁等方法阻碍公务的执行。其主要区别在于:(1) 本罪侵犯的是人民法院裁判的执行活动;后罪侵犯的则是其他公务活动。(2) 本罪不以暴力、威胁方法为必备要件;后罪限于使用暴力、威胁方法。(3) 本罪是特殊主体,是有执行法院判决、裁定义务的人以及对法院判决、裁定负有协助执行义务的人;后罪是一般主体。

2. 本罪与故意伤害罪的区别

行为人以暴力方式拒不执行判决、裁定,造成轻伤的,仍定拒不执行判决、裁定罪;如果将执行人员打成重伤或者致人死亡的,为牵连犯,应从一重罪处罚。

(三) 刑事责任

根据《刑法》第 313 条规定,犯本罪的,处 3 年以下有期徒刑、拘役或者罚金。情节特别严重的,处 3 年以上 7 年以下有期徒刑,并处罚金。

单位犯前款罪的,对单位判处罚金,并对其直接负责的主管人员和其他直接责任人员,依照前款的规定处罚。

十四、非法处置查封、扣押、冻结的财产罪

(一) 概念与特征

非法处置查封、扣押、冻结的财产罪,是指隐藏、转移、变卖、故意毁损已被司法机关查封、扣押、冻结的财产,情节严重的行为。本罪的主要特征是:

1. 侵犯的客体是国家司法机关的正常活动。具体对象是司法机关查封、扣押、冻结的财产。“查封”,是指对财产清点后,加贴封条就地封存或易地封存,可以是动产和不动产。“扣押”,是指将财产就地扣留或易地扣留。“冻结”,是指通知当事人在开户银行、信用社的存款,不准提取。

2. 客观方面表现为行为人具有隐藏、转移、变卖、毁损已被查封、扣押、冻结的财产,逃避和破坏查封、扣押、冻结工作的行为。“隐藏”,是指将财产就地隐蔽、收藏起来,使司法机关难以发现。“转移”,是指将财产从一个处所转移到另一个处所。“变卖”,是指将财产作价出卖。“毁损”,是指通过毁灭、损坏的方式,使被毁灭的财产从物质形态上消失,或者失去或减少价值。只要行为人采取了其中一种行为,情节严重的,即构成本罪。所谓“情节严重”,一般是指数额大,给当事人以及国家和人民造成重大经济损失等。

3. 犯罪主体是一般主体。

4. 主观方面是故意。

(二) 刑事责任

根据《刑法》第 314 条规定,犯本罪的,处 3 年以下有期徒刑、拘役或者罚金。

十五、破坏监管秩序罪

(一) 概念与特征

破坏监管秩序罪,是指依法被关押的罪犯,破坏监管秩序,情节严重的行为。本罪的主要特征是:

1. 侵犯的客体是监狱的管理秩序。

2. 客观方面表现为行为人实施了破坏监管秩序、情节严重的行为,具体表现为以下形式:(1) 殴打监管人员。(2) 组织其他被监管人破坏监管秩序。(3) 聚众闹事,扰乱正常监管秩序。(4) 殴打、体罚或者指使他人殴打、体罚其他被监管人。行为人只要实施了前述四种行为之一,情节严重的,即构成本罪。所谓"情节严重",主要是指:(1) 当众殴打监管人员,产生恶劣影响的;殴打监管人员多次或多人的。(2) 多次组织他人或组织多人抗拒、破坏监管秩序的。(3) 聚集多人起哄闹事,使监管人员无法正常管理监所的。(4) 多次殴打、体罚其他被监管人,或者多次指使他人殴打、体罚其他被监管人的等。

3. 犯罪主体是特殊主体,即依法被关押的犯罪嫌疑人、被告人和罪犯。

4. 主观方面为故意。

(二) 刑事责任

根据《刑法》第 315 条规定,犯本罪的,处 3 年以下有期徒刑。

十六、脱逃罪

(一) 概念与特征

脱逃罪,是指依法被关押的罪犯、被告人、犯罪嫌疑人从羁押、刑罚执行场所或者押解途中逃走的行为。本罪的主要特征是:

1. 侵犯的客体是司法机关的正常监管活动。

2. 客观方面表现为逃离羁押、刑罚执行场所。羁押场所主要是指看守所。刑罚执行场所主要指监狱、劳动改造管教队、少年犯管教所等。另外,押解犯罪分子的路途中,也应视为监管场所范围。如被逮捕的罪犯在被押送至人民法院应诉受审的途中脱身逃跑的,被判刑的罪犯在被押解至刑罚执行场所服刑的途中脱逃的,均属脱逃行为。行为人的逃跑方法有使用暴力脱逃与未使用暴力脱逃两种。"未使用暴力脱逃",是指行为人寻找机会,创造条件,乘司法工作人员不备而逃跑。"使用暴力脱逃",是指行为人通过对司法工作人员施以殴打、捆绑等暴力行为,或者威胁、恐吓等胁迫行为,而摆脱其监管控制。脱逃行为是否得逞,主要应看行为人是否逃出了羁押、刑罚执行场所,是否摆脱了看管人员的控制。已经逃离羁押或刑罚执行场所的范围,摆脱了看守人员监视控制的,就是脱逃既遂;实施脱逃,如果在羁押改造场所内被发现,或者虽然逃出了羁押刑罚执行场所的范围,但是在看守人员直接监视下被抓回的,是脱逃未遂。区别既遂与未遂,是裁量刑罚的一个重要依据。

3. 犯罪主体是特殊主体,即必须是被关押的罪犯、被告人、犯罪嫌疑人。也就是包括依法被拘留、逮捕的未决犯和已被判处拘役以上刑罚,正在刑罚执行场所服刑的已决犯。只有上述两种人才能成为本罪的主体。被行政拘留或劳动教养的人逃跑的,不构成本罪。被司法机关采取拘传、取保候审或监视居住等强制措施后逃走的,或者在被群众押送途中挣脱逃走的,也不构成脱逃罪。

4. 主观方面是直接故意。其目的是逃避继续羁押与刑罚处罚。不具有此目的,则不构成本罪。逃避羁押应理解为永久的逃避而不是暂时地离开羁押场所。

(二) 关于脱逃罪主体的认定

1. “依法”被关押的含义

从脱逃罪的罪状表述上来看,脱逃罪的主体为依法被关押的罪犯、被告人、犯罪嫌疑人。这里的“依法”,是依据实体法还是程序法,法学界有不同的意见。传统观点认为,“依法”被关押,“应当是依据事实和法律,按照正当程序应当被关押(的人犯)。因此,如果那些被非法关押者或者根本无罪却被错误地作为犯罪嫌疑人而加以关押者从被关押处所逃逸的,就不能按犯罪论处。”①这种观点认为,关押应依据实体法和程序法的规定进行,但是强调实体法,即脱逃罪的主体必须是事实上有罪的人,事实上无罪的人不能成为脱逃罪的主体。也有观点认为,“依法”被关押所依据的法律只能是程序法即刑事诉讼法。② 我们赞同传统的观点,程序法虽然具有其自身一定的独立价值,但是其整体是建立在实体法之上的,离开了实体法,单纯去讨论诉讼法的结果,是不合适的。

2. 被超期羁押的被告人、犯罪嫌疑人能否成为脱逃罪的主体

有的学者认为,尽管超期羁押是违法现象,但是不能成为行为人混淆罪责、逃避刑罚的借口。在人民法院尚未最终作出判决前,行为人仍有义务接受国家的审判,而不能通过脱逃行为来逃避制裁;而且对于超期羁押,行为人可以通过寻求律师的帮助,申请国家赔偿等途径获得救济。③ 我们认为,被超期羁押的被告人、犯罪嫌疑人脱逃的,不能构成脱逃罪。刑事诉讼法对逮捕、拘留的羁押期限作出了明确规定,超期羁押不仅严重违反了刑事诉讼法的规定,而且还严重侵犯了被告人、犯罪嫌疑人的人身权利,是当然的违法行为。被超期羁押的被告人、犯罪嫌疑人脱逃的,因其超期羁押的违法性,不再符合“依法被关押”的条件,被超期羁押的被告人、犯罪嫌疑人显然不能成为脱逃罪的主体;有人将被超期羁押的被告人、犯罪嫌疑人的脱逃行为理解为针对不法

① 高铭暄、马克昌主编:《刑法学》,北京大学出版社 2000 年版,第 563 页。
② 参见朗胜主编:《〈中华人民共和国刑法〉释解》,群众出版社 1997 年版,第 421 页。
③ 参见孟伟:《论脱逃罪的主体》,载《杭州师范学院学报》2005 年第 9 期。

侵害所进行的正当防卫。[1]

3. 罪犯、被告人、犯罪嫌疑人的含义

从脱逃罪的特征看,脱逃罪的主体为"依法被关押的罪犯、被告人、犯罪嫌疑人"。若仅从其字面表述上看,脱逃罪的主体无疑是明确的。但是,对于依法被关押的实质无罪的人是否能成为脱逃罪的主体,学界存在着不同的观点。

一种观点认为,凡是依法被关押的罪犯、被告人、犯罪嫌疑人,不论其先前是否有罪,均可成为脱逃罪的主体。因为"将被告人、犯罪嫌疑人规定为脱逃罪的主体,是为了维护看守所、拘留所和司法机关办案的严肃性和权威性。依法被关押的被告人、犯罪嫌疑人,一旦实施脱逃行为,即使在以后的审判活动中实际无罪,仍应追究其脱逃罪的刑事责任。"[2]另一种观点认为,脱逃罪是指依法被关押的在押犯逃避羁押和监管的行为。这里依法被关押的罪犯、被告人、犯罪嫌疑人包括已决犯和未决犯。未决犯犯脱逃罪必须是依法构成犯罪的分子,才能认定为脱逃罪,如果是无罪而被关押的人脱逃的,不构成本罪。[3]

我们赞同第二种观点,即无罪而被关押的人脱逃的不构成脱逃罪。之所以会出现两种不同的观点,实际上是刑法两种价值取向的反映。如果刑法侧重保护社会和国家的利益,则应取肯定的观点;如果刑法侧重保护个人的利益,则应取否定的观点。在我国现阶段的国情下,刑法应更多地关注公民的权利保护。

(三) 刑事责任

根据《刑法》第316条第1款规定,犯本罪的,处5年以下有期徒刑或者拘役。

十七、劫夺被押解人员罪

(一) 概念与特征

劫夺被押解人员罪,是指其他人以夺走、纵放被押解人员为目的,使用暴力、胁迫或者其他方法劫夺押解途中的罪犯、被告人、犯罪嫌疑人的行为。本罪的主要特征是:

1. 侵犯的客体是国家对人犯的监督管理秩序。

2. 客观方面表现为劫夺押解途中的罪犯、被告人、犯罪嫌疑人的行为。行为的对象是押解途中的罪犯、被告人、犯罪嫌疑人,劫夺监狱、看守所等关押场所的罪犯、被告人、犯罪嫌疑人,不构成本罪。"劫夺",是指使用暴力、胁迫或者其他方法夺取或者释放被押解人,以使其脱离押解人员控制的行为。"押解途中",是指将依法被关押的人自关押场所押解出来后直至押解入关押场所前的全过程。它包括法庭、法院、司法机关等狱外的任何地方。如将犯罪分子从看守所押解到劳改场所执行有期徒刑,押解途中,即指从看守所出来后直到关押进劳改场所前的整个过程。劫夺的对象是押解途中

---

① 参见孟伟:《论脱逃罪的主体》,载《杭州师范学院学报》2005年第9期。

② 朗胜主编:《〈中华人民共和国刑法〉释解》,群众出版社1997年版,第421页。

③ 参见陈兴良:《刑法疏议》,中国人民公安大学出版社1997年版,第499页。

的罪犯、被告人、犯罪嫌疑人,即法院判决认定实施了犯罪的人;被人民检察院、自诉人指控实施了犯罪行为的人;公安机关、国家安全机关或人民检察院在案件侦查过程中,怀疑其实施了犯罪行为的人。后两种人,可能是有罪的,也可能最后证明其无罪。即使劫夺最后被证明无罪的人,也应构成本罪。因为劫夺这种人,也妨害司法机关活动,危害社会。情节严重是本罪的加重情节。“情节严重”,一般指劫夺多名人犯或致多名人犯逃逸的;劫夺重大案件人犯的;持械劫夺人犯的等。

3. 犯罪主体是一般主体。

4. 主观方面是故意。

(二) 刑事责任

根据《刑法》第316条第2款规定,犯本罪的,处3年以上7年以下有期徒刑;情节严重的,处7年以上有期徒刑。

十八、组织越狱罪

(一) 概念与特征

组织越狱罪,是指在押的罪犯秘密地,有组织、有计划地以非暴动方式越狱逃跑的行为。本罪的特征是:

1. 侵犯的客体是监狱的正常管理秩序。

2. 客观方面表现为被关押的罪犯在首要分子的组织和秘密策划下,有组织、有计划地逃往狱外的行为。这里所说的“狱”,不仅是指监狱、劳改队、看守所,而且包括押解罪犯的途中和执行死刑的场所等。因而,在押解途中,罪犯有组织、有计划地逃跑,也属于组织越狱的行为。越狱的方式是多种多样的,如冲闯狱门,翻越狱墙,挖掘地道等。只要是多名在押罪犯有组织的越狱行为,无论采取什么方式,都不影响本罪的成立。

3. 犯罪主体是特殊主体,即只能由在监狱、劳改队等关押场所的罪犯构成,其他人员不能构成本罪的主体。

4. 主观方面是故意,行为的目的是为了逃避被羁押、被改造。

(二) 认定中应注意的问题

1. 组织越狱罪与脱逃罪的区别

组织越狱罪与脱逃罪在形式上都表现为在押的犯罪分子逃离监管、羁押场所。两者的区别是:(1) 主体不完全相同。本罪的主体仅指依法被关押的罪犯,而脱逃罪的主体除此之外,还包括依法被关押的被告人、犯罪嫌疑人。(2) 行为方式不同。本罪在客观方面表现为有计划、有组织地进行,而脱逃罪在客观方面往往采取秘密逃跑的方式。(3) 本罪是多数在押犯勾结在一起,在首要分子的指挥、策划下,有组织、有计划地集体逃跑越狱的行为,只能是共同犯罪。而脱逃罪可能是共同犯罪,但通常情况下,更多的是单个实施犯罪。而且多人共同脱逃时,一般不具有组织、策划的特征。

2. 一罪与数罪

如果在组织越狱过程中有杀害、伤害监管人员的,应按牵连犯的处理原则,从一重罪处罚,不实行数罪并罚。

(三) 刑事责任

根据《刑法》第 317 条第 1 款规定,犯本罪的,对其首要分子和积极参加的,处 5 年以上有期徒刑;其他参加的,处 5 年以下有期徒刑或者拘役。

十九、暴动越狱罪

(一) 概念与特征

暴动越狱罪,是指在押的罪犯有组织地以公开发动暴动的方式,以武力强行越狱逃跑的行为。本罪通常表现为监狱、劳改队等关押场所的罪犯在首要分子的策划、指挥下,有预谋、有组织、有计划地采用暴力共同越狱逃跑的行为。对于个别监管人员为越狱的罪犯提供帮助或方便条件的,应按暴动越狱罪的共犯处理。暴动,是指有组织、猛烈的暴力行为。如破坏监舍、杀伤监管人员、抢夺枪支弹药等行为。如果事先未预谋共同使用暴力,在实施组织越狱犯罪过程中,个别犯罪分子使用暴力的,不属于暴动越狱。

(二) 刑事责任

根据《刑法》第 317 条第 2 款规定,犯本罪的,对首要分子和积极参加者,处 10 年以上有期徒刑或者无期徒刑;情节特别严重的,处死刑;其他参加的,处 3 年以上 10 年以下有期徒刑。

二十、聚众持械劫狱罪

(一) 概念与特征

聚众持械劫狱罪,是指监狱外的人聚众持械劫夺依法被关押在狱中的罪犯的行为。这里所称的“狱”同样应作广义理解,即除监狱、劳改队、看守所等监管场所外,还应包括押解罪犯的途中和执行死刑的场所等。

本罪客观方面表现为狱外的人有组织地纠集多人有计划地携带、使用凶器、武器和破坏性工具从狱外冲击或偷袭专门集中关押罪犯的场所,劫夺在押罪犯的行为。该行为可以概括为两方面:聚众性和持械暴力方式。如果不以聚众形式持械劫狱的,或者聚众从狱中劫夺罪犯但未持械的,均不构成本罪。由于专门集中关押罪犯的场所都有武装人员警戒,所以狱外的人员不采取聚众持械的方式不可能对监狱等场所的安全构成威胁。凶器包括棍棒、刀斧等。武器包括枪支、弹药、爆炸物。在劫狱过程中出现的杀人、伤人或者毁坏重大公私财物的行为,如聚集多人冲进监狱,杀伤监管人员,捣毁监狱设施等,这些行为根据吸收原则,视为本罪的从重情节,不按数罪并罚处理。

(二) 刑事责任

根据《刑法》第317条第2款规定,犯本罪的,对其首要分子和积极参加的,处10年以上有期徒刑或者无期徒刑;情节特别严重的,处死刑;其他参加的,处3年以上10年以下有期徒刑。

第四节 妨害国(边)境管理罪

一、组织他人偷越国(边)境罪

(一) 概念与特征

组织他人偷越国(边)境罪,是指违反国家出入国(边)境管理法规,非法组织他人偷越国(边)境的行为。本罪的主要特征是:

1. 侵犯的客体是国家对国(边)境的正常管理秩序。国家对国(边)境管理的正常秩序,维系着国家主权、领土完整和国(边)境的安全以及社会秩序的稳定。为此,我国制订了《边防检查条例》、《中华人民共和国外国人入境出境管理法》和《中华人民共和国公民出境入境管理法》等一系列法规。这些法规明确规定,任何人出入我国的国(边)境,必须依照法律规定,履行必要的申办手续,经有关部门签发出入国(边)境证件,在规定的时间、地点出入我国国(边)境。

2. 客观方面表现为行为人具有非法组织他人偷越国(边)境的行为。"组织",是指采取煽动、串联、拉拢、引诱、欺骗、强迫等手段,策划联络安排他人偷越国(边)境。例如,为他人安排偷越国(边)境的交通工具;为他人偷越国(边)境出谋划策,拟订偷越国(边)境的具体行动计划;确定偷越国(边)境的时间、路线、具体地点等等。行为人通常实施上述一系列组织他人偷越国(边)境方式的部分或者全部行为。近年来,组织他人偷越国(边)境的犯罪活动日益向着集团化的方向发展。犯罪分子往往互相勾结,严密分工,密切配合,形成共同组织他人偷越国(边)境的行为。

根据《刑法》第318条第2款规定:"犯前款罪,对被组织人有杀害、伤害、强奸、拐卖等犯罪行为,或者对检查人员有杀害、伤害等犯罪行为的,依照数罪并罚的规定处罚。"杀害、伤害、强奸、拐卖等犯罪与组织他人偷越国(边)境罪是数罪关系,因此,对该条款规定的情况,应当按照组织他人偷越国(边)境罪和另外实施的故意杀人、故意伤害、强奸、拐卖妇女、儿童的犯罪行为,分别定罪判刑,然后实行并罚。

3. 犯罪主体是一般主体。

4. 主观方面是直接故意。犯罪目的是要将他人非法送出或引进国(边)境。实践中,组织他人偷越国(边)境的犯罪一般是以营利为目的。但也不能排除不以营利为目的而实施的组织他人偷越国(边)境的行为,如以走私、拐卖人口、诈骗等犯罪活动为目的,而实施组织他人偷越国(边)境的行为。

(二)司法认定

1. 组织他人偷越国(边)境罪与运送他人偷越国(边)境罪的界限

组织他人偷越国(边)境罪在客观方面表现为通过拉拢、串联、诱使、煽动等方式,有组织、有计划地安排他人偷越国(边)境的行为;而运送他人偷越国(边)境罪在客观方面则表现为,行为人采用步行的方式陪伴偷渡者或者用车辆、船只、航空器等交通运输工具将偷渡者带出或者送入国(边)境的行为。因而,如果行为人组织了一批人偷越国(边)境后,又运送另一批人偷越国(边)境的,则具备了两种犯罪的构成要件,应以组织他人偷越国(边)境罪和运送他人偷越国(边)境罪两个罪名,实行数罪并罚;但如果行为人既组织又运送同一批人偷越国(边)境的,则属刑法理论中的牵连行为,根据牵连犯从一重处断的原则,以组织他人偷越国(边)境罪论处;对于直接参与组织他人偷越国(边)境而分工负责运送的,亦应以组织他人偷越国(边)境罪定罪量刑。

2. 组织他人偷越国(边)境罪与偷越国(边)境罪的界限

两罪的主要区别是:(1) 犯罪主体不同。组织他人偷越国(边)境罪的主体尽管是一般主体,但实际上只有偷越国(边)境犯罪活动的组织者,即从事组织他人偷越国(边)境犯罪活动的“蛇头”,才能构成组织他人偷越国(边)境罪的犯罪主体;而偷越国(边)境罪的犯罪主体在立法上无任何特殊要求,只要是达到刑事责任年龄、具备刑事责任能力,实施了偷越国(边)境行为的自然人,均可成为偷越国(边)境罪的犯罪主体。所以,如果不是从事组织他人偷越国(边)境犯罪活动的“蛇头”有组织、有计划地煽动、拉拢、串联、动员、安排他人偷越国(边)境,而是在共同偷越国(边)境的过程中,出于江湖义气或亲友私情,为个别偷越国(边)境的人员提供有关帮助的行为,不构成组织他人偷越国(边)境罪,其中情节严重者,以偷越国(边)境罪的共犯处理。(2) 犯罪客观方面的表现形式不同。组织他人偷越国(边)境罪在客观方面表现为,以拉拢、串联、诱使、煽动等方式,有组织、有计划地安排他人偷越国(边)境的行为;而偷越国(边)境罪在客观方面则表现为,违反国(边)境管理法规,偷越国(边)境的行为。

3. 偷越国(边)境罪与叛逃罪的界限

两罪的主要区别在于:(1) 犯罪主体不同。偷越国(边)境罪的犯罪主体是一般主体;而叛逃罪的犯罪主体则是特殊主体,即国家机关工作人员,不仅包括国家机关内依法从事公务的人员,还包括国家机关内非从事公务的人员。(2) 犯罪主观故意的内容不同。偷越国(边)境罪在主观方面表现为,行为人明知偷越国(边)境的行为是违法行为,会给国家对国(边)境的正常管理秩序造成破坏,而仍然希望这一危害社会的结果的发生;而叛逃罪直接故意的内容是,行为人明知自己是国家机关工作人员不应叛逃,而仍然故意为之。(3) 犯罪客观方面的表现形式不同。偷越国(边)境罪在客观上表现为,违反国(边)境管理法规,偷越国(边)境的行为;叛逃罪在客观方面则表现为,国家机关工作人员在履行公务期间,擅离岗位,叛逃境外或者在境外叛逃,危害中华人民共和国国家安全的行为。(4) 犯罪客体不同。偷越国(边)境罪侵犯的直接客体是国家对国(边)境的正常管理秩序;而叛逃罪侵犯的客体则是中华人民共和国的国家安全。

(三)组织他人偷越国(边)境罪立法规定的反思

我国现行《刑法》第318条规定,组织他人偷越国(边)境,“有下列情形之一的,处七年以上有期徒刑或者无期徒刑,并处罚金或者没收财产:……(三)造成被组织人重伤、死亡的;(四)剥夺或者限制被组织人人身自由的;(五)以暴力、威胁方法抗拒检查的……”此外,该条第2款又规定:“犯前款罪,对被组织人有杀害、伤害、强奸、拐卖等犯罪行为,或者对检查人员有杀害、伤害等犯罪行为的,依照数罪并罚的规定处罚。”关于上述规定在罪数形态方面是否符合我国罪数形态理论,学术界有一定的争论。

在组织他人偷越国(边)境的犯罪活动过程中,行为人以暴力、威胁方法抗拒检查的,行为人在客观上实际实施了两个行为:一是组织他人偷越国(边)境罪的实行行为,即组织行为;二是妨害公务罪的实行行为,即以暴力、威胁的方法阻碍国家机关工作人员依法执行对出入国(边)境人员进行检查的公务活动的行为。主观上出自两个不同的犯罪故意,一是组织他人偷越国(边)境的直接故意,二是妨害公务的直接故意。并且,上述行为侵犯的是两个不同的犯罪客体,一是我国国(边)境的正常管理秩序,二是国家工作人员依法对出入国(边)境的人员进行检查的公务活动。因而,行为人的上述行为分别具备组织他人偷越国(边)境罪和妨害公务罪的构成要件,根据我国刑法一贯倡导的一罪与数罪的区分标准——“犯罪构成要件说”,行为人的行为已构成组织他人偷越国(边)境罪和妨害公务罪两罪,应当实行并罚。然而,我国现行《刑法》第318条第1款后半段却规定此种情形以组织他人偷越国(边)境罪的情节加重犯处理,不以上述两罪实行并罚。那么,这一规定是否符合罪数形态理论呢?对此,有学者解释说,现行《刑法》第318条第1款后半段规定的这一情形是牵连犯,由于组织他人偷越国(边)境罪的法定刑重于妨害公务罪的法定刑,根据牵连犯“从一重罪处断”的基本处罚原则,最终以组织他人偷越国(边)境罪定罪并从重处罚,并无悖于罪数形态理论。

我们认为,牵连犯是指犯一罪而其犯罪手段或犯罪结果又牵连触犯其他罪名的情况。即是说,行为人为达到一个犯罪目的,其犯罪的手段或结果行为又触犯了他罪的,叫牵连犯。例如,伪造公文证件后又进行诈骗的,即是典型事例。为了达到诈骗的目的,犯罪方法又触犯了伪造公文、证件、印章等。牵连犯为理论上的数罪(实质上的数罪),处断上的一罪。其构成要件是:首先,必须是所犯之罪与其手段(方法)或结果行为有牵连关系存在。所谓“牵连关系”,也就是手段与目的、原因与结果的关系。这种牵连关系在客观上必须是一种内在的、必然的联系。此外,主观上犯意的继续也是必不可少的。那种认为凡是行为人现实所犯的两罪,只要形式上具有“手段或者结果”关系的,就都可以构成牵连犯的观点是错误的。对于那些形式上具有手段和目的关系,但两种行为之间实际上并无内在的、必然的和直接联系的,就不能构成牵连犯。例如,为达到杀人目的而盗窃枪支的,这种情况的前行为与后行为从表面上看都是围绕着一个目的进行,但实际上它们之间并无内在的、必然的联系。因为,盗窃枪支并不一定非杀人不可。故盗窃枪支与杀人之间，一般不能构成牵连犯。其次，牵连犯的另一个要件是犯罪的手段或结果行为触犯不同的罪名。只有上述两个要件同时具备，牵连犯才能成立。①

组织他人偷越国（边）境罪中的组织行为，仅表现为鼓动、策划、拉拢、联络他人偷越国（边）境，为他人偷越国（边）境制订偷越计划，或者确定偷越时间、地点、人员、方式等。这一行为方式并不必然会发生以暴力、威胁方法抗拒检查的结果，而组织他人偷越国（边）境的目的，也并不是必须采取暴力、威胁方法抗拒检查才能实现。换言之，组织他人偷越国（边）境的行为与以暴力、威胁方法抗拒检查的妨害公务的行为之间，并不具有内在的、本质的、必然的联系。所以，主张现行《刑法》第 318 条第 1 款后半段第 5 项规定的情形属于牵连犯的主张，不能成立。

近年来，又有学者对此提出新的观点，认为现行《刑法》第 318 条规定的上述情形属于包容犯。所谓“包容犯”，是法条竞合的一种，即包容竞合而构成的犯罪。包容竞合，也称为全部竞合，表现为一个罪名概念的外延是另一罪名概念外延的一部分，但犯罪构成的内容已超出外延窄的罪名概念的情形。在包容竞合的情况下，两个法条之间具有整体与部分的从属关系，即整体法规定的是属罪名，部分法规定的是种罪名。在包容竞合的两个罪名概念中，外延窄的那个罪名概念（种罪名）由于法律规定将其涵括在外延宽的那个罪名概念（属罪名）中，致使其在特定条件下丧失独立存在的意义，包容于属罪名之中，因而两者之间存在吸收关系。当犯罪人实施某一犯罪行为，完全符合全部法规定的构成要件时，其行为的一部分必然也同时符合部分法规定的构成要件，从而形成法条竞合。② 在组织他人偷越国（边）境罪中包含的“以暴力、威胁方法抗拒检查的”情形中，组织他人偷越国（边）境罪的法条是全部法，妨害公务罪的法条是部分法。我们认为，包容犯既然是法规竞合的一种，那么将之单独作为一种犯罪形态，对罪数形态理论的发展与完善来说，并无什么实质性的建树和价值。所以，我们不主张包容犯的提法，也不同意将上述情形视为包容犯的主张。

此外，关于上述规定，还有一种说法：如果将上述情形以组织他人偷越国（边）境罪和妨害公务罪实行数罪并罚，法定最高刑无论如何到不了无期徒刑；而将妨害公务罪的行为事实作为组织他人偷越国（边）境罪的情节加重犯，则可对此种情形规定重于基本构成的组织他人偷越国（边）境罪的法定刑，从而可以更好地贯彻罪责刑相适应的刑法基本原则。

我国现行《刑法》第 3 章“破坏社会主义市场经济秩序罪”第 2 节规定的“走私罪”侵犯的同类客体虽然是国家对外贸易管理秩序，组织他人偷越国（边）境罪侵犯的直接客体是国家对出入国（边）境的正常管理秩序，但综合两罪的所有构成要素来看，两罪的社会危害性是大体相当的，因而现行刑法对两罪规定的法定刑和确定的量刑幅度也基本相同。根据现行《刑法》第 151 条的规定，情节较轻的走私罪的法定刑是 3 年

① 参见马克昌、杨春洗、吕继贵主编：《刑法学全书》，上海科学技术文献出版社 1993 年版，第 157 页。

② 参见赵秉志：《侵犯财产罪研究》，中国法制出版社 1998 年版，第 79 页。

以上7年以下有期徒刑,并处罚金;走私武器、弹药、核材料或者伪造的货币的法定刑是7年以上有期徒刑,并处罚金或者没收财产;而根据现行《刑法》第318条的规定,组织他人偷越国(边)境罪的法定刑则是2年以上7年以下有期徒刑,并处罚金。可是,在实施走私犯罪活动的过程中,如果行为人以暴力、威胁方法抗拒缉私的,现行《刑法》第157条第2款却规定,"以走私罪和本法第二百七十七条规定的阻碍国家机关工作人员依法执行职务罪,依照数罪并罚的规定处罚。"社会危害性相当的两种犯罪,在实施犯罪的过程中,均以暴力、威胁方法抗拒国家工作人员依法执行职务,一个规定实行数罪并罚,另一个却按照情节加重犯来处理。

我们认为,现行《刑法》第318条第1款后半段第5项的规定,不仅与我国刑法理论中的罪数形态理论相矛盾,而且也与我国刑法一贯倡导的罪责刑相适应的基本原则相悖,并在一定程度上破坏了我国刑法的内在逻辑体系。此外,对在组织他人偷越国(边)境过程中,剥夺或者限制他人人身自由的处罚规定,也存在着同样的问题。因而,我们认为应取消前述情节加重犯的规定模式,对在组织他人偷越国(边)境的犯罪活动过程中,行为人又剥夺或者限制被组织人人身自由的,以及以暴力、威胁方法抗拒检查的,应依照数罪并罚的规定处罚。

(四)刑事责任

根据《刑法》第318条规定,犯本罪的,处2年以上7年以下有期徒刑,并处罚金;有下列情形之一的,处7年以上有期徒刑或者无期徒刑,并处罚金或者没收财产:(1)组织他人偷越国(边)境集团的首要分子;(2)多次组织他人偷越国(边)境或者组织他人偷越国(边)境人数众多的;(3)造成被组织人重伤、死亡的;(4)剥夺或者限制被组织人人身自由的;(5)以暴力、威胁方法抗拒检查的;(6)违法所得数额巨大的;(7)有其他特别严重情节的。

二、骗取出境证件罪

(一)概念与特征

骗取出境证件罪,是指以劳务输出、经贸往来或者其他名义,弄虚作假,骗取护照、签证等出境证件,为组织他人偷越国(边)境使用的行为。本罪的主要特征是:

1. 侵犯的客体是国家机关对出境证件的正常管理活动和对国(边)境的正常管理秩序。本罪的犯罪对象仅限于准许出境的护照、签证及其他出境证件和出境证明等。

2. 客观方面表现为行为人具有以劳务输出、经贸往来或者出国考察、观光旅游等名义,弄虚作假,从国家主管机关骗取护照、签证等出国(边)境所必需的出境证件,而且行为人将骗取的出境证件交给组织他人偷越国(边)境的犯罪分子用于犯罪活动的行为。行为人弄虚作假,以欺骗手段,使国家出入境管理机关的有关工作人员发生错误认识,为其办理出境证件,从而合法地获取出境证件。这是骗取出境证件罪的本质特征,也是骗取出境证件罪区别于其他犯罪的重要标志。只有在行为人采用了欺骗的手段的情况下,才能构成骗取出境证件罪。"虚构事实",是指以语言、文字或者某种举动故意捏造根本不存在的事实或者故意夸大事实,使人把根本不存在的事实误认为存在或把夸大的事实误以为真。隐瞒真相,是指故意掩盖客观存在的事实,从而使有关国家机关工作人员上当受骗。

3. 犯罪主体是一般主体,单位和个人均可构成。

4. 主观方面是故意,即明知他人用于组织偷越国(边)境犯罪,而故意为其骗取出境证件,该罪的成立不要求必须以营利为目的。骗取出境证件的目的是为组织他人偷越国(边)境使用。如果行为人骗取出境证件的目的不是为组织他人偷越国(边)境使用,则不构成本罪。无论行为人在事实上是否已将骗取的出境证件供组织他人偷越国(边)境使用,只要行为人主观上具有为组织他人偷越国(边)境使用的目的,就构成本罪。但在行为人还未将骗取的出境证件供组织他人偷越国(边)境使用的情况下,应根据行为人的行为综合判断行为人是否有此目的。

(二) 刑事责任

根据《刑法》第 319 条规定,犯本罪的,处 3 年以下有期徒刑,并处罚金;情节严重的,处 3 年以上 10 年以下有期徒刑,并处罚金。

三、提供伪造、变造的出入境证件罪

(一) 概念与特征

提供伪造、变造的出入境证件罪,是指故意为他人提供伪造、变造的护照、签证等出入境证件的行为。本罪的主要特征是:

1. 侵犯的客体是国家对国(边)境的正常管理秩序。本罪的犯罪对象为伪造、变造的出入境证件。出入境证件包括准许出境和入境的护照、签证等。

2. 客观方面表现为行为人实施了向他人提供伪造、变造的护照、签证等出入境证件的行为。行为人所提供的出入境证件必须是伪造或经过变造的虚假或无效的证件。伪造出入境证件,是指仿照正式的护照、签证等出入境证件的形状、图案、文字和色彩等制作假的护照、签证等出入境证件。变造出入境证件,是指对已过期失效或者他人的护照、签证等出入境证件采用剪贴、拼接等方法,变造出入境证件。提供伪造、变造的假证件,无论是本人伪造、变造,还是为他人伪造、变造的,对提供者构成本罪均无影响。如果行为人自己伪造、变造后又向他人提供的,其伪造、变造行为又构成伪造、变造公文、证件、印章罪,此罪与向他人提供伪造、变造的出入境证件罪之间形成牵连关系,按处理牵连犯的原则,从一重罪处断。如果是组织他人偷越国(边)境犯罪集团中的个别成员分工伪造、变造出入境证件,供犯罪集团使用的,应以组织他人偷越国(边)境罪的共犯论处。

3. 犯罪主体是一般主体。自然人和单位均可构成。

4. 主观方面是故意,即明知为他人提供伪造、变造的护照、签证等出入境证件会危害国家对国(边)境的正常管理秩序,而故意向他人提供伪造、变造的护照、签证等出入境证件。其主观上大多具有营利目的,但也可能出于其他目的。因此不要求必须具有营利目的。

(二) 司法认定

提供伪造、变造的出入境证件罪与骗取出境证件罪的界限:(1) 犯罪对象不同。前罪对象是伪造、变造的出入境证件,后罪的对象是出境证件。前罪犯罪对象的证件既有出境证件,也有入境证件,且证件本身并不是真实、合法、有效的,而是伪造、变造的;而作为后罪犯罪对象的证件则只是出境证件,且证件本身是真实、合法、有效的。(2) 犯罪行为特征不同。前罪特征是"向他人提供",至于行为人如何弄到伪造、变造的出入境证件,与定罪无关;而后罪的行为特征是"骗取",只有行为人弄虚作假,骗取出境证件的,才构成犯罪。

(三) 刑事责任

根据《刑法》第320条规定,犯本罪的,处5年以下有期徒刑,并处罚金;情节严重的,处5年以上有期徒刑,并处罚金。

四、出售出入境证件罪

(一) 概念与特征

出售出入境证件罪,是指出于营利的目的,出售护照、签证等出入境证件的行为。本罪的主要特征是:

1. 侵犯的客体是国家对出入境证件的管理秩序。本罪犯罪对象是出入境证件。既包括出境证件,又包括入境证件。出入境证件,是指公安部、外交部、港务监督局及其他授权的有关机关根据申请人的申请审查核实后所签发的允许其出入国(边)境的证明,如护照、签证或者其他的有效出入境证件。其中,护照,是指一国或某些特别地区为其出国公民所核发的用以证明其属于本国或本地区公民的证明件,属于本国或本地区公民出入国境或在国外居留、旅行的合法身份证明及国籍证明,由本国外交主管机关发给。签证,是指一国在本国或外国公民所持的护照或其他旅行证件上签注或盖印,表示准许其出入本国国境。在我国国外,由大使馆、领事馆或者外交部授权的其他驻外机关签发。外国人进入我国境内,依照国务院的规定,也可以向中国政府主管机关指定口岸的签证机关申请办理签证。在我国国内,则由公安机关签发。其他有效出入境证件,是指除护照、签证之外的可以凭其出入境的证明,如相邻边境地区常常持有的过境通行证、边境公务通行证、前往港澳通行证、往来港澳通行证、港澳同胞回乡证、出入境通行证等等。

2. 客观方面表现为行为人具有出售护照、签证等出入境证件的行为。出售,即出卖,是指把手中的出入境证件出卖给他人,以换取金钱、财物或其他物质性利益的行为。既包括先收集、购买、骗取后再出卖,也包括将自己的护照、签证等出入境证件出卖。但行为人出卖的必须是真实的、合法的出入境证件,即由国家机关依法颁发的出入境证件。至于该真实的证件是否超过有效期限,则不影响本罪成立。倘若出卖的是伪造或变造的出入境证件，则不应构成本罪，对之应当以提供伪造、变造的出入境证件罪论处。

3. 犯罪主体是一般主体。自然人和单位均可构成。

4. 主观方面是故意。只要行为人出于营利目的实施出售出入境证件行为，犯罪即属既遂。

(二) 刑事责任

根据《刑法》第 320 条规定，犯本罪的，处 5 年以下有期徒刑，并处罚金；情节严重的，处 5 年以上有期徒刑，并处罚金。

五、运送他人偷越国(边)境罪

(一) 概念与特征

运送他人偷越国(边)境罪，是指违反国家出入国(边)境管理法规，非法运送他人偷越国(边)境的行为。本罪的主要特征是：

1. 侵犯的客体是国家有关出入国(边)境的管理制度。行为对象是他人。他人既可以是中国人，亦可以是外国人；既可以是一人、两人，也可以是三人以上的多人，但不包括行为人自己。行为人在运送他人偷越国(边)境时，也必然偷越了国(边)境，但其行为应被主行为吸收，不再构成独立的偷越国(边)境罪，而应以运送他人偷越国(边)境罪论处，不实行数罪并罚。行为人如在组织后又运送被组织的人偷越国(边)境的，则属牵连犯罪，对之应择重罚，以组织他人偷越国(边)境罪定罪。

2. 客观方面表现为行为人具有非法运送他人偷越国(边)境的行为。“非法”，是指违反国家有关出入国(边)境的管理法规，如《中华人民共和国公民出境入境管理法》《中华人民共和国外国人入境出境管理法》等一系列法规。如果没有违反法律规定，而运送了符合条件的出入境人员，就不构成本罪。另外，虽然违反了有关法规，而以不正当的方式运送了不是偷越国(边)境的人员，也不能构成本罪。“运送”，是指以车、船、航空器等交通工具或其他方法如徒步带领，将越境的违法犯罪分子偷运送出或接入国(边)境的行为。

3. 犯罪主体是一般主体。

4. 主观方面是故意，即明知他人企图偷越国(边)境而仍决意予以运送。过失不能构成本罪。如果不知是偷越国(边)境的人员而运送其出入国(边)境的，则不构成本罪。至于其动机可多种多样，但动机不影响本罪成立。

(二) 刑事责任

根据《刑法》第 321 条规定，犯本罪的，处 5 年以下有期徒刑、拘役或者管制，并处罚金；有下列情形之一的，处 5 年以上 10 年以下有期徒刑，并处罚金：(1) 多次实施运送行为或者运送人数众多的；(2) 所使用的船只、车辆等交通工具不具备必要的安全条件，足以造成严重后果的；(3) 违法所得数额巨大的；(4) 有其他特别严重情节的。

在运送他人偷越国(边)境中造成被运送人重伤、死亡,或者以暴力、威胁方法抗拒检查的,处7年以上有期徒刑,并处罚金。

犯前两款罪,对被运送人有杀害、伤害、强奸、拐卖等犯罪行为的,或者对检查人员有杀害、伤害等犯罪行为的,依照数罪并罚的规定处罚。

六、偷越国(边)境罪

(一) 概念与特征

偷越国(边)境罪,是指违反国家出入国(边)境管理法规,偷越国(边)境,情节严重的行为。本罪的主要特征是:

1. 侵犯的客体是国家对出入国(边)境的管理制度。国境,是指我国与邻国的交界。边境,是指大陆与香港、澳门、台湾等地区的分界。国(边)境是出入国家的门户,为了维护国家主权、安全和社会管理秩序,我国政府采取了许多措施来加强对出入国(边)境的管理。1986年2月1日,我国开始实施《中华人民共和国公民出境入境管理法》和《中华人民共和国外国人入境出境管理法》,按照这两个法律有关规定,一切中国公民或外国人出入境时,都应向有关主管部门提出出境或入境的申请,并办理一切有关手续,违反上述法律规定,非法出入国(边)境者,都是对我国出入国(边)境管理秩序的侵犯,这是法律所不允许的。

2. 客观方面表现为行为人具有偷越国(边)境,情节严重的行为。偷越国(边)境,是指违反国(边)境管理法规,非法出入国(边)境的行为。其偷越国(边)境的手段和方法可以是多种多样的,一般表现为在不准通过的地点秘密出入境,有用船偷渡的,也有靠车马或步行偷越的;有的虽然是在指定的地点通过,但采取伪造、涂改、冒用出入境证件或用其他蒙骗手段蒙混过关。如果行为人只是涂改、伪造了出入境证件,还没有进一步实施偷越国(边)境行为的,就不能构成本罪。"情节严重",根据最高人民法院1993年9月24日发布的《关于严厉打击偷渡犯罪活动的通知》第4条的规定,具有下列情节之一的,即为"情节严重":(1) 在境外实施损害国家利益行为的。(2) 为逃避法律制裁偷越国(边)境的。(3) 偷渡时对边防、公安人员等使用暴力或以暴力相威胁的。(4) 介绍、引诱多人一起偷渡的。(5) 在偷越国(边)境过程中有其他违法行为造成严重后果的。(6) 有其他严重情节的。此规定,在实践中认定该罪时仍可参照。具体应结合犯罪动机、犯罪目的、犯罪行为的方式及造成的后果、偷越国(边)境的次数等因素予以全面分析,综合认定。

3. 犯罪主体是一般主体,中国公民和外国人均可构成。

4. 主观方面是故意,即明知是国(边)境线却仍决意偷越的。如果行为人不明确或不知道是国(边)境界,而误出或误入的,不能构成本罪。

(二) 刑事责任

根据《刑法》第322条规定,犯本罪的,处1年以下有期徒刑、拘役或者管制,并处罚金;为参加恐怖活动组织、接受恐怖活动培训或者实施恐怖活动,偷越国(边)境的,处1年以上3年以下有期徒刑,并处罚金。

七、破坏界碑、界桩罪

(一) 概念与特征

破坏界碑、界桩罪,是指故意破坏国家边境的界桩、界碑的行为。本罪的主要特征是:

1. 侵犯的客体是国家边境的正常管理秩序。犯罪的对象仅限于国家边境的界碑、界桩。界碑、界桩是在我国与邻国接壤地区设置的,用以划分两国疆界线的标志物。它涉及两国领土范围的问题,任何人不得擅自移动和破坏,否则,就有可能引起两国间的领土纠纷,在政治上给国家和人民造成重大损失,这一点是本罪与一般破坏公私财物罪的主要区别。

2. 客观方面表现为行为人具有破坏国家边境界碑、界桩的行为。"破坏行为",主要是指捣毁、盗窃、拆除、损坏、掩埋、移动位置等等。不论采取什么方法,只要使国家边境的界碑、界桩失去了原有的作用,都应视作破坏行为。本罪的行为对象必须是国家边境的界碑、界桩。国家边境上的界碑、界桩,是标志国家领土范围的标记,它既可以是永久性的,也可以是根据条约规定埋设的,还可以是按照历史形成的管辖范围埋设的。

3. 犯罪主体是一般主体。

4. 主观方面是故意,即明知是界碑、界桩而故意加以破坏。至于犯罪动机则可能是多种多样的,有的是为了贪财,有的是为了泄愤,有的是为了报复私仇进行栽赃陷害等,但动机不影响本罪的成立。

(二) 刑事责任

根据《刑法》第323条规定,犯本罪的,处3年以下有期徒刑或者拘役。

八、破坏永久性测量标志罪

(一) 概念与特征

破坏永久性测量标志罪,是指故意破坏国家边境的永久性测量标志的行为。本罪的主要特征是:

1. 侵犯的客体是国家对永久性测量标志的正常管理活动。测量是从事工农业生产、国防建设和某些科学研究工作必不可少的手段。在测量工作中,常常需要设置一定的测量标志。擅自移动或者破坏这些测量标志,就会使有关数据资料失去准确性,影响国家的经济建设、国防建设和有关的科学研究工作。所以,有必要加强测量标志的保护,维护国家对测量标志的正常管理。本罪侵犯的对象必须是永久性测量标志。所谓"永久性测量标志",是指国家和军队在全国各地进行测量过程中所设置的永久性标志。包括各种等级的天文点、重力点、水准点、三角点、导线点、海控点、炮控点等,有木质的、钢质的、铜质的、石质的等。也包括地形测图的固定标志。近年来设立的人造卫星观测点,也属于永久性测量标志。

2. 客观方面表现为行为人具有破坏永久性测量标志的行为。“破坏”,是指拆毁、损坏、改变、移动、掩盖等。其手段可以是多种多样的,只要其行为足以使上述永久性测量标志丧失其原有作用,就应视为破坏,构成犯罪。按照国务院、中央军委《关于长期保护测量标志的通告》的规定精神,拆迁永久性测量标志,“必须持有省、市、自治区测绘主管部门或军区测绘主管部门的证明函件,经保管单位和保管人验证后,”方可进行。凡违背《通告》的上述精神,非法拆迁永久性测量标志的,也构成本罪。

3. 犯罪主体是一般主体。

4. 主观方面是故意,即明知是永久性测量标志而故意加以破坏的,才构成犯罪。如果因不知是永久性测量标志而过失加以破坏的,就不能视作故意破坏,也就不构成本罪。

(二) 刑事责任

根据《刑法》第 323 条规定,犯本罪的,处 3 年以下有期徒刑或者拘役。

第五节 妨害文物管理罪

一、故意损毁文物罪

(一) 概念与特征

故意损毁文物罪,是指明知是国家保护的珍贵文物或者被确认为全国重点文物保护单位、省级文物保护单位的文物而予以故意损毁的行为。本罪的主要特征是:

1. 侵犯的客体是国家文物管理秩序。本罪的对象是国家保护的珍贵文物和被确定为全国重点文物保护单位、省级文物保护单位的文物。“国家保护的珍贵文物”,是指具有重大历史、科学、艺术价值的文物。根据《文物保护法》(1982 年 11 月 19 日)第 2 条及其实施细则的规定,珍贵文物包括具有重大历史、科学、艺术价值的纪念物、艺术品、工艺美术品、革命文献资料、手稿、古旧图书资料以及代表性实物等文物,珍贵文物分为一、二、三级,是否属于珍贵文物由有关部门依法鉴定确认。“全国重点文物保护单位、省级文物保护单位的文物”,是指由国务院、省、自治区、直辖市人民政府根据文物的历史、艺术、科学价值,核定公布并予以重点保护的革命遗址、纪念建筑物、古文化遗址、古墓葬、古建筑、石窟寺、石刻等文物。“全国重点文物保护单位”,是指国家行政管理部门在各级文物保护单位中,选择出来的具有重大历史、艺术、科学价值并报国务院核定公布的单位以及国家文化行政管理部门在各级文物保护单位中,直接指定出来并报国务院核定公布的单位;“省级文物保护单位”,是指由省、自治区、直辖市人民政府核定并报国务院备案的文物单位。

2. 客观方面表现为故意损毁国家保护的珍贵文物或者被确定为全国重点文物保护单位、省级文物保护单位保护单位的文物的行为。“损毁”,是指使珍贵文物或者被确定为全国重点文物保护单位、省级文物保护的文物部分破损、损害或者毁灭。文物的损毁情况比较复杂,损毁的程度有轻有重,造成的后果各有不同,社会影响也有差异。处理时要作具体分析,认真区分违法和犯罪的界限。应鉴别遭到损毁的是否是其主要的、关键的部分,对其外观的破坏程度等,从经济价值、社会影响、危害后果等各种因素进行综合考虑。对某些损坏很轻、影响不大、或者被损坏后易于修复、情节显著轻微的,可以不认为是犯罪。

3. 犯罪主体是一般主体。

4. 主观方面是故意。行为人的动机可能不尽相同,但动机不影响本罪成立。如果行为人不知是文物将其损坏,或者虽然知道,但由于过失将其损毁,不构成本罪。

(二) 刑事责任

根据《刑法》第 324 条规定,犯本罪的,处 3 年以下有期徒刑或者拘役,并处或者单处罚金;情节严重的,处 3 年以上 10 年以下有期徒刑,并处罚金。所谓“情节严重”,一般是指:多次损毁,屡教不改的;损毁国宝级文物的;损毁大量珍贵文物或致使国家重点文物保护单位的文物毁损严重的;损毁文物动机极其恶劣的等。

二、故意损毁名胜古迹罪

(一) 概念与特征

故意损毁名胜古迹罪,是指明知是国家保护的名胜古迹而予以损毁,情节严重的行为。本罪的主要特征是:

1. 侵害的客体是国家对名胜古迹的管理秩序。本罪的对象为国家保护的名胜古迹。“名胜古迹”,包括风景名胜及文物古迹。“风景名胜”,是指具有观赏、文化或科学价值,自然景物、人文景物比较集中,环境幽雅,具有一定规模和范围,可供人们游览、休息或进行科学文化活动的地区。根据其观赏、文化或科学价值的大小,环境质量的高低,规模大小,游览条件的优劣等,可分为国家重点、省级和市县级三级风景名胜区。“文物古迹”,是指与名人事迹、历史大事有关而值得后人登临凭吊的胜地、建筑物以及文物保护单位。文物保护单位,根据其历史、艺术、科学价值,可分为国家重点文物保护单位,省、自治区、直辖市级文物保护单位及市、自治州、县级文物保护单位。属于本罪对象的名胜古迹,应是国家保护的名胜古迹,其范围宜控制在全国重点与省级两级内,市、县级的名胜古迹一般不能构成本罪的对象。

2. 客观方面表现为故意损毁国家保护的名胜古迹,情节严重的行为。“损毁”,是指损坏、毁坏、毁灭等。具体行为方式有捣毁、砸碎、拆除、污损、挖掘、刻画、焚烧、炸毁等。一般表现为作为方式,如损毁景物、建筑物;破坏园林植物。损毁国家保护的名胜古迹,情节严重的构成本罪。所谓“情节严重”,主要是指多次损毁国家保护的名胜古迹的;因其行为造成国家保护的名胜古迹严重损坏的;造成名胜古迹大面积损毁的;造成恶劣影响的;出于卑鄙动机损毁的;抗拒他人制止的等。

3. 犯罪主体是一般主体。

4. 主观方面是直接故意,即明知是国家保护的名胜古迹而加以损毁。间接故意和过失不构成本罪。

(二) 刑事责任

根据《刑法》第324条第2款规定,犯本罪的,处5年以下有期徒刑或者拘役,并处或者单处罚金。

三、过失损毁文物罪

(一) 概念与特征

过失损毁文物罪,是指过失损毁国家保护的珍贵文物或者被确定为全国重点文物保护单位、省级文物保护单位的文物,造成严重后果的行为。本罪的主要特征是:

1. 侵害的客体是国家有关珍贵文物的管理秩序。对象是国家保护的珍贵文物及被确定为全国重点文物保护单位、省级文物保护单位的文物。

2. 客观方面表现为损毁国家保护的珍贵文物,或者被确定为全国重点文物保护单位、省级文物保护单位的文物,造成严重后果的行为。"损毁",是指由于自己的过失行为导致文物损坏、毁坏和毁灭。"造成严重后果",是指造成国家珍贵文物损毁,或者损毁珍贵文物数量较多以及国家重点文物保护单位的文物损毁,或者省级文物保护单位的文物损毁数量较大的情况。虽有过失损毁的行为,但所造成的后果不严重,不构成本罪。

3. 犯罪主体是一般主体。

4. 主观方面是过失,即应当预见自己的行为可能损毁珍贵文物,却因疏忽大意而没有预见或者虽然预见自己的行为可能损毁珍贵文物,但却轻信能够避免,以致造成珍贵文物损毁,并造成严重后果。行为人如果出于故意,则应构成故意损毁文物罪。

(二) 刑事责任

根据《刑法》第324条第3款规定,犯本罪的,处3年以下有期徒刑或者拘役。

四、非法向外国人出售、赠送珍贵文物罪

(一) 概念与特征

非法向外国人出售、赠送珍贵文物罪,是指违反文物保护法规,将收藏的国家禁止出口的珍贵文物私自出售或者私自赠送给外国人的行为。本罪的主要特征是:

1. 侵犯的客体是国家对珍贵文物的管理活动。根据我国《文物保护法》以及《文物出境鉴定管理办法》的规定,凡1949年中华人民共和国成立以前中国和外国制作、生产或出版的陶瓷器、金银器、铜器及其他金属器、玉石器、漆器、玻璃器皿、各种质料的雕刻品、雕塑品、家具、书画、碑帖、拓片、图书、文献资料、织绣、文化用品、邮票、货

币、器具、工艺美术家的作品等;1994 年以后,我国已故著名书画家、工艺美术家的作品等;古脊椎动物与古人类化石,都必须进行文物出境鉴定。文物出境鉴定,是对申报出境的文物,依据《文物保护法》的规定及国家规定的文物出口界限和鉴定标准,进行鉴定、查验,决定其是否能出境。对于禁止出境的珍贵文物,或者由国家予以征购,或者由私人收藏,私人也可以将收藏的珍贵文物捐献国家,但不能私自出售或者私自赠送给外国人。根据《文物保护法》第 64 条规定:“违反本法规定,有下列行为之一,构成犯罪的,依法追究刑事责任:……(四)将国家禁止出境的珍贵文物私自出售或者送给外国人的……”本罪的对象是个人收藏的国家禁止出口的珍贵文物。根据文物保护法的规定,珍贵文物具体包括:具有历史、艺术、科学价值的古文化遗址、古墓葬、古建筑、石窟寺和石刻、艺术品、工艺美术品、文献资料与实物等。出售或赠送一般历史文物的,不构成本罪。

2. 客观方面表现为违反文物保护法规,将收藏的国家禁止出口的珍贵文物私自出售或者私自赠送给外国人的行为。根据文物保护法的规定,个人收藏的文物可以由文化行政管理部门指定的单位收购,其他任何单位或者个人不得经营文物收购业务,私人收藏的文物,严禁倒卖牟利,严禁私自卖给外国人。“私自出售”,是指未经批准,将禁止出口的珍贵文物有偿出卖给外国人。私自赠送,是指未经批准,无偿地将珍贵文物送给外国人。

3. 犯罪主体是一般主体,自然人和单位均可构成本罪。

4. 主观方面是故意,即行为人明知是禁止出口的珍贵文物而私自出售、赠送给外国人。如果行为人主观上确实不知是珍贵文物或者被他人欺骗利用,因其主观上没有犯罪的故意,不应按本罪处罚。行为人私自出售、赠送给外国人珍贵文物的动机有无不影响本罪的成立。

(二) 刑事责任

根据《刑法》第 325 条规定,犯本罪的,处 5 年以下有期徒刑或者拘役,可以并处罚金。单位犯本罪的,对单位判处罚金,并对其直接负责的主管人员和其他直接责任人员依照上述规定处罚。

五、倒卖文物罪

(一) 概念与特征

倒卖文物罪,是指以牟利为目的,倒卖国家禁止经营的文物,情节严重的行为。本罪的主要特征是:

1. 侵犯的客体是国家的文物管理制度。国家的文物管理制度,主要是指以《文物保护法》为核心的一系列有关文物保护的法规。根据法律、法规的规定,中华人民共和国境内地下、内水和海中遗存的一切文物,属于国家所有。古文化遗址、古墓葬、石窟寺属于国家所有。国家机关、部队、全民所有制企业、事业单位组织收藏的文物,属于国家所有。文物只能由文化行政主管部门指定的单位收购,其他任何单位或者个人不得经营文物收购业务。本罪的对象是国家禁止经营的文物。“国家禁止经营的文物”,是指受国家保护的并由国家有关主管部门核定公布的属于禁止经营的文物。1992 年国家文物局等部门就曾下发《关于加强文物市场管理的通知》,该《通知》规定部分禁止经营的文物的具体范围,是指未经许可不得经营的一、二、三级珍贵文物以及其他受国家保护的具有重大历史、文化、科学价值的文物。

2. 客观方面表现为倒卖国家禁止买卖的文物,情节严重的行为。“倒卖”,是指以牟利为目的出售、购买国家禁止经营的文物。行为人倒卖的如果不是国家禁止经营的文物,就不构成本罪。构成本罪,还要求情节严重。情节严重,是指倒卖三级文物的,非法获利数额较大的,非法经营数额较大的,或者多次倒卖三级以下文物、倒卖三级以下文物多件的等情节。倒卖二级文物的、倒卖一级文物的、非法获利数额巨大的、非法经营数额巨大的或者倒卖稀世国宝的等,属于情节特别严重。

3. 犯罪主体是一般主体,自然人和单位均可构成。

4. 主观方面是故意,且以牟利为目的。对于不知是禁止买卖的文物而买卖的,不以犯罪论处。对于不以牟利为目的,纯粹因为个人兴趣爱好而买卖的,可不以犯罪论处。

(二) 刑事责任

根据《刑法》第 326 条规定,犯本罪的,处 5 年以下有期徒刑或者拘役,并处罚金;情节特别严重的,处 5 年以上 10 年以下有期徒刑,并处罚金。单位犯本罪的,对单位判处罚金,并对其直接负责的主管人员和其他直接责任人员依照上述规定处罚。

六、非法出售、私赠文物藏品罪

(一) 概念与特征

非法出售、私赠文物藏品罪,是指国有博物馆、图书馆等单位,违反文物保护法规,非法出售或者私自赠送国家保护的文物藏品给非国有单位或者个人的行为。本罪的主要特征是:

1. 侵犯的客体是国家的文物管理制度。《文物保护法》第 64 条规定:“违反本法规定,有下列行为之一,构成犯罪的,依法追究刑事责任:……(三)擅自将国有馆藏文物出售或者私自送给非国有单位或者个人的……”本罪的犯罪对象是国有博物馆、图书馆等单位收藏的文物。出售或者私自赠送文物的对方只能是非国有单位或者中国公民,如是国有单位,则不构成本罪。如果出售或者私自赠送文物的对方是外国组织或者个人,则依照《刑法》第 325 条规定,构成非法向外国人出售、赠送珍贵文物罪。

2. 客观方面表现为违反文物保护法规,将国家保护的文物藏品出售或者私自赠送给非国有单位或者个人的行为。“出售”,是指将馆藏文物有偿让与。“私自送给”,是指将馆藏文物无偿赠送。“非国有单位”,是指国有以外的所有单位,如私营单位、集体所有制单位、中外合作经营单位、中外合资单位、外资单位以及联营单位等。

3. 犯罪主体是特殊主体,即国有博物馆、图书馆等单位,非国有单位不能成为本罪的主体。

4. 主观方面是故意,即明知是国家保护的文物藏品而出售或赠送给非国有单位或者个人。犯罪动机不影响本罪的成立。

(二) 刑事责任

根据《刑法》第327条规定,犯本罪的,对单位判处罚金,并对其直接负责的主管人员和其他直接责任人员,处3年以下有期徒刑或者拘役。

七、盗掘古文化遗址、古墓葬罪

(一) 概念与特征

盗掘古文化遗址、古墓葬罪,是指盗掘具有历史、艺术、文化、科学价值的古文化遗址、古墓葬的行为。本罪的主要特征是:

1. 侵犯的客体是国家对古文化遗址、古墓葬的管理制度。犯罪对象是具有历史、艺术、科学价值的古文化遗址、古墓葬。根据1987年11月27日最高人民法院、最高人民检察院《关于办理盗窃、盗掘、非法经营和走私文物的案件具体应用法律的若干问题的解释》的规定,"古文化遗址、古墓葬",具体指清代和清代以前的具有历史、艺术、科学价值的古文化遗址、古墓葬及辛亥革命以后与著名历史事件有关的名人墓葬遗址和纪念地。其中古文化遗址包括石窟、地下城、古建筑等,古墓葬包括皇帝陵墓、革命烈士墓等。如果行为侵犯的不是上述古文化遗址、古墓葬,而是其他有关文物的,不构成本罪。

2. 客观方面表现为盗掘古文化遗址、古墓葬的行为。所谓"盗掘",是指未经国家文化主管部门批准的私自掘取行为。其行为方式有的是秘密的,有的是明火执仗公开进行。本罪是行为犯,只要行为人实施了盗掘古文化遗址、古墓葬的行为就已构成本罪。在实践中,盗掘古文化遗址、古墓葬行为一般都会对古文化遗址、古墓葬造成破坏或者严重破坏,但即使未造成破坏,也应认定构成本罪。

3. 犯罪主体是一般主体。

4. 主观方面是故意,即明知是古文化遗址、古墓葬而进行盗掘。行为人一般以非法占有古文化遗址、古墓葬中的文物为目的。但是犯罪目的不影响本罪成立。

(二) 司法认定

1. 关于罪与非罪的界限

可以从两个方面对其加以区分:(1) 看其盗掘古文化遗址、古墓葬行为是故意实施的还是过失实施的,如果属于过失行为则不构成犯罪。(2) 看其盗掘古文化遗址、古墓葬行为是否经过了国家文化主管部门的批准,如果属于经过批准的行为,即便在盗掘过程中造成古文化遗址、古墓葬毁坏的,一般也不构成犯罪,如果情节严重的可以按玩忽职守罪等其他罪论处。

2. 盗掘古文化遗址、古墓葬罪与盗窃罪的界限

主要区别在于:(1) 侵犯的客体不同。盗掘古文化遗址、古墓葬罪侵犯的客体是复杂客体,即国家对古文化遗址、古墓葬的管理制度和国家的财产所有权;而盗窃罪侵犯的是单一客体,即公私财产所有权。前者侵犯的对象是古文化遗址、古墓葬,是不可再生物,一般是不能以金额计算的,一旦遭到破坏,损失无法挽回;后者侵犯的对象是一般的公私财物。(2) 客观表现不同。前者表现为违反文物保护法规,未经国家文化主管部门批准,私自挖掘古文化遗址、古墓葬的行为,其行为方式可以是秘密的,也可以是公开的,而且不论是否窃得文物,只要实施了盗掘行为,就构成本罪。后者则表现为秘密窃取公私财物,构成犯罪必须以盗窃数额较大为前提,如果未窃取到财物,就是盗窃未遂。

3. 盗掘古文化遗址、古墓葬罪与故意损毁文物、故意损毁名胜古迹罪的界限

主要区别在于:(1) 犯罪对象不同。盗掘古文化遗址、古墓葬罪限于古文化遗址、古墓葬;故意损毁文物、名胜古迹罪对象则限于珍贵文物、名胜古迹。(2) 在客观方面,盗窃古文化遗址、古墓葬罪表现为私自掘取的行为,其行为方式多为秘密的;故意损毁文物、名胜古迹罪则表现为损毁行为,其具体表现形式多种多样,包括捣毁、损坏、污损、拆除、挖掘、焚烧等行为。(3) 在主观方面,盗掘古文化遗址、古墓葬罪一般具有非法占有古文化遗址、古墓葬中文物的目的;故意损毁珍贵文物、名胜古迹罪则只是出于损毁的故意,其动机可能多种多样,但并无对文物非法占有的目的。

(三) 盗掘古文化遗址、古墓葬罪适用中的几个问题

盗掘古文化遗址、古墓葬罪是指盗掘具有历史、艺术、文化、科学价值的古文化遗址、古墓葬的行为。该罪名是由全国人大常委会于1991年通过的《关于惩治盗掘古文化遗址、古墓葬犯罪的补充规定》中予以确立的,修订后的刑法对此予以了保留。尽管《刑法》第328条对盗掘古文化遗址、古墓葬罪有了明确的规定,但由于其对象的特定性和复杂性,在具体司法实践中涉及的一些问题仍存有争议。

1. 主观方面

本罪主观方面为直接故意还是包括直接故意与间接故意,存在较大的分歧。一种观点认为,本罪的主观方面只能是直接故意,即行为人明知是古文化遗址、古墓葬而盗掘,间接故意不构成本罪;另一种观点认为,只要行为人的盗掘行为出于故意,其对盗掘的对象是否属于古文化遗址、古墓葬即使是不确定的,也可以构成本罪,即构成本罪的主观方面也可以是间接故意。我们认为,将盗掘古文化遗址、古墓葬罪的主观方面限定为直接故意是不妥当的。行为人明知自己行为侵害的可能是古文化遗址、古墓葬而予以盗掘,对是否真的会发生和造成危害后果持放任态度,应该构成本罪,即间接故意也可以构成本罪。当然,如果行为人对古文化遗址、古墓葬缺乏明知(包括应知),就不构成本罪。

2. 罪名

对盗掘古文化遗址、古墓葬罪罪名的适用应不同于刑法规定的其他选择性罪名,

如持有、使用假币罪，走私、贩卖、运输、制造毒品罪等。这是因为古墓葬与古文化遗址之间存在特殊的关系，如何认定罪名应区别不同情况分别对待。古文化遗址，是指古代人类各种活动留下的遗迹；古墓葬，泛指人类采取一定方式对死者进行埋葬的遗迹，包括墓穴、葬具、随葬器物和墓地。从两者的概念不难看出，古文化遗址包含的范围大，它是指古代人类各种活动留下的遗迹，古墓葬只是古文化遗址中的一个部分。当然，这是对同一文化年代、同一地点或区域而言。在这种情况下，古墓葬和古文化遗址是一个有机的整体。

我们认为，盗掘古文化遗址内的古墓葬，不仅破坏了古墓葬，也相应地破坏了古文化遗址，对此应认定为盗掘古文化遗址、古墓葬罪，而不是单单以盗掘古墓葬来认定；如果盗掘的是古文化遗址，没有盗掘古墓葬的，就以盗掘古文化遗址罪认定；如果既盗掘古文化遗址，又盗掘古墓葬的，以盗掘古文化遗址、古墓葬罪认定；如果古文化遗址中的古墓葬是另一时期或年代的，与古文化遗址毫不相干，没有任何联系，那么，盗掘古文化遗址中的古墓葬应单独定盗掘古墓葬罪。简单地按行为对象来认定罪名而不顾两者间相互关系的做法，不符合古文化遗址和古墓葬这种特殊文物的固有特性。

3. “多次”盗掘的认定

一种观点认为，多次是指只要盗掘的次数超过 3 次，不管盗掘对象是同一的还是不同的；另一种观点认为，对不同对象实施 3 次以上的才能认为是多次。我们同意第二种观点。古文化遗址、古墓葬特别是古墓葬的特殊性决定了盗掘一般是一个循序渐进的过程，很少是一蹴而就的，这与盗窃、抢劫等作案方式有所区别。不少盗掘人为挖掘古墓用了好多次好多天，对这种情况如果按第一种意见，就应该认定多次。这显然会导致量刑过重，也忽略了盗掘行为具有连续性的特点，因为多次的行为都基于相同的目的，实施的是相同犯罪行为，又是相同的行为对象，所反映的是盗掘的过程。

4. 古墓葬的鉴定标准

根据刑法规定，盗窃具有历史、艺术、科学价值的古墓葬才构成犯罪，其前提一是必须要有历史、艺术、科学价值；二是必须是古墓葬。那么，判断这个标准必须要有专门的人员及专门的知识和科学手段，也就是专门的鉴定部门才能予以确认。但对古墓葬的鉴定，司法实践中存在两种意见：一种是以古墓葬中的文物来推断和确定古墓葬的性质；另一种是必须对古墓本身予以鉴定和确认。

我们认为，只鉴定古墓中挖掘出来的文物为何年代、属几级保护文物，未对古墓本身作详细鉴定，这不够严密和科学。假设现代墓主人是个文物爱好者，或具有一定地位的人物，他死后陪葬品中有文物，据此推断这是古墓，岂不是一叶障目？这种以偏概全的鉴定方式不能让人信服。而且，由于古墓年代久远，有的已难以分辨是否为古墓葬，从中挖掘出来的文物有可能是地下埋藏物、地下文物，也有可能是陪葬品，具有不确定性，以此来鉴定而推断为古墓葬就可能违背客观事实。因此，我们认为古墓葬不仅仅通过随葬品予以体现，它更多的是通过其本身的结构、材料等能标志特定年代的物品来体现，司法实践中就不能以挖掘的文物来推定其是古墓葬的文物，也不能轻易认定是古墓葬。古墓葬的鉴定对整个案件的处理十分重要,如果盗掘的不是古墓葬,就不适用《刑法》第 328 条的规定。

(四)刑事责任

根据《刑法》第 328 条规定,犯本罪的,处 3 年以上 10 年以下有期徒刑,并处罚金;情节较轻的,处 3 年以下有期徒刑、拘役或者管制,并处罚金;有下列情形之一的,处 10 年以上有期徒刑、无期徒刑或者死刑,并处罚金或者没收财产:(1)盗掘确定为全国重点文物保护单位和省级文物保护单位的古文化遗址、古墓葬的。(2)盗掘古文化遗址、古墓葬集团的首要分子。(3)多次盗掘古文化遗址、古墓葬的。(4)盗掘古文化遗址、古墓葬,并盗窃珍贵文物或者造成珍贵文物严重破坏的。

【实例分析 7-10】

对上述内容,可从下例分析中深化认识:甲盗掘国家重点保护的古墓葬,窃取大量珍贵文物,并将部分文物偷偷运往境外出售牟利。司法机关发现后,甲为毁灭罪证将剩余珍贵文物损毁。关于本案,下列哪些选项是错误的?

A. 运往境外出售与损毁文物,属于不可罚的事后行为,对甲应以盗掘古墓葬罪、盗窃罪论处;

B. 损毁文物是为自己毁灭证据的行为,不成立犯罪,对甲应以盗掘古墓葬罪、盗窃罪、走私文物罪论处;

C. 盗窃文物是盗掘古墓葬罪的法定刑升格条件,对甲应以盗掘古墓葬罪、走私文物罪、故意损毁文物罪论处;

D. 盗掘古墓葬罪的成立不以盗窃文物为前提,对甲应以盗掘古墓葬罪、盗窃罪、走私文物罪、故意损毁文物罪论处。

分析如下:

(1)选项 A 说法错误。盗掘古墓葬后将其中文物据为己有的,只成立盗掘古墓葬罪一罪,不另外成立盗窃罪。盗掘古墓葬罪包含了对盗窃文物行为的评价,所以只成立盗掘古墓葬罪,运往境外出售和损毁文物行为属于另起新的犯罪,不是不可罚的事后行为。

(2)选项 B 说法错误。损毁文物行为虽是为自己毁灭证据,不成立帮助毁灭证据罪,但由于侵犯了新的法益,应成立故意损毁文物罪。

(3)选项 C 说法正确。盗窃文物是法定刑升格条件。

(4)选项 D 说法错误。盗掘古墓葬罪包含了对盗窃文物行为的评价,所以不成立盗窃罪。

综上,上述问题的合适选项是 ABD。

八、盗掘古人类化石、古脊椎动物化石罪

（一）概念与特征

盗掘古人类化石、古脊椎动物化石罪，是指盗掘国家保护的具有科学价值的古人类化石和古脊椎动物化石的行为。本罪的主要特征是：

1. 侵犯的客体是国家有关古人类化石、古脊椎动物化石的管理秩序。犯罪对象是古人类化石和古脊椎动物化石。“古人类化石、古脊椎动物化石”，是指古代人类、古代脊椎动物的遗体、遗物或者遗迹埋藏地下因年代久远而变成的跟石头一样的物品。古人类化石、古脊椎动物化石，对研究古人类、古生物的起源和进化，古人类、古生物生存环境的变迁和演变，以及人类文明发展和进步的历史，地层年代的确定等具有重要的科学研究价值。其数量极其有限，所以我国《文物保护法》第 2 条第 2 款规定：“具有科学价值的古脊椎动物化石和古人类化石同文物一样受国家保护。”

2. 客观方面表现为盗掘古人类化石、古脊椎动物化石的行为。“盗掘”，是指违反文物保护法规，不经主管部门批准，非法私自挖掘。本罪为行为犯，只要行为人在客观上实施了盗掘的行为，就可构成本罪。

3. 犯罪主体是一般主体。

4. 主观方面是故意，即明知是古人类化石或者古脊椎动物化石而进行盗掘。“明知”，既包括确知，即确实知道是古人类化石或者古脊椎动物化石；又包括可能知，即知道所盗掘的可能是古人类化石或古脊椎动物化石。行为人盗掘的目的，一般是为了非法占有古人类化石、古脊椎动物化石，当然也不排除行为人有其他目的。但是犯罪目的不影响本罪的成立。

（二）刑事责任

根据《刑法》第 328 条第 2 款规定，犯本罪的，依照盗掘古文化遗址、古墓葬罪的法定刑处罚。

九、抢夺、窃取国有档案罪

（一）概念与特征

抢夺、窃取国有档案罪，是指以非法占有为目的，乘人不备公然夺取或者采取秘密手段获取国家所有的档案的行为。本罪的主要特征是：

1. 侵犯的客体是国家对档案的管理制度。犯罪对象是国家所有的档案。根据《中华人民共和国档案法》第 2 条规定，档案是指过去和现在的国家机构、社会组织以及个人从事政治、经济、军事、科学、技术、文化、宗教等活动直接形成的对国家和社会有保存价值的各种文字、图表、声像等不同形式的历史记录。“国家所有的档案”，是指国家档案馆保管且所有权属于国家的档案。归集体、个人所有的档案不是本罪的对象。根据《中华人民共和国档案法》第 3 条的规定，一切国家机关、武装力量、政党、社

会团体、企事业单位、公民都有保护档案的义务。任何抢夺、窃取国家所有的档案的行为,都严重侵犯了国家的档案管理秩序。

2. 客观方面表现为抢夺、窃取国家所有的档案的行为。“抢夺”,是指趁人不备,公然夺取国有档案。“窃取”,是指行为人使用秘密的方法,取得国家所有档案的行为。

3. 犯罪主体是一般主体。

4. 主观方面是故意,即明知是国家所有的档案而进行抢夺或窃取。如果行为人不知抢劫或窃取的是国有档案的,不构成本罪。

(二) 刑事责任

根据《刑法》第 329 条第 1 款规定,犯本罪的,处 5 年以下有期徒刑或者拘役。犯本罪同时又构成本法规定的其他犯罪的,依照处罚较重的规定定罪处罚。

十、擅自出卖、转让国有档案罪

(一) 概念与特征

擅自出卖、转让国有档案罪,是指违反档案法的规定,擅自出卖、转让国家所有的档案,情节严重的行为。本罪的主要特征是:

1. 侵犯的客体是国家对档案的管理制度。《档案法》第 7 条规定,禁止出卖属于国家所有的档案。《档案法实施办法》第 18 条规定,属于国家所有的档案,任何机关团体、企业事业单位和其他组织及个人都不得出卖。

2. 客观方面表现为违反档案法的规定,擅自出卖、转让国家所有的档案的行为。“出卖”,是指以牟利为目的,将国有档案出售给他人的行为。“转让”,是指将档案的所有权转给他人的行为。擅自出卖、转让国家档案的行为只有情节严重的才构成犯罪。“情节严重”,一般是指出卖、转让有关国家政治、军事、经济、科学、技术、文化、宗教等活动的重要档案的;多次出卖、转让国有档案的;出卖、转让国有档案牟利较大的;出卖、转让国有档案造成恶劣社会或者政治影响的;因出卖、转让国有档案受过行政处分不思悔改又实施这种行为的;将国有档案出卖、转让给境外机构或人员的等。

3. 犯罪主体是一般主体。

4. 主观方面是故意,即明知是国家所有的档案而擅自出卖或转让。如果行为人不知出卖或转让的是国家档案的,不构成本罪。

(二) 刑事责任

根据《刑法》第 329 条第 2 款规定,犯本罪的,处 3 年以下有期徒刑或者拘役。犯本罪同时又构成本法规定的其他犯罪的,依照处罚较重的规定定罪处罚。

第六节　危害公共卫生罪

一、妨害传染病防治罪

(一) 概念与特征

妨害传染病防治罪,是指违反传染病防治法的规定,引起甲类传染病传播或者有传播严重危险的行为。本罪的主要特征是:

1. 侵犯的客体是国家关于传染病防治的管理制度。传染病是由病原性细菌、病毒、立克次体和原虫引起的,能在人间、动物间或者人与动物间相互传播的一种疾病,是一种危害比较严重的流行性疾病,其种类繁多,《传染病防治法》规定管理的传染病有甲、乙、丙三类。各类传染病不同程度地侵害人们的身体健康,影响传染病流行地区人们的生产和生活,因此,世界上许多国家都已将传染病防治管理法律化。违反传染病防治规定的行为,不仅侵犯了传染病防治的管理制度,同时也可引起各类传染病的传播,造成传染病流行的严重危险。因此,依法打击违反传染病防治规定的行为很有必要。

2. 客观方面表现为违反国家传染病防治法规定,引起甲类传染病传播或者有传播严重危险的行为。本罪在具体行为方式上表现为下述四种情形:(1) 供水单位供应的饮用水不符合国家规定的卫生标准的。(2) 拒绝按照卫生防疫机构提出的卫生要求,对传染病病原体污染的污水、污物、粪便进行消毒处理的。(3) 准许或者纵容传染病病人、病原携带者和疑似传染病病人从事国务院卫生行政部门规定禁止从事的易使该传染病扩散的工作的。(4) 拒绝执行卫生防疫机构依照传染病防治法提出的预防、控制措施的。

本罪是结果犯,必须以发生法定的危害结果,即引起甲类传染病传播或者有传播严重危险的为必备构成要件。甲类传染病,就目前而言,包括鼠疫和霍乱两种。引起甲类传染病传播和引起甲类传染病传播的严重危险是本罪危害结果的选择性构成要件。其中引起甲类传染病传播属刑法理论中的实害结果,其对应的犯罪形态是实害犯;引起甲类传染病传播的严重危险属刑法理论中的危险结果(具体危险结果),其对应的犯罪形态是危险犯(具体危险犯)。在司法实践中,具备上述两种危害结果之一,并同时符合本罪的其他构成特征,即可构成本罪。

3. 犯罪主体是一般主体。根据司法实践,一般是指供水单位及有关机关、企事业单位、人民团体等单位的直接责任人员,只有他们才能直接涉及供水、对病原体污染物的消毒处理等各项极易使传染病传播的具体工作。

4. 主观方面表现为过失,即行为人对引起甲类传染病传播或传播严重危险这一结果是不明知的。但行为人违反传染病防治法规定的行为则是故意的。如果行为人明知会引起甲类传染病传播或传播严重危险而仍实施违反传染病防治法规定的行为的，则不能以本罪论处，而应以危害公共安全罪论处。如果故意传播突发传染病病原体，危害公共安全的，依照《刑法》第114条、第115条第1款的规定，按照以危险方法危害公共安全罪定罪处罚。患有突发传染病或者疑似突发传染病而拒绝接受检疫、强制隔离或者治疗，过失造成传染病传播，情节严重，危害公共安全的，依照《刑法》第115条第2款的规定，按照过失以危险方法危害公共安全罪定罪处罚。[①]

（二）刑事责任

根据《刑法》第330条规定，犯本罪的，处3年以下有期徒刑或者拘役；后果特别严重的，处3年以上7年以下有期徒刑。

单位犯前款罪的，对单位判处罚金，并对其直接负责的主管人员和其他直接责任人员，依照前款的规定处罚。

二、传染病菌种、毒种扩散罪

（一）概念与特征

传染病菌种、毒种扩散罪，是指从事实验、保藏、携带、运输传染病菌种、毒种的人员，违反国务院卫生行政部门的有关规定，过失造成传染病菌种、毒种扩散，后果严重的行为。本罪的主要特征是：

1. 侵犯的客体是国家关于传染病防治的管理制度，具体是指国家的传染病菌种、毒种管理制度。在整个传染病防治工作中，传染病菌种、毒种的分离、引进、培养、试验以及传染病菌苗、疫苗的生物制品研制开发、生产使用占据着重要一环。如果疏于对传染病菌种、毒种实验、保藏、携带、运输工作进行规范严格科学细致的管理，一旦造成传染病菌种、毒种扩散失控，则不但无法实现从事这项工作以防治传染病的善良愿望，反而会变成传染病发生、传播乃至流行的肇因，酿成严重危害或威胁公众生命健康安全以及公私财产安全的恶果，并导致整个传染病防治工作的失败。国家对传染病菌种、毒种的引进、供应、保藏、携带、运输、实验以及菌苗、疫苗等生物制品的生产、储存、运输、销售、供应、使用等制定了一系列的管理制度。

本罪的对象是传染病菌种、毒种。传染病菌种、毒种，根据《中华人民共和国传染病防治法实施细则》第16条的规定，分为下列三类：一类：鼠疫耶尔森氏菌、霍乱弧菌；天花病毒、艾滋病病毒；二类：希氏菌、炭疽菌、麻风杆菌、肝炎病毒、狂犬病毒、出血热病毒、登革热病毒；斑疹伤寒立克次体；三类：脑膜炎双球菌、链球菌、淋病双球菌、结核杆菌、百日咳嗜血杆菌、白喉棒状杆菌、沙门氏菌、志贺氏菌、破伤风梭状杆菌；钩端螺旋体、梅毒螺旋体；乙型脑炎病毒、脊髓灰质炎病毒、流感病毒、流行性腮腺炎病毒、麻疹病毒、风疹病毒。

---

① 参见《最高人民法院、最高人民检察院关于办理妨害预防、控制突发传染病疫情等灾害的刑事案件具体应用法律若干问题的解释》，2003年5月13日最高人民法院审判委员会第1269次会议、2003年5月13日最高人民检察院第十届检察委员会第3次会议通过。2003年5月15日起施行。

2. 客观方面表现为行为人违反国务院卫生行政部门的有关规定，造成传染病菌种、毒种扩散，后果严重的行为。其构成要素有两点：(1) 行为人必须是违反国务院卫生行政部门的规定，造成传染病菌种、毒种扩散的，才能构成本罪。这里，国务院卫生行政部门的有关规定，主要是指：违反传染病防治及其实施办法等有关规定。传染病菌种、毒种的保藏、携带、运输，必须按照国务院卫生行政部门的规定严格管理。(2) 必须是造成传染病菌种、毒种扩散，且后果严重。"传染病菌种、毒种扩散"，是指造成储存传染病菌种、毒种的密封器破损、丢失、被盗，或被传染病菌种、毒种所污染的物品未经消毒、灭菌处理而被带入公共场所。"后果严重"，是指引起甲类传染病、艾滋病、肺炭疽传播或有传播严重危险的；造成艾滋病、肺炭疽之外的乙类、丙类传染病大面积传播的；造成大量传染病菌种、毒种扩散的；因传染病菌种、毒种扩散造成国家关于传染病防治管理秩序严重混乱的；致使公私财产遭受巨大损失的等。

3. 犯罪主体是特殊主体，只限于从事实验、保藏、携带、运输传染病菌种、毒种的人员，而且只能是依照国家有关规定从事传染病菌种、毒种实验、保藏、携带、运输工作的单位中的直接负责的主管人员和其他直接责任人员。不具有从事传染病菌种、毒种实验、保藏、携带、运输的资格，而擅自从事上述事务，因而引起菌种、毒种扩散的，不能以本罪论。单位不能成为本罪主体。

4. 主观方面是过失，即行为人对其违反国务院卫生行政部门的有关规定造成的后果是出于过失的心理态度。虽然行为人违反规定的行为本身是故意的，但由于行为人对损害结果的发生出于过失，所以本罪仍然属于过失犯罪。

(二) 司法认定

传染病菌种、毒种扩散罪与危险物品肇事罪的区别在于：(1) 两者侵害的主要客体不同。前罪侵害的主要客体是国家关于传染病防治的管理制度；后罪侵害的主要客体则是公共安全。(2) 犯罪对象的性质不同。作为危险物品肇事罪的犯罪对象之一的毒害性物品应是指敌敌畏、敌百虫、砒霜、氰化钾、氰化钠、氧化乐果等无机物，强调的是其剧毒性；而传染病菌种、毒种属有机物，其主要特点是传染性，两者存在显著差异。(3) 犯罪主体不同。前罪的犯罪主体是特殊主体，即只限于从事实验、保藏、携带、运输传染病菌种、毒种的人员；后罪的犯罪主体是一般主体，任何具备刑事责任能力的自然人均可构成该罪主体。

(三) 刑事责任

根据《刑法》第331条规定，犯本罪的，处3年以下有期徒刑或者拘役；后果特别严重的，处3年以上7年以下有期徒刑。

三、妨害国境卫生检疫罪

(一) 概念与特征

妨害国境卫生检疫罪，是指违反国境卫生检疫规定，引起检疫传染病传播或者有传播严重危险的行为。本罪的主要特征是：

1. 侵犯的客体是国家对国境卫生检疫的正常管理活动。我国于 1986 年 12 月公布了《国境卫生检疫法》,该法规定在我国的国际通航的海港和机场所在地,以及陆地边境和国界江河的进出口岸,设立国境卫生检疫机关,对进出国境的人员和交通工具、行李、货物实施医学检查、卫生检查和必要的卫生处理,以保护我国人民的生命财产安全。而违反国境卫生检疫规定,足以引起检疫传染病传播的行为,就是对我国国境卫生检疫管理活动的破坏。

2. 客观方面表现为实施了违反国境卫生检疫规定,引起检疫传染病的传播或者有传播严重危险的行为。“违反国境卫生检疫规定”,是指入境、出境时采取逃避、蒙混或者其他手段,不接受国境卫生检疫机关对人身或者物品的医学检查、卫生检查和必要的卫生处理,以及其他违反应当接受国境卫生检疫义务的行为。引起检疫传染病传播或者有传播严重危险是构成本罪的结果条件。“检疫传染病”,是指鼠疫、霍乱、黄热病、艾滋病以及国务院确定和公布的其他传染病。引起检疫传染病传播,是指实际造成了传播的后果,也就是说使他人感染上了检疫传染病,但感染的人数没有要求,也不要求被传播的人发生死亡等严重后果。“有传播严重危险”,是指虽然尚未实际造成检疫传染病的传播,但具有造成检疫传染病传播的极大的现实可能性,一般表现为散播了大量检疫传染病病菌或者病毒,对公共卫生构成严重威胁的情况。

3. 犯罪主体是一般主体,但一般必须是出入国(边)境的人才可能构成本罪。单位也可以成为本罪主体。

4. 主观方面是故意,即行为人明知应当接受卫生检疫检查而故意逃避或拒绝。行为人明知自己应当接受国境卫生检疫检查或必要的卫生处理就足以构成故意,而并不要求行为人必须明知自己是染疫人或染疫嫌疑人。

(二) 刑事责任

根据《刑法》第 332 条规定,犯本罪的,处 3 年以下有期徒刑或者拘役,并处或者单处罚金;单位犯本罪的,对单位判处罚金,并对其直接负责的主管人员和其他直接责任人员,依上述规定处罚。

四、非法组织卖血罪

(一) 概念与特征

非法组织卖血罪,是指违反血液制品管理规定,非法组织他人出卖血液的行为。本罪的主要特征是：

1. 侵犯的客体是国家血液管理制度,同时也对公共卫生造成妨害。为加强采供血机构和血源管理,保证血液质量,维护社会公共卫生安全,我国颁布了一系列的法规规章来建立我国的血液管理制度。其中最主要的是《采供血机构和血液管理办法》(1993 年 3 月 27 日卫生部发布,1993 年 7 月 1 日起施行)。依该管理办法,开展采供血业务,只能由取得采供血许可的单位和个人进行。除献血办公室或设区的市级以上卫生行政部门指定的血站以外的任何单位和个人,都不得组织血源供血。否则,即违反了血源和采供血管理的有关规定,侵犯了国家血液管理制度。同时非法采集的血液流向社会后,会对公共卫生造成严重的妨害。

2. 客观方面表现为非法组织他人出卖血液的行为。“非法”是指违反我国献血法规定的无偿献血制度。无偿献血是一种纯属无私奉献的献血。因此,组织他人卖血的行为是非法的。非法组织他人出卖血液的行为,具体说来,是行为人在组织他人卖血过程中实施了策划、指挥、领导的行为。在实践中,这种行为一般表现为动员、拉拢、联络、串联、制订计划、下达命令、分配任务、出谋划策等形式。

3. 犯罪主体是一般主体,自然人和单位均可构成。

4. 主观方面是故意,过失不能构成本罪。至于本罪是否以牟利为目的,本条未作规定,一般而言,非法组织他人出卖血液的行为多以牟利为目的,但并不以此目的为构成要件。

(二) 司法认定

1. 非法组织卖血罪与强迫卖血罪的异同

两罪在主体上都是一般主体,主观上都是出于故意,客体上都直接侵犯了国家对献血工作的管理制度。但它们又有明显的不同:(1) 客体不完全相同。非法组织卖血罪没有侵犯卖血者的人身权利,而强迫卖血罪则侵犯了卖血者的人身权利。(2) 客观方面不同。非法组织卖血罪中的被组织者是自愿卖血的,而强迫卖血罪中的卖血者则是被迫的;本罪表现为组织行为,而后者表现为以暴力、威胁方法强迫的行为。

2. 非法组织卖血罪与非法采集、供应血液、制作、供应血液制品罪的异同

两罪都是血液方面的危害公共卫生罪,主观上都出于故意,客观方面也表现出一定的相似之处,主体都是一般主体,客体也基本相同,但二者是有明显区别的:(1) 犯罪对象不完全相同。前罪的对象只能是血液,不包括血液制品;后罪的对象不仅包括血液,还包括血液制品。(2) 行为方式不同。前罪表现为将血液作为商品加以出卖而破坏无偿献血制度,后罪表现为没有采供血液资格或制作、供应血液制品的资格而非法进行采供或制作、供应而破坏采供血以及血液制品管理制度。(3) 前罪是行为犯,后罪是危险犯,必须足以危害人体健康的才能构成犯罪。(4) 前罪的主体在理论上属于组织犯,后罪的主体在理论上属于实行犯。

(三) 刑事责任

根据《刑法》第 333 条规定,犯本罪的,处 5 年以下有期徒刑,并处罚金。有前款行为,对他人造成伤害的,依照故意伤害罪定罪处罚。

五、强迫卖血罪

(一) 概念与特征

强迫卖血罪,是指以暴力、威胁方法强迫他人出卖血液的行为。本罪的主要特

征是：

1. 侵犯的是复杂客体，其主要客体是国家对血液的管理制度，次要客体是公共卫生以及被强迫人的人身权利。《献血法》明确规定我国实行无偿献血制度，以暴力、威胁方法强迫他人出卖血液，即是对上述制度的直接违反和破坏。本罪还侵犯了被强迫人的人身权利。以暴力、威胁方法强迫他人出卖血液，必然会侵犯他人的健康权利、人身自由权利以及其他人身权利。

2. 客观方面表现为行为人具有以暴力、威胁方法强迫他人出卖血液的行为。“暴力”，是指对他人人身进行打击或实施强制，如殴打、捆绑等。“威胁”，是指以杀害、伤害、毁坏财产、破坏名誉等手段进行要挟，迫使他人接受自己的意志，从而实施卖血行为。强迫卖血罪同非法组织卖血罪一样，由于受到非法牟利动机的支配，必然会无视上述规定，致公共卫生以及卖血者健康于不顾，因此对这些血液犯罪要予以严惩。应注意的是，本罪是行为犯，故犯罪的成立不以发生实害后果为条件。

3. 犯罪主体是一般主体。自然人和单位均可构成本罪主体。

4. 主观方面是直接故意。本罪虽然多以牟利为犯罪目的，但犯罪目的不影响本罪成立。

(二) 刑事责任

根据《刑法》第333条规定，犯本罪的，处5年以上10年以下有期徒刑，并处罚金。有前款行为，对他人造成伤害的，依照故意伤害罪定罪处罚。

六、非法采集、供应血液、制作、供应血液制品罪

(一) 概念与特征

非法采集、供应血液、制作、供应血液制品罪，是指非法采集、供应血液或者制作、供应血液制品，不符合国家规定的标准，足以危害人体健康的行为。本罪的主要特征是：

1. 侵犯的客体是复杂客体，本罪既侵犯国家对血液和血液制品的管理制度，又侵犯公共卫生。本罪侵犯的对象，是血液和血液制品。

2. 客观方面表现为非法采集、供应血液或者制作、供应血液制品，不符合国家规定的标准，足以危害人体健康的行为。(1) 必须有非法采集、供应血液或者制作、供应血液制品的行为。“非法”，不仅指违反操作规定，而且指未经国家主管部门批准，不具有采集、供应血液或者制作、供应血液制品的资格。非法采集、供应血液或者制作、供应血液制品的行为，包括非法采集、供应血液的行为和非法制作、供应血液制品的行为。非法采集、供应血液的行为，既可以由不具备采集、供应血液的单位和个人为之，也可以由依法成立的血站、单采血浆站工作人员为之。不符合国家规定的标准，主要是相对于非法采集、供应的血液和非法制作、供应的血液制品的质量而言的。血液、血液制品质量的好坏，集中表现在有效性和安全性两方面，这是由其本身的性质和纯度决定的。有效性是发挥治疗效果的基本条件，安全性是保证其充分发挥作用而又减少

损伤和不良影响的必要条件。(2) 足以危害人体健康。行为人非法采集、供应血液或者制作、供应血液制品的行为,只有与他人人体健康足以受到侵害的危险状态之间具有刑法上的因果关系,才能构成本罪。

3. 犯罪主体是一般主体。单位不能成为本罪主体,对于不具有采集、供应血液或者制作、供应血液制品资格的单位所从事的采集、供应血液或者制作、供应血液制品,不符合国家规定的标准,足以危害人体健康的,只追究有关直接责任人员的刑事责任。

4. 主观方面是故意,即行为人明知自己违反有关操作规定,或者明知自己没有资格从事采集、供应血液或者制作、供应血液制品活动仍决意为之。

(二) 刑事责任

根据《刑法》第334条规定,犯本罪的,处5年以下有期徒刑或者拘役,并处罚金;对人体健康造成严重危害的,处5年以上10年以下有期徒刑,并处罚金;造成特别严重后果的,处10年以上有期徒刑或者无期徒刑,并处罚金或者没收财产。

七、采集、供应血液、制作、供应血液制品事故罪

(一) 概念与特征

采集、供应血液、制作、供应血液制品事故罪,是指经国家主管部门批准采集、供应血液或者制作、供应血液制品的部门,不依照规定进行检测或者违背其他操作规定,严重危害他人身体健康的行为。本罪的主要特征是:

1. 侵犯的客体是复杂客体,既侵犯国家对血液、血液制品的管理制度,又侵犯公共卫生。国家有关行政主管部门对于采集、供应血液或者制作、供应血液制品工作,制定了一系列的检测、操作规定。比如《采供血机构和血液管理办法》《供血者健康检查标准》《供血浆者健康检查标准》《血液制品管理条例》等等,从而为血液、血液制品的采集、制作、供应工作建立了一整套的管理制度。然而,实践中有些单位仍违反检测、操作规定,不仅侵犯了国家对血液、血液制品的管理制度,而且往往会产生危害他人身体健康的严重后果,具有严重的社会危害性。因此,刑法增设了本罪,有利于抑制这类单位犯罪活动。本罪侵犯的对象是血液和血液制品。

2. 客观方面表现为采集、供应血液或者制作、供应血液制品时,不依照规定进行检测或者违背其他操作规定,造成危害他人身体健康的后果。首先,经国家主管部门批准采集、供应血液或者制作、供应血液制品的血站(库)、单采血浆站及血液制品生产单位,不依照有关规定进行检测、操作。其次,本罪属于实害犯。只有实际上造成了危害人民群众的身体健康的后果,才能构成本罪。所谓“造成危害他人身体健康后果”,法律没有明文规定,通常是指由于血液或血液制品的质量问题而致使不特定受血者、使用者正常的生理机能遭受严重损害,或者由于采血器材、医疗器械材料的卫生清洁问题,或采血制血的具体技术、手法问题而导致供血者、受血者等正常的生理机能遭受严重损害。

3. 犯罪主体是特殊主体，即必须是经国家主管部门批准的有权从事采集、供应血液或者制作、供应血液制品活动的单位，包括采供血机构和血液制品生产单位。采供血机构，是指采集、储存血液，并向临床或血液制品生产单位供血的医疗卫生机构。血液制品生产单位，是经国家主管部门批准而从事制作、供应血液制品的单位。

4. 主观方面是过失，即依法从事血液采集、供应或血液制品制作、供应的单位，应当预见到本单位不依照规定进行检测或者违背其他操作规定的行为，可能造成危害他人身体健康的后果，但因为疏忽大意而没有预见，或者已经预见但轻信能够避免，以致发生损害他人身体健康的后果。

(二) 刑事责任

根据《刑法》第 334 条第 2 款规定，犯本罪的，对单位判处罚金，并对其直接负责的主管人员和其他直接责任人员，处 5 年以下有期徒刑或者拘役。

八、医疗事故罪

(一) 概念与特征

医疗事故罪，是指医务人员由于严重不负责任，造成就诊人死亡或者严重损害就诊人身体健康的行为。本罪的主要特征是：

1. 侵犯的客体是医疗单位的工作秩序，以及公民的生命健康权利。犯罪对象是接受医疗人员治疗的人。

2. 客观方面表现为严重不负责任，造成就诊人死亡或者严重损害就诊人身体健康的行为。首先，医务人员在诊疗护理工作中有严重不负责任的行为。严重不负责任，是指在诊疗护理工作中违反规章制度和诊疗护理常规。根据国务院《医疗事故处理办法》的规定，医疗事故按事故发生的原因分为责任事故和技术事故。医疗技术事故不构成犯罪。这里的规章制度，是指与保障就诊人的生命、健康安全有关的诊疗护理方面的规章制度。医疗事故案件中常见的违反规章制度的情况有：错用药物、错治病人、错报输血、错报病情、擅离职守、交接班草率、当班失职等。诊疗护理常规，是指长期以来在诊疗护理实践中被公认的行之有效的操作习惯与惯例。各项诊疗操作和护理，均有一定的操作规程要求，这些规程是为了保障操作稳准，避免失误而制定的，在诊疗操作和护理工作中必须遵照执行，否则就有可能导致医疗事故的发生。其次，因严重不负责任行为导致病人严重损害身体健康或死亡的结果。本罪在客观上必须要求发生了病人重伤或死亡的结果。严重损害身体健康，是指按照 1987 年国务院颁布的《医疗事故处理办法》第 6 条所称的二级医疗事故和三级医疗事故。二级医疗事故，是指造成就诊人严重残疾或者严重功能障碍的；三级医疗事故，是指造成就诊人残废或者功能障碍的。最后，严重不负责任行为与病员重伤、死亡之间必须存在刑法上的因果关系。医疗事故行为是造成严重后果的主要原因。

3. 犯罪主体是特殊主体，是达到刑事责任年龄并具有刑事责任能力的实施了违章医疗行为的医务人员。医务人员是指具有一定医学知识和医疗技能，取得行医资格,直接从事医疗护理工作的人员,包括医院医务人员及经批准的个体行医者。未取得医生执业许可证的非法行医者,不能成为本罪的主体。

4. 主观方面是过失,即行为人主观上对病人伤亡存在重大业务过失。在这里,本罪要求行为人主观上存在重大过失而不是一般过失,即从主观上过失程度之轻重来说,行为人主观上存在严重过失。临床医疗活动本身有导致人身伤亡的危险性,医务人员稍有不慎即会发生不幸后果,如果把一般过失行为确定为犯罪,于情理上有失公平,于法律上则有失于严苛。

(二) 医疗事故罪的认定

1. 医疗事故罪与一般医疗事故的界限

医疗事故是指医疗机构及其医务人员在医疗活动中,违反医疗卫生管理法律、行政法规、部门规章和诊疗护理规范、常规,过失造成患者人身损害的事故。1988 年卫生部在对 1987 国务院发布的《医疗事故处理办法》(以下简称《办法》)的说明中,明确规定,认定医疗事故必须具备下列五个条件:(1) 医疗事故的责任人必须是经过考核和卫生行政机关批准或认可,取得相应资格的各级卫生技术人员(亦包括从事医疗管理和后勤服务等人员)。(2) 医疗事故的行为人必须有诊疗护理工作过失,包括疏忽大意和过于自信两种过失,且必须具有违法性和危害性。(3) 必须是发生在诊疗护理工作中(包括为此服务的后勤和管理)。(4) 给病员造成的危害结果必须符合"死亡、残废、组织器官损伤导致功能障碍",否则不能认定为医疗事故。(5) 危害行为与危害结果之间必须有直接的因果关系。

根据我国刑法的有关规定,医疗事故罪是指医务人员严重不负责任,过失造成就诊人死亡或者严重损害就诊人身体健康的行为。它与一般医疗事故的质的界限主要在于医疗事故行为造成的危害结果的严重性是否达到造成就诊人死亡或者严重损害就诊人身体健康的程度。

《办法》第 6 条把医疗事故规定为三个等级:一级医疗事故即造成病员死亡的;二级医疗事故即造成病员严重残废或者严重功能障碍的;三级医疗事故即造成病员残废或者功能障碍的。我国刑法(包括《人体重伤鉴定标准》)与卫生部的有关规定有交差重合的地方。在没有相关司法解释的情况下,对三级医疗事故要具体分析,对与《人体重伤鉴定标准》规定一致的按重伤处理,这主要是三级甲等医疗事故;而对其他三级医疗事故(《人体重伤鉴定标准》有具体规定的除外)一般可作为法学标准上的轻伤,这主要是指三级乙等医疗事故。由于我国刑法对过失致人轻伤的行为没有规定为犯罪,所以在医疗事故行为中造成病人轻伤的,不能认定为犯罪,这也与《刑法》第 335 条医疗事故罪的规定不相抵触。

构成医疗事故罪,患者人身损害的危害结果必须与医务人员严重不负责任的诊疗护理有必然的联系,即两者存在刑法上的因果关系。否则,即使医务人员有严重的违章行为,而没有上述的危害结果发生;或者虽有危害结果,而医务人员没有严重的违章行为;或者虽有违章但不严重,均不构成犯罪。

2. 医疗事故罪与医疗事故相近事故的界限

(1) 医疗事故罪与医疗技术事故的界限。医疗技术事故是指在诊疗护理工作中,因医务工作者的技术过失,造成病员死亡、残废或功能障碍的事故。在医疗技术事故中,由于医务人员在诊疗护理过程中已尽其责,没有违反工作制度和技术规程,只是在现有医学科学技术条件下,由于设备或医务技术水平的限制,发生了无法预料或者不能防范的不良后果。由于行为人不具备构成医疗事故罪的主客观要件,因而医疗技术事故不能作为有罪处理。

(2) 医疗事故罪与医疗差错的界限。医疗差错是指虽有诊疗护理错误,但未造成病员死亡、残废、功能障碍的情形。由于没有造成医疗事故罪的法定的危害结果,医疗差错不具备构成医疗事故罪的客观方面的要件而不构成犯罪。

(3) 医疗事故罪与医疗意外的界限。医疗意外是指在医疗活动中由于患者病情异常或者患者体质特殊而发生的难以预料和防范的不良后果。在医疗意外中,由于医务人员没有主观罪过,故不属犯罪。这种情形刑法理论称“意外事件”或“不可抗力事件”。

(4) 医疗事故罪与并发症的界限。并发症一般指在医疗过程中难以避免和防范的不良后果,如某一种疾病在治疗过程中,发生了与这种疾病有关的另一种或几种疾病。如果因此出现病人死亡、残废或功能障碍等情形,由于这些结果的产生不是医务人员的诊疗护理过失所致,因而不属医疗事故,故不能作为犯罪处理。这种情形也属刑法理论上的“意外事件”或“不可抗力事件”。

(5) 医疗事故罪与抢救行为的界限。抢救行为是指在紧急情况下为抢救垂危患者生命而采取紧急医学措施而造成的不良后果,如医务人员为了挽救病员生命、治愈疾病,在采取其他措施不能达到目的时,不得不冒较小的风险,有时还不得不采取损害病员较小利益的方法,以保护其生命健康免遭损害的行为。这种情况下,如果造成病人死亡、残废或功能障碍等后果,由于医务人员没有犯罪的故意或过失,故不能认定为有罪。

3. 医疗事故罪与其他相似罪的界限

(1) 医疗事故罪与故意杀人罪的界限。故意杀人罪侵犯的客体是他人的生命权利,而医疗事故罪侵犯的客体是医疗管理秩序和就诊人的生命权利;故意杀人罪的客观方面表现为非法剥夺他人生命的行为,医疗事故罪则表现为医务人员严重不负责任,致使就诊人死亡的行为;故意杀人罪的主体为一般主体,即达到一定年龄并具有刑事责任能力的自然人,医疗事故罪的主体是特殊主体,即取得医生执业资格的医务人员;故意杀人罪的主观方面只能由故意构成,而医疗事故罪的行为人必须有诊疗护理工作过失。实践中,有些犯罪分子利用医疗工作的机会,实施杀人的犯罪行为。如某镇卫生院一医生值夜班时,众人送来一采石中被砸伤的急重病人,该医生立即开始抢救,在处理伤者面部血迹创口时,该医生发现伤者是自己的仇人,便立即停止清创缝合直至伤者死亡。

(2) 医疗事故罪与重大责任事故罪的界限。两罪都是过失犯罪,在客观上都造成了严重后果。但两罪有明显的区别:医疗事故罪的主体是医务人员,而重大责任事故罪的主体是工矿企业等单位的职工;医疗事故罪的客观方面表现为医务人员严重不负责任而致使就诊人死亡或者严重损害就诊人身体健康的行为,重大责任事故罪的客观方面表现为行为人在生产、作业活动中不服管理、违反规章制度,或者强令工人违章冒险作业,因而发生重大伤亡事故或造成其他严重后果的行为;医疗事故罪侵犯的客体是就诊人的生命健康权利和医疗管理秩序,而重大责任事故罪所侵犯的客体是工矿企业等单位的生产安全;医疗事故罪侵害的对象是到医院就诊人员的安全,重大责任事故罪侵害的对象是工矿企业等单位不特定的多数人的人身安全和公私财产安全。

(3) 医疗事故罪与非法行医罪的界限。两罪都违反了相似的法律、行政法规,都侵害了国家正常的医疗秩序。它们的不同点主要是:医疗事故罪的主体是取得医生执业资格的医务人员,非法行医罪的主体是未取得医生执业资格的人;医疗事故罪的主观方面是过失,非法行医罪在主观方面是故意,表现为行为人对自己非法行医的行为是明知的,但对造成患者人身损害结果则是过失的,否则,就可能构成其他罪而不构成非法行医罪;医疗事故罪的客观方面表现为积极的作为或者消极的不作为,而非法行医罪在客观方面表现为积极的作为。在司法实践中,凡领有国家许可执照的个体医生,在合法行医中发生重大医疗责任事故的,应认定为医疗事故罪;无医疗许可执照的,如江湖游医,在行医中发生重大医疗责任事故则不能定医疗事故罪,而应根据具体情况定罪;具有医师身份的人,如不在正常医疗活动中发生医疗事故,如为他人偷取节育环、私自为他人堕胎等,也不构成医疗事故罪,应根据其具体犯罪情节确定罪名。

(4) 医疗事故罪与玩忽职守罪的界限。玩忽职守罪,是指国家机关工作人员严重不负责任,不履行或不正确履行职责,致使公共财产、国家和人民利益遭受重大损失的行为,它与医疗事故罪都表现为严重不负责任,都可能出现造成人员伤亡的严重后果。两罪的区别主要有五点:一是主体不同。前罪的主体是医务人员,后罪的主体是国家机关工作人员。二是客体不同。前罪侵害的主要客体是医疗机构的管理秩序,后罪侵害的客体是国家机关的正常管理活动。三是主观过失的内容不同。前罪是在诊疗护理工作中出现的过失,后罪是在行政管理过程中出现的过失。四是客观表现不同。前罪表现为在诊疗护理工作中违反规章制度或诊疗操作常规,后罪表现为在行政管理工作中严重不负责任,不履行或不正确履行自己的职责。五是危害后果不同。前罪的危害后果仅限于就诊人死亡或身体健康严重受损,而后罪的后果既可以是人员伤亡,也可以是财产损失,还可以是恶劣的政治影响。

(三) 医疗事故罪的法定刑缺陷及其完善

1. 医疗事故罪的法定刑缺陷

根据《刑法》第 335 条规定,医疗事故罪的法定刑是“三年以下有期徒刑或者拘役”。从这一规定可以看出,这一法定刑配置存在以下两点不足:(1) 法定刑刑种单一。由于医疗本身所具有的特殊性、专业性,使得引起医疗事故的原因具有多样性,从而会出现事故的结果和原因行为的不一致性。法定刑刑种的单一性就使得针对具体案件刑罚的可选择性较小,这就不利于处理纷繁复杂的医疗事故行为。(2) 法定刑幅度过窄、最高刑偏低。由于医疗业务行为的特殊性和专业性,所以通常情况下,医疗业务过失犯罪的客观危害、主观恶性都要大于其他普通过失犯罪,因而对医疗业务过失犯罪的处罚应当重于普通过失犯罪。我国现行刑法对医疗事故罪仅仅规定了单一的法定刑幅度,即3年以下有期徒刑,最高刑为3年有期徒刑。这一法定刑幅度和最高刑的刑期明显不合理。比如,重大责任事故罪的法定刑幅度规定为“3年有期徒刑”和“3年以上7年以下有期徒刑”;交通肇事罪、过失致人死亡罪的法定刑幅度和最高刑的刑期都较医疗事故罪要大。

2. 医疗事故罪法定刑配置的立法完善

(1) 设立罚金刑。在现实生活中,医疗事故的发生不仅是由于医疗技术和医疗水平较低的原因所致,还由于有些医生纪律观念和医德观念淡薄,“红包”现象泛滥成灾。所以,从这个角度来说,有些医疗事故罪带有贪利性犯罪的性质,对责任人员处以罚金刑是必要的。

(2) 设立资格刑。对从事特殊职业的人,如医生、律师等职业犯罪施以资格刑是有必要的,通过施以资格刑可以加大刑罚的威慑力。而且,这一处罚原则也为其他国家刑法所适用。所以,我们认为我国刑法也应适用资格刑。

(3) 提高法定刑幅度。医疗事故罪处罚的行为是违反注意义务,严重不负责任而导致严重后果的医疗行为。提高法定刑幅度,一方面有利于维护患者的合法权益,另一方面可以加强医疗人员的责任感,有利于医疗事业的健康发展。

(四) 刑事责任

根据《刑法》第335条规定,犯本罪的,处3年以下有期徒刑或者拘役。

九、非法行医罪

(一) 概念与特征

非法行医罪,是指未取得医生执业资格的人非法行医,为他人治病,情节严重的行为。本罪的主要特征是:

1. 侵犯的客体是复杂客体,既侵犯国家对医疗卫生工作的管理制度,又侵犯他人的身体健康。行医是关系到人民生命健康的特殊职业,因此,国家对这一行业的管理极为严格。不仅对行医者的资格严格限制,要求行医者除要有良好的政治思想条件外,还要具备一定的技术资格,以保证医疗质量,保障人民的生命健康安全。非法行医不仅扰乱了业已建立的良好的医疗卫生工作管理秩序,而且往往由于非法行医者不具备执业的资格和条件,医疗服务质量差,同时也侵犯了就诊人的身体健康和生命安全。

2. 客观方面表现为非法行医,情节严重的行为。"非法行医",是指无医生执业资格从事诊疗活动,包括在医疗机构中从事诊疗活动和擅自开业从事诊疗活动。有医生执业资格而未取得开业执照行医的,不属本条所称非法行医。"情节严重",一般指非法行医,屡教不改的;骗取大量钱财的;损害就诊人身体健康的等。

3. 犯罪主体是特殊主体,即"未取得医生执业资格的人"。

4. 主观方面是故意。行为人对自己没有医生执业资格是明知的。

(二) 非法行医罪的主体范围与相关探讨

根据《刑法》第336条第1款的规定,未取得医生执业资格的人非法行医,情节严重的,即构成非法行医罪。根据法条的规定,非法行医罪的主体必须是未取得医生执业资格的人,即既可以是无医疗技术的一般公民,也可以是具有一定的医学专业技术,但尚未取得执业资格的人,还可以是取得执业资格,但不具有从事特定医疗业务资格的人。从该条文的表述上看,"医生执业资格"显然并不等同于"医师资格"或者"执业医师资格",而应当是两种资格的统一,也就是说只有同时具有医师资格和取得执业证书,才能被认定取得了"医生执业资格"。由此可以看出,只要缺少医师资格或者执业资格的人行医,即可成为非法行医罪的主体。基于同样的理由,同时具有上述两种资格的人,由于某种原因被有关行政主管机关依法取消其中一种或两种资格后仍然行医的,也可成为本罪的主体。综上所述,我们可以看出,本罪的主体,是"未取得医生执业资格的人",这显然是一种特殊主体,同时本罪的特殊主体是一种消极的身份,即具有医生执业资格的人,不可能成为本罪的实行犯,立法原意将其主体限定在未取得医生执业资格的人的范围之内,即排除了取得医生执业资格的人实施本罪的可能性。

此外,还可以进行探析的问题有:

1. 单位可否成为非法行医罪的主体

我们认为单位可成为非法行医罪的主体,理由是:(1) 依照最高人民法院《关于审理单位犯罪案件具体应用法律有关问题的解释》第1条的规定,依法设立的公司、企业、事业单位且具有法人资格,不论其所有制性质,均可构成单位犯罪主体。(2) 非法行医包括多种情形,既有个人在未取得"医疗机构执业许可证"情况下的行医行为,又有在取得"医疗机构执业许可证"后,医疗机构负责人任用非卫生技术人员从事诊疗活动,或任用其他未在医疗机构人员名单中列明的人从事诊疗活动等等。在后一种情况下,如果医疗机构本身依法成立,且经过工商行政部门注册登记,具有法人资格,那么该医疗机构就符合单位犯罪主体资格。

2. 在依法成立的医疗机构内,非卫生技术人员从事诊疗活动、卫生技术人员从事本专业以外的诊疗活动,是否构成非法行医罪的主体

"卫生技术人员"是指依法取得卫生技术资格或者职称的人员,诊疗活动是指通过各种检查,使用药物、器械及手术等方法,对疾病作出判断和消除疾病、缓解病情、减轻病痛、改善功能、延长生命、帮助患者恢复健康的活动。非卫生技术人员当然不具备

卫生技术资格或职称，虽在依法成立的医疗机构内，也不能从事诊疗活动，否则符合非法行医罪主体条件。如由于其从事诊疗活动给患者（就诊人）造成严重后果的，该医疗机构主要负责人应成为该罪的共犯。至于卫生技术人员从事本专业以外的诊疗活动，其行为性质相当于医疗机构超出其登记的诊疗科目范围，只有在急诊和急救的紧迫情况下才可以成为例外，否则，卫生技术人员从事本专业以外的诊疗活动，行为人应对自己的行为负责，符合非法行医罪的主体条件。而医疗机构超出其诊疗科目范围开展诊疗活动，医疗机构主要负责人应对该行为负责，也符合非法行医罪的主体条件。

3. 美容服务机构中开展医疗美容业务的人是否构成非法行医罪的主体

医疗美容是指使用药物、手术、物理和其他损伤性或者侵入性手段进行的美容。生活美容服务机构开展医疗美容服务，必须接受医疗机构管理法规的调整。美容服务机构如果超出其登记的范围，擅自开展医疗美容，行为人无论有无“医师执业证书”或医师职称，都符合非法行医罪的主体条件，对其主要负责人或雇佣人应以该罪的共犯论处。如果行为人未有“医师执业证书”或医师职称，即使在医疗美容服务范围内的美容机构中从事医疗美容工作，也符合非法行医罪的主体条件，该医疗机构主要负责人也构成共犯。

（三）刑事责任

根据《刑法》第336条规定，犯本罪的，处3年以下有期徒刑、拘役或者管制，并处或者单处罚金；严重损害就诊人身体健康的，处3年以上10年以下有期徒刑，并处罚金；造成就诊人死亡的，处10年以上有期徒刑，并处罚金。“严重损害就诊人身体健康的”，是指1987年国务院发布的《医疗事故处理办法》第6条所称的二级医疗事故和三级医疗事故。未取得医师执业资格非法行医，具有造成突发传染病病人、病原携带者、疑似突发传染病病人贻误诊治或者造成交叉感染等严重情节的，依照本法第336条第1款的规定，依法从重处罚。①

十、非法进行节育手术罪

（一）概念与特征

非法进行节育手术罪，是指未取得医生执业资格的人擅自为他人进行节育复通手术、假节育手术、终止妊娠手术或者摘取宫内节育器，情节严重的行为。本罪的主要特征是：

1. 侵犯的是复杂客体，既侵犯国家的计划生育政策和制度，又侵犯他人的身体健康。实行计划生育是我国的一项基本国策。切实掌握落实节育措施，不仅可以控制人

① 参见《最高人民法院、最高人民检察院关于办理妨害预防、控制突发传染病疫情等灾害的刑事案件具体应用法律若干问题的解释》，2003年5月13日最高人民法院审判委员会第1269次会议、2003年5月13日最高人民检察院第十届检察委员会第3次会议通过。2003年5月15日起施行。

口增长，同时也有利于保护人体健康，提高人口素质，促进民族繁荣。未取得医生执业资格的人非法进行节育手术，必然对公众的健康、生命安全造成现实的威胁。

2. 客观方面表现为擅自为他人进行节育复通手术、假节育手术、终止妊娠手术或者摘取宫内节育器，情节严重的行为。擅自为他人进行节育复通手术，是指没有医师资格的人，违反计划生育政策和制度，为他人进行输卵（精）管复通手术的行为。擅自为他人进行假节育手术，是指没有医师资格的人，违反计划生育政策和制度，为他人进行假结扎输卵（精）管手术的行为。“情节严重”，一般是指多次为他人进行节育复通等手术，致使多人超计划生育的；使用不合卫生标准或医疗标准的方法，致使就诊人遭受重大痛苦或者损害就诊人健康的。“情节严重”是本罪的构成要件。

3. 犯罪主体是一般主体，但必须是未取得医生执业资格的人。如果已经取得医生执业资格的人实施破坏计划生育的行为，不构成本罪。

4. 主观方面是故意，即明知自己未取得医生执业资格，仍然为他人实施计划生育手术。

（二）刑事责任

根据《刑法》第 336 条第 2 款规定，犯本罪的，处 3 年以下有期徒刑、拘役或者管制，并处或者单处罚金；严重损害就诊人身体健康的，处 3 年以上 10 年以下有期徒刑，并处罚金；造成就诊人死亡的，处 10 年以上有期徒刑，并处罚金。

十一、妨害动植物防疫、检疫罪

（一）概念与特征

妨害动植物防疫、检疫罪，是指违反进出境动植物检疫法的规定，逃避动植物检疫，引起重大动植物疫情的行为。本罪的主要特征是：

1. 侵犯的客体是我国进出境动植物防疫、检疫制度。

2. 客观方面表现为违反有关动植物防疫、检疫的国家规定，引起重大动植物疫情的，或者有引起重大动植物疫情危险，情节严重的行为。（1）违反进出境动植物检疫法规定。这里的规定主要是指 1991 年 10 月 30 日全国人大常委会通过的《进出境动植物检疫法》，该法第 2 条规定：“进出境的动植物、动植物产品和其他检疫物，装载动植物、动植物产品和其他检疫物的装载容器、包装物，以及来自动植物疫区的运输工具，依照本法规定实施检疫。”（2）逃避动植物检疫，是指未经口岸动植物检疫机关的许可擅自运送进出境动植物。（3）引起了重大动植物疫情或者有引起重大动植物疫情危险。重大动植物疫情，法律没有明确规定，通常认为是指如下几种情况：① 引起的动植物疫情难于治理，对农林牧渔业生产危害很大；②引起的动植物疫情过去没有发生过，对农林牧渔业生产危害很大；③ 引起的动植物疫情造成的实际经济损失巨大。

3. 犯罪主体是一般主体，自然人和单位均可构成。

4. 主观方面是过失，即行为人对其逃避或拒绝接受国境卫生检疫检查是故意的，但是对引起重大动植物疫情这一结果是出于过失。

（二）刑事责任

根据《刑法》第 337 条规定，犯本罪的，处 3 年以下有期徒刑或者拘役，并处或者单处罚金。单位犯本罪的，对单位判处罚金，并对其直接负责的主管人员和其他直接责任人员，依照上述规定处罚。

第七节　破坏环境资源保护罪

一、污染环境罪

（一）污染环境罪的概念和主要特征

污染环境罪，是指违反国家规定，排放、倾倒或者处置有放射性的废物、含传染病病原体的废物、有毒物质或者其他有害物质，严重污染环境的行为。污染环境罪的主要特征如下：

1. 本罪客体是国家对危险废物的环境安全管理制度。

2. 本罪在客观方面表现为违反国家规定，排放、倾倒或者处置有放射性的废物、含传染病病原体的废物、有毒物质或者其他有害物质，严重污染环境的行为。具体说具有以下三个方面的客观要素：

其一，违反国家规定是构成本罪的前提。所谓国家规定，即指国家有关环境保护的法律规范，如《环境保护法》《大气污染防治法》《水污染防治法》《海洋环境保护法》等。这一前提性规定表明本罪条文具有空白罪状之属性。

其二，必须实施了排放、倾倒或者处置有放射性的废物、含传染病病原体的废物、有毒物质或者其他有害物质的行为，具体包含三层要义：一是有排放、倾倒或者处置的行为。所谓“排放”，是指将有害物质泵出、溢出、泄出、喷出等行为；所谓“倾倒”，是指使用船舶、航空器、平台或者其他载运工具倾卸有害物质的行为；所谓“处置”，是指将有害物质焚烧或者用其他改变有害物质物理、化学、生物特性的方法处理危险废物，或者将有害物质置于一定场所或者设施并不再取回的行为。实施前述两种以上行为的，仍为一罪，不并罚。二是排放、倾倒、处置的必须是有害物质。针对本罪的犯罪对象，本条采取的是列举加概括的立法技术。“有害物质”，即有放射性的废物、含传染病病原体的废物、有毒物质或者其他有害物质。“有放射性的废物”，是指天然或者人工放射性核素超过国家规定限值的固体、液体和气体废弃物；“含传染病病原体的废物”，是指含有传染病病菌、病毒等病原体的污水、粪便等废物；“有毒物质”，是指对人体有毒害，可能对人体健康和环境造成严重危害的有机或无机毒物；“其他有害物质”，是指上述废物之外的列入国家危险废物名录或根据国家规定的危险废物鉴别标准和鉴别方法认定的具有危险性的废物。三是根据《刑法修正案（八）》的规定，本罪对排放、倾倒或者处置行为发生的空间环境不再限于土地、水体或大气。

其三，必须现实造成严重污染环境的危害后果。这体现了过失犯罪对危害结果的统一要求。如果行为人虽有非法排放、倾倒、处置危险废物的行为，但尚未造成任何后果或危害后果未达严重程度，均不构成本罪，只能施予行政处罚。所谓严重污染环境，主要是指非法处置有害物质的行为严重污染了大气、水源、海洋、土地等自然环境要素，严重危及生态系统的良性循环。2006 年 7 月 21 日最高人民法院公布的《关于审理环境污染刑事案件具体应用法律若干问题的解释》，规定了污染环境构成犯罪的具体标准。

3. 本罪主体为一般主体，自然人和单位皆可构成。

4. 本罪主观方面系过失，即行为人对严重污染环境的危害后果是应当预见而因疏忽大意未能预见或者已经预见但轻信能够避免。但是，就导致严重污染环境之致害行为而言，行为人往往是明知故犯的。

（二）污染环境罪的认定

1. 本罪与投放危险物质罪、过失投放危险物质罪的区别

三罪之犯罪对象存在交叠情形，因此犯罪对象并非区别关键。本罪侵犯的客体是环境管理制度，后两罪则危及公共安全。此外，本罪的行为是故意而为，而过失投放危险物质罪的行为是基于过失罪过的支配。

2. 本罪与重大责任事故罪的区别

两罪主观方面要件皆为故意，客观方面要件均对严重后果作了要求。区别主要有三点：首先，犯罪客体不同。本罪侵犯的是环境管理制度，重大责任事故罪侵犯的则是生产、作业安全；其次，犯罪主体不同。本罪自然人和单位均可构成，重大责任事故罪则只能由自然人构成；最后，行为方式不同。本罪表现为排放、倾倒或者处置有害物质的行为，重大责任事故罪则表现为在生产、作业过程中，违反有关安全管理规定之各种行为。

3. 本罪与危险物品肇事罪的区别

两罪区别主要有三点：其一，犯罪客体不同。本罪侵犯的是环境管理制度，危险物品肇事罪侵犯的则是公共安全；其二，犯罪主体不同。本罪主体自然人和单位均可构成，危险物品肇事罪主体只能由自然人构成；其三，客观方面不同。本罪是因为排放、倾倒或者处置有害物质因而导致了严重污染环境事故，危险物品肇事罪则是在生产、储存、运输、使用危险物品的过程中因违反有关规定而引发了重大事故。其中，作为两罪犯罪对象的危险废物与危险物品为一种交集关系。

（三）刑事责任

根据《刑法》第 338 条和第 346 条规定，犯本罪的，处 3 年以下有期徒刑或者拘役，并处或者单处罚金；后果特别严重的，处 3 年以上 7 年以下有期徒刑，并处罚金。单位犯本罪的，对单位判处罚金，并对其直接负责的主管人员和其他直接责任人员，依照上述规定处罚。

二、非法处置进口的固体废物罪

（一）概念与特征

非法处置进口的固体废物罪，是指违反国家规定，将境外的固体废物进境倾倒、堆放、处置的行为。本罪的主要特征是：

1. 侵犯的客体是国家防治固体废物污染环境的管理制度。我国先后颁布了一系列法规，如1991年国家环保局、海关总署发布的《关于严格控制境外有害废物转移到我国的通知》、1995年10月30日第八届全国人民代表大会常务委员会第十六次会议通过的《固体废物污染环境防治法》、1996年3月1日国家环境保护局、对外经济贸易部、海关总署、国家工商行政管理局、国家商检局联合发布的《废物进口环境保护管理暂行规定》、1996年7月26日国家环境保护局、对外经济贸易部、海关总署、国家工商行政管理局、国家商检局联合发布的《关于废物进口环境保护管理暂行规定的补充规定》、1996年7月31日最高人民法院《关于审理非法进口废物刑事案件适用法律若干问题的解释》等。本罪的犯罪对象是境外的各种可用作原料的固体废物。

2. 客观方面表现为违反国家规定，将境外的固体废物进境倾倒、堆放、处置的行为。客观要素有二：(1)违反国家规定。(2) 实施了将境外的固体废物倾倒、堆放、处置的行为。"倾倒"，是指通过船舶、汽车等运载工具向我国境内任何地方倾卸固体废物的行为；"堆放"，是指将境外的固体废物任意堆存在我国境内的任何地方；"处置"，是指在我国境内将我国境外的固体废物进行焚烧和用其他方法改变固体废物物理、化学、生物特性的方法，达到减少固体废物数量，缩小固体废物体积，减少或者消除其危险成分的活动，或者将固体废物最终置于符合环境保护规定要求的场所或者设施不再回取的活动。

本罪属行为犯，只要实施了进境倾倒、堆放、处置固体废物的行为，即构成犯罪。

3. 犯罪主体是一般主体，自然人和单位均可构成。实践中，本罪的主体大多为废物进口单位或废物利用单位。个人构成本罪的情况极为少见。

4. 主观方面是故意。

（二）司法认定

1. 非法处置进口的固体废物罪与擅自进口固体废物罪的区别

两罪的对象都是固体废物，都是从境外运输进境。两罪的区别在于：(1) 是否批准与否不同。前罪是经过国务院有关部门批准；后罪是没有经过批准，属于擅自进口。(2) 客观行为表现不同。前罪有将境外固体废物进境倾倒、堆放、处置的行为；后罪只要求擅自进口。(3) 犯罪既遂形态不同。前罪是行为犯，只要有在境内倾倒、堆放、处置固体废物的行为，即可构成本罪；后罪是结果犯，只有造成重大环境污染事故，致使公私财产遭受重大损失或者严重危害人体健康的，才构成本罪。(4) 主观故意内容不同。前罪表现为意图将境外的固体废物进境倾倒、堆放、处置；后罪表现为意图将固体废物进口作原料用。

2. 非法处置进口的固体废物罪与走私废物罪的区别

两罪的相同之处在于进口的都是固体废物。两罪的区别在于:(1) 犯罪的对象不同。前罪是可用作原料的固体废物。后罪的对象,根据《中华人民共和国刑法修正案(四)》第5条的规定,是指不能用作原料的固体废物、液态废物和气态废物。(2) 客观方面的表现不同。前罪表现为违反国家规定,将中国境外的固体废物进境倾倒、堆放、处置的行为。后罪表现为违反海关法规,逃避海关监管,走私不能用作原料的固体废物、液态废物和气态废物进境的行为。

(三) 刑事责任

根据《刑法》第339条规定,犯本罪的,处5年以下有期徒刑或者拘役,并处罚金;造成重大环境污染事故,致使公私财产遭受重大损失或者严重危害人体健康的,处5年以上10年以下有期徒刑,并处罚金;后果特别严重的,处10年以上有期徒刑,并处罚金。

三、擅自进口固体废物罪

(一) 概念与特征

擅自进口固体废物罪,是指未经国务院有关主管部门许可,擅自进口固体废物用作原料,造成重大环境污染事故,致使公私财产遭受重大损失或者严重危害人体健康的行为。本罪的主要特征是:

1. 侵犯的客体是国家对固体废物污染环境的防治制度。根据《固体废物污染环境防治法》的规定,国家禁止进口不能作原料的废物;限制进口可以用作原料的固体废物。国务院环境保护主管部门会同国务院对外经济贸易主管部门制定、调整并公布可以用作原料进口的固体废物的目录,未列入该目录的固体废物禁止进口。

2. 客观方面表现为未经国务院有关主管部门许可,擅自进口固体废物用作原料,造成重大环境污染事故,致使公私财产遭受重大损失或者严重危害人体健康的行为。申请进口废物必须是依法成立的企业法人,并具有利用进口废物的能力和相应的污染防治设备。“未经国务院有关部门许可”,是指未向国务院有关部门申请,或者申请未获许可。“擅自进口固体废物”,是指行为人未经有关部门许可,超越自身职权,独立决定进口固体废物的行为。“用作原料”,是指用于从事进口废物加工利用。“以原料利用为名,进口不能用作原料的固体废物、液态废物和气态废物的,依照本法第152条第2款、第3款的规定定罪处罚。”①

本罪为结果犯,擅自进口固体废物用作原料的行为必须是已经造成重大环境污染事故,致使公私财产遭受重大损失或者严重危害人体健康的,才构成犯罪。

3. 犯罪主体是一般主体,自然人和单位均可构成。

4. 主观方面是过失。行为人擅自进口固体废物用作原料可能是故意,但是对造

---

① 《刑法修正案(四)》第5条。

成严重后果,主观上是过失。

(二)刑事责任

根据《刑法》第339条第2款规定,犯本罪的,处5年以下有期徒刑或者拘役,并处罚金;后果特别严重的,处5年以上10年以下有期徒刑,并处罚金。单位犯本罪的,对单位判处罚金,并对其直接负责的主管人员和其他直接责任人员,依照上述规定处罚。

四、非法捕捞水产品罪

(一)概念与特征

非法捕捞水产品罪,是指违反保护水产资源法规,在禁渔区、禁渔期或者使用禁用的工具、方法捕捞水产品,情节严重的行为。本罪的主要特征是:

1. 侵犯的客体是国家保护水产资源的管理制度。水产资源,包括具有经济价值的水生动物和水生植物,是国家的一项宝贵财富。为了加强对水产资源的保护,国家通过立法对水产资源繁殖、养殖和捕捞等方面作了具体的规定。国家鼓励、扶持外海和远洋捕捞业的发展,合理安排内水和近海捕捞。在内水、近海从事捕捞业的单位和个人,必须按照捕捞许可证关于作业类型、场所、时限和渔具数量的规定进行作业。不得在禁渔区和禁渔期进行捕捞,不得使用禁用的渔具、捕捞方法和小于规定的最小网目尺寸的网具进行捕捞。

2. 客观方面表现为违反保护水产资源法规,在禁渔区、禁渔期或者使用禁用的工具、方法捕捞水产品的行为。"禁渔区",是指由国家法令或者地方政府规定,对某些重要鱼、虾、蟹、贝、藻等,以及其他重要水生生物的产卵场、索饵场、越冬场和洄游通道,划定一定的范围,禁止所有渔业生产作业的区域,或者禁止某种渔业生产作业的区域。"禁渔期",是指对某些重要水生生物的产卵场、索饵场、越冬场和洄游通道,规定禁止渔业生产作业或者限制作业的一定期限。"禁用的工具",是指禁止使用的超过国家对不同捕捞对象所分别规定的最小网目尺寸的渔具。"禁用的方法",是指禁止采用的损害水产资源正常繁殖、生长的方法,如炸鱼、毒鱼、电鱼等。本罪必须达到情节严重的程度才能构成。

3. 犯罪主体是一般主体,自然人和单位均可构成。

4. 主观方面是故意。

(二)司法认定

非法捕捞水产品罪与投毒罪、爆炸罪的区别:

在一般情况下,它们的区别非常明显。但如果行为人用投毒、爆炸方法在禁渔区、禁渔期非法捕捞水产品的,则容易发生混淆。我们认为,在此情况下,区分的关键在于投毒、爆炸行为是否足以危害公共安全,如果行为人的投毒、爆炸行为足以危害公共安全的,就构成投毒罪、爆炸罪;如果行为人的投毒、爆炸行为不足以危害公共安全的,则构成非法捕捞水产品罪。

（三）刑事责任

根据《刑法》第 340 条规定，犯本罪的，处 3 年以下有期徒刑、拘役、管制或者罚金。单位犯本罪的，对单位判处罚金，并对其直接负责的主管人员和其他直接责任人员，依照上述规定处罚。

五、非法猎捕、杀害珍贵、濒危野生动物罪

（一）概念与特征

非法猎捕、杀害珍贵、濒危野生动物罪，是指违反野生动物保护法规，猎捕、杀害国家重点保护的珍贵、濒危野生动物的行为。本罪的主要特征是：

1. 侵犯的客体是国家重点保护的珍贵、濒危野生动物的管理制度。珍贵、濒危野生动物是国家的一项宝贵自然资源，不仅具有重要的经济价值，而且具有重要的文化价值、社会价值以至政治价值。因此，国家通过制定一系列保护野生动物的法律法规，对珍贵、濒危野生动物予以重点保护。

2. 客观方面表现为非法捕猎、杀害国家重点保护的珍贵、濒危野生动物的行为。非法捕杀珍贵、濒危野生动物的行为方式多种多样，但可以归纳为 3 类：捕猎珍贵、濒危的陆生野生动物；捕捞珍贵、濒危的水生野生动物；杀害珍贵、濒危的陆生或水生野生动物。

本罪为行为犯，只要行为人实施了非法捕杀珍贵、濒危野生动物的行为，就构成犯罪。

3. 犯罪主体是一般主体，自然人和单位均可构成本罪。

4. 主观方面是故意，过失不构成本罪。行为人可能是为了出卖牟利、自食自用、馈赠亲友或者出于取乐的目的，但犯罪目的不影响本罪的成立。

（二）刑事责任

根据《刑法》第 341 条规定，犯本罪的，处 5 年以下有期徒刑或者拘役，并处罚金；情节严重的，处 5 年以上 10 年以下有期徒刑，并处罚金；情节特别严重的，处 10 年以上有期徒刑，并处罚金或者没收财产。单位犯本罪的，对单位判处罚金，并对其直接负责的主管人员和其他直接责任人员，依照上述规定处罚。实施《刑法》第 341 条规定的犯罪，又以暴力、威胁方法抗拒查处，构成其他犯罪的，依照数罪并罚的规定处罚。

六、非法收购、运输、出售珍贵、濒危野生动物、珍贵、濒危野生动物制品罪

（一）概念与特征

非法收购、运输、出售珍贵、濒危野生动物、珍贵、濒危野生动物制品罪，是指违反野生动物保护法规，收购、运输、出售国家重点保护的珍贵、濒危野生动物及其制品的行为。本罪的主要特征是：

1. 侵犯的客体是国家重点保护的珍贵、濒危野生动物的管理制度。本罪的对象

只能是国家重点保护的珍贵、濒危野生动物及其制品。所谓“制品”,是指对捕获或得到的珍贵、濒危野生动物通过某种加工手段而获得的成品和半成品,如标本、皮张和其他有极高经济价值的动物部位、肉食等。

2. 客观方面表现为违反野生动物保护法规,收购、运输、出售珍贵、濒危野生动物及其制品的行为。“收购”,包括以营利、自用等为目的的购买行为;“运输”,包括采用携带、邮寄、利用他人、使用交通工具等方法进行运送的行为;“出售”,包括出卖和以营利为目的的加工利用行为。

3. 犯罪主体是一般主体,自然人和单位均可构成本罪。

4. 主观方面是故意,过失不构成本罪。实践中,由于一些非专业人员对野生动物领域了解不多,因而通常对何种动物为野生动物的认识不够,也因此对该种动物制品缺乏认识,在这种情况下实施了非法收购、运输、出售自己认为是珍贵、濒危野生动物及其制品的,一般不以本罪论处;如果行为人实施了非法收购、运输、出售自己认为不是珍贵、濒危野生动物及其制品的,而事实上确实是珍贵、濒危野生动物及其制品,亦不宜以本罪论处。

(二) 刑事责任

根据《刑法》第 341 条规定,犯本罪的,处 5 年以下有期徒刑或者拘役,并处罚金;情节严重的,处 5 年以上 10 年以下有期徒刑,并处罚金;情节特别严重的,处 10 年以上有期徒刑,并处罚金或者没收财产。单位犯本罪的,对单位判处罚金,并对其直接负责的主管人员和其他直接责任人员,依照上述规定处罚。

七、非法狩猎罪

(一) 概念与特征

非法狩猎罪,是指违反狩猎法规,在禁猎区、禁猎期或者使用禁用的工具、方法进行狩猎,破坏野生动物资源,情节严重的行为。本罪的主要特征是:

1. 侵犯的客体是国家保护野生动物资源的管理制度。本罪的对象是指除珍贵、濒危的陆生野生动物和水生野生动物以外,有益的或者有重要经济、科学研究价值的陆生野生动物。行为人非法狩猎的对象如果涉及属于国家重点保护的珍贵、濒危野生动物,应按非法猎捕、杀害珍贵、濒危野生动物罪论处。

2. 客观方面表现为违反狩猎法规,在禁猎区、禁猎期或者使用禁用的工具、方法进行狩猎,破坏野生动物资源,情节严重的行为。“禁猎区”,是指国家在适宜野生动物栖息繁殖或者野生动物资源贫乏和破坏比较严重的地区,为保护野生动物而划定的禁止狩猎区域。“禁猎期”,是指按法定程序规定,禁止进行狩猎活动的一定时间期限。禁猎期由县级以上人民政府或其野生动物行政主管部门规定。“禁用的工具”,是指足以破坏野生动物资源,危害人畜安全以及破坏森林的工具。“禁用的方法”,是指以破坏、妨害野生动物正常繁殖和生长的方法,如投毒、爆炸、火攻、烟熏、掏窝、拣蛋、夜间照明行猎、歼灭性围攻等。

非法狩猎情节严重的行为,才能构成犯罪。所谓"情节严重",可参考1992年林业部、公安部《关于野生动物刑事案件的管辖及其立案标准的规定》。

3. 犯罪主体是一般主体,自然人和单位均可构成。

4. 主观方面是故意,即明知是在禁猎区、禁猎期或者使用禁止的工具、方法进行狩猎。至于是为了营利或者其他目的,均不影响本罪的成立。

(二) 刑事责任

根据《刑法》第341条第2款规定,犯本罪的,处3年以下有期徒刑、拘役、管制或者罚金。单位犯本罪的,对单位判处罚金,并对其直接负责的主管人员和其他直接责任人员,依照上述规定处罚。

八、非法占用农用地罪

(一) 概念与特征

非法占用农用地罪,是指违反土地管理法规,非法占用耕地、林地等农用地,改变被占用土地用途,数量较大,造成耕地、林地等农用地大量毁坏的行为。本罪的主要特征是:

1. 侵犯的客体是国家的农用地的管理制度。本罪的对象是农用地。耕地资源分为已开垦的已耕地和尚未开发利用的后备耕地。已开垦的耕地包括熟地、当年新开荒地、连续撂荒未满3年的耕地、当年的休闲地、以种植农作物为主并附带其他作物的土地和沿海沿湖地区围垦利用的海涂湖田等。根据1998年12月27日《基本农田保护条例》第10条的规定属于基本农田所包含的耕地范围分别是:国务院有关主管部门和县级以上地方人民政府批准确定的粮、棉、油生产基地内的耕地;有良好的水利与水土保持设施的耕地,正在实施改造计划以及可以改造的中、低产田;蔬菜生产基地;农业科研、教学实验田。

2. 客观方面表现为行为人具有违反土地管理法规,非法占用耕地、林地等农用地,改变被占用土地用途,数量较大,造成耕地、林地等农用地大量毁坏的行为。具体包括以下几个方面:首先,违反土地管理法规。"违反土地管理法规",是指违反土地管理法、森林法、草原法等法律以及有关行政法规中关于土地管理的规定。① 其次,要有非法占用耕地、林地等农用地,改变被占用土地用途的行为。"非法占用农用地",是指未经法定程序,办理有关登记、批准手续,而非法占用集体所有的农用地或归他人个人使用的农用地。"改变被占用土地用途",是指将非法占用的农用地改变其农用地的性质、用途,用作他用。如非法从事露天开采;破坏土地表面肥土层;从事副业生产时,乱挖乱倒土石;从事水利、铁路、交通、工矿、电力建设时,未妥善处理废弃的土、石、沙料和矿渣等,致使农用地造成严重损害的;在农用地上非法进行建设或建设其他

① 参见全国人大常委会《关于刑法第二百二十八条、第三百四十二条、第四百一十条的解释》,2001年8月31日第九届全国人民代表大会常务委员会第二十三次会议通过。

设施,致使土地板结,肥土丧失。最后,必须造成了数量较大的农用地被改作他用,且造成了数量较大农用地毁坏的后果。非法占用农用地“数量较大”,是指非法占用基本农田五亩以上或者非法占用基本农田以外的农用地十亩以上。非法占用农用地“造成农用地大量毁坏”,是指行为人非法占用农用地建窑、建坟、建房、挖沙、采石、采矿、取土、堆放固体废弃物或者进行其他非农业建设,造成基本农田五亩以上或者基本农田以外的农用地十亩以上种植条件严重毁坏或者严重污染。①

3. 犯罪主体是一般主体,自然人和单位均可构成。

4. 主观方面是故意,即明知占用耕地改作他用的行为违反土地管理法规,而且对于占用耕地改作他用会造成大量耕地被毁坏的结果也是明知的。

(二) 司法认定

1. 非法占用农用地罪与非法转让、倒卖土地使用权罪的区别

两罪的不同之处在于:(1) 犯罪客观方面的表现不同。前罪表现为违反土地管理法规,非法侵占耕地、林地等农用地,改变被占用土地用途,数量较大,造成耕地、林地等农用地大量毁坏的行为;后罪表现为违反土地管理法规,实施了非法转让、倒卖土地使用权,情节严重的行为。(2) 犯罪主观特征上有所不同。虽然两罪都表现为故意,但是,前罪故意的内容、犯罪的目的和动机不影响犯罪的成立;后罪是目的犯,必须以牟利为目的才可构成本罪。(3) 两罪既遂形态不同。前罪是结果犯;后罪是行为犯,只要有情节严重的非法转让、倒卖土地使用权的行为,即构成既遂。(4) 两罪在刑罚处罚上有所不同。对两罪的处罚虽都采取了判处有期徒刑和罚金的刑罚方法,但前罪没有明确确定的罚金标准;而后罪则采取的是倍比罚金制的方式。

2. 规定非法占用农用地罪为危险犯

我国刑法应该将非法占用农用地罪规定为危险犯,这样能有效地保障国家耕地数量、质量,继而保障国家的粮食安全。耕地资源的破坏在很多情况下是不可恢复的,农用地的非农建设使用是不可逆转性用地,恢复为农用地的可逆性较差,尤其是因此减少的耕地面积对于粮食的减少而言更是刚性的,并且在耕地面积减少的比例中,该比例是较大的。农用地尤其是耕地资源利用的这种特点,决定了只要非法占用的农用地数量较大,就应当作为犯罪加以对待。

我国人均耕地 1.3 亩,不足世界人均耕地的 1/2,其中有 1 亿亩山坡地和边远劣地;人均耕地大于 2 亩的有 12 个省区,全都分布在东北和西北地区,日照和雨水等自然条件较差,除吉林、黑龙江两省能够调出粮食外,其他 10 个省只能自给甚至需要调入粮食;人均耕地 1 亩以下的 7 个省市在东南沿海,其耕地质量好,但多数为耕地大幅度减少的地区。666 个县人均耕地面积低于联合国确立的 0.8 亩警戒线,463 个县人均耕地低于 0.5 亩的危险线。因此,“保护耕地,就是保护农业综合生产能力,就是保

① 参见最高人民法院《关于审理破坏土地资源刑事案件具体应用法律若干问题的解释》,2000 年 6 月 16 日由最高人民法院审判委员会第 1119 次会议通过,2000 年 6 月 22 日起施行。

障国家粮食安全”。耕地保障粮食安全的法律本位,需要刑法对非法占用耕地的行为予以打击和制裁,预防耕地被大量破坏。

将非法占用农用地犯罪规定为行为犯,可以防患于未然,使农用地得到及时的保护,以充分发挥刑法的预测、指引作用,使人们能预知自己的行为可能产生的刑法上的后果。实际上,《土地管理法》就将非法占用土地作为犯罪行为规定的。该法第 76 条规定,未经批准或者采取欺骗手段骗取批准,非法占用土地构成犯罪的,依法追究刑事责任。刑法应是其他法律的保障。这样,非法占用土地作为犯罪行为应当得到刑法的肯定,非法占用农用地罪作为行为犯才更符合《土地管理法》的本意。

(三) 刑事责任

根据《刑法修正案(二)》的规定,犯本罪的,处 5 年以下有期徒刑或者拘役,并处或者单处罚金。单位犯本罪的,对单位判处罚金,并对其直接负责的主管人员和其他直接责任人员,依照上述规定处罚。

九、非法采矿罪

(一) 概念与特征

非法采矿罪,是指违反矿产资源保护法的规定,未取得采矿许可证擅自采矿的,擅自进入国家规划矿区、对国民经济具有重要价值的矿区和他人矿区范围采矿的,擅自开采国家规定实行保护性开采的特定矿种,情节严重的行为。本罪的主要特征是:

1. 侵犯的客体是国家对矿产资源和矿业生产的管理制度以及国家对矿产资源的所有权。根据我国《宪法》和《矿产资源管理法》的规定,矿产资源属于国家所有,国家保障矿产资源的合理开发利用,禁止任何组织或个人用任何手段破坏矿产资源。本罪的对象矿产资源,是指在地质运动过程中形成的,蕴于地壳之中的,能为人们用于生产和生活的各种矿物质的总称。其中包括各种呈固态、液态或气态的金属、非金属矿产、燃料矿产和地下热能等。

2. 客观上表现为违反矿产资源法的规定,未取得采矿许可证擅自采矿的,擅自进入国家规划矿区、对国民经济具有重要价值的矿区和他人矿区范围采矿,擅自开采国家规定实行保护性开采的特定矿种,经责令停止开采后拒不停止开采,造成矿产资源破坏的行为。具体表现为四种情形:(1) 未取得采矿许可证擅自采矿的。(2) 擅自进入国家规划矿区,对国民经济具有重要价值的矿区和他人矿区范围采矿的。(3) 擅自开采国家规定实行保护性开采的特定矿种的。(4) “越界采矿”的行为。“越界采矿”,是指虽持有采矿许可证,但违反采矿许可证上所规定的采矿地点、范围和其他要求,擅自进入他人矿区,进行非法采矿的行为。根据《矿产资源法》规定,任何单位和个人不得进入他人依法设立的国有矿山企业和其他矿山企业矿区范围采矿。

3. 犯罪主体是一般主体,自然人和单位均可构成本罪。

4. 主观方面是故意。

(二) 刑事责任

根据《刑法》第343条第1款的规定，犯本罪的，处3年以下有期徒刑、拘役或者管制，并处或者单处罚金；情节特别严重的，处3年以上7年以下有期徒刑，并处罚金。单位犯本罪的，对单位判处罚金，并对其直接负责的主管人员和其他直接责任人员，依照上述规定处罚。

十、破坏性采矿罪

(一) 概念与特征

破坏性采矿罪，是指违反矿产资源法的规定，采取破坏性的开采方法开采矿产资源，造成矿产资源严重破坏的行为。本罪的主要特征是：

1. 侵犯的客体是国家对矿产资源的管理制度。国家对矿产资源的管理活动主要包括：(1) 对全国矿产资源进行统一规划、合理布局。(2) 对采矿权主体进行资格审查，授予采矿权、颁发采矿许可证，依法保护正当的采矿权。(3) 对采矿单位或者个人进行全面的技术监督，保证采矿活动的科学性和计划性，防止破坏矿产资源。凡违反上述及其他有关矿产资源保护的法律制度以及管理活动的，均视为对矿产资源管理制度的侵犯。

2. 客观方面表现为违反矿产资源法的规定，采取破坏性的开采方法开采矿产资源，造成矿产资源严重破坏的行为。"违反矿产资源法的规定"，是指违反《矿产资源法》《矿业暂行条例》《矿产资源保护试行条例》《群众报矿奖励办法》《矿山安全条例》《矿山安全监察条例》《矿产资源勘查登记管理暂行办法》《全民所有制矿山企业采矿登记管理暂行办法》《矿产资源监督管理暂行办法》《放射性矿产资源勘查登记管理暂行办法》《放射性矿山企业采矿登记发证实施细则》《石油及天然气勘查、开采登记管理暂行办法》《煤炭法》和《国务院关于对黄金矿产实行保护性开采的通知》等等。"破坏性开采"，是指违反《矿产资源法》规定，采用国家及其主管部门禁止使用的开采方法采矿；或者禁止使用的开采顺序采富弃贫、采厚弃薄、采易弃难；或者在矿区乱开采以致造成矿产资源严重破坏和浪费或者使矿藏受到严重破坏。本罪是结果犯。

3. 犯罪主体是一般主体，自然人和单位均可构成本罪。

4. 主观方面是故意。

(二) 司法认定

要注意非法采矿罪与破坏性采矿罪的区别。两罪的相同之处在于所侵害的都是国家的矿产资源，犯罪的主体特征都既可以是单位也可以是自然人。两罪不同之处主要表现在客观特征上，前罪是违反矿产资源法，在无证的情况下所实施的非法采矿，或者进入国家规划矿区、对国民经济具有重要价值的矿区和他人矿区范围采矿，或者开采国家规定实行保护性开采的特定矿种，经责令停止开采后拒不停止开采的行为；后罪则是在持有采矿许可证的前提下，违反矿产资源法的规定，采取破坏性的开采方法开采矿产资源的行为。

（三）刑事责任

根据《刑法》第343条第2款的规定,犯本罪的,处5年以下有期徒刑或者拘役,并处罚金。单位犯本罪的,对单位判处罚金,并对其直接负责的主管人员和其他直接责任人员,依照上述规定处罚。

十一、非法采伐、毁坏国家重点保护植物罪

（一）概念与特征

非法采伐、毁坏国家重点保护植物罪,是指违反国家规定,非法采伐、毁坏珍贵树木或者国家重点保护的其他植物的行为。本罪的主要特征是:

1. 侵犯的客体是国家对珍贵植物资源的保护秩序。

2. 客观方面表现为行为人具有违反国家规定,非法采伐、毁坏珍贵树木或者国家重点保护的其他植物的行为。“非法采伐”,指违反国家规定,未经林业主管部门批准擅自砍伐珍贵的树木。“毁坏”,是指采用剥皮、取脂、砍枝等方式使树木死亡或者影响其正常生长、使珍贵树木的价值或使用价值部分丧失或者全部丧失等。“珍贵树木”,包括由省级以上林业主管部门或者其他部门确定的具有重大历史纪念意义、科学研究价值或者年代久远的古树名木,国家禁止、限制出口的珍贵树木以及列入国家重点保护野生植物名录的树木。①

3. 犯罪主体是一般主体,自然人和单位均可构成。

4. 主观方面是故意。

（二）司法认定

要注意非法采伐、毁坏国家重点保护植物罪与盗伐林木罪、滥伐林木罪的区别。它们的主要区别在于:(1) 犯罪对象不同。前罪侵害的对象只能是国家重点保护的植物;而后两罪侵害的是森林和其他林木。(2) 客观行为表现不同。前罪表现为非法采伐、毁坏行为;而后两罪表现为盗伐、滥伐行为。(3) 犯罪既遂形态不同。前罪是行为犯;后两罪是结果犯。

（三）刑事责任

根据《刑法修正案(四)》第6条的规定,犯本罪的,处3年以下有期徒刑、拘役或者管制,并处罚金;情节严重的,处3年以上7年以下有期徒刑,并处罚金。单位犯本罪的,对单位判处罚金,并对其直接负责的主管人员和其他直接责任人员,依照上述规定处罚。

具有下列情形之一的,属于非法采伐、毁坏珍贵树木行为“情节严重”:(1) 非法

---

① 参见最高人民法院《关于审理破坏森林资源刑事案件具体应用法律若干问题的解释》,2000年11月17日最高人民法院审判委员会第1141次会议通过。

采伐珍贵树木二株以上或者毁坏珍贵树木致使珍贵树木死亡三株以上的。(2) 非法采伐珍贵树木二立方米以上的。(3) 为首组织、策划、指挥非法采伐或者毁坏珍贵树木的。(4) 其他情节严重的情形。①

十二、非法收购、运输、加工、出售国家重点保护植物、国家重点保护植物制品罪

(一) 概念与特征

非法收购、运输、加工、出售国家重点保护植物、国家重点保护植物制品罪,是指违反国家规定,非法收购、运输、加工、出售珍贵树木或者国家重点保护的其他植物及其制品的行为。本罪的主要特征是:

1. 侵犯的客体是国家对珍贵植物资源的保护秩序。

2. 客观方面表现为行为人具有非法收购、运输、加工、出售珍贵树木或者国家重点保护的其他植物及其制品的行为。

3. 犯罪主体是一般主体,自然人和单位均可构成。

4. 主观方面是故意。

(二) 刑事责任

根据《刑法修正案(四)》第 6 条的规定,犯本罪的,处 3 年以下有期徒刑、拘役或者管制,并处罚金;情节严重的,处 3 年以上 7 年以下有期徒刑,并处罚金。单位犯本罪的,对单位判处罚金,并对其直接负责的主管人员和其他直接责任人员,依照上述规定处罚。

十三、盗伐林木罪

(一) 概念与特征

盗伐林木罪,是指违反国家《森林法》及相关法律的规定,盗伐森林或者其他林木,数量较大的行为。本罪的主要特征是:

1. 侵犯的客体是国家对森林资源的管理活动和林木的所有权。犯罪的对象,是《森林法》规定的森林及其他林木,包括防护林、用材林、经济林、薪炭林、特种用途林等。不属于《森林法》调整范围的个人房前屋后种植的零星树木,不属于本罪的犯罪对象。个人承包全民所有和集体所有的荒林荒山荒地造林,承包后种植的树木归承包者个人所有,但这些林木已构成国家林业资源的组成部分,这些林木同样可作为盗伐林木罪的犯罪对象。

2. 客观方面表现为行为人具有违反国家《森林法》及相关法律的规定,盗伐森林或者其他林木,数量较大的行为。"盗伐",是指擅自砍伐。1987 年 9 月 5 日最高人民

---

① 参见最高人民法院《关于审理破坏森林资源刑事案件具体应用法律若干问题的解释》,2000 年 11 月 17 日最高人民法院审判委员会第 1141 次会议通过。

法院、最高人民检察院发布的《关于办理盗伐、滥伐林木案件应用法律的几个问题的解释》规定,盗伐林木罪是指"擅自砍伐森林或他人林木的行为"。可见,这里强调的只是盗伐行为的非法性,而未限制行为的手段,以秘密方式采伐固然是盗伐,但以暴力威胁或公然的砍伐行为也应属于盗伐的性质。根据最高人民法院《关于审理破坏森林资源刑事案件具体应用法律若干问题的解释》,盗伐林木"数量较大",以2至5立方米或者幼树100至200株为起点;盗伐林木"数量巨大",以20至50立方米或者幼树1000至2000株为起点;盗伐林木"数量特别巨大",以100至200立方米或者幼树5000至10000株为起点。

3. 犯罪主体是一般主体,自然人和单位均可构成。

4. 主观方面是故意,而且只能是直接故意。

(二) 刑事责任

根据《刑法修正案(四)》第7条第1款的规定,犯本罪的,处3年以下有期徒刑、拘役或者管制,并处或者单处罚金;数量巨大的,处3年以上7年以下有期徒刑,并处罚金。数量特别巨大的,处7年以上有期徒刑,并处罚金。单位犯本罪的,对单位判处罚金,并对其直接负责的主管人员和其他直接责任人员,依照上述规定处罚。根据该条第4款规定,盗伐国家级自然保护区的森林或者其他林木的,从重处罚。

十四、滥伐林木罪

(一) 概念与特征

滥伐林木罪,是指违反森林法的规定,未经林业行政主管部门及法律规定的其他主管部门批准并核发采伐许可证,或者虽持有采伐许可证,但违背采伐许可证所规定的地点、数量、树种、方式等任意采伐本单位所有或管理的,以及本人自留山上的森林或者其他林木,数量较大的行为。本罪的主要特征是:

1. 侵犯的客体是国家保护林业资源的管理制度。本罪的犯罪对象包括防护林、用材林、经济林、薪炭林、特种用途林等。

2. 客观方面表现为行为人具有违反森林法的规定,未经林业行政主管部门及法律规定的其他主管部门批准并核发采伐许可证,或者虽持有采伐许可证,但违背采伐许可证所规定的地点、数量、树种、方式等任意采伐本单位所有或管理的,以及本人自留山上的森林或者其他林木,数量较大的行为。具体包括以下几个方面:

首先,行为违反森林法。所谓"违反森林法",主要是指违反《森林法》《森林法实施细则》《森林采伐更新管理办法》。

其次,具有未经林业行政主管部门批准并核发采伐许可证而任意采伐的行为。具体包括:(1) 未经林业行政主管部门及法律规定的其他主管部门批准并核发林木采伐许可证,或者虽持有林木采伐许可证,但违反林木采伐许可证规定的时间、数量、树种或者方式,任意采伐本单位所有或者本人所有的森林或者其他林木的。(2) 超过林木采伐许可证规定的数量,采伐他人所有的森林或者其他林木的。(3) 林木权属争议一方在林木权属确权之前,擅自砍伐森林或者其他林木,数量较大的。所谓“未经林业行政主管部门批准并核发采伐许可证而任意采伐的行为”,主要是指“无证采伐”,即没有经有关林业行政管理部门,以及其他有权批准采伐的主管部门的批准,并核发采伐许可证,而擅自砍伐本单位和本人所有或所管理的林木。“虽持有采伐许可证,但违背采伐许可证所规定的地点、数量、树种、方式而任意采伐本单位或本人所有或管理的森林或者其他林木行为”,是指“有证滥伐”的行为,即虽然有关部门批准采伐并核发采伐许可证,但违背了许可证上所规定的地点、数量、树种和方式等进行的采伐行为。

最后,滥伐林木数量较大。“数量较大”,以10至20立方米或者幼树500至1000株为起点;滥伐林木“数量巨大”,以50至100立方米或者幼树2500至5000株为起点。①

3. 犯罪主体是一般主体,自然人和单位均可构成。

4. 主观方面是故意。

(二) 司法认定

要注意滥伐林木罪与盗伐林木罪的区别,两罪的区别主要在于:(1) 侵害的对象不完全相同。前罪侵害的对象是行为人享有所有权或采伐权的林木;后罪侵害的对象是行为人既不享有所有权,也不享有采伐权的林木。(2) 主观目的不同。前罪在主观方面不一定都具有非法占有的目的;后罪在主观上一般具有非法占有的目的。(3) 犯罪客观方面不同。前罪表现为没有按森林法及相关法规的规定去砍伐;后罪是擅自砍伐,一般具有秘密性,但不以此为要件。(4) 处罚不同。两罪最高法定刑虽然都为7年,但前罪处最高刑要求数量巨大,而后罪数量较大即可处以最高刑。

(三) 刑事责任

根据《刑法修正案(四)》第7条的规定,犯本罪的,处3年以下有期徒刑、拘役或者管制,并处或者单处罚金;数量巨大的,处3年以上7年以下有期徒刑,并处罚金。根据该条第4款规定,滥伐国家级自然保护区的森林或者其他林木的,从重处罚。单位犯本罪的,对单位判处罚金,并对其直接负责的主管人员和其他直接责任人员,依照上述规定处罚。

十五、非法收购、运输盗伐、滥伐的林木罪

(一) 概念与特征

非法收购、运输盗伐、滥伐的林木罪,是指违反国家规定,非法收购、运输明知是盗伐、滥伐的林木,情节严重的行为。本罪的主要特征是:

1. 侵犯的客体是国家对森林资源的管理活动。犯罪对象是盗伐、滥伐的林木。

---

① 参见最高人民法院《关于审理破坏森林资源刑事案件具体应用法律若干问题的解释》,2000年11月17日最高人民法院审判委员会第1141次会议通过。

2. 客观方面表现为行为人具有违反国家规定,非法收购、运输明知是盗伐、滥伐的林木,情节严重的行为。具有下列情形之一的,属于在林区非法收购盗伐、滥伐的林木"情节严重":(1) 非法收购盗伐、滥伐的林木20立方米以上或者幼树1000株以上的;(2) 非法收购盗伐、滥伐的珍贵树木2立方米以上或者五株以上的;(3) 其他情节严重的情形。具有下列情形之一的,属于在林区非法收购盗伐、滥伐的林木"情节特别严重":(1) 非法收购盗伐、滥伐的林木100立方米以上或者幼树5000株以上的;(2) 非法收购盗伐、滥伐的珍贵树木5立方米以上或者10株以上的;(3) 其他情节特别严重的情形。①

3. 犯罪主体是一般主体。

4. 主观方面是故意,而且是直接故意,即明知是盗伐、滥伐的林木而予以非法收购、运输。这里的"明知",是指知道或者应当知道。具有下列情形之一的,可以视为应当知道,但是有证据证明确属被蒙骗的除外:(1) 在非法的木材交易场所或者销售单位收购木材的;(2) 收购以明显低于市场价格出售的木材的;(3) 收购违反规定出售的木材的。②

(二) 刑事责任

根据《刑法修正案(四)》第7条第3款的规定,犯本罪的,处3年以下有期徒刑、拘役或者管制,并处或者单处罚金;情节特别严重的,处3年以上7年以下有期徒刑,并处罚金。单位犯本罪的,对单位判处罚金,并对其直接负责的主管人员和其他直接责任人员,依照上述规定处罚。

第八节 走私、贩卖、运输、制造毒品罪

一、走私、贩卖、运输、制造毒品罪

(一) 概念与特征

走私、贩卖、运输、制造毒品罪,是指明知是毒品而故意实施走私、贩卖、运输、制造的行为。本罪的主要特征是:

1. 侵犯的客体是国家对毒品的管理制度和人民的生命健康。由于鸦片、海洛因、甲基苯丙胺等麻醉药品和精神药品既有医用价值,又能使人形成瘾癖,使人体产生依赖性。我国陆续颁布了一系列的法律、法规,严格控制麻醉药品、精神药物的进出口、供应、运输、生产等活动,严禁非法走私、贩卖、运输、制造毒品活动。如《中华人民共和国药品管理法》《麻醉药品管理办法》《精神药品管理办法》《麻醉药品生产管理办

---

① 参见最高人民法院《关于审理破坏森林资源刑事案件具体应用法律若干问题的解释》,2000年11月17日最高人民法院审判委员会第1141次会议通过。

② 同上。

法》《麻醉药品经营管理办法》等。本罪的对象是毒品。根据《刑法》第 357 条规定："本法所称的毒品是指鸦片、海洛因、甲基苯丙胺(冰毒)、吗啡、大麻、可卡因以及国家规定管制的其他能够使人形成瘾癖的麻醉药品和精神药品。"目前,联合国规定了 128 种麻醉药品,精神药品种类表中共规定了 99 种精神药品。在我国的麻醉药品、精神药品种类表中,不但规定了联合国规定的麻醉药品、精神药品,而且根据我国的情况,增加规定了一些公约中未规定的药品种类。除以上所列六种常见的毒品外,同时还明确将"国务院规定管制的其他能够使人形成瘾癖的麻醉药品和精神药品"列为毒品。1987 年 11 月和 1988 年 11 月国务院发布的对麻醉药品和精神药品的管理办法中规定,麻醉药品是指连续使用后易产生身体依赖性,能形成瘾癖的药品。包括阿片类、可卡因类、大麻类、合成麻醉药品类、卫生部指定的其他易成瘾癖的药品、药用原植物及其制剂,如鸦片、海洛因、吗啡、可卡因、杜冷丁等。精神药品是指直接作用于中枢神经系统,使之兴奋抑制,连续使用能产生依赖的药品。如甲基苯丙胺(去氧麻黄素)、安钠咖、安眠酮等。

2. 客观方面表现为行为人进行走私、贩卖、运输、制造毒品的行为。(1)"走私毒品",是指非法运输、携带、邮寄毒品进出国(边)境的行为。行为方式主要是输入毒品与输出毒品,此外对在领海、内海运输、收购、贩卖国家禁止进出口的毒品,以及直接向走私毒品的犯罪人购买毒品的,应视为走私毒品。(2)"贩卖毒品",是指有偿转让毒品或者以贩卖为目的而非法收购毒品。有偿转让毒品,即行为人将毒品交付给对方,并从对方获取物质利益。贩卖方式既可以是公开的,也可以是秘密的;既可以是直接交付给对方,也可以是间接交付给对方。贩卖的对方没有限制。出于贩卖目的而非法收买毒品的,也应认定为贩卖毒品。如果是无偿转让毒品,如赠与等,则不属于贩卖毒品。(3)"运输毒品",是指采用携带、邮寄、利用他人或者使用交通工具等方法在我国领域内将毒品从此地转移到彼地。运输毒品必须限制在国内,而且不是在领海、内海运输国家禁止进出口的毒品,否则便是走私毒品。(4)"制造毒品",一般是指使用毒品原植物而制作成毒品。它包括以下几种情况:一是将毒品以外的物作为原料,提取或制作成毒品,如将罂粟制成为鸦片。二是毒品的精制,即去掉毒品中的不纯物,使之成为纯毒品或纯度更高的毒品。如去除海洛因中所含的不纯物。三是使用化学方法使一种毒品变为另一种毒品。如使用化学方法将吗啡制作成海洛因。四是使用化学方法以外的方法使一种毒品变为另一种毒品。如将盐酸吗啡加入蒸馏水,使之成为注射液。五是非法按照一定的处方针对特定人的特定情况调制毒品。上述五种行为都属于制造毒品。

本罪是选择性罪名。对多次走私、贩卖、运输、制造毒品,未经处理的,毒品数量累计计算。"未经处理"的既包括未经刑罚处理,也包括未作行政处理。根据《刑法》第 357 条规定,毒品的数量以查证属实的毒品数量计算,不以纯度折算。

3. 犯罪主体是一般主体,自然人和单位均可构成。根据《刑法》第 17 条第 2 款规定:已满十四周岁未满十六周岁的未成年人贩卖毒品的,应当负刑事责任。

4. 主观方面是故意,而且是直接故意,即明知是毒品而走私、贩卖、运输、制造,过失不构成本罪。如果行为人主观上不知是毒品,而是被人利用而实施了走私、贩卖、运输、制造的行为,就不构成犯罪。一般是以营利为目的,但也不能排除其他目的,法律没有要求构成本罪必须以营利为目的。

【实例分析 7-11】

对上述内容,可从下例分析中深化认识:甲、乙均为吸毒人员,且关系密切。乙因买不到毒品,多次让甲将自己吸食的毒品转让几克给乙,甲每次均以购买价转让毒品给乙,未从中牟利。关于本案,下列哪些选项是错误的?

A. 贩卖毒品罪必须以营利为目的,故甲的行为不成立贩卖毒品罪;

B. 贩卖毒品罪以获利为要件,故甲的行为不成立贩卖毒品罪;

C. 甲属于无偿转让毒品,不属于贩卖毒品,故不成立贩卖毒品罪;

D. 甲只是帮助乙吸食毒品,《刑法》没有将吸食毒品规定为犯罪,故甲不成立犯罪。

分析如下:

贩卖毒品罪不是必须以营利为目的,只要实行了倒卖和销售的行为,即可以构成该罪,由此 A 的说法错误。贩卖毒品罪也不以获利为要件,B 的说法错误。甲以购买价格转让毒品,实际上是倒卖,因此成立贩卖毒品罪,C 的说法错误。虽然《刑法》没有将吸食毒品规定为犯罪,但是这并不影响甲贩卖毒品罪的成立。综上,上述问题的合适选项是 ABCD。

(二) 司法认定

1. 对抓获的犯罪人称其携带的物品自己不知道是毒品,是否构成犯罪

毒品犯罪中,判断被告人对涉案毒品是否明知,不能仅凭被告人供述,而应当依据被告人实施毒品犯罪行为的过程、方式、毒品被查获时的情形等证据,结合被告人的年龄、阅历、智力等情况,进行综合分析判断。

具有下列情形之一,被告人不能做出合理解释的,可以认定其“明知”是毒品,但有证据证明确属被蒙骗的除外:(1) 执法人员在口岸、机场、车站、港口和其他检查站点检查时,要求行为人申报为他人携带的物品和其他疑似毒品物,并告知其法律责任,而行为人未如实申报,在其携带的物品中查获毒品的。(2) 以伪报、藏匿、伪装等蒙蔽手段,逃避海关、边防等检查,在其携带、运输、邮寄的物品中查获毒品的。(3) 执法人员检查时,有逃跑、丢弃携带物品或者逃避、抗拒检查等行为,在其携带或者丢弃的物品中查获毒品的。(4) 体内或者贴身隐秘处藏匿毒品的。(5) 为获取不同寻常的高额、不等值报酬为他人携带、运输物品,从中查获毒品的。(6) 采用高度隐蔽的方式携带、运输物品,从中查获毒品的。(7) 采用高度隐蔽的方式交接物品,明显违背合法物品惯常交接方式,从中查获毒品的。(8) 行程路线故意绕开检查站点,在其携带、运输的物品中查获毒品的。(9) 以虚假身份或者地址办理托运手续,在其托运的物品中查

获毒品的。(10) 有其他证据足以认定行为人应当知道的。

2. 走私、贩卖、运输、制造毒品罪同诈骗罪的区别

对于将假毒品冒充真毒品,诱骗他人上当而购置,因其主观上有诈骗的故意,客观上实施了诈骗行为,对其应以诈骗罪论处。对于不知是假毒品,而误为真毒品进行走私、贩卖、运输、制造的,属对象认识错误,但是不影响该罪名的成立,但应以未遂处理。对于将精制毒品稀释后贩卖,或者以土法加工毒品,因提炼不纯而含有较多杂质的,不论其中有多少其他成分,只要含有毒品,就应当以毒品犯罪认定。

3. 走私、贩卖、运输、制造毒品罪的既遂与未遂

(1) 走私毒品罪的既遂与未遂。走私毒品主要分为输入毒品与输出毒品,输入毒品分为陆路输入与海路、空路输入。陆路输入应当以越国境线、使毒品进入国内领域的时刻为既遂标准。海路、空路输入毒品,装载毒品的船舶到达本国港口或航空器到达本国领土内时为既遂,否则为未遂。

(2) 贩卖毒品的既遂与未遂。贩卖以毒品实际上转移给买方为既遂。转移毒品后行为人是否已经获取了利益,并不影响既遂的成立。毒品实际上没有转移时,即使已经达成转移的协议,或者行为人已经获得了利益,也不能认为是既遂。

(3) 运输毒品的既遂与未遂。根据学理解释,运输毒品罪的客观方面表现为"将毒品从一地运往另一地"的行为,[①]即"甲地"往"乙地"。但是,运输行为作为一个有一定时间阶段的行为过程,在哪一个"点"属于运输的完成,也即运输毒品罪的既遂历来是学术界争议很大的一个问题。一种观点认为,"行为人以将毒品从甲地运往乙地为目的的,开始运输时,是运输毒品的着手,由于行为人意志以外的原因没有到达目的地时,属于犯罪未遂,毒品到达目的地时是犯罪既遂,到达目的地后,即使由于某种原因而将毒品运回原地或其他地方的,也是犯罪既遂。"[②]即"到达目的地既遂说"。另一种观点认为,"运输毒品罪的既遂与否,应以毒品是否起运为准,而不以是否到达目的地来判断。凡是毒品已经起运,进入运输途中,就是既遂,由于行为人意志以外的原因尚未起运的,则是未遂或者预备。"[③]即"起运既遂说"。

根据第一种观点,除了将毒品运到目的地——"乙地"这个"点"属于运输毒品罪的犯罪既遂外,从"甲地往乙地"整个移动的运输过程始终属于运输毒品罪的未完成形态。第一种观点把运输毒品罪划为过程行为犯,过程行为犯要求行为人实施并完成了刑法分则所规定的构成要件的全部行为的为犯罪既遂,如果因为意志以外的原因没有将全部行为实行完毕的,为犯罪未遂。该观点将运输视为一个完整、不可分割的过程,同时将运输行为的完成同运输目的的实现视为同一概念。但是,这种观点没有考虑到运输毒品客观方面表现的多样化,对实际发生的许多运输毒品案件无法解释。例如,运输毒品的运输行为中,包含有通过邮寄、托运等方式,行为人主观上有运输毒品

① 高铭暄、马克昌主编:《刑法学》,北京大学出版社、高等教育出版社 2000 年版,第 61 页。

② 高格:《定罪与量刑》,中国方正出版社 1999 年版,第 1 页。

③ 赵秉志主编:《毒品犯罪研究》,中国人民大学出版社 1993 年版,第 132 页。

的故意,客观上实施了伪装毒品、办理邮寄、托运手续等自己能够在主观支配下实施的所有起运行为,毒品到达邮寄、托运目标地,当然构成运输毒品罪的既遂。但是,即便在行为人的行为完成后、运输目的地到达前,被邮政部门、托运部门发现或遗失而没有实现运输的目的,由于行为人的起运行为是行为人主观控制下的全部运输行为,而真正的从甲地到乙地的运输行为是由不以行为人的意志为转移的第三人来完成的,因此,在这个过程中不可能存在犯罪未遂和中止的未完成形态,因此仍然应当构成运输毒品罪的既遂。如果按照第一种观点,认定这种情况为未遂,显然不符合主客观相一致的犯罪理论。又如,随着打击毒品犯罪力度的加大和无线通讯设备的发展,指挥运输毒品的行为人(可能是走私者、制造者或贩卖者)对运输毒品行为人通常采取设定路线与遥控指挥结合的方法,即给运输毒品行为人配置手机,让其按照设定好的路线行进,交货地点临时通知。这种情况,“乙地”可能是设定路线的终点,也可能是运输途中的任何一地,按照第一种观点,运输行为的完成同运输目的的实现将出现分离,即运输目的地还没有到达时,毒品已经处于随时到达的状况,即运输目的已经实现。按照第一种观点,如果从运输毒品行为人在运输目的地尚未到达前已被抓获,只能认定为犯罪未遂,但是从运输目的实现的角度考虑,运输毒品行为人携带毒品按照指定的路线行进的行为已经实现了运输毒品的目的,应该认定为犯罪既遂。因此,当运输目的地不确定时,第一种观点将自相矛盾。

根据第二种观点,除了在毒品运输的起运地——“甲地”这个“点”可能存在运输毒品罪的未完成形态外,从“甲地往乙地”整个移动的运输过程都应当认定为运输毒品犯罪的既遂形态。这种观点值得商榷。第一,这种观点在对法律词汇的理解上发生了偏差。汉语词汇中运输的精确含义应当是一个行为的过程,即“运到”而不是“运往”,当然,所“运到”的地方是否是运输的真正目的地应当不影响运输行为的成立;而“起运”的概念按照《现代汉语词典》的解释则正是这种观点对所谓“运输”的理解——“已经起运,进入运输途中”,只是持该观点的人为了把“运输”提前到“起运”阶段,而人为地把“起运”提前到了“起运”的准备阶段,如购票、办理手续等行为,显然有扩张解释的嫌疑。如果按照该种观点,刑法就应当将“运输毒品罪”规定为“起运毒品罪”,这样就减少了学理上的争议,更便于实务中的操作。第二,“起运既遂说”与“运输”对距离的要求发生矛盾。根据通常的解释,“运输是从一地到另一地间的毒品的空间转移,这两地之间的距离不能过短,如从同一城区内一家房屋内到另一房屋内的毒品转移,显然不能以运输论”。① 但是,如果行为人在汽车、火车刚刚发车、尚未离开车站或该城区时即被查获携带有毒品或主动下车放弃犯罪,按照“起运既遂说”仍应当认定为运输毒品罪既遂,但是按照运输对距离的要求则不应当认定为运输毒品罪的既遂,而应当认定为犯罪的未遂或中止,显然自相矛盾。第三,“起运既遂说”不符合主客观相一致的理论。行为人在运输过程中一直控制毒品的运输行为,行为人随时

---

① 赵秉志、于志刚:《毒品犯罪》,中国人民公安大学出版社 1998 年版,第 158 页。

都有中止犯罪的可能性，例如，初次运输毒品的犯罪分子对运输毒品的危害认识并不充分，在运输过程中，听到或看到有关宣传后，出于自身恐惧或畏罪心理主动将毒品交出或遗弃的，完全符合犯罪中止关于在犯罪过程中自动放弃犯罪的规定，将其认定为既遂，有客观归罪的嫌疑。

我们认为，要分清运输毒品罪的犯罪形态，首先要对运输的各种行为方式进行科学的分类，在科学分类的基础上对不同的运输方式进行研究，才能真正解决这一问题。

前文所述运输毒品的行为方式从运输过程中人货是否分离的角度可以分为两种：

第一种是运输毒品行为人同运输毒品的承担者不一致，运输过程中人货完全分离。此即上述第三种运输行为方式——利用公共传输社会服务系统进行运输。因为在这种情况下，运输行为人只要完成对毒品的伪装、办理完托运、邮寄手续，将毒品交由该系统控制以后，主观支配下的客观方面所需要的所有运输毒品犯罪行为即告完成，也就因而成立运输毒品罪的既遂。在这种情况下，对毒品进行伪装的行为应视为运输毒品犯罪的着手，从开始办理托运、邮寄手续到将毒品交由系统控制前，由于行为人意志以外的原因使运输毒品未得逞的成立犯罪的未遂；如果系统控制人员在交验毒品过程中即发现了毒品，因为这时候毒品还未被系统所控制，同样成立犯罪未遂，当然，既遂前的这两个阶段中行为人自动放弃犯罪的成立犯罪中止。

第二种是人货不分离的状态。这种情况下，行为人在整个运输过程中始终控制毒品，运输毒品是行为人主观上运输毒品的故意和客观上实行运输毒品行为的统一，在运输过程中，不管行为人有主观上的运输毒品故意但客观上终止运输毒品行为，或是虽然客观上处于运输毒品的状态但主观上已经放弃运输毒品的故意，都不能成立犯罪的既遂。第一种情况，例如，行为人在运输过程中丢失毒品或被抓获，而无法将毒品由甲地运输到乙地；第二种情况，例如，行为人在运输过程中出于畏罪的心理而向当地公安机关投案。当然，如果行为人在运输过程中主观上放弃运输毒品的故意，客观上也放弃运输毒品的行为，当然不可能成立运输毒品犯罪的既遂。如乘坐交通工具的行为人在运输过程中出于畏罪的心理主动将毒品交给乘务人员、乘警，或主动将毒品遗弃（导致无法找回的结果）。上述观点只能发生在从"甲地往乙地"的运输毒品的过程中；如果所运输的毒品尚未进入从"甲地"往"乙地"的运输状态，也即运输毒品行为人尚在运输阶段之前的起运阶段，因其本身不是运输，因此只能是运输毒品的着手，即构成运输毒品犯罪的预备形态；而当运输行为的完成同运输目的地实现一致时，到达"乙地"即构成既遂，上述行为如果在到达乙地后实施不影响既遂的成立。

（4）制造毒品罪的既遂与未遂。制造毒品罪应以实际上制造罪品为既遂标准，至于制造出来的毒品数量多少、纯度高低等，都不影响既遂的成立。着手制造毒品后，没有实际上制造出毒品的，则是制造毒品未遂。

（三）刑事责任

根据《刑法》第347条规定，走私、贩卖、运输、制造毒品，无论数量多少，都应当追究刑事责任，予以刑事处罚。

走私、贩卖、运输、制造毒品,有下列情形之一的,处15年有期徒刑、无期徒刑或者死刑,并处没收财产:(1)走私、贩卖、运输、制造鸦片1000克以上、海洛因或者甲基苯丙胺50克以上或者其他毒品数量大的;(2)走私、贩卖、运输、制造毒品集团的首要分子;(3)武装掩护走私、贩卖、运输、制造毒品的;(4)以暴力抗拒检查、拘留、逮捕,情节严重的;(5)参与有组织的国际贩毒活动的。

走私、贩卖、运输、制造鸦片200克以上不满1000克、海洛因或者甲基苯丙胺10克以上不满50克或者其他毒品数量较大的,处7年以上有期徒刑,并处罚金。

走私、贩卖、运输、制造鸦片不满200克、海洛因或者甲基苯丙胺不满10克或者其他少量毒品的,处3年以下有期徒刑、拘役或者管制,并处罚金;情节严重的,处3年以上7年以下有期徒刑,并处罚金。

利用、教唆未成年人走私、贩卖、运输、制造毒品,或者向未成年人出售毒品的,从重处罚。

对多次走私、贩卖、运输、制造毒品,未经处理的,毒品数量累计计算。

二、非法持有毒品罪

(一)概念与特征

非法持有毒品罪,是指明知是鸦片、海洛因、甲基苯丙胺或者其他毒品,而非法持有且数量较大的行为。本罪的主要特征是:

1. 侵犯的客体是国家对毒品的管制和他人的身体健康。

2. 客观方面表现为非法持有毒品数量较大的行为。"持有毒品",是指行为人持有毒品时,没有合法的根据;或者说,行为人持有毒品,不是基于法律、法令、法规的规定或允许。如果行为人合法持有毒品,则不构成犯罪,即依法生产、使用、研究毒品的人持有毒品时,是正当行为,不构成犯罪。持有毒品具体表现为占有、携带、藏匿或者以其他方法持有支配毒品。持有并不要求行为人对毒品具有所有权,所有权虽属他人,但事实上置于行为人支配之下时,行为人即持有毒品。此外,持有并不要求直接持有,即介入第三者时,也不影响持有的成立。如行为人认为自己管理毒品不安全,将毒品委托给第三人保管时,行为人与第三者均持有该毒品。持有是一种持续行为,只有当毒品在一定时间内由行为人支配时,才构成持有,至于时间的长短,则并不影响持有的成立,只是一种量刑情节,但如果时间过短,不足以说明行为人事实上支配着毒品时,则不能认为是持有。非法持有毒品达到一定数量才构成犯罪,即非法持有鸦片200克以上、海洛因或者甲基苯丙胺10克以上或者其他毒品数量大的。

3. 犯罪主体是一般主体。

4. 主观方面是故意,即行为人明知是国家禁止非法持有的毒品而故意持有。如果行为人确实不知道自己持有的是毒品,则不构成本罪。非法持有毒品行为人的动机、目的多种多样,因此故意的具体内容不限。

【实例分析 7-12】

对上述内容,可从下面的分析中深化认识:关于非法持有毒品罪,下列哪一选项是正确的?

A. 非法持有毒品的,无论数量多少都应当追究刑事责任;

B. 持有毒品不限于本人持有,包括通过他人持有;

C. 持有毒品者而非所有者时,必须知道谁是所有者;

D. 因贩卖而持有毒品的,应当实行数罪并罚。

分析如下:

(1) 选项 A 错误。非法持有毒品罪是指明知是毒品而非法持有且数量较大的行为。根据我国的法律规定,非法持有鸦片 200 克以上、海洛因或甲基苯丙胺 10 克以上或者其他毒品数量较大的,才能成立非法持有毒品罪。

(2) 选项 B 正确。持有并不要求直接持有,即介入第三者时,也不影响持有的成立。第三者为直接持有时,行为人为间接持有。

(3) 选项 C 错误。持有毒品者并非所有者时,不必知道所有者为谁,只要持有者知道自己持有的是毒品即可成立犯罪,是否知道所有者并不影响本罪的成立。

(4) 选项 D 错误。因贩卖而持有毒品的,以贩卖毒品罪定罪处罚,持有是贩卖的当然结果或必经阶段,因而属于吸收犯。

综上,上述问题的合适选项是 B。

(二) 司法认定

1. 非法持有毒品罪与运输毒品罪的区别

所谓"持有",是指占有、执有、携有、存有或藏有毒品的行为。持有毒品的行为,不仅仅指将毒品收放于隐秘处、藏而不露,也包括把毒品携带在身边,还包括将毒品寄放(包括存放和偷放)在其他处所,如寄存处或其他人的房屋或物品里。所谓"数量较大",是指持有鸦片 200 克以上,海洛因 10 克以上或者数量较大的其他毒品。[①] 不难看出,运输毒品罪和非法持有毒品罪在客观方面的表现有时候是重合的,例如,携有毒品,又例如,在火车上查获到毒品,但无证据证明行为人是要贩卖、走私毒品。在这些情况下,我们能够将静态的持有行为认定为非法持有毒品罪,将动态的持有行为认定为运输毒品罪吗?显然不能,否则就有客观归罪之嫌。所以,运输毒品罪只能限定在有证据证明是不知毒品用途。只是负责从甲地运到乙地的情况下才能为运输毒品罪。不能证明的只能以非法持有毒品罪论处。那种认为只要是移动中的毒品就认为是运输毒品显然具有盲目性。

2. 非法持有毒品罪与窝藏毒品罪的区别

非法持有毒品罪与窝藏毒品罪最为相似,特别是两者的外在表现完全一致,均为

① 参见罗庆东编著:《刑事立案标准》,中国民主法制出版社 2003 年版,第 485 页。

非法存有毒品。其区别主要是在主观目的上加以区分。非法持有毒品罪的主观目的主要表现为两种情况:首先,行为人持有毒品是为了自己吸食;其次,行为人持有毒品是为了使司法机关在现实条件下难以查明其目的。但是窝藏毒品在主观方面的表现尤为明显,即只是为其他毒品犯罪分子藏匿赃物,从而逃避司法机关的追查。此外,两罪在对于毒品数量的要求及其刑事责任的规定上也有所不同。

窝藏毒品罪是指将犯罪分子的毒品、毒赃窝藏在自己的住所或者其他隐蔽的场所,以逃避司法机关的追查。本罪窝藏的对象是特定的,仅限于毒品和毒赃。对于符合本罪构成要件的行为,不能认定为窝藏赃物罪。其中,“情节严重”是重罪情节,大体包括以下几种情形:(1) 窝藏、转移、隐瞒毒品、毒赃数量大的。(2) 多次窝藏、转移、隐瞒毒品、毒赃,形成毒品犯罪“中转站”的。(3) 为重大毒品犯罪案件的犯罪分子窝藏、转移、隐瞒毒品、毒赃的。(4) 为毒品犯罪集团窝藏、转移、隐瞒毒品、毒赃的。(5) 窝藏、转移、隐瞒毒品、毒赃系查获有关毒品犯罪案件的关键性证据的。(6) 缉毒人员或者国家机关工作人员窝藏、转移、隐瞒毒品、毒赃的。(7) 具有其他严重情节的。①

非法持有毒品与窝藏毒品的主要区别在于行为人的主观目的不同,具体体现在以下几个方面:(1) 持有毒品的行为人如果是为了自己吸食或作其他难以查明的目的而持有,应当以非法持有毒品罪论处;如果是为其他犯罪分子藏匿毒品,以逃避司法机关的惩处,即为进行毒品犯罪的行为人窝藏毒品而持有,应当按照窝藏毒品罪处罚。(2) 非法持有毒品在主观上是单纯持有,既不是为进行其他毒品犯罪而持有,也不是为其他犯罪分子而持有;窝藏毒品罪的行为人在主观上是为了走私、贩卖、运输、制造毒品的犯罪分子窝藏毒品。(3) 对于所窝藏的毒品本身是他人非法持有的毒品,而不是走私、贩卖、运输、制造毒品的犯罪分子所有的毒品,行为人对其进行窝藏,由于毒品不是赃物,因而不构成窝藏毒品罪,只能以非法持有毒品罪论处。

3. 非法持有毒品罪与抢劫、抢夺、盗窃毒品罪

通说认为:(1) 盗窃、抢夺、抢劫他人财物时附带获取毒品的,如果在来不及清理赃物或不知犯罪所得中有毒品的,应按盗窃罪或抢夺罪或抢劫罪定罪处罚。(2) 明知获取的赃物中有毒品而非法持有的,应按盗窃罪或抢夺罪或抢劫罪和非法持有毒品罪实行数罪并罚。如果事先明知他人有毒品,而实施盗窃、抢夺、抢劫行为得手后又非法持有的,应以抢劫罪论处。②

这里有个问题,如一人明知是毒品而去抢劫,是定抢劫罪,而不明知的情况下,如为了抢钱包而得毒品不交出,则数罪并罚。笔者认为,显然前一行为的主观恶性要比后一行为的危害大的多,但处罚却轻,不相适应。所以,应该把后面不交毒品的行为认定为保护赃物的行为,不应该数罪并罚,而仍然以抢劫罪论处。那个自己持有毒品的

---

① 参见胡耀晋、梁晋云主编:《毒品违法、犯罪案件认定处罚、立案标准及法律依据与相关规定》,中国人民公安大学出版社 2004 年版,第 40 页。

② 参见赵秉志、于志刚:《毒品犯罪》,中国人民公安大学出版社 2003 年版,第 89 页。

行为只是自己为自己窝藏而已。别的罪名下,几乎都不会处罚。

4. 非法持有毒品罪与贩卖、走私、制造毒品罪

行为人实施走私、贩卖、运输、制造、窝藏毒品的行为都是以非法持有为前提的。在司法实践中,有证据能够证实已构成走私、贩卖、运输、制造、窝藏毒品罪中的任何一种罪,即以该罪论处,而不应再定非法持有毒品罪。在犯罪分子拒不供认,又无证据认定构成走私、贩卖、运输、制造、窝藏毒品罪中任何一种罪的情况下,才能认定其构成非法持有毒品罪。可以说,非法持有毒品罪在一些情况下是以兜底条款的面孔面对毒品犯罪的。另外,还须注意的是,构成非法持有毒品罪有法定的数量标准,达不到法定标准的只能按违法处理。然而构成走私、贩卖、运输、制造、窝藏毒品罪只要有行为即构成犯罪,无需毒品数量达到较大。

(三) 刑事责任

根据《刑法》第 348 条规定,犯本罪,非法持有鸦片 1000 克以上、海洛因或者甲基苯丙胺 50 克以上或者其他毒品数量大的,处 7 年以上有期徒刑或者无期徒刑,并处罚金;非法持有鸦片 200 克以上不满 1000 克、海洛因或者甲基苯丙胺 10 克以上不满 50 克或者其他毒品数量较大的,处三年以下有期徒刑、拘役或者管制,并处罚金;情节严重的,处 3 年以上 7 年以下有期徒刑,并处罚金。

根据《刑法》第 356 条规定,因走私、贩卖、运输、制造非法持有毒品罪被判过刑,又犯非法持有毒品罪的,从重处罚。[①]

三、包庇毒品犯罪分子罪

(一) 概念与特征

包庇毒品犯罪分子罪,是指明知是走私、贩卖、运输、制造毒品的犯罪分子,而向司法机关作假证明掩盖其罪行,或者帮助其毁灭罪证,以使其逃避法律制裁的行为。本罪的主要特征是:

1. 侵犯的客体是司法机关同毒品犯罪分子作斗争的正常活动。包庇毒品犯罪分子的社会危害性就在于其不仅妨碍了司法机关对毒品犯罪分子的及时惩办,而且这种行为帮助毒品犯罪分子逍遥法外,逃避法律的制裁、继续作恶,危害社会。

2. 客观方面表现为行为人必须具有对走私、贩卖、运输、制造毒品罪的犯罪分子给予保护,使其逃避法律制裁的行为。"包庇",是指向司法机关作假证明掩盖走私、贩卖、运输、制造毒品的犯罪分子罪行,或者帮助其毁灭罪证,以使其逃避法律制裁的行为。实践中,如果明知其人是公安机关正在追捕的走私、贩卖、运输、制造毒品的案犯,而仍向其提供资助或者交通工具,帮助该案犯潜逃的,或者帮助毒品犯罪分子毁灭罪证,隐匿、转移、销毁罪证等,也都是包庇毒品犯罪分子的行为。包庇毒品犯罪分子的行为,只能发生在被包庇者实施犯罪之后,如果事前、事中通谋,应以共同犯罪论处。

---

① 我国非法持有毒品罪的法定刑相对国外刑法而言似乎偏高,有关国家的法定刑多在 5 年以下。

3. 犯罪主体是一般主体。

4. 主观方面是故意。行为人的动机多种多样，无论出于何种动机，只要明知是走私、贩卖、运输、制造毒品的犯罪分子而予以包庇的，均构成本罪。犯罪的目的是帮助毒品犯罪分子逃避法律的制裁。

（二）刑事责任

根据《刑法》第349条第1款的规定，犯本罪的，处3年以下有期徒刑、拘役或者管制；情节严重的，处3年以上10年以下有期徒刑。

缉毒人员或者其他国家机关工作人员掩护、包庇走私、贩卖、运输、制造毒品的犯罪分子的，依照前款的规定从重处罚。"缉毒人员"是指负责查处毒品犯罪的国家工作人员。"掩护"是指缉毒人员或其他国家机关工作人员采取警戒、牵制、压制等手段，帮助毒品犯罪分子逃避法律制裁。由于缉毒人员或者其他国家机关工作人员所具有的特殊身份，他们进行掩护、包庇毒品犯罪分子，有着更大的危害性，因此，应从重处罚。

根据《刑法》第356条规定，因走私、贩卖、运输、制造，非法持有毒品罪被判过刑，又犯包庇毒品犯罪分子罪的，从重处罚。

四、窝藏、转移、隐瞒毒品、毒赃罪

（一）概念与特征

窝藏、转移、隐瞒毒品、毒赃罪，是指明知是毒品或者毒品犯罪所得的财物而为犯罪分子窝藏、转移、隐瞒的行为。本罪的主要特征是：

1. 侵犯的客体是国家对毒品的管制和国家司法机关的正常活动。窝藏毒品、毒赃的行为，不仅帮助犯罪分子隐匿罪证，妨害司法机关的调查取证，使犯罪分子逃避法律的制裁，而且为毒品犯罪分子继续犯罪提供物质条件。本罪的犯罪对象是犯罪分子用作犯罪的毒品、毒赃。"毒赃"，是指犯罪分子进行毒品犯罪所得财物，以及由非法所得获取的收益。非法所得获取的收益，是指利用毒品违法犯罪所得的财物从事孳息或者经营活动所获取的财物，以及有关财产方面的利益。

2. 客观方面表现为行为人为走私、贩卖、运输、制造毒品的犯罪分子窝藏、转移、隐瞒毒品、毒赃的行为。"窝藏"，是指将犯罪分子的毒品、毒赃窝藏在自己的住所或者其他隐蔽的场所，以逃避司法机关的追查。"转移"，是指将犯罪分子的毒品、毒赃从一地转移到另一地，以抗拒司法机关对毒品、毒赃的追缴，帮助犯罪分子逃避法律的制裁，或者便于犯罪分子进行毒品交易等犯罪活动。"隐瞒"，是指在司法机关询问调查有关犯罪分子的情况时，自己明知犯罪分子的毒品、毒赃藏在何处，而有意对司法机关进行隐瞒。只要行为人实施了其中任一行为，就构成本罪。

3. 犯罪主体是一般主体。

4. 主观方面是故意，即行为人明知是用于走私、贩卖、运输、制造的毒品、毒赃而故意予以窝藏、转移、隐瞒，这是区分罪与非罪的标志之一。如果事前有通谋的，属于共同犯罪中的帮助犯,以共犯论处。

(二) 刑事责任

根据《刑法》第 349 条第 1 款规定,犯本罪的,处 3 年以下有期徒刑、拘役或者管制;情节严重的,处 3 年以上 10 年以下有期徒刑。

根据《刑法》第 356 条规定,因走私、贩卖、运输、制造、非法持有毒品罪被判过刑,又犯窝藏、转移、隐瞒毒品、毒赃罪的,从重处罚。

五、非法生产、买卖、运输制毒物品、走私制毒物品罪

(一) 概念与特征

非法生产、买卖、运输制毒物品、走私制毒物品罪,是指违反国家规定,非法生产、买卖、运输、走私醋酸酐、乙醚、三氯甲烷或者其他用于制造毒品的原料、配剂,或者携带上述物品进出境,情节较重的行为。这是《刑法修正案(九)》对原"走私制毒物品罪"和"非法买卖制毒物品罪"进行修改后确定的新罪名。本罪的主要特征是:

1. 本罪侵犯的客体是国家对醋酸酐、乙醚、三氯甲烷或者其他用于制造毒品的原料或者配剂进出口的管制秩序。

本罪的犯罪对象是国家统一管制的醋酸酐、乙醚、三氯甲烷或者其他用于制造毒品的原料或配剂。醋酸酐、乙醚、三氯甲烷或者其他用于制造毒品的原料或者配剂,既是医药和工农业生产的原料,又是制造毒品不可缺少的物品。我国政府十分重视对制造毒品的原料或者配剂的进出口管理工作,实行由国家统一归口管理制度,严禁任何单位和个人非法运输、携带制毒化学物品进出国(边)境。我国 1989 加入的《联合国禁止非法贩运麻醉药品和精神药物公约》中第 3 条第 1 款规定,明知其用途或目的是生产或制造麻醉药品或精神药品而制造、运输、分销有关化学品,各缔约国应采取可能必要的措施将其故意行为确定其为国内法中的刑事犯罪。早在 1988 年,我国卫生部、经贸部、公安部、海关总署即发布了《关于对三种特殊化学品实行进出口准许证管理的通知》,规定对醋酸酐、乙醚、三氯甲烷三种物品实行进出口准许证制度。

当前在司法实践中,制毒物品犯罪涉及的主要是麻黄素(冰毒前体)、羟亚胺(氯胺酮前体)、邻酮(羟亚胺前体),这三种物质属于制造毒品的原料。需要指出的是,还有些原料本身就是毒品,如提炼海洛因的鸦片、黄皮、吗啡,如果非法生产、买卖、运输、携带进出境的是这些本身属于毒品的原料,则应以走私、贩卖、运输、制造毒品罪定罪处罚。

根据有关司法解释的规定,制毒物品的具体品种范围按照国家关于易制毒化学品管理的规定确定。国务院于 2005 年颁布了《易制毒化学品管理条例》,这一条例将易制毒化学品分为三类。随着毒品化学合成技术的发展,新的易制毒化学品层出不穷,因此需要及时更新列管目录。根据该条例的规定,易制毒化学品的分类和品种需要调整的,由国务院公安部门会同国务院食品药品监督管理部门、安全生产监督管理部门、商务主管部门、卫生主管部门和海关总署提出方案,报国务院批准。

2. 客观方面表现为违反国家规定，非法生产、买卖、运输、走私醋酸酐、乙醚、三氯甲烷或者其他用于制造毒品的原料、配剂，或者携带上述物品进出境，情节较重的行为。“违反国家规定”，是指违反了国家制毒物品管理法规和海关法规。“运输制毒物品进出境”，是指利用飞机、火车、汽车、船只等交通工具，将制毒物品从境外运入境或由境内运往境外。“携带制毒物品进出境”，是指过境人员将制毒物品随身带入境或者带出境。这两种行为并不要求全部具备，只要实施其中之一者，即可构成犯罪。

3. 犯罪主体是一般主体，自然人和单位均可构成。

4. 主观方面是故意，即行为人明知是国家管制的用于制造毒品的原料或配剂，而非法生产、买卖、运输、携带进出国(边)境的行为。如果明知他人制造毒品，而故意为其运输、携带制毒物品进出境的，则应以制造毒品罪的共犯处罚。另外，明知他人收买上述物品是为了非法生产、买卖、运输、携带进出境的，仍向其提供或者出售的，以走私制毒物品罪的共犯论处。

(二) 刑事责任

根据《刑法》第 350 条第 1 款规定，犯本罪的，处 3 年以下有期徒刑、拘役或者管制，并处罚金；情节严重的，处 3 年以上 7 年以下有期徒刑，并处罚金；情节特别严重的，处 7 年以上有期徒刑，并处罚金或者没收财产。

明知他人制造毒品而为其生产、买卖、运输前款规定的物品的，以制造毒品罪的共犯论处。

根据《刑法》第 356 条规定，因走私、贩卖、运输、制造、非法持有毒品罪被判过刑，又犯非法生产、买卖运输制毒物品、走私制毒物品罪的，从重处罚。

六、非法种植毒品原植物罪

(一) 概念与特征

非法种植毒品原植物罪，是指明知是罂粟、大麻等毒品原植物而非法种植且数量较大，或者经公安机关处理后又种植，或者抗拒铲除的行为。本罪的主要特征是：

1. 本罪侵犯的客体是国家对毒品原植物种植的管制。国家历来对非法种植罂粟、大麻等毒品原植物严厉禁止，并先后发布了一系列的法规、法令和通知。如 1978 年 9 月 13 日国务院颁布施行的《麻醉药品管理条例》规定：如果发现私自种植罂粟等违法犯罪行为，要严肃处理。本罪的对象是毒品原植物。我国非法种植毒品原植物的情况，主要是罂粟，少数地区也种植大麻。

2. 本罪客观方面表现为行为人实施了违反国家有关法规，非法种植毒品原植物数量较大的，或经公安机关处理后又种植以及抗拒铲除的行为。所谓“种植”，是指播种、施肥、灌溉、收割等，不论行为人实施了上述全部行为还是只实施了一种行为，都可视为种植。有下列情形之一的，构成犯罪：(1) 种植罂粟 500 株以上或者其他毒品原植物数量较大的。[1] (2)经公安机关处理后又种植的。(3) 抗拒铲除的,即在公安机关或毒品原植物种植的主管部门依法强制铲除时,以暴力威胁或其他手段抗拒铲除。如果在抗拒中,造成执法人员重伤或死亡的,应以故意伤害罪(重伤)或故意杀人罪处罚。

3. 本罪犯罪主体是一般主体。

4. 本罪主观方面是故意,即行为人明知是制造毒品的原植物而非法种植。行为人不论其目的是营利还是满足个人享用,均构成本罪。

(二) 刑事责任

根据《刑法》第 351 条规定,犯本罪的,处 5 年以下有期徒刑、拘役或者管制,并处罚金。

非法种植罂粟 3000 株以上或者其他毒品原植物数量大的,处 5 年以上有期徒刑,并处罚金或者没收财产。

非法种植罂粟或者其他毒品原植物,在收获前自动铲除的,可以免除处罚。

根据《刑法》第 356 条规定,因走私、贩卖、运输、制造、非法持有毒品罪被判过刑,又犯非法种植毒品原植物罪的,从重处罚。

七、非法买卖、运输、携带、持有毒品原植物种子、幼苗罪

(一) 概念与特征

非法买卖、运输、携带、持有毒品原植物种子、幼苗罪,是指违反国家规定,非法买卖、运输、携带、持有未经灭活的毒品原植物种子或者幼苗,数量较大的行为。本罪的主要特征是:

1. 侵犯的客体是国家对毒品原植物种子、幼苗的管理制度。本罪的对象是未经灭活的毒品原植物种子或者幼苗。

2. 客观方面表现为行为人实施了违反国家有关法规,非法买卖、运输、携带、持有毒品原植物种子或者幼苗,数量较大的行为。"非法买卖",是指以金钱或者实物作价,非法购买或者出售未经灭活的毒品原植物种子或者幼苗的行为。"非法运输",是指未经国家有关部门批准,私自从事未经灭活的罂粟等毒品原植物种子或者幼苗运输的行为,包括国内运输和在国境、边境非法输入输出。"非法携带、持有",是指违反国家规定,没有合法的携带权、持有权而占有、携带、藏有或者以其他方式携带、持有未经灭活的罂粟等毒品原植物种子或幼苗的行为。还必须是数量较大的。

3. 犯罪主体是一般主体。

4. 主观方面是故意。

---

① 非法种植罂粟 500 株以上不满 3000 株或者其他毒品原植物数量较大的,处 5 年以下有期徒刑、拘役或者管制,并处罚金。非法种植罂粟 3000 株以上或者其他毒品原植物数量大的,处 5 年以上有期徒刑,并处罚金或者没收财产。

(二) 刑事责任

根据《刑法》第352条规定,犯本罪的,处3年以下有期徒刑、拘役或者管制,并处或者单处罚金。

根据《刑法》第356条的规定,因走私、贩卖、运输、制造、非法持有毒品罪被判过刑,又犯本罪的,从重处罚。

八、引诱、教唆、欺骗他人吸毒罪

(一) 概念与特征

引诱、教唆、欺骗他人吸毒罪,是指通过引诱、教唆、欺骗的方法使他人吸食、注射毒品的行为。本罪的主要特征是:

1. 侵犯的客体是复杂客体,不仅侵犯社会治安管理秩序,而且还侵犯了他人的身心健康。本罪的对象是未染上吸毒恶习或者虽染上吸毒恶习但已经戒除的人。

2. 客观方面表现为行为人通过向他人宣扬吸食、注射毒品后的感觉等方法,非法实施引诱、教唆、欺骗他人吸食、注射毒品的行为。"引诱",是指以金钱、物质及其他利益诱导、拉拢原本没有意愿吸毒的人吸食、注射毒品的行为;"教唆",是指以劝说、授意、怂恿等手段,鼓动、唆使原本没有吸毒意愿的人吸食、注射毒品的行为;"欺骗",是指用隐瞒事实真相或者制造假象等方法,使原本没有吸毒意愿的人上当吸食、注射毒品。如暗地里在香烟中掺入毒品,或在药品中掺入毒品。供人吸食和使用,使他人在不知不觉中染上毒瘾。

3. 犯罪主体是一般主体。

4. 主观方面是故意。犯罪目的和动机多种多样,但不论行为人出于何种动机和目的,都构成犯罪。

(二) 刑事责任

根据《刑法》第353条第1款规定,犯本罪的,处3年以下有期徒刑、拘役或者管制,并处罚金。情节严重的,处3年以上7年以下有期徒刑,并处罚金。

引诱、教唆、欺骗未成年人吸毒的,从重处罚。

根据《刑法》第356条规定,因走私、贩卖、运输、制造、非法持有毒品罪被判过刑,又犯引诱、教唆、欺骗他人吸毒罪的,从重处罚。

九、强迫他人吸毒罪

(一) 概念与特征

强迫他人吸毒罪,是指违背他人意志,使用暴力、胁迫或者其他强制手段迫使他人吸食、注射毒品的行为。本罪的主要特征是:

1. 侵犯的客体是社会治安管理秩序和他人的身体健康,属于复杂客体。强迫他人吸毒,往往使人染上毒瘾,成为吸毒者,而吸毒成瘾严重损害身心健康,使吸毒者身体虚弱、智能减退、人格扭曲,而且吸毒还是艾滋病传播的途径之一。同时,吸毒会诱发盗窃、抢劫、赌博、卖淫等其他犯罪活动。

2. 本罪在客观方面表现为行为人违背他人的意志,使用暴力、胁迫或者其他强制手段迫使他人吸食、注射毒品的行为。"暴力",是指犯罪分子对被害人身体实施强制,迫使其违背自己的意志吸食、注射毒品。"胁迫",是指犯罪分子以实施暴力相威胁,实行精神强制,使被害人产生恐惧不敢抗拒而吸食、注射毒品。"其他强制方法",是指除了暴力、胁迫方法以外的其他方法,如醉酒、麻醉等方法,使被害人不知抗拒而吸食和注射毒品的行为。

3. 犯罪主体是一般主体。

4. 主观方面是故意,即行为人明知是毒品,而故意强迫他人吸毒。强迫他人吸毒的动机多种多样,但动机不影响犯罪的成立。

(二) 刑事责任

根据《刑法》第353条第2款规定,犯本罪的,处3年以上10年以下有期徒刑,并处罚金。

强迫未成年人吸毒的,从重处罚。

根据《刑法》第356条规定,因走私、贩卖、运输、制造、非法持有毒品罪被判过刑,又犯强迫他人吸毒罪的,从重处罚。

十、容留他人吸毒罪

(一) 概念与特征

容留他人吸毒罪,是指为他人吸食、注射毒品提供场所的行为。本罪的主要特征是:

1. 侵犯的客体是社会的正常管理秩序和人们的身心健康。容留他人吸毒,主要指的是人们通常所说的开设地下烟馆或变相烟馆的行为。近几年来,一些宾馆、舞厅也成为吸毒的场所,导致吸毒人数上升。

2. 客观方面表现为行为人实施了容留他人吸毒的行为。"容留他人吸毒",是指给吸毒者提供吸毒的场所。既可以是行为人主动提供,也可以是在吸毒者的要求或主动前来时被动提供。既可以是有偿提供,也可以是无偿提供。提供的地点,既可以是自己的住所,也可以是其亲戚朋友或由其指定的其他隐藏的场所,一般则是行为人专门为吸毒者准备的某种比较固定的场所,如利用住宅、居所或租赁他人房屋让他人吸毒,饭店、宾馆、咖啡馆、酒吧、舞厅等营业性场所的经营、服务人员利用经营性场所容留他人吸毒;航空器、轮船、火车、汽车的司机管理人员利用交通工具让他人吸毒等。

3. 犯罪主体是一般主体。

4. 主观方面是故意。

(二) 刑事责任

根据《刑法》第354条规定,犯本罪的,处3年以下有期徒刑、拘役或者管制,并处罚金。

根据《刑法》第356条的规定,因走私、贩卖、运输、制造、非法持有毒品罪被判过刑,又犯容留他人吸毒罪的,从重处罚。

十一、非法提供麻醉药品、精神药品罪

(一) 概念与特征

非法提供麻醉药品、精神药品罪,是指依法从事生产、运输、管理、使用国家管制的麻醉药品、精神药品的单位和个人,明知他人是吸毒者,而向其提供国家管制的能够使人成瘾的麻醉药品、精神药品的行为。本罪的主要特征是:

1. 侵犯的客体是国家对麻醉药品、精神药品的管理制度。联合国《麻醉药品单一公约》《精神药物公约》和《禁止非法贩卖麻醉药品和精神药物公约》,都对麻醉药品和精神药物的生产、使用、输出、输入等等,作了详细的规定。我国对麻醉药品和精神药物的管制是根据我国的实际情况以及参照联合国公约所制定的。

2. 客观方面表现为违反国家规定,向吸毒者提供国家规定管制的能够使人成瘾的麻醉药品、精神药品。"违反国家规定",是指违反《麻醉药品管理办法》《精神药品管理办法》等有关规定。行为人提供毒品的行为必须利用了职务或工作上的便利,即利用了自己从事生产、运输、管理、使用上述药品的职务或工作之便利,如医生、药剂师利用职务之便,违反规定向吸毒的人提供麻醉药品或精神药品。如果行为人没有利用职务之便,如医生利用自己熟悉药品库房的机会,深夜从库房盗取药品后提供给吸毒的人,则不构成本罪。行为人提供给吸毒者的麻醉药品或精神药品,必须是无偿的。如果是有偿提供,不属于本罪的非法提供行为,其性质实为一种贩卖毒品的行为。

3. 犯罪主体是特殊主体,即依法从事生产、运输、管理、使用国家管制的麻醉药品、精神药品的人员和单位。单位也可以成为本罪主体,单位包括生产厂家以及销售、运输、管理、教学科研、医疗部门等。

4. 主观方面是故意,即明知对方是吸食、注射毒品的人,而故意提供麻醉药品、精神药品。如果擅自提供给用于医疗、科研、教学的人以及需要使用麻醉药品、精神药品的病人,尽管违反了法律规定,亦不构成本罪。

(二) 刑事责任

根据《刑法》第355条的规定,犯本罪的,处3年以下有期徒刑或者拘役,并处罚金;情节严重的,处3年以上7年以下有期徒刑,并处罚金。单位犯本罪的,对单位判处罚金,并对直接负责的主管人员和其他直接责任人员,依照上述规定处罚。

根据《刑法》第356条的规定,因走私、贩卖、运输、制造、非法持有毒品罪被判过刑,又犯非法提供麻醉药品、精神药品罪的,从重处罚。

第九节 组织、强迫、引诱、容留、介绍卖淫罪

一、组织卖淫罪

（一）概念与特征

组织卖淫罪，是指通过纠集、控制一些卖淫的人员进行卖淫，或者雇佣、招募、容留等手段组织、诱骗他人卖淫从中牟利的行为。组织卖淫罪主要具有以下几个特征：

1. 本罪侵犯的客体是社会治安管理秩序。本罪的犯罪对象是“他人”，既包括妇女，也包括男性，但主要指妇女。

2. 客观方面表现为行为人实施了组织卖淫的行为，至于其本人是否参与卖淫、嫖娼并不影响本罪的构成。所谓“组织”，通常表现为两种方式：一是行为人设置卖淫场所，或者以发廊、旅店、饭店、按摩房、出租屋等为名设置变相卖淫场所，招募一些卖淫人员进行卖淫活动。二是行为人自己没有开设固定的场所，但组织、操纵他所控制的卖淫人员有组织地进行卖淫活动。例如，一些按摩院、发廊、酒店的老板，公然唆使服务人员同顾客到店外进行卖淫、嫖娼活动，从中收取钱财；或者以提供服务为名，向顾客提供各种名义的陪伴女郎，实际上是组织卖淫妇女进行卖淫活动。组织的对象是多人，而不是一个人，如果是一个人则不能构成组织卖淫罪。

3. 犯罪主体是一般主体。卖淫的组织者，即俗称的“老鸨”“窝主”，可以是一个人，也可以是一个团伙。是否是组织者，关键是看其在卖淫活动中是否起组织者的作用。有些被组织的卖淫者，同时又积极参与组织他人卖淫，对此，应按组织卖淫罪的共犯处理。

4. 主观方面是故意。行为人明知自己是在实施组织、强迫他人进行卖淫活动。行为人的犯罪动机可能各不相同，但犯罪动机不影响本罪的成立。

（二）刑事责任

根据《刑法》第 358 条第 1 款规定，组织他人卖淫的，处 5 年以上 10 年以下有期徒刑，并处罚金；情节严重的，处 10 年以上有期徒刑或者无期徒刑，并处罚金或者没收财产。这里所谓“情节严重”，主要是指长期组织他人卖淫，或卖淫集团的首要分子，或组织较多人员卖淫等。犯前款罪并有杀害、伤害、强奸、绑架等犯罪行为的，依照数罪并罚的规定处罚。根据《刑法》第 361 条规定，旅馆业、饮食服务业、文化娱乐业、出租汽车业等单位的人员，利用本单位的条件，组织、强迫、引诱、容留、介绍他人卖淫的，依照本法第 358 条、第 359 条的规定定罪处罚。前款所列单位的主要负责人，犯前款罪的，从重处罚。

二、强迫卖淫罪

(一) 概念与特征

强迫卖淫罪,是指行为人采取暴力、胁迫或者其他手段,违背他人意志,迫使他人卖淫的行为。

所谓"强迫",既包括直接使用暴力手段或者以暴力相威胁,也包括使用其他非暴力的逼迫手段,如以散布他人隐私或者以可能使他人某种利害关系遭受损失相威胁,或者通过使用其他某种手段和方法,形成精神上的强制,在别无出路的情况下,违背自己的意愿从事卖淫活动。如果仅仅是采用物质引诱、暗示、鼓动他人卖淫,没有违背他人意志的,不构成本罪。所谓"他人",既包括妇女,也包括男性。强迫的对象既可以是没有卖淫习性的人,也可以是由于某种原因不愿卖淫的有卖淫恶习的人。

(二) 刑事责任

根据《刑法》第 358 条第 1 款规定,强迫他人卖淫的,处 5 年以上 10 年以下有期徒刑,并处罚金;情节严重的,处 10 年以上有期徒刑或者无期徒刑,并处罚金或者没收财产。这里所谓"情节严重",主要是指长期强迫他人卖淫,或卖淫集团的首要分子,或强迫较多人员卖淫等。根据《刑法》第 358 条第 2 款规定,强迫未成年人卖淫的,依照第 1 款的规定从重处罚。犯前款罪并有杀害、伤害、强奸、绑架等犯罪行为的,依照数罪并罚的规定处罚。根据《刑法》第 361 条规定,旅馆业、饮食服务业、文化娱乐业、出租汽车业等单位的人员,利用本单位的条件,组织、强迫、引诱、容留、介绍他人卖淫的,依照本法第 358 条、第 359 条的规定定罪处罚。前款所列单位的主要负责人,犯前款罪的,从重处罚。

三、协助组织卖淫罪

(一) 概念与特征

协助组织卖淫罪,是指为组织卖淫的人招募、运送或者有其他协助他人组织卖淫的行为。本罪的主要特征是:

1. 侵犯的客体是社会治安管理秩序。

2. 客观方面表现为具有协助他人组织卖淫犯罪活动的行为。协助,是指在实施组织卖淫犯罪活动中,准备犯罪工具,创造犯罪条件,在组织卖淫犯罪活动中起到辅助作用的行为,如为组织卖淫犯罪行为人充当打手、保镖、管账人员等。

3. 犯罪主体是一般主体。

4. 主观方面是故意,即行为人明知自己是在进行协助组织他人卖淫的犯罪活动,而为组织他人卖淫犯罪提供帮助,创造条件,具有"协助故意"。行为人的犯罪动机可能各不相同,但动机不影响本罪的构成。

（二）协助组织卖淫罪与组织卖淫罪的共犯之间的区别

1. 介绍卖淫罪与组织卖淫罪的区别

司法实践中，两者有时很难区分，因为介绍卖淫往往是组织卖淫罪的方法、手段行为，实践中，主要从以下两个方面把握二者的区别：(1) 犯罪的主观故意不同。介绍卖淫罪中行为人的主观故意是为卖淫、嫖娼人员寻找卖淫、嫖娼的对象；组织卖淫罪中行为人的主观故意是组织多名卖淫者从事卖淫活动。(2) 犯罪的客观表现不同。介绍卖淫罪在客观方面表现为在卖淫人员与嫖客之间进行引见、撮合，促进卖淫、嫖娼得以实行；组织卖淫罪中行为人的客观方面是组织多名卖淫者从事卖淫活动。

2. 协助组织卖淫罪与组织卖淫罪的共犯之间的区别

司法实践中，认定协助组织卖淫的犯罪，即组织卖淫罪的帮助犯时，一定要注意将其与在共同犯罪中起次要作用的从犯相区别。起帮助作用的从犯和起次要作用的从犯在共同犯罪中的地位与主犯相比都是次要、从属的地位。但是，起次要作用的从犯是具体参与实施了本法分则规定的构成要件客观方面的实行行为的人员，只是参与程度、对犯罪完成所起的作用、直接造成的危害等比主犯轻；而帮助犯是没有具体参与实施本法分则规定的构成要件客观方面的实行行为的人员。在组织卖淫犯罪中，构成要件的实行行为是指以招募、雇佣、引诱、容留等手段，控制多人从事卖淫的行为。组织卖淫罪中的帮助犯，即协助组织卖淫的人员，是指没有具体参与实施上述行为而只是为他人实施上述行为提供物质上、体力上或者精神上帮助的行为人员，如充当爪牙、望风放哨等协助组织卖淫行为。在组织卖淫罪共犯中起次要作用的从犯，是指在一定程度上参与了组织卖淫行为但作用相对次要的人员，比如，在组织卖淫集团中实施“拉皮条”、网罗卖淫人员等行为。对于组织卖淫犯罪中起次要作用的从犯，应根据本法总则的规定，以组织卖淫罪定罪处刑。

我们认为，上述区别虽然在理论上可以进行区分，但是在司法实践中由于证据的原因，要进行区分就较为困难。如果有的犯罪分子既有协助行为，又有起次要作用的组织卖淫行为，如何定罪就比较困难，在理论上就应该定两罪，即起次要作用的组织卖淫罪和起辅助作用的协助组织卖淫罪。但是如此定罪，又与刑法总则共同犯罪的理论不相一致。因此，笔者认为，应将起辅助作用的协助组织卖淫罪取消，统一按照共同犯罪的理论定为组织卖淫罪的共犯。

（三）刑事责任

根据《刑法》第 358 条第 4 款规定，犯本罪的，处 5 年以下有期徒刑，并处罚金；情节严重的，处 5 年以上 10 年以下有期徒刑，并处罚金。

四、引诱、容留、介绍卖淫罪

（一）概念与特征

引诱、容留、介绍卖淫罪，是指以金钱、物质以及其他利益等为手段诱使他人卖淫，

或者为他人卖淫提供场所,或者在卖淫者和嫖客之间进行牵线搭桥,撮合卖淫嫖娼的行为。本罪的主要特征是:

1. 侵犯的客体是社会治安管理秩序。

2. 客观方面表现为引诱、容留、介绍他人卖淫的行为。引诱,是指行为人利用金钱、物质利益或非物质利益作诱饵,或者采取其他手段,拉拢、勾引、劝导、怂恿、诱惑、唆使他人从事卖淫活动。“容留”,是指行为人为他人卖淫提供场所或者其他便利条件的行为。“提供场所”,是指行为人安排专供他人卖淫的处所或者其他指定的场所。这里的场所,不仅只限于房屋,其他诸如汽车、船舶等交通工具亦可作为提供的场所。“提供其他便利”,是指行为人为他人卖淫提供需要的物品、用具及其他一些条件,如为他人卖淫把风望哨等。“介绍”,是指在卖淫者和嫖客之间牵线搭桥、勾通撮合,使他人卖淫活动得以实现的行为,俗称“拉皮条”。介绍一般是双向介绍,如将卖淫者引见给嫖客,或将嫖客领到卖淫者住处当面撮合,但也可以单向介绍,如单纯地向卖淫者提供信息,由卖淫者自行去勾搭嫖客。

3. 犯罪主体是一般主体。

4. 主观方面是故意。行为人一般是以营利为目的,但犯罪目的不影响本罪的成立。

(二) 刑事责任

根据《刑法》第359条规定,犯本罪的,处5年以下有期徒刑、拘役或者管制,并处罚金;情节严重的,处5年以上有期徒刑,并处罚金。

根据最高人民法院、最高人民检察院1992年12月11日发布的《关于执行〈全国人民代表大会常务委员会关于严禁卖淫嫖娼的决定〉的若干问题的解答》的规定,引诱、容留、介绍他人卖淫,情节严重的,一般有以下几种情形:(1) 多次引诱、容留、介绍他人卖淫的;(2) 引诱、容留、介绍多人卖淫的;(3) 引诱、容留、介绍明知是有严重性病的人卖淫的;(4) 容留、介绍不满十四岁的幼女卖淫的;(5) 引诱、容留、介绍他人卖淫具有其他严重情节的。

五、引诱幼女卖淫罪

(一) 概念与特征

引诱幼女卖淫罪,是指引诱不满十四周岁的幼女进行卖淫的行为。本罪的主要特征是:

1. 侵犯的客体是社会治安管理秩序和幼女的身心健康。引诱幼女卖淫罪不仅危害社会治安管理秩序,同时也严重摧残了幼女的身心健康。本罪的犯罪对象是不满十四周岁的幼女。

2. 客观方面表现为行为人具有引诱幼女卖淫的行为。“引诱”,是指行为人利用金钱或其他手段,勾引、诱惑、劝导、怂恿幼女从事卖淫活动。行为人只有引诱幼女向他人卖淫,才能构成本罪,若是引诱幼女与自己发生性关系,则应依具体案情以强奸罪论处。行为人的行为方式仅限于引诱,若是组织、强迫、容留、介绍幼女卖淫的,则应分别以组织卖淫罪、强迫卖淫罪和容留、介绍卖淫罪论处。

3. 犯罪主体是一般主体。

4. 主观方面是故意。行为人明知对方是幼女而引诱其卖淫。引诱幼女卖淫一般是以营利为目的,但犯罪目的不影响本罪的成立。

(二) 刑事责任

根据《刑法》第359条第2款规定,犯本罪的,处5年以上有期徒刑,并处罚金。

六、传播性病罪

(一) 概念与特征

传播性病罪,是指明知自己患有梅毒、淋病等严重性病而进行卖淫、嫖娼的行为。本罪的主要特征是:

1. 侵犯的客体是复杂客体,既侵犯社会治安管理秩序,又侵犯他人的身体健康。

2. 客观方面表现为行为人明知自己患有严重性病而实施卖淫、嫖娼的行为。本罪是行为犯,只要行为人在明知自己患有严重性病的情况下,故意实施了卖淫、嫖娼行为,即构成犯罪。至于实际上是否已造成将性病传染给他人的结果,不影响本罪的成立。

3. 犯罪主体是特殊主体,即已满16周岁、具有刑事责任能力,且明知自己患有梅毒、淋病等严重性病的人。

4. 主观方面是故意,过失不构成本罪。行为人明知自己患有严重性病,而出于某种动机或为达到某种目的,仍然向他人卖淫或嫖娼。"明知",可以是确切知道自己患有某种严重性病,也可以是其知道可能患有某种严重性病。如果行为人未被确诊为患有严重性病,但根据其知识、阅历能证明其明知可能患有严重性病的,也应视为"明知"。认定行为人是"明知"的方法有:(1) 有证据证明曾到医院就医,被诊断为患有严重性病的。(2) 通过其他方法能够证明行为人是"明知"的。如根据行为人的实际患病的严重程度,行为人应当知道自己患有严重性病。如果行为人确实不知道自己患有严重性病而卖淫、嫖娼的,则不构成本罪。

(二) 司法认定

应当注意传播性病罪与非罪的区别。在司法实践中区别传播性病罪与非罪,可以从以下几方面进行区分:(1) 行为人是否患有严重性病。现在,国际公认的性传播疾病有二十多种,我国卫生部门提供的材料中认定为性病的有十多种。其中属于严重性病的有艾滋病、梅毒、淋病等。卖淫、嫖娼者只有患有严重性病,才有可能构成传播性病罪。患有一般性病的,不能构成本罪。(2) 行为人客观上是否实施了卖淫、嫖娼行为。如果行为人是在夫妻性生活或通奸、恋爱等性关系中将性病传染给他人,由于客观上不存在卖淫、嫖娼行为,也不构成本罪。(3) 行为人主观上是否明知自己患有严重性病。如果行为人不知自己患有严重性病,即使实施了卖淫、嫖娼行为,也不构成本罪。(4) 行为人是否自愿实施了卖淫、嫖娼行为。行为人虽患有严重性病,但如果是被强迫卖淫的,由于主观上没有犯罪故意,也不构成本罪。

(三) 刑事责任

根据《刑法》第 360 条规定,犯本罪的,处 5 年以下有期徒刑、拘役或者管制,并处罚金。

第十节 制作、贩卖、传播淫秽物品罪

一、制作、复制、出版、贩卖、传播淫秽物品牟利罪

(一) 概念与特征

制作、复制、出版、贩卖、传播淫秽物品牟利罪,是指以牟利为目的,制作、复制、出版、贩卖、传播具体描绘性行为或者露骨宣扬色情的诲淫性的书刊、影片、录像带、录音带、图片及其他淫秽物品的行为。本罪的主要特征是:

1. 侵犯的客体是国家对文化娱乐市场淫秽物的管理秩序。本罪的犯罪对象是淫秽物品。所谓"淫秽物品",根据《刑法》第 367 条规定,是指具体描绘性行为或露骨宣扬色情的诲淫性的书刊、音像、录像带、录音带、图片及其他淫秽物品。有关人体生理、医学知识的科学著作不是淫秽物品。包含有色情内容的有艺术价值的文学、艺术作品不视为淫秽物品。

2. 客观方面表现为行为人实施了制作、复制、出版、贩卖、传播淫秽物品的行为。

(1) 制作淫秽物品的行为。"制作",即制造,是指通过某种方式利用某种有形形式带有创作性的导致淫秽物品产生的行为。制作淫秽物品的行为有两个要素:一是行为带有创作性或原创性。淫秽物品可以看作行为人的作品,行为人将一定的想法、观念或情感通过构思、取舍、选择、安排、设计或组合在淫秽物品中表现出来。因而,淫秽物品所具有的"诲淫性"特征,即是行为人在制作中的主观见之于客观的过程,是一种严重违背社会道德、破坏社会管理秩序的创作行为。二是利用某种有形形式,即要有一定的载体或某种淫秽物品是一种实物。有形形式包括:文字形式,如书刊、报纸,以及剧本等;绘画形式,如图片;音像形式,如电影;摄影形式,如照片、电视、录像、录音,互联网也可看作这一形式;实物形式,如雕塑、淫具、淫药等。淫秽物品具有有形形式,使之与非有形形式的淫秽行为(如表演)、宣扬淫秽内容的口头作品区分开来。

(2) 复制淫秽物品的行为。"复制",是指以印刷、复印、临摹、拓印、录像、翻录、翻拍等方式将某一物品制作多份的行为。"复制淫秽物品",指对已有的淫秽物品进行仿造或重复制作,使之再现。复制行为往往具有重复性,即行为人利用同一方式将已有的淫秽物品进行重复制造。

（3）出版淫秽物品的行为。“出版”，指将作品编辑加工后，经过制作向公众发行。淫秽物品的出版一般是非法进行的，即行为人私自制作后向社会发行。也有以合法的形式出版的，即合法的出版单位，将淫秽物品制作成合法的出版物予以出版发行。出版单位在社会上公开发行淫秽出版物，其形式上是合法的，如具有国家统一的书号，其发行、流传也是通过合法、公开的途径进行的。当然，这并不能因为其具有合法名义而否认其实质的违法性。

（4）贩卖淫秽物品的行为。“贩卖”，是指向特定的人或不特定的人有偿转让淫秽物品的行为。行为方式包括零售、批发、出售和交换等方式。

（5）传播淫秽物品的行为。“传播”，是指以公开的或半公开的方式在一定范围内广泛散布淫秽物品的行为。行为具有相对公开性和广泛性。行为方式上有播放、出租、出借、承运、邮寄、携带等。近年来随着国际互联网的普及，一些不法分子利用互联网传播淫秽物品，其社会危害性更大且犯罪手段隐蔽，是一种新的传播方式。①

3. 犯罪主体是一般主体，自然人和单位均可构成本罪。

4. 主观方面是故意，即行为人知道或者应当知道是淫秽物品而进行制作、复制、出版、贩卖、传播，同时行为人在实施本罪的犯罪行为时还必须以牟利为目的。

（二）刑事责任

根据《刑法》第363条规定，犯本罪的，处3年以下有期徒刑、拘役或者管制，并处罚金；情节严重的，处3年以上10年以下有期徒刑，并处罚金；情节特别严重的，处10年以上有期徒刑或者无期徒刑，并处罚金或者没收财产。

二、为他人提供书号出版淫秽书刊罪

（一）概念与特征

为他人提供书号出版淫秽书刊罪，是指违反国家规定，为他人提供书号、刊号，造成淫秽书刊出版的行为。本罪的主要特征是：

1. 侵犯的客体是国家对书刊出版的管理秩序。近年来，一些出版单位为了牟取暴利，不按国家规定，对书号申请人的身份、目的、书号的使用范围以及书稿的内容不进行认真审查，随意向他人提供书号，甚至公开出卖书号，致使大量淫秽书刊出版，在社会上蔓延，危害极大。本罪的对象是淫秽书刊。

2. 客观方面表现为违反国家关于书号管理的各种规定，向单位或个人违法提供书号，导致淫秽书刊出版的行为。所谓“书号”，是指中国标准书号，它是由一个国际标准书号（ISBN）和一个图书分类号两部分组成。其中国际标准书号是中国标准书号的主体，可以独立使用。国际标准书号由组号（代表出版者的国家、地理区域、语种或其他分组特征，如中国的组号为7）、出版者（代表组区内的具体出版者，如人民出版社

① 参见最高人民法院、最高人民检察院《关于办理利用互联网、移动通讯终端、声讯台制作、复制、出版、贩卖、传播淫秽电子信息刑事案件具体应用法律若干问题的解释》。

为01)、书名号(代表某出版者出版的具体出版物)和校验位(用以检查ISBN编号转录过程中的错误)组成。图书分类号由分类号和该类号下的种次号两段组成。书号,是图书出版上市的通行证,任何书刊必须有统一的编号,才可以印刷、出版发行。我国对书号的管理是一般情况下,书号只能由出版机构自己使用,只有在协作出版的情况下,才允许出版机构将书号提供给他人。

3. 犯罪主体是一般主体,自然人和单位均可成为本罪的主体。由于书号不被一般人或单位掌握,所以能够提供书号进而构成本罪的,主要为国家新闻出版单位及其主要负责人。

4. 主观方面是过失。行为人提供书号是故意的,但是书号被用于出版淫秽书刊是不明知的。如果行为人明知他人是用于出版淫秽书刊而为其提供书号,则行为人的行为构成出版淫秽书刊罪。①

(二) 刑事责任

根据《刑法》第363条第2款的规定,犯本罪的,处3年以下有期徒刑、拘役或者管制,并处或者单处罚金。

三、传播淫秽物品罪

(一) 概念与特征

传播淫秽物品罪,是指不以牟利为目的,在社会上传播淫秽的书刊、影片、音像、图片或者其他淫秽物品,情节严重的行为。本罪的主要特征是:

1. 侵犯的客体是国家对淫秽物品的管理秩序。本罪的对象是淫秽的书刊、影片、音像、图片或者其他淫秽物品。"其他淫秽物品",包括具体描绘性行为或者露骨宣扬色情的诲淫性的视频文件、音频文件、电子刊物、图片、文章、短信息等互联网、移动通讯终端电子信息和声讯台语音信息。②

2. 客观方面表现为行为人具有传播淫秽的书刊、影片、音像、图片或者其他淫秽物品,情节严重的行为。传播方式包括播放、出借、展览、发布、发表、散布、邮寄等。利用计算机网络和手机等进行传播,是近年来传播淫秽物品的新动向。《计算机信息网络国际联网安全保护管理方法》规定,任何单位和个人不得利用国际互联网制作、复制、查阅和传播淫秽的信息。如果行为人有这种行为,情节较轻的给予行政处罚;构成犯罪的,依法追究刑事责任。"情节严重",主要是指多次地、经常地传播淫秽物品;所传播的淫秽物品数量较大;虽然传播淫秽物品数量不大、次数不多,但被传播的对象人数众多,造成的后果严重;在未成年人中传播,造成严重后果的等等。

3. 犯罪主体是一般主体,自然人和单位均可构成本罪。

---

① 参见最高人民法院《关于审理非法出版物刑事案件具体应用法律若干问题的解释》。

② 参见最高人民法院、最高人民检察院《关于办理利用互联网、移动通讯终端、声讯台制作、复制、出版、贩卖、传播淫秽电子信息刑事案件具体应用法律若干问题的解释》。

4. 主观方面是故意,但行为人不以牟利为目的。如果行为人是以牟利为目的,则构成传播淫秽物品牟利罪。

(二) 刑事责任

根据《刑法》第 364 条规定,犯本罪的,处 2 年以下有期徒刑、拘役或者管制。向不满 18 周岁的未成年人传播淫秽物品的,从重处罚。

四、组织播放淫秽音像制品罪

(一) 概念与特征

组织播放淫秽音像制品罪,是指组织召集多人观看、收听淫秽的电影、录像等音像制品的行为。本罪的主要特征是:

1. 侵犯的客体是国家对淫秽音像制品的管理秩序。

2. 客观方面表现为行为人具有组织播放淫秽音像制品的行为。所谓“组织播放”是指组织、策划、指挥他人播放或者收看淫秽音像制品的行为。具体地讲,所谓“播放”,就是以放映机、放录机、录音机等机器来进行传播。行为人播放的时间和场所不受限制,收看的人数也不受限制。

3. 犯罪主体是一般主体,自然人和单位均可构成本罪。

4. 主观方面是故意。本罪不以牟利为目的。如果以牟利为目的,则构成传播淫秽物品牟利罪。

(二) 司法认定

1. 传播淫秽物品罪与组织播放淫秽音像制品罪的区别

两罪的主要区别在于:(1) 两罪所规定的淫秽物品的范围不同。传播淫秽物品罪所规定的范围不仅包括音像制品,而且还包括淫秽书刊、照片等其他淫秽物品。组织播放淫秽音像制品罪规定的淫秽物品只限于淫秽电影、录像等音像制品。(2) 两罪的犯罪行为方式不同。传播淫秽物品罪的行为方式包括播放、出借、展览、发布、发表、散布、邮寄,利用计算机网络和手机等进行传播。组织播放淫秽音像制品罪的行为方式限于组织播放。(3) 定罪标准不同。传播淫秽物品罪只有在“情节严重”的情况下才构成犯罪。组织播放淫秽音像制品罪是行为犯,只要行为人组织实施了播放淫秽音像制品的行为,就构成犯罪。

2. 组织淫秽表演罪与组织播放淫秽音像制品罪的区别

两罪的犯罪客体、犯罪主体具有一致之处,主观上都表现为直接故意,在客观上都有组织行为。两罪的主要区别是组织内容不同。组织淫秽表演罪组织的是淫秽表演,属于现场表演;而后罪组织的内容是播放淫秽音像制品。另外,在组织淫秽表演罪中如果没有组织行为,仅淫秽表演行为本身不构成犯罪;而在组织播放淫秽音像制品罪中,若没有组织行为,播放淫秽音像制品的行为仍然可构成传播淫秽物品牟利罪或传播淫秽物品罪。在司法实践中,行为人在组织淫秽表演的同时,往往为了增强演出效果,配之以音乐、灯光或画面,而这些画面、音乐往往属于淫秽音像制品,因此,行为人在构成组织淫秽表演罪的同时,又构成了组织播放淫秽音像制品罪。由于两行为之间具有目的行为和手段行为的牵连关系,构成牵连犯,按照牵连犯的处理原则,应从一重罪从重处断,但两罪的法定刑幅度完全相同。这种情况下,应以目的行为构成的犯罪定罪并从重处断,即按组织淫秽表演罪,从重处罚。

(三)刑事责任

根据《刑法》第364条第2款规定,犯本罪的,处3年以下有期徒刑、拘役或者管制,并处罚金;情节严重的,处3年以上10年以下有期徒刑,并处罚金。

制作、复制淫秽的电影、录像等音像制品组织播放的,依照第2款的规定从重处罚。

五、组织淫秽表演罪

(一)概念与特征

组织淫秽表演罪,是指策划、纠集、指挥、控制他人进行淫秽表演的行为。本罪的主要特征是:

1. 侵犯的客体是社会道德风尚和社会公共治安秩序。在社会上组织淫秽表演对人民的身心健康会造成危害,也极易诱发违法犯罪活动。依法打击组织淫秽表演的犯罪行为,对于维护社会治安,净化社会环境,保护人民的身心健康,促进精神文明,具有重要意义。本罪的对象可以是任何人,但主要是青年妇女。

2. 客观方面表现为组织他人当众进行色情淫荡、挑动人们性欲的形体或动作表演。所谓"组织",是指以招募、雇佣、引诱、容留等手段纠集他人进行淫秽表演。淫秽表演必须是在公共场所公开地进行。

3. 犯罪主体是一般主体,自然人和单位均可构成。本罪的主体是淫秽表演的组织者,而非表演者,在实践中一般是文化娱乐场所、饮食服务行业的经营者,如歌厅、舞厅、夜总会的老板。

4. 主观方面是故意。行为人一般以牟利为目的,但是犯罪动机不影响本罪的成立。

(二)组织淫秽表演罪与聚众淫乱罪的区别

聚众淫乱罪,是指行为人聚集男女多人进行集体淫乱的行为。司法实践中,多表现为行为人在组织他人进行淫乱活动的同时又组织他人进行观看。两罪都具有组织性质,因而具有形式上的相似性。区分两罪的关键是:(1)组织淫秽表演罪中被组织者进行淫秽活动的目的在于表演,或者更确切地说,行为人将这些表演者组织起来,意在让他人进行淫秽表演,并由此决定了这种行为的公开性,即为组织内部以外的其他人能够看到、听到,且行为人主观上一般具有牟利的目的。而聚众淫乱罪尽管可以发生于公开场合,但聚众淫乱的行为的目的并不在于进行表演供他人观赏,而在于行为人以及参加淫乱活动的人自己的某种精神上的满足，以填补其精神上的空虚，不具有牟利的目的。(2) 在行为表现方式上，组织淫秽表演罪中除进行性淫乱行为以外，常见的方式多为脱衣舞、裸体舞表演；而聚众淫乱罪中淫乱行为虽常伴有脱衣、裸体行为，但这种行为主要在于为淫乱服务，行为内容主要是男女性交以及其他有关淫秽下流的行为。(3) 在犯罪主体上，本罪只处罚淫秽表演的组织者，对淫秽表演者不予定罪处罚。而聚众淫乱罪处罚的则是首要分子或多次参加者。另外，本罪中组织者往往并不直接参与淫秽表演，而在聚众淫乱罪中，首要分子一般直接参与淫乱活动。

(三) 刑事责任

根据《刑法》第 365 条规定，犯本罪的，处 3 年以下有期徒刑、拘役或者管制，并处罚金；情节严重的，处 3 年以上 10 年以下有期徒刑，并处罚金。所谓“情节严重”，主要是指多次组织淫秽表演的；虽然次数不多，但被传播的对象人数众多，造成的后果严重的；在未成年人中传播，造成严重后果的。

第八章　危害国防利益罪

学习要求

了解：危害国防利益罪的基本概念

理解：危害国防利益罪的常见犯罪类型

熟悉并能够运用：危害国防利益罪的常见犯罪的认定

主要涉及的法条：

第三百七十二条　【冒充军人招摇撞骗罪】冒充军人招摇撞骗的，处三年以下有期徒刑、拘役、管制或者剥夺政治权利；情节严重的，处三年以上十年以下有期徒刑。

第三百七十五条　【伪造、变造、买卖武装部队公文、证件、印章罪；盗窃、抢夺武装部队公文、证件、印章罪；非法生产、买卖武装部队制式服装罪；伪造、盗窃、买卖、非法提供、非法使用武装部队专用标志罪】伪造、变造、买卖或者盗窃、抢夺武装部队公文、证件、印章的，处三年以下有期徒刑、拘役、管制或者剥夺政治权利；情节严重的，处三年以上十年以下有期徒刑。

非法生产、买卖武装部队制式服装，情节严重的，处三年以下有期徒刑、拘役或者管制，并处或者单处罚金。

伪造、盗窃、买卖或者非法提供、使用武装部队车辆号牌等专用标志，情节严重的，处三年以下有期徒刑、拘役或者管制，并处或者单处罚金；情节特别严重的，处三年以上七年以下有期徒刑，并处罚金。

单位犯第二款、第三款罪的，对单位判处罚金，并对其直接负责的主管人员和其他直接责任人员，依照各该款的规定处罚。

第一节　危害国防利益罪概述

一、危害国防利益罪概念

危害国防利益罪，是指违反国防法律、法规，拒绝或者逃避履行国防义务，危害作战和军事行动，危害国防物质基础和国防建设活动，妨害国防管理秩序，损害部队声誉,依法应受刑罚处罚的行为。①

危害国防利益这类犯罪涉及的国防法律、法规主要包括了《兵役法》《征兵工作条例》《应征公民体格条件》《国防法》《军事设施保护法》等。1997《刑法》将危害国防利益犯罪独立成章,作为刑法分则第七章。《刑法修正案(七)》对本章第375条作出了部分修改,将刑法第375条第2款修改为:“非法生产、买卖武装部队制式服装,情节严重的,处三年以下有期徒刑、拘役或者管制,并处或者单处罚金。”增加1款作为第3款:“伪造、盗窃、买卖或者非法提供、使用武装部队车辆号牌等专用标志,情节严重的,处三年以下有期徒刑、拘役或者管制,并处或者单处罚金;情节特别严重的,处三年以上七年以下有期徒刑,并处罚金。”原第3款作为第4款,修改为:“单位犯第二款、第三款罪的,对单位判处罚金,并对其直接负责的主管人员和其他直接责任人员,依照各该款的规定处罚。”

二、危害国防利益犯罪的构成特征

根据我国的犯罪构成理论,犯罪构成包括了犯罪客体、犯罪客观方面、犯罪主体、犯罪主观方面,成立犯罪必须同时具备这四个要件,缺一不可。

(一)犯罪客体

危害国防利益这类犯罪侵犯的客体是国防利益,所谓国防利益,是指为防备和抵抗外来侵略,制止武装颠覆,保卫国家的主权、统一、领土完整和安全所进行的军事活动,以及与军事有关的政治、经济、外交、科技、教育等方面活动的利益。具体来说,包括了军人的正常执行职务活动、武装部队的军事行动、国家的武器装备、军事设施的管理制度以及国家安全、军事禁区的正常管理秩序、军事征用的管理制度等。

(二)犯罪客观方面

危害国防利益这类犯罪侵犯的客观方面主要表现为违反国防法律、法规,拒绝或者逃避履行国防义务,危害作战和军事行动,危害国防物质基础和国防建设活动,妨害国防管理秩序,损害部队声誉的行为。有的犯罪行为既包括作为也包括不作为。有的犯罪行为有特定的时间要求,比如战时造谣扰乱军心罪,战时拒绝军事征收、征用罪等,要求行为发生在战时,否则不成立本罪。

(三)犯罪主体

犯罪主体是实施危害社会行为,应负刑事责任的自然人或者单位。危害国防利益这类犯罪的犯罪主体包括了自然人和单位。本章中可以由单位构成的犯罪主要包括:故意提供不合格武器装备、军事设施罪(《刑法》第370条第1款),非法生产、买卖武装部队制式服装罪(《刑法》第375条第2款),伪造、盗窃、买卖、非法提供、非法使用武装部队专用标志罪(《刑法》第375条第3款),战时拒绝、故意延误军事订货罪(《刑

① 参见高铭暄、马克昌主编:《刑法学》,北京大学出版社、高等教育出版社2010年版,第681页。

法》第380条)。

(四) 犯罪主观方面

危害国防利益这类犯罪的主观方面包括了故意和过失,并且犯罪动机如何并不影响这类犯罪中具体犯罪的成立。本罪的过失犯罪只包括两个,即过失损坏武器装备、军事设施、军事通信罪(《刑法》第369条第2款),过失提供不合格武器装备、军事设施罪(《刑法》第370条第2款),其余犯罪都是故意犯罪。

第二节 危害国防利益罪分述

一、阻碍军人执行职务罪

(一) 概念和特征

阻碍军人执行职务罪,是指以暴力或者威胁方法阻碍军人依法执行职务的行为。本罪的主要特征是:

1. 本罪侵犯的客体是军人的正常执行职务活动。

2. 本罪的客观方面主要表现为以暴力或者威胁方法阻碍军人依法执行职务的行为。(1)本罪的行为方式主要表现为“暴力”或者“威胁”。本罪的暴力,是指行为人对依法执行职务的军人的身体实施打击或者强制。比如拳打脚踢、棍棒殴打、用绳索捆绑等。本罪的“威胁”,是指行为人以恶害相通告,使军人产生心理恐惧,从而不能或者无法执行任务。需要注意的是,军人在执行职务时,行为人顶撞、谩骂、不服从命令和指挥的行为,不属于本罪的“暴力”或“威胁”行为。(2)本罪要求军人执行职务的行为具有合法性。如果军人执行职务的行为是非法的,行为人以暴力或者威胁方法阻碍军人依法执行职务的,不构成本罪。

3. 本罪的主体为一般主体。凡达到刑事责任年龄,具备刑事责任能力的自然人均可构成本罪。

4. 本罪的主观方面为故意,即行为人明知军人正在执行职务,而仍然采取暴力或者威胁方法阻碍军人依法执行职务。

(二) 阻碍军人执行职务罪的认定

本罪与妨害公务罪(《刑法》第277条)存在法条竞合的关系,本罪为特别法条。以暴力或者威胁方法阻碍军人依法执行职务的,只认定为本罪,不再成立妨害公务罪。

(三) 刑事责任

根据《刑法》第368条第1款之规定,犯本罪的,处3年以下有期徒刑、拘役、管制或者罚金。

二、阻碍军事行动罪

（一）概念和特征

阻碍军事行动罪，是指故意阻碍武装部队军事行动，造成严重后果的行为。本罪的主要特征是：

1. 本罪侵犯的客体是武装部队的军事行动。

2. 本罪的客观方面主要表现为故意阻碍武装部队军事行动，造成严重后果的行为。“军事行动”，是指为了一定的政治目的而有组织地使用武装力量的活动，既包括和平时期的作战演习、训练，也包括战争时期的战斗、战役。

3. 本罪的主体为一般主体。凡达到刑事责任年龄，具备刑事责任能力的自然人均可构成本罪。

4. 本罪的主观方面为故意，即行为人明知是武装部队的军事行动，仍然予以阻碍。

（二）阻碍军事行动罪的认定

本罪与阻碍军人执行职务罪的区别主要有三点：第一，客体不同，本罪侵犯的客体是武装部队的军事行动；阻碍军人执行职务罪侵犯的客体是军人的正常执行职务活动。第二，行为方式不同，本罪不要求行为人采取暴力或者威胁方法；阻碍军人执行职务罪必须采取暴力或者威胁方法。第三，成立本罪要求造成严重后果；阻碍军人执行职务罪并没有这一要求。

（三）刑事责任

根据《刑法》第368条第2款之规定，犯本罪的，处5年以下有期徒刑或者拘役。

三、破坏武器装备、军事设施、军事通信罪

（一）概念和特征

破坏武器装备、军事设施、军事通信罪，是指破坏武器装备、军事设施、军事通信的行为。本罪属于选择性罪名，罪名的确立应根据行为人破坏的具体对象来确立。本罪的主要特征是：

1. 本罪侵犯的客体是国防利益。国防利益，是指为防备和抵抗外来侵略，制止武装颠覆，保卫国家的主权统一、领土完整和安全所进行的军事活动，以及与军事有关的政治、经济、外交、科技、教育等方面活动的利益。

2. 本罪的客观方面主要表现为破坏武器装备、军事设施、军事通信的行为。犯罪对象是武器装备、军事设施、军事通信。“武器装备”，是武装部队直接用于实施和保障作战行动的武器、武器系统和军事技术器材的统称，包括冷兵器、枪械、火炮、火箭、导弹、弹药、爆破器材等。“军事设施”，是指国家直接用于军事目的的建筑、场地和设备，包括指挥机关、地面和地下的指挥工程、作战工程、军用机场、港口、码头等。“军

用通信”,是指军队为实施指挥、运用通信工具或其他方法进行的信息传递,它是保障军队指挥的基本手段。包括无线电通信、有线电通信、光通信、运动通信、简易信号通信等。破坏武器装备、军事设施、军事通信的行为,是指行为人通过作为或不作为,比如爆炸、挖掘等方式,使武器装备、军事设施、军事通信的功能丧失或减小,使其不能正常使用的行为。

“破坏重要的武器装备、军事设施、军事通信”和“情节特别严重”为本罪的加重处罚情节。问题是适用本罪的“情节特别严重”的法定刑,是否以“破坏重要的武器装备、军事设施、军事通信”为前提。张明楷教授认为,如果持否定说,就意味着对破坏非重要武器装备、军事设施、军事通信的行为,要么适用“三年以下有期徒刑、拘役或者管制”,要么适用“十年以上有期徒刑、无期徒刑或者死刑”。如果持肯定说,则意味着对破坏非重要武器装备、军事设施、军事通信的行为,只能适用“三年以下有期徒刑、拘役或者管制”的法定刑。张明楷教授主张肯定说。① 我们认为破坏非重要武器装备、军事设施、军事通信的行为也存在适用“情节特别严重”的可能性,如果破坏非重要武器装备、军事设施、军事通信的行为,无论造成多大的生命、财产等损失,只能适用“三年以下有期徒刑、拘役或者管制”的法定刑。这显然是不合理的。

3. 本罪的主体为一般主体。凡达到刑事责任年龄,具备刑事责任能力的自然人均可构成本罪。

4. 本罪的主观方面为故意,即行为人明知破坏的对象是武器装备、军事设施、军事通信,而仍然予以破坏。

（二）刑事责任

根据《刑法》第369条第1款之规定,犯本罪的,处3年以下有期徒刑、拘役或者管制;破坏重要的武器装备、军事设施、军事通信的,处3年以上10年以下有期徒刑;情节特别严重的,处10年以上有期徒刑、无期徒刑或者死刑。根据《刑法》第369条第3款之规定,战时犯本罪的,从重处罚。

四、过失损坏武器装备、军事设施、军事通信罪

（一）概念和特征

过失损坏武器装备、军事设施、军事通信罪,是指过失损坏武器装备、军事设施、军事通信的行为。本罪的主要特征是:

1. 本罪侵犯的客体是国防利益。

2. 本罪的客观方面主要表现为过失损坏武器装备、军事设施、军事通信的行为。损坏,是指使武器装备、军事设施、军事通信丧失部分或者全部功能,使其不能正常使用的行为。

本罪为过失犯罪,因此成立本罪必须要求造成严重后果。如果存在过失损坏武器

① 参见张明楷:《刑法学》,法律出版社2011年版,第1037页。

装备、军事设施、军事通信的行为,但没有造成严重后果的,不成立本罪。

3. 本罪的主体为一般主体。凡达到刑事责任年龄,具备刑事责任能力的自然人均可构成本罪。

4. 本罪的主观方面为过失,即行为人应当预见自己的行为可能损坏武器装备、军事设施、军事通信的结果,因疏忽大意没有预见或者过于自信能够避免,以致发生危害结果。

(二) 刑事责任

根据《刑法》第369条第2款之规定,犯本罪的,处3年以下有期徒刑或者拘役;造成特别严重后果的,处3年以上7年以下有期徒刑。根据第369条第3款之规定,战时犯本罪的,从重处罚。

五、故意提供不合格武器装备、军事设施罪

(一) 概念和特征

故意提供不合格武器装备、军事设施罪,是指明知是不合格的武器装备、军事设施而提供给武装部队的行为。本罪的主要特征是:

1. 本罪侵犯的客体是国家的武器装备、军事设施的管理制度以及国家安全。

2. 本罪的客观方面表现为将不合格的武器装备、军事设施提供给武装部队的行为。(1)本罪的行为方式是将不合格的武器装备、军事设施提供给武装部队。"提供",是指在科研、设计、勘察、测量、建设、施工、制造、修筑、修理、验收、采购、销售以及部队使用全过程中某一环节出于故意而导致了不合格武器装备、军事设施的交付使用。提供既可以是有偿的,又可以是无偿的。"不合格",是指所提供的武器装备、军事设施不符合规定的质量标准,如使用不合格的原料生产、制造武器装备或军事设施;提供的武器装备、军事设施包括外形、内部结构、坚固耐用程度等不符合各项技术、数量指标。(2) 本罪的犯罪对象,是不合格的武器装备、军事设施。根据《军事设施保护法》第2条规定,"军事设施"是指国家直接用于军事目的的建筑、场地和设备,比如指挥机关,地面和地下的指挥工程、作战工程;军用机场、港口、码头;营区、训练场、试验场等。(3) 本罪的"武装部队",包括中国人民解放军部队、武装警察部队、预备役部队以及民兵组织。(4) 本罪的"情节严重",是指徇私舞弊谋取私利的,造成武器装备、军事设施严重损毁,经济损失严重的,因武器装备,军事设施严重毁损而造成人员伤亡的等;"情节特别严重",是指因武器装备、军事设施质量问题,造成多人重伤、死亡的,严重影响部队完成作战任务的,造成重大经济损失的等。

3. 本罪主体是一般主体,自然人和单位均可构成。《刑法》第370条第2款规定的过失提供不合格武器装备、军用设施罪,只能由自然人构成,而不能由单位构成。

4. 本罪的主观方面表现为故意,即明知是不合格的武器装备、军事设施,仍然作为合格产品提供给武装部队。

(二) 刑事责任

根据《刑法》第370条第1款之规定,犯本罪的,处5年以下有期徒刑或者拘役;情节严重的,处5年以上10年以下有期徒刑;情节特别严重的,处10年以上有期徒刑、无期徒刑或者死刑。

单位犯第1款罪的,对单位判处罚金,并对其直接负责的主管人员和其他直接责任人员,依照第1款的规定处罚。

六、过失提供不合格武器装备、军事设施罪

(一) 概念和特征

过失提供不合格武器装备、军事设施罪,是指因疏忽大意或过于自信将不合格的武器装备、军事设施提供给武装部队并造成严重后果的行为。本罪的主要特征是:

1. 本罪侵犯的客体是国家的武器装备、军事设施的管理制度以及国家安全。

2. 本罪的客观方面表现为因疏忽大意或过于自信将不合格的武器装备、军事设施提供给武装部队并造成严重后果的行为。

3. 本罪的主体为自然人。凡达到刑事责任年龄,具备刑事责任能力的自然人均可构成本罪。

4. 本罪的主观方面表现为疏忽大意或者过于自信的过失。

(二) 刑事责任

根据《刑法》第370条第2款之规定,犯本罪的,处3年以下有期徒刑或者拘役;造成特别严重后果的,处3年以上7年以下有期徒刑。

七、聚众冲击军事禁区罪

(一) 概念和特征

聚众冲击军事禁区罪,是指聚众冲击军事禁区,严重扰乱军事禁区秩序的行为。本罪的主要特征是:

1. 本罪侵犯的客体是军事禁区的正常管理秩序。

2. 本罪的客观方面主要表现为聚众冲击军事禁区,严重扰乱军事禁区秩序的行为。(1)本罪行为方式表现为聚众冲击军事禁区,严重扰乱军事禁区秩序。"聚众",是指纠集多人,强行闯入军事禁区,或占据办公地点,或毁坏财物,或殴打人员。"冲击",是指未经允许,采取各种手段执意进入军事禁区所管辖区域。(2)本罪犯罪对象为军事禁区,根据《军事设施保护法》第8条规定,军事禁区,是指设有重要军事设施或者军事设施具有重大危险因素,需要国家采取特殊措施加以重点保护,依照法定程序和标准划定的军事区域。(3)构成本罪需要造成"严重扰乱军事禁区秩序"的结果。"严重扰乱",是指使军事禁区的公共财物造成损失;军事活动和科研受到妨碍而无法进行;军事禁区受到破坏,导致严重的经济损失等。

3. 本罪的主体为一般主体,包括首要分子和其他积极参加者,不包括其他一般参加者。本罪的首要分子,是指在聚众冲击犯罪的行为中起组织、策划、指挥作用的人;本罪的其他积极参加者,是指主动参加冲击军事禁区的犯罪活动,并在犯罪活动中起着重要作用的人员。

4. 本罪的主观方面为故意,即行为人明知是军事禁区,仍然聚众冲击军事禁区。犯罪的动机如何不影响本罪的成立。

(二) 刑事责任

根据《刑法》第371条第1款之规定,犯本罪的,对首要分子,处5年以上10年以下有期徒刑;对其他积极参加的,处5年以下有期徒刑、拘役、管制或者剥夺政治权利。对不负刑事责任的其他参加人员,可以依《治安管理处罚法》第23条规定予以处罚。

八、聚众扰乱军事管理区秩序罪

(一) 概念和特征

聚众扰乱军事管理区秩序罪,是指聚众扰乱军事管理区秩序,情节严重,致使军事管理区工作无法进行,造成严重损失的行为。本罪的主要特征是:

1. 本罪侵犯的客体是军事管理区的正常管理秩序。

2. 本罪的客观方面为:(1) 本罪行为方式表现为聚众扰乱军事管理区秩序。(2) 本罪的犯罪对象为军事管理区秩序。根据《军事设施保护法》第8条规定,军事管理区,是指设有较重要军事设施或者军事设施具有重大危险因素,需要国家采取特殊措施加以保护,依照法定程序和标准划定的军事区域。(3) 本罪要求"情节严重""致使军事管理区工作无法进行""造成严重损失",必须同时具备这三个条件,本罪才能成立。

3. 本罪的主体为一般主体,包括首要分子和其他积极参加者,不包括其他一般参加者。本罪的首要分子,是指在聚众扰乱军事管理区秩序犯罪的行为中起组织、策划、指挥作用的人;本罪的其他积极参加者,是指主动参加扰乱军事管理区秩序犯罪活动,并在犯罪活动中起着重要作用的人员。

4. 本罪的主观方面为故意,即行为人明知是军事管理区,仍然扰乱军事管理区秩序。犯罪的动机如何不影响本罪的成立。

(二) 聚众扰乱军事管理区秩序罪的认定

1. 本罪与聚众冲击军事禁区罪的界限

两罪的界限在于犯罪对象不同,前者的犯罪对象是军事管理区,后者的犯罪对象是军事禁区。

2. 本罪与聚众扰乱社会秩序罪的界限

聚众扰乱社会秩序罪,是指聚众扰乱社会秩序,情节严重,致使工作、生产、营业和教学、科研无法进行,造成严重损失的行为。两罪的犯罪主体、主观方面、客观方面具有相似性。两罪的界限主要表现在:一是犯罪客体不同,前者侵犯的客体是军事管理区秩序,后者侵犯的是社会管理秩序。二是犯罪对象不同,前者的犯罪对象是军事管理区,后者的对象是非军事管理区。

(三) 刑事责任

根据《刑法》第371条第2款之规定,犯本罪的,对首要分子,处3年以上7年以下有期徒刑;对其他积极参加的,处3年以下有期徒刑、拘役、管制或者剥夺政治权利。

对不负刑事责任的其他参加人员,可以依《治安管理处罚法》第23条规定予以处罚。

九、冒充军人招摇撞骗罪

(一) 概念和特征

冒充军人招摇撞骗罪,是指冒充军人招摇撞骗的行为。本罪的主要特征是:

1. 本罪的客体是军队的良好威信及其正常的活动。

2. 本罪的客观方面表现为行为人实施了冒充军人以及招摇撞骗的行为。行为人没有冒充军人,而是冒充其他人员的,不成立本罪,但可能成立诈骗罪或者其他犯罪。本罪的"冒充军人",既包括了非军人冒充军人身份的行为,也包括了军人冒充其他军人身份的行为。"招摇撞骗",是指隐瞒自己的真实身份,冒充军人身份,实施各种欺骗活动。

3. 本罪的主体为一般主体。凡达到刑事责任年龄,具备刑事责任能力的自然人均可构成。

4. 本罪的主观方面为故意,即行为人明知自己没有此类军人身份,依然实施冒充军人招摇撞骗的行为。

(二) 冒充军人招摇撞骗罪的认定

应注意本罪与诈骗罪的区别:第一,客体不同,冒充军人招摇撞骗罪所侵犯的客体是军队的良好威信及其正常的活动;诈骗罪所侵犯的客体为公民财产的所有权。第二,犯罪手段不同,本罪所采取的手段必须是冒充军人进行诈骗;诈骗罪则无此限制,只要是利用任何虚构事实、隐瞒真相的手段进行,就符合诈骗罪的客观方面特征。第三,本罪是行为犯,无骗取财物数额的限制;诈骗罪是数额犯,诈骗数额达到较大的程度,才以诈骗罪论处。

(三) 刑事责任

根据《刑法》第372条之规定,犯本罪的,处3年以下有期徒刑、拘役、管制或者剥夺政治权利;情节严重的,处3年以上10年以下有期徒刑。

十、煽动军人逃离部队罪

（一）概念和特征

煽动军人逃离部队罪，是指煽动军人逃离部队，情节严重的行为。本罪的主要特征是：

1. 本罪的客体是我国兵役制度和部队的正常管理秩序。

2. 本罪的客观方面主要表现为煽动军人逃离部队，情节严重的行为。(1) 本罪的行为方式为煽动。本罪的煽动，是指通过口头、书面或者其他方式鼓励、唆使、怂恿不特定军人永久性地逃离部队或暂时性地离开部队的行为。需要注意的是：第一，煽动是向不特定人的行为，所以煽动特定的军人逃离部队的，不构成本罪，但可能构成《刑法》第 435 条的逃离部队罪的教唆犯。第二，军人家属、亲友确有困难，而写信劝说现役军人早日退出现役的行为，不属于本罪的煽动或教唆行为。(2) 本罪的犯罪对象为现役军人。(3) 本罪要求达到“情节严重”的结果。如果行为人实施了煽动军人逃离部队的行为，但不属于情节严重的，不构成犯罪。司法实践中，“情节严重”主要是指战时煽动军人逃离部队的；煽动指挥人员、作战部队人员或者负有其他重要职责的人员逃离部队的；多次煽动或者煽动多人逃离部队的；因煽动军人逃离部队影响部队完成重要任务的；煽动军人逃离部队后予以窝藏的；煽动军人逃离部队进行其他违法活动的等情形。

3. 本罪的主体为一般主体。凡达到刑事责任年龄，具备刑事责任能力的自然人均可构成本罪。

4. 本罪的主观方面为故意。犯罪的动机不影响本罪的成立。

（二）刑事责任

根据《刑法》第 373 条之规定，犯本罪的，处 3 年以下有期徒刑、拘役或者管制。

十一、雇用逃离部队军人罪

（一）概念和特征

雇用逃离部队军人罪，是指明知是逃离部队的军人而雇用的，情节严重的行为。本罪的主要特征是：

1. 本罪的客体是我国兵役制度和部队的正常管理秩序。

2. 本罪的客观方面主要表现为明知是逃离部队的军人而雇用的，情节严重的行为。

(1) 本罪的行为方式为雇用。本罪的雇用是指以有偿的方式，比如货币、物品等，聘请逃离部队的军人为自己提供劳动的行为。

(2) 本罪要求造成“情节严重”的结果。本罪的“情节严重”，一般是指雇用多名逃离部队军人或者多次雇用逃离部队的军人；雇用军队机要、保密和首脑机关的人员或其他负有重要职责的军人;雇用逃离部队军人进行其他违法活动的等情形。雇用逃离部队的军人情节不严重的,不成立本罪,可以根据《兵役法》第 62 条第 2 款由县级人民政府责令改正,并处以罚款。

3. 本罪的主体为一般主体。凡达到刑事责任年龄,具备刑事责任能力的自然人均可构成本罪。

4. 本罪的主观方面为故意,即明知是逃离部队军人而仍然予以雇用。不明知是逃离部队的军人仍然雇用的,不成立本罪。

(二) 刑事责任

根据《刑法》第 373 条之规定,犯本罪的,处 3 年以下有期徒刑、拘役或者管制。

十二、接送不合格兵员罪

(一) 概念和特征

接送不合格兵员罪,是指征兵工作人员在征兵工作中徇私舞弊,将不合格的应征公民接送进部队,情节严重的行为。本罪的主要特征是:

1. 本罪的客体为复杂客体,主要客体是国家征兵工作的正常管理活动。

2. 本罪的客观方面表现为征兵工作人员在征兵工作中徇私舞弊,将不合格的应征公民接送进部队,情节严重的行为。(1) 行为人在征兵工作中必须具有徇私舞弊和接送不合格兵员的行为。因此,在征兵工作中只有徇私舞弊的行为,但没有接送不合格兵员的,以及在征兵工作中接送了不合格兵员,但在征兵工作中没有徇私舞弊的,都不成立本罪。根据《兵役法》《征兵工作条例》等法律、法规的规定,征兵工作包括以下程序:兵役登记、体格检查、政治审查、审定新兵、交接新兵、检疫和退兵等。本罪的徇私舞弊行为,是指行为人在征兵工作中为谋求私利,而在征兵工作中利用职务之便弄虚作假,欺骗组织。接送包括了“接收”和“输送”两种行为。(2) 本罪的犯罪对象是不合格兵员。不合格兵员,是指不符合法律规定的应征条件的兵员。根据《役法》《征兵工作条例》等法律、法规的规定,合格兵员条件一般包括:文化条件、年龄条件、身体条件、政治条件等。(3) 构成本罪需要达到“情节严重”的程度。本罪的“情节严重”,一般是指多次接送不合格兵员的、接送多名不合格兵员的、在接送不合格兵员过程中收受财物的、接送不合格兵员,造成恶劣影响或者严重后果的、战时接送不合格兵员的等情况。

3. 本罪的主体为特殊主体,即在征兵工作中负有征兵职责的工作人员,主要包括各级人民武装部门负责征兵的工作人员、征兵部队负责征集新兵的工作人员和其他依法负有协助征兵职责的人员。

4. 主观方面为故意,即行为人明知在征兵工作中徇私舞弊,将不合格的应征公民接送进部队,违反国家法律规定,也明知对国家征兵工作的正常管理活动可能造成危害,却希望或者放任这种危害结果的发生。

（二）接送不合格兵员罪的认定

在征兵工作中，行为人的行贿或者受贿行为构成犯罪，而接送不合格兵员的行为尚未达到情节严重的程度的，应当以行贿罪或受贿罪定罪处罚。如果行贿或者受贿行为不构成犯罪，但接送不合格兵员情节严重，构成犯罪的，则应以接送不合格兵员罪定罪，从重处罚。如果两种行为都构成犯罪，则应按照牵连犯的处罚原则，择一重罪处罚，不实行数罪并罚。

（三）刑事责任

根据《刑法》第 374 条的规定，犯本罪的，处 3 年以下有期徒刑或者拘役；造成特别严重后果的，处 3 年以上 7 以下有期徒刑。

十三、伪造、变造、买卖武装部队公文、证件、印章罪和盗窃、抢夺武装部队公文、证件、印章罪

（一）概念和特征

伪造、变造、买卖武装部队公文、证件、印章罪，是指伪造、变造、买卖武装部队公文、证件、印章的行为。

盗窃、抢夺武装部队公文、证件、印章罪，是指盗窃、抢夺武装部队公文、证件、印章的行为。两罪的主要特征是：

1. 两罪的客体是武装部队公文、证件、印章的管理秩序和信誉。

2. 两罪的客观方面为：(1) 行为方式主要指伪造、变造、买卖武装部队公文、证件、印章的行为或者盗窃、抢夺武装部队公文、证件、印章的行为，但不包括毁灭武装部队公文、证件、印章的行为，所以毁灭武装部队公文、证件、印章的，应适用《刑法》第 280 条的规定定罪处罚。(2) 两罪的犯罪对象都为武装部队公文、证件、印章。根据最高人民法院、最高人民检察院《关于办理妨害武装部队制式服装、车辆号牌管理秩序等刑事案件具体应用法律若干问题的解释》，武装部队公文、证件、印章包括武装部队车辆行驶证、车辆驾驶证、车辆监管印章、军官证、士兵证等。

3. 两罪的主体为一般主体，即达到刑事责任年龄，具备刑事责任能力的自然人均可构成本罪。

4. 两罪的主观方面均为故意。

（二）两罪的认定

1. 法条竞合问题。两罪与《刑法》第 280 条存在法条竞合的关系，《刑法》第 280 条为普通法条，因此，行为人实施伪造、变造、买卖武装部队公文、证件、印章的行为或者盗窃、抢夺武装部队公文、证件、印章的行为，只认定本罪，不再适用《刑法》第 280 条的规定。

2. 想象竞合问题。根据最高人民法院、最高人民检察院《关于办理妨害武装部队制式服装、车辆号牌管理秩序等刑事案件具体应用法律若干问题的解释》第 6 条规

定,实施《刑法》第375条的犯罪行为,同时又构成逃税、诈骗、冒充军人招摇撞骗等犯罪的,依照处罚较重的规定定罪处罚。

3. 共犯问题。根据最高人民法院、最高人民检察院《关于办理妨害武装部队制式服装、车辆号牌管理秩序等刑事案件具体应用法律若干问题的解释》第5条规定,明知他人实施《刑法》第375条规定的犯罪行为,而为其生产、提供专用材料或者提供资金、账号、技术、生产经营场所等帮助的,以共犯论处。

(三) 刑事责任

根据《刑法》第375条第1款之规定,犯本条两罪的,处3年以下有期徒刑、拘役、管制或者剥夺政治权利;情节严重的,处3年以上10年以下有期徒刑。

十四、非法生产、买卖武装部队制式服装罪

(一) 概念和特征

非法生产、买卖武装部队制式服装罪,是指非法生产、买卖武装部队制式服装,情节严重的行为。本罪的主要特征是:

1. 本罪的客体是武装部队制式服装的管理秩序和信誉。

2. 本罪的客观方面表现为非法生产、买卖武装部队制式服装,情节严重的行为。非法生产、买卖主要包括以下两种情况:第一,未经许可、未获批准、未经委托并擅自生产、交易武装部队的制式服装;第二,超过规定数量生产、买卖军用标志。根据《最高人民法院、最高人民检察院关于办理妨害武装部队制式服装、车辆号牌管理秩序等刑事案件具体应用法律若干问题的解释》第2条规定,“情节严重”是指非法生产、买卖成套制式服装30套以上,或者非成套服装100件以上的;非法生产、买卖帽徽、领花、臂章等标志服饰合计100件(副)以上的;非法经营数额2万元以上的;违法所得数额5千元以上的;具有其他严重情节的。

3. 本罪的主体为一般主体,包括自然人和单位。

4. 本罪的主观方面表现为故意。

(二) 刑事责任

根据《刑法》第375条第2款和第4款的规定,犯本罪的,处3年以下有期徒刑、拘役或者管制,并处或者单处罚金。单位犯本罪的,对单位判处罚金,并对其直接负责的主管人员和其他直接责任人员,依照上述规定处罚。

十五、伪造、盗窃、买卖、非法提供、非法使用武装部队专用标志罪

(一) 概念和特征

伪造、盗窃、买卖、非法提供、非法使用武装部队专用标志罪,是指伪造、盗窃、买卖、非法提供、非法使用武装部队专用标志,情节严重的行为。本罪的主要特征是:

1. 本罪的客体是武装部队专用标志的管理秩序和信誉。

2. 本罪的客观方面主要表现为伪造、盗窃、买卖、非法提供、非法使用武装部队专用标志,情节严重的行为。(1) 本罪的行为方式表现为伪造、盗窃、买卖、非法提供、非法使用。"伪造",是指无制作权的人或单位,非法制作武装部队车辆号牌等专用标志的行为。注意,本罪的伪造包括变造行为。"盗窃",是指以非法占有为目的,窃取武装部队车辆号牌等专用标志的行为。"买卖",是指以金钱为交换条件,购买或者销售以及先购买后销售武装部队车辆号牌等专用标志的行为。"非法提供",是指管理者或无管理权的人不应当提供而提供武装部队车辆号牌等专用标志的行为。"非法使用",是指非法使用真实或者使用伪造的武装部队车辆号牌等专用标志的行为。本罪是行为选择性罪名,行为人对武装部队车辆号牌等专用标志实施上述任何一种行为的,均构成犯罪。行为人既实施了伪造武装部队车辆号牌等专用标志的行为,同时还盗窃、买卖武装部队车辆号牌等专用标志的,不实行数罪并罚。(2) 本罪要求造成"情节严重"的结果。根据最高人民法院、最高人民检察院《关于办理妨害武装部队制式服装、车辆号牌管理秩序等刑事案件具体应用法律若干问题的解释》第 3 条规定,本罪的"情节严重",是指伪造、盗窃、买卖或者非法提供、非法使用武装部队军以上领导机关车辆号牌 1 副以上或者其他车辆号牌 3 副以上的;非法提供、使用军以上领导机关车辆号牌之外的其他车辆累计 6 个月以上的;伪造、盗窃、买卖或者非法提供、非法使用军帽、军徽、军种符号或者其他军用标志合计 100 件(副)以上的;造成严重后果或者恶劣影响的。

3. 本罪的主体为一般主体,包括自然人和单位。

4. 本罪的主观方面为故意。

(二) 刑事责任

根据《刑法》第 375 条第 3 款和第 4 款之规定,犯本罪的,处 3 年以下有期徒刑、拘役或者管制,并处或者单处罚金;情节特别严重的,处 3 年以上 7 年以下有期徒刑,并处罚金。单位犯本罪的,对单位判处罚金,并对其直接负责的主管人员和其他直接责任人员,依照上述规定处罚。

十六、战时拒绝、逃避征召、军事训练罪

(一) 概念和特征

战时拒绝、逃避征召、军事训练罪,是指预备役人员战时拒绝、逃避征召或者军事训练,情节严重的行为。本罪的主要特征是:

1. 本罪的客体是我国的兵役管理活动。

2. 本罪的客观方面主要表现为预备役人员战时拒绝、逃避征召或者军事训练,情节严重的行为。本罪的行为方式表现为战时拒绝、逃避征召、军事训练。本罪的行为必须发生在"战时",如果在平时拒绝、逃避征召、军事训练,不构成本罪。根据《刑法》第 451 条之规定,战时是指国家宣布进入战争状态、部队受领作战任务或者遭受突然袭击时。本罪要求造成"情节严重"的结果。本罪的"情节严重",是指行为人多次拒

绝、逃避征召或军事训练;组织、煽动他人拒绝、逃避征召或军事训练;以暴力、威胁的方法拒绝征召、携带武器逃避军事训练等。

3. 本罪的主体为特殊主体,即预备役人员。根据我国《兵役法》的规定,预备役人员包括了士兵预备役和预备役军官两大类。

4. 本罪的主观方面为故意

(二) 刑事责任

根据《刑法》第376条第1款之规定,犯本罪的,处3年以下有期徒刑或者拘役。

十七、战时拒绝、逃避服役罪

(一) 概念和特征

战时拒绝、逃避服役罪,是指公民战时拒绝、逃避服役,情节严重的行为。本罪的主要特征是:

1. 本罪的客体是国家的兵役制度和战时的军事利益。

2. 本罪的客观方面主要表现为公民战时拒绝、逃避服役,情节严重的行为。本罪的行为方式表现为战时拒绝、逃避服役。本罪的行为必须发生在"战时",如果在平时服役的,不构成本罪。本罪要求造成"情节严重"的结果。本罪的"情节严重",是指行为人多次拒绝、逃避服兵役;组织、煽动他人拒绝、逃避服兵役;以暴力、威胁的方法拒绝服兵役等。

3. 本罪的主体为特殊主体,即战时负有服役义务的公民。

4. 本罪的主观方面表现为故意。

(二) 刑事责任

根据《刑法》第376条第2款之规定,犯本罪的,处2年以下有期徒刑或者拘役。

十八、战时故意提供虚假敌情罪

(一) 概念和特征

战时故意提供虚假敌情罪,是指战时故意向武装部队提供虚假敌情,造成严重后果的行为。本罪的主要特征是:

1. 本罪的客体是我国武装部队的作战利益。

2. 本罪的客观方面主要表现为战时故意向武装部队提供虚假敌情,造成严重后果的行为。本罪的行为方式表现为战时故意提供虚假敌情。"虚假敌情"是指客观上不真实的情报。本罪的行为必须发生在"战时",如果在平时故意提供虚假敌情的,不构成本罪。本罪要求"造成严重后果","造成严重后果"是指因提供虚假敌情而扰乱了部队的作战部署,干扰了部队的军事行动,破坏了指挥人员的作战计划和安排等。"造成特别严重后果"是本罪的加重处罚事由。"造成特别严重后果",是指因故意提供虚假敌情导致作战部署作重大调整的;造成我方人员重大伤亡的;造成特别重要的或者多件重要的武器装备、军用物资和多处重要军事设施毁损的;致战斗、战役失利的等。

3. 本罪的主体为一般主体,即达到刑事责任年龄,具备刑事责任能力的自然人均可构成本罪。

4. 本罪的主观方面为故意,即行为人明知是虚假的敌情,仍然向武装部队提供,希望或放任危害结果的发生。

(二) 刑事责任

根据《刑法》第377条之规定,犯本罪的,处3年以上10年以下有期徒刑;造成特别严重后果的,处10年以上有期徒刑或者无期徒刑。

十九、战时造谣扰乱军心罪

(一) 概念和特征

战时造谣扰乱军心罪,是指战时造谣惑众,扰乱军心的行为。本罪的主要特征是:

1. 本罪的客体是我国武装部队的作战利益。

2. 本罪的客观方面主要表现为战时造谣惑众,扰乱军心的行为。本罪的行为方式为战时造谣惑众。所谓"造谣惑众",是指编造、捏造根本不存在的事实或者故意歪曲夸大事实真相而在军中散布的行为。本罪的犯罪结果是在造谣惑众的行为下,造成了扰乱军心的实害结果或者具有扰乱军心的具体危险。如果造谣惑众的行为没有扰乱军心,则不构成本罪。

3. 本罪的主体为非军职人员,如果军人违反职责,战时造谣惑众,动摇军心的,应当以《刑法》第433条的战时造谣惑众罪定罪处罚。

4. 本罪的主观方面为故意。

(二) 刑事责任

根据《刑法》第378条之规定,犯本罪的,处3年以下有期徒刑、拘役或者管制;情节严重的,处3年以上10年以下有期徒刑。

二十、战时窝藏逃离部队军人罪

(一) 概念和特征

战时窝藏逃离部队军人罪,是指战时明知是逃离部队的军人而为其提供隐蔽处所、财物,情节严重的行为。本罪的主要特征是:

1. 本罪的客体是战时我国武装部队的正常管理秩序。

2. 本罪的客观方面主要表现为明知是逃离部队的军人而为其提供隐蔽处所、财物,情节严重的行为。本罪的行为方式为窝藏行为。本罪的"窝藏行为",是指帮助逃离部队的军人进行隐藏,以使其逃避法律制裁或处罚。本罪的窝藏行为必须发生在战时,如果是在平时窝藏逃离部队的军人,可能成立《刑法》第310条窝藏罪。本罪的犯罪对象是逃离部队的军人。逃离部队的军人,是指不经请假而擅自离开自己所在解放军现役部队、武装警察部队以及执行军事任务的预备役部队或民兵组织的军人，虽经批准探亲、休假、住院、出差、学习但逾期不归的军人，以及虽在休假、学习、出差期间而遇到国家发布动员命令后不立即归队的军人等。成立本罪还要求"情节严重"。本罪的情节严重，是指资助部队指挥人员或者其他负有重要职责的人员；资助的人数多、次数多；造成严重后果等情况。

3. 本罪的主体为一般主体，即达到刑事责任年龄，具备刑事责任能力的自然人均可构成本罪。

4. 本罪的主观方面为故意，即在战时行为人明知是逃离部队的军人而仍然予以提供隐蔽处所、财物。如果行为人不知道隐藏的是逃离部队的军人，而认为是其他犯罪分子，不成立本罪，但可能成立《刑法》第310条窝藏罪。

（二）战时窝藏逃离部队军人罪的认定

要注意本罪与窝藏罪的区别：第一，客体不同，本罪的客体是战时我国武装部队的正常管理秩序；窝藏罪的客体是司法机关的正常活动。第二，犯罪对象不同，本罪的犯罪对象是逃离部队的军人，本罪的军人既可以是构成犯罪的人，也可以是不构成犯罪的人；窝藏罪的犯罪对象既可以是军人，也可以是非军人，但必须是犯罪人。第三，犯罪时间不同，本罪的犯罪时间为战时；窝藏罪没有这一要求。第四，本罪的主观方面要求行为人明知犯罪对象为逃离部队的军人；窝藏罪要求行为人明知对方是犯罪的人。

（三）刑事责任

根据《刑法》第379条之规定，犯本罪的，处3年以下有期徒刑或者拘役。

二十一、战时拒绝、故意延误军事订货罪

（一）概念和特征

战时拒绝、故意延误军事订货罪，是指战时拒绝或者故意延误军事订货，情节严重的行为。本罪的主要特征是：

1. 本罪的客体是我国武装部队的作战利益。

2. 本罪的客观方面主要表现为战时拒绝或者故意延误军事订货，情节严重的行为。本罪的行为方式表现为拒绝、故意延误军事订货。军事订货，是指部队根据国防安全利益的需要，依照有关法律规定，与行为人意欲达成或者已经达成的生产、供给某种国防建设物品合同的行为。拒绝军事订货，是指拒不接受部队向其要求的军事订货，即不愿意从事军事订货的科研、设计、生产、供给、修配、运输、承建等活动。延误军事订货，是指虽然接受了军事订货，但却延期耽误，不按时交货，表现为消极的不作为。成立本罪还要求"情节严重"的结果。本罪的情节严重，是指多次拒绝或延误的；拒绝、延误大量军事订货的；因其行为造成诸如贻误战机，影响重大军事任务完成，致使战斗、战役失利，造成较大伤亡等后果的等情形。

3. 本罪的主体为单位，不包括自然人。

4. 本罪的主观方面为故意。

（二）刑事责任

根据《刑法》第380条之规定，犯本罪的，对单位判处罚金，并对其直接负责的主管人员和其他直接责任人员，处5年以下有期徒刑或者拘役；造成严重后果的，处5年以上有期徒刑。

二十二、战时拒绝军事征收、征用罪

（一）概念和特征

战时拒绝军事征收、征用罪，是指战时拒绝军事征收、征用，情节严重的行为。本罪原罪名为“战时拒绝军事征用罪”，鉴于全国人民代表大会常务委员会《关于修改部分法律的决定》第2条将包括刑法在内的法律和法律解释中“征用”一词修改为“征收、征用”，最高人民法院、最高人民检察院关于《执行〈中华人民共和国刑法〉确定罪名的补充规定（六）》也相应将这一罪名正式修改为“战时拒绝军事征收、征用罪”。本罪的主要特征是：

1. 本罪的客体为我国军事征收、征用的管理制度。

2. 本罪的客观方面主要表现为战时拒绝军事征收、征用，情节严重的行为。本罪的行为方式表现为战时拒绝军事征收、征用。“军事征收、征用”，是指在战争或类似战争等紧急情况下，出于军事需要而依法有偿使用武装部队以外的其他任何单位包括机关、团体、党派、企事业单位以及个人的财物及其劳动力。成立本罪还要求“情节严重”的结果。本罪的“情节严重”，是指以暴力、威胁方法抗拒军事征用的；煽动他人拒绝军事征用的；因拒绝军事征用影响部队完成重要任务或者造成其他严重后果的；拒绝征用物资数额较大的；拥有武装部队战时急需物资而拒不提供的等情形。

3. 本罪的主体为一般主体，即达到刑事责任年龄，具备刑事责任能力的自然人均可构成本罪。

4. 本罪的主观方面为故意。

（二）刑事责任

根据《刑法》第381条之规定，犯本罪的，处3年以下有期徒刑或者拘役。

第九章　贪污贿赂罪

学习要求

了解:贪污贿赂罪的基本概念

理解:贪污贿赂罪的常见犯罪类型

熟悉并能够运用:贪污贿赂罪的常见犯罪的认定

主要涉及的法条:

第三百八十二条　【贪污罪】国家工作人员利用职务上的便利,侵吞、窃取、骗取或者以其他手段非法占有公共财物的,是贪污罪。

受国家机关、国有公司、企业、事业单位、人民团体委托管理、经营国有财产的人员,利用职务上的便利,侵吞、窃取、骗取或者以其他手段非法占有国有财物的,以贪污论。

与前两款所列人员勾结,伙同贪污的,以共犯论处。

第三百八十三条　【犯贪污罪的处罚】对犯贪污罪的,根据情节轻重,分别依照下列规定处罚:

(一)贪污数额较大或者有其他较重情节的,处三年以下有期徒刑或者拘役,并处罚金。

(二)贪污数额巨大或者有其他严重情节的,处三年以上十年以下有期徒刑,并处罚金或者没收财产。

(三)贪污数额特别巨大或者有其他特别严重情节的,处十年以上有期徒刑或者无期徒刑,并处罚金或者没收财产;数额特别巨大,并使国家和人民利益遭受特别重大损失的,处无期徒刑或者死刑,并处没收财产。

对多次贪污未经处理的,按照累计贪污数额处罚。

犯第一款罪,在提起公诉前如实供述自己罪行、真诚悔罪、积极退赃,避免、减少损害结果的发生,有第一项规定情形的,可以从轻、减轻或者免除处罚;有第二项、第三项规定情形的,可以从轻处罚。

犯第一款罪,有第三项规定情形被判处死刑缓期执行的,人民法院根据犯罪情节等情况可以同时决定在其死刑缓期执行二年期满依法减为无期徒刑后,终身监禁,不得减刑、假释。

第三百八十四条　【挪用公款罪】国家工作人员利用职务上的便利,挪用公款归个人使用,进行非法活动的,或者挪用公款数额较大、进行营利活动的,或者挪用公款数额较大、超过三个月未还的，是挪用公款罪，处五年以下有期徒刑或者拘役；情节严重的，处五年以上有期徒刑。挪用公款数额巨大不退还的，处十年以上有期徒刑或者无期徒刑。

挪用用于救灾、抢险、防汛、优抚、扶贫、移民、救济款物归个人使用的，从重处罚。

第三百八十五条 【受贿罪】国家工作人员利用职务上的便利，索取他人财物的，或者非法收受他人财物，为他人谋取利益的，是受贿罪。

国家工作人员在经济往来中，违反国家规定，收受各种名义的回扣、手续费，归个人所有的，以受贿论处。

第三百八十六条 【犯受贿罪的处罚】对犯受贿罪的，根据受贿所得数额及情节，依照本法第三百八十三条的规定处罚。索贿的从重处罚。

第一节 贪污贿赂罪概述

一、贪污贿赂罪概念和特征

贪污贿赂罪，是指国家工作人员利用职务上的便利，非法占有、使用公共财物，收受贿赂或者取得其他非法利益，侵害职务行为廉洁性的行为。

贪污贿赂罪具有如下特征：

1. 贪污贿赂罪侵犯的客体是国家廉政建设制度，多数犯罪同时也侵犯了公共财产所有权。国家廉政建设制度是以恪尽职守、廉洁奉公、吏治清明、反对腐败为主要内容的。贪污贿赂罪的本质特征就在于以公权牟取私利，具有渎职性犯罪与贪利性犯罪的双重特点。反腐倡廉是我们党和国家一项长期的政治任务。贪污贿赂犯罪不仅破坏了党群关系，而且妨碍了国家廉政建设制度，进一步威胁到社会主义建设事业的顺利进行。

2. 贪污贿赂罪客观方面表现为侵害国家廉政建设制度情节严重的行为。其中多为国家工作人员利用职务上的便利贪污、受贿，或者拥有不能说明与合法收入差额巨大的财产或者支出的合法来源，或者私分国有资产或罚没财物行为。但也有与国家工作人员受贿具有对向性或撮合性的行为，如介绍贿赂、行贿等行为。本章犯罪在行为形态上多数由作为构成，如贪污罪、贿赂罪、私分国有资产罪等；有个别犯罪可以由不作为构成，如隐瞒境外存款罪；还有个别犯罪如巨额财产来源不明罪，则属于持有型犯罪，行为形态介于作为和不作为之间，属于第三行为形态。

3. 贪污贿赂罪主体绝大多数是特殊主体。如贪污罪、受贿罪、挪用公款罪、巨额财产来源不明罪、隐瞒境外存款罪、私分国有资产罪、私分罚没财物罪等，其主体都是特殊主体，即国家工作人员。少数与受贿具有对向性或撮合性的犯罪是一般主体，如行贿罪、对单位行贿罪和介绍贿赂罪。本章犯罪中，大多数犯罪只能由自然人实施，但少数犯罪如单位受贿罪、单位行贿罪则只能由单位实施。

4. 贪污贿赂罪的主观方面均为故意,过失不能构成本类犯罪。

二、贪污贿赂罪的种类

根据刑法分则第八章及修正案的规定,从第382条至第396条共15个条文,规定了贪污贿赂罪的14个罪名,这些罪名是:(1) 贪污罪;(2) 挪用公款罪;(3) 受贿罪;(4) 利用影响力受贿罪;(5) 单位受贿罪;(6) 行贿罪;(7) 对有影响力的人行贿罪;(8) 对单位行贿罪;(9) 介绍贿赂罪;(10) 单位行贿罪;(11) 巨额财产来源不明罪;(12) 隐瞒境外存款罪;(13) 私分国有资产罪;(14) 私分罚没财物罪。

从犯罪行为特征的角度,我们把贪污贿赂罪分为以下两类:一是以贪污、挪用、私分等手段实施的贪污犯罪。当然这是从广义而言,不是指狭义的贪污,事实上其中部分犯罪与贪污没有直接关系,具体包括贪污罪、挪用公款罪、私分国有资产罪、私分罚没财物罪、巨额财产来源不明罪、隐瞒境外存款罪;二是以受贿、行贿手段实施的贿赂犯罪,具体包括受贿罪、利用影响力受贿罪、单位受贿罪、行贿罪、对单位行贿罪、单位行贿罪、介绍贿赂罪。

三、贪污贿赂罪的处罚

贪污贿赂罪的法定最高刑是死刑,共有2个死刑罪名。《刑法修正案(九)》增加规定,对犯贪污、受贿罪,被判处死刑缓期执行的,人民法院根据犯罪情节等情况可以同时决定在其死刑缓期执行2年期满依法减为无期徒刑后,终身监禁,不得减刑、假释。其他罪名规定了无期徒刑、有期徒刑、拘役,部分罪名规定了罚金或者没收财产。

第二节 贪污犯罪

一、贪污罪

(一) 贪污罪的概念和特征

贪污罪,是指国家工作人员或者受国家机关、国有公司、企业、事业单位、人民团体委托管理、经营国有财产的人员,利用职务上的便利,侵吞、窃取、骗取或者以其他手段非法占有公共财物的行为。其基本特征是:

1. 侵犯的客体是复杂客体,即国家工作人员职务行为的廉洁性和公共财产。公共财产,根据刑法的规定,是指国有财产、劳动群众集体所有的财产和用于扶贫和其他公益事业的社会捐助或者专项基金的财产,在国家机关、国有公司、企业、集体企业和人民团体管理、使用或者运输的私人财产及公共财产等。

【实例分析 9-1】

对上述内容,可从下例分析中深化认识:交警甲和无业人员乙勾结,让乙告知超载司机"只交罚款一半的钱,即可优先通行";司机交钱后,乙将交钱司机的车号报给甲,由在高速路口执勤的甲放行。二人利用此法共得 32 万元,乙留下 10 万元,余款归甲。关于本案的分析,下列哪一选项是错误的?

A. 甲、乙构成受贿罪共犯;

B. 甲、乙构成贪污罪共犯;

C. 甲、乙构成滥用职权罪共犯;

D. 乙的受贿数额是 32 万元。

分析如下:

(1) 选项 A 说法正确。交警甲利用其职务上的便利,指使乙非法向超载司机索取钱财,成立受贿罪。另外,不具有构成身份的人与具有构成身份的人共同实施真正身份犯罪时,成立共同犯罪。因此,乙与甲成立受贿罪的共犯。

(2) 选项 B 说法错误。贪污罪客观方面之一要求必须非法占有公共财物,而交警甲和无业人员乙对超载司机收获的"罚款"此时尚未成为公共财物,属于司机的贿赂款项,因此不构成贪污罪。

(3) 选项 C 说法正确。甲滥用其放行车辆的权力,与无业人员乙共谋让提前给其缴纳半数罚款的超载车辆通行,致使国家损失 64 万元,并威胁到高速公路上的行车安全,构成滥用职权罪的共犯。

(4) 选项 D 说法正确。按照"部分行为,全部责任"原则,在共同受贿犯罪中,应按照共同犯罪涉及的总金额来认定犯罪金额。因此,甲、乙的受贿罪金额均为 32 万元。

综上,上述问题的合适选项是 B。

2. 客观方面表现为利用职务上的便利,侵吞、窃取、骗取或者以其他手段非法占有公共财物的行为。"利用职务上的便利",是指行为人利用职务范围内的权力和地位所形成的主管、管理、经手、经营财物的有利条件,而不是利用与其职务无关的,仅因工作关系对作案环境比较熟悉、凭其身份便于进出单位、易于接近作案目标的方便条件。因此,利用职务上的便利可以分为以下四种情形:

(1) 利用主管公共财物的便利。这里的主管,是指国家工作人员不具体负责经手、管理公共财物,但依其职权范围具有调拨、使用或者以其他方式支配公共财物的权力。

(2) 利用管理公共财物的便利。这里的管理,是指具有监守或保管公共财物的职权。

(3) 利用经营公共财物的便利。这里的经营,是指将公共财物投放市场进行营利活动,或者利用公共财物从事非营利活动。经营者在经营期间通常同时行使管理职权,对公共财物具有处置权。

（4）利用经手公共财物的便利。这里的经手，是指具有领取、支出等经办公共财物的流转事项的权限，经手人虽然不负责公共财物的管理和处置，但具有基于职务产生的对公共财物的临时控制权。

贪污罪在客观行为方式上多种多样。法律概括为侵吞、窃取、骗取或其他手段。

（1）侵吞。"侵吞"是指利用职务上的便利，采取涂改账目、收入不记账的方法，将本人依职务主管、管理、经手的公共财物非法占为己有。

（2）窃取。"窃取"是指利用职务上的便利，采取监守自盗的方法，将本人依职务主管、管理、经手的公共财物非法占为己有。

（3）骗取。"骗取"是指利用职务上的便利，采取虚构事实或者隐瞒真相的方法，将本人依职务主管、管理、经手的公共财物非法占为己有。

（4）其他手段。"其他手段"是指采取侵吞、窃取、骗取以外的方法，例如，挪用公款以后携款逃跑等，将公共财物非法占为己有。

【实例分析 9-2】

对上述内容，可从下例分析中深化认识：国有 A 公司总经理甲发现 A 公司将从 B 公司购进的货物转手卖给某公司时，A 公司即可赚取 300 万元。甲便让其妻乙注册成立 C 公司，并利用其特殊身份，让 B 公司与 A 公司解除合同后，再将货物卖给 C 公司。C 公司由此获得 300 万元利润。关于甲的行为定性，下列哪一选项是正确的？

A. 贪污罪；

B. 为亲友非法牟利罪；

C. 诈骗罪；

D. 非法经营同类营业罪。

分析如下：

（1）甲并未实施欺骗行为骗取他人信任转移交付，不构成诈骗罪，首先排除选项 C。

（2）非法经营同类营业罪指国有公司、企业的董事、经理利用职务便利，自己经营或者为他人经营与其所任职公司、企业同类的营业，获取非法利益，数额巨大的行为。本案中，C 公司与 A 公司并未竞业经营，不构成非法经营同类营业罪。排除选项 D。

（3）国有公司、企业、事业单位的工作人员，利用职务便利，将本单位的盈利业务交由自己的亲友进行经营，使国家利益遭受重大损失的，可构成为亲友非法牟利罪。本案的情形并非"将本单位的盈利业务交由亲友经营"，而是"让 B 公司与 A 公司解除合同"，亦即让 A 公司放弃经营、退出交易。故不构成为亲友非法牟利罪。排除选项 B。

（4）关键是应当界定 300 万利润的应然权属，如非 A 公司应得所得，则可认定为 A 公司的损失，甲可触犯国有公司人员滥用职权罪（故意放弃预期收益）。本案中，A 公司与 B 公司已经签订合同，300 万元利润应属 A 公司预期收益，应然权属可以认为归 A 公司所有。甲利用其 A 公司总经理的特殊身份，让 B 公司将货物卖给 C 公司；能够利用此种身份,必然是让B公司认为C公司是A公司的关联公司。由此,本案案情相当于,甲利用其A公司的名义获取利润之后,又将利润转移至C公司,如此理解可认为是贪污罪。

综上,上述问题的合适选项是A。

此外,根据《刑法》第394条规定,国家工作人员在国内公务活动或者对外交往中接受礼物,依照国家规定应当交公而不交公,数额较大的,以贪污罪定罪处罚。《刑法》第183条规定,国有保险公司工作人员和国有保险公司委派到非国有保险公司从事公务的人员,利用职务上的便利,故意编造未曾发生的保险事故进行虚假理赔、骗取保险金归自己所有,数额较大的,也应当以贪污罪论处。这是国家工作人员利用职务便利侵吞、骗取公共财物的特殊形式,应当以贪污罪论处。

3. 犯罪主体是特殊主体,即国家工作人员或者受国家机关、国有公司、企业、事业单位、人民团体委托管理、经营国有财产的人员。因此,贪污罪的主体包括以下两种人:

一类是国家工作人员。国家工作人员的本质特征是从事公务。根据《刑法》第93条的规定,"国家工作人员",是指在国家机关中从事公务的人员。国有公司、企业、事业单位、人民团体中从事公务的人员和国家机关、国有公司、企业、事业单位委派到非国有公司、企业、事业单位、社会团体从事公务的人员,以及其他依照法律从事公务的人员,以国家工作人员论。由此可见,我国刑法中的国家工作人员可以分为以下四种人员:

(1)"国家机关工作人员",指各级国家权力机关、行政机关、审判机关、检察机关和军事机关中从事公务的人员。根据有关规定,其他参照国家公务员条例进行管理的人员,应当以国家机关工作人员论。例如,根据中央和国务院有关规定,参照国家公务员条例管理的各级党委、政协机关中从事公务的人员,应视为国家机关工作人员。此外,根据2002年12月28日全国人大常委会《关于渎职罪主体适用问题的解释》,以下人员也视为国家机关工作人员:在依照法律、法规规定行使职权的组织中从事公务的人员,或者在受国家机关委托代表国家机关行使职权的组织中从事公务的人员,或者虽未列入国家机关人员编制,但在国家机关中行使职权的人员。

(2)国有公司、企业、事业单位、人民团体中从事公务的人员。这里的"国有公司",是指依照公司法成立,财产全部属于国家所有的公司。国有资本控股及参股的股份有限公司不属于国有公司。"国有企业",是指财产全部属于国家所有,从事生产、经营活动的营利性的非公司化经济组织。"国有事业单位",是指受国家机关领导,财产属于国家所有的非生产、经营性单位,包括国有医院、科研机构、体育、广播电视等单位。"人民团体",是指由国家组织成立的、财产属于国家所有的各种群众性组织,包括乡级以上工会、共青团、妇联等组织。

(3)国家机关、国有公司、企业、事业单位委派到非国有公司、企业、事业单位、社会团体从事公务的人员。这里的"委派"是指受有关国有单位委任而派往非国有单位从事公务。被委派的人员,在被委派以前可以是国家工作人员,也可以是非国家工作人员。不论被委派以前具有何种身份,只要被有关国有单位委派到非国有单位从事公务,就应视为国家工作人员。

(4) 其他依照法律从事公务的人员。这类人员的特征是,在一定条件下代表国家行使国家管理职能。根据2000年4月29日全国人大常委会关于《刑法》第93条第2款的立法解释:村民委员会等村基层组织人员协助人民政府从事下列行政管理工作,属于《刑法》第93条第2款规定的“其他依照法律从事公务的人员”:① 救灾、抢险、防汛、优抚、扶贫、移民、救济款物的管理;② 社会捐助公益事业款物的管理;③ 国有土地的经营和管理;④ 土地征用补偿费用的管理;⑤ 代征、代缴税款;⑥ 有关计划生育、户籍、征兵工作;⑦ 协助人民政府从事的其他行政管理工作。除上述立法解释确定的人员以外,其他依照法律从事公务的人员,还包括:① 依法履行职责的各级人大代表;② 依法履行职责的各级人民政协委员;③ 依法履行审判职责的人民陪审员;④ 协助人民政府从事行政管理工作的居民委员会等基层组织人员;⑤ 其他由法律授权从事公务的人员。

另一类是受国家机关、国有公司、企业、事业单位、人民团体委托管理、经营国有财产的人员。这些人员主要是指以承包、租赁等方式,管理、经营国有公司、企业,或者其中的某个部门等,以承包人、租赁人的身份,在承包、租赁合同约定的时间、权限范围内,管理、经营国有财产的人员。应当指出,受委托从事公务人员与受委派从事公务人员是有所不同的,受委托人员,不仅在被委托前不是国家工作人员,在被委托后也不是国家工作人员。因为委托是平等主体之间的一种民事法律关系。而受委派人员,无论在被委派前是否为国家工作人员,在被委派后就成为国家工作人员。因为委派是一种行政法律关系,委派单位与被委派人员之间存在行政上的隶属关系。《刑法》第382条第2款的规定是特别规定,通过这一规定使贪污罪的主体从国家工作人员扩大到受委托从事管理、经营国有财产的人员。因此,在其他以国家工作人员为主体的犯罪中,没有这种特别规定的,其主体范围不得扩大到受委托从事公务的人员。

无论是从事公务还是受委托从事公务,贪污罪主体的本质特征是从事公务。从事公务是指代表国家机关、国有公司、企业、事业单位、人民团体等单位履行组织、领导、监督、具体负责某项工作等职责。履行组织、领导、监督职责的人员通常担任一定职务,主管本单位或者本部门的工作,例如,国有公司的董事、经理、监事等。具体负责某项工作职责的人员通常就某一方面或者某一项事务行使法律赋予或者国有单位授予的职权,例如,国有公司、企业的会计、出纳、保管员等。

【实例分析9-3】

对上述内容,可从下面的分析中深化认识:关于贪污罪的认定,下列哪些选项是正确的?

A. 国有公司中从事公务的甲,利用职务便利将本单位收受的回扣据为己有,数额较大。甲行为构成贪污罪;

B. 土地管理部门的工作人员乙，为农民多报青苗数，使其从房地产开发商处多领取20万元补偿款，自己分得10万元。乙行为构成贪污罪；

C. 村民委员会主任丙，在协助政府管理土地征用补偿费时，利用职务便利将其中数额较大款项据为己有。丙行为构成贪污罪；

D. 国有保险公司工作人员丁，利用职务便利编造未发生的保险事故进行虚假理赔，将骗取的5万元保险金据为己有。丁行为构成贪污罪。

分析如下：

(1) 选项A正确。国有公司收受的回扣属于公共财物，甲利用职务便利，将公共财物（国有公司收受的回扣）据为己有，且数额较大，成立贪污罪。

(2) 选项B错误。贪污罪的犯罪对象是公共财物，乙骗取的开发商的补偿款不属于《刑法》第91条规定的公共财物。因此，乙不成立贪污罪。

(3) 选项C正确。全国人大常委会《关于〈中华人民共和国刑法〉第九十三条第二款的解释》规定，村民委员会等村基层组织人员协助人民政府从事土地征用补偿费用的管理工作时，属于《刑法》第93条第2款规定的“其他依照法律从事公务的人员”。村民委员会等村基层组织人员从事前款规定的公务，利用职务上的便利，非法占有公共财物、挪用公款、索取他人财物或者非法收受他人财物，构成犯罪的，适用《刑法》第382条和第383条贪污罪、第384条挪用公款罪、第385条和第386条受贿罪的规定。

(4) 选项D正确。《刑法》第183条规定，保险公司的工作人员利用职务上的便利，故意编造未曾发生的保险事故进行虚假理赔，骗取保险金归自己所有的，依照本法第271条的规定定罪处罚。国有保险公司工作人员和国有保险公司委派到非国有保险公司从事公务的人员有前款行为的，依照本法第382条、第383条的规定定罪处罚。

综上，上述问题的合适选项是ACD。

4. 主观方面表现为直接故意，并且具有非法占有公共财物的目的。是否具有非法占有公共财物目的，是区分贪污罪和挪用公款罪的关键。贪污罪的故意是指明知是公共财物而利用职务上的便利予以非法占有的主观心理状态。

(二) 贪污罪的认定

1.《刑法修正案（九）》对贪污罪进行了重大修改，不再以数额作为区分贪污罪与非罪的界限，而是根据情节轻重，确定是否构成犯罪，分别依照不同的情节予以相应的处罚。

2. 贪污罪与盗窃罪、诈骗罪、侵占罪的界限。贪污罪和盗窃罪、诈骗罪、侵占罪都是以非法占有为目的的犯罪，而且贪污罪也可以采取上述犯罪的犯罪手段。但它们是有区别的：(1) 侵犯客体不同。贪污罪是复杂客体，包括职务行为廉洁性和公共财产所有权，而盗窃等犯罪侵犯的则是公私财产所有权。(2) 犯罪对象不同。贪污罪的行为对象是公共财物，而盗窃等犯罪的行为对象是公私财物。(3) 客观方面不同。尽管贪污罪也可以采用盗窃、骗取、侵吞等手段非法占有公共财物,但必须利用职务上的便利来非法占有。是否利用职务便利也是区分贪污罪和盗窃等犯罪的重要条件。(4) 犯罪主体不同。贪污罪是特殊主体,即国家工作人员,而盗窃等犯罪的主体是一般主体。

此外,还应注意贪污罪和职务侵占罪的区别。两者虽然都必须利用职务上的便利,但它们的犯罪主体和侵害的客体都不相同。

3. 共同犯罪的认定。《刑法》第382条第3款明确规定,与符合贪污罪主体资格的人相勾结,伙同贪污的,以贪污罪的共犯论处,即对所有共同犯罪人均以贪污罪定罪处罚。贪污罪是身份犯,不具有这种身份的人教唆、帮助国家工作人员和受委托管理、经营国有财产的人员利用职务上的便利贪污公共财物的,应当以贪污罪的共犯论处。如果不具有贪污罪主体身份的人与国家工作人员和受委托管理、经营国有财产的人内外勾结利用国家工作人员和受委托管理、经营国有财产人员的职务便利,共同侵吞、窃取、骗取或者以其他手段非法占有公共财物的,应如何处理,这是一个值得研究的问题。在这种情况下,不具有贪污罪主体身份的人并非贪污罪的共犯(教唆犯和帮助犯),而是共同实行了非法占有公共财物的行为,因而属于共同正犯。那么,是贪污罪的共同正犯,还是盗窃罪的共同正犯呢?对此,以往司法解释规定是以主犯的身份定罪。但2000年6月27日最高人民法院《关于审理贪污、职务侵占案件如何认定共同犯罪几个问题的解释》则规定:"行为人与国家工作人员勾结,利用国家工作人员的职务便利,共同侵吞、窃取、骗取或者以其他手段非法占有公共财物的,以贪污罪共犯论处。"这里的共犯,实际上是指共同正犯。

在现实生活中,还经常发生国家工作人员和公司、企业或者其他单位人员共同勾结,贪污或者侵占本单位财物的情形。对此,援引司法解释规定:"公司、企业或者其他单位中,不具有国家工作人员身份的人与国家工作人员勾结,分别利用各自的职务便利,共同将本单位财物非法占为己有的,按照主犯的犯罪性质定罪"。也就是说,主犯是国家工作人员的,对非国家工作人员应以贪污罪的共犯论处;主犯是非国家工作人员的,对国家工作人员应以职务侵占罪的共犯论处。当然,这种情况是以分别利用各自的职务便利为前提的。如果只利用国家工作人员的职务便利,则对非国家工作人员应以贪污罪的共犯论处;如果只利用非国家工作人员的职务便利,则对国家工作人员应以职务侵占罪的共犯论处。对于上述共同犯罪,以主犯的犯罪性质定罪。因此,主从犯的认定直接影响定罪。在司法实践中,区分主从犯有困难的,一般按照以下原则处理:(1) 根据行为人的职务高低确定主从犯,职务高的视为主犯。(2) 行为人职务相同的,根据行为人的职权与被占有财物的关系确定主从犯,行为人的职权与被占有财物联系更密切的,该行为人视为主犯。

【实例分析9-4】

国有化工厂车间主任甲与副厂长乙(均为国家工作人员)共谋,在车间的某贵重零件仍能使用时,利用职务之便,制造该零件报废、需向五金厂(非国有企业)购买的假象(该零件价格26万元),以便非法占有货款。甲将实情告知五金厂负责人丙,叮嘱丙接到订单后,只向化工厂寄出供货单、发票而不需要实际供货,等五金厂收到化工厂的货款后,丙再将26万元货款汇至乙的个人账户。甲、乙、丙三人的刑事责任应如何承担?

分析如下:

甲、乙利用职务便利实施了贪污行为,虽然客观上获得了26万元,构成贪污罪。但该26万元不是化工厂的财产,没有给化工厂造成实际损失,甲、乙也不可能贪污五金厂的财物,所以对甲、乙的贪污行为只能认定为贪污未遂。丙将五金厂的26万元挪用出来汇给乙的个人账户,不是为了个人使用,也不是为了谋取个人利益,不能认定为挪用资金罪。但是,丙明知甲、乙二人实施贪污行为,客观上也帮助甲、乙实施了贪污行为,所以,丙构成贪污罪的共犯(从犯)。

4. 关于贪污数额的累计计算。《刑法》第383条第3款规定:"对多次贪污未经处理的,按照累计贪污数额处罚。"贪污数额,往往是多次贪污所得。根据刑法规定,只有对未经处理的贪污数额才能累计计算。这里的未经处理是指贪污行为未被发现或者虽经发现但未给予刑事处罚。对于已经受过行政处分的贪污数额是否可以累计计算?刑法规定的未经处理,仅指未经刑事处罚而不包括行政处分。因此,经行政处分的贪污数额仍应累计。对多次贪污未经处理的,累计贪污数额时,应依刑法有关追诉时效的规定执行在追诉时效期限内的贪污数额应累计计算。已过追诉时效期限的贪污数额不予计算。贪污后至案发前,被贪污的公款新生利息,不应作为贪污的犯罪数额计算。但该利息是贪污给被害单位造成实际经济损失的一部分,应作为被告人的非法所得,连同其贪污的公款一并依法追缴。

(三)贪污罪的刑事责任

《刑法修正案(九)》第44条将《刑法》第383条修改为:"对犯贪污罪的,根据情节轻重,分别依照下列规定处罚:

(一)贪污数额较大或者有其他较重情节的,处三年以下有期徒刑或者拘役,并处罚金。

(二)贪污数额巨大或者有其他严重情节的,处三年以上十年以下有期徒刑,并处罚金或者没收财产。

(三)贪污数额特别巨大或者有其他特别严重情节的,处十年以上有期徒刑或者无期徒刑,并处罚金或者没收财产;数额特别巨大,并使国家和人民利益遭受特别重大损失的,处无期徒刑或者死刑,并处没收财产。

对多次贪污未经处理的,按照累计贪污数额处罚。

犯第一款罪,在提起公诉前如实供述自己罪行、真诚悔罪、积极退赃,避免、减少损害结果的发生,有第一项规定情形的,可以从轻、减轻或者免除处罚;有第二项、第三项规定情形的,可以从轻处罚。

犯第一款罪,有第三项规定情形被判处死刑缓期执行的,人民法院根据犯罪情节等情况可以同时决定在其死刑缓期执行二年期满依法减为无期徒刑后,终身监禁,不得减刑、假释。"

《刑法修正案(九)》对贪污受贿犯罪处罚的修改主要体现在以下几方面:

1. 修改贪污受贿犯罪的定罪量刑标准,取消了具体数额标准,改为采用数额加情节的标准,同时增加了罚金刑。1997 年刑法是根据当时惩治贪污贿赂犯罪的实际需要和司法机关的要求,对贪污受贿犯罪的定罪量刑标准规定了具体数额。但此类犯罪情节差别很大,情况复杂,单纯考虑数额,难以全面反映具体个罪的社会危害性。从实践的情况看,一些贪污涉农补贴款、救灾款甚至救命款的案件虽然涉案数额小,但直接侵害群众切身利益,影响极坏,群众反应强烈,由于法律规定数额虽然明确具体,有的案件处罚较轻,社会效果不好。同时,立法规定贪贿犯罪具体数额标准不科学,贪贿数额标准各档次之间轻重衔接不合理。[①] 而且如果数额规定过死,有时难以根据案件的不同情况做到罪刑相适应,导致量刑不统一、不平衡。[②]

《刑法修正案(九)》按照党的十八届三中全会对加强反腐败工作,完善惩治腐败法律规定的要求,加大惩处腐败犯罪力度,进一步完善反腐败的制度规定,删去对贪污受贿犯罪规定的具体数额,对贪污罪罪状重新做出划分,不再具体列出贪污数额,而是分成贪污数额"较大""巨大""特别巨大"三档量刑,并对数额特别巨大,并使国家和人民利益遭受特别重大损失的,保留适用死刑。相比于此前 5 万元起刑点的数额阶梯量刑更科学,有利于惩治贪腐数额较小但情节特别严重的犯罪行为。同时,兼顾考虑到"其他较重情节""其他严重情节""其他特别严重情节"的量刑情节要素,有利于司法机关根据案件的不同情况,综合使用"数额 + 情节"量刑模式,有利于惩治贪腐数额较小但情节特别严重的犯罪行为,综合考虑犯罪事实、情节等因素依法作出裁决,实现罪责刑相适应,使得定罪量刑与犯罪程度之间能够更加均衡,使量刑更科学,较好地适应了个案裁判的需求。[③]

2. 考虑到反腐斗争的实际需要,进一步明确、严格了对贪污受贿犯罪从轻、减轻、免除处罚的条件。

3. 增加规定,对犯贪污、受贿罪,被判处死刑缓期执行的,人民法院根据犯罪情节等情况可以同时决定在其死刑缓期执行 2 年期满依法减为无期徒刑后,终身监禁,不得减刑、假释。这一规定有利于体现罪刑相适应的刑法原则,维护司法公正,防止在司法实践中出现这类罪犯通过减刑等途径服刑期过短的情形,符合宽严相济的刑事政策。

现实中,确有少数贪污贿赂罪犯,罪行严重,危害极大,在慎用死刑的政策下,被判

---

① 参见张兆松:《〈刑法修正案(九)(草案)〉对贪贿犯罪的修改述评》,载《山东警察学院学报》2015 年第 2 期。

② 参见周光权:《〈刑法修正案(九)〉(草案)的若干争议问题》,载《法学》杂志 2015 年第 5 期。

③ 参见陈丽平:《刑法修正案(九)七大亮点》,载《法制日报》2015 年 8 月 29 日。

处死缓后，通过屡次减刑，服刑较短就出狱了，无法体现罪刑相适应原则，这对社会公众和办案干警的心理也是一个冲击，影响很坏。“终身监禁”的规定对严重贪污腐败犯罪，无疑是一记重拳。一方面可以逐步减少死刑立即执行的运用，另一方面对“罪大恶极”的贪污贿赂罪犯，也有足够的威慑力。[①] 应注意，终身监禁是一种刑罚执行措施，不是新设立的刑种。[②] 同时“终身监禁”的适用应当“特别慎重”，只适用于少数确有必要的案件。适用对象应严格限定在数额特别巨大且情节特别严重，同时拒不认罪、拒不退赃被判处死缓的贪腐分子，才可以同时决定在其死刑缓期执行 2 年期满依法减为无期徒刑后，终身监禁，不得减刑、假释。

二、挪用公款罪

（一）挪用公款罪的概念和特征

挪用公款罪，是指国家工作人员利用职务上的便利，挪用公款归个人使用，进行非法活动的，或者挪用公款数额较大，进行营利活动的，或者挪用公款数额较大，超过 3 个月未还的行为。其基本特征是：

1. 侵犯的客体是复杂客体，即国家工作人员职务行为的廉洁性、国家财经制度以及公款使用权。需要指出的是，挪用公款罪侵犯的是公款所有权中的占有权、使用权和收益权，并非公款所有权的全部。犯罪对象限于公款，即国家集体所有的货币、资金、用于扶贫和其他公益事业的社会捐助或者专项基金的货币。由于国家机关、国有公司、企业、事业单位委派到非国有公司、企业、事业单位、社会团体从事公务的人员也可以构成本罪，因此上述非国有公司、企业、事业单位、社会团体的款项也可以成为挪用公款罪的犯罪对象。根据有关司法解释，挪用国库券的行为，以挪用公款罪论处。

此外，根据 2003 年 1 月 13 日最高人民检察院《关于挪用失业保险基金和下岗职工基本生活保障资金的行为适用法律问题的批复》的规定，国家工作人员利用职务上的便利，挪用失业保险基金和下岗职工基本生活保障资金归个人使用，构成犯罪的，应当依照《刑法》第 384 条的规定，以挪用公款罪追究刑事责任。因此，失业保险基金和下岗职工基本生活保障资金也可以成为本罪的犯罪对象。

公物一般不能作为本罪的犯罪对象，挪用公物归个人使用的，一般应由主管机关按政纪处理。但如果挪用用于救灾、抢险等特种款物归个人使用，则应以挪用公款罪从重处罚。挪用一般公物归个人使用，价值较大，且超过 3 个月未还的行为，根据通说，除了特定物，挪用一般公物不能构成挪用公款罪。如果行为给国家集体财产造成严重损失的，可以追究有关渎职罪的刑事责任。根据司法解释，挪用国库券的行为，以挪用公款罪论处，挪用金融凭证、有价证券用于质押，使公款处于风险之中，与挪用公款为他人提供担保没有实质区别，构成挪用公款罪，挪用公款数额以实际或者可能承

---

① 参见周斌、李豪：《刑法修正案（九）：终身监禁切断严重贪腐犯罪退路》，载《法制日报》2015 年 9 月 7 日。

② 参见荆龙：《刑法第九次大修实现精准打击》，载《人民法院报》2015 年 8 月 30 日。

担的风险数额认定。

2. 客观方面表现为利用职务上的便利,挪用公款归个人使用。这里的归个人使用既包括本人使用也包括给他人使用。关于是否包括给单位使用,2002 年 4 月 28 日全国人大常委会对挪用公款归个人使用的含义作出了立法解释,规定有下列情形之一的,属于挪用公款归个人使用:(1) 将公款供本人、亲友或者其他自然人使用的。(2) 以个人名义将公款供其他单位使用的。(3) 个人决定以单位名义将公款借其他单位使用,谋取个人利益的。这一立法解释的精神是:将公款给其他自然人使用的,都属于归个人使用,而无须以个人名义与谋取个人利益。以个人名义将公款供其他单位使用的,属于归个人使用,而无须谋取个人利益。个人决定以单位名义将公款供其他单位使用的,只有谋取个人利益的才属于归个人使用。应当指出,这里的单位,既包括私有公司、企业,也包括国有公司、企业以及集体公司、企业。刑法根据挪用公款的三种用途规定了构成犯罪的不同条件,包括三种不同情况:

(1) 挪用公款归个人使用,进行非法活动。这里的非法活动是指赌博、吸毒、嫖娼和非法经营、发放高利贷等为国家法律、行政法规所禁止的行为。挪用公款进行非法活动不论挪用数额大小,时间长短都构成挪用公款罪。当然如果挪用公款数额不大,时间很短,情节显著轻微危害不大的,不应作为犯罪处理。实践中,这种挪用公款的行为构成犯罪,以 5000 元至 10000 元为追究刑事责任的数额起点。

(2) 挪用公款数额较大,归个人进行营利活动。这里营利活动是指存入银行、用于集资、购买股票、国债等。将挪用的公款用于归还个人在经营活动中的欠款,属于进行营利活动。此外,将挪用的公款用于公司出资等营利的预备活动的,也属于进行营利活动。营利活动必须是国家法律、法规允许的谋利活动。至于营利性活动是否获利,不影响本罪的成立。此种情况的数额较大的起点为 1 万元至 3 万元。根据司法解释规定,挪用公款数额较大,归个人进行营利活动的,构成挪用公款罪,不受挪用时间和是否归还的限制。在案发前部分或者全部归还本息的,可以从轻处罚;情节轻微的,可以免除处罚。

(3) 挪用公款归个人使用,数额较大,超过 3 个月未还。这一般是指挪用公款用于非法活动、营利活动以外的其他合法事项。如个人消费、买车购房、支付医药费、还债等。“数额较大”的起点也是 1 万至 3 万元。“未还”是指案发前,即被司法机关、主管机关或者有关单位发现前未还。超期未还的必须超过 3 个月未还。多次挪用公款不还的,挪用公款数额累计计算;多次挪用公款,并以后次挪用的公款归还前次挪用的公款,挪用公款的数额以案发时尚未归还的实际数额认定。根据司法解释规定,挪用正在生息或者需要支付利息的公款归个人使用,数额较大,超过 3 个月但在案发前全部归还本金的,可以从轻处罚或者免除处罚。给国家、集体造成的利息损失应予追缴。挪用公款数额巨大,超过 3 个月,案发前全部归还的,可以酌情从轻处罚。

【实例分析 9-5】

对上述内容,可从下例分析中深化认识:根据《刑法》与司法解释的规定,国家工作人员挪用公款进行营利活动、数额达到 1 万元或者挪用公款进行非法活动、数额达到 5000 元的,以挪用公款罪论处。国家工作人员甲利用职务便利挪用公款 1.2 万元,将 8000 元用于购买股票,4000 元用于赌博,在 1 个月内归还 1.2 万元。关于本案的分析,下列哪些选项是错误的?

A. 对挪用公款的行为,应按用途区分行为的性质与罪数;甲实施了两个挪用行为,对两个行为不能综合评价,甲的行为不成立挪用公款罪;

B. 甲虽只实施了一个挪用公款行为,但由于既未达到挪用公款进行营利活动的数额要求,也未达到挪用公款进行非法活动的数额要求,故不构成挪用公款罪;

C. 国家工作人员购买股票属于非法活动,故应认定甲属于挪用公款 1.2 万元进行非法活动,甲的行为成立挪用公款罪;

D. 可将赌博行为评价为营利活动,认定甲属于挪用公款 1.2 万元进行营利活动,故甲的行为成立挪用公款罪。

分析如下:

(1) 选项 A、B 说法错误。甲利用职务便利挪用了公款 1.2 万元,应对这个行为进行总体评价,认定为一个挪用行为,若按用途区分行为的性质与罪数,会导致行为人实际上实施了侵害职务廉洁性的行为,但实际上无法予以惩罚,因此不能按用途区分行为的性质与罪数。同时,由于甲的行为活动既未达到挪用公款进行营利活动的数额要求,也未达到挪用公款进行非法活动的数额要求,因此如果认定甲不构成挪用公款罪,也将导致不公正。

(2) 选项 C 说法错误。国家工作人员购买股票属于营利活动,而不是非法活动。

(3) 选项 D 说法正确。甲参与赌博的行为属于非法活动,其目的是希望通过赌博行为获取利益,具有一定的营利性质,为了遵循罪责刑相适应原则,可以将赌博行为评价为营利活动,认定甲属于挪用公款 1.2 万元进行营利活动,对甲应认定为挪用公款罪。

综上,上述问题的合适选项是 ABC。

3. 犯罪主体是特殊主体,即国家工作人员,其范围依据《刑法》第 93 条的规定予以确定。根据《刑法》第 185 条的规定,国有金融机构工作人员和国有金融机构委派到非国有金融机构从事公务的人员挪用本单位或客户资金的,以挪用公款罪论处。挪用公款给他人使用,使用人与挪用人共谋,指使或者参与策划取得挪用款的,以挪用公款罪的共犯定罪处罚。但应注意,不应扩大使用人构成共犯的范围,对于使用人只是单纯提出借用公款的,不得认定为挪用公款罪的共犯。

4. 主观方面表现为故意,并且具有非法使用公款的目的。这里的故意,是指明知是公款而予以挪用的主观心理状态。由于刑法对挪用公款三种用途构成犯罪的条件作了不同的规定,因而对于挪用公款的用途也应具有认识。在挪用公款给他人或者其他单位使用的情况下,本人认识的用途与他人或者其他单位实际用途不一致时,应以本人认识作为构成犯罪的根据。例如,他人以进行营利活动为名借用公款,而实际上进行非法活动的,国家工作人员应以本人认识的进行营利活动作为构成犯罪的根据。

(二) 挪用公款罪的认定

1. 挪用公款罪与非罪的界限。区分挪用公款罪与合法借款的关键在于行为人是否利用职务上的便利和履行了合法的借款手续。根据财务制度,履行了必要的借款手续后借用公款的,则是合法借款。相反,如果行为人利用职务上的便利,未履行必要的借款手续,则构成挪用公款罪。

2. 挪用公款数额的累计计算。挪用公款是数额犯,在现实生活中往往发生多次挪用的情形。对此,司法解释规定:"多次挪用公款不还,挪用公款数额累计计算。多次挪用公款,并以后次挪用的公款归还前次挪用的公款,挪用公款数额以案发时未还的实际数额认定。"根据这一规定,多次挪用公款的数额,在一般情况下应当累计计算,但如果是以后次挪用的公款归还前次挪用的公款,则不予累计,而以案发时未还的实际数额认定。

3. 挪用公款归个人使用的内涵。挪用公款罪的重要行为特征之一就是挪用公款归个人使用。除了挪用公款归挪用者本人使用外,2001 年 9 月 18 日最高人民法院发布了《关于认定挪用公款归个人使用有关问题的解释》,其中规定:(1) 国家工作人员利用职务上的便利,以个人名义将公款借给其他自然人或者不具有法人资格的私营独资企业、私营合伙企业等使用的,属于挪用公款归个人使用。(2) 国家工作人员利用职务便利为谋取个人利益,以个人名义将公款借给其他单位使用的,属于挪用公款归个人使用。后来,全国人大常委会在《关于〈中华人民共和国刑法〉第三百八十四条第一款的解释》中对挪用公款归个人使用的含义作出了立法解释,规定:"将公款供本人、亲友或者其他自然人使用的"以个人名义将公款供其他单位使用的","个人决定以单位名义将公款供给其他单位使用,谋取个人利益的",属于挪用公款"归个人使用"。在司法实践中,对于将公款供其他单位使用的,认定是否属于"以个人名义"不能只看形式,要从实质上把握是单位行为还是个人行为。对于个人逃避财务监管,或者与使用人约定以个人名义进行,或者借款、还款都以个人名义进行,将公款给其他单位使用的,应认为"以个人名义"。"个人决定"既包括行为人在职权范围内决定,也包括超越职权范围决定。"谋取个人利益"一般认为应当包括非法利益和物质利益。

4. 挪用公款罪与贪污罪的界限。(1) 两者的犯罪主体都是特殊主体,即国家工作人员。但是,贪污罪还包括受国家机关、国有公司、企业、事业单位、人民团体委托管理、经营国有财产的人员。(2) 主观方面,挪用公款罪以暂时非法使用公款为目的,贪污罪以永久非法占有公共财物为目的。(3) 挪用公款罪是使公款的占有权、使用权、收益权受到暂时损害,所有人并不丧失公款。贪污罪的结果是使公共财产所有权的全部权能受到彻底损害。(4) 客观方面行为手段不同。挪用公款罪的行为手段是擅自私用公款,不存在做伪账、虚报账目等行为。贪污罪的行为手段是以侵吞、窃取、骗取等非法手段挪用公款。

5. 在现实生活中,往往发生挪用公款后携款潜逃的情形,对此应如何定罪?司法解释规定:携带挪用的公款潜逃的,应以贪污罪论处。因为携款潜逃的,表明犯罪分子主观上不想归还,定贪污罪是适当的。但如何理解这里的携带挪用公款潜逃?挪用公款后携款潜逃的,只能对所携之款以贪污罪论处,而对于潜逃之前挪用的公款,只要是因客观原因不能归还的,不能定贪污罪,只能定挪用公款罪。

6. 挪用型犯罪的主要区别。我国刑法在侵犯财产类犯罪和贪污贿赂类犯罪中分别规定了挪用资金罪、挪用特定款物罪和挪用公款罪。构成这三类犯罪都具有主体特定性、犯罪对象特定性,侵犯的客体是财产的使用权而非所有权。但是这三类犯罪也各有区别。挪用公款罪与挪用资金罪的区别主要体现在主体构成上,挪用公款罪以国家工作人员身份为前提,而挪用资金罪是以普通的、不具有从事公务性质的公司和其他单位工作人员(国有公司、企业或者其他国有单位中从事公务的人员和国有公司、企业或者其他国有单位委派到非国有公司、企业以及其他单位从事公务的人员除外)为前提。挪用特定款物罪实际上是单位犯罪,但追究挪用单位的直接责任人员。所以,无论是国家工作人员、集体经济组织人员还是其他经手、管理该特定款物的人员都可以构成该罪的主体。挪用特定款物罪只限于特定款物,违反的必须是专款专用制度,如果行为人为具有国家工作人员身份又挪用特定款物归自己或者他人使用,则构成挪用公款罪而非挪用特定款物罪。此外,挪用特定款物罪在客观上要求致使国家和人民利益遭受重大损害的结果发生。而挪用公款和挪用资金行为均分为了三种情况,并分别规定了不同的犯罪客观要件。

7. 挪用公款罪的共犯。挪用公款罪是身份犯,但不具有这种身份的人伙同挪用的,应以挪用公款罪的共犯论处。司法解释规定:“挪用公款给他人使用,使用人与挪用人共谋,指使或者参与策划取得挪用款的,以挪用公款罪的共犯定罪处罚。”这是关于使用人构成挪用公款罪共犯的规定。公款的使用人,其使用公款的行为并非犯罪,即使明知是挪用的公款而使用的,也不构成挪用公款罪。使用人只有与挪用人共谋,指使或者参与策划取得挪用款的,才构成挪用公款罪的共犯,即教唆犯和帮助犯。那么,非使用人如果与挪用人共谋,指使或者参与策划挪用公款的构成挪用公款罪的共犯?挪用公款罪的共犯并不限于使用人,非使用人只要在国家工作人员挪用公款中起到了教唆或者帮助作用的,都应以共犯论处。

8. 单位行为不构成挪用公款罪。根据刑法及相关的司法解释,构成挪用公款罪必须是个人,单位不能构成挪用公款罪的主体。司法实践中,应注意两种情况:(1) 国家工作人员为了单位的利益,即其利益归属归单位,根据单位的集体意志,以单位的名义将公款借给自然人个人使用的,如将单位闲置资金供给他人炒股,为单位争取高额利息等,这种行为应当视为单位行为,挪用行为人不构成挪用公款罪。如果上述挪用行为造成公款损失的,应当根据单位负责人在挪用公款时所具有的主观罪过的实际情况,依法认定相应的渎职类犯罪。(2) 国家工作人员的挪用行为有证据证明并非为谋取个人利益,而是根据单位的意志来实施,将公款借给其他单位使用的,属于通常的单位之间的非法拆借行为,这属于单位行为,所以挪用行为人不构成挪用公款罪的主体。若挪用行为给国家造成损失的,应当依法追究该国家工作人员渎职犯罪的刑事责任。

对于那些不具备公款支配权但负有保管职责的国家工作人员(如单位的会计、出纳或者采购员等),实施挪用行为时未经单位同意,即使客观上为单位谋取了非法利益,因其挪用行为不能代表单位的整体意志,仍然属于个人行为,应当依法以挪用公款罪追究其刑事责任。

(三) 挪用公款罪的刑事责任

根据《刑法》第384条的规定,犯本罪的,分三种情况分别处罚:

1. 挪用公款数额较大的,处5年以下有期徒刑或者拘役。挪用公款进行非法活动,起刑点5000元至1万元以上。挪用公款的其他情形,数额较大指挪用公款1万至3万元以上。

2. 挪用公款情节严重的,处5年以上有期徒刑。根据司法解释,情节严重主要是指:(1) 挪用公款数额巨大。(2) 数额虽未达巨大但手段恶劣。(3) 多次挪用。(4) 因挪用严重影响生产、经营。(5) 造成严重损失等。挪用公款数额巨大指挪用公款15万元至20万元以上。

3. 挪用公款数额巨大不退还的,处10年以上有期徒刑或者无期徒刑。不退还是指因客观原因不能退还。如果行为人主观上就是不想还,妄图将挪用的公款据为己有的,行为人挪用公款后采用虚假发票、销毁有关账目等手段,使新挪用的公款难以在单位财务账目上反映出来,或者行为人有能力归还公款而在一审判决前拒不归还所挪用的公款,说明行为人的主观犯意已由非法使用公款转化为非法占有公款,行为的性质已发生变化,应以贪污罪论处。根据司法解释,行为人"携带挪用的公款潜逃的",对其携带挪用的公款部分,以贪污罪定罪处罚;对其没有携带的其他挪用的公款部分,仍然以挪用公款罪定罪处罚。

根据《刑法》384条第2款的规定,挪用用于救灾、抢险、防汛、优抚、扶贫、移民救济款物归个人使用的,从重处罚。

三、私分国有资产罪

私分国有资产罪,是指国家机关、国有公司、企业、事业单位、人民团体,违反国家规定,以单位名义将国有资产集体私分给个人,数额较大的行为。本罪的主要特征是:

1. 本罪侵犯的客体是国家的廉政制度和国家的资产管理制度。私分国有资产罪的对象是国有资产。这里的国有资产是指国家依法取得和认定的,或者国家以各种形式对企业的投资和投资收益、国家向行政事业单位拨款等形成的资产。

2. 私分国有资产罪的主体是国家机关、国有公司、企业、事业单位、人民团体。其他非国有单位和个人不能构成。

3. 私分国有资产罪客观方面是指违反国家规定，以单位名义，将国有资产集体私分给个人的行为。这里的违反国家规定，是指违反国家有关管理、使用、保护国有资产方面的法律、行政法规规定。这里的以单位名义集体私分，是指由单位领导个人或者经领导集体讨论作出决定，将国有资产分给单位所有职工或者绝大多数职工。私分国有资产数额较大才构成犯罪，这里的数额较大，参照《最高人民检察院关于人民检察院直接受理立案侦查案件立案标准的规定（试行）》，涉嫌私分国有资产，累计数额在10万元以上的，应予立案。

4. 私分国有资产罪主观方面是故意，即明知是国有资产而予以私分。

根据《刑法》第396条第1款之规定，犯本罪的，对其直接负责的主管人员和其他直接责任人员，处3年以下有期徒刑或者拘役，并处或者单处罚金；数额巨大的，处3年以上7年以下有期徒刑，并处罚金。

四、私分罚没财物罪

私分罚没财物罪，是指司法机关、行政执法机关违反国家规定，将应当上缴国家的罚没财物，以单位名义集体私分给个人，数额较大的行为。本罪的主要特征是：

1. 本罪侵犯的客体是国家的廉政制度和国家的罚没财物管理制度。犯罪对象是罚没财物。

2. 客观方面表现为违反国家规定将应当上缴国家的罚没财物，以本单位的名义私分给单位的所有员工或大部分本单位成员。

3. 犯罪主体是司法机关和行政执法机关。

4. 主观方面是直接故意，具有非法占有罚没财物的目的。参照《最高人民检察院关于人民检察院直接受理立案侦查案件立案标准的规定（试行）》，涉嫌私分罚没财物，累计数额在10万元以上，应予立案。

根据《刑法》第396条第2款之规定，犯本罪的，依照私分国有资产罪的规定处罚，即私分罚没财物数额较大的，对其直接负责的主管人员和其他直接责任人员，处3年以下有期徒刑或者拘役，并处或者单处罚金；数额巨大的，处3年以上7年以下有期徒刑，并处罚金。

五、巨额财产来源不明罪

（一）巨额财产来源不明罪的概念和特征

巨额财产来源不明罪，是指国家工作人员的财产或者支出明显超过合法收入，差额巨大，而本人又不能说明其来源合法性的行为。本罪的主要特征是：

1. 本罪侵害的客体是国家机关的正常活动与威信和公款财物的所有权，即由于行为人非法拥有大量不能说明合法来源的财物，致使这些财物的所有权受到侵害。

2. 客观上表现为行为人拥有的财物数额或者其本人的支出数额明显超过其自身的合法收入，差额巨大，而且行为人不能说明差额部分的来源是合法的。这里说的

“拥有”就是一种非法持有，表现的是一种行为状态。“财产”是指行为人实际拥有的财产，包括住房、交通工具、存款等，名义上属于别人实质上是行为人的财产，应当属于行为人所拥有的财产。“支出”指行为人已经对外支付的款物，包括赠与他人的款物。“合法收入”是指按法律规定应属于行为人合法占有的财物。如工资、奖金、继承的遗产，接受馈赠捐助等。巨额财产来源不明罪的罪量要素是超出合法收入的财产与合法收入的财产之间差额巨大，这里的差额巨大，根据《最高人民检察院关于人民检察院直接受理立案侦查案件立案标准的规定（试行）》，涉嫌隐瞒境外存款，折合人民币数额在30万元以上的，应予立案。未达到这一数额标准的，不构成本罪。在司法实践中计算巨额财产来源不明罪的犯罪数额时，可将行为人的全部财产与以往所有支出的总和减去已认定的犯罪所得（例如贪污、受贿数额）、合法收入及非法所得，剩余的就是来源不明的财产。如果行为人能够说明差额财产的来源是合法所得，或者不能说明的差额财产数额不够巨大，都不构成本罪。如果行为人说明了财产属非法获得，且经司法机关查实，应按其行为的性质定罪量刑，不构成本罪。具体来说这里的“不能说明”，包括以下四种情形：(1) 行为人拒不说明财产来源。(2) 行为人分辨不出财产的具体来源而无法说明。(3) 行为人说明了财产来源，经过司法机关查证并不属实。(4) 行为人说明了财产来源，因线索不具体等原因，司法机关无法查实。关于国家工作人员持有明显超出合法收入的财产，这里的合法收入包括法定收入、兼职收入以及各种灰色收入，包括货币收入、实物收入以及期权等其他收入。

3. 本罪主体是国家工作人员。

4. 本罪主观方面表现为故意，即无视国家的廉政制度，故意拥有超过合法收入的巨额财产，又拒不说明或不如实说明财产的合法来源，目的在于非法拥有公私财物。

（二）巨额财产来源不明罪的认定

巨额财产来源不明罪的行为是国家工作人员的财产或者支出明显超出合法收入，差额巨大，而本人又不能说明其来源的合法性。关于本罪行为方式，在刑法理论上存在争议。第一种观点认为，本罪行为方式是持有，因此本罪是持有型犯罪，即国家工作人员持有来源不明的财产。第二种观点认为，本罪行为方式是不作为，因此本罪是不作为犯罪，即国家工作人员不履行来源不明财产的说明义务。从现行刑法规定来看，本罪的行为方式理解为持有较为妥当。在本罪的客观行为中，国家工作人员持有明显超出合法收入的财产，并且差额巨大，是构成犯罪的关键。而本人不能说明其来源的合法性，是本罪构成的另一个条件。如果本人能够说明其财产来源的合法性，则不构成本罪。只有在本人不能说明其来源的合法性的情况下，才能表明其所拥有的财产系非法所得，因而构成犯罪。

（三）巨额财产来源不明罪的刑事责任

根据《刑法》第395条第1款之规定，犯本罪的，处5年以下有期徒刑或者拘役；差额特别巨大的，处5年以上10年以下有期徒刑。财产的差额部分予以追缴。

六、隐瞒境外存款罪

隐瞒境外存款罪，指国家工作人员违反国家外汇管理法规和行政管理制度，将外汇存入外国银行，隐瞒不报，数额较大的行为。本罪的主要特征是：

1. 本罪侵犯的客体是国家工作人员境外存款申报制度和国家的廉政制度。犯罪对象是境外存款。既包括在国外的存款，也包括在港、澳、台的存款。

2. 客观方面表现为行为人对于境外存款予以隐瞒，不依照国家关于国家工作人员境外存款申报制度的规定进行申报，且数额较大的行为。根据《最高人民检察院关于人民检察院直接受理立案侦查案件立案标准的规定（试行）》，涉嫌隐瞒境外存款，折合人民币数额在30万元以上的，应予立案。未达到这一数额标准的，不构成本罪。本罪是一种不作为犯罪。

3. 犯罪主体仅限于国家工作人员，且必须负有申报境外存款的法定义务。

4. 主观方面表现为行为人明知应当申报，却有意隐瞒不申报，是故意犯罪。

根据《刑法》第395条第2款之规定，犯本罪的，处2年以下有期徒刑或者拘役；情节较轻的，由其所在单位或者上级主管机关酌情给予行政处分。

第三节　贿赂犯罪

一、受贿罪

（一）受贿罪的概念和特征

受贿罪，是指国家工作人员利用职务上的便利，索取他人财物，或者非法收受他人财物，为他人谋取利益的行为。其主要特征是：

1. 侵犯客体是国家工作人员职务行为的廉洁性。作为本罪犯罪对象的财物，即“贿赂”，应作广义解释，是具有物质性利益的，并以客观形态存在的一切财物。这种利益既可以当即实现，也可以在将来实现。

2. 客观方面表现为行为人利用职务上的便利，索取他人财物或者非法收受他人财物为他人谋取利益的行为。它包括三个方面的内容：

（1）“利用职务上的便利”，是指利用本人职务范围内的权力，即自己职务上主管、负责或者承办某项公共事务的职权以及利用其职权或地位形成的便利条件。利用职权是利用本人职务范围内的权力，利用与职务有关的便利条件是指虽然不是直接利用职权，而是利用本人的职权或地位形成的便利条件。因此，利用本人职务上的便利包括以下两种情形：① 直接利用本人职务上的便利，即以本人职务范围内的权力为请托人谋取利益而从中收受财物。②间接利用本人职务上的便利，即要求有职务上直接隶属、制约关系的其他国家工作人员利用职权为行贿人谋取利益。在这种情况下，从表面上看是通过他人的职务为请托人谋取利益，从而收受财物。但从实际上看，是利用了本人职务而产生的制约关系,这种制约关系可以影响被利用者的利益,使之就范。

(2) 客观上实施了索取他人财物或者非法收受他人财物的行为。① 索取。"索取"是指主动索要并收取。索取具有两个特点:一是主动性,是受贿人先提出贿赂的要求。二是由索要与收取两个行为构成,是一种复合行为。索取既可以是明示的,也可以是暗示的。明示是明火执仗地索要贿赂,如果对方不给贿赂,就不履行其职务行为,以此为要挟,迫使对方就范。暗示是暗度陈仓地索要贿赂,往往使用暗示的方法,使对方领会,从而乖乖地交付贿赂。无论是明示还是暗示,都应以索贿论处。② 收受。"收受"是指被动地收取。因此,收受具有被动性,是在请托人主动交付贿赂的情况下消极地接受。

(3) 非法收受他人财物,同时"为他人谋取利益"的,才能构成受贿罪。为他人谋取的利益是否正当,能否实现,并不影响本罪成立。应当指出,索取财物构成的受贿罪不以为他人谋取利益为条件,而收受财物构成的受贿罪则以为他人谋取利益为条件。这里的为他人谋取利益,是指利用本人职务上的便利,为行贿人谋取各种好处,包括物质利益或者非物质利益。而且,无论这种利益是合法利益还是非法利益,均不影响受贿罪的成立。为他人谋取利益具有以下三种情形:① 允诺为他人谋取利益;② 正在为他人谋取利益;③ 已经为他人谋取利益。只要具备上述情形之一,就视为具有为他人谋取利益这一要件。如果没有为他人谋取利益这一要件,即使收受他人财物的,也不构成受贿罪。例如,感情投资、收受礼金等,属于收受赠贿,而不是收受贿赂。外国刑法中一般都有收受赠贿罪之设立,我国则未设这一罪名。在这种情况下,根据罪刑法定原则,不应以受贿罪论处。

我国刑法将受贿客体表述为财物,这一范围比外国刑法规定的贿赂范围要窄。例如,日本刑法认为,贿赂之所得不一定限定为金钱、物品和其他财产利益,不论有形或者无形,以能满足人的需要、欲望的一切利益为范围。我国刑法则将受贿客体限定为财物,包括金钱、物品以及其他财产性利益,例如,债权的设立、债务的免除等,但不包括非财产性利益。我国刑法理论界曾经讨论过性贿赂问题,存在肯定说与否定说之争。肯定说认为性交可以被看成是某种利益。基于其特性,此种利益乃是一种无形的非物质性利益,但又与有形的物质性利益有着密切关系。因为性交的背后,隐藏着某种利益的交换。否定说则认为,允诺性行为认定为受贿罪,显然不符合我国刑法的规定,况且我国刑法中的受贿罪是以收受一定数额的财物作为定罪量刑依据的,如果性行为作为贿赂则无法确定受贿数额。根据现行刑法,性贿赂不能认定为受贿罪。

3. 犯罪主体是特殊主体,即国家工作人员,包括在国家机关中从事公务的人员,国有公司、企业、事业单位、人民团体中从事公务的人员和国家机关、国有公司、企业、事业单位委派到非国有公司、企业、事业单位、社会团体从事公务的人员,以及其他依照法律从事公务的人员。

4. 主观方面表现为直接故意,即行为人明知利用职务上的便利,索取他人财物或者非法收受他人财物为他人谋取利益的行为是违法的,却故意为之。犯罪目的是谋取他人的财物。

【实例分析 9-6】

对上述内容,可从下面的分析中深化认识:关于受贿相关犯罪的认定,下列哪些选项是正确的?

A. 甲知道城建局长张某吸毒,以提供海洛因为条件请其关照工程招标,张某同意。甲中标后,送给张某 50 克海洛因。张某构成受贿罪。

B. 乙系人社局副局长,乙父让乙将不符合社保条件的几名亲戚纳入社保范围后,收受亲戚送来的 3 万元。乙父构成利用影响力受贿罪。

C. 国企退休厂长王某(正处级)利用其影响,让现任厂长帮忙,在本厂推销保险产品后,王某收受保险公司 3 万元。王某不构成受贿罪。

D. 法院院长告知某企业经理赵某"如给法院捐赠 500 万元办公经费,你们那个案件可以胜诉"。该企业胜诉后,给法院单位账户打入 500 万元。应认定法院构成单位受贿罪。

分析如下:

(1) 选项 A 正确。刑法不仅保护所有权,而且保护占有权;不仅保护合法占有,而且保护非法占有。保护非法占有不是为了保护占有者的利益,而是因为非法占有应当通过正当的法律程序解决,不能采用犯罪的方式解决。因此,违禁品(如毒品)、违规制造的产品(如假币)、赃款赃物、伪劣产品等,也可以成为犯罪对象。

(2) 选项 B 正确。乙父仅让乙将不符合社保条件的几名亲戚纳入社保范围,而没有将收受亲戚送来的 3 万元告知乙,乙父与乙没有形成受贿的共同犯罪,因而构成利用影响力受贿罪。

(3) 选项 C 正确。国企退休厂长王某(正处级)仅利用其影响,让现任厂长帮忙,在本厂推销保险产品,而没有将收受保险公司的 3 万元告知现任厂长,因此不构成受贿的共犯,构成利用影响力受贿罪。

(4) 选项 D 正确。单位受贿罪,是指国家机关、国有公司、企业、事业单位、人民团体,索取、非法收受他人财物,为他人谋取利益,情节严重的行为。选项 D 的情况完全符合本罪的成立要件,因而构成单位受贿罪。

综上,上述问题的合适选项是 ABCD。

(二) 受贿罪的认定

1. 受贿罪与非罪的界限。正当馈赠与受贿区别的关键是行为人是否利用职务上的便利为他人谋利益。受贿是谋私利的犯罪行为,馈赠是亲友或一般同志联络情谊的表现,是无条件的赠与,是合法的民事行为。受贿是利用职务上的便利,客观上往往采取隐蔽的、不正常的方式进行。馈赠是正常的礼尚往来行为,没有利用职务之便的情况,而且都是以公开的、正常的方式进行。实践中区分二者应综合考虑:(1) 是否存在亲友关系。(2) 是否谋取利益。(3) 是否利用职务的便利。(4) 接受的财物的数额与价值。公民接受法律、政策允许范围内的合法报酬不构成受贿。此外,区分受贿罪和一般受贿行为的界限,需要查明受贿的数额大小和情节轻重。根据《刑法》第 383 条和 386 条的规定,数额较大或者有其他较重情节的以贪污罪论处。

2. 离退休国家工作人员构成受贿主体问题。1989 年司法解释中关于离退休国家工作人员斡旋受贿行为的规定,现在已不具有法律效力。如果离退休国家工作人员利用原来所任之职或地位所形成的特定条件,直接收受贿赂或者斡旋受贿,按现行法律,不应以受贿罪论处,根据《刑法修正案(七)》的规定,应以利用影响力受贿罪处理。但离退休国家工作人员在职期间利用职务上的便利为请托人谋取利益,并与其事先约定,离退休后收受了请托人财物的,应以受贿罪论处。国家工作人员利用职务之便为请托人谋取利益时已经知悉其有事后感谢的意思表示,离退休后索取或者收受他人财物的,也应视为与请托人有事先约定,可以构成受贿罪主体。如果离退休国家工作人员又被原单位后聘,担任某种公共职务,其利用现任的职务上的便利,收受他人财物的,应以受贿罪论处。如果离退休国家工作人员又被其他单位聘用,担任一定职务,如果他利用现职收受贿赂,可分别构成受贿罪或公司、企业人员受贿罪。

3. 受贿罪与其他罪的界限。如果国家工作人员以利用职务上便利收受贿赂从而为他人谋取利益为名,骗取他人数额较大的财物,但并没有也不打算利用职务之便为他人谋取利益的,构成诈骗罪;如果国家工作人员以要挟、威胁的方式勒索他人财物,并没有利用职务上的便利,应构成敲诈勒索罪;如果主体不是国家工作人员而是公司、企业人员利用其职务上的便利索取或收受他人财物,数额较大的,构成公司、企业人员受贿罪。

4. 经济受贿。根据《刑法》第 385 条第 2 款的规定,“国家工作人员在经济往来中,违反国家规定,收受各种名义的回扣、手续费,归个人所有的,以受贿论处。”此即我国刑法关于经济受贿的规定。经济受贿是受贿罪的一种特殊表现形式,在认定经济受贿的时候,应当注意以下条件:

(1) 回扣、手续费。回扣、手续费是经济受贿中贿赂的表现形式,应当正确界定。回扣是指在商品交易中,卖方在收取的价款中扣出一部分回送给买方或其委托代理人(经办人)的金钱、实物或者其他物质利益。手续费是指在从事经济活动中,收取对方单位或者个人的费用。

(2) 经济交往。经济受贿发生在经济活动中,这是它与普通受贿的根本区别之一。这里的经济活动既包括国家经济管理活动,又包括国家工作人员参与的经济交往活动。关于经济受贿,刑法并未规定利用职务上的便利这一要件,但这并不意味着经济受贿可以不需要这一要件。实际上,国家工作人员在经济活动中从事各种经济活动本身就是依法从事公务活动,因而是职务行为。在经济活动中收受回扣、手续费的,必然以利用职务上的便利为前提。

(3) 违反国家规定。在经济交往中收受回扣、手续费,只有违反国家规定才构成受贿罪。这里的违反国家规定是指违反全国人民代表大会及其常委会制定的法律,国务院制定的行政法规和行政措施、发布的决定和命令。例如，1993 年 12 月 1 日施行的《反不正当竞争法》第 8 条规定："经营者不得采用财物或者其他手段进行贿赂以销售或者购买商品。在账外暗中给予对方单位或者个人回扣的，以行贿论处；对方单位或者个人在账外暗中收受回扣的，以受贿论处。"根据这一法律规定，账外暗中收受回扣是违法的，应以受贿论处。

（4）归个人所有。回扣、手续费是否归个人所有，是认定经济受贿的重要条件之一。如果收受回扣、手续费用于集体福利或者奖励，包括对在经济活动中作出贡献的业务人员的奖励，或者收受回扣、手续费归单位所有，并有单位发票、按照会计制度进账的，不构成经济受贿。符合单位受贿罪构成要件的，应以该罪论处。只有收受回扣、手续费，中饱私囊或者少数人私分的才应以经济受贿论处。

5. 间接受贿。根据《刑法》第 388 条的规定，"国家工作人员利用本人职权或者地位形成的便利条件，通过其他国家工作人员职务上的行为，为请托人谋取不正当利益，索取请托人财物或者收受请托人财物的，以受贿论处。"这即我国刑法关于间接受贿的规定。间接受贿也称斡旋受贿，是受贿罪的一种特殊表现形式，认定间接受贿要注意把握以下要件：

（1）利用本人职权或者地位形成的便利条件。这里的本人职权或地位形成的便利条件，是指行为人与相应的国家工作人员之间在职务上虽然没有直接隶属和制约关系，但是双方存在着基于职权和地位产生的影响和一定的工作联系。例如，单位内不同部门的国家工作人员之间，有工作联系的不同单位的国家工作人员之间等。间接受贿利用本人职权或者地位形成的便利条件与直接受贿利用职务上的便利是有所不同的，在利用职务上的便利的情况下，直接利用本人职权，当然不需要通过其他国家工作人员的职务行为为请托人谋取利益。而利用职权形成的便利条件，虽然也是通过其他国家工作人员的职务行为为请托人谋取利益，但这是以本人职务对他人职务存在着职务上的制约关系为前提的。而在间接受贿的情况下，本人职务对他人职务不存在这种制约关系，而是利用了本人职务对其他国家工作人员的影响。

（2）通过其他国家工作人员职务上的行为。间接受贿中的通过其他国家工作人员职务上的行为，是指行为人本人不是直接利用自己职务范围内的权力为请托人谋取利益，而是让其他国家工作人员利用职务上的便利，为请托人谋取利益。

（3）为请托人谋取不正当利益。普通受贿只要为他人谋取利益即可构成犯罪，而不论这种利益是否正当。但刑法规定间接受贿只有在为请托人谋取不正当利益的情况下才能构成。这里的不正当利益，是指请托人依照有关法律、法规或者规章、条例等规定，不应当得到的利益。

6. 受贿罪的共犯。受贿罪是身份犯，它以国家工作人员作为特殊主体。因此，非国家工作人员不能单独构成受贿罪。由于刑法对贪污罪的共犯有规定，而对受贿共犯没有规定，因此在刑法理论上对非国家工作人员是否可以构成受贿罪的共犯存在疑问。共犯是一个刑法总则问题，《刑法》第 382 条第 3 款关于贪污共犯的规定只是一个提示性规定而非特别规定，因此尽管刑法对受贿共犯没有规定，并不妨害受贿共犯的成立。在司法实践中，受贿罪的共犯问题，主要是指与国家工作人员有财产共有关系的家庭成员和该国家工作人员共同受贿的问题。家庭成员参与受贿主要表现为：与国家工作人员共同商议收受贿赂，积极出谋划策；传递信息，勾通关系并收受财物；帮助国家工作人员向行贿人索取贿赂；诱导、劝说、催促甚至威逼国家工作人员索取财物，致使国家工作人员产生了受贿犯罪的故意，并实施了受贿行为等。家庭成员代请托人向国家工作人员转达请托事项，国家工作人员明知其收受了请托人的财物，仍按照家庭成员的要求利用职权为他人谋取利益的，应认定为受贿罪，家庭成员以收受贿赂罪共犯论处。如果家庭成员没有以上行为，只是明知国家工作人员收受贿赂而与其共享的，属于知情不举，不构成受贿罪的共犯。与国家工作人员没有财产共有关系，但与国家工作人员相互勾结，由国家工作人员利用职务上的便利为请托人谋取利益，双方共同收受并占有请托人的财物的，构成受贿罪的共犯。与国家工作人员没有财产共有关系的人和国家工作人员相互勾结，促使行贿人向国家工作人员行贿，但没有与国家工作人员共同占有贿赂财物的，不能以受贿罪的共犯认定。构成其他犯罪的，依照有关规定定罪处罚。

7. 关于事后受贿，是否必须以事前约定为条件。受贿罪的责任形式是故意。这里的故意是指明知是利用职务上的便利索取他人财物或者收受他人财物为他人谋取利益的行为而有意实施的主观心理状态。在索取财物构成的受贿罪中，受贿故意内容是十分明显的，但在收受财物构成的受贿罪中，受贿故意如何认定则是一个较为复杂的问题。我们认为，收受财物的故意与受贿故意是有所不同的。在受贿故意内容中，除收受财物的故意以外，还应包括明知财物是本人利用职务上的便利为他人谋取利益的报答物而予以收受的故意。就利用职务上的便利为他人谋取利益与收受财物的关系而言，可以分为两种情况：一是先收受财物后为他人谋取利益，即所谓事前受贿。在刑法理论上，这是一种收买性贿赂。这种事前受贿，在客观上收受财物与为他人谋取利益之间存在因果关系，并且行为人之间往往存在收受财物后为他人谋取利益的约定，即主观上明知是贿赂而予以收受。在这种情况下，受贿故意不难认定。二是在为他人谋取利益后收受财物，即所谓事后受贿。在刑法理论上，这是一种酬谢性贿赂。关于这种事后受贿是否必须以事前约定为条件，在刑法理论上存在争议。这种事前没有约定而事后收受他人财物的事后受财行为不同于事后受贿，因为行为人主观上没有受贿故意而只有收受财物的故意。因此，事后受贿必须以事前约定为条件。当然，这里的事前约定，并不限于明示约定，而且包括暗示约定。

8. 关于受贿罪的罪数。国家工作人员收受贿赂为他人谋利益的行为往往触犯其他罪名，因而构成牵连犯。那么，对这种受贿罪的牵连犯是否实行并罪呢？《刑法》第399条第4款规定了司法工作人员贪赃枉法，即受贿以后徇私枉法或者枉法裁判，依照处罚较重的规定定罪处罚。据此，比照这一规定，对于受贿后为他人谋取利益行为又触犯其他罪名构成牵连犯的，应从一重罪处断，而不宜实行数罪并罚。

（三）受贿罪的刑事责任

根据《刑法》第386条规定，犯受贿罪的，根据受贿所得数额及情节，依照本法第383条的规定处罚。索贿的从重处罚。

根据《刑法修正案（九）》第44条规定，将《刑法》第383条修改为："对犯贪污罪的，根据情节轻重，分别依照下列规定处罚：

（一）贪污数额较大或者有其他较重情节的，处三年以下有期徒刑或者拘役，并处罚金。

（二）贪污数额巨大或者有其他严重情节的，处三年以上十年以下有期徒刑，并处罚金或者没收财产。

（三）贪污数额特别巨大或者有其他特别严重情节的，处十年以上有期徒刑或者无期徒刑，并处罚金或者没收财产；数额特别巨大，并使国家和人民利益遭受特别重大损失的，处无期徒刑或者死刑，并处没收财产。

对多次贪污未经处理的，按照累计贪污数额处罚。

犯第一款罪，在提起公诉前如实供述自己罪行、真诚悔罪、积极退赃，避免、减少损害结果的发生，有第一项规定情形的，可以从轻、减轻或者免除处罚；有第二项、第三项规定情形的，可以从轻处罚。

犯第一款罪，有第三项规定情形被判处死刑缓期执行的，人民法院根据犯罪情节等情况可以同时决定在其死刑缓期执行二年期满依法减为无期徒刑后，终身监禁，不得减刑、假释。"

据此，受贿罪应分别按以下情形处罚：

（1）个人受贿数额较大或者有其他较重情节的，处3年以下有期徒刑或者拘役，并处罚金。

（2）个人受贿数额巨大或者有其他严重情节的，处3年以上10年以下有期徒刑，并处罚金或者没收财产。

（3）个人受贿数额特别巨大或者有其他特别严重情节的，处10年以上有期徒刑或者无期徒刑，并处罚金或者没收财产；数额特别巨大，并使国家和人民利益遭受特别重大损失的，处无期徒刑或者死刑，并处没收财产。

对多次受贿未经处理的，按照累计受贿数额处罚。

个人受贿数额较大或者有其他较重情节，在提起公诉前如实供述自己罪行、真诚悔罪、积极退赃，避免、减少损害结果的发生的，可以从轻、减轻或者免除处罚；个人受贿数额巨大或者有其他严重情节，个人受贿数额特别巨大或者有其他特别严重情节，在提起公诉前如实供述自己罪行、真诚悔罪、积极退赃，避免、减少损害结果的发生的，可以从轻处罚。

个人受贿数额特别巨大或者有其他特别严重情节被判处死刑缓期执行的，人民法院根据犯罪情节等情况可以同时决定在其死刑缓期执行2年期满依法减为无期徒刑后，终身监禁，不得减刑、假释。

索贿的从重处罚。

二、利用影响力受贿罪

(一) 利用影响力受贿罪的概念

利用影响力受贿罪,是指国家工作人员的近亲属或者其他与该国家工作人员关系密切的人,通过该国家工作人员职务上的行为,或者利用该国家工作人员职权或者地位形成的便利条件,以及离职的国家工作人员或者其近亲属、其他与其关系密切的人,利用该离职的国家工作人员原职权或者地位形成的便利条件,通过其他国家工作人员职务上的行为,为请托人谋取不正当利益,索取请托人财物或者收受请托人财物,数额较大或有其他较重情节的行为。

利用影响力受贿罪是《刑法修正案(七)》增设的罪名。由于利用影响力受贿的人利用的是国家工作人员的影响力,因此,在宏观体系中利用影响力受贿罪被规定在贪污贿赂罪一章中。

(二) 利用影响力受贿罪的构成特征

1. 本罪的犯罪客体主要是国家机关的正常管理活动和公众对国家工作人员廉洁依法办事的信赖,或者说是国家工作人员的廉洁形象。利用影响力受贿罪的主体虽然不是国家工作人员,但其与国家工作人员有着特殊关系,实质上是变相或间接利用国家工作人员的职务便利,其所侵犯的客体与受贿罪所侵犯的客体存在着相似性。

2. 本罪的客观方面因本罪的犯罪主体不同,实施影响力交易犯罪时在具体行为上有所不同:(1)“国家工作人员的近亲属或者其他与该国家工作人员关系密切的人”,是通过该国家工作人员职务上的行为,或者利用该国家工作人员职权或者地位形成的便利条件,通过其他国家工作人员职务上的行为,为请托人谋取不正当利益,索取请托人财物或者收受请托人财物;(2)“离职的国家工作人员或者其近亲属以及其他与其关系密切的人”,则是利用该离职的国家工作人员原职权或者地位形成的便利条件,通过其他国家工作人员职务上的行为,为请托人谋取不正当利益,索取请托人财物或者收受请托人财物。

3. 本罪的主体是国家工作人员的近亲属或者其他与该国家工作人员关系密切的人,及离职的国家工作人员或者其近亲属以及其他与其关系密切的人。国家工作人员(以及离职的国家工作人员)的“近亲属”及“其他与其关系密切的人”,是与国家工作人员(以及离职的国家工作人员)有血缘、亲属关系,或虽不存在亲属关系,但属情夫、情妇,或者彼此是同学、战友、老部下、老上级或者老朋友,交往甚密的人。

4. 本罪的主观方面为直接故意,表现为该行为人认识到自己是某国家工作人员的关系密切人,与该国家工作人员有着特殊的关系,足以让第三人相信其能够利用该国家工作人员的职务行为或该国家工作人员职权或地位形成的便利条件,通过其他国家工作人员职务上的行为,为请托人谋取不正当利益,即认识到其是在以某种方式利用该国家工作人员的职务便利,为请托人谋取不正当利益,并且希望请托人能够给付财物或自己会主动向请托人索贿。

【实例分析9-7】

对上述内容,可从下例分析中深化认识:乙的孙子丙因涉嫌抢劫被刑拘。乙托甲设法使丙脱罪,并承诺事成后付其10万元。甲与公安局副局长丁早年认识,但多年未见面。甲托丁对丙作无罪处理,丁不同意,甲便以揭发隐私要挟,丁被迫按甲的要求处理案件。后甲收到乙10万元现金。关于本案,下列哪一选项是错误的?

A. 对于"关系密切"应根据利用影响力受贿罪的实质进行解释,不能仅从形式上限定为亲朋好友;

B. 根据A选项的观点,"关系密切"包括具有制约关系的情形,甲构成利用影响力受贿罪;

C. 丁构成徇私枉法罪,甲构成徇私枉法罪的教唆犯;

D. 甲的行为同时触犯利用影响力受贿罪与徇私枉法罪,应从一重罪论处。

分析如下:

(1) 选项A、B说法正确。利用影响力受贿罪的主体不仅包括亲友,而且包括其他与国家工作人员关系密切,因而能够通过该国家工作人员职务上的行为,或者利用该国家工作人员职权或者地位形成的便利条件,通过其他国家工作人员职务上的行为,为请托人谋取不正当利益的人。因此,本案中甲的行为构成利用影响力受贿罪。

(2) 选项C说法正确。丁违背事实和法律,使丙被作无罪处理,构成徇私枉法罪;甲胁迫丁徇私枉法,构成徇私枉法罪的教唆犯。

(3) 选项D说法错误。实施利用影响力受贿罪后为谋取不正当利益又构成其他犯罪的,应当数罪并罚。

综上,上述问题的合适选项是D。

(三) 利用影响力受贿罪的认定

1. 利用影响力受贿罪与受贿罪的界限。

两罪主要区别有三点:(1) 犯罪主体不同。受贿罪的主体是现职国家工作人员。利用影响力受贿罪的主体包括三类:一是国家工作人员或者离职的国家工作人员的近亲属;二是其他与国家工作人员或者离职的国家工作人员关系密切的人;三是离职的国家工作人员。(2) 犯罪客观方面不同。受贿罪表现为利用本人的职务之便索贿、收受贿赂。利用影响力受贿罪表现为利用与该国家工作人员、离职国家工作人员的密切关系形成的影响力索贿或者收受贿赂。(3) 受贿犯罪以"谋取利益"为条件,利用影响力受贿罪为请托人"谋取不正当利益"。

2. 利用影响力受贿罪与斡旋受贿罪的界限

利用影响力受贿和斡旋受贿两者都是间接受贿,主要不同之处在于犯罪主体不同。利用影响力受贿罪的犯罪主体是国家工作人员的近亲属或者其他与该国家工作人员关系密切的人,而斡旋受贿罪的犯罪主体是国家工作人员本人。

（四）利用影响力受贿罪的刑事责任

根据《刑法修正案（七）》第13条和《刑法》第388条之一的规定，犯本罪的，处3年以下有期徒刑或者拘役，并处罚金；数额巨大或者有其他严重情节的，处3年以上7年以下有期徒刑，并处罚金；数额特别巨大或者有其他特别严重情节的，处7年以上有期徒刑，并处罚金或者没收财产。

三、单位受贿罪

（一）单位受贿罪的概念和特征

单位受贿罪，是指国家机关、国有公司、企业、事业单位、人民团体，索取、非法收受他人财物，为他人谋取利益，情节严重的行为。本罪的主要特征是：

1. 单位受贿罪侵犯的客体是国家机关、国有公司、企业、事业单位、人民团体职务行为的廉洁性。

2. 犯罪主体是国家机关、国有公司、企业、事业单位、人民团体。集体经济组织、中外合资企业、中外合作企业、外商独资企业和私营企业不能成为单位受贿罪的主体。

3. 犯罪客观方面表现为国家机关、国有公司、企业、事业单位、人民团体实施了索取、非法收受他人财物，为他人谋取利益，情节严重的行为。具体来说，单位受贿行为有以下两种情形：(1) 索取、非法收受他人财物。(2) 在经济往来中，在账外暗中收受各种名义的回扣、手续费。

4. 单位受贿罪主观方面是故意，并且具有非法占有财物的目的。根据最高人民检察院立案标准的规定，涉嫌下列情形之一的，应予立案：(1) 单位受贿数额在10万元的。(2) 单位受贿数额不满10万元，但具有下列情形之一的：① 故意刁难、要挟有关单位、个人，造成恶劣影响的；② 强行索取财物的；③ 致使国家或者社会利益遭受重大损失的。因此凡具有上述情形的，应视为单位受贿情节严重。

（二）单位受贿罪的认定

单位受贿与自然人受贿的主要区别表现在：(1) 主体不同，本罪主体是单位即国家机关、国有公司、企业事业单位、人民团体，受贿罪的主体是自然人即国家工作人员。(2) 犯罪主观方面虽然都表现为直接故意，但本罪是经单位决策机构的授权和同意，由其直接负责的主管人员和其他直接责任人员故意收受或者索取贿赂的行为表现出来。犯罪动机是为单位的利益。如果以单位名义索取或者非法收受他人财物后将贿赂占为个人所有的，应以个人受贿罪论处。(3) 客观方面，本罪除了索取、收受贿赂，为他人谋利益外，还必须情节严重才构成犯罪，而自然人受贿构成犯罪没有情节严重的要求。此外，根据《刑法》第387条第2款的规定，上述单位在经济往来中，账外暗中收受各种名义的回扣、手续费的，也构成单位受贿罪。(4) 处罚不同，本罪采取的是双罚制，即除了对单位判处罚金外，对其直接负责的主管人员和其他直接直接责任人员也要追究刑事责任。

(三)单位受贿罪的刑事责任

根据《刑法》第387条规定,犯本罪的,对单位判处罚金,并对其直接负责的主管人员和其他直接责任人员,处5年以下有期徒刑或者拘役。

四、行贿罪

(一)行贿罪的概念和特征

行贿罪,是指为谋取不正当利益,给予国家工作人员财物的行为。本罪的主要特征是:

1. 行贿罪侵犯的客体是正常公务活动的不可收买性。

2. 客观方面表现为行为人向国家工作人员行贿的行为,具体有两种情况:一是为谋取不正当的利益而向国家工作人员赠送财物。二是在经济往来中,给予国家工作人员财物或者回扣、手续费。因被勒索给予国家工作人员财物,没有获得不正当利益的,不是行贿。

3. 犯罪主体是一般主体。

4. 主观方面是直接故意,目的是为谋取不正当利益。至于行为人实际上是否获取了不正当利益,对于犯罪的构成没有影响(被勒索的除外)。

(二)行贿罪的认定

1. 经济行贿。《刑法》第389条第1款规定,在经济往来中,违反国家规定,给予国家工作人员以财物,数额较大,或者违反国家规定,给予国家工作人员以各种名义的回扣、手续费的,以行贿论处。这是我国刑法关于经济行贿的规定。经济行贿是行贿罪的一种特殊表现形式,经济行贿不同于普通行贿之处在于它发生在经济往来这一特定领域。应当指出,刑法对经济行贿并未规定为谋取不正当利益的目的。那么,经济行贿构成犯罪是否在主观上不要求具有这一目的呢?回答是否定的。在经济交往中,无论是违反国家规定给予国家工作人员的财物,还是违反国家规定给予国家工作人员以各种名义的回扣、手续费,构成行贿罪主观上都必须具有谋取不正当利益的目的。若无此种目的,不构成行贿罪。

2. 根据《刑法》第389条第3款规定,因勒索给予国家工作人员以财物,没有获得不正当利益的,不是行贿。从刑法理论上说,这是一种违法阻却事由。在这种情况下,虽然行为人给予国家工作人员以财物,但这种给予财物是因勒索交付的,并且没有获得不正当利益,因而不是行贿。这里的不是行贿,不仅指其给予国家工作人员财物的行为不构成行贿罪,而且这种行为不具有行贿的性质。在认定这种违法阻却事由的时候,要注意掌握两个条件:一是被勒索,指被索要或者被敲诈勒索。二是没有获得不正当利益,指行为人主观上是为谋取不正当利益,但最后没有获得该不正当利益。

(三)行贿罪的刑事责任

《刑法修正案(九)》第45条和《刑法》第390条规定,犯本罪的,处5年以下有期徒刑或者拘役,并处罚金;因行贿谋取不正当利益,情节严重的,或者使国家利益遭受重大损失的,处5年以上10年以下有期徒刑,并处罚金;情节特别严重的,或者使国家利益遭受特别重大损失的,处10年以上有期徒刑或者无期徒刑,并处罚金或者没收财产。

行贿人在被追诉前主动交代行贿行为的,可以从轻或者减轻处罚。其中,犯罪较轻的,对侦破重大案件起关键作用的,或者有重大立功表现的,可以减轻或者免除处罚。

《刑法修正案(九)》加大了对行贿犯罪的处罚力度,主要表现在:

1. 增加了罚金刑。完善行贿犯罪财产刑规定,使犯罪分子在受到人身处罚的同时,在经济上也得不到好处。

2. 进一步严格对行贿罪从宽处罚的条件。将"行贿人在被追诉前主动交代行贿行为的,可以减轻处罚或者免除处罚"的规定,修改为"行贿人在被追诉前主动交代行贿行为的,可以从轻或者减轻处罚。其中,犯罪较轻的,对侦破重大案件起关键作用的,或者有重大立功表现的,可以减轻或者免除处罚。"不再轻易"免除处罚",既打消了严重行贿犯罪人员屡查屡犯,"只要如实交代,就能逃避制裁"的侥幸心理,也能促使其趋利避害,如实供述,对受贿犯罪无疑是一种震慑。

五、对有影响力的人行贿罪

对有影响力的人行贿罪,是指为谋取不正当利益,给予国家工作人员的近亲属或者其他与该国家工作人员关系密切的人,或者离职的国家工作人员或者其近亲属以及其他与其关系密切的人以财物的行为。

为严密惩治行贿犯罪的法网,《刑法修正案(九)》增加规定为利用国家工作人员的影响力谋取不正当利益,向其近亲属等关系密切人员行贿的犯罪。对有影响力的人行贿罪侵犯的客体是正常的公务活动的不可收买性。行贿的对象有五类:一是国家工作人员的近亲属;二是与该国家工作人员关系密切的人;三是离职的国家工作人员;四是离职的国家工作人员的近亲属;五是其他与离职的国家工作人员关系密切的人。客观方面表现为行为人为谋取不正当利益,给予国家工作人员的近亲属或者其他与该国家工作人员关系密切的人,或者离职的国家工作人员或者其近亲属以及其他与其关系密切的人以财物的行为。犯罪主体是一般主体。主观方面是直接故意,目的是为谋取不正当利益。本罪是行为犯,行为人实际上是否获取了不正当利益,对于犯罪的构成没有影响。

《刑法修正案(九)》第46条规定,在《刑法》第390条后增加一条,作为第390条之一:"为谋取不正当利益,向国家工作人员的近亲属或者其他与该国家工作人员关系密切的人,或者向离职的国家工作人员或者其近亲属以及其他与其关系密切的人行贿的,处三年以下有期徒刑或者拘役,并处罚金;情节严重的,或者使国家利益遭受重大损失的,处三年以上七年以下有期徒刑,并处罚金;情节特别严重的,或者使国家利益遭受特别重大损失的,处七年以上十年以下有期徒刑,并处罚金。

单位犯前款罪的,对单位判处罚金,并对其直接负责的主管人员和其他直接责任人员,处三年以下有期徒刑或者拘役,并处罚金。”

六、对单位行贿罪

对单位行贿罪,是指为谋取不正当利益,给予国家机关、国有公司、企业、事业单位、人民团体财物的,或者在经济往来中,违反国家规定,给予各种名义的回扣、手续费的行为。

本罪和行贿罪的主要区别在于本罪行贿的对象必须是国家机关、国有公司、企业、事业单位、人民团体,向非国家机关、国有公司、企业、事业单位、人民团体给予财物,不能构成对单位行贿罪;而行贿罪行贿的对象是国家工作人员。本罪的主体既可以是自然人也可以是单位,而行贿罪的主体只能是自然人。构成单位犯罪的,必须是为单位谋取利益,且因行贿取得的利益归单位所有;如果为了个人利益而以单位名义行贿,或者因行贿取得的利益归个人所有,则应认定为自然人犯罪。

根据《刑法修正案(九)》第 47 条关于《刑法》第 391 条第 1 款的规定,犯本罪的,处 3 年以下有期徒刑或者拘役,并处罚金。《刑法》第 391 条第 2 款规定,单位犯前款罪的,对单位处罚金,并对其直接负责的主管人员和其他直接责任人员,依照前款的规定处罚。

七、单位行贿罪

单位行贿罪,是指单位为谋取不正当利益而给予国家工作人员以财物或者在经济往来中,违反国家规定,给予国家工作人员各种名义的回扣、手续费,情节严重的行为。

本罪最大的特点是,单位为谋取不正当利益,以单位名义,用单位的财物实施犯罪。具体来说,首先,行贿的犯意体现了单位的意志。其次,以单位的名义实施犯罪。最后,行贿的财物属于单位所有,行贿主要谋取的不正当利益也属于单位。作为本罪主体的单位,可以是任何所有制性质的单位。成立本罪还要求具备“情节严重”这一特征。所谓“情节严重”,主要是指:单位行贿数额巨大的;单位行贿并实施了其他违法行为的;因单位行贿给国家和人民利益造成重大损失的;或者行贿手段恶劣,后果严重的等。

根据《刑法修正案(九)》第 49 条关于《刑法》第 393 条规定,犯本罪的,对单位判处罚金,并对其直接负责的主管人员和其他直接责任人员,处 5 年以下有期徒刑或者拘役,并处罚金。因行贿取得的违法所得归个人所有的,依照行贿罪定罪处罚。

八、介绍贿赂罪

介绍贿赂罪,是指向国家工作人员介绍贿赂,为行贿人和受贿人进行沟通、撮合,促使行贿与受贿得以实现,情节严重的行为。

本罪在客观方面主要表现为以行贿人的名义,要求国家工作人员干某种违法失职的事,而由行贿人给予某种“补偿”,或者以受贿人的名义,向谋取非法利益的人提出“酬谢”的主张,或者代表行贿人向受贿人转送财物,或者组织双方会见,提供各种方便。如果双方的肮脏交易遇到障碍,介绍贿赂者便从中斡旋、撮合,使之成交。这些行为本身一般与行为人的职权无关,因而不属于渎职罪。从犯罪的目的和结果上看,介绍贿赂罪的目的和结果是使行贿和受贿得以实现,行为人可能从中获取一点经济利益,也可能获取一点非物质性的利益,有的并不计较是否获利,但这些情况都不影响介绍贿赂罪的成立。介绍贿赂行为必须情节严重才构成犯罪。主观方面表现为故意,即行为人明知行贿人或者国家工作人员具有行贿或者受贿的意图,而故意充当"掮客","穿针引线",代为联络或传递贿赂财物,促使行贿受贿双方的意图得以实现。至于行为人介绍贿赂的动机是为了自己从中谋利,还是出于其他目的,不影响本罪的成立。

根据《刑法修正案(九)》第 48 条关于《刑法》第 392 条的规定,犯本罪的,处 3 年以下有期徒刑或者拘役,并处罚金。介绍贿赂人在被追诉前主动交代介绍贿赂行为的,可以减轻处罚或者免除处罚。

第十章　渎　职　罪

学习要求

了解：渎职罪的基本概念

理解：渎职罪的常见犯罪类型

熟悉并能够运用：渎职罪的常见犯罪类型的认定

主要涉及的法条：

第三百九十七条　【滥用职权罪；玩忽职守罪】国家机关工作人员滥用职权或者玩忽职守，致使公共财产、国家和人民利益遭受重大损失的，处三年以下有期徒刑或者拘役；情节特别严重的，处三年以上七年以下有期徒刑。本法另有规定的，依照规定。

国家机关工作人员徇私舞弊，犯前款罪的，处五年以下有期徒刑或者拘役；情节特别严重的，处五年以上十年以下有期徒刑。本法另有规定的，依照规定。

第三百九十九条　【徇私枉法罪；民事、行政枉法裁判罪；执行判决、裁定失职罪；执行判决、裁定滥用职权罪；枉法仲裁罪】司法工作人员徇私枉法、徇情枉法，对明知是无罪的人而使他受追诉、对明知是有罪的人而故意包庇不使他受追诉，或者在刑事审判活动中故意违背事实和法律作枉法裁判的，处五年以下有期徒刑或者拘役；情节严重的，处五年以上十年以下有期徒刑；情节特别严重的，处十年以上有期徒刑。

在民事、行政审判活动中故意违背事实和法律作枉法裁判，情节严重的，处五年以下有期徒刑或者拘役；情节特别严重的，处五年以上十年以下有期徒刑。

在执行判决、裁定活动中，严重不负责任或者滥用职权，不依法采取诉讼保全措施、不履行法定执行职责，或者违法采取诉讼保全措施、强制执行措施，致使当事人或者其他人的利益遭受重大损失的，处五年以下有期徒刑或者拘役；致使当事人或者其他人的利益遭受特别重大损失的，处五年以上十年以下有期徒刑。

司法工作人员收受贿赂，有前三款行为的，同时又构成本法第三百八十五条规定之罪的，依照处罚较重的规定定罪处罚。

第一节　渎职罪概述

渎职罪，是指国家机关工作人员在公务活动中滥用职权、玩忽职守、徇私舞弊，妨害国家管理活动，致使公共财产或者国家与人民的利益遭受重大损失的行为。

渎职罪是一种典型的职务犯罪,其构成要件如下:

1. 本类犯罪的客体是国家机关的正常管理活动。所谓国家机关的正常管理活动,是指各级国家机关依法行使国家管理职权的正常活动,如各级行政部门(包括工商、卫生、内外贸易、海关、教育、财政税收、交通、农林渔政等部门)、司法部门的正常管理活动。渎职罪是国家机关工作人员的严重亵渎公职行为,而这种行为显然是对国家机关正常管理活动的严重侵害。

2. 本类犯罪的客观方面,表现为行为人实施了滥用职权、玩忽职守、徇私舞弊(包括徇私枉法、徇情枉法等)并使公共财产、国家和人民利益遭受重大损失的行为。"滥用职权",是指国家机关工作人员不依法行使职权而利用手中的权力胡作非为;"玩忽职守",是指国家机关工作人员疏于职守,不按法律、法规或规章行使管理职权;"徇私舞弊",则是指国家机关工作人员为了一己之私而徇情枉法。应当指出,一般的滥用职权、玩忽职守和徇私舞弊的行为并不都构成渎职罪,只有那些因为渎职行为而致使公共财产或者国家和人民利益遭受重大损失的行为才构成犯罪。

3. 本类犯罪的主体为特殊主体,或者说本罪为身份犯,即只有那些具有特定身份的人,才能成为这类犯罪的主体。但《刑法》第 398 条规定的故意泄露国家秘密罪和过失泄露国家秘密罪、第 399 条之一规定的依法承担仲裁职责的人员除外。所谓特定身份,在这类犯罪中是指国家机关的工作人员,即各级国家机关中的管理人员。具体来说,国家机关工作人员是指国家立法、行政、司法、军事等部门的公职人员,在我国政治体制里,还应当包括中国共产党的各级机关、中国人民政治协商会议的各级机关的公职人员。

4. 本类犯罪的主观方面,有的是故意,有的是过失。由故意构成的罪名是:滥用职权罪,故意泄露国家秘密罪,徇私枉法罪,民事、行政枉法裁判罪,枉法仲裁罪,私放在押人员罪,徇私舞弊减刑、假释、暂予监外执行罪,徇私舞弊不移交刑事案件罪,滥用管理公司、证券职权罪,徇私舞弊不征、少征税款罪,徇私舞弊发售发票、抵扣税款、出口退税罪,违法提供出口退税凭证罪,违法发放林木采伐许可证罪,非法批准征收、征用、占用土地罪,非法低价出让国有土地使用权罪,放纵走私罪,商检徇私舞弊罪,动植物检疫徇私舞弊罪,放纵制售伪劣商品犯罪行为罪,办理偷越国(边)境人员出入境证件罪,放行偷越国(边)境人员罪,不解救被拐卖、绑架妇女、儿童罪,阻碍解救被拐卖、绑架妇女、儿童罪,帮助犯罪分子逃避处罚罪,招收公务员、学生徇私舞弊罪。只能由过失构成的罪名是:玩忽职守罪,过失泄露国家秘密罪,失职致使在押人员脱逃罪,国家机关工作人员签订、履行合同失职被骗罪,环境监管失职罪,传染病防治失职罪,商检失职罪,动植物检疫失职罪,失职造成珍贵文物损毁、流失罪。

刑法分则第九章共有 24 个条文,计 37 个罪名。依据犯罪主体的具体身份不同,本章犯罪大体可分为如下几类:

第一,一般国家机关工作人员的渎职罪。这类犯罪有:滥用职权罪,玩忽职守罪,泄露国家秘密罪,过失泄露国家秘密罪,国家机关工作人员签订、履行合同失职被骗罪,非法批准征收、征用、占用土地罪,非法低价出让国有土地使用权罪,招收公务员、学生徇私舞弊罪,失职造成珍贵文物损毁、流失罪。

第二,司法工作人员的渎职罪。这类犯罪有:徇私枉法罪,民事、行政枉法裁判罪,枉法仲裁罪,执行判决、裁定失职罪,执行判决、裁定滥用职权罪,私放在押人员罪,失职致使在押人员脱逃罪,徇私舞弊减刑、假释、暂予监外执行罪。

第三,其他特定国家机关工作人员的渎职罪。所谓"特定国家机关",是指以下机关:公司、证券管理部门,税务机关,林木采伐管理机关,环境保护机关,卫生防疫部门,海关,商检部门,出入境证件管理部门等。这类犯罪有:徇私舞弊不移交刑事案件罪,滥用管理公司、证券职权罪,徇私舞弊不征、少征税款罪,徇私舞弊发售发票、抵扣税款、出口退税罪,违法提供出口退税凭证罪,违法发放林木采伐许可证罪,环境监管失职罪,食品监管渎职罪,传染病防治失职罪,放纵走私罪,商检徇私舞弊罪,商检失职罪,动植物检疫徇私舞弊罪,动植物检疫失职罪,放纵制售伪劣商品犯罪行为罪,办理偷越国(边)境人员出入境证件罪,放行偷越国(边)境人员罪,不解救被拐卖、绑架妇女、儿童罪,阻碍解救被拐卖、绑架妇女、儿童罪,帮助犯罪分子逃避处罚罪。

第二节　一般国家机关工作人员的渎职罪

一、玩忽职守罪

(一) 概念与特征

玩忽职守罪,是指国家机关工作人员严重不负责任,不履行或者不认真履行职责,致使公共财产、国家和人民利益遭受重大损失的行为。本罪的主要特征是:

1. 本罪所侵犯的客体是国家机关对社会的管理职能。

2. 本罪的客观方面表现为行为人实施了玩忽职守的行为,并使公共财产、国家和人民利益遭受了重大损失。

所谓玩忽职守,是指行为人严重不负责任,工作中草率马虎,不履行或者不正确履行公职。其具体表现多种多样,最高人民检察院发布的《印发"关于正确认定和处理玩忽职守罪若干意见(试行)"的通知》将玩忽职守罪的表现形式归纳为安全生产、基本建设和固定资产更新改造、购销业务活动、外贸工作、信贷工作、仓储管理、财会工作、民政管理、文教与医药卫生、邮电管理、工商、税收、海关、审计管理、司法工作等13个方面,共64种形式。

至于玩忽职守罪的成立所要求的"重大损失",根据2005年12月29日最高人民检察院颁布的《关于渎职侵权犯罪案件立案标准的规定》,涉嫌下列情形之一的,属于重大损失,应予立案:(1) 造成死亡1人以上,或者重伤3人以上,或者重伤2人、轻伤4人以上,或者重伤1人、轻伤7人以上,或者轻伤10人以上的。(2) 导致20人以上严重中毒的。(3) 造成个人财产直接经济损失15万元以上,或者直接经济损失不满

15万元,但间接经济损失75万元以上的。(4) 造成公共财产或者法人、其他组织财产直接经济损失30万元以上,或者直接经济损失不满30万元,但间接经济损失150万元以上的。(5) 虽未达到3、4两项数额标准,但3、4两项合计直接经济损失30万元以上,或者合计直接经济损失不满30万元,但合计间接经济损失150万元以上的。(6) 造成公司、企业等单位停业、停产1年以上,或者破产的。(7) 海关、外汇管理部门的工作人员严重不负责任,造成100万美元以上外汇被骗购或者逃汇1000万美元以上的。(8) 严重损害国家声誉,或者造成恶劣社会影响的。(9) 其他致使公共财产、国家和人民利益遭受重大损失的情形。国家机关工作人员玩忽职守,符合《刑法》第九章所规定的特殊渎职罪构成要件的,按照该特殊规定追究刑事责任;主体不符合《刑法》第九章所规定的特殊渎职罪的主体要件,但玩忽职守涉嫌前款第1项至第9项规定情形之一的,按照《刑法》第397条的规定以玩忽职守罪追究刑事责任。

3. 本罪主体为特殊主体,即只有那些具有国家机关工作人员身份的人才能成为本罪主体。一般国家工作人员不能成为本罪的主体。

4. 本罪主观方面只能是过失,即行为人作为国家机关工作人员理应恪尽职守、尽心尽力,在履行公职中时刻保持必要注意,但行为人却持一种疏忽大意或过于自信的心态,对自己玩忽职守的行为可能导致的公共财产、国家和人民利益的重大损失应当预见而没有预见,或者已经预见而轻信能够避免。

(二) 司法认定

1. 玩忽职守罪与过失危害公共安全犯罪的界限。刑法分则第二章规定了一些过失危害公共安全的犯罪,如重大责任事故罪、重大劳动安全事故罪、工程重大安全事故罪、消防责任事故罪等。两者的区别界限主要在于:前者的主体必须是国家机关工作人员,而后者不限于国家机关工作人员;前者一般发生在各种公共事务的管理过程中,后者一般发生在各种特定的生产、作业以及直接从事指挥、现场作业的过程中。

2. 要分清生产、实验失败与玩忽职守犯罪。在现实生活中,特别是在科学研究领域,限于人类对自然规律认识的有限性,常有试验失败的情况,而一次大型科学实验的失败,往往会造成重大损失。对于这一类情况,由于行为人主观上并无过失,因而不能以玩忽职守罪论处。

3. 要分清工作失误与玩忽职守犯罪。工作失误,是指行为人因为业务水平和工作能力不足,从而决策不当,导致了公共财产、国家和人民利益的损失,就主观心态而言,行为人并无玩忽职守的心理意识,而常常是力求把事情做好,只是在善意的心境下因力不从心而出现工作失误。此种情况下行为人的工作失误虽然造成了一定损失,但不宜以犯罪论处。

4. 要分清一般的玩忽职守行为与玩忽职守罪。二者的区别在于是否给公共财产、国家和人民利益造成了"重大损失"。如果行为人玩忽职守已造成"重大损失",则对行为人应按玩忽职守罪定罪量刑;如果行为人虽然有玩忽职守的行为,但所引起的损失尚未达到"重大损失"的标准,那么对行为人就不能以玩忽职守罪定罪处罚。

5. 注意区分玩忽职守罪与滥用职权罪的界限。玩忽职守罪与滥用职权罪都是《刑法》第397条所规定的犯罪,其主体、客体完全相同,结果要件都要求有“重大损失”,二者的主要区别在于:(1)犯罪主观方面不同。本罪在主观方面是出于过失;而滥用职权罪在主观方面则是出于故意。(2)犯罪客观方面的表现形式不同。本罪在客观方面表现为,行为人对工作严重不负责任,不履行或者不正确履行职责,致使公共财产、国家和人民利益遭受重大损失的行为;而滥用职权罪在客观方面则表现为,行为人实施了滥用职权或者超越职权,致使公共财产、国家和人民利益遭受重大损失的行为。

6. 本罪与重大责任事故罪的界限。两者的区别主要在于:(1)犯罪客体不同。本罪侵犯的直接客体和同类客体都是国家机关的正常管理活动,属于渎职罪的范畴;而重大责任事故罪侵犯的直接客体是生产、作业安全,同类客体是公共安全,不属于渎职罪的范畴。(2)犯罪客观方面的表现形式不同。本罪在客观方面表现为,行为人对工作严重不负责任,不履行或者不正确履行职责,致使公共财产、国家和人民利益遭受重大损失的行为,该行为只能发生在国家机关工作人员的管理活动过程中;而重大责任事故罪在客观方面则表现为,由于在生产、作业中违反有关安全管理的规定,因而发生重大伤亡事故或者造成其他严重后果,或者强令他人违章冒险作业,因而发生重大伤亡事故或者造成其他严重后果的行为,该行为只能发生在生产、作业过程之中。(3)犯罪主体不同。本罪的主体是国家机关工作人员;而重大责任事故罪的主体则一般是企业、事业单位的职工。

7. 本罪与本章规定的特殊的玩忽职守犯罪的界限。本罪仅是对国家机关工作人员玩忽职守犯罪的一个概括的规定,只适用于那些刑法分则没有明确规定的国家机关工作人员因玩忽职守构成犯罪的情况。如果刑法分则有明确规定的,由于这些规定与规定玩忽职守罪的法条形成法条竞合,那么应按特殊法优于普通法的原则处理,即适用该特别规定,而不再以玩忽职守罪论处。如《刑法》第408条规定了负有环境保护监督管理职责的国家机关工作人员严重不负责任,导致发生重大环境污染事故,致使公私财产遭受重大损失或者造成人身伤亡的严重后果的行为的,就不能以本罪处理,而应依照《刑法》第408条规定,以失职造成重大环境污染事故罪论处。

【实例分析10-1】

下列哪一行为应以玩忽职守罪论处?

A. 法官执行判决时严重不负责任,因未履行法定执行职责,致当事人利益遭受重大损失;

B. 检察官讯问犯罪嫌疑人甲,甲要求上厕所,因检察官违规打开械具后未跟随,致甲在厕所翻窗逃跑;

C. 值班警察与女友电话聊天时接到杀人报警,又闲聊10分钟后才赶往现场,因延迟出警,致被害人被杀、歹徒逃走;

D. 市政府基建负责人因听信朋友介绍,未经审查便与对方签订建楼合同,致被骗

300 万元。

分析如下:

(1) 选项 A 错误。该项中的法官构成执行判决、裁定失职罪,而非玩忽职守罪。执行判决、裁定失职罪,是指司法工作人员在执行判决、裁定活动中,严重不负责任,不依法采取诉讼保全措施、不履行法定执行职责,致使当事人或者其他人的利益遭受重大损失的行为。

(2) 选项 B 错误。该项中的检察官构成失职致使在押人员脱逃罪,而非玩忽职守罪。失职致使在押人员脱逃罪,是指司法工作人员由于严重不负责任,致使在押的犯罪嫌疑人、被告人或者罪犯脱逃,造成严重后果的行为。

(3) 选项 D 错误。该项中的市政府基建负责人构成国家机关工作人员签订、履行合同失职被骗罪,而非玩忽职守罪。签订、履行合同失职被骗罪,是指国家机关工作人员在签订、履行合同过程中,因严重不负责任被诈骗,致使国家利益遭受重大损失的行为。

综上,上述问题的合适选项是 C。

(三) 刑事责任

根据《刑法》第 397 条规定,犯本罪,致使公共财产、国家和人民利益遭受重大损失的,处 3 年以下有期徒刑或者拘役;情节特别严重的,处 3 年以上 7 年以下有期徒刑。本法另有规定的,依照规定。

二、滥用职权罪

(一) 概念与特征

滥用职权罪,是指国家机关工作人员滥用职权,致使公共财产、国家和人民利益遭受重大损失的行为。本罪的主要特征是:

1. 本罪客观方面表现为滥用职权,致使公共财产、国家和人民利益遭受重大损失的行为。

滥用职权,是指不法行使职务上的权限的行为,即就形式上属于国家机关工作人员一般职务权限的事项,以不当目的或者以不法方法,实施违反职务行为宗旨的活动。滥用职权应是滥用国家机关工作人员的一般职务权限,如果行为人实施的行为与其一般的职务权限没有任何关系,则不属于滥用职权。行为人或者是以不当目的实施职务行为或者是以不法方法实施职务行为。滥用职权的行为违反了职务行为的宗旨,或者说与其职务行为的宗旨相违背。

滥用职权的行为主要表现为以下几种情况:一是超越职权,擅自决定或处理没有具体决定、处理权限的事项;二是玩弄职权,随心所欲地对事项做出决定或者处理;三是故意不履行应当履行的职责,或者说任意放弃职责;四是以权谋私、假公济私,不正确地履行职责。根据刑法的规定,滥用职权行为,只有致使公共财产、国家和人民利益遭受重大损失的,才成立犯罪。

根据最高人民检察院《关于渎职侵权犯罪案件立案标准的规定》,涉嫌下列情形之一的,属于重大损失,应予立案:(1) 造成死亡1人以上,或者重伤2人以上,或者重伤1人、轻伤3人以上,或者轻伤5人以上的;(2) 导致10人以上严重中毒的;(3) 造成个人财产直接经济损失10万元以上,或者直接经济损失不满10万元,但间接经济损失50万元以上的;(4) 造成公共财产或者法人、其他组织财产直接经济损失20万元以上,或者直接经济损失不满20万元,但间接经济损失100万元以上的;(5) 虽未达到3、4两项数额标准,但3、4两项合计直接经济损失20万元以上,或者合计直接经济损失不满20万元,但合计间接经济损失100万元以上的;(6) 造成公司、企业等单位停业、停产6个月以上,或者破产的;(7) 弄虚作假,不报、缓报、谎报或者授意、指使、强令他人不报、缓报、谎报情况,导致重特大事故危害结果继续、扩大,或者致使抢救、调查、处理工作延误的;(8) 严重损害国家声誉,或者造成恶劣社会影响的;(9) 其他致使公共财产、国家和人民利益遭受重大损失的情形。

国家机关工作人员滥用职权,符合《刑法》第九章所规定的特殊渎职罪构成要件的,按照该特殊规定追究刑事责任;主体不符合刑法第九章所规定的特殊渎职罪的主体要件,但滥用职权涉嫌前款第1项至第9项规定情形之一的,按照《刑法》第397条的规定以滥用职权罪追究刑事责任。

2. 本罪的主体必须是国家机关工作人员。非国家机关工作人员滥用职权,致使公共财产、国家和人民利益遭受重大损失的,依性质与情节成立其他犯罪,不成立本罪。

3. 本罪主观方面必须出于故意,行为人明知自己滥用职权的行为会发生破坏国家机关的正常活动,损害国家机关工作人员职务活动的合法性、客观公正性,并且希望或者放任这种结果发生。"致使公共财产、国家和人民利益遭受重大损失"的结果,不要求行为人希望或者放任这种结果发生。至于行为人是为了自己的利益滥用职权,还是为了他人利益滥用职权,不影响本罪的成立。我们认为,滥用职权罪一般只能出于直接故意。

【实例分析 10-2】

对上述内容,可从下例分析中深化认识:朱某系某县民政局副局长,率县福利企业年检小组到同学黄某任厂长的电气厂年检时,明知该厂的材料有虚假、残疾员工未达法定人数,但朱某以该材料为准,使其顺利通过年检。为此,电气厂享受了不应享受的退税优惠政策,获取退税300万元。黄某动用关系,帮朱某升任民政局局长。关于朱某帮助电气厂通过年检的行为,下列哪些选项说法正确?

A. 其行为与国家损失300万元税收之间,存在因果关系;

B. 属滥用职权,构成滥用职权罪;

C. 属徇私舞弊,使国家税收遭受损失,同时构成徇私舞弊不征、少征税款罪;

D. 事后虽获得了利益(升任局长),但不构成受贿罪。

分析如下：

(1) 关于A项。由于朱某利用自己的职权帮助黄某的电气厂通过年检，进而使该厂非法获得退税款300万元，致使国家税收遭受300万元的损失，因此，朱某的滥用职权的行为与国家税收损失之间存在因果关系。因此，A项的表述正确，当选。

(2) 关于B项。朱某系某县民政局副局长，系国家机关工作人员，其利用职权帮助黄某的电气厂顺利通过年检，进而骗取了国家300万元的退税款，符合滥用职权罪的构成要件。因此，B项的表述正确，当选。

(3) 关于C项。徇私舞弊不征、少征税款罪，是指税务机关的工作人员徇私舞弊，不征或者少征应征税款，致使国家税收遭受重大损失的行为。该罪是真正的身份犯，实行犯只能是税务机关工作人员。因此，C项的表述错误，不当选。

(4) 关于D项。从本案的案情看，黄某事后动用关系，帮朱某由民政局副局长升任民政局局长，但该行为与受贿罪无关。首先，案情中没有交代朱某收受了黄某的贿赂。其次，上述内容考察的是"关于朱某帮助电气厂通过年检的行为"的定性问题，与受贿罪无关联。因此，D项的表述正确，当选。

综上，上述问题的合适选项是ABD。

(二) 认定中应注意的问题

根据《刑法》的规定，成立滥用职权罪，首先要求行为人必须有滥用职权的行为，如果行为人没有滥用职权，完全是在具体的职权范围内依法客观公正地处理事项，则不能认定为滥用职权罪。另一方面，不能为了给行为人开脱罪责，而扩大行为人的具体的职权范围；也不能以属于官僚主义、工作失误为由开脱行为人的罪责，因为官僚主义行为中包括了滥用职权的行为，因而包括了犯罪行为。成立滥用职权罪，其次要求行为造成重大损失，对于没有造成重大损失的滥用职权行为，不能认定为滥用职权罪。另一方面，对作为本罪构成要件的"重大损失"，一般仅限于有形的损失。

滥用职权罪与其他相近似犯罪主要应划清以下两个界限：(1) 滥用职权罪与玩忽职守罪的界限。请见上文关于玩忽职守罪的论述。(2) 滥用职权罪与本章规定的特殊的滥用职权犯罪的界限。本罪仅是对国家机关工作人员滥用职权犯罪的一个概括的规定，只适用于那些刑法分则没有明确规定的国家机关工作人员因滥用职权构成犯罪的情况。如果刑法分则有明确规定的，由于这些规定与规定滥用职权罪的法条形成法条竞合，那么，应按特殊法优于普通法的原则处理，即适用该特别规定，而不再以滥用职权罪论处。如《刑法》第410条规定国家机关工作人员徇私舞弊，违反土地管理法规，滥用职权，非法批准征收、征用、占用土地或者非法低价出让国有土地使用权，情节严重的行为的，就不能以本罪处理，而应依照《刑法》第410条的规定以非法批准征收、征用、占用土地罪和非法低价出让国有土地使用权罪论处。

(三) 刑事责任

根据《刑法》第397条规定，犯本罪，致使公共财产、国家和人民利益遭受重大损失的,处3年以下有期徒刑或者拘役;情节特别严重的,处3年以上7年以下有期徒刑。本法另有规定的,依照规定。

三、故意泄露国家秘密罪

(一) 概念和特征

故意泄露国家秘密罪,是指国家机关工作人员或非国家机关工作人员违反保守国家秘密法的规定,故意泄露国家秘密,情节严重的行为。本罪的主要特征是:

1. 本罪的客体是国家的保密制度。自古以来,世界各国为了维护自己国家的利益,无一不制定有关保守政治、军事、经济、科技等秘密的法律制度。我们这里所说的保密制度,就是指我国现行有效的保守国家秘密的法律、法规所形成的法律制度。我国现行的保守国家秘密的法律、法规主要有:《保守国家秘密法》《保守国家秘密法实施办法》《国家秘密技术出口审查暂行规定》《科学技术保密规定》等。此外,在我国现行的法官法、检察官法、人民银行法、地图编制出版管理条例等法律、法规中也含有保守国家秘密的规定。无论是国家机关工作人员,还是普通公民,都有义务保守国家秘密。如果违反守密义务而故意泄露国家秘密,这就严重侵犯了国家的保密制度,进而严重危害到国家整体利益。

2. 本罪的客观方面表现为行为人实施了违反保守国家秘密法的禁止性命令的行为,即实施了故意泄露国家秘密的行为。所谓违反保守国家秘密法的禁止性命令,是指行为人违反我国《保守国家秘密法》《保守国家秘密法实施办法》等法律、法规关于保守国家秘密的规定,故意将国家秘密泄露出去。总体上来讲,"国家秘密"是指国家法律、法规所规定的禁止泄露的有关国家安全、政治、经济、军事等各种利益的信息,这些信息在一定时间内严格限定于一定空间,即只允许特定范围的人员知悉。

我国《保守国家秘密法》第2条把国家秘密概括为:"国家秘密是关系国家的安全和利益,依照法定程序确定,在一定时间内只限一定范围的人员知悉的事项。"该法第9条明确把以下事项规定为国家秘密:(1) 国家事务的重大决策中的秘密事项。(2) 国防建设和武装力量活动中的秘密事项。(3) 外交和外事活动中的秘密事项以及对外承担保密义务的秘密事项。(4) 国民经济和社会发展中的秘密事项。(5) 科学技术中的秘密事项。(6) 维护国家安全活动和追查刑事犯罪中的秘密事项。(7) 经国家保密行政管理部门确定的其他秘密事项。根据《保守国家秘密法》第10条规定,国家秘密分为绝密、机密和秘密三个等级。绝密是国家的最高级机密,只允许极少数人员知悉;机密是仅次于绝密的国家重要信息,只允许特定的专门工作人员知悉;秘密是国家的不宜在社会上大范围传播而限于一定范围人员知悉的重要信息。应当指出,故意泄露国家秘密罪中的"国家秘密",既包括绝密、机密,又包括秘密,"国家秘密"是对绝密、机密和秘密的总称。

所谓"泄露",是指知悉国家秘密的有关人员不顾法律禁止性规定,把国家秘密传递给无权知悉者,或者违反保密法规,使国家秘密让不被允许接触的人员接触,而不能证明未被不应知悉者获知。泄露的具体方法多种多样,既可以用言词,也可以用文字,还可以通过录音录像、复制等技术手段泄露。

3. 本罪的主体主要是国家机关工作人员,但非国家机关工作人员也可以成为本罪的主体。这里,“非国家机关工作人员”应作广义理解,是指一切知悉或了解国家秘密的非国家机关工作人员。

4. 本罪的主观方面为故意,即行为人明知是国家秘密而故意加以泄露。至于行为人出于何种目的和动机,并不影响犯罪的成立。但行为人如果出于危害国家安全的目的而故意将国家秘密提供给境外的机构、组织或人员,则应按《刑法》第111条之规定定罪量刑。

根据最高人民检察院《关于渎职侵权犯罪案件立案标准的规定》,涉嫌下列情形之一的,属于情节严重,应予立案:(1) 泄露绝密级国家秘密1项(件)以上的;(2) 泄露机密级国家秘密2项(件)以上的;(3) 泄露秘密级国家秘密3项(件)以上的;(4) 向非境外机构、组织、人员泄露国家秘密,造成或者可能造成危害社会稳定、经济发展、国防安全或者其他严重危害后果的;(5) 通过口头、书面或者网络等方式向公众散布、传播国家秘密的;(6) 利用职权指使或者强迫他人违反国家保守秘密法的规定泄露国家秘密的;(7) 以牟取私利为目的泄露国家秘密的;(8) 其他情节严重的情形。

(二) 认定中应注意的问题

1. 本罪与非罪行为的界限。根据刑法的规定,只有故意泄露国家秘密情节严重的,才构成犯罪。因此,区分本罪与非罪行为的界限关键是看泄密的情节是否严重。如果泄密情节尚未达到严重程度的,属于一般的违法违纪行为,对行为人可以给予党纪政纪处理,但不能以犯罪追究行为人的刑事责任。

2. 本罪与为境外窃取、刺探、收买、非法提供国家秘密、情报罪的界限。两者的区别主要在于:(1) 侵犯的客体不同。前者侵犯的客体是国家的保密制度,属于渎职罪的范畴;后者侵犯的客体是国家安全和利益,属于危害国家安全罪的范畴。(2) 犯罪对象不完全相同。前者的对象是涉及国家安全和利益的国家秘密;后者的对象除了国家秘密外,还包括除国家秘密以外的影响国家安全的情报。(3) 犯罪的行为表现不同。前者在客观方面表现为,违反国家保密法规,将自己了解和掌握的国家秘密泄露给他人的行为,其行为的主要特征是泄露国家秘密;后者在客观方面则表现为,为境外的机构、组织、人员窃取、刺探、收买、非法提供国家秘密的行为,其法定行为方式是窃取、刺探、收买、非法提供。(4) 构成犯罪的情节要求不同。前者要求泄露国家秘密的情节严重才能构成犯罪;后者则在构成犯罪上没有情节的要求。(5) 犯罪主体不同。前者的主体主要是国家机关工作人员;后者的主体则为一般主体。

3. 本罪与侵犯商业秘密罪的界限。两者的区别主要表现在:(1) 犯罪客体不同。前者侵犯的直接客体是国家保密制度;而后者侵犯的直接客体是权利人对商业秘密的专用权,同类客体是知识产权。(2) 犯罪对象不同。前者的犯罪对象是国家秘密,即关系国家安全和利益,依照法定程序确定,在一定时间内只限一定范围的人员知悉的事项,它代表着国家利益;而后者的犯罪对象则是商业秘密,即不为公众所知悉,能为权利人带来经济利益,具有实用性并经权利人采取保密措施的技术信息和经营信息,它代表权利人的经济利益。(3) 犯罪客观方面的表现形式不同。前者在客观方面表现为,违反国家保密法规,使不应该知悉某项国家秘密的人员知悉了该项国家秘密的行为,其行为特征是泄露;而后者在客观方面的表现形式则比较复杂,不完全是泄露或披露,根据刑法的规定,主要包括:以盗窃、利诱、胁迫或其他不正当手段获取权利人的商业秘密的行为;披露、使用或者允许他人使用以前项手段获取的权利人的商业秘密的行为;违反约定或者违反权利人有关保守商业秘密的要求,披露、使用或者允许他人使用其所掌握的商业秘密。此外,明知或应知上述所列行为,仍然获取、使用或者披露他人的商业秘密的,也以侵犯商业秘密论。(4) 犯罪主体不同。前者的主体只能是自然人,且以国家机关工作人员为主;而后者的主体则既可以是自然人,也可以是单位。(5) 犯罪主观方面有所不同。前者主观上只能是故意;而后者主观上既可以是故意,也可以是过失。如果国家机关工作人员违反国家保守秘密法的规定,披露属于国家秘密的商业秘密,则属于法条竞合,按照特别法优于普通法的原则,以泄露国家秘密罪论处。

4. 本罪与非法获取国家秘密罪的界限。它们之间除了在侵犯的客体、犯罪主体上有根本的不同和在犯罪主观方面有些不同外,区别的关键是具体实施的行为不同,前者是行为人将知悉的国家秘密向不应知悉的人泄露的行为,是由内向外的行为动向;后者是行为人通过窃取、刺探、收买的方法非法获取国家秘密的行为,是从外向内的行为动向。如果一个人出于泄露国家秘密的罪过心理,先非法获取国家秘密而又实施泄露国家秘密行为的,成立吸收犯,从一重罪处断。

(三) 刑事责任

根据《刑法》第 398 条规定,犯本罪,情节严重的,处 3 年以下有期徒刑或者拘役;情节特别严重的,处 3 年以上 7 年以下有期徒刑。

非国家机关工作人员犯前款罪的,依照前款的规定酌情处罚。

四、过失泄露国家秘密罪

过失泄露国家秘密罪,是指国家机关工作人员或其他有关人员,违反保守国家秘密法的规定,过失泄露国家秘密,情节严重的行为。

本罪与故意泄露国家秘密罪的关键区别在于主观要件不同。本罪只能出于过失,即行为人应当预见自己的行为可能泄露国家秘密,但因为疏忽大意而没有预见,或者已经预见而轻信能够避免。根据最高人民检察院《关于渎职侵权犯罪案件立案标准的规定》,涉嫌下列情形之一的,属于情节严重,应予立案追诉:(1) 泄露绝密级国家秘密 1 项(件)以上的;(2) 泄露机密级国家秘密 3 项(件)以上的;(3) 泄露秘密级国家秘密 4 项(件)以上的;(4) 违反保密规定,将涉及国家秘密的计算机或者计算机信息系统与互联网相连接,泄露国家秘密的;(5) 泄露国家秘密或者遗失国家秘密载体,隐瞒不报、不如实提供有关情况或者不采取补救措施的;(6) 其他情节严重的情形。

根据《刑法》第398条规定,犯本罪,情节严重的,处3年以下有期徒刑或者拘役;情节特别严重的,处3年以上7年以下有期徒刑。

非国家机关工作人员犯前款罪的,依照前款的规定酌情处罚。

五、国家机关工作人员签订、履行合同失职被骗罪

国家机关工作人员签订、履行合同失职被骗罪,是指国家机关工作人员在签订、履行合同过程中,因严重不负责任被诈骗,致使国家利益遭受重大损失的行为。

本罪主体必须是国家机关工作人员,如果是国有公司、企业、事业单位的直接负责的主管人员在签订、履行合同过程中因严重不负责任被诈骗,则成立《刑法》第167条的签订、履行合同失职被骗罪。本罪客观方面表现为在签订、履行合同过程中,严重不负责任因而被他人诈骗,并致使国家利益遭受重大损失。本罪主观方面只能是过失,故意不可能成立本罪。符合本罪构成要件的,不认定为玩忽职守罪。

根据最高人民检察院《关于渎职侵权犯罪案件立案标准的规定》,涉嫌下列情形之一的,属于"重大损失",应予立案追诉:(1) 造成直接经济损失30万元以上,或者直接经济损失不满30万元,但间接经济损失150万元以上的;(2) 其他致使国家利益遭受重大损失的情形。

根据《刑法》第406条的规定,犯本罪的,处3年以下有期徒刑或者拘役;致使国家利益遭受特别重大损失的,处3年以上7年以下有期徒刑。

六、非法批准征收、征用、占用土地罪

非法批准征收、征用、占用土地罪,是指国家机关工作人员徇私舞弊,违反土地管理法规,滥用职权,非法批准征收、征用、占用土地,情节严重的行为。本罪原罪名为"非法批准征用、占用土地罪",鉴于全国人民代表大会常务委员会《关于修改部分法律的决定》第2条将包括刑法在内的法律和法律解释中"征用"一词修改为"征收、征用",最高人民法院、最高人民检察院《关于执行〈中华人民共和国刑法〉确定罪名的补充规定(六)》也相应将这一罪名正式修改为"非法批准征收、征用、占用土地罪"。

"违反土地管理法规",是指违反土地管理法、森林法、草原法等法律以及有关行政法规中关于土地管理的规定。"非法批准征收、征用、占用土地",是指非法批准征收、征用、占用耕地、林地等农用地以及其他土地。根据最高人民法院2000年6月16日《关于审理破坏土地资源刑事案件具体应用法律若干问题的解释》,非法批准征收、征用、占用土地,具有下列情形之一的,属于"情节严重",以非法批准征收、征用、占用土地罪定罪处罚:(1) 非法批准征收、征用、占用基本农田10亩以上的。(2) 非法批准征收、征用、占用基本农田以外的耕地30亩以上的。(3) 非法批准征收、征用、占用其他土地50亩以上的。(4) 虽未达到上述数量标准,但非法批准征收、征用、占用土地造成直接经济损失30万元以上,或者有造成耕地大量毁坏等恶劣情节的。

根据《刑法》第410条的规定，犯本罪的，处3年以下有期徒刑或者拘役；致使国家或者集体利益遭受特别重大损失的，处3年以上7年以下有期徒刑。

根据上述司法解释，非法批准征收、征用、占用土地，具有下列情形之一的，属于"致使国家或者集体利益遭受特别重大损失"：(1) 非法批准征收、征用、占用基本农田20亩以上的。(2) 非法批准征收、征用、占用基本农田以外的耕地60亩以上的。(3) 非法批准征收、征用、占用其他土地100亩以上的。(4) 非法批准征收、征用、占用土地，造成基本农田5亩以上，其他耕地10亩以上严重毁坏的。(5) 非法批准征收、征用、占用土地造成直接经济损失50万元以上等恶劣情节的。

七、非法低价出让国有土地使用权罪

低价出让国有土地使用权罪，是指国家机关工作人员徇私舞弊，违反土地管理法规，滥用职权，非法低价出让国有土地使用权，情节严重的行为。

"违反土地管理法规"，是指违反土地管理法、森林法、草原法等法律以及有关行政法规中关于土地管理的规定。非法低价出让国有土地使用权，具有下列情形之一的，属于"情节严重"，以非法低价出让国有土地使用权罪定罪处罚：(1) 出让国有土地使用权面积在30亩以上，并且出让价额低于国家规定的最低价额标准的60%的。(2) 造成国有土地资产流失价额在30万元以上的。

根据《刑法》第410条的规定，犯本罪的，处3年以下有期徒刑或者拘役；致使国家或者集体利益遭受特别重大损失的，处3年以上7年以下有期徒刑。

根据上述司法解释，非法低价出让国有土地使用权，具有下列情形之一的，属于"致使国家和集体利益遭受特别重大损失"：(1) 非法低价出让国有土地使用权面积在60亩以上，并且出让价额低于国家规定的最低价额标准的40%的。(2) 造成国有土地资产流失价额在50万元以上的。

八、招收公务员、学生徇私舞弊罪

招收公务员、学生徇私舞弊罪，是指国家机关工作人员在招收公务员、学生工作中徇私舞弊，情节严重的行为。

根据最高人民检察院《关于渎职侵权犯罪案件立案标准的规定》，招收公务员、学生徇私舞弊，具有下列情形之一的，应予追诉：(1) 徇私舞弊，利用职务便利，伪造、变造人事、户口档案、考试成绩或者其他影响招收工作的有关资料，或者明知是伪造、变造的上述材料而予以认可的；(2) 徇私舞弊，利用职务便利，帮助5名以上考生作弊的；(3) 徇私舞弊招收不合格的公务员、学生3人次以上的；(4) 因徇私舞弊招收不合格的公务员、学生，导致被排挤的合格人员或者其近亲属自杀、自残造成重伤、死亡，或者精神失常的；(5) 因徇私舞弊招收公务员、学生，导致该项招收工作重新进行的；(6) 其他情节严重的情形。

根据《刑法》第418条的规定，犯本罪的，处3年以下有期徒刑或者拘役。

九、失职造成珍贵文物损毁、流失罪

失职造成珍贵文物损毁、流失罪,是指国家机关工作人员严重不负责任,造成珍贵文物损毁或者流失,后果严重的行为。

本罪主体必须是国家机关工作人员,通常是行使文物保护、管理、挖掘等职责的国家机关工作人员。客观方面表现为严重不负责任,造成珍贵文物损毁或者流失,后果严重的行为。严重不负责任,是指不履行或者不正确履行文物保护、管理、挖掘等职责。损毁是指导致珍贵文物的历史、科学、文化等价值减少或者丧失。流失,是指珍贵文物不知去向或者流往境外,因而使国家丧失对珍贵文物的所有权或者控制权。根据最高人民检察院《关于渎职侵权犯罪案件立案标准的规定》,后果严重主要是指:(1) 导致国家一、二、三级文物损毁或者流失的。(2) 导致全国重点文物保护单位或者省级文物保护单位损毁的。(3) 其他后果严重的情形。本罪主观方面只能是过失,即应当预见自己的行为可能造成珍贵文物损毁或者流失的危害结果,因为疏忽大意没有预见,或者已经预见而轻信可以避免。故意造成珍贵文物毁损或者流失的,视性质与情节认定为其他犯罪。

根据《刑法》第 419 条的规定,犯本罪的,处 3 年以下有期徒刑或者拘役。

第三节　司法工作人员的渎职罪

一、徇私枉法罪

(一) 概念和特征

徇私枉法罪,是指司法工作人员为徇私情,对明知是无罪的人而使他受追诉、对明知是有罪的人而故意包庇不使他受追诉,或者在刑事审判活动中故意违背事实和法律作枉法裁判的行为。本罪的主要特征是:

1. 本罪的客体为国家司法机关的正常活动或国家的司法公正。国家司法机关的正常活动,乃是司法机关依法办案、严格执法,实现国家刑事法律所体现的公正与公平的具体过程。只有正常的司法活动才能实现司法公正。由于行为人徇私枉法的行为违背了法律的正义要求,并造成任意出入人罪的结果,因而严重妨害了国家司法活动的正常进行,当然也败坏了司法公正。

2. 本罪的客观方面表现为行为人在刑事司法活动中实施了徇私枉法、徇情枉法的行为。由于徇情枉法实际上也是徇私枉法,故这里我们重点分析徇私枉法。具体来看,徇私枉法表现为如下行为:(1) 使无罪之人受刑事追诉。所谓无罪之人,既包括没有实施任何违法行为之人,也包括实施了违法行为但尚不构成犯罪之人。使无罪之人受刑事追诉,是指行为人明知是无罪之人而故意将其纳入刑事诉讼程序,即对无罪之人立案侦查、用刑事强制措施限制其人身自由、提起公诉、进行审判等。因此,本罪既可以发生在刑事侦查阶段、审查起诉阶段,也可以发生在审判阶段。(2) 包庇明知有罪之人而使其不受追诉。所谓包庇,既指行为人采取不正当的手段伪造、隐匿、毁灭有罪之人的犯罪证据、篡改有罪之人的有罪供述、威逼证人改变证词、为即将受到刑事追究的有罪之人通风报信使其逃逸等行为,也包括行为人出于一己之私而对有罪之人的犯罪行为不进行刑事追诉,还包括对犯罪嫌疑人违法变更或取消强制措施而使犯罪嫌疑人逃避刑事制裁等。(3) 违背事实和法律作枉法裁判。这是专门针对刑事审判人员而言的。违背事实和法律,是指行为人违背“以事实为根据,以法律为准绳”的办案原则,不以行为人的行为事实为根据来依法认定行为人的行为性质。枉法裁判,则是指行为人故意作出违法的判决或裁定,即对有罪者作无罪判决,对无罪者作有罪判决,或者重罪轻判,轻罪重判以及将此罪判为彼罪,将彼罪判为此罪等。

3. 本罪的主体为司法机关工作人员。所谓司法机关,这里是指依法行使刑事执法权的特定机关,包括公安机关、安全机关、检察机关和审判机关。只有前述几种机关的侦查人员、检查人员、审判人员及其主管人员才能成为本罪的主体,司法机关中的财会人员、后勤人员等则不能独立成为本罪的主体。但根据最高人民检察院 1996 年 6 月 4 日发布的《关于办理徇私舞弊犯罪案件适用法律若干问题的解释》,司法机关的专业技术人员也可以成为本罪的主体。

4. 本罪的主观方面只能是故意。因此,如果行为人因过失造成对有罪者作无罪判决,对无罪者作有罪判决,或者重罪轻判,轻罪重判以及将此罪判为彼罪,将彼罪判为此罪等的,不能以犯罪论处。

根据最高人民检察院《关于渎职侵权犯罪案件立案标准的规定》,涉嫌下列情形之一的,应予立案追诉:(1) 对明知是没有犯罪事实或者其他依法不应当追究刑事责任的人,采取伪造、隐匿、毁灭证据或者其他隐瞒事实、违反法律的手段,以追究刑事责任为目的立案、侦查、起诉、审判的;(2) 对明知是有犯罪事实需要追究刑事责任的人,采取伪造、隐匿、毁灭证据或者其他隐瞒事实、违反法律的手段,故意包庇使其不受立案、侦查、起诉、审判的;(3) 采取伪造、隐匿、毁灭证据或者其他隐瞒事实、违反法律的手段,故意使罪重的人受较轻的追诉,或者使罪轻的人受较重的追诉的;(4) 在立案后,采取伪造、隐匿、毁灭证据或者其他隐瞒事实、违反法律的手段,应当采取强制措施而不采取强制措施,或者虽然采取强制措施,但中断侦查或者超过法定期限不采取任何措施,实际放任不管,以及违法撤销、变更强制措施,致使犯罪嫌疑人、被告人实际脱离司法机关侦控的;(5) 在刑事审判活动中故意违背事实和法律,作出枉法判决、裁定,即有罪判无罪、无罪判有罪,或者重罪轻判、轻罪重判的;(6) 其他徇私枉法应予追究刑事责任的情形。

(二) 认定中应注意的问题

1. 本罪与非罪行为的界限。司法实践中区分本罪与非罪行为的界限,关键是注意把本罪同具体司法工作中的误捕、误诉、误判等工作失误区别开来。区分的关键在于行为人主观上是否具有徇私枉法的故意。如果行为人是由于责任心不强,对证据、案情没有全面深入了解,致使应当查清的案件没有查清,或者把握事实不准;或者是业务水平不高,工作能力有限,对某一问题的理解有偏差等原因,造成误捕、误诉、误判的,一般不以犯罪处理。

2. 本罪与民事、行政枉法裁判罪的界限。两罪的区别主要在于:(1) 犯罪发生的领域不同。前者发生在刑事诉讼的侦查、检察、审判领域之中;而后者则发生在民事、行政审判领域之中。(2) 犯罪的成立对犯罪情节的要求不同。前者的成立不以情节严重作为犯罪成立的必备构成要件,只要行为人实施了徇私枉法的行为即构成该罪,情节是否严重以及是否特别严重只是确定其应适用的量刑幅度的标准;而后者的成立,不仅要求行为人在民事、行政审判活动中实施了枉法裁判的行为,而且要求这一行为必须"情节严重",否则,不能成立该罪。

3. 本罪与报复陷害罪的界限。两者的主要区别在于:(1) 侵犯的客体不同。前者侵犯的客体是司法机关的正常活动;而后者侵犯的是公民的民主权利。(2) 犯罪的客观行为不同。前者是发生在刑事案件的追诉、审判过程中的枉法行为;后者则是针对特定的对象即控告人、申诉人、批评人、举报人采取各种打击报复手段进行陷害。(3) 犯罪主体不同。前者的主体只能是司法工作人员;而后者的主体包括司法工作人员在内的国家机关工作人员。司法工作人员为徇私情打击报复控告人、申诉人、批评人、举报人,明知是无罪的人而追究他们的刑事责任,应以徇私枉法罪论处。

4. 本罪与伪证罪的界限。两者的主要区别在于:(1) 侵犯的客体不同。前者只是侵犯了司法机关的正常活动,属于渎职罪的范畴;而后者侵犯的则是复杂客体,既妨害了司法机关的正常活动,又侵犯了公民的人身权利,属于妨害社会管理秩序罪的范畴。(2) 犯罪的客观表现不同。前者在客观方面表现为司法工作人员对明知是无罪的人而使他受追诉,对明知是有罪的人而故意包庇使其不受追诉,或者在刑事审判活动中故意违背事实和法律作枉法裁判的行为;而后者在客观方面则表现为在刑事诉讼中,证人、鉴定人、记录人、翻译人对与案件有重要关系的情节,故意作虚假证明、鉴定、记录、翻译,意图陷害他人或者隐匿罪证的行为。(3) 犯罪主体不同。前者的主体是司法工作人员;后者的主体则是刑事诉讼中的证人、鉴定人、记录人、翻译人。

5. 本罪与包庇罪的界限。两者的区别主要在于:(1) 行为发生的场合不同。前者只能发生在刑事案件的侦查、审查起诉和审判过程中;后者则没有这种限制。(2) 犯罪主体不同。前者的主体是特殊主体,即司法工作人员;而后者的主体是一般主体,无论是国家机关工作人员还是普通公民,只要达到刑事责任年龄、具有刑事责任能力,实施了包庇犯罪分子行为的自然人,都可以成为包庇罪的犯罪主体。

【实例分析 10-3】

对上述内容,可从下面的分析中深化认识:关于徇私枉法罪,下列哪些选项是正确的?

A. 甲(警察)与犯罪嫌疑人陈某曾是好友,在对陈某采取监视居住期间,故意对其放任不管,导致陈某逃匿,司法机关无法对其追诉。甲成立徇私枉法罪。

B. 乙(法官)为报复被告人赵某对自己的出言不逊,故意在刑事附带民事判决中加大赵某对被害人的赔偿数额,致使赵某多付10万元。乙不成立徇私枉法罪。

C. 丙(鉴定人)在收取犯罪嫌疑人盛某的钱财后,将被害人的伤情由重伤改为轻伤,导致盛某轻判。丙不成立徇私枉法罪。

D. 丁(法官)为打击被告人程某,将对程某不起诉的理由从"证据不足,指控犯罪不能成立"擅自改为"可以免除刑罚"。丁成立徇私枉法罪。

分析如下:

(1) 选项A,根据最高人民检察院《关于渎职侵权犯罪案件立案标准的规定》第5条第4项,"在立案后……虽然采取强制措施……实际放任不管,致使犯罪嫌疑人、被告人实际脱离司法机关侦控的",构成徇私枉法罪。

(2) 选项B,刑事附带民事诉讼由刑事法官及刑事法庭审理,也应属"在刑事审判活动过程中",法官以报复动机违背事实和法律作枉法裁判,其行为也属"徇私枉法"。

(3) 选项C,徇私枉法罪的主体是司法工作人员,丙是鉴定人,在刑事诉讼中作虚假鉴定构成刑法第305条规定的伪证罪。

(4) 选项D,根据最高人民检察院《关于渎职侵权犯罪案件立案标准的规定》第5条第5项,"在刑事审判活动中故意违背事实和法律,作出枉法判决、裁定,即有罪判无罪、无罪判有罪,或者重罪轻判、轻罪重判的",都属于以徇私枉法罪立案的情形,构成徇私枉法罪。本事例情形是结局不变,但不起诉理由变化,由于"证据不足,指控犯罪不能成立"与"可以免除刑罚"存在实质差异,前者为证据不足无罪(绝对无罪),后者为免除刑罚(有罪但不处罚)。表面上虽只是理由变化,但该理由实际上是刑事司法程序的"结论",因此属故意违背事实和法律做出枉法裁定。

综上,上述问题的合适选项是ACD。

(三) 刑事责任

根据《刑法》第399条规定,犯本罪的,处5年以下有期徒刑或者拘役;情节严重的,处5年以上10年以下有期徒刑;情节特别严重的,处10年以上有期徒刑。

二、民事、行政枉法裁判罪

民事、行政枉法裁判罪,是指司法工作人员在民事、行政审判活动中故意违背事实和法律作枉法裁判,情节严重的行为。

本罪客观方面表现为在民事、行政审判活动中故意违背事实和法律作枉法裁判,如故意将应当败诉的一方判为胜诉,故意提高或者降低赔偿数额等。所应注意的是,这里的"民事审判"应是指适用民事诉讼程序的审判,因此包括经济审判在内。本罪的主体必须是司法工作人员,《刑法》第399条第2款虽然没有明文规定,但由于第2款是接着第1款规定的,故没有必要写明;况且第4款又有"司法工作人员……有前三款行为"的规定,这也说明本罪主体必须是司法工作人员。本罪主观方面必须出于故意,过失不成立本罪。此外,成立本罪还要求情节严重。

根据最高人民检察院《关于渎职侵权犯罪案件立案标准的规定》,涉嫌下列情形之一的,属于情节严重,应予立案追诉:(1) 枉法裁判,致使当事人或者其近亲属自杀、自残造成重伤、死亡,或者精神失常的;(2) 枉法裁判,造成个人财产直接经济损失10万元以上,或者直接经济损失不满10万元,但间接经济损失50万元以上的;(3) 枉法裁判,造成法人或者其他组织财产直接经济损失20万元以上,或者直接经济损失不满20万元,但间接经济损失100万元以上的;(4) 伪造、变造有关材料、证据,制造假案枉法裁判的;(5) 串通当事人制造伪证,毁灭证据或者篡改庭审笔录而枉法裁判的;(6) 徇私情、私利,明知是伪造、变造的证据予以采信,或者故意对应当采信的证据不予采信,或者故意违反法定程序,或者故意错误适用法律而枉法裁判的;(7) 其他情节严重的情形。

司法实务中需正确区分徇私枉法罪与民事、行政枉法裁判罪的界限。二者都有故意违背事实和法律作枉法裁判的行为,其主要区别有两点:一是发生的审判领域不同。前者的枉法裁判发生在刑事审判领域;后者的枉法裁判发生在民事、行政审判领域。二是前者不要求情节严重,后者要求情节严重。

根据《刑法》第399条第2款规定,犯本罪的,处5年以下有期徒刑或者拘役;情节特别严重的,处5年以上10年以下有期徒刑。

三、枉法仲裁罪

2006年6月29日,第十届全国人民代表大会常务委员会第二十二次会议通过了《刑法修正案(六)》。该修正案第20条规定:"在刑法第三百九十九条后增加一条,作为第三百九十九条之一:'依法承担仲裁职责的人员,在仲裁活动中故意违背事实和法律作枉法裁决,情节严重的,处三年以下有期徒刑或者拘役;情节特别严重的,处三年以上七年以下有期徒刑。'"据此,该条规定了"枉法仲裁罪"。

枉法仲裁罪在客观方面表现为在仲裁活动中故意违背事实和法律作枉法仲裁。具体而言包括以下几种行为:

一是利用仲裁机会获取非法物质利益。包括:(1)利用仲裁机会,侵吞、窃取、骗取或者以其他手段非法占有仲裁费用及其孳息等财物。(2) 利用仲裁机会,索取当事人及其代理人的财物。(3) 利用仲裁机会,非法收受当事人及其代理人的财物,为其谋取利益。(4) 违反国家规定,收受各种名义的回扣、手续费归个人所有。

二是妨害仲裁程序。包括:(1) 涂改、隐匿、伪造、偷换或者故意毁灭证据。(2) 以暴力、威胁、贿买等方法阻止证人作证或者指使他人作伪证。(3) 使用暴力等非法手段逼取证人证言。(4) 故意违法侵犯或者剥夺当事人及其他仲裁参与人的程序权利。

三是故意泄漏仲裁信息。包括:(1) 向当事人及其关系人泄露仲裁案件具体内容。(2) 泄露当事人的商业秘密。

本罪的主体必须是依法承担仲裁职责的人员，一般是仲裁委员会仲裁员，仲裁委员会的其他组成人员或者工作人员不构成本罪主体。本罪主观方面必须出于故意，过失不成立本罪。

此外，成立本罪还要求情节严重。根据司法实践，具有下列情形之一的，属于“情节严重”：(1) 枉法仲裁，致使公民财产损失或者法人或者其他组织财产损失重大的。(2) 枉法仲裁，引起当事人及其亲属自杀、伤残、精神失常的。(3) 伪造有关材料、证据，制造假案枉法仲裁的。(4) 串通当事人制造伪证，毁灭证据或者篡改庭审笔录而枉法仲裁的。(5) 其他情节严重的情形。

根据《刑法》第 399 条规定，犯枉法仲裁罪的，处 5 年以下有期徒刑或者拘役；情节严重的，处 5 年以上 10 年以下有期徒刑；情节特别严重的，处 10 年以上有期徒刑。

四、执行判决、裁定失职罪

执行判决、裁定失职罪，是指司法工作人员在执行判决、裁定活动中，严重不负责任，不依法采取诉讼保全措施、不履行法定执行职责，致使当事人或者其他人的利益遭受重大损失的行为。本罪应为过失犯罪；行为既可能表现为不作为，也可能表现为作为，如不正确地履行执行职责；行为使当事人或者其他人的利益遭受重大损失的，才成立本罪。

根据最高人民检察院《关于渎职侵权犯罪案件立案标准的规定》，涉嫌下列情形之一的，应予立案追诉：(1) 致使当事人或者其近亲属自杀、自残造成重伤、死亡，或者精神失常的；(2) 造成个人财产直接经济损失 15 万元以上，或者直接经济损失不满 15 万元，但间接经济损失 75 万元以上的；(3) 造成法人或者其他组织财产直接经济损失 30 万元以上，或者直接经济损失不满 30 万元，但间接经济损失 150 万元以上的；(4) 造成公司、企业等单位停业、停产 1 年以上，或者破产的；(5) 其他致使当事人或者其他人的利益遭受重大损失的情形。

根据《刑法》第 399 条第 3 款规定，犯本罪的，处 5 年以下有期徒刑或者拘役；致使当事人或者其他人的利益遭受特别重大损失的，处 5 年以上 10 年以下有期徒刑。

五、执行判决、裁定滥用职权罪

执行判决、裁定滥用职权罪，是指司法工作人员在执行判决、裁定活动中，滥用职权，违法采取诉讼保全措施、强制执行措施，致使当事人或者其他人的利益遭受重大损失的行为。本罪应为故意犯罪。

根据最高人民检察院《关于渎职侵权犯罪案件立案标准的规定》，涉嫌下列情形之一的，应予立案追诉：(1) 致使当事人或者其近亲属自杀、自残造成重伤、死亡，或者精神失常的；(2) 造成个人财产直接经济损失 10 万元以上，或者直接经济损失不满 10 万元，但间接经济损失 50 万元以上的；(3) 造成法人或者其他组织财产直接经济损失 20 万元以上，或者直接经济损失不满 20 万元，但间接经济损失 100 万元以上的；

(4) 造成公司、企业等单位停业、停产6个月以上,或者破产的;(5) 其他致使当事人或者其他人的利益遭受重大损失的情形。

根据《刑法》第399条第3款的规定,犯上述罪的,处5年以下有期徒刑或者拘役;致使当事人或者其他人的利益遭受特别重大损失的,处5年以上10年以下有期徒刑。司法工作人员收受贿赂,犯上述罪,同时又构成受贿罪的,依照处罚较重的规定定罪处罚。

六、私放在押人员罪

(一) 概念与特征

私放在押人员罪,是指司法工作人员私放在押的犯罪嫌疑人、被告人或者罪犯的行为。本罪的主要特征是:

1. 本罪的客观方面表现为将在押的犯罪嫌疑人、被告人或者罪犯私自非法释放的行为。首先,释放的应是被关押的犯罪嫌疑人、被告人或者罪犯;释放被行政拘留、司法拘留以及劳动教养的人员的,不成立本罪。其次,释放在押人员的行为利用了职务上的便利,既可以表现为作为,也可以表现为不作为。例如,私自释放在押的犯罪嫌疑人、被告人、罪犯,或者授意、指使、强迫他人释放在押的犯罪嫌疑人、被告人、罪犯;伪造、变造有关法律文书,以使在押的犯罪嫌疑人、被告人、罪犯脱逃;为在押的犯罪嫌疑人、被告人、罪犯通风报信、提供条件,帮助其脱逃;明知罪犯脱逃而故意不阻拦、不追捕。最后,释放行为具有非法性,即没有法律(文书)根据而释放在押的犯罪嫌疑人、被告人或者罪犯。根据有效的法律文书释放在押人员的,不成立犯罪。根据最高人民检察院《关于渎职侵权犯罪案件立案标准的规定》,涉嫌下列情形之一的,应予立案追诉:(1) 私自将在押的犯罪嫌疑人、被告人、罪犯放走,或者授意、指使、强迫他人将在押的犯罪嫌疑人、被告人、罪犯放走的。(2) 伪造、变造有关法律文书、证明材料,以使在押的犯罪嫌疑人、被告人、罪犯逃跑或者被释放的。(3) 为私放在押的犯罪嫌疑人、被告人、罪犯,故意向其通风报信、提供条件,致使该在押的犯罪嫌疑人、被告人、罪犯脱逃的。(4) 其他私放在押的犯罪嫌疑人、被告人、罪犯应予追究刑事责任的情形。

2. 本罪主体必须是司法工作人员。从实践上看,主要是负有监管在押人职责的司法工作人员。根据2001年1月2日最高人民检察院《关于工人等非监管机关在编监管人员私放在押人员和失职致使在押人员脱逃行为适用法律问题的解释》,工人等非监管机关在编监管人员在被监管机关聘用受委托履行监管职责的过程中私放在押人员的,应以私放在押人员罪追究刑事责任。此外,对于未被公安机关正式录用,受委托履行监管职责的人员,受委派承担监管职责的狱医,私放在押人员的,应以本罪论处。

3. 本罪主观方面必须出于故意,即明知是在押的犯罪嫌疑人、被告人或者罪犯,明知自己的私放行为会使犯罪嫌疑人、被告人或者罪犯逃避监管,并且希望或者放任这种结果发生。

（二）认定中应注意的问题

私放在押人员罪与脱逃罪的共犯应加以区别。非司法工作人员帮助在押人员脱逃的，应以脱逃罪的共犯论处；司法工作人员虽帮助在押人员脱逃，但没有利用职务之便的，也应以脱逃罪的共犯论处；此外，司法工作人员私放在押人员的，被释放的在押人员原则上构成脱逃罪，而不是成立私放在押人员罪的共犯。

司法工作人员利用职务上的便利，徇私枉法，对明知是有罪的人而故意包庇不使他受追诉或者故意宣告无罪，致使罪犯被放走的，应认定为徇私枉法罪。

（三）刑事责任

根据《刑法》第400条第1款的规定，犯本罪的，处5年以下有期徒刑或者拘役；情节严重的，处5年以上10年以下有期徒刑；情节特别严重的，处10年以上有期徒刑。

七、失职致使在押人员脱逃罪

失职致使在押人员脱逃罪，是指司法工作人员由于严重不负责任，致使在押的犯罪嫌疑人、被告人或者罪犯脱逃，造成严重后果的行为。

根据2000年9月14日最高人民法院《关于未被公安机关正式录用的人员、狱医能否构成失职致使在押人员脱逃罪主体问题的批复》，对于未被公安机关正式录用，受委托履行监管职责的人员，由于严重不负责任，致使在押人员脱逃，造成严重后果的，应当以本罪定罪处罚。不负监管职责的狱医，不构成失职致使在押人员脱逃罪的主体。但是，受委派承担了监管职责的狱医，由于严重不负责任，致使在押人员脱逃，造成严重后果的，应当以本罪论处。此外，工人等非监管机关在编监管人员在被监管机关聘用受委托履行监管职责的过程中，由于严重不负责任，致使在押人员脱逃，造成严重后果的，应以本罪追究刑事责任。

造成严重后果，是本罪的成立条件。根据最高人民检察院《关于渎职侵权犯罪案件立案标准的规定》，涉嫌下列情形之一的，应予立案追诉：(1) 致使依法可能判处或者已经判处10年以上有期徒刑、无期徒刑、死刑的犯罪嫌疑人、被告人、罪犯脱逃的；(2) 致使犯罪嫌疑人、被告人、罪犯脱逃3人次以上的；(3) 犯罪嫌疑人、被告人、罪犯脱逃以后，打击报复报案人、控告人、举报人、被害人、证人和司法工作人员等，或者继续犯罪的；(4) 其他致使在押的犯罪嫌疑人、被告人、罪犯脱逃，造成严重后果的情形。

根据《刑法》第400条第2款的规定，犯本罪的，处3年以下有期徒刑或者拘役；造成特别严重后果的，处3年以上10年以下有期徒刑。

八、徇私舞弊减刑、假释、暂予监外执行罪

徇私舞弊减刑、假释、暂予监外执行罪，是指司法工作人员徇私舞弊，对不符合减刑、假释、暂予监外执行条件的罪犯，予以减刑、假释或者暂予监外执行的行为。具体表现为三种情况：一是对在执行期间，没有认真遵守监规，接受教育改造，不具有悔改、

立功表现的罪犯予以减刑；超过减刑的限度予以减刑，如将被判处4年有期徒刑的罪犯，减去3年刑期。二是对没有认真遵守监规，接受教育改造，不具有悔改表现，假释后可能再危害社会的罪犯予以假释；对没有达到执行期限的罪犯予以假释；对累犯予以假释；对因暴力性犯罪被判处10年以上有期徒刑、无期徒刑的罪犯予以假释。三是对不符合《刑事诉讼法》第214条规定的暂予监外执行条件的罪犯暂予监外执行。此外，由于刑法规定基层人民法院无权裁定减刑与假释，因此，基层人民法院工作人员裁定减刑、假释的，应以本罪论处。

根据最高人民检察院《关于渎职侵权犯罪案件立案标准的规定》，涉嫌下列情形之一的，应予立案追诉：(1) 刑罚执行机关的工作人员对不符合减刑、假释、暂予监外执行条件的罪犯，捏造事实，伪造材料，违法报请减刑、假释、暂予监外执行的；(2) 审判人员对不符合减刑、假释、暂予监外执行条件的罪犯，徇私舞弊，违法裁定减刑、假释或者违法决定暂予监外执行的；(3) 监狱管理机关、公安机关的工作人员对不符合暂予监外执行条件的罪犯，徇私舞弊，违法批准暂予监外执行的；(4) 不具有报请、裁定、决定或者批准减刑、假释、暂予监外执行权的司法工作人员利用职务上的便利，伪造有关材料，导致不符合减刑、假释、暂予监外执行条件的罪犯被减刑、假释、暂予监外执行的；(5) 其他徇私舞弊减刑、假释、暂予监外执行应予追究刑事责任的情形。

根据《刑法》第401条的规定，犯本罪的，处3年以下有期徒刑或者拘役；情节严重的，处3年以上7年以下有期徒刑。

第四节　特定机关工作人员的渎职罪

一、徇私舞弊不移交刑事案件罪

(一) 概念和特征

徇私舞弊不移交刑事案件罪，是指行政执法人员徇私舞弊，对依法应当移交司法机关追究刑事责任的不移交，情节严重的行为。本罪的主要特征是：

1. 本罪主体必须是行政执法人员，即依法具有执行行政法职权的行政机关的工作人员。

2. 本罪客观方面表现为徇私舞弊，对应当移交司法机关追究刑事责任的不移交。这是指行政执法人员在查处违法案件的过程中，发现行为构成犯罪应当追究刑事责任，但为了谋取私利而弄虚作假，不将案件移送司法机关处理。至于行为人是将案件作为一般违法行为处理，还是不作任何处理，一般不影响本罪的成立。

3. 本罪主观上必须是故意，即明知案件应当移交司法机关追究刑事责任而故意不移交。由于过失或者法律水平低而没有认识到案件应当移交司法机关的，不成立本罪。

4. 成立本罪还要求情节严重。根据最高人民检察院《关于渎职侵权犯罪案件立案标准的规定》,涉嫌下列情形之一的,属于“情节严重”,应予立案追诉:(1) 对依法可能判处3年以上有期徒刑、无期徒刑、死刑的犯罪案件不移交的;(2) 不移交刑事案件涉及3人次以上的;(3) 司法机关提出意见后,无正当理由仍然不予移交的;(4) 以罚代刑,放纵犯罪嫌疑人,致使犯罪嫌疑人继续进行违法犯罪活动的;(5) 行政执法部门主管领导阻止移交的;(6) 隐瞒、毁灭证据,伪造材料,改变刑事案件性质的;(7) 直接负责的主管人员和其他直接责任人员为牟取本单位私利而不移交刑事案件,情节严重的;(8) 其他情节严重的情形。

(二) 司法认定

徇私舞弊不移交刑事案件罪与徇私枉法罪的界限。本罪与徇私枉法罪中“明知是有罪的人而故意包庇不使他受追诉”的行为有相似之处,二者的关键区别在于以下三点:(1) 犯罪主体不同:本罪主体只能是行政执法人员;而徇私枉法罪的主体必须是司法工作人员。需要注意的是公安机关的工作人员的性质。如果他们是对犯罪负有侦查职责的人,则是司法工作人员;如果他们是负责行政法实施的人,则是行政执法人员。例如,公安人员在执行《治安管理处罚法》的过程中,明知行为已构成犯罪,应当移交公安机关的侦查部门进行侦查,但徇私舞弊不移交,仅给予治安处罚的,就构成本罪。反之,刑事犯罪的侦查人员遇到犯罪嫌疑人是自己的亲友,而故意包庇不使其受追诉,擅自不作为刑事案件处理的,成立徇私枉法罪。(2) 犯罪行为方式不同:本罪只限于将应当移交司法机关追究刑事责任的不移交;而徇私枉法罪的行为方式没有特殊限定。(3) 对犯罪情节要求不同:本罪的成立以情节严重为构成要件;而徇私枉法罪的成立不以情节严重为构成要件。

(三) 刑事责任

根据《刑法》第402条的规定,犯本罪的,处3年以下有期徒刑或者拘役;造成严重后果的,处3年以上7年以下有期徒刑。

二、滥用管理公司、证券职权罪

滥用管理公司、证券职权罪,是指国家有关主管部门的国家机关工作人员,徇私舞弊,滥用职权,对不符合法律规定条件的公司设立、登记申请或者股票、债券发行、上市申请,予以批准或者登记,致使公共财产、国家和人民利益遭受重大损失的行为。上级部门强令登记机关及其工作人员实施上述行为的,对其直接负责的主管人员,以本罪论处。

根据最高人民检察院《关于渎职侵权犯罪案件立案标准的规定》,涉嫌下列情形之一的,应予立案追诉:(1) 造成直接经济损失50万元以上的;(2) 工商管理部门的工作人员对不符合法律规定条件的公司设立、登记申请,违法予以批准、登记,严重扰乱市场秩序的;(3) 金融证券管理机构的工作人员对不符合法律规定条件的股票、债券发行、上市申请,违法予以批准,严重损害公众利益,或者严重扰乱金融秩序的;(4) 工商管理部门、金融证券管理机构的工作人员对不符合法律规定条件的公司设立、登记申请或者股票、债券发行、上市申请违法予以批准或者登记,致使犯罪行为得逞的;(5) 上级部门、当地政府直接负责的主管人员强令登记机关及其工作人员,对不符合法律规定条件的公司设立、登记申请或者股票、债券发行、上市申请予以批准或者登记,致使公共财产、国家或者人民利益遭受重大损失的;(6) 其他致使公共财产、国家和人民利益遭受重大损失的情形。

根据《刑法》第 403 条的规定,犯本罪的,处 5 年以下有期徒刑或者拘役。

三、徇私舞弊不征、少征税款罪

徇私舞弊不征、少征税款罪,是指税务机关的工作人员徇私舞弊,不征或者少征应征税款,致使国家税收遭受重大损失的行为。

本罪客观方面表现为徇私舞弊,不征或者少征应征税款,致使国家税收遭受重大损失的行为。应征税款,是指根据法律、行政法规规定的税种、税率,税务机关应当向纳税人征收的税款。不征,是指违反税法规定,不向纳税人征收应征税款,包括擅自免征税款的行为。少征,是指违反税法规定,降低税收额或征税率进行征收,包括擅自减征税款。不征或者少征应征税款的行为,必然使国家税收遭受损失,但根据刑法规定,只有造成重大损失的,才成立本罪。

根据最高人民检察院《关于渎职侵权犯罪案件立案标准的规定》,涉嫌下列情形之一的,属于"重大损失",应予立案追诉:(1) 徇私舞弊不征、少征应征税款,致使国家税收损失累计达 10 万元以上的;(2) 上级主管部门工作人员指使税务机关工作人员徇私舞弊不征、少征应征税款,致使国家税收损失累计达 10 万元以上的;(3) 徇私舞弊不征、少征应征税款不满 10 万元,但具有索取或者收受贿赂或者其他恶劣情节的;(4) 其他致使国家税收遭受重大损失的情形。

对于税务机关的工作人员与偷税等犯罪人相勾结的,有人主张按偷税等罪的共同犯罪处罚。然而,偷税罪、抗税罪、逃避追缴欠税罪的法定最高刑第一档为 3 年有期徒刑、第二档为 7 年有期徒刑,而本罪的法定最高刑第一档为 5 年有期徒刑、第二档为 15 年有期徒刑;而且,与偷税等犯罪人相勾结不征或者少征应征税款的,其行为的危害程度更为严重,如果按偷税等罪的共犯处理,反而处罚更轻。因此,本书认为,对这种行为仍应以本罪论处,不能认定为偷税等罪的共犯。

根据《刑法》第 404 条的规定,犯本罪的,处 5 年以下有期徒刑或者拘役;造成特别重大损失的,处 5 年以上有期徒刑。

四、徇私舞弊发售发票、抵扣税款、出口退税罪

徇私舞弊发售发票、抵扣税款、出口退税罪,是指税务机关的工作人员违反法律、行政法规的规定,在办理发售发票、抵扣税款、出口退税工作中,徇私舞弊,致使国家利益遭受重大损失的行为。

根据最高人民检察院《关于渎职侵权犯罪案件立案标准的规定》,涉嫌下列情形

之一的,应予立案追诉:(1) 为徇私情、私利,违反法律、行政法规的规定,伪造材料,隐瞒情况,弄虚作假,对不应发售的发票予以发售,对不应抵扣的税款予以抵扣,对不应给予出口退税的给予退税,或者擅自决定发售不应发售的发票、抵扣不应抵扣的税款、给予出口退税,致使国家税收损失累计达 10 万元以上的;(2) 徇私舞弊,致使国家税收损失累计不满 10 万元,但发售增值税专用发票 25 份以上或者其他发票 50 份以上或者增值税专用发票与其他发票合计 50 份以上,或者具有索取、收受贿赂或者其他恶劣情节的;(3) 其他致使国家利益遭受重大损失的情形符合本罪构成要件同时又符合徇私舞弊不征、少征税款罪的,应认定为本罪,不实行数罪并罚。

根据《刑法》第 405 条的规定,犯上述罪的,处 5 年以下有期徒刑或者拘役;致使国家利益遭受特别重大损失的,处 5 年以上有期徒刑。

五、违法提供出口退税凭证罪

违法提供出口退税凭证罪,是指税务机关工作人员以外的其他国家机关工作人员,违反国家规定,在提供出口货物报关单、出口收汇核销单等出口退税凭证的工作中,徇私舞弊,致使国家利益遭受重大损失的行为。

根据最高人民检察院《关于渎职侵权犯罪案件立案标准的规定》,涉嫌下列情形之一的,应予立案追诉:(1) 徇私舞弊,致使国家税收损失累计达 10 万元以上的;(2) 徇私舞弊,致使国家税收损失累计不满 10 万元,但具有索取、收受贿赂或者其他恶劣情节的;(3) 其他使国家利益遭受重大损失的情形。

根据《刑法》第 405 条的规定,犯上述罪的,处 5 年以下有期徒刑或者拘役;致使国家利益遭受特别重大损失的,处 5 年以上有期徒刑。

六、违法发放林木采伐许可证罪

违法发放林木采伐许可证罪,是指林业主管部门的工作人员违反森林法的规定,超过批准的年采伐限额发放林木采伐许可证或者违反规定滥发林木采伐许可证,情节严重,致使森林遭受严重破坏的行为。

根据 2000 年 11 月 17 日最高人民法院《关于审理破坏森林资源刑事案件具体应用法律若干问题的解释》,具有下列情形之一的,属于“情节严重,致使森林遭受严重破坏”,以违法发放林木采伐许可证罪定罪处罚:(1) 发放林木采伐许可证允许采伐数量累计超过批准的年采伐限额,导致林木被采伐数量在 10 立方米以上的;(2) 滥发林木采伐许可证,导致林木被滥伐 20 立方米以上的;(3) 滥发林木采伐许可证,导致珍贵树木被滥伐的;(4) 批准采伐国家禁止采伐的林木,情节恶劣的;(5) 其他情节严重,致使森林遭受严重破坏的情形。

林业主管部门工作人员之外的国家机关工作人员,违反森林法的规定,滥用职权或者玩忽职守,致使林木被滥伐 40 立方米以上或者幼树被滥伐 2000 株以上,或者致使防护林、特种用途林被滥伐 10 立方米以上或者幼树被滥伐 400 株以上,或者致使珍贵树木被采伐、毁坏4立方米或者4株以上,或者致使国家重点保护的其他植物被采伐、毁坏后果严重的,或者致使国家严禁采伐的林木被采伐、毁坏情节恶劣的,按照《刑法》第397条的规定,以滥用职权罪或者玩忽职守罪追究刑事责任。

根据《刑法》第407条的规定,犯本罪的,处3年以下有期徒刑或者拘役。

七、环境监管失职罪

环境监管失职罪,是指负有环境保护监督管理职责的国家机关工作人员严重不负责任,导致发生重大环境污染事故,致使公私财产遭受重大损失或者造成人身伤亡的严重后果的行为。

根据最高人民检察院《关于渎职侵权犯罪案件立案标准的规定》,涉嫌下列情形之一的,属于"公私财产遭受重大损失或者造成人身伤亡的严重后果",应予立案追诉:(1) 造成死亡1人以上,或者重伤3人以上,或者重伤2人、轻伤4人以上,或者重伤1人、轻伤7人以上,或者轻伤10人以上的;(2) 导致30人以上严重中毒的;(3) 造成个人财产直接经济损失15万元以上,或者直接经济损失不满15万元,但间接经济损失75万元以上的;(4) 造成公共财产、法人或者其他组织财产直接经济损失30万元以上,或者直接经济损失不满30万元,但间接经济损失150万元以上的;(5) 虽未达到3、4两项数额标准,但3、4两项合计直接经济损失30万元以上,或者合计直接经济损失不满30万元,但合计间接经济损失150万元以上的;(6) 造成基本农田或者防护林地、特种用途林地10亩以上,或者基本农田以外的耕地50亩以上,或者其他土地70亩以上被严重毁坏的;(7) 造成生活饮用水地表水源和地下水源严重污染的;(8) 其他致使公私财产遭受重大损失或者造成人身伤亡严重后果的情形。

根据《刑法》第408条规定,犯本罪的,处3年以下有期徒刑或者拘役。

八、食品监管渎职罪

食品监管渎职罪,是指负有食品安全监督管理职责的国家机关工作人员,滥用职权或者玩忽职守,导致发生重大食品安全事故或者造成其他严重后果的行为。

本罪侵犯的是国家机关的正常管理活动。具体而言,本罪的直接客体为食品安全监管机关的正常监管活动。客观方面表现为玩忽职守或者滥用职权,导致发生重大食品安全事故或者造成其他严重后果。在危害行为上包括两种行为方式,一为玩忽职守即消极的不作为,明明负有食品安全监管职责而不履行监管义务,二为滥用职权即积极的作为,超越职权范围或者违背法律授权的宗旨,违反职权行使程序行使职权。在危害结果上要求导致发生重大食品安全事故或者造成其他严重后果。犯罪主体是特殊主体,即负有食品安全监督管理职责的国家机关工作人员。行为人在主观上表现为过失即可构成本罪,即在主观上应该预见自己的玩忽职守行为或滥用职权行为可能导致发生重大食品安全事故或者造成其他严重后果,或者已经预见而轻信能够避免,以致发生这种重大事故或造成严重后果的极其不负责任的心理态度。行为人玩忽职守或滥用职权的行为是故意的,但对损害结果的发生是过失的。

根据《刑法》第408条之一的规定,犯本罪的,处5年以下有期徒刑或者拘役;造成特别严重后果的,处5年以上10年以下有期徒刑。

徇私舞弊犯前款罪的,从重处罚。

九、传染病防治失职罪

传染病防治失职罪,是指从事传染病防治的政府卫生行政部门的工作人员严重不负责任,导致传染病传播或者流行,情节严重的行为。

根据最高人民检察院《关于渎职侵权犯罪案件立案标准的规定》,涉嫌下列情形之一的,属于“情节严重”,应予立案追诉:(1) 导致甲类传染病传播的;(2) 导致乙类、丙类传染病流行的;(3) 因传染病传播或者流行,造成人员重伤或者死亡的;(4) 因传染病传播或者流行,严重影响正常的生产、生活秩序的;(5) 在国家对突发传染病疫情等灾害采取预防、控制措施后,对发生突发传染病疫情等灾害的地区或者突发传染病病人、病原携带者、疑似突发传染病病人,未按照预防、控制突发传染病疫情等灾害工作规范的要求做好防疫、检疫、隔离、防护、救治等工作,或者采取的预防、控制措施不当,造成传染范围扩大或者疫情、灾情加重的;(6) 在国家对突发传染病疫情等灾害采取预防、控制措施后,隐瞒、缓报、谎报或者授意、指使、强令他人隐瞒、缓报、谎报疫情、灾情,造成传染范围扩大或者疫情、灾情加重的;(7) 在国家对突发传染病疫情等灾害采取预防、控制措施后,拒不执行突发传染病疫情等灾害应急处理指挥机构的决定、命令,造成传染范围扩大或者疫情、灾情加重的;(8) 其他情节严重的情形。

根据《刑法》第409条规定,犯本罪的,处3年以下有期徒刑或者拘役。

十、放纵走私罪

放纵走私罪,是指海关工作人员徇私舞弊,放纵走私,情节严重的行为。

本罪主体必须是海关工作人员。客观方面表现为徇私舞弊,放纵走私的行为。所谓“徇私舞弊,放纵走私”,是指为贪图钱财、袒护亲友或者其他私利私情,弄虚作假,放任、纵容走私的行为。如放行走私罪犯,不缉查走私货物、物品,不征收关税等等。被放纵的是走私罪还是一般走私行为,不影响本罪的成立。本罪主观方面必须出于故意,即明知是走私而放纵。

成立本罪还要求情节严重,根据最高人民检察院《关于渎职侵权犯罪案件立案标准的规定》,涉嫌下列情形之一的,属于“情节严重”,应予立案追诉:(1) 放纵走私犯罪的;(2) 因放纵走私致使国家应收税额损失累计达10万元以上的;(3) 放纵走私行为3起次以上的;(4) 放纵走私行为,具有索取或者收受贿赂情节的;(5) 其他情节严重的情形。

对于海关工作人员故意放纵走私,不依法征收关税的,应认定为放纵走私罪,而不认定为徇私舞弊不征、少征税款罪。对于海关工作人员故意放行走私犯罪人的,应认定为放纵走私罪。但是,海关工作人员在办理走私案件的过程中,发现行为构成走私罪,应当移交司法机关追究刑事责任而不移交的行为的性质,还需要进一步研究。由于放纵走私罪的法定刑高于徇私舞弊不移交刑事案件罪,故应对这两种犯罪的成立范围做出符合罪刑法定原则、罪刑相适应原则的限定。我们认为,海关工作人员在办理走私案件中,发现行为构成走私罪,但徇私舞弊,既不将案件移交司法机关追究刑事责任,也不按海关法作出处理的,应认定为放纵走私罪;如果徇私舞弊不将案件移交司法机关追究刑事责任,但按海关法作出处理的,则应认定为徇私舞弊不移交刑事案件罪。前一种行为的危害程度严重,而且确实放纵了走私,故按照法定刑较重的放纵走私罪处理;后一种行为的危害程度相对轻微,而且依海关法作出了一定处理,不能认定为放纵走私,故按照法定刑较轻的徇私舞弊不移交刑事案件罪处理。

海关工作人员事前与走私罪犯通谋,为走私罪犯提供方便的,应认定为走私罪的共犯,而不能认定为放纵走私罪(参见《刑法》第 156 条)。

根据《刑法》第 411 条的规定,犯本罪的,处 5 年以下有期徒刑或者拘役;情节特别严重的,处 5 年以上有期徒刑。

十一、商检徇私舞弊罪

商检徇私舞弊罪,是指国家商检部门、商检机构的工作人员徇私舞弊,伪造检验结果的行为。这是一种故意的无形伪造,即有权提出商检结果的人,故意提出与事实不相符合的检验结果,如将不合格商品作合格商品结论,或者将合格商品作不合格商品的结论。

根据最高人民检察院《关于渎职侵权犯罪案件立案标准的规定》,涉嫌下列情形之一的,应予立案追诉:(1) 采取伪造、变造的手段对报检的商品的单证、印章、标志、封识、质量认证标志等作虚假的证明或者出具不真实的证明结论的;(2) 将送检的合格商品检验为不合格,或者将不合格商品检验为合格的;(3) 对明知是不合格的商品,不检验而出具合格检验结果的;(4) 其他伪造检验结果应予追究刑事责任的情形。

根据《刑法》第 412 条第 1 款的规定,犯本罪的,处 5 年以下有期徒刑或者拘役;造成严重后果的,处 5 年以上 10 年以下有期徒刑。

十二、商检失职罪

商检失职罪,是指国家商检部门、商检机构的工作人员严重不负责任,对应当检验的物品不检验,或者延误检验出证、错误出证,致使国家利益遭受重大损失的行为。

本罪属于过失犯罪。根据最高人民检察院《关于渎职侵权犯罪案件立案标准的规定》,涉嫌下列情形之一的,应予立案追诉:(1) 致使不合格的食品、药品、医疗器械等商品出入境,严重危害生命健康的;(2) 造成个人财产直接经济损失 15 万元以上,或者直接经济损失不满 15 万元,但间接经济损失 75 万元以上的;(3) 造成公共财产、法人或者其他组织财产直接经济损失 30 万元以上,或者直接经济损失不满 30 万元,但间接经济损失150万元以上的;(4) 未经检验,出具合格检验结果,致使国家禁止进口的固体废物、液态废物和气态废物等进入境内的;(5) 不检验或者延误检验出证、错误出证,引起国际经济贸易纠纷,严重影响国家对外经贸关系,或者严重损害国家声誉的;(6) 其他致使国家利益遭受重大损失的情形。

根据《刑法》第412条第2款的规定,犯本罪的,处3年以下有期徒刑或者拘役。

十三、动植物检疫徇私舞弊罪

动植物检疫徇私舞弊罪,是指动植物检疫机关的检疫人员徇私舞弊,伪造检疫结果的行为。这也是一种故意的无形伪造。

根据最高人民检察院《关于渎职侵权犯罪案件立案标准的规定》,涉嫌下列情形之一的,应予立案追诉:(1) 采取伪造、变造的手段对检疫的单证、印章、标志、封识等作虚假的证明或者出具不真实的结论的;(2) 将送检的合格动植物检疫为不合格,或者将不合格动植物检疫为合格的;(3) 对明知是不合格的动植物,不检疫而出具合格检疫结果的;(4) 其他伪造检疫结果应予追究刑事责任的情形。

根据《刑法》第413条第1款的规定,犯本罪的,处5年以下有期徒刑或者拘役;造成严重后果的,处5年以上10年以下有期徒刑。

十四、动植物检疫失职罪

动植物检疫失职罪,是指动植物检疫机关的检疫人员严重不负责任,对应当检疫的检疫物不检疫,或者延误检疫出证、错误出证,致使国家利益遭受重大损失的行为。

根据最高人民检察院《关于渎职侵权犯罪案件立案标准的规定》,涉嫌下列情形之一的,应予立案追诉:(1) 导致疫情发生,造成人员重伤或者死亡的;(2) 导致重大疫情发生、传播或者流行的;(3) 造成个人财产直接经济损失15万元以上,或者直接经济损失不满15万元,但间接经济损失75万元以上的;(4) 造成公共财产或者法人、其他组织财产直接经济损失30万元以上,或者直接经济损失不满30万元,但间接经济损失150万元以上的;(5) 不检疫或者延误检疫出证、错误出证,引起国际经济贸易纠纷,严重影响国家对外经贸关系,或者严重损害国家声誉的;(6) 其他致使国家利益遭受重大损失的情形。

根据《刑法》第413条第2款的规定,犯本罪的,处3年以下有期徒刑或者拘役。

十五、放纵制售伪劣商品犯罪行为罪

放纵制售伪劣商品犯罪行为罪,是指对生产、销售伪劣商品犯罪行为负有追究职责的国家机关工作人员,徇私舞弊,不履行法律规定的追究职责,情节严重的行为。

本罪的主体不包括司法工作人员,而是指最先查处生产、销售伪劣商品犯罪行为的有关行政机关的工作人员,如工商行政管理部门的工作人员,产品质量监督机关的工作人员等。

不履行法律规定的追究职责包括两种情况:一是不履行法律规定的追究刑事责任的职责,主要表现为不将该犯罪提交司法机关处理;二是不履行法律规定的追究其他法律责任的职责。如果行为又符合徇私舞弊不移交刑事案件罪的构成要件,则应从一重论处。

根据2001年4月5日最高人民法院、最高人民检察院《关于办理生产、销售伪劣商品刑事案件具体应用法律若干问题的解释》,具有下列情形之一的,属于《刑法》第414条规定的"情节严重":(1) 放纵生产、销售假药或者有毒、有害食品犯罪行为的;(2) 放纵依法可能判处2年有期徒刑以上刑罚的生产、销售伪劣商品犯罪行为的;(3) 对3个以上有生产、销售伪劣商品犯罪行为的单位或者个人不履行追究职责的;(4) 致使国家和人民利益遭受重大损失或者造成恶劣影响的。

根据《刑法》第414条的规定,犯本罪的,处5年以下有期徒刑或者拘役。

十六、办理偷越国(边)境人员出入境证件罪

办理偷越国(边)境人员出入境证件罪,是指负责办理护照、签证以及其他出入境证件的国家机关工作人员,对明知是企图偷越国(边)境的人员,予以办理出入境证件的行为。

根据《刑法》第415条的规定,犯本罪的,处3年以下有期徒刑或者拘役;情节严重的,处3年以上7年以下有期徒刑。

十七、放行偷越国(边)境人员罪

放行偷越国(边)境人员罪,是指边防、海关等国家机关工作人员,对明知是偷越国(边)境的人员,予以放行的行为。

根据《刑法》第415条的规定,犯本罪的,处3年以下有期徒刑或者拘役;情节严重的,处3年以上7年以下有期徒刑。

十八、不解救被拐卖、绑架的妇女、儿童罪

不解救被拐卖、绑架的妇女、儿童罪,是指对被拐卖、绑架的妇女、儿童负有解救职责的国家机关工作人员,接到被拐卖、绑架的妇女、儿童及其亲属的解救要求或者接到其他人的举报,而对被拐卖、绑架的妇女、儿童不进行解救,造成严重后果的行为。

根据最高人民检察院《关于渎职侵权犯罪案件立案标准的规定》,涉嫌下列情形之一的,应予立案追诉:(1) 导致被拐卖、绑架的妇女、儿童或者其家属重伤、死亡或者精神失常的;(2) 导致被拐卖、绑架的妇女、儿童被转移、隐匿、转卖,不能及时进行解救的;(3) 对被拐卖、绑架的妇女、儿童不进行解救3人次以上的;(4) 对被拐卖、绑架的妇女、儿童不进行解救,造成恶劣社会影响的;(5) 其他造成严重后果的情形。

根据《刑法》第416条第1款的规定,犯本罪的,处5年以下有期徒刑或者拘役。

十九、阻碍解救被拐卖、绑架的妇女、儿童罪

阻碍解救被拐卖、绑架的妇女、儿童罪,是指对被拐卖、绑架的妇女、儿童负有解救职责的国家机关工作人员利用职务阻碍解救被拐卖、绑架的妇女、儿童的行为。

根据最高人民检察院《关于渎职侵权犯罪案件立案标准的规定》,涉嫌下列情形之一的,应予立案追诉:(1) 利用职权,禁止、阻止或者妨碍有关部门、人员解救被拐卖、绑架的妇女、儿童的;(2) 利用职务上的便利,向拐卖、绑架者或者收买者通风报信,妨碍解救工作正常进行的;(3) 其他利用职务阻碍解救被拐卖、绑架的妇女、儿童应予追究刑事责任的情形。

根据《刑法》第 416 条第 2 款的规定,犯本罪的,处 2 年以上 7 年以下有期徒刑;情节较轻的,处 2 年以下有期徒刑或者拘役。

二十、帮助犯罪分子逃避处罚罪

帮助犯罪分子逃避处罚罪,是指有查禁犯罪活动职责的国家机关工作人员,向犯罪分子通风报信、提供便利,帮助犯罪分子逃避处罚的行为。

根据最高人民检察院《关于渎职侵权犯罪案件立案标准的规定》,涉嫌下列情形之一的,应予立案追诉:(1) 向犯罪分子泄漏有关部门查禁犯罪活动的部署、人员、措施、时间、地点等情况的;(2) 向犯罪分子提供钱物、交通工具、通讯设备、隐藏处所等便利条件的;(3) 向犯罪分子泄漏案情的;(4) 帮助、示意犯罪分子隐匿、毁灭、伪造证据,或者串供、翻供的;(5) 其他帮助犯罪分子逃避处罚应予追究刑事责任的情形。

本罪与窝藏罪的区别在于:(1) 本罪的主体是有查禁犯罪活动职责的国家机关工作人员;而窝藏罪的主体为一般主体。(2) 本罪行为表现为向犯罪分子通风报信、提供便利;窝藏罪表现为为犯罪人提供隐藏处所、财物,帮助其逃匿。本罪与徇私枉法罪中的包庇有罪的人不受追诉行为的主要区别在于犯罪主体不同、行为内容不同。如果行为同时触犯本罪与徇私枉法罪,则应从一重罪论处。

根据《刑法》第 417 条的规定,犯本罪的,处 3 年以下有期徒刑或者拘役;情节严重的,处 3 年以上 10 年以下有期徒刑。

第十一章　军人违反职责罪

学习要求

了解：军人违反职责罪的基本概念

理解：军人违反职责罪的常见犯罪类型

熟悉并能够运用：军人违反职责罪的常见犯罪的认定

主要涉及的法条：

第四百二十条　【军人违反职责罪的概念】军人违反职责，危害国家军事利益，依照法律应当受刑罚处罚的行为，是军人违反职责罪。

第四百二十一条　【战时违抗命令罪】战时违抗命令，对作战造成危害的，处三年以上十年以下有期徒刑；致使战斗、战役遭受重大损失的，处十年以上有期徒刑、无期徒刑或者死刑。

第四百二十三条　【投降罪】在战场上贪生怕死，自动放下武器投降敌人的，处三年以上十年以下有期徒刑；情节严重的，处十年以上有期徒刑或者无期徒刑。

投降后为敌人效劳的，处十年以上有期徒刑、无期徒刑或者死刑。

第四百三十二条　【故意泄露军事秘密罪；过失泄露军事秘密罪】违反保守国家秘密法规，故意或者过失泄露军事秘密，情节严重的，处五年以下有期徒刑或者拘役；情节特别严重的，处五年以上十年以下有期徒刑。

战时犯前款罪的，处五年以上十年以下有期徒刑；情节特别严重的，处十年以上有期徒刑或者无期徒刑。

第四百四十九条　【战时缓刑】在战时，对被判处三年以下有期徒刑没有现实危险宣告缓刑的犯罪军人，允许其戴罪立功，确有立功表现时，可以撤销原判刑罚，不以犯罪论处。

第四百五十条　【本章适用的主体范围】本章适用于中国人民解放军的现役军官、文职干部、士兵及具有军籍的学员和中国人民武装警察部队的现役警官、文职干部、士兵及具有军籍的学员以及执行军事任务的预备役人员和其他人员。

第四百五十一条　【战时的概念】本章所称战时，是指国家宣布进入战争状态、部队受领作战任务或者遭敌突然袭击时。

部队执行戒严任务或者处置突发性暴力事件时，以战时论。

第一节　军人违反职责罪概述

一、军人违反职责罪的概念

军人违反职责罪，是指军人违反职责，危害国家军事利益，依照法律应当受刑罚处罚的行为。

二、军人违反职责罪的构成特征

（一）本类犯罪的客体是国家的军事利益

所谓国家的军事利益，是指国家在国防建设、作战行动、演习训练、武器装备管理、后勤物资保障、军事科学研究的各方面的利益。国家的军事利益，与国家利益有着直接的关系，直接关系到国家的生死存亡、主权与领土完整。军人违反职责罪的实质在于破坏武装力量的建设，削弱部队的战斗力，从而危害国家军事利益。

（二）本类犯罪在客观方面表现为违反军人职责，危害国家军事利益的行为

军人的职责是每一名军人根据国家的法律、法规以及军队的条令、条例和自己承担的职务所必须承担的责任和应当履行的义务。它包括一般职责和具体职责。军人的一般职责，是指每一个武装部队的军人所应当具备的职责。比如，《人民解放军内务条令》规定，军人必须保卫社会主义祖国，在任何情况下决不背叛祖国，服从命令，听从指挥，英勇战斗，不怕牺牲，执行军队的条令、条例和规章制度，爱护武器装备，保守军事秘密等。军人的具体职责，是指军队中各种不同人员执行不同任务时所应当承担的职责。不同的军兵种以及不同职务的军人都有各自具体的职责。本类犯罪多数为作为的行为方式，也有少数犯罪表现为不作为，如遗弃伤病军人罪。还有少数犯罪，既可以由作为构成，也可以由不作为构成，如违抗命令罪。

（三）本类犯罪为特殊主体的犯罪，犯罪主体为军人

根据《刑法》第450条的规定，军人包括中国人民解放军的现役军官、文职干部、士兵及具有军籍的学员和中国人民武装警察部队的现役警官、文职干部、士兵及具有军籍的学员以及执行军事任务的预备役人员和其他人员。其他人员，是指部队机关、院校、医院、基地等单位的工作人员以及临时征用或者受委托执行军事任务的我方人员。

（四）本类犯罪，多数出于故意

本类犯罪，大多出于故意，少数犯罪也可以由过失构成，如武器装备肇事罪。

三、军人违反职责罪的类型

军人违反职责罪可以分为战时违反军人职责的犯罪和非战时违反军人职责的犯

罪两种类型。

战时违反军人职责的犯罪包括：战时违抗命令罪，隐瞒、谎报军情罪，拒传、假传军令罪，投降罪，战时临阵脱逃罪，违令作战消极罪，拒不救援友邻部队罪，战时造谣惑众罪，战时自伤罪，遗弃伤病军人罪，战时拒不救治伤病军人罪，战时残害居民、掠夺居民财物罪，私放俘虏罪，虐待俘虏罪。

非战时违反军人职责的犯罪包括：擅离、玩忽军事职守罪，阻碍执行军事职务罪，指使部属违反职责罪，军人叛逃罪，非法获取军事秘密罪，为境外窃取、刺探、收买、非法提供军事秘密罪，故意泄露军事秘密罪，过失泄露军事秘密罪，逃离部队罪，武器装备肇事罪，擅自改变武器装备编配用途罪，盗窃、抢夺武器装备、军用物资罪，非法出卖、转让武器装备罪，遗弃武器装备罪，遗失武器装备罪，擅自出卖、转让军队房地产罪，虐待部属罪。

第二节　战时违反军人职责的犯罪

一、战时违抗命令罪

（一）概念和特征

战时违抗命令罪，是指战时违抗命令，对作战造成危害的行为。本罪的主要特征是：

1. 本罪侵犯的客体是军事武装部队的作战指挥秩序与作战利益。下级服从上级是作战秩序的具体体现，也是取得作战胜利的保障。而违抗命令的行为，正是对战场作战秩序的破坏，从而最终影响作战利益的取得。

2. 本罪在客观上表现为战时违抗命令，对作战造成危害的行为。违抗命令的行为只有发生在战时才构成犯罪。“战时违抗命令”，是指在战时拒不执行上级命令，或者拖延执行上级命令，或者故意篡改上级命令的行为。“命令”，既包括作战命令，也包括与作战有关的一系列命令，如物资调遣、后勤保障、伤员救助等命令。要构成本罪，必须同时具备违抗命令和对作战造成危害两个条件。“对作战造成危害”，是指由于行为人的违抗命令的行为，使部队在战役或者战斗中失利或者遭受严重损失，或者贻误战机，影响作战任务的完成。只有在战时才能构成本罪。

3. 本罪主体为特殊主体，领受作战任务的军人方可构成本罪。本罪的主体不只包括参加战斗的人员，还应该包括为战斗服务的各类人员，如救护人员、勤杂人员等。

4. 本罪在主观上出于故意，即明知是上级下达的命令而予以违抗，拒不执行。

（二）刑事责任

根据《刑法》第421条的规定，犯本罪的，处3年以上10年以下有期徒刑；致使战斗、战役遭受重大损失的，处10年以上有期徒刑、无期徒刑或者死刑。

二、隐瞒、谎报军情罪

隐瞒、谎报军情罪，是指故意隐瞒、谎报军情，对作战造成危害的行为。

本罪侵犯的客体为武装部队的作战秩序。本罪在客观上表现为隐瞒、谎报军情，并给作战造成危害的行为。本罪主体为特殊主体，即负有军情报告义务的侦察员、通讯员、机要人员以及其他负有报告军情义务的人员。本罪在主观上出于故意，即故意隐瞒不报或谎报军情。

根据《刑法》第422条的规定，犯本罪的，处3年以上10年以下有期徒刑；致使战斗、战役遭受重大损失的，处10年以上有期徒刑、无期徒刑或者死刑。

三、拒传、假传军令罪

拒传、假传军令罪，是指拒不传递军令，或者故意伪造、篡改上级命令而进行传递，对作战造成危害的行为。

本罪的客体是武装部队的作战秩序。本罪在客观上表现为拒不传递上级军令，或者伪造上级命令，或者篡改上级命令而进行传递的行为。本罪主体为特殊主体，负有军令传递职责的军人方可构成本罪。本罪在主观上出于故意。

根据《刑法》第422条的规定，犯本罪的，处3年以上10年以下有期徒刑；致使战斗、战役遭受重大损失的，处10年以上有期徒刑、无期徒刑或者死刑。

四、投降罪

投降罪，是指在战场上贪生怕死，自动放下武器，向敌人投降的行为。

本罪侵犯的客体，是军人的作战义务。作为一名军人，不怕流血牺牲，用自己生命捍卫国家和人民的利益，是其义不容辞的职责。而投降敌人，正是对这种神圣职责的背叛。本罪在客观上表现为在战场上投降敌人的行为。本罪主体为军职人员，在战场上因负伤而丧失战斗能力，因此被敌人俘获的军人不能成为本罪主体。本罪在主观上出于故意。

根据《刑法》第423条的规定，犯本罪的，处3年以上10年以下有期徒刑；情节严重的，处10年以上有期徒刑或者无期徒刑；投降后为敌人效劳的，处10年以上有期徒刑、无期徒刑或者死刑。

五、战时临阵脱逃罪

（一）概念和特征

战时临阵脱逃罪，是指武装部队人员在战时面临战斗任务而脱离岗位，逃避参加战斗的行为。本罪的主要特征是：

1. 本罪侵犯的客体是武装部队的作战秩序。
2. 本罪在客观上表现为战时面临战斗任务而脱离岗位，逃避参加战斗的行为。

面临战斗任务是指正在进行战斗或者已领受了作战任务。脱离战斗岗位，是指逃离作战区域或者逃离参战部队。

3. 本罪主体是参战的武装部队人员。不仅战斗部队人员可以构成本罪，而且非直接战斗人员，如后勤、医疗、通讯人员，只要在临战状态下逃跑的，也可以构成本罪。

4. 本罪主观上出于故意。

（二）认定中应注意的问题

1. 分清战时临阵脱逃罪与投降罪的界限

战时临阵脱逃罪是临阵脱逃，而投降罪是在战场上投降敌人。临阵脱逃是脱离战斗岗位或者脱离战斗部队，而投降罪则是投降敌人。

2. 分清战时临阵脱逃罪与战时违抗命令罪的界限

这两种罪的主要区别在于客观方式的不同。战时违抗命令罪是公然抗拒执行上级的命令，但并不一定脱离战斗岗位和战斗部队；临阵脱逃罪则必须脱离战斗岗位或者战斗部队，逃避参加战斗。如果抗拒执行坚守阵地命令而临阵脱逃的，则构成想象竞合犯，择一重罪处罚，应以战时违抗命令罪论处。

（三）刑事责任

根据《刑法》第 424 条的规定，犯本罪的，处 3 年以下有期徒刑；情节严重的，处 3 年以上 10 年以下有期徒刑；致使战斗、战役遭受重大损失的，处 10 年以上有期徒刑、无期徒刑或者死刑。

六、违令作战消极罪

违令作战消极罪，是指军事指挥人员违抗命令，临阵畏缩，作战消极，造成严重后果的行为。

本罪侵犯的客体是武装部队的作战秩序。本罪在客观上表现为违抗命令，临阵畏缩，作战消极并且造成严重后果的行为。“造成严重后果”，是指因行为人的行为致使我军损失重大、贻误战机等。本罪主体为特殊主体，只有指挥人员才能构成，普通士兵不能成为本罪的主体。本罪主观上出于故意。

根据《刑法》第 428 条的规定，犯本罪的，处 5 年以下有期徒刑；致使战斗、战役遭受重大损失或者有其他特别严重情节的，处 5 年以上有期徒刑。

七、拒不救援友邻部队罪

拒不救援友邻部队罪，是指在战场上明知友邻部队处境危急请求支援，能救援而不救援，致使友邻部队遭受重大损失的行为。

本罪侵犯的客体是武装部队的作战利益和作战秩序。本罪在客观方面表现为在战场上明知友邻部队处境危急请求救援，能救援而不救援，致使友邻部队遭受重大损失的行为。本罪主体为特殊主体，即负有战场指挥职责的军官，普通士兵不能构成本罪。本罪主观上出于故意，即明知友邻部队处境危急而不救援。

根据《刑法》第 429 条的规定，犯本罪的，对指挥人员，处 5 年以下有期徒刑。

八、战时造谣惑众罪

战时造谣惑众罪，是指战时造谣惑众，动摇军心的行为。

本罪侵犯的客体是武装部队的作战秩序与军事利益。本罪在客观上表现为造谣惑众，动摇军心的行为。“造谣惑众”，是指捏造事实，散布虚假信息，使部队军心发生动摇。本罪只有在战时才可构成。本罪主体为特殊主体，现役军人才能构成本罪。本罪在主观上出于故意。

根据《刑法》第 433 条的规定，犯本罪的，处 3 年以下有期徒刑；情节严重的，处 3 年以上 10 年以下有期徒刑；情节特别严重的，处 10 年以上有期徒刑或者无期徒刑。

九、战时自伤罪

战时自伤罪，是指战时自伤身体，逃避军事义务的行为。

本罪侵犯的客体是武装部队的作战利益和军人的军事义务。本罪在客观上表现为在战时自伤身体，逃避军事义务的行为。“自伤身体，逃避军事义务”，是指行为人使自己身体受到伤害，以此来逃避军事义务的行为。在实践中，行为人相互之间实施伤害行为，逃避军事义务，也构成本罪。本罪主体为特殊主体，只有现役军人才能构成本罪。本罪在主观上出于故意，并且有逃避军事义务的目的。

根据《刑法》第 434 条的规定，犯本罪的，处 3 年以下有期徒刑；情节严重的，处 3 年以上 7 年以下有期徒刑。

十、遗弃伤病军人罪

遗弃伤病军人罪，是指在战场上故意遗弃伤病军人，情节恶劣的行为。

本罪侵犯的客体是伤病军人的正当权利。伤病军人在战场上有获得救助的权利。而遗弃伤病军人，正是对伤病军人此项权利的侵犯。本罪在客观上表现为在战场上遗弃伤病军人，情节恶劣的行为。“情节恶劣”，是指由于遗弃伤病军人的行为，导致被遗弃军人死亡、残疾、被俘或者被杀，或者导致军心涣散。本罪主体为特殊主体，即承担救助伤病军人的医护人员以及作战指挥人员。本罪在主观上出于故意，既可以是直接故意，也可以是间接故意。

根据《刑法》第 444 条的规定，犯本罪的，对直接责任人员，处 5 年以下有期徒刑。

十一、战时拒不救治伤病军人罪

战时拒不救治伤病军人罪，是指战时在救护治疗职位上，有条件救治而拒不救治危重伤病军人的行为。

本罪侵犯的客体是伤病军人的生命健康权利。本罪在客观上表现为战时在救护治疗职位上，有条件救治而拒不救治危重伤病军人的行为。如果确无能力救治伤病军人的，不构成犯罪。本罪主体为特殊主体，具有救护、治疗职责的现役军人，如军医、护理人员等才能构成本罪。本罪主观上出于故意。

根据《刑法》第 445 条的规定，犯本罪的，处 5 年以下有期徒刑或者拘役；造成伤病军人重残、死亡或者有其他严重情节的，处 5 年以上 10 年以下有期徒刑。

十二、战时残害居民、掠夺居民财物罪

战时残害居民、掠夺居民财物罪，是指战时在军事行动区，残害无辜居民或者掠夺无辜居民财物的行为。

本罪侵犯的客体是军事行动区无辜居民的人身、财产权利。本罪在客观上表现为战时在军事行动区，残害无辜居民或者掠夺无辜居民财物的行为。"无辜居民"，是指在军事行动区域内对武装部队无敌对行动的居民群众。"残害"，是指对无辜居民实施伤害、强奸、残杀等暴行。"掠夺"，是指以暴力、胁迫等手段抢劫无辜居民财物的行为。本罪主体为特殊主体，只有现役军人才能构成本罪。本罪在主观上出于故意。

根据《刑法》第 446 条的规定，犯本罪的，处 5 年以下有期徒刑；情节严重的，处 5 年以上 10 年以下有期徒刑；情节特别严重的，处 10 年以上有期徒刑、无期徒刑或者死刑。

十三、私放俘虏罪

私放俘虏罪，是指违反军事纪律，私自释放俘虏的行为。

本罪侵犯的客体是武装部队对俘虏的管理制度。本罪在客观上表现为违反军事纪律，私自释放俘虏的行为。"俘虏"，是指在战斗中被俘获的对方人员。"私放"，是指未经批准，擅自释放的行为。本罪主体为特殊主体，只有承担管理、看护俘虏职责的现役军人才能构成本罪。本罪主观上出于故意。

根据《刑法》第 447 条的规定，犯本罪的，处 5 年以下有期徒刑；私放重要俘虏、私放俘虏多人或者有其他严重情节的，处 5 年以上有期徒刑。

十四、虐待俘虏罪

虐待俘虏罪，是指违反军事纪律，虐待俘虏，情节恶劣的行为。

本罪侵犯的客体是武装部队的战俘管理制度以及被俘人员的人身权利。本罪在客观上表现为违反军事纪律，虐待战俘，情节恶劣的行为。"情节恶劣"，一般指以特别残忍的手段虐待战俘，或者虐待战俘多人，或者多次虐待战俘，或者导致被虐待的战俘重伤、死亡或者造成其他严重后果。本罪主体为特殊主体，一般只有承担战俘管理职责的现役军人才能构成本罪。本罪主观上出于故意。

根据《刑法》第 448 条的规定，犯本罪的，处 3 年以下有期徒刑。

第三节　非战时违反军人职责的犯罪

一、擅离、玩忽军事职守罪

擅离、玩忽军事职守罪，是指武装部队的指挥人员值班、值勤人员擅离职守或者玩忽职守，造成严重后果的行为。

本罪侵犯的客体是军职人员的岗位责任制度。本罪的客观方面表现为指挥人员或者值班、值勤人员擅离职守、玩忽职守，并造成严重后果的行为。“擅离职守”，是指擅自离开自己的岗位。“玩忽职守”，是指不履行或不认真履行岗位职责。“严重后果”，是指因擅离职守、玩忽职守行为而造成严重后果的，如作战失利、遭受严重损失、贻误战机等。本罪主体为特殊主体，负有指挥职责和正在值班、值勤等军职人员方能构成本罪。本罪主观上出于过失。

根据《刑法》第425条的规定，犯本罪的，处3年以下有期徒刑或者拘役；造成特别严重后果的，处3年以上7年以下有期徒刑。战时犯前款罪的，处5年以上有期徒刑。

二、阻碍执行军事职务罪

阻碍执行军事职务罪，是指以暴力、威胁方法阻碍指挥人员或者值班、值勤人员执行职务的行为。

本罪侵犯的客体为武装军事职务的正常执行活动。本罪所侵犯的对象，是正在执行军事职务的指挥人员或者值班、值勤人员。本罪在客观上表现为以暴力、威胁方法阻碍指挥人员或者值班、值勤人员执行职务的行为。本罪主体为现役军人。本罪在主观上只能出于故意。

根据《刑法》第426条的规定，犯本罪的，处5年以下有期徒刑或者拘役；情节严重的，处5年以上10年以下有期徒刑；情节特别严重的，处10年以上有期徒刑或者无期徒刑。战时从重处罚。

三、指使部属违反职责罪

指使部属违反职责罪，是指武装部队中的指挥人员滥用职权，指使部属进行违反职责的活动，造成严重后果的行为。

本罪侵犯的客体为武装部队的指挥秩序。本罪在客观上表现为滥用职权，指挥部署进行违反职责的活动，造成严重后果的行为。“滥用职权”，是指行为人超越职权范围行使职权，或者不正当行使职权。要构成本罪，还要求造成严重后果。本罪主体为特殊主体，在武装部队中承担指挥、领导职责的现役军人方能构成本罪。本罪在主观上出于故意。

根据《刑法》第427条的规定,犯本罪的,处5年以下有期徒刑或者拘役;情节特别严重的,处5年以上10年以下有期徒刑。

四、军人叛逃罪

(一) 概念和特征

军人叛逃罪,是指现役军人在履行公务期间,擅离岗位,叛逃境外或者在境外叛逃,危害国家军事利益的行为。本罪的主要特征是:

1. 本罪侵犯的客体是国防安全利益。军人担负着保卫国家的神圣使命,军人叛逃的行为,背叛了国家,背弃了军人的神圣职责,直接危害了国防安全利益。

2. 本罪在客观上表现为在履行公务期间,擅离岗位,叛逃境外或者在境外叛逃,危害国家军事利益的行为。"叛逃",是指背叛国家,逃往境外的行为。"叛逃境外",是指行为人从境内逃往境外。"在境外叛逃",是指军人利用在境外的机会叛逃。

3. 本罪主体为特殊主体,只有现役军人才能构成本罪。

4. 本罪在主观上出于故意。

(二) 认定中应注意的问题

要注意区别军人叛逃罪与投敌叛变罪的界限,二者的主要区别在于军人叛逃罪并不要求行为人一定是投奔敌人;而投敌叛变罪,则要求行为人在主观上必须有投奔敌人,危害国家安全的目的。

(三) 刑事责任

根据《刑法》第430条的规定,犯本罪的,处5年以下有期徒刑或者拘役;情节严重的,处5年以上有期徒刑;驾驶航空器、舰船叛逃的,或者有其他特别严重情节的,处10年以上有期徒刑、无期徒刑或者死刑。

五、非法获取军事秘密罪

非法获取军事秘密罪,是指以窃取、刺探、收买方法,非法获取军事秘密的行为。

本罪侵犯的客体为武装部队的军事秘密管理制度。本罪在客观上表现为行为人以窃取、刺探、收买方法,非法获取军事秘密的行为。本罪主体为特殊主体,现役军人才能构成本罪。本罪在主观上出于故意,过失不构成本罪。

根据《刑法》第431条第1款的规定,犯本罪的,处5年以下有期徒刑;情节严重的,处5年以上10年以下有期徒刑;情节特别严重的,处10年以上有期徒刑。

六、为境外窃取、刺探、收买、非法提供军事秘密罪

为境外窃取、刺探、收买、非法提供军事秘密罪,是指军职人员为境外的机构、组织、人员窃取、刺探、收买、非法提供军事秘密的行为。

本罪侵犯的客体是武装部队的军事秘密管理制度。本罪在客观上表现为为境外

的机构、组织、人员窃取、刺探、收买、非法提供军事秘密的行为。本罪主体为特殊主体，只有现役军人才能构成本罪。本罪主观上出于故意，行为人明知是境外的机构、组织、个人而窃取、刺探、收买、非法提供军事秘密。过失不构成本罪。

根据《刑法》第 431 条第 2 款的规定，犯本罪的，处 10 年以上有期徒刑、无期徒刑或者死刑。

七、故意泄露军事秘密罪

故意泄露军事秘密罪，是指违反保守国家秘密法规，故意泄露军事秘密，情节严重的行为。

本罪侵犯的客体为国家的军事秘密管理制度。本罪在客观上表现为违反保守国家秘密法规，故意泄露军事秘密，情节严重的行为。本罪主体为特殊主体，只有现役军人才能构成本罪。本罪主观上出于故意。

根据《刑法》第 432 条的规定，犯本罪的，处 5 年以下有期徒刑或者拘役；情节特别严重的，处 5 年以上 10 年以下有期徒刑。战时犯本罪的，处 5 年以上 10 年以下有期徒刑；情节特别严重的，处 10 年以上有期徒刑或者无期徒刑。

八、过失泄露军事秘密罪

过失泄露军事秘密罪，是指违反保守国家秘密法规，过失泄露国家军事秘密，情节严重的行为。

本罪侵犯的客体是国家的军事秘密管理制度。本罪在客观上表现为违反保守国家秘密法规，过失泄露军事秘密的行为。本罪主体为特殊主体，只有现役军人才能构成本罪。本罪在主观上出于过失。

根据《刑法》第 432 条的规定，犯本罪的，处 5 年以下有期徒刑或者拘役；情节特别严重的，处 5 年以上 10 年以下有期徒刑。战时犯本罪的，处 5 年以上 10 年以下有期徒刑；情节特别严重的，处 10 年以上有期徒刑或者无期徒刑。

九、逃离部队罪

逃离部队罪，是指违反兵役法规，逃离部队，情节严重的行为。

本罪侵犯的客体是国家兵役管理制度。本罪在客观上表现为违反兵役法规，逃离部队，情节严重的行为。逃离部队，是指擅自离开部队，逃避军事义务的行为。本罪只有情节严重才构成犯罪，对情节轻微的逃离部队的行为，不能按照犯罪予以处置。本罪主体为特殊主体，只有现役军人才能构成本罪。本罪在主观上出于故意，并有逃避服兵役的目的。

根据《刑法》第 435 条的规定，犯本罪的，处 3 年以下有期徒刑或者拘役。战时犯本罪的，处 3 年以上 7 年以下有期徒刑。

十、武器装备肇事罪

(一) 概念和特征

武器装备肇事罪,是指违反武器装备使用规定,情节严重,因而发生责任事故,致人重伤、死亡或者造成其他严重后果的行为。本罪的主要特征是:

1. 本罪侵犯的客体是武器装备的使用、管理制度。

2. 本罪在客观上表现为违反武器装备使用规定,情节严重,因而发生责任事故,致人重伤、死亡或者造成其他严重后果的行为。首先,行为人实施违反武器装备的使用规定,是本罪构成的前提。其次,违反武器装备使用规定的行为必须是情节严重。最后,应当造成严重后果。"严重后果",是指发生重大责任事故,致人重伤、死亡或者其他严重后果。

3. 本罪主体为特殊主体,现役军人才能构成本罪,主要是指武器装备的操作、管理人员。

4. 本罪在主观上出于过失。

(二) 认定中应注意的问题

1. 区分武器装备肇事罪与非罪的界限

武器装备肇事罪必须情节严重才能构成犯罪,而一般的违反武器装备使用规定的行为则不要求造成人员重伤、死亡或其他严重后果。

2. 区分武器装备肇事罪与意外事件的界限

二者的主要区别在于前者在主观上有过失,而因为意外事件造成武器装备事故的,则是由于不能预见的原因,行为人在主观上并没有过错。

3. 区分武器装备肇事罪与交通肇事罪的界限

行为人驾驶部队的车辆造成重大交通事故,致人重伤或死亡的,应按交通肇事罪处理。但行为人驾驶坦克车辆、装甲运兵车、火炮牵引车等机动车辆在执行任务的过程中发生重大交通事故的,则应按武器装备肇事罪处理。

(三) 刑事责任

根据《刑法》第436条的规定,犯本罪的,处3年以下有期徒刑或者拘役;后果特别严重的,处3年以上7年以下有期徒刑。

十一、擅自改变武器装备编配用途罪

擅自改变武器装备编配用途罪,是指违反武器装备管理规定,擅自改变武器装备的编配用途,造成严重后果的行为。

本罪侵犯的客体是武装部队的武器装备使用、管理制度。本罪在客观上表现为违反武器装备管理规定,擅自改变武器装备的编配用途,造成严重后果的行为。"擅自改变武器装备的编配用途",是指行为人自作主张,改变武器装备用途,影响武器装备的正常使用。本罪主体为特殊主体,现役军人才能构成本罪。同时本罪主体一般都是在武装部队中承担武器装备的保管使用看护职责的现役军人。本罪在主观上出于过失,行为人故意改变武器装备的编配用途,但对由于擅自改变武器装备的编配用途而造成的严重后果则是持过失的态度。

根据《刑法》第 437 条的规定,犯本罪的,处 3 年以下有期徒刑或者拘役;造成特别严重后果的,处 3 年以上 7 年以下有期徒刑。

十二、盗窃、抢夺武器装备、军用物资罪

盗窃、抢夺武器装备、军事物资罪,是指以非法占有为目的,盗窃、抢夺武器装备、军用物资的行为。

本罪侵犯的客体是武装部队的武器装备、军用物资的所有权以及武器装备、军用物资的管理制度。本罪在客观上表现为盗窃、抢夺武器装备、军用物资的行为。“盗窃”,是指以秘密方式窃取。“抢夺”,是指趁人不备,公然夺取。行为人盗窃、抢夺枪支、弹药、爆炸物的,按照盗窃、抢夺枪支、弹药、爆炸物罪论处。本罪主体为特殊主体,现役军人才能构成本罪。本罪在主观上出于故意,并且具有非法占有的目的。

根据《刑法》第 438 条的规定,犯本罪的,处 5 年以下有期徒刑或者拘役;情节严重的,处 5 年以上 10 年以下有期徒刑;情节特别严重的,处 10 年以上有期徒刑、无期徒刑或者死刑。

十三、非法出卖、转让武器装备罪

非法出卖、转让武器装备罪,是指违反武器装备管理规定,非法出卖、转让军队武器装备的行为。

本罪侵犯的客体是武装部队的武器装备的所有权以及武器装备的管理制度。本罪在客观上表现为非法出卖、转让军队武器装备的行为。此处所指的出卖、转让武器装备,是指行为人将自己管理或者掌握的武器装备予以出卖、转让的行为。如果行为人出卖、转让的是盗窃、抢夺来的武器装备,则应当构成盗窃、抢夺武器装备罪。本罪主体为特殊主体,现役军人才能构成本罪。本罪在主观上出于故意,行为人一般有牟利的目的。

根据《刑法》第 439 条的规定,犯本罪的,处 3 年以上 10 年以下有期徒刑;出卖、转让大量武器装备或者有其他特别严重情节的,处 10 年以上有期徒刑、无期徒刑或者死刑。

十四、遗弃武器装备罪

遗弃武器装备罪,是指违抗命令,遗弃武器装备的行为。

本罪侵犯的客体为武装部队的武器装备管理制度。本罪在客观方面表现为违抗命令,遗弃武器装备的行为。遗弃武器装备,是指故意抛弃武器装备的行为。本罪中

所指的遗弃行为，一般应发生在执行作战任务或者军事行动时期。本罪主体为特殊主体，只有现役军人才能构成本罪。本罪在主观上出于故意。

根据《刑法》第440条的规定，犯本罪的，处5年以下有期徒刑或者拘役；遗弃重要或者大量武器装备的，或者有其他严重情节的，处5年以上有期徒刑。

十五、遗失武器装备罪

遗失武器装备罪，是指遗失武器装备，不及时报告或者有其他严重情节的行为。

本罪侵犯的客体是武装部队的武器装备管理制度。本罪在客观上表现为遗失武器装备，不及时报告或者有其他严重情节的行为。"不报告"，是指武器装备遗失以后，隐瞒事实，拒不报告，意图逃避责任的行为。"其他严重情节"，是指因遗失武器装备而导致无法完成战斗任务，或者遗失的武器装备被敌人利用而造成严重后果。本罪主体为特殊主体，只有现役军人才能构成本罪。本罪主观上出于过失。

根据《刑法》第441条的规定，犯本罪的，处3年以下有期徒刑或者拘役。

十六、擅自出卖、转让军队房地产罪

擅自出卖、转让军队房地产罪，是指违反规定，擅自出卖、转让军队房地产，情节严重的行为。

本罪侵犯的客体是武装部队房地产的管理制度。本罪在客观上表现为违反规定，擅自出卖、转让军队房地产，情节严重的行为。"情节严重"，是指由于出卖、转让军队房地产的行为而使军事利益遭受很大损失。本罪的主体是特殊主体，现役军人才能构成本罪。并且，构成本罪，一般只能是在武装部队担任领导职务，具有决策权力的现役军人。本罪主观上出于故意。

根据《刑法》第442条的规定，犯本罪的，对直接责任人员，处3年以下有期徒刑或者拘役；情节特别严重的，处3年以上10年以下有期徒刑。

十七、虐待部属罪

虐待部属罪，是指滥用职权，虐待部属，情节恶劣，致人重伤、死亡或者造成其他严重后果的行为。

本罪侵犯的客体是部属的人身权利，包括部属的生命权利、健康权利、人格权、名誉权等。本罪在客观上表现为滥用职权，虐待部属，情节恶劣，致人重伤、死亡或者造成其他严重后果的行为。"其他严重后果"，一般是指造成部队军心涣散，导致军事利益遭受严重损害。本罪主体为特殊主体，只有现役军人之中承担一定领导职责的才能构成本罪。本罪主观上出于故意。

根据《刑法》第443条的规定，犯本罪的，处5年以下有期徒刑或者拘役；致人死亡的，处5年以上有期徒刑。

主要参考书目

〔日〕大塚仁:《刑法概说》,冯军译,中国人民大学出版社 2003 年版。

〔日〕泷川幸辰:《犯罪论序说》,王泰译,法律出版社 2005 版。

〔日〕宫本英修:《刑法大纲(总论)》,弘文堂 1935 年版。

〔日〕团藤重光:《刑法纲要总论》,创文社 1990 年版。

〔日〕大谷实:《刑法各论》,黎宏译,法律出版社 2003 年版。

〔德〕克劳斯·罗克辛等:《德国刑法学总论》,王世洲译,法律出版社 2005 年版。

〔意〕贝卡里亚:《论犯罪与刑罚》,黄风译,中国大百科全书出版社 2003 年版。

〔意〕杜里奥·帕多瓦尼:《意大利刑法学原理》,陈忠林译,法律出版社 1998 年版。

〔苏〕C. C. 阿列克谢耶夫:《法的一般理论》,黄良平等译,法律出版社 1991 年版。

〔英〕哈特:《刑罚与责任》,王勇等译,华夏出版社 1989 年版。

〔英〕边沁:《立法理论——刑法典原理》,李贵方等译,中国人民公安大学出版社 1993 年版。

储槐植:《刑事一体化》,法律出版社 2004 年版。

储槐植:《美国刑法》(第二版),北京大学出版社 1996 年版。

陈兴良:《本体刑法学》,商务印书馆 2001 年版。

陈兴良:《刑法适用总论》(上卷),法律出版社 1999 年版。

陈兴良主编:《刑事法总论》,群众出版社 2000 年版。

陈兴良:《刑法疏议》,中国人民公安大学出版社 1997 年版。

陈浩然:《应用刑法学》,华东理工大学出版社 2005 年版。

高铭暄主编:《新中国刑法学研究综述(1949—1986)》,河南人民出版社 1986 年版。

高铭暄、赵秉志主编:《刑罚总论比较研究》,北京大学出版社 2008 年版。

高铭暄主编:《刑法学》,北京大学出版社 2000 年版。

高铭暄主编:《中国刑法学》,中国人民大学出版社 1989 年版。

高铭暄、马克昌主编:《刑法学》,北京大学出版社、高等教育出版社 2011 年版。

高铭暄主编:《中国刑法学》,中国人民公安大学出版社 1989 年版。

高铭暄主编:《刑法学原理》(第一卷),中国人民大学出版社 1993 年版。

国家司法考试辅导用书编辑委员会:《2014 年国家司法考试辅导用书》,法律出版社 2014 年版。

顾肖荣:《刑法中的一罪与数罪问题》,学林出版社 1986 年版。
韩忠谟:《刑法原理》,中国政法大学出版社 2002 年版。
黄明儒主编:《刑法总论》,北京大学出版社 2014 年版。
何秉松主编:《刑法教科书》(上卷),中国法制出版社 2000 年版。
何秉松主编《刑法教科书》,中国法制出版社 1995 年版。
曲新久等:《刑法学》,中国政法大学出版社 2008 年版。
曲新久主编:《刑法学》,中国政法大学出版社 2011 年版。
雷建斌主编:《〈中华人民共和国刑法修正案(九)〉释解与适用》,人民法院出版社 2015 年版。
刘宪权、杨兴培主编:《刑法学专论》,北京大学出版社 2009 年版。
刘宪权主编:《刑法学》,上海人民出版社 2012 年版。
刘艳红主编:《刑法学》(下),北京大学出版社 2014 年版。
李光灿、张文、龚明礼:《刑法因果关系论》,北京大学出版社 1986 年版。
李晓明主编:《刑法学》(上),法律出版社 2001 年版。
马克昌主编:《犯罪通论》,武汉大学出版社 1999 年版。
苏惠渔主编:《刑法学》,中国政法大学出版社 1997 年版。
吴振兴:《罪数形态论》,中国检察出版社 1996 年版。
维之:《因果关系研究》,长征出版社 2002 年版。
谢振民编著:《中华民国立法史》,中国政法大学出版社 2000 年版。
严励主编:《刑法分论》,中国政法大学出版社 2011 年版。
严励主编:《刑法案例教程》,法律出版社 2006 年版。
杨春洗、杨敦先主编:《中国刑法论》,北京大学出版社 1994 年版。
王觐:《中华刑法论》,姚建龙校勘,中国方正出版社 2005 年版。
姚建龙主编:《刑法思潮与理论进展》,中国人民公安大学出版社 2014 年版。
赵秉志主编:《刑法新教程》,中国人民大学出版社 2001 年版。
赵秉志:《刑法争议问题研究》,河南人民出版社 1996 年版。
张明楷:《刑法的基本立场》,中国法制出版社 2002 年版。
张明楷:《刑法格言的展开》,法律出版社 2003 年版。
张明楷:《刑法学》,法律出版社 2011 年版。
张明楷:《刑法学》,法律出版社 2007 年版。
张明楷:《刑法分则的解释原理》(上下册),中国人民大学出版社 2011 年版。
张绍谦:《刑法因果关系研究》,中国检察出版社 2004 年版。
周其华:《中国刑法总则原理释考》,中国方正出版社 2001 年版。
陈忠林:《刑法(分论)》,中国人民大学出版社 2016 年版。
谢望原、郝兴旺:《刑法分论》,中国人民大学出版社 2011 年版。

后　　记

为了适应刑法学教学发展的需要，上海政法学院刑事司法学院刑法教研室的教师们通过集体努力，新编了《刑法学总论》和《刑法学分论》两本教科书。参与编写的人员都是刑法教研室长期从事刑法教学的一线教师，有着丰富的刑法学教学经验。同时，在编写新教科书之前，我们还听取了学生们对于刑法教科书编写的意见，并予以充分吸收。

新教科书的编写主要贯彻了以下几个思路：

一是体现及时性。近些年来，我国刑事立法与司法的发展可谓日新月异。例如，2011 年 2 月 25 日，全国人大常委会通过的《刑法修正案（八）》对刑法进行了较大幅度的修正。2015 年 8 月 29 日，全国人大常委会通过的《刑法修正案（九）》再次对刑法进行了较大幅度的修正，这一修正案已于 2015 年 11 月 1 日正式施行。与此同时，全国人大常委会和最高人民法院、最高人民检察院还颁布了大量立法解释和司法解释等。刑事立法与司法的日新月异，对刑法学教学和教科书的编写提出了较高的要求，新教科书的编写注重反映了刑事立法与司法的最新进展。

二是强化理论性。我们认为，即便是主要面向本科生的刑法教科书也应当有必要的理论深度。新教科书的编写注重提升了教科书的理论深度：一方面吸收了刑法理论研究的最新成果；另一方面也将刑法理论研究中的主要争议问题、刑事司法实践中的热点与争议问题，在教科书中予以呈现，让学生学会辨析，以培养学生的理论思维和提升其刑法理论功底。

三是对接法律职业资格考试。我国自 2002 年开始实行统一司法资格考试，2015 年 12 月中共中央办公厅、国务院办公厅又印发了《关于完善国家统一法律职业资格制度的意见》，提出将现行司法考试制度调整为国家统一法律职业资格考试制度。尽管仍然存在一定的争议，但法律职业资格考试对法学教学的影响是客观的。某种程度上可以说，学生在修完刑法学课程后，还要为法律职业资格考试参加各类培训班的现象是值得反思的。新教科书的编写注重对接法律职业资格考试的要求：一方面在“通说”的采纳上对接法律职业资格考试；另一方面将历年司法考试的真题，以“实例分析”的形式融入教科书中。

此外，考虑到统一法律职业资格考试“以案例题为主”的特点，以及我校注重案例教学的传统，我们在新教科书的编写过程中注重案例教学的融入。同时，还编写了《刑法学案例分析》辅导书，与新教科书配套使用。

在本书的编写过程中，副主编江维龙副教授、卫磊副教授进行了大量组织和统稿工作,我的学生孙鉴、孙妍、张少男、李寄北、王夏菁等协助进行了校对等工作。北京大学出版社为本书的出版提供了诸多便利,尤其是刘秀芹编辑付出了大量辛勤劳动。同时,本书的编写还参考吸收了其他学校刑法教科书以及刑法学界的研究成果,教材的出版得到了卓越法律人才项目奖励经费的支持,特此致谢。

由于本书采取的是分工合作的方式,尽管每位编者都尽了最大的努力,但由于编写时间紧迫,不足之处在所难免,欢迎读者批评指正。

上海政法学院刑事司法学院院长、教授、博士生导师
姚建龙
2016 年 2 月 5 日